本书获得广东省教育厅重点项目资助
（批准号 04ZD74001）

新时期汉语语法学史

（1978—2008）

邵敬敏　著

商务印书馆

2011年·北京

图书在版编目(CIP)数据

新时期汉语语法学史:1978～2008/邵敬敏著．—北京：
商务印书馆,2011
ISBN 978 - 7 - 100 - 07390 - 5

Ⅰ.①新… Ⅱ.①邵… Ⅲ.①汉语—语法—语言学史—
1978～2008 Ⅳ.①H14 - 09

中国版本图书馆 CIP 数据核字(2010)第 187593 号

新时期汉语语法学史

(1978—2008)

邵敬敏　著

商 务 印 书 馆 出 版
(北京王府井大街36号　邮政编码100710)
商 务 印 书 馆 发 行
北京市白帆印务有限公司印刷
ISBN 978 - 7 - 100 - 07390 - 5

2011 年 6 月第 1 版　　　　开本 880 × 1230　1/32
2011 年 6 月北京第 1 次印刷　印张 22⅜

定价: 47.00 元

目　　录

1

第二编　人物篇

目　录

第三编 本体篇

目　录

12

第四编　应用篇

陆俭明先生序

《史》，重要；《史》，难写。

科学研究的要义就是以"已知"求"未知"，就是不断地继往开来。任何学科都是在前人研究成果的基础上不断向前发展的。"已知"者，前人的研究成果也。而学术史的一个最基本的目的与要求就是尽可能如实地将前人的研究成果，包括成果的内容、成果的形式、成果的核心思想、取得成果的理论方法和研究过程，以及研究者的思路、取向等，叙述、论说清楚，以便让后人往前走的时候能有所继承与借鉴。由此可知，学术史在推进科学研究不断发展中占有很重要的位置。这也可以说是"《史》，重要"之理据。

可是，《史》，难写；即使是一个分支学科的学术史，也不容易撰写或编写。（一）首先，要求撰写/编写者要尽可能全面地搜集、了解、掌握有关所要撰写/编写的《史》的那一学科的各种文献资料，包括反映研究成果的已发表、出版的论著，包括成果的应用及其效应，包括人们对成果的评价，包括对还健在的成果研究者的访谈实录等。（二）其次，要求撰写/编写者能合理、科学地理清所要撰写/编写的那一段学术史的发展脉络，以及在发展过程中起重要作用、有重要影响的关键人物、重要理论、重大事件。（三）再有，要求撰写/编写者对整个历史进程和其中的关键人物、重要理论、重大事

1

件作出客观的、历史的、实事求是的评论。(四)要求撰写/编写者既要公正、客观地指出前段研究所存在的不足与缺憾,又要能站在当今的研究前沿展望未来。这就是"《史》难写,即使是一个分支学科的学术史,也不容易撰写或编写"的原因。由此也可知,写《史》要有些精神与勇气的,因为学术史的撰写/编写者除了需要广泛搜集资料、勤奋耕耘之外,还要有驾驭史料的能力,要有很强的对史实分析、综合和概括的能力,更要有敏锐的学术眼光,要有"放眼世界"的视角,要胸有成竹。

然而写《史》再难也得要有人来写。凡事起头难,我们不能要求一个学科的学术发展史一步到位;能尝试往前迈出一步,哪怕是一小步,就是科学发展道路中了不起的成就了,因为科学发展需要《史》。

邵敬敏,我钦佩他的勤奋,更钦佩他的精神与勇气。他有雄心,更有开创精神。他不仅在现代汉语语法的本体研究与应用研究方面作出了学界公认的成绩,更在撰写汉语语法学史方面进行了开创性的工作。他先后已经撰写出版了《汉语语法学史稿》(独立完成,1990年初版,2006年修订版)和《中国理论语言学史》(与方经民合著,1991年版);此外,他还跟潘悟云等合作主编了《中国社会科学100年·语言卷》(2005)。学界如何评价《中国社会科学100年·语言卷》,我不知;但对《汉语语法学史稿》和《中国理论语言学史》这两部学术史,学界都给了较好的评价。现在他又将新撰写的《新时期汉语语法学史(1978—2008)》的书稿放在我的案头,并要我写序。我断断续续地阅读完了《新时期汉语语法学史(1978—2008)》的书稿,一个突出的感觉是,《新时期汉语语法学史

(1978—2008)》"采用了一种全新的立体交叉评述模式"——全书先是"导论",对新时期 30 年汉语语法研究的情况进行了一个综合性的评述,提示了贯穿全书的主线;接着分"理论篇"、"人物篇"、"本体篇"、"应用篇"四个板块展示了作者对这一时期汉语语法研究史的多角度、多方位的立体评述与认识。他的评述、他的认识如何,这需要留给学界和时间去评论。我想其中有不少会为大家所肯定,有的可能会引起争议,甚至非议。这是作为一部新《史》往往会引起的正常反应。这里我要肯定和赞赏的是作者所采用的"立体交叉评述模式"。这是一个创新的模式,也是一个成功的模式。正如作者在《自序》里所描述的那样,"导论"是对这一段汉语语法研究史的宏观的把握,交代了贯穿全书的主线;"理论"是语法研究的灵魂、核心;"人物"是研究的主体,正是这些研究者的研究活动和研究成果构成了学术发展史的基本框架;"本体"是学术的基础,甚至可以说是学术的根基;"应用"是语法研究的最本质的归宿,因为科学研究的最终目的有两个,一个是为了应用,一个是为了更好地认识人类自己。"这四个板块,就是四根支柱,撑起'语法学史'的大厦"。

1978—2008 这三十年,汉语语法研究,不管是现代汉语语法研究,古代汉语语法研究,还是方言语法研究;不管是本体研究还是应用研究,从描写到理论到应用,确实发展迅速,取得了前所未有的成绩,有的是具有突破性的。其成绩概括起来说:

一、汉语语法研究的视角大大开阔了,研究的理论方法更趋多元化了。

二、对语言事实的挖掘,对语法现象的解释,更深更广了。

三、进一步加强了理论思考,提出了一些具有创新性的理论观点。

四、加强了汉语语法的应用研究,并取得了一定的效应。

五、进一步加强了内外交流——跨学派的交流,跨领域的交流,跨语言的交流,跨学科的交流,跨国境的交流;出现了内外互相渗透,互相吸收的可喜现象。

六、研究队伍大大扩大了,并涌现了一大批研究素质好的中青年学术骨干和学术中坚力量。

但是,我们也需看到所存在的问题,虽然这并不是主流。突出的问题是:(一)由于错误的政策导向,造成学界,特别是青年学者之中出现一种浮躁之风。这既不利于年轻人的学术成长,更不利于整个学科的学术发展。(二)自乔姆斯基(N. Chomsky)提出生成语法学理论以来,这半个多世纪国际上语言学的发展极为迅速,形成了形式、功能、认知等不同学派,出现了前所未有的百家争鸣的可喜现象。不同学派、不同观点互相碰撞的结果,新理论、新方法不断涌现,层出不穷,极大地推进了语言研究。如果我们能很好地利用这有利的国际环境,我们的汉语语法研究会发展得更好些。遗憾的是在我们国内存在着两种不良偏向——一是对国外各种各样的语言学理论方法在没有深入学习、了解,没有真正看懂、吃透的情况下,随意引用,表面追随,造成某些贴标签的不良风气;二是对国外各种各样的语言学理论方法在没有深入学习、了解,没有看懂、吃透的情况下,持一种轻视甚至贬斥的态度,呈现一种狭隘的民族主义情绪。这两种偏向都不利于汉语语法研究的学术发展。

中国是一个多民族、多语种的国家,有着丰富的语言资源。中国不仅语言繁多,语言之下,不管是汉语、藏语、苗语、景颇语、壮语、蒙古语、维吾尔语等,都还有众多复杂的方言;因此中国可以说是一个有着语言富矿的国家。我们应将开发中国这一语言富矿,特别是开发汉语这一矿藏,作为己任,为建设中国的语言学事业,为推进国际语言学的发展,贡献自己的力量。目前,不管是形式派、功能派、认知派,都承认人类语言表面看千差万别,但具有一定的共性,而且都把探索人类语言的共性和个别语言的个性特点作为自己重要的研究任务,尽管各派探索的目标、要求以及期待值有所不同。当今的主流语言学理论,主要是在研究有形态的语言的基础上形成的。这些语言学理论对其他类型语言的描写与解释当然会很有用,但毕竟会有某种局限,特别是用来分析、描写、解释像汉语那样的所谓"孤立语"。加强对汉语的调查研究,这无疑有助于对人类语言共性的探索,会丰富普通语言学理论,从而进一步推进整个人类语言的研究,而这也正是我们汉语学界应承担的任务与职责。我们已有光辉的过去,我们必将迎来更加光辉的未来。是为序。

陆俭明

2010 年 6 月 12 日于北大

邢福义先生序

读完敬敏兄的新著《新时期汉语语法学史》,特别想说下面三句话。

第一句:我振奋于新时期汉语语法学界的"三多"。

一为学术活动多。其盛况,前所未有。比方说,从 1981 年起以当时 40 多岁的中年学者为主的"现代汉语语法讨论会",截至 2008 年,连续举办 15 次,每次会议之后都出版一本论文集,产生了很大的影响。又比方说,1986 年召开的"现代汉语语法研讨会(青年)",标志着新时期培养出来的一代语法学者迅速地登上了历史舞台,成了声势浩大的生力军。这一研讨会,定期连续举行,进入 21 世纪以后改名为"国际研讨会"。其他研讨会,特别是各地语法研究的学术沙龙,不胜枚举。学术思想的交流与碰撞,激发了研究活力,使得汉语语法研究这一领域生机勃发,春意盎然。

二为人才迭现多。仅从年龄上看,本书列出了四个层面:老一辈,20 世纪 40—50 年代成名的;中生代,20 世纪 50—60 年代初期大学毕业,80 年代的主力军;新中生代,以 1978—1980 年入学的研究生为主体,大多在"文革"前大学毕业;新生代,以 20 世纪 80—90 年代新培养的本科生、研究生为主体。不仅如此,本书还用较大篇幅罗列和介绍了海外国外的多位学者。任何研究的进

6

展，都以"人"为本位。"江山代有才人出"，人才的迭出是学科兴旺发达的保证。本书向读者展示了本学科领域学术群体的一幅大彩照。

三为成果产出多。在理论上，汉语形式语法、汉语功能语法、汉语认知语法、汉语语义语法、语序变化以及类型学等等方面的研究成果；在方法上，一般语言学方法论与汉语语法具体分析方法的研究成果；在内容上，现代汉语共同语语法、汉语历史语法、汉语方言语法、汉语口语语法、汉外比较语法、中文信息处理语法、文化视角语法等等的研究成果，作者分门别类地一一介绍，琳琅满目，五光十色，令人目不暇接。"横看成岭侧成峰，远近高低各不同"，本书向读者展示了新时期本学科领域千姿万态的一道道风光景色。

事实证明，诚如作者所说："新时期的中国汉语语法学取得了前所未有的辉煌成就。"

第二句：我赞叹作者的"三力"。

一为穿透力。学术穿透力，来自学术感悟之灵利和学术眼光之敏锐。那么多的著作，那么多的论文，仅仅搜集，已然不易，何况不但一一罗列，而且有的还要加以简明扼要的介绍，有的更要作篇幅较长的述评！

二为概括力。学术概括力，来自学术根底之厚实和逻辑思维之畅达。本书在写法上采用了"立体交叉评述模式"。先是"导论"，接着是第一编"理论篇"，第二编"人物篇"，第三编"本体篇"，第四编"应用篇"。"导论"是宏观的把握，是整体的反映。"理论"、"人物"、"本体"与"应用"，是四根支柱，撑起"语法学史"的大厦，展现了互补辉映的格局。如此建构的鸿篇巨制，需要强劲的分析能力和归总功力。

三为涵容力。学术涵容力,来自学术视野之宽大和治学襟怀之广阔。本书的"理论篇",包括语法学流派、理论探索以及争议问题三大主题的评析;本书的"人物篇",包括各种走势代表性学者的评介。为了保证持正公允,以利于百花齐放,书中如何取舍,如何排序,特别是如何表述,的确是"最费心机"的。常言:"宰相肚里能撑船。"史学家就应该是好"宰相",应该有像大海一样接纳百川的"海量"。

第三句:我同意作者"存在问题和缺陷"的判断。

在本书的结语"21世纪汉语语法研究的发展趋势"部分,作者一方面强调:"我们对未来充满了信心,我们坚信,在21世纪,汉语语法研究必将进一步散发出迷人的光芒,取得巨大的硕果,并且为世界语言学贡献出自己的一份力量。"但是,另一方面又强调:"我们的研究还存在不少的问题和缺陷,离开真正揭示汉语语法的奥秘还有相当的距离。"我以为,在为取得成绩而欢欣鼓舞的同时,多想想问题和缺陷大有好处。

汉语语法研究,始终指向一个目标,这就是:汉语语法事实的客观规律性。可是,到目前为止,我们不知道的东西还很多。好像眼前是一座座奇山峻岭,里头到底有没有、有多少矿藏,地质学家们并未完全探察清楚。面对语言事实,我个人常常慨叹自己的无知。举个例子:"苗人视苗鼓为自己民族文化的精魂,祖先传下六六三十六套鼓路,各部落的打法虽有不同,但只要你抓起鼓槌跳起鼓舞,苗族老人们一眼就能辨出你的祖先住在哪寨哪峒。"(《人民日报》2001年10月25日)如果只说"三十六套",这个数量结构里的"三十六"可以分析为数词或者数词结构，大概没有人再提问题；然而，上例说的是"六六三十六套"，这个数量结构里的"六六三十六"当然也可以分析为数词结构，可是，对于诸如此类的数词结构，怎么做语法分析啊？老实讲，我很怕有人问我。这些年，我越来越感觉碰到的问题太多，而自己的认识却太肤浅。

目前，学风浮躁。有些行政性的规定，形成了导向，容易把学者尤其是青年学者引向急功近利。于是，写出来的文章往往"长平快"。文章长，质量平，写得快！打排球，"短平快"是一种很好的打法；写文章，"长平快"却对学科发展不利。汉语语法研究的成熟，需要一代接一代学者的不懈努力，需要寄希望于青年。假如"长平快"成为惯性，会影响一代代青年的研究质量。我们应该充分重视这一点。

做学问难，做学问的学问，尤其难。敬敏兄不仅会做汉语语法学这门学问，写了不少书文，而且会做汉语语法学这门学问的学问，在出版了《汉语语法学史稿》(1990)二十年之后，又向读者奉献了《新时期汉语语法学史》这部新著。当然，任何人写学科发展史，都不可能把所有书文全都读完，即使是读过了的，评价起来也不可能完全没有自己的取值倾向，因此，对于人物或书文有的可能介绍得多一点，有的可能介绍得少一点，有的还可能会引起争议，这是在所难免的。我相信，无论如何，大家都会怀着赞佩的心情，感谢敬敏兄的可贵努力。

邢福义

2010 年 5 月 1 日

自　序

一　另起炉灶：两本史书的渊源关系

读研究生的时候，我连做梦都没有想到过，我会对中国语言学史，特别是汉语语法学史的研究情有独钟，而且居然前后跟四本史书有缘。前两本是 20 世纪 90 年代初写的：一本是《汉语语法学史稿》(上海教育出版社 1990，商务印书馆 2006 修订版)，一本是跟英年早逝的方经民先生合作的《中国理论语言学史》(华东师范大学出版社 1991)。原以为这以后的研究历史该由年轻的朋友来续写了，没料到，还会在 21 世纪初应潘悟云兄之邀合作主编了一本《中国社会科学 100 年·语言卷》(上海人民出版社 2005)，接着一发不可收，居然"雄心勃勃"再写了一本，这就是手头这本刚刚杀青的《新时期汉语语法学史(1978—2008)》。

1980 年下半年，我还是杭州大学(今浙江大学)中文系攻读现代汉语硕士学位的三年级研究生，一个偶然的机会，看到山东师范大学马松亭先生写的《汉语语法学史》的油印本，厚厚的一大本，记得这还是我的硕士生导师王维贤先生借给我的。我一边看，一边想，越看越佩服，因为马先生确实读了不少书，也颇有心得体会，但同时也感到有点遗憾，因为这本书不太像"史"，主要缺少纵向的梳理和横向的沟通,倒像一本语法专著简介。那时有一股初生之犊不怕虎的劲头,竟然也不自量力想动手来写一本真正有"史味"的汉语语法学史。当然,我自以为有一定的优势,那就是:我是北京大学中文系语言专业 1966 年毕业的,五年的语言学科班训练以及三年语法专业的研究生学习,使我拜读了不少汉语语法论著,也因为待过北京和上海、杭州,有幸结识了一批汉语语法学界的知名学者,而且也比较熟悉学术界的师承渊源关系。当我把这一想法向恩师王维贤先生透露时,他老人家给了我极大的支持,可以说正是他的认可,才促使我下决心来做这件可能是吃力不讨好的事情。我在完成硕士毕业论文前后,就开始了资料收集以及撰写初稿的工作。即使在等待毕业分配最艰难最苦涩的日子里,我也没有停止过写作。1981 年年底,在拖延了好几个月之后,幸运之神又一次眷顾了我,我正式被分配到上海华东师范大学中文系工作,不仅回到了上海这个阔别了 20 年之久的第二故乡,而且来到汉语语法研究的又一个重镇,更令人欣慰的是有机会得到著名语法学家胡裕树、张斌和林祥楣等先生的具体指导,更深入地了解到海派文化和海派语言学的真谛。

经过两年多的努力,《汉语语法学史稿》终于完稿,王维贤先生亲自审读了前半部,并提出了宝贵的修改意见,朱德熙先生也提出了许多宝贵的建议。我满怀希望地找到上海教育出版社,老编辑姚芳藻先生接收了稿件,他还请了资深编辑陆尊梧先生帮助审阅,最后回答说:可以出版,不过需要修改。这对我这个初出茅庐的青年讲师来说,已经是个相当令人振奋的消息了。我答应马上修改,而且还比较自信。不久就把修改稿送到了出版社。可是没想到,

自　序

这一放就是两年。我年轻脸薄，不好意思去追问，一直到了1986年，好像是泥牛入海无消息，我这才硬着头皮打电话去问姚芳藩先生这本书到底还出不出，他的回答绝妙："没说不出啊！"话锋一转表示希望我再修改一遍。尽管我心里一万个不愿意，但出于无奈，只好勉强答应了。事隔两年再重读旧稿，这才发现，问题还真的不少，如果不改就这么出版了，可能会遗憾一辈子。因为这些年来，我一方面做了一些汉语语法本体的基础研究工作；另一方面，应杭州大学《语文导报》的邀请，也写了一些汉语语法研究的综述性文章；一方面我应邀参加了中年学者的语法讨论会，另一方面，又积极参与了青年学者的语法研讨会，不但结识了不少学术界的朋友，也对汉语语法研究的走势形成了自己的看法。一句话，以前虽然也有一些自己的想法，但是还比较粗浅，比较蒙眬；现在眼光开拓了，尖锐了，比以前清醒，也比以前深刻了。我从内心感受到，初稿确实应该修改，而且要大改，把自己新的想法写进去，把20世纪80年代新的研究情况以及发展趋势写进去。坦率地说，这本《史稿》没有这次重大的修改，就不会有后来学界的嘉许。我从心底里感谢姚芳藩先生。1988年上海教育出版社终于答应正式出版，本来朱德熙先生已经答应为我写序，可惜校样出来时，他已经去了美国。胡裕树先生慷慨答应为该书写了热情洋溢的序言，对该书给予充分的肯定。1990年该书正式出版。1993年获得华东地区图书出版优秀奖，1994年获得上海市哲学社会科学优秀著作三等奖，1995年，由于胡裕树和王维贤先生的大力推荐，获得首届教育部哲学社会科学优秀著作二等奖，并且被绝大多数的汉语言文字学（语法方向）的硕士点和博士点指定为必读参考书。该书出版以后，在汉语语法学界引起一定反响，吴继光、尹世超、戴耀晶等先生先后发表热情洋溢的书评，尤其让我深感荣幸的是吕叔湘先生的首肯，他在给我的回信中写道："惠赠大作已断断续续翻阅一过，取材宏富，分析细密，不但胜过同类著作，在近年出版的语法论著中也不可多得。"他还热情地向海内外的学者推荐此书，据说韩国许璧先生和日本鸟井克之先生关于汉语语法学史的两本著作就基本上采用该书的框架和观点。

　　迄今为止，有关汉语语法学史的专著，已经出版近10本，比较有影响的是三本：林玉山先生的《汉语语法学史》、龚千炎先生的《中国语法学史》和拙著。前两本书各有所长，也各有所短。但是，他们的论述基本上只是局限在1966年之前，对80年代的研究几乎没有涉及（龚著的修订本补充了部分内容）。

　　1996年，我的师兄、商务印书馆的张万起先生策划出版一套1949年以来的汉语语法丛书，这一想法得到了吕叔湘先生的大力支持，他在给张万起先生的信中，慎重地推荐了拙著《汉语语法学史稿》入选。后来，虽然由于种种原因，这套丛书没有能够如期出版，但是商务印书馆还是有兴趣出版该书的修订本。张万起先生和周洪波先生几次都表达了这一意向。2001年，我刚结束了香港商务印书馆教材编写工作回到上海，就下决心开始修订了。

　　一开始，我就确定了修订的原则，即修订工作应该集中在1978年以来，而且要加强理论学派与发展趋势的研究。但是事实上，修订工作进行得并不顺利，远远没有我当初写这本书初稿时那么顺畅。主要原因是：第一，没想到新资料那么多，这20多年的语法研究论文和著作浩如烟海，其广度和深度是前80年根本无法比拟的。第二,我们目前的资料信息工作还很落后,什么东西都要自己去核查,手头可以参考的索引,只有徐烈炯、王志洁主编的《汉语语言学书目(1980—1997)》(外语教学与研究出版社 2001)以及刚刚出版的《中国语言学论文索引 1991—1995》(商务印书馆 2003)。第三,80 年代初期,我的教学工作比较单纯,可以专心致志地去写作,而且年轻笔头也快;而现在杂事繁多,年近花甲,文思肯定没那么快了。而且 2002 年我又正在着手工作单位的调动,即从华东师范大学正式调入广州的暨南大学,这自然也要牵涉不少精力。

　　幸运的是 2004 年初我应邀到香港浸会大学中文系任教,对象是研究生班。课时不太多,因为是客座教授,系里的杂事,人家一般也不来麻烦自己。这样,我反而可以抽出时间,集中精力修改书稿了,而浸会大学图书馆丰富的藏书也为我提供了大量有用的资料。写着写着,忽然发现,1978 年以来的内容跟原作相比,几乎已经是"面目全非"了。也就是说,1978 年以来的章节已经全部推倒重来。重写的部分已经超过 30 万字。我忽然觉得,不如独立出来成为一本新书,这一想法得到我的好几个朋友和博士生们的支持。

　　这样一来,原来的计划就必须作比较大的变动:《汉语语法学史稿》继续按照原计划搞一个"修订本",基本框架和内容不动,只是做局部调整,并且对一些明显存在的纰漏进行修补,大体保持原作风貌。另外我打算另起炉灶,再写一本新书《新时期汉语语法学史》。

　　2005 年,我以此为题申请广东省教育厅的重点研究项目,很幸运获得批准。这样我就计划把论述的时间段从 2004 年放宽到 2008 年,从 1978 年算起正好 30 年。2010 年新年,刚刚从台湾开会讲学回来,我就着手书稿的最后修订工作,整个春节,加上寒假,几乎足不出户,因为材料比较齐全,还可以充分利用暨南大学图书馆的网上服务,所以苦战数月,终于能够在五一前夕杀青。

这本史书的时间跨度是 1978 年到 2008 年,这是一部断代史,是一部反映中国新时期三十年里汉语语法研究的史书。这三十年对中国来说,是改革开放的三十年,是决定国运的三十年,也是改变我们每个人命运的三十年。我毫不讳言地说:我们是改革开放国策的受益者,对这三十年充满了感情。我们有责任记录、评价、宣传这三十年的汉语语法研究的辉煌历史。我的目的很单纯,就是要为我们这个时代、为我们的语法学事业,为我们这几代人树碑立传,给后来者留下一份历史的记录。

二　新稿特色:立体交叉评述模式

中国当代史的"十年动乱"是指 1966 年到 1976 年,其结束标志为"四人帮"垮台。经过两年左右的调整,一直到中国共产党的十一届三中全会的召开,也就是说从 1978 年开始,才真正进入以"改革开放"为标志的"新时期"。经过这 30 年的建设,中国已经发生了翻天覆地的巨变,并且已经开始和平崛起,成为世界经济发展的最强劲的动力源。同样,在学术界,在汉语语法学界,更是进入了一个崭新的前所未有的发展新时期。我们这部书,既然命名为"新时期汉语语法学史",就以 1978 年为起点,以 2008 年为暂定终点。不仅如此,汉语正在走向世界,汉语研究,包括汉语语法学也正在大踏步地登上国际舞台。我们要了解世界,世界也要了解我们。我们有责任有义务向全世界介绍我们汉语语法研究的最新成果和发展趋势,这是一个历史赋予我们的光荣使命。

为了更突出"史"的时间特点,同时考虑到只有三十年的历史,我们采用了一种全新的立体交叉评述模式:全书先是"导论",对新时期三十年汉语语法研究的情况进行一个综合性的评述,带有宏观的性质,着重历史分期、发展趋势、理论背景、队伍建设以及研究特色;然后,正文从四个方面区分不同领域和层次作详细评述。

正文的四个板块是:

第一编"理论篇",包括语法学流派、理论探索以及争议问题三大主题。"语法学流派"将比较系统地评述汉语形式语法、功能语法、认知语法,以及语义语法等学术理论流派及其研究成果;"理论探索"将选取汉语语法理论研究中若干个比较重要的课题进行专题式评述;"争议问题"将对若干重大理论争议焦点进行比较分析。总之,本编强调理论的探索,采取一种比较宽容的、多元的、公平的态度来进行评点。

第二编"人物篇",重点评述汉语语法学界的代表性学者。学者的选取以及排序是最费心机的,而且因为是当代史,绝大部分的学者还健在,中青年学者还在发展变化之中,因而是难上加难。经过再三斟酌,最后还是决定尊重中国语法学界的传统做法,大体上按照进入学界以及成名的时间,适当参照年龄因素来进行划分,而不是按照流派(这将在理论部分阐述)来划分,这样可以比较合理地体现学术的传承关系以及研究活力的生长期。一共分为四个层面:1.老一辈(20世纪40—50年代成名的);2.中生代(20世纪50—60年代初期大学毕业,80年代的主力军);3.新中生代(多为"文革"前大学毕业,1978—1980年入学的研究生为主体);4.新生代(20世纪80—90年代新培养的本科生、研究生为主体)。至于更为年轻的新新生代,因为还处于萌芽状态,本书原则上不加评论。这实际上也是中国知名现代汉语语法学家的评传,主要评述他们研究的重点、亮点及影响。除了领军人物之外,其他一律按照地区以及年龄排列以示一视同仁原则,当然各人贡献和影响可能有大小,篇幅也有所不同。即使如此,也不敢说,所有的语法学家都囊括进来了。如果有所遗漏,也许在所难免。至于研究历史语法、方言语法,乃至口语语法、汉外语法比较、中文信息处理语法的学者,也分别在第三编、第四编有关章节里单独一一列传介绍。境外的汉语语法学家,只提及从中国大陆出去,并且目前还在境外工作的朋友,至于已经加入其他国家的国籍,或者港澳台地区本身成长起来的汉语语法学家,由于资料不足等问题,基本没有涉及,有待以后补充。因此,本书已为将近100位当代语法学家立传。

第三编"本体篇",包含三部分内容:1.就汉语语法重要的基本结构单位的专题研究进行论述,这实际上是个简明的语法专题研究史;2.就汉语语法的句法语义专题研究进行评述,涉及歧义研究、语义配价、语义指向、语义特征、语义范畴等主要课题。3.评述语法的纵横比较研究,包括五大课题:古代汉语语法、近代汉语语法、方言语法、口语语法,以及汉外语法比较的研究。

第四编"应用篇",论述汉语语法的应用性研究,包括汉语教学语法研究、对外汉语教学语法研究、中文信息处理语法研究,以及有关的现代汉语教材(语法部分)建设,最后是汉语史评学的研究,包括史书以及语法学评论。

"导论"是宏观的把握,是整体的反映,也是贯穿全书的主线。

"理论"是语法研究的灵魂、核心,也是语法学发展的动力;"人物"是主体,是活跃在研究第一线的学者,他们的研究活动和研究成果构成了历史的基本框架。"本体"是活动的肢体,耕耘的土地,丰收的成果。"应用"则是语法研究的实践,也是不可或缺的有机组成部分。这四个板块,就是四根支柱,撑起"语法学史"的大厦。

本书采用立体交叉方式评述模式,从而保证了有关评述的广度、深度以及彰显度:首先是胸有全局,对汉语语法学的特点、得失以及发展趋势有自己清醒的看法;同时对具体问题、细节一丝不苟,务必落实,不容存疑。这样就要坚持几个结合:通史与专史的"纵横结合"、概述与重点的"点面结合"、事实与理论的"史论结合"、本体与外围的"里外结合"、学者与论著的"人物结合"。并且充分利用图书馆、中国知网、百度搜索、跟朋友的电邮联系等所有手段,确保掌握第一手资料,保证每篇论文、每部书稿、每个人物、每段引语、每个出处,都有案可查。这样纵横交叉以及划分不同领域和层次的论述,将使读者对这30年来的汉语语法研究的历史形成一个立体的多方位的认识。

三　师恩难忘:春风化雨润心田

历史是人民和英雄共同创造的,学术史则是由全体学者以及领军人物共同书写的。这些年来,我很高兴结识了不少汉语语法学界的学者,他们有的是我的老师,有的是我的校友,有的是我的同门,也有的是我的学生,更多的是我的朋友和知己,他们的研究共同构成了这部书的基础。需要特别提出来的是,我应该特别感谢几位恩师,他们不仅帮助我学会了如何做学问,如何做汉语语法研究,更为重要的是让我明白了如何做人,一个大写的人。学者就要有学者的风范,要不断学习,不断进步,决不故步自封,学术思想要不断创新。要虚怀若谷,容许别人批评,也允许别人反批评,千万不要自以为老子天下第一。我常常说,自己是个幸运儿:还在上大学时,就有幸聆听接受王力、朱德熙先生和陆俭明先生的教诲;在进入新时期以后,又有机会得到王维贤先生的亲自指点,并且有幸得到几位大师级学者吕叔湘先生、胡裕树先生以及邢福义先生多方面的指导和帮助。这几位德高望重先生的情谊是我永生难忘的。

第一位是吕叔湘先生,一方面他的语法研究的思想,尤其是从意义到形式的研究思路对我有极大的启发,是我阐述"语义语法"的基本依据和重要来源;另一方面,我要特别感谢他老人家对我的《汉语语法学史稿》的厚爱,是他的首肯、推荐,使得海内外许多朋友认识了这本书。可以这样说,吕叔湘先生于我有知遇之恩。

第二位是朱德熙先生,我是他的登堂入室的弟子,当年他无与伦比的学识和精湛绝伦的上课艺术启迪了我,引导我走上了汉语语法研究的道路。他的语法研究思想对我,对我们这一代的影响是极其深刻的。他使我们懂得语法研究,不仅是学术,还是门科学,还是门艺术。他对我的鼓励、宽容、鞭策和支持,是我前进的主要动力之一。

第三位是胡裕树先生,我虽然没有正式做过他的学生,但我自认为是他的私淑弟子。我的硕士论文,是他推荐入选研究生优秀论文选的;我的《史稿》,是他写的序言,是他领衔推荐使我获得多次奖项;我主编的《现代汉语通论》,他欣然担任顾问,并且给以具体的指导。他的三个平面这一闪光的研究思想也给了我极大的启示。

第四位是王维贤先生,他是我的研究生恩师,我的成长,离不开他的悉心指导。他在语法研究理论方面的精辟见解,他在逻辑与语法结合研究方面的造诣,他在语法学评论方面的宽容、公允以及独特的见解对我的影响是极为深远的。尤其是他的博大宽厚的胸怀,他的深刻敏锐的分析,使我明白了一个真正学者的价值。

第五位是陆俭明先生,他是我在北京大学就学时迈进语言学大门的启蒙老师,他敏锐的眼光、独到的见解、不倦的追求、与时俱进的心态,以及永葆青春活力的精神,无不成为我学习的榜样。这些年来,他对我的帮助是多方面的。他的学术思想,他的研究方法,他的处理问题的思路,无疑对我有着极为深刻的影响。

第六位是邢福义先生,他是我最敬佩的学者之一。他对学术孜孜不倦的追求,对事业的忘我献身精神,以及对语法研究真谛的透彻理解,无不让我深受感动。这些年来,他处处、事事都在无私地支持着我,我一直把他当作自己的老师。他的研究风格细腻、准确、独特,给人一种美的享受,也成为我们学习的楷模。

前面四位老先生已经作古,在我的心里树立起永远的丰碑。后面两位学者,我要向他们真诚地说一声:谢谢!

我个人希望,这部"史"能够囊括新时期30年来汉语语法研究的各种流派、各个分支学科和交叉学科、各个重要专题、各位知名人物、各个争议焦点、各类热点和亮点;一句话,希望全面、准确、公正地反映这30年来的汉语语法研究的历史面貌。我这美好的愿望,能不能实现,那只有让历史让公众来检验了。

　　合上沉甸甸的书稿,我的心情并没有因此而轻松起来。历史绝不因为某人的总结就停住了脚步,"两岸猿声啼不住,轻舟已过万重山"。当我们回顾历史、总结历史的时候,历史早就大踏步地前进了。汉语语法学,是中国语言学里最充满活力、最有激情的一环。我坚信,汉语语法研究必将为世界语言学做出自己独特的贡献,汉语语法学也必将获得她应有的历史地位和国际影响。

导　论

第一节　总体特点与历史分期

在中国语言学界众多的分支学科中,汉语语法学是队伍最庞大,成果最丰富,思想最活跃的。它相对比较年轻,如果从1898年《马氏文通》出版算起,也才100多年,所以身上的"包袱"比较轻。它的诞生跟"西学东渐"密切相关,从一开始就注定要跟国际接轨,所以特别注重于研究理论和方法的现代化和国际化。汉语语法学的学术思想一直处于变革之中,从传统语法,到结构主义语法,再到转换生成语法,再到形式语法、功能语法、语义语法、认知语法,乃至构式语法,等等,几乎没几年就会有某种新的理论跑出来,从而形成一种多元并存、借鉴创新的格局,不仅改变了自己的研究,也影响了其他的分支学科。也许会有人觉得"乱"、觉得"怪",觉得无所适从。不过,从另外一个角度看,恰恰是这一点,才保持了语法研究的青春和活力。

中国语言学界的领军人物,最近几十年里,也几乎都是出身于汉语语法学界。从黎锦熙、王力、吕叔湘、朱德熙,胡裕树、张斌,到陆俭明、邢福义……这正说明汉语语法学界的学术思想旺盛的生命力和强大的辐射力。

汉语语法学的建立,公认的看法应该从1898年《马氏文通》出版算起,这在中国的汉语学术界已经成为主流看法。这一百多年的历史,虽然并不长,但是却丰富多彩、跌宕起伏。特别是最近这30年,更是日新月异、精彩纷呈。1978年是个分水岭,在政治上标志着前一时期的结束,预示以"改革开放"为鲜明旗帜的新时期的到来;在学术上则同样标志着一个以"多元创新"为特色的新纪元的开始。

本史稿之所以冠之以"新时期",是对中国1978年以来这一特定历史发展时期的美誉。1978年以后,我国才真正进入以"改革开放"为标志的"新时期",经过这30余年的发展,中国已经发生了翻天覆地的巨变,开始和平崛起,目前已经成为世界经济发展的最强劲的动力源。同样,学术界,包括汉语语法学界,更是进入了一个崭新的前所未有的发展新时期。所以这部书,命名为"新时期汉语语法学史",有其特殊的历史价值。论述以1978年为起点,以2008年为终点,个别地方因为需要,也许还要延伸到2009年。

1976年10月,"十年动乱"终于结束了。经过短时期的拨乱反正的恢复工作,各项事业开始逐步纳入正轨。尤其是中国共产党的十一届三中全会以后,党中央制定了新的正确的改革开放的治国良策,使我国社会主义经济建设开始了举世瞩目的飞速发展,并在进入21世纪时开始为成为"小康社会"、"和谐社会",并为"和平崛起"这一新的目标而努力奋斗。

从汉语语法学史的角度来观察,新时期也应该以1978年为界。其标志:一是《中国语文》(1978年5月)复刊以及"中国语言学会"(1980 年 10 月)和各地语言学会纷纷成立或恢复活动;二是吕叔湘《汉语语法分析问题》(1979)和朱德熙《现代汉语语法研究》(1980)先后出版,代表了当时汉语语法研究的最高水平。这 30 多年的汉语语法研究出现了质的飞跃,不仅学术空前繁荣,而且思想极为活跃,显然这主要得益于改革开放国策的实施和深化。

从 1978 年至 2008 年这三十年,大致可以分为前面十二年、中间八年以及后面十年这样三个阶段,分别以 1991 年和 1998 年为分水岭。

一　突破阶段

从 1978 年到 1990 年这十二年间,汉语语法学界出现了从未有过的一片兴旺繁荣景象,学术思想空前活跃,研究工作相当出色,取得了一批批丰硕的成果。其最明显的特色是"突破",包括研究理论、范围、思路多方面对旧有观念发起冲击,出现了可喜的突破。这一时期大致可以分为前后两个阶段:

前一阶段是准备阶段(1978—1985),思想上拨乱反正,组织上健全机构,学术上总结以往的经验与教训,出版了一系列带小结性的语法著作,如吕叔湘的《汉语语法分析问题》(商务印书馆 1979)以及他主编的《现代汉语八百词》(商务印书馆 1980)、朱德熙的《现代汉语语法研究》(商务印书馆 1980)、《语法讲义》(商务印书馆 1982)、《语法答问》(商务印书馆 1985)等,并开始介绍、引进国外形形色色新的语法研究理论,如转换生成语法、生成语义学、格语法、切夫语法、系统功能语法等,且密切注意跟汉语语法研究结合起来。还开展了"析句方法"讨论以及进行《暂拟系统》的修订。

以当时 40 多岁的中年学者为主的"现代汉语语法讨论会"从 1981 年起开始举办,截至 2008 年已经连续举行 15 次,并且每次会议都出版一本论文集,《语法研究和探索》到 2008 年为止已经出版十四辑,从而在全国产生了很大的影响,涌现出以陆俭明、邢福义为代表的一批杰出学者。

后一阶段是勃发阶段(1986—1990)。其标志是 1986 年召开的"现代汉语语法研讨会(青年)",这一个会议标志着以新时期所培养的研究生为主体的新一代语法学家开始登上历史舞台,并且迅速成长为一支生力军。这一研讨会继承中年语法讨论会的优良传统,并且有所发展,更加开放,更加包容,更加创新。原则上也是两年举办一次,跟另外一个语法讨论会形成互补的局面,进入 21 世纪以后,改名为"现代汉语语法国际研讨会"。这个阶段的语法研究在原有基础上向研究的广度和深度进军。各地语法研究的学术沙龙如雨后春笋纷纷成立,中年一代已日益成熟,并成为研究的中坚力量,发挥了承上启下的重要作用;同时,青年一代开始脱颖而出,他们热情、活跃,最少保守思想,力求在务实基础上创出新的研究路子来。其代表性人物是马庆株和邵敬敏(俗称"南邵北马")等。这一阶段无论在研究理论和方法还是在研究的领域和风格诸方面,都呈现出一些前所未有的特点来,欣欣向荣,蓬勃发展。

前十二年中,朱德熙的语法思想占据了主导地位。其特色是:第一,提出"短语本位",强化了短语研究,从而大大提高了短语在语法中的地位。第二,宣称"语法研究的最终目的是弄清楚语法形式和语法意义之间的关系",从而大大加强了语义在句法研究中的作用。第三,指出需要加强共时的方言语法研究以及历史的比较

语法的研究,从而使狭义的现代汉语语法研究由于纵横比较研究
而显得更加丰富多彩。此外,吕叔湘关于静态研究与动态研究相
结合的思想以及胡裕树和张斌关于"句法、语义、语用"三个平面的
思想也深入人心。

　　这一时期语法研究的总趋势表现为五个方面的结合:语法形
式与语法意义相结合、描写研究与解释研究相结合、静态研究与动
态研究相结合、微观研究与宏观研究相结合、事实研究与理论研究
相结合。而这一切又都是以研究理论和方法上的创新为旗帜的。
没有理论和方法上的创新,语法研究就不会有突破;而没有脚踏实
地的务实精神,创新也只是一句空洞的口号。在创新指导下求务
实,在务实基础上开拓创新是该时期的总特点。

二　调整阶段

　　1991 年至 1998 年,中间这八年属于调整阶段。其起始标志,
是 1991 年 3 月在北京清华园由国家汉办以及《语言教学与研究》、
《世界汉语教学》两家杂志联合召开的高层次的"语法研究座谈
会",中心议题是"80 年代与 90 年代的中国现代汉语语法研究",
对 1978 年以来的汉语语法研究进行了回顾和总结。但是,吕叔
湘、朱德熙、胡裕树这几位语法大师的相继谢世,标志着一个时代
的结束。90 年代中期,当时的特点好像春秋战国,出现一种群龙
无首的局面。中国的学术界历来比较推崇权威,现在权威没了,大
家仿佛失去了主心骨。1992 年在南开大学举办的第六次现代汉
语语法讨论会上,当时发起这一讨论会的几位中年学者宣布不再
组织此会,引起了不小的"地震";接着 1994 年在苏州大学举办的

第七次现代汉语语法讨论会上出现的凋零景象，也是明显的迹象。中国中青年一代语法学家们经过长时间的彷徨和思索，开始了新的探索。该阶段最杰出的代表是沈家煊，他作为一匹黑马异军突起，迅速占据了理论的制高点，表现出惊人的研究活力。而且作为一个年轻的群体，一批语法新秀崭露头角，涌现出像袁毓林、沈阳、郭锐、张国宪、刘丹青、张伯江、方梅、戴耀晶、齐沪扬、张谊生、李宇明、萧国政、徐杰、周小兵等为代表的优秀青年语法学家。

三　多元阶段

最近这十年（1998—2008）属于多元阶段。其标志有两个：第一，是 1998 年前后，围绕着纪念《马氏文通》出版一百周年，汉语语法学界开展了一场声势浩大的回顾与展望的活动；第二，是 2001 年以新时期培养的研究生为主体的"现代汉语语法研讨会"改名为"现代汉语语法国际研讨会"在香港召开，这就意味着汉语语法研究进一步跟国际接轨，更加注重国际交流，国际融合。该阶段最重要的特色就是汉语语法研究理论的多元局面开始形成，形式语法、功能语法、认知语法、语义语法乃至构式语法等多元并存互补的格局开始并即将成为汉语语法研究的主流；在研究队伍方面完成了新老更替，中生代乃至新中生代的大部分逐渐淡出，新生代开始成为研究的主力军，新新生代开始登上历史舞台。事实说明，现代汉语语法研究再也不能闭关自守了，后退是没有出路的，世界发展的潮流只能够是开放兼容，取长补短，不然就要被历史所淘汰；同时也必须立足汉语，以自己独创的研究融入世界的潮流。

　　这后十年的研究历史，概括起来，最明显的特点就是汉语语法研究的多元化、现代化和国际化。

第一，是多元化，后结构主义的一统天下被多元竞争的格局所替代。形式语法、功能语法、认知语法、语义语法以及其他形形色色的语法理论都各显身手，在汉语语法研究方方面面作出了自己的一份贡献。历史一再证明，并且必将继续证明，某一种理论，随便你说得如何天花乱坠，实际上都只能够解决局面的问题，它绝对不可能解决所有的问题。所以，从这个意义上讲，各种有用的研究理论都可以互补，都应该得到他们应有的地位。

第二，是现代化，这里包含三层意思：(1)语法研究理论的现代化；(2)语法研究手段的现代化；(3)语法研究观念的现代化。换言之，我们不仅要继续引进新的理论，不仅要把汉语语法研究跟现代科技，包括计算机技术紧密结合起来，更为重要的是要用具有开放的、宽容的、发展的、动态的眼光来看待一切问题。我们的研究方法需要更加先进、科学、合理。借助于各种动态语料库，以及网络搜索(百度、谷歌、中国知网等)、远程交流等现代化手段，可以获得大量信息，进行必要的频率、概率统计，进行定性和定量的分析，以保证研究结论的可靠性。

第三，是国际化，汉语要走向世界，汉语语法研究也要走向世界。我们要了解世界，也要让世界了解我们。我们既要引进国际上一切有用的研究理论和方法，也要用我们研究的成果丰富和发展有关理论。汉语，在 21 世纪必将走向世界，将成为名副其实的世界性语言。汉语，作为世界语言宝库中最重要的语种之一，有义务也有必要为国际语言学界贡献自己的一份力量。我们必须进一步开放、引进、借鉴，历史已经一再证明，任何倒退都是没有出路的。但是,我们也不再仅仅满足于学习国外的理论,而试图在汉语研究的基础上,开发出具有中国特色的语法理论来。

可见,多元化、现代化和国际化是现代汉语语法研究走向新的繁荣的三面旗帜。

第二节　发展趋势与队伍建设

一　思想上拨乱反正,组织上逐步健全

20 世纪 70 年代末,"十年动乱"刚刚结束,万业凋零,百废待举。对语言学界来讲,同样面临着一个极其光荣而艰巨的历史任务,即重新整顿、组织专业队伍,制定复兴语言学科的宏伟蓝图,积极开展语言科学的研究,为极大地提高整个中华民族的科学文化水平、为把我国建设成为伟大的社会主义现代化强国而作出自己应有的贡献。1978 年 5 月,停办 12 年之久的《中国语文》正式复刊,并很快就成为中国语言学界最重要的权威性刊物。同年 8 月,《中国语文通讯》复刊(仍为内部刊物,1986 年起改名《中国语文天地》正式公开发行)。1978 年 4 月 14—20 日,《中国语文》编辑部在苏州召开了"语言学术发展规划座谈会",参加会议的有 29 个省、市、自治区的语言学工作者共 120 多人,这是继 1955 年"现代汉语规范化会议"以来规模最大、面最广的一次语言学界盛会。会议肯定了"文化大革命"前语言学界的成绩,并且热烈讨论了今后工作的设想,为制定语言学科学发展规划献计献策。这次会议为中国语言学的深入发展在舆论上作了准备,交流了看法,明确了

方向。

　　语言研究的组织机构也开始逐步健全。从 1957 年起酝酿达 20 多年之久的"中国语言学会",在老一辈语言学家的关心下,于 1980 年 10 月 21 日在武汉成立;并且每两年举办一次年会,年会成为团结语言学界同行,交流学术研究成果的重要活动之一,2008 年 8 月 28—30 日由温州大学承担的年会已经是第十四届年会。在 20 世纪 50 年代至 60 年代间已成立的上海语文学会、天津语文学会和广东中国语言学会先后恢复活动;同时,从 1978 年 4 月起,各省、市、自治区(除台湾外)也相继成立了语言(语文)学会。香港也于 1979 年成立了中国语文学会(并于 1979 年 6 月创刊《语文杂志》,后改名为《语文建设通讯》)。此外,还成立了一批全国性的专科学会或研究会。这些学术团体,对组织研究队伍,活跃学术思想都发挥了积极的作用。

二　语文杂志以及各种丛刊、专著纷纷出版

　　学术性较强的研究刊物除《中国语文》外,新出版的还有《方言》(季刊,1979 年 2 月创刊,中国社科院语言研究所主办),《语言教学与研究》(季刊,1978 年试刊,1979 年 9 月正式出版,北京语言学院(现为北京语言大学)主办,现为双月刊),《世界汉语教学》(季刊,1987 年 9 月创刊,世界汉语教学学会主办),《语言文字应用》(季刊,1992 年创刊,国家语委语言文字应用研究所主办),《语言研究》(半年刊,1981 年 7 月创刊,华中工学院(现为华中科技大学)中国语言研究所主办,现为季刊),《语文研究》(季刊,1980 年 6 月创刊,山西省社会科学院主办,现为双月刊),《汉语学习》(双月

刊,1981 年 1 月创刊,吉林省延边大学主办),《古汉语研究》(季刊,1988 年创刊,湖南师范大学主办,现为双月刊),《语文建设》(双月刊,1986 年由原《文字改革》改刊而成,语言文字应用研究所主办),《语文导报》(月刊,1985 年 1 月由原《语文战线》改刊而成,杭州大学中文系主办,已于 1989 年停刊),《修辞学习》(双月刊,1982 年 2 月创刊,华东修辞学会主办,现与复旦大学合办,2010 年改名为《当代修辞学》),《澳门语言学刊》(半年刊,1995 年创刊,澳门语言学会编)等;进入 21 世纪后,又有新的语言刊物出版,主要是《语言科学》(季刊,2002 年创刊,徐州师范大学语言研究所主办),《汉语学报》(季刊,2000 年创刊,华中师范大学语言学与语言教学研究中心主办),《暨南大学华文学院学报》(季刊,2001 年创刊,2010 年改名《华文教学与研究》,暨南大学华文学院主办),《对外汉语研究》(季刊,2005 年创刊,上海师范大学对外汉语学院主办)等。

在介绍、引进国外新的语法研究理论和方法方面,首先是出版了定期刊物。《国外语言学》,原名《语言学资料》,1978 年复刊改名《语言学动态》,内部发行,1980 年 1 月再次改名后正式发行,后又于 1998 年改名为《当代语言学》。不定期丛刊《语言学译丛》,1979 年起由中国社会科学出版社出版,着重翻译对当代语言学影响较大的专题论文。一些外语院系出版的杂志也颇有影响,比较重要的刊物如《现代英语》、《外国语》(上海外国语大学)、《外语教学与研究》(北京外国语大学)、《现代外语》(广州外语外贸大学)、《外语学刊》(黑龙江大学)等也经常刊登一些有关国外语法研究的译介文章。其次是陆续翻译出版了一些国外语法理论著作。如:

诺姆·乔姆斯基《句法结构》和《句法理论的若干问题》、布龙菲尔德《语言论》、德·索绪尔《普通语言学教程》、赵元任《汉语口语语法》、霍凯特《现代语言学教程》、爱德华·萨丕尔《语言论》、L.R.帕默尔《语言学概论》、W.P.莱曼《描写语言学引论》、詹斯·奥尔伍德《语言学中的逻辑》、弗·帕默《语法》、R.P.斯托克威尔《句法理论基础》、安妮·桥本《现代汉语句法结构》，等等。

此外，还有不定期出版的丛刊。这有两种情况：一是由某个高校主办的系列性丛刊，以书代刊定期或者不定期的准杂志，近年来主要由教育部若干研究中心主办，最著名的当推原由北京大学中文系编的《语言学论丛》（商务印书馆 1957），后改由北京大学汉语语言研究中心编辑，至 2008 年年底出版了 33 辑。此外还有中国人民大学编的《语言论丛》、安徽大学古文字研究室的《古文字研究》（中华书局 1979）。近年来编辑出版的有浙江大学汉语史研究中心的《汉语史学报》（上海教育出版社 2001）、南开大学语言研究所的《南开语言学刊》（商务印书馆 2002）、北京师范大学民俗典籍文字研究中心的《民俗典籍文字研究》（商务印书馆 2003）、南京大学中文系《南大语言学》（商务印书馆 2004）、北京师范大学文学院《励耘学刊》（语言卷）（学苑出版社 2005）等。二是某个学术团体主办的年会论文集，例如中国语言学会编的《中国语言学报》、上海语文学会编的《语文论丛》、北京语言学会编的《语言论文集》、中国逻辑与语言研究会编的《逻辑与语言研究》等。

不少出版社或高校还办起了面向中小学语文教学的普及性杂志，其中在全国范围内有较大影响的是：(1)《语文学习》（月刊），上海教育出版社编辑出版；(2)《语文战线》（月刊），杭州大学中文系主办,后改为《语文导报》(1989 年停办);(3)《中学语文教学》(月刊),人民教育出版社和北京师范学院中文系合办;(4)《语文教学通讯》(月刊),山西师范大学主办。(5)《语文月刊》(月刊),华南师范大学主办;(6)《学语文》(月刊),安徽师范大学主办;(7)《语文教学与研究》(月刊),华中师范大学主办;(8)《语文知识》(月刊),郑州大学主办;(9)《中学语文教学参考》(月刊),陕西师范大学主办;(10)《中文自学指导》(月刊),中文自学考试指导委员会主办;(11)《中文自修》(月刊),上海教育学院主办,后改由华东师范大学主办等。

三　学术交流活动广泛开展,如火如荼

各大学、各学会以及研究会举办多种形式的学术交流活动,如年会、讲座、论坛、报告会、研讨会、座谈会、讲习班、研究班等。跟语法研究密切相关的重要系列性会议主要有两个系列:

一是中国社科院语言研究所主办的"现代汉语语法讨论会",1981 年 5 月(北京密云)举办第一届,然后每两年召开一次:1982年 6 月(北京香山)、1984 年 7 月(延边大学)、1986 年 10 月(北京八大处)、1988 年 5 月(北京槐树林)、1990 年 10 月(安徽大学)、1992 年 11 月(南开大学)、1994 年 10 月(苏州大学)、1996 年 8 月(黑龙江大学)、1998 年 12 月(北京大学)、2000 年 4 月(安徽师范大学)、2002 年 4 月(湖南师范大学)、2004 年 11 月(福建师范大学)、2006 年 10 月(上海财经大学)、2008 年 7 月(延边大学)、2010年 4 月(香港城市大学),连续举办了 16 次现代汉语语法学术讨论会,并相继出版了《语法研究和探索》多集,早期以中年学者为主

体,后来逐渐开放,在语言学界产生深远影响。

二是以新时期培养的研究生为主体的"现代汉语语法研讨会",1986年9月(华中师范大学)举办了第一届,1990年4月(华东师范大学)、1992年4月(南京师范大学)、1994年4月(安徽师范大学)、1996年11月(华中师范大学)、1998年8月(北京大学),先后举办了6届;这一研讨会进入21世纪以后改名为"现代汉语语法国际研讨会",并且成为由我国若干著名高校(北京大学、复旦大学、华中师范大学、上海师范大学、浙江师范大学、暨南大学、香港城市大学、香港理工大学等)联合主办的学术盛会:第一届(2001年2月,香港城市大学)、第二届(2003年4月,暨南大学)、第三届(2005年6月,浙江师范大学)、第四届(青海民族学院,2007年8月)、第五届(香港理工大学2009年11月)。这一研讨会为青年语法学家登上历史舞台提供了极好的机会,而且每一届研讨会都出版了相应的论文集,依次为:《语法求索》(华中师范大学出版社1989),邵敬敏主编《九十年代的语法思考》(北京语言学院出版社1994),邵敬敏主编《语法研究与语法应用》(北京语言学院出版社1996),邵敬敏主编《句法结构中的语义研究》(北京语言文化大学出版社1998),邢福义主编《汉语语法特点面面观》(北京语言文化大学出版社1999),陆俭明主编《面临新世纪挑战的现代汉语语法研究》(山东教育出版社2000),徐烈炯、邵敬敏主编《语法研究的新拓展一》(浙江教育出版社2003),邵敬敏、陆镜光主编《语法研究的新拓展二》(浙江教育出版社2004),邵敬敏、张先亮主编《语法研究的新拓展三》(东北师范大学出版社2006),邵敬敏、谷晓恒主编《语法研究的新拓展四》(北京大学出版社2008)等。该研讨会每次还为青年学子提供 20 个资助名额并设立语法新秀奖项,这在国内也是开先河的。

比较重要的专门的语法会议还有:1985 年 11 月中国社科院语言研究所现代汉语研究室在厦门主办"句型和动词学术讨论会";1983 年 6 月和 1987 年 5 月在哈尔滨先后举行第一届和第二届国际生成语法讨论会;1995 年 12 月与 1999 年 2 月分别在北京大学与复旦大学举办的配价语法研讨会;华中师范大学语言学与语言教育研究中心举办的汉语语法专题国际学术研讨会系列,已经举办四届:1999 年"重叠问题",2003 年"被动问题",2005 年"动词与宾语问题",2007 年"语法比较",2009 年的"句子功能";还有初露头角的"现代汉语方言语法研讨会",2002 年 12 月黑龙江大学第一届,2004 年 12 月华中师范大学第二届,2006 年 12 月暨南大学第三届,2008 年 11 月泉州师范学院第四届。此外还有:以南开大学为主举办的"语义功能语法研讨会",第一届 2001 年在天津,第二届 2003 年在鞍山,第三届 2005 年在廊坊,第四届 2007 年在新乡,第五届 2009 年在长沙;广东省中国语言学会主办的"汉语语法南粤论坛",第一届 2006 年在韶关学院,2008 年在肇庆学院,第三届 2010 年在澳门大学;上海师范大学对外汉语学院主办的"现代汉语虚词研究与对外汉语教学学术研讨会",于 2003 年、2006 年、2008 年、2010 年召开了四届。

四 学术梯队逐步形成,新陈代谢加速

汉语语法研究逐步形成了一支老、中、青相结合,有一定学术水平的语法研究队伍。老一辈语法学家"宝刀未老",新著迭出,起到了引路人的作用。吕叔湘、朱德熙、胡裕树、张斌是公认的学术带头人，此外，史存直、王还、廖序东、张拱贵、张志公、王维贤、黄伯荣、胡明扬、张寿康、吕冀平、林祥楣等也保持着学术上的青春，经常发表论文或出版著作，为年轻人树立了表率。还有一些老先生虽然大多退休，或逝世，但是也还有著作问世，产生一定影响，例如陈望道、黎锦熙、刘世儒、郭绍虞、方光焘、洪心衡、朱星、邓福南、任学良等。

更可喜的是中年一代语法学家已迅速成长，这可称之为"中生代"，他们成为汉语语法研究的中坚力量。在科研和教学方面都发挥了承前启后的重要作用，20世纪80年代崛起的代表性人物主要是陆俭明与邢福义。其他知名学者在北京地区还有范继淹、饶长溶、史锡尧、龚千炎、李临定、徐枢、赵淑华、吴为章、陈建民、刘月华、史有为、马真、施关淦、田小琳、赵金铭、吕文华等。其他地区的则有徐思益、沈开木、高更生、詹人凤、张静、傅雨贤、宋玉柱、卜觉非、刘叔新、吴启主、范晓、李芳杰、范开泰等，他们都各领风骚若干年，做出了自己独有的贡献。其实，从事汉语语法研究的中生代学者还有孟琮、詹开第、吴士勋、孟维智、郑怀德、于根元、王希杰、张炼强、张学成、林杏光、鲁川等。后来，他们中间有的开始向其他领域发展，例如陈建民主要从事社会语言学和北京口语研究；于根元主要从事应用语言学研究，王希杰主要从事修辞研究，林杏光、鲁川主要从事计算语言学研究，刘月华、卜觉非、赵金铭、吕文华等主要从事对外汉语教学研究；也有的出国了，例如史有为、孟琮、刘月华、詹开第等；有的英年早逝，例如范继淹、龚千炎、林杏光、李芳杰等。除了少数精力充沛、活力旺盛之外，大部分学者在20世纪末逐渐淡出。

　　与此同时，引人注目的是一批有志于语法研究的青年一代正在茁壮成长，他们以新时期毕业的研究生为主体，在老一辈和中年语法学家的精心培育下，生机勃勃，富有创新精神。1982 年初，上海青年语言工作者陆丙甫、陆致极、邵敬敏、钱乃荣、谢天蔚、余志鸿、林立等（俗称"七君子"）率先组织了现代语言学讨论会（简称"XY"），尔后，武汉、北京、广州等地也纷纷成立青年学术沙龙。1986 年 9 月，在武汉举行了首届青年现代汉语（语法）学术讨论会，标志着语法研究的第三梯队已开始形成。其代表性人物，早期有"南邵（敬敏）北马（庆株）"之说，80 年代后期，沈家煊异军突起，形成三驾马车的格局。同辈学者还有杨成凯、张爱民、邹韶华、尹世超、廖秋忠、黄国营、陆丙甫、陈平等。这一梯队处于中生代与新生代的过渡阶段，所以命名为"新中生代"。

　　至于更为年轻的则是属于新生代，这个层次的特点是团队精神比较突出，地区特色比较鲜明，研究思路相当活跃，富有战斗力，富有创造性。新生代语法学家根据所在地区以及师承关系，大体上形成几个区域性板块——北京地区人才最为集中，北京大学有：沈阳、袁毓林、郭锐等；社科院语言研究所有：张国宪、刘丹青、方梅、张伯江、胡建华等；北京语言大学有：崔希亮、张旺熹等；其他院校还有：邢欣、刁晏斌、贺阳等；上海地区有：王珏、齐沪扬、申小龙、张谊生、金立鑫、左思民、黄锦章、戴耀晶、陈昌来；武汉地区有：萧国政、吴振国、李宇明、李向农、储泽祥等；广州地区有：彭小川、周国光、周小兵、郭熙、方小燕、李炜、屈哨兵等；其他地区则有：江苏的李葆嘉、吴继光、段业辉、马清华、杨锡彭，河南的张宝胜、李宗江、史金生,安徽的孔令达,浙江的张先亮,吉林的吕明臣、吴长安,天津的王红旗,贵州的税昌锡,等等;还包括去日本工作的方经民、张黎,去新加坡工作的石毓智等。特别是一批留学回国(包括香港澳门)的语法学者,这几年开始大展身手,各有千秋。比如:徐烈炯、石定栩、何元建、顾阳、潘海华、张敏、徐杰等。

　　需要特别说明的是:本书主体是现代汉语语法研究,但是,实际上还涉及到语法的各个分支学科或者交叉学科,有关学者及其研究成果将在相应章节里分别介绍。

　　1.古代汉语语法研究:郭锡良、何乐士、唐钰明、李佐丰、喻遂生、张玉金。

　　2.近代汉语语法研究:蒋绍愚、江蓝生,以及祝敏彻、刘坚、孙锡信、柳士镇、殷国光、马贝加、曹广顺、冯春田、吴福祥、傅惠钧、洪波等。

　　3.汉语方言语法研究:施其生、张洪年、伍云姬、丁崇明、李小凡、吴继章、乔全生、汪国胜、邢向东等。

　　4.口语语法研究:陈建民、孟琮、周一民、吴为善、王洪君、冯胜利等。

　　5.对外汉语语法教学:李晓琪、沙平、肖奚强、卢福波、李泉、孙德金、陈前瑞等。

　　6.计算语言学:林杏光、冯志伟、鲁川、张普、靳光瑾等。

　　这一切都说明了汉语语法研究不仅仅只局限于现代汉语语法,而是涉及纵向的历史语法、横向的方言语法以及口语语法、对外汉语教学语法等,显然已经大大超出了“十年动乱”前的规模和水平。特别应该指出的是:第一,曾恶性发展的“左”的思潮已遭到了批判，在广大语言工作者中已基本上没有市场了，这就保证了学术上的长期、稳定的繁荣兴旺。我们只有坚决地排除来自"左"的和右的种种干扰，才能从根本上保证汉语语法学永远保住这种健康而迅猛的势头。第二，汉语语法学是汉语语言学各门学科中最活跃的，成果也是最突出的。但是，这同国际上语法学界的发展情况相比还存在比较大的差距，无论在研究的广度还是深度上都存在不少问题。要想在 21 世纪有所突破，建立起具有中国特色的汉语语法学，必须挣脱陈旧的习惯势力的束缚，在战略观念上进行更新，拿出建立在汉藏语系研究基础上的最新成果，更加紧密地跟国际接轨，在研究的理论和方法上做出新的探索。

第三节　宏观分析与研究特色

一　汉语语法学界呈现出研究理论多元化的态势

当前汉语语法学界的理论意识，从来也没有像现在这么活跃过、强烈过，人们不仅在回顾着汉语语法研究的历史，更为重要的是思考着今后发展的趋势。如果说 20 世纪的汉语语法研究以"求实"作为旗帜，那么，21 世纪的汉语语法研究则以"创新"作为动力。

当前汉语语法学界最重要的特点是"理论的多元性"。所谓"多元性"，是指多种不同理论背景的语法研究共存、互补、相促。首先是"共存"，即自己的发展不是以对方或别人的消亡作为前提；其次是"互补"，即承认自己的理论也有不足的地方，因此就有必要从别人那里吸取有价值的东西来弥补自身的缺陷;最后是"相促",即不断地对自己也对别人提出问题,进行新的探索,这就将大大地推动理论的发展。应该承认这是个好现象,因为打破了结构主义语法一统天下的局面。汉语语法研究从大的流派来讲,我们认为目前有四大派:形式语法、功能语法、认知语法和语义语法。它们分别以"形式"、"功能"、"认知"和"语义"作为旗帜和研究的出发点。

在多元研究的大前提下,国内汉语语法研究的主流,还是以吕叔湘、朱德熙为代表的,以探索语法意义与语法形式关系为目标的研究思路。并且在这一坚实的研究基础上,进一步挖掘功能交际的制约,寻求认知解释上的突破。

在新世纪里,这四种语法理论必将长期共存、互补、相促。其实,语言是极为复杂的变化着的系统网络,没有任何一种语法理论可以把所有的问题全都解决了。各种理论都强调或侧重一个方面,但同时谁都离不开对方,因此必须长期并存,互补互促,共同繁荣。

二　汉语语法学界已经基本完成新老交替的进程

20 世纪 80 年代汉语语法学界的主力军主要是 50、60 年代毕业的中年一代,其标志是 1981 年 6 月现代汉语语法讨论会(密云会议)的召开;1986 年首届青年现代汉语(语法)学术讨论会(武汉会议)的举行,标志着以新时期培养的研究生为主体的年轻一代学者登上了舞台。90 年代起,当年刚刚登上历史舞台的生力军经过多年的磨炼,已经迅速成长为主力军,这一新陈代谢的过程是在

1991—1998 年间完成的,其最明显的标志是参加"现代汉语语法讨论会"(原来以中年为主体)的与会主体发生了根本性的变化,年轻学者替代原先的中年一代唱起了主角,原先的中年语法讨论会与青年语法研讨会的成员逐渐融为一体。更为年轻的新生代已经初露头角,显示出他们研究的整体实力和不可估量的发展潜力,而且开始走向国际舞台,他们将成为 21 世纪汉语语法研究的主力军。这一标志就是 2001 年初在香港举办的"21 世纪首届现代汉语语法国际研讨会"。

现在国内汉语语法研究的中坚力量是 1978 年以来新培养出来以硕士和博士为主体的新一代,中国语法学界已经基本完成了新老更替的步骤。80 年代以来毕业的研究生是一个连续统,年龄分布在 20 多岁到 60 多岁,其中,80 年代末到 90 年代毕业的研究生现在已成为最活跃的群体,而且后继人才正源源不断地在进入我们的队伍。我们研究队伍的年轻化,在研究观念上也带来了可喜的变化,那就是研究的开放性、综合性和多维性。

三　汉语语法学界进一步高举"借鉴"和"特色"两面大旗

21 世纪已经来临,汉语语语法研究如何适应科技的发展以及世界潮流的涌起,目前正酝酿着一个新的语法研究高潮。随着我国加入 WTO,汉语语法研究必将进一步跟国际接轨,对汉语语法研究将会提出更高的要求。如何根据汉语语法的特点,一方面继承我国语言学研究的优秀传统,另一方面借鉴国外先进的语言学研究理论与方法,在此基础上产生出具有中国特色的语言学理论和方法来,这是摆在我们每一个从事现代汉语语法研究人士面前无法回避，也不可以回避的问题。

我们要高举两面大旗：一是"借鉴国外"、"跟国际接轨"，一是"立足汉语"、"形成自己特色"。这两者的有机结合才是我们唯一的出路。因此，我们不赞成一味地只讲"引进"，不讲"输出"；只讲"普遍语法"，不讲"个性语法"；只讲"借鉴"，不讲"创新"；当然，我们也不赞成动辄要回到中国传统的语文研究老路上去，拒绝借鉴国外的研究理论和方法，历史已经并且必将再次证明：回头路只能是死路一条。

我们必须跟国际接轨。是的，问题在于这个接轨必须是双向的，而不是单向的。我们不能只是引进，而没有输出。引进绝对是必不可少的，然而输出也是势在必行的。汉语作为世界上最重要、历史最悠久、使用人口最多的语言之一，我们的研究的虽然还远远不够，但是也不是一无是处。我们必须向世界介绍我们杰出的研究成果，用我们的研究去丰富语言学的普遍理论。中国要了解世界，世界也要了解中国。

我们必须遵循国际学术界通行的游戏规则。没错，问题是这个游戏规则是否完全合理，我们不能游离在世界之外，我们必须参与国际的一系列的研究与活动，在基本遵循别人制定的游戏规则的同时，用我们自己独到的研究去修改、弥补、完善这个游戏规则。我们不能被动地完全跟着别人的游戏规则"玩儿"，我们也需要亮出自己的绝活。

朱德熙先生曾经在给"第二届现代语言学现代汉语语法研讨会"的贺信中一针见血地指出："我们不能妄自尊大，但也不要妄自菲薄。"(1990)这种不卑不亢的态度是任何一个从事汉语语法研究的学者必须具备的。

这也就意味着:第一,我们要虚心向国外学习先进的语言学理论和方法,第二,我们要重视自身语言学研究的传统和理论建设,第三,要树立理论的多元意识,尽可能地把汉语事实跟一定的理论结合起来,在描写的基础上进行合理的解释。只有这样,我们的汉语语法学,才能健康、强劲、持久地发展。

第一编 理论篇

第一章 汉语语法研究的理论流派

1978 年到 2008 年这跨越 20 世纪和 21 世纪的 30 年,是极为重要具有划时代意义的 30 年,一只丑小鸭正在蜕变为一只白天鹅。其最为重要的变化,就是从以往只是强调"求实",演变为在"求实"的基础上"求变"、"求新"、"求创"。换言之,理论意识得到前所未有的加强。

表现之一是语法研究从初级阶段的以描写为主,逐渐转向在描写的基础上致力于"解释",并把"三个充分"定位于语法研究的目标:观察充分,描写充分,解释充分。观察和描写当然离不开理论的指导,而解释尤其需要在语言学理论上进行突破。在进入 21 世纪以后,单纯的描写性的语法论文已经很难得到认可,人们迫切需要在理论上有创新意识。

表现之二是语法研究理论的多元化趋势。传统语法之后是结构主义语法理论的一统天下,应该承认,结构主义的一些基本原则和方法,甚至于还包括传统语法的一些经典观点和方法,都构成我们现在研究和讨论的基石,在这个基础上,语言学理论向多极发展,这主要表现为四大流派:汉语形式语法、汉语功能语法、汉语认知语法,以及汉语语义语法。除此之外,还有各种语法理论,比如格语法、配价语法、词汇语法,以及最新的构式语法,等等。我们越来越认识到,语法是由无数子系统构成的极为复杂的系统网络,任何一种理论都无法穷尽地解释它,任何一种理论都不可能包打天下,所以,我们必须采取宽容的开放的态度对待各种理论和方法。

表现之三是对建立具有中国特色语法理论的追求。毋庸讳言,语法学从一开始就是引进的,而且主要是从欧美引进各种观点和理论,我们的前辈从来也不满足于单纯的引进,一直在探索如何结合汉语语法来建立我们自己的语法学理论体系。经过一个多世纪的探索,已经产生许多模式和有价值的观点。比如汉语认知语法、汉语语义语法的多种模式,甚至包括"字本位"的讨论,不管你是否同意这个观点,实际上也反映了这一探索进程。从 1999 年起《国外语言学》杂志正式改名《当代语言学》,这不仅仅是名称的改变,实质上也是一种观念的改变,即从以翻译介绍国外语言学研究成果为主,转向"批评性地消化吸收,以我为主推陈出新"的办刊方针,这就意味着,一方面继续引进、介绍,以拓宽我们研究的视野,另一方面更为重要的是为洋为中用,在理论和方法上致力于为探索的研究者提供一个交流切磋的平台。

有关理论探讨性质的论文,可参阅两本资料书。一是马庆株主编的《二十世纪现代汉语语法论文精选》(商务印书馆 2005)以及《二十世纪现代汉语语法论著指要》(商务印书馆 2006);后者共分三编,甲编介绍 20 世纪各家现代汉语语法学论文 317 篇,乙编介绍中文著作 149 部,丙编列出其他部分论文索引。编者客观而全面地选择 20 世纪以来各个时期的重要学术成果,并优先介绍使用指数高、获过重要奖项的论著。以具体研究成果为主,兼有理论问题讨论。选题覆盖面广,收文涵盖量大,是 20 世纪现代汉语研究的重要总结性参考文献。二是李凤琴主编《中国现代语法学研究论文精选》(上海外语教育出版社 2005),该选集主要收录外语学界的研究成果,按"语法与语法学"、"传统语法学"、"生成语法学"、"功能语法学"、"认知语法学"、"配价语法与蒙塔古语法"分别收录 61 篇论文。

第一节　汉语形式语法

乔姆斯基(Noam Chomsky)的转换生成语法,以结构规律及其形式化为目的,所以简称形式语法。在美国语言学界长期以来属于主流派别,但是引进中国虽然很长时间了,却一直没有能够占据主流派的地位,可谓"雷声大,雨点小",其原因值得深思。我们认为这主要是:第一,乔姆斯基的理论不断在进行修改,从《句法结构》(1957)出版以来,经历了第一语言模式、标准理论、修正后扩充的标准理论、支配与约束理论以及最简方案等五个阶段,致使追随该学派的人也感到无所适从。第二,掌握这一理论需要拥有比较扎实的数理逻辑和语言哲学的理论背景,而汉语语言学家往往缺乏这方面的素养。第三,这一理论在操作时往往需要进行数学公式的运行和推导,这对比较熟悉社会人文科学的中国学者来讲显得比较陌生。第四,这一理论主要是从英语为代表的印欧语中概括出来的,汉语尽管跟英语和世界其他各种语言有着一定的共性,但个性也是比较明显的,这一理论在处理共性和个性关系方面存在明显缺陷。第五,该理论把追求"普遍语法"看做语法研究的唯一目标和最终目标,结果导致对大量汉语事实语法规律视而不见,无法解决汉语教学、对外汉语教学和中文信息处理中的实际问题,换言之,无法满足社会和时代的需求。这最后一点也许是至关重要的,因为语法学不是学者自我陶醉的殿堂,而恰恰应该是社会发展需求的产物。一种理论只有适应社会的需求,才会具有强盛的生命力。这是颠扑不破的真理。

汉语形式语法研究的主力在境外。黄正德(美国哈佛大学)是在美国进行汉语形式语法研究的领军人物,他忠实于乔氏的理论,致力于用汉语事实来证明乔氏理论的普遍性,但有时难免有让事实迁就理论之嫌,代表作是他在自己博士论文基础上修改出版的《汉语生成语法——汉语中的逻辑关系及语法理论》(黑龙江大学科研处 1983);此外还有李艳惠(美国南加州大学)、李亚非(美国威斯康星大学)等。台湾做得最有影响的是汤廷池(台湾师范大学),他的研究比较系统而全面,《国语变形语法研究》(台湾学生书局 1977)是第一部运用这一理论来分析汉语语法的专著,他的《国语语法研究论集》(1979)以及学生书局出版的一系列论文集都产生了很大的影响。此外,郑良伟、邓守信、李英哲、黄衍等在汉语形式语法研究领域也都取得了显著的成就,但大量的重要研究成果主要发表在国外一些杂志上,如王士元主编的 *Journal of Chinese Linguistics*,黄正德主编的 *Journal of East Asia Linguistics* 以及 MIT 的 *Linguistic Inquiry*,黄正德等人编的 *New Horizons of*

Chinese Liguistics 等。生成语法的一些核心问题,例如移位、孤岛条件、长距离约束的条件、量词辖域、反身代词、疑问词在逻辑式平面上的移位等,在汉语中到底如何理解和分析,引起了大家广泛的兴趣,并引发了一些争论。

国内最早介绍乔氏学说的是邢公畹等,他们翻译出版了乔姆斯基早期经典成名作《句法结构》(中国社会科学出版社 1979),接着是黄长著等翻译的《句法理论的若干问题》(中国社会科学出版社 1986)、牟小华等翻译的《语言与心理》(华夏出版社 1989)、徐烈炯翻译的《乔姆斯基语言哲学文选》(商务印书馆 1992)以及周流溪等翻译的《支配和约束论集》(中国社会科学出版社 1993)。宁春岩、侯方等还比较系统地翻译了一套生成语法理论的著作以及海外汉语学者有关汉语语法的成果,特别要指出的是黑龙江大学两次举办转换生成语法研讨会,第一届是 1983 年,第二届是 1987 年,这对扩大转换生成语法理论在汉语语法研究中的影响发挥了重要的作用。

除了翻译原著之外,更多的是一般介绍中有专门章节对形式语法阐述的论著,例如:冯志伟《现代语言学流派》(陕西人民出版社 1987),胡明扬《西方语言学名著选读》(中国人民大学出版社 1988),赵世开《国外语言学概述》(北京语言学院出版社 1990),方立《美国理论语言学研究》(英文版,北京语言学院出版社 1993),俞如珍、金顺德《当代西方语法理论》(上海外语教育出版社 1994)等。至于有关介绍性的论文,数量更为可观,数以百计。20 世纪 80 年代以引进介绍为主,赵世开、王维贤、徐烈炯、宁春岩、方立、侯方、吴道平、陈平等做了大量的引介工作。

　　翻译和一般性介绍不能满足人们的需求,这样就出现了结合汉语事实系统阐述形式语法理论的著作。汉语形式语法的代表性人物,国内历来有"南徐(烈炯)北宁(春岩)"之说。

　　徐烈炯虽然是外语学界出身,但是他一贯比较注重运用这一理论来分析解决汉语语法事实,因此影响比较大。他的《生成语法理论》(上海外语教育出版社 1988)是大陆第一本系统介绍早期形式语法基本理论和研究方法(不包括原则与参数理论和最简方案),该著作最大的优点:第一,被誉为最忠实于乔姆斯基原著的介绍,全面而准确;第二,深入浅出而且能够结合汉语实例来进行说明。徐烈炯主编《共性与个性:汉语语言学中的争议》(北京语言文化大学出版社 1999)则试图通过十二个有争议的语法专题来看形式语法是如何解决问题的,属于思辨性的。徐烈炯《中国语言学在十字路口》(上海教育出版社 2008)包括:上篇"走进当代语言学的主流"、中篇"观察中国语言学的现状"、下篇"思考中外语言学分道的缘由",该书对了解形式语法的渊源关系以及中外语言学的差异有所帮助。他后来出版了一系列的专著,主要有《话题的结构与功能》(和刘丹青合著,上海教育出版社 1998,增订本 2007)、《语义学》(语文出版社 1990)、《话题与焦点新论》(上海教育出版社 2003)、《焦点结构和意义的研究》(和潘海华合著,外语教学与研究出版社 2005)以及《指称、语序和语义解释》(上海教育出版社 2009)、《生成语法理论:标准理论到最简方案》(上海教育出版社 2009)等。

　　宁春岩,1964 年在黑龙江大学获英语语言文学学士学位,1987 年在美国康奈尔大学语言学系获硕士学位,1993 年在美国加洲大学尔弯分校语言学系获博士学位。1984—1985 年美国 MIT 语言哲学系富布莱特访问学者,1985—1986 年澳大利亚国立大学研究员,1993 年起任广东外语外贸大学语言研究所所长,2000 年起任湖南师范大学外国语学院教授、博导,现任湖南大学认知科学研究所所长、教授、博导。主要研究方向:理论语言学、句法学、神经语言学、自然语言处理。代表作为《语言学方法论》(与桂诗春合作,外语教学与研究出版社 1997)。

　　20 世纪 90 年代起,随着徐烈炯出任香港城市大学中文、翻译及语言学系主任之职,随着一批在美国学成归来的年轻博士先后到香港各所大学任职,在香港形成了一支以徐烈炯为领军人物的汉语生成语法学派颇有声势的"香港军团",成为汉语形式语法研究的主力部队。他们的特点是注意运用生成语法的最新理论结合汉语语法开展研究,而且各有不同的研究侧重。例如石定栩、顾阳的特殊句式研究,何元建、王玲玲的动结结构研究,邓思颖的粤方言语法研究,蒋严、潘海华的形式语义学研究等。他们的研究跟经典的形式语法研究相比较,比较开放,也比较通达,不排斥其他学派的理论和方法,例如功能语法、认知语法等;而且更加注意跟汉语语言事实的结合,不是一味地追求理论的验证和完美。

　　比较有影响的著作是:

　　蒋严和潘海华《形式语义学引论》(中国社会科学出版社 1998)主要详细介绍形式语义学的基本内容、主要技巧和方法。形式语义学研究自然语言的语义,是通过建立数学模型的方式来实现的,这也是现代数理逻辑确定逻辑系统的语义所常用的方法,所以需要具有数理逻辑的基本功。

　　沈阳、何元建、顾阳《生成语法理论与汉语语法研究》（黑龙江教育出版社 2001）重点是运用乔氏理论原则来分析、解释现代汉语里的一些语法现象，包括结构理论、移位理论、论元理论和指称理论。其特点不是阐述理论本身，而是尽可能把这些理论跟汉语结合起来，以解释某些汉语语法现象，显示了年轻一代在生成语法理论和汉语语法结合方面所作出的努力。

　　石定栩《乔姆斯基的形式句法》（北京语言文化大学出版社 2002）不仅系统介绍了生成语法各个阶段理论框架的特点，特色在于梳理了该理论四十多年的历史进程及其最新发展的线索，介绍了理论变化前后的原因及其背景，有助于理清形式语法各个阶段内部的联系和区别，而且语言比较深入浅出，是一本深入了解形式语法理论优秀的参考书。

　　王玲玲、何元健《汉语动结结构》（浙江教育出版社 2002）依据生成语法的最简理论，对汉语动结结构进行了句法和语义的研究。认为这不是词库中构成的复合词，而是句法中生成的合成谓语（双谓结构），比较出色的部分是语义分析。

　　在内地，有关研究相对显得声势不够大，而且主要是外语学界的，偏重于评述。语法学家们最关注的是形式语法是不是能够解决汉语的实际问题，他们为此作出了不懈的努力。

　　宋国明的《句法理论概要》（中国社会科学出版社 1997）重点介绍句法概念和各种移位操作，也是一本结合汉语实际、系统介绍生成语法理论的重要著作。程工《语言共性论》（上海外语教育出版社 1999）从形式语法追求语法共性出发，论述语言共性和个性的关系，其特点是联系汉语的实际，比如形容词、主语对语类的选择、汉语"自己"与英语反身代词的差异、把字句和动词复制句等。作者指出关于共性论应该有三种对立的观点：保守型（描写语法）、弱式型（功能语法）、强式型（形式语法）。作者是国内第一个以生成语法理论来撰写博士论文的博士，提倡建立一个以汉藏语系为主导语言事实基础的语言共性理论系统，颇有创意。

比较有新意，而且能够密切结合汉语语法进行研究的当推中文系出身的沈阳和徐杰。

沈阳《现代汉语空语类研究》（山东教育出版社 1994）根据空语类理论，紧密结合汉语，提出了三类空语类：移位空语类、隐含空语类和省略空语类。它的形式化手段及其严密性和有效性让人耳目一新。他还提出一系列独到的见解，包括新的术语、新的概念、新的思路，对 GB 理论进行了局部的修订。应该说这是一个非常有益的尝试。虽然被人讥为"挂羊头卖狗肉"（意思是表面上似乎依据形式语法理论，实际是并不严格遵守），但是在形式语法"中国化"方面却迈出了一大步，应该予以赞赏。

徐杰《普遍语法原则与汉语语法现象》（北京大学出版社 2001）在一系列"本位"说中异军突起，提出了"原则本位"，运用乔姆斯基的"管约"理论来分析汉语语言现象，力求寻找"简单、明晰、有限"的普遍语法规则。这是形式语法跟汉语语法研究结合得比较成功的尝试。

这些著作的共同特点是，不再是一般的介绍、评述、例证，而是运用、结合和解释。毋庸讳言，普遍语法是我们语法研究所追求的目标之一，但是这并非唯一的目标，也不是最终的目标。普遍语法的理论及其研究方法对我们有所启迪，比如她对语法规则追求简单、清晰、有限的基本原则有其合理性。当然,更为重要的是看其能否有效地解释汉语的语法事实。

一　尝试阶段

用变换的方法来分析汉语语法,在我国传统语法中早已尝试过,例如吕叔湘的《中国文法要略》第六章专门讨论"句子和词组的转换"。以后有些语法学家也注意到句法中某些词组可以改变位置而句子的基本语义不变的情况,例如张志公在《汉语语法常识》中专门讨论了"常式"和"变式"之间的对应关系,这同乔姆斯基核心句与非核心句理论十分相似。但是,这种所谓的"变换"都只是偶一为之,既没有成为一种主要的句法分析方法,也没有形成一套完整的理论体系,因而没能引起人们普遍的重视。

国内第一个有意识地运用"变换"方法来分析汉语语法的是朱德熙,他在 20 世纪 60 年代初《说"的"》一文中,用"我会写的"可以变换为"我是会写的"来证明其中两个"的"都是"的 3"。但这个证明不很成功,因为增添"是"以后很难保证变换前后的句式语义相同。尽管如此,吕叔湘对这种方法本身还是大加赞赏,并极有远见地指出:"变换肯定是语法研究中一种有极大潜力的方法。"后来,朱德熙又在《句法结构》中成功地分化了狭义同构体:"M1 + D + 着 + M"。它的意义不仅仅在于为分析汉语语法提供了一种新的分析方法,还在于打开了人们的眼界,看到了形式与意义之间存在着错综复杂的对应和不对应的关系。需要特别指出的是:第一,朱德熙一直声明自己的变换更接近于哈里斯的变换,言下之意不同于乔姆斯基的变换,因为这种变换不是指由深层结构到表层结构的一种语句生成过程,而是揭示形式相同而意义不同或形式不同而意义相同的某些句式之间的对应的一种手段。第二,采用变换手法,是因为在句法分析中碰到运用层次、扩展、替换等都不能解决的问题,因而必须在分析方法上予以改进。换言之,变换只是一种分析方法。显然,只有注意到这两点,才能准确地认识转换生成语法理论在汉语语法研究中不同阶段所起的不同作用,以及人们对这种理论认识不断深化的过程。

二 引进阶段

70 年代后期,乔姆斯基的理论全面地、系统地、集中地被介绍到国内来了,形成对汉语语法研究的一个新的冲击波。这个阶段有几个明显的特点:第一,乔氏理论本身也有一个不断补充、修正与发展的过程。这时,第二阶段的标准理论正处于统治地位,因而理所当然地引起国内的青睐,从而避开了第一阶段某些比较粗疏观点的影响。第二,转换生成语法学派本身已开始分化,并相继形成了"格语法"、"生成语义学"、"切夫语法"、"系统语法"等理论派系,这些源于乔氏理论而又持不同观点的学派先后被介绍进来,因而,汉语语法学界就有可能进行比较、鉴别、取舍,从而更广泛地吸取各家之长,融会贯通,而不是只借鉴乔氏一家之说。第三,这种种理论,在解决汉语语法本身问题的过程中,经过中国学者的消化、更新,有所发展,实现了不同程度的"中国化",并逐步形成了自己研究的风格和特色。

这个阶段的有关研究主要集中在三个方面:(1)歧义结构的分化;(2)汉语句型的动态研究;(3)计算机语法的构拟。这些研究都涉及到一个根本性的理论问题：对深层结构的理解和分析。对深层结构的理解存在着明显的分歧，有人认为根本不存在着什么表层结构和深层结构的区别。即使承认有深层结构的人对此理解也不相同。有人把它解释为一种结构关系，如"S VC O"有五种深层结构：$(1) S^s V^P + S^s (CO)^P (2) S^s (VO)^P + O^s C^P (3) S^s V^P + O^s C^P (4) S(VO)^s C^P (5) S^s (有 O)^P + O^s V^P + O^s C^P$，然后语义（如施事、受事、工具）再对此结构加以说明。也有人提出"潜主语"、"潜宾语"、"潜定语"、"潜状语"的名称，同时又使用"施事"、"受事"等术语，可见，深层结构和语义结构是两套东西。当然，也有人把深层结构直接理解为语义结构，即取消"潜主语"等名称，而用语义关系来解释深层结构。从国内研究情况来看，这种分歧的对立并不突出，因为不管具体如何解释，深层结构和表层结构的对立与联系对形式与意义的对应关系有很强的解释力。现在的研究有两个侧面，一是研究同形歧义句，着眼于分化；一是研究同义歧形句，着眼于沟通，两者异曲同工，殊途同归。可见，这一阶段该理论对汉语语法研究最有影响的是两方面：一是变换分析方法，二是深层结构理论。这对分析汉语语法结构的形式和意义之间的对应关系，包括分化歧义结构、解释歧义产生的原因等发挥了积极的作用。

三　发展阶段

80 年代中期，由于运用乔氏理论来研究汉语语法的人数以及课题越来越多，汉语语法研究出现了新的动向。

第一，根据汉语语法特点，修正或补充乔氏理论。例如范继淹《多项 NP 句》（中国语文 1984 年第 1 期）修正了乔氏的重写规则

$(S \longrightarrow NP + VP)$，因为汉语中一个句子可以没有 NP，也可以没有 VP；可以有几个 NP，也可以有几个 VP，因此，汉语的重写规则应改为：$S \longrightarrow NP_1 + NP_2 + \cdots\cdots + NP_n + VP_1 + VP_2 + \cdots\cdots + VP_m$，其中 n 值域为 0—4，m 值域为 0—5。同时又提出"派生过程"以区别于"转换程序"。目的用来掌握汉语句式的多样性。

第二，对变换成立原则进行了探讨。变换前后句式的意义是否改变，以及变换得以成立的原则这两个问题历来是大家所关心的。朱德熙的《变换分析中的平行性原则》(中国语文 1986 年第 1 期)，试图回答这两个问题。由于句子里组成成分之间的语义关系是有层次的，即分为低层次语义关系和高层次语义关系，因此，变换前后句子的语义不变的是低层次语义关系，变的是高层次语义关系。变换式成立的可靠性有一个鉴别标准，就是"平行性原则"，即只有当 A_1 和 B_1 意义上的差异与 A_2 和 B_2 意义上的差异相当时，才能保证 $A_1 \longrightarrow B_1$ 和 $A_2 \longrightarrow B_2$ 属于同类型的变换。总之，指出语义关系有高低层次之分以及提出变换的平行性原则都具有重大的理论意义和现实的指导意义。

第三，开始引进乔氏当时最新的支约理论，徐烈炯《管辖与约束理论》(国外语言学 1984 年第 2 期)作了精辟而深入的介绍；赵世开《语言结构中的虚范畴》(中国语文 1986 年第 1 期)运用虚范畴理论尝试解释了一些汉语现象，颇有启发。吕叔湘在《汉语句法的灵活性》(中国语文 1986 年第 1 期)中着重讨论了移位和省略，虽然未作理论上的解释，但举出丰富的语言材料，给人以启迪。邵龙青《汉语语法分析中的零形式》(语文研究 1984 年第 1 期)认为"语言中，φ(零)也只是在与 Y(有)的对立和联系中"，"才存在于

W(序列)的某个空位上"。这是国内公开发表的第一篇涉及零形式的语法论文,其实,有关研究早已进行,例如徐烈炯的《移位、空语类与领属条件》以及宁春岩的《汉语空范畴研究》(均见《1983 年哈尔滨国际生成语法讨论会论文集》)。省略、移位以及由此而产生的空语类问题将有助于人们进一步了解语言结构中语法和语义的表达及其规则。

四　深入阶段

跟 80 年代相比,90 年代最大的区别在于开始引进"原则与参数"理论,并且力图运用这一理论来解释汉语语法事实;生成语法最新理论认为"语言是一种含有参数的原则系统",研究的重点是自然语言的普遍原则,其他各种语言的区别只是参数的不同。90 年代以来,一批年轻学者以管约论为理论基础,发表了一大批研究成果,涉及许多方面,包括:

1.空语类研究。涉及移位型、隐含型、省略型三种空语类。主要有沈阳的系列研究《现代汉语空语类研究》(山东教育出版社 1994)以及黄衍的《汉语的空范畴》(中国语文 1992 年第 5 期)等。

2.指称关系研究。主要集中在反身代词"自己"的研究上,徐烈炯、黄正德等对此有比较深入地讨论,此外还有程工《生成语法对汉语"自己"的研究》(国外语言学 1994 年第 1 期)以及《汉语"自己"一词的性质》(当代语言学 1999 年第 2 期)、胡建华《汉语长距离反身代词化的句法研究》(当代语言学 1998 年第 3 期)等。

3.特殊句式研究。例如冯胜利《"管约"理论与汉语的被动句》(中国语言学论丛 1,北京语言文化大学出版社 1997)、邢欣《现代汉语特殊句型研究》(新疆科技出版社 1995)用管约论和空语类理论全面探讨兼语式,指出兼语说的不合理性,并对汉语特殊句型的区分提出了自己的看法。此外还有顾阳的《关于存现结构的理论探讨》(现代外语 1997 年第 3 期)。

4.句类研究。例如黄正德《汉语正反问句的模组语法》(中国语文 1988 年第 4 期)、邓思颖的《汉语方言语法的参数理论》(北京大学出版社 2003)等。

应该承认,这 30 年来,汉语形式语法得到了长足的进步,从单纯的翻译、介绍、评述,发展到运用它的理论结合汉语语法事实进行比较深入的讨论和分析,并且提出了一些观点对生成语法理论进行修正或改造。在研究的理论与方法方面,也从早期的英汉简单对比改为以挖掘语言的共性规律为最终目标。研究的范围和领域也由散点状态发展为集中于某些比较有价值的课题,从而凸现汉语语法的特点和本质。但总的来说,汉语形式语法的研究还远远没有达到预期的水平,存在的主要问题是:第一,队伍素质总体来说还不够高,真正理解并能够熟练运用有关理论的学者还不多;第二,基础研究还比较薄弱,一些基本课题还缺乏深入、持久、密集、充分的研究。第三,如何结合汉语语法还需要作进一步的探索,尤其在理论上的修正、补充和发展还不是太多。

转换生成语法理论对汉语语法研究的影响是广泛而深刻的,其特点主要表现为:(1)兼收并蓄,不拘泥于一家之言。即主要得益于乔姆斯基的转换生成语法理论,同时又能没有门户之见,尽可能地吸取了其他各家学派的合理内核而熔为一炉,因而避免了一些不必要的争论,而在实质性问题上取长补短,为我所用。(2)简化手续,注重实用效果。即取其神而弃其形,这就避开了转换生成语法学派某些表述上晦涩艰难的弊病。例如从深层结构到表层结构,本来有一系列极为复杂的转换步骤,在汉语研究中则或合并或省略,变得简洁清楚,从而取得较佳效果。(3)一切从汉语语法事实出发,最终又对汉语事实作出解释。即着重运用转换生成语法学派的某些理论和方法来解释汉语语法事实,而不是用汉语事实来证明或完善转换生成语法的理论体系,因而能充分照顾到汉语语法的特点,并对研究方法作出必要的改进。

第二节　汉语功能语法

汉语的功能语法研究,最早可以追溯到 20 世纪 70 年代 Li & Thompson。功能语法往往被看做是形式语法的对立面,这一理论的基本出发点认为:句法不是一个独立体,而是与语义、语用息息相关的。换言之,语法不是自足的,还要在语言之外去寻求解释。国外功能语法的流派非常多,对国内影响比较大的是韩礼德(M. A. K. Halliday)的系统功能语法,特别注重交际功能语法,认为应该在语言交际中去寻找答案。

关于功能语法的研究,有外语学界和汉语学界两个方面军:

外语学界的研究主要着重于理论引进、介绍、评述以及某些方面结合汉语的探讨,最早进行介绍的是方立、胡壮麟(1977)以及王宗炎(1980)等。研究的主将是胡壮麟、徐盛恒、朱永生、张德禄、黄国文、杨信彰、束定芳等。这三十年来,先后出版了不少专著或论文集。概论性质的主要有:胡壮麟、朱永生、张德禄合撰的《系统语法概论》(湖南教育出版社 1989)、胡壮麟主编的《语言系统和功能》(北京大学出版社 1990)、程琪龙《系统功能语法导论》(汕头大学出版社 1994)。尤其前者系统地介绍了韩礼德的功能语法的理论和方法,产生相当大的影响。有关语用、语篇、文体等研究的有:何自然《语用学概要》(湖南教育出版社 1988)、黄国文《语篇分析概要》(湖南教育出版社 1988)、胡壮麟《语篇的衔接与连贯》(上海外语教育出版社 1994)、熊学亮《认知语用学概论》(上海外语教育出版社 1999)等。论文集方面,主要有朱永生主编《语言、语篇、语境》(清华大学出版社 1993)、任绍曾主编《语言、系统、结构》(杭州大学出版社 1995)、余渭深、李红、彭宣维主编《语言的功能——系统、语用和认知》(重庆大学出版社 1998)、朱永生主编《弦歌集》(复旦大学出版社 1998)、朱永生、严世清《系统功能语言学多维思考》(上海外语教育出版社 2001)、朱永生主编《世纪之交论功能——第六届全国功能语言学研讨会论文集》(上海外语教育出版社 2002),以及评述性的论文集:胡壮麟、方琰主编《功能语言学在中国的进展》(清华大学出版社 1997)。有关研究可参见黄国文《系统功能语法 40 年回顾与展望》(朱永生主编《世纪之交论功能》,上海外语教育出版社 2002)、屈承熹《汉语功能语法刍议》(世界汉语教学 1998 年第 4 期)以及王道英《汉语语用研究概述》(《汉语学习》2003 年第 4 期)等。

功能语法研究有几个特点:

特点之一是外语学界也开始重视结合汉语的研究。例如:黄国文《语篇分析的理论与实践——广告语篇研究》(上海外语教育出版社 2001)以系统功能语法理论为指导,以广告语为研究对象,进行语篇分析。许余龙《篇章回指的功能语用探索》(上海外语教育出版社 2004)的副标题就是"一项基于汉语民间故事和报刊语料的研究"。

特点之二是研究的细化。对功能语法的若干子项目开展比较深入的研究,例如张德禄《功能文体学》(山东教育出版社 1998)、刘虹《会话结构分析》(北京大学出版社 2004)、朱永生《语境动态分析》(北京大学出版社 2005)。

从 1989 年起,外语学界每两年就举办一次全国性的系统功能语法研讨会,截至 2009 年已经举办十一届,并且出版研讨会论文集,1995 年还成立了中国功能语言学会。尤其是国际功能语法语言学第 22 届大会(1995)在北京大学召开,更是有力地促进了这一研究的发展。他们的研究主要涉及:1.理论研究;2.语篇分析;3.语域理论;4.语法隐喻;5.英汉对比。不足之处是结合汉语语法还不够。

汉语学界的研究主要是结合汉语语法事实的专题性研究。真正运用功能语法理论来研究汉语语法的,早期主要有两位:

一位是出生于台湾后在美国获得博士学位的廖秋忠,他主要从事汉语篇章分析,也可以说属于语用学的研究。1.关于空间和时间的表达,例如《现代汉语篇章中空间和时间的参考点》(中国语文 1983 年第 4 期)、《空间方位词和方位参考点》(中国语文 1989年第 1 期);2.关于篇章中所出现的语言现象,例如《篇章中的框—棂关系与所指的确定》(《语法研究与探索》三,北京大学出版社 1986)、《现代汉语篇章中指同的表达》(中国语文 1986 年第 2 期)、《现代汉语篇章中的连接成分》(中国语文 1986 年第 6 期)、《篇章中的管界问题》(中国语文 1987 年第 4 期)、《篇章中的论证问题》(语言教学与研究 1988 年第 1 期);3.语序问题,例如《物体部件描写的顺序》(语言研究 1988 年第 2 期)、《现代汉语并列名词性成分的顺序》(中国语文 1992 年第 3 期)。应该承认,有关汉语篇章的研究,廖秋忠是开创者,也是汉语篇章语言学的奠基人。他的研究踏实、新颖,理论性比较强,对同类研究有相当的指导意义,可惜 90 年代初就因绝症夭折,有关论文后由吕叔湘编辑为《廖秋忠文集》(北京语言学院出版社 1992)。

另一位是陈平,他主要从事话语分析研究,发表了《释汉语中与名词性成分相关的四组概念》(中国语文 1987 年第 2 期)、《汉语零形回指的话语分析》(中国语文 1987 年第 5 期)、《论现代汉语时间系统的三元结构》(中国语文 1988 年第 6 期)、《汉语反身代词"自己"》(香港汉语语言学研究论文集 1992)等,有关论文结集为《现代语言学研究——理论、方法与事实》(重庆出版社 1991)。可惜的是 90 年代中期起,他先去香港,后又赴澳大利亚工作,渐趋淡出。

进入 90 年代以来,汉语功能语法的研究再次掀起了热潮。代表作是张伯江和方梅合作的《汉语功能语法研究》(江西教育出版社 1996),它标志着汉语功能语法正式打出了旗号。该书除了绪论对有关功能语法的理论问题进行了探讨之外,分为"主位结构研究"、"焦点结构研究"、"语法化"、"词类功能与句法功能研究"四章分别论述了功能语法关心的一些问题。此后,他们还对疑问句、语气词、指称、易位等从功能角度进行了分析。由于他们都是汉语本体研究出身,对汉语不仅有着极好的语感,而且对汉语语法研究基本功扎实,所以这一研究取得比较明显的效果。

有关语用研究的一般性理论探讨的著作:濮侃、庞蔚群、齐沪杨的《语言运用新论》(华东师范大学出版社 1991)详细分析了语言运用三要素——语料、方法和语境;温锁林的《现代汉语语用平面研究》(北京图书馆出版社 2001)分析了汉语的主题结构、信息结构、焦点、移位、口气、语气等,分析了已知和未知、定指和不定指、有指和无指。此外还有左思民《汉语语用学》(河南人民出版社 2000)。

汉语学界的贡献主要还是在具体课题的研究方面:

一类是偏重于传统思路的研究。例如吴为章、田小琳《句群》(人民教育出版社 1984)和《汉语句群》(商务印书馆 2001),首先把汉语的句群按照结构分为 12 类,再根据功能分为"记叙、描写、说明、议论、抒情、对话"等类别。吴启主《汉语构件语篇学》(岳麓书社 2001)根据现代汉语"构件"语法,进一步分析语段、段群、语篇的结构。鲁忠义、彭聃龄《语篇理解研究》(北京语言大学出版社 2003)属于语篇阅读的认知研究,由三个部分构成:语篇理解的心理学方法研究;语篇理解的理论建构;语篇理解的实验研究。

一类是试图运用新的功能理论对汉语语法事实来进行分析解释的。例如王福祥《汉语话语语言学初探》(商务印书馆 1989)、邹韶华《语用频率效应研究》(商务印书馆 2001)、郭继懋、郑天刚《似同实异——汉语近义表达方式的认知语用分析》(中国社会科学出版社 2002)、吕明臣《话语意义的建构》(东北师范大学出版社 2005)、张新华《汉语语篇句的指示结构研究》(学林出版社 2007)、徐晶凝《现代汉语话语情态研究》(昆仑出版社 2008)。

现在汉语功能语法研究可以说是方兴未艾,论文集有沈家煊主编的《现代汉语语法的功能、语用、认知研究》(商务印书馆2005),境外有关汉语功能语法的论文,可参见戴浩一、薛逢生主编的《功能主义与汉语语法》(北京语言学院出版社 1994)。境外的专著主要有屈承熹《汉语认知功能语法》(黑龙江人民出版社2005)以及《汉语篇章语法》(美国 Peter lang 出版社,潘文国等翻译,北京语言大学出版社 2006)等。

功能主义注重语言的社会性和语言的交际功能,强调语法必须从语义、语用的角度进行解释。它具体的研究主要涉及以下几个方面。

一 汉语主位与话题的研究

主位和述位是布拉格学派的 Mathesius 在功能句法观中提出的一对术语,前者是说话的出发点,是已知的信息;后者是说话的核心内容部分,传递新的信息。话题和述题是 Hockett 在《现代语言学教程》(1958)中提出来的,话题是说话所要叙述或谈论的对象,述题就是对话题所作的具体说明。可见,主语、主位、话题以及谓语、述位、述题应该分别属于不同层面的术语。赵元任《汉语口语语法》(1968,吕叔湘翻译,商务印书馆 1979)认为汉语的主语相当于话题,因此主张汉语是话题性语言。但大部分人仍然倾向于将话题和主语区别开来。Li & Thompson *Subject and topic：a new typology and language*(New York：Academic Press,1976)在其"主语—话题"类型学理论中,将汉语归入"话题优先"型语言,并列举了这类语言的几个特征。曹逢甫《主题在汉语中的功能研究》

(1979,谢天蔚翻译,语文出版社 1995)进一步指出主题与主语的一大区别是话题常常将其语义范围扩大到单句以外,主题是语段和句法的桥梁,并提出他认为最重要的六个话题特征。他在《汉语的句子与子句结构》(王静翻译,北京语言大学出版社 2005)里有更为详尽的分析。张伯江、方梅《汉语口语里的主位结构》(北京大学学报 1994 年第 2 期)认为汉语注重功能,句法制约力相对较弱,所以他们借用了主位—述位框架来描述汉语口语的信息结构,并把主位结构分为"篇章主位、人际主位、话题主位";他们认为句中语气词是主位结构的形式标记,并且还分析了主位后置的易位现象。袁毓林在《话题化及相关的语法过程》(中国语文 1996 年第 4 期)中刻画主谓谓语句的大/小主语跟谓语动词的各种语义连接模式,揭示从主谓句到主谓谓语句的派生过程及其所受到的句法、语义约束,接着还分析汉语话题化的有关操作手续和汉语话题结构的语法特性,并探讨话题化跟名词化、同指名词代词化或删除等语法过程的关系。徐烈炯、刘丹青《话题的结构与功能》(上海教育出版社 1998)把话题看成是个句法概念,并以汉语及方言(主要是上海话)的有关语言事实为基础,研究话题的结构和功能,对汉语话题方面的问题作了较为全面的分析和探讨。此外,石毓智《汉语的主语与话题之辨》(语言研究 2001 年第 2 期)、陈平《汉语双项名词句与话题—陈述结构》(中国语文 2004 年第 6 期)论述汉语主语与话题在语法性质和语义特征方面的区别。徐烈炯、刘丹青《话题与焦点新论》(上海教育出版社 2003)是本论文集,收录 13 篇论文,集中讨论主话题、次话题以及话题的语法化。有关情况可参见余久宪《汉语话题研究评述》(湖北第二师范学院学报 2008 年第 5

期）。

二 汉语焦点与预设的研究

焦点既是功能语法研究的一个重点，也是国内外语义学重点研究课题之一。最早是陈平《话语分析说略》（语言教学与研究1987年第3期），指出"也"、"连"、"再"、"就"、"都"、"还"等副词或连词，与预设、焦点、蕴含等语用概念有关。在理论上介绍最全面讨论最深入的当推李宝伦、潘海华、徐烈炯的《对焦点敏感的结构及焦点的语义解释》（上）（下）（当代语言学 2003年第1—2期），该文首先介绍对焦点敏感的几种结构，然后讨论对焦点进行解释的五个理论框架，这几个框架的差别主要在于它们在焦点的语义表达式中如何处理焦点和背景成分："双重表现理论"同时对焦点和背景两个部分进行运算，"代换法"只对焦点进行运算，"选项语义学"对整个命题进行运算，既不涉及焦点，也不涉及背景，而"原位约束语义学"则只对背景部分进行运算，最后介绍 Krifka 的混合语义分析法。有关研究还可参阅徐烈炯、刘丹青《话题与焦点新论》（上海教育出版社 2003）。

有关焦点的研究，涉及几个方面：

第一，焦点分类，一般分为两类：自然焦点，又叫常规焦点、逻辑焦点；一类叫对比焦点，又叫语法焦点。后来刘丹青和徐烈炯《焦点与背景、话题及汉语"连"字句》（中国语文 1998年第4期）提出第三类新的"话题焦点"。

第二，焦点标记，包括词汇标记和重音标记，前者主要是"是"、"不"、"连"、"给"等，对此开展讨论的有崔希亮《汉语"连"字句的语用分析》(中国语文 1993 年第 2 期)、杨成凯《高谓语"是"的语序及篇章功能研究》(《语法研究和探索》七,北京大学出版社 1995),此外还有袁毓林的《从焦点理论看句尾"的"的句法语义功能》(中国语文 2003 年第 1 期)等。

第三,焦点与预设,结合预设来研究焦点并且给以分类,例如方梅《汉语对比焦点的句法表现手段》(中国语文 1995 年第 4 期)通过对预设的分析,区别了句子的常规焦点和对比焦点,同时指出了汉语里除韵律手段外,标记词标示对比成分是汉语里表现对比焦点的句法手段。刘丹青、徐烈炯《话题的结构与功能》(上海教育出版社 1998)不仅指出"连"所带的成分属于话题焦点,还认为该句式的强调作用,来源于其特有的预设和推理含义。

第四,否定焦点与疑问焦点,这是有关焦点研究的另一个热门课题。论文主要有吕叔湘《疑问·否定·肯定》(中国语文 1985 年第 4 期),徐杰、李英哲《焦点和两个非线性语法范畴:"否定、疑问"》(中国语文 1993 年第 2 期),温锁林、雒自清《疑问焦点与否定焦点》(雁北师范学院学报 2000 年第 5 期),刘顺《现代汉语的否定焦点和疑问焦点》(齐齐哈尔大学学报 2003 年第 2 期)等。关于否定焦点,讨论比较热烈,论文主要有沈开木《"不"字的否定范围和否定中心的探索》(中国语文 1984 年第 6 期),肖辉嵩《否定词"没有"的语义及其指向》(汉语学习 1984 年第 6 期),李宝伦、潘海华《焦点与"不"字句之语义解释》(现代外语 1999 年第 2 期),钱敏汝《否定载体"不"的语义—语法考察》(中国语文 1990 年第 1 期),袁毓林《论否定句的焦点、预设和辖域歧义》(中国语文 2000 年第 2 期),税昌锡《焦点、语义联项与"不"的语义指向》(宁夏大学学报 2003 年第 6 期),孙汝建《句子的否定和句子的局部否定》(南通师范学院学报 2004 年第 2 期),熊仲儒《否定焦点及其句法蕴含》(中国语文 2005 年第 4 期),胡建华《否定、焦点与辖域》(中国语文 2007 年第 2 期)等。关于疑问焦点,林裕文《谈疑问句》(中国语文 1985 年第 2 期)认为是非问没有疑问焦点,邵敬敏《关于疑问句的研究》(《语法研究入门》,商务印书馆 1999)则认为任何疑问句都不可能没有焦点,整个是非问就是疑问焦点。尹洪波《现代汉语疑问句焦点研究》(江汉大学学报 2008 年第 1 期)同意邵敬敏的观点,认为是非问句都存在焦点,但有的焦点透明度较低,需要借助语境确定。特指问句只有一个疑问词时,只有一个焦点;含有多个疑问词时,则有多个焦点,多个焦点之间可以是并列关系。正反问句的焦点总落在"X 不 X"上。选择问句的焦点可以是选择肢中的某一成分,也可以是整个选择肢。

　　有关研究可参见莫红霞、张学成《汉语焦点研究概观》(杭州师范学院学报 2001 年第 4 期),黄瓒辉《焦点、焦点结构及焦点的性质研究综述》(现代外语 2003 年第 4 期),温锁林、贺桂兰《有关焦点问题的一些理论思考》(语文研究 2006 年第 2 期)以及仇栖锋《汉语焦点问题研究综述》(齐齐哈尔大学学报 2006 年第 3 期)。

三　及物性研究

　　系统功能语法中的及物性研究与传统语法中用来界定动词类别的及物性不同,它是指人们通过语言反映主客观世界的及物性。及物性包括"物质"、"心理"、"关系"、"言语"、"行为"、"存在"等六种过程。境外学者如邓守信、李英哲、屈承熹等都对汉语及物性作过专门的研究。有关研究主要是结合句式来进行的,对此外语学界比较感兴趣,汉语学界几乎没有人参与讨论。例如周晓康《现代汉语物质过程小句的及物性系统》(当代语言学 1999 年第 3 期),从系统和功能两方面对现代汉语物质过程小句的及物性系统作综合性考察,为这一类小句的语义选择和句法结构提供一种新的描写方法。杨国文《汉语物质过程中"范围"成分与"目标"成分的区别》(语言研究 2001 年第 4 期)重点考察了汉语物质过程中不同类型的宾语的"范围"属性和"目标"属性,说明了物质过程中"范围"成分与"目标"成分各自在语义上和语法上的特点,并比较了汉语和英语之间相应的差别。王志军《论及物性的分类》(外国语 2007 年第 6 期)根据 Crof 提出的人类语言中用动词来表示的事件的理想化认知模式,对汉语中各种句式的语义特征分析后得出"致使性事件"、"自发性事件"和"状态性事件",并且分别对应于及物性、不及物性和无及物性句子的分类。此外还有王惠《从及物性系统看现代汉语的句式》(《语言学论丛》十九,商务印书馆 1992)、周晓康《从及物性系统看汉语动词的语法语义结构》(胡壮麟编《语言系统与功能》,北京大学出版社 1990)、唐立中《从存在过程析现代汉语的存在句》(第三届系统功能语法研讨会论文,1993)等。

四　指代范畴研究

对指代范畴语法化历程论述得最详细的是吕叔湘《近代汉语指代词》(江蓝生补,学林出版社 1985)。该书分析了实指、虚指和任指,特指和泛指,前指和回指,有先行语和无先行语,直接称代和转承称代等各种汉语的指称情况,充分体现了功能语法的研究思想。陈平《释汉语中与名词性成分相关的四组概念》(中国语文 1987 年第 2 期)系统分析了"±有指"、"±定指"、"±通指"、"±实指"这四对概念的含义及其相互关系,研究了这些概念在汉语中的表现方法,同时揭示了相关的各类名词性成分的语法特点。陈平《汉语零形回指的话语分析》(中国语文 1987 年第 5 期)提出汉语话语结构特征对于零形回指的使用起着重要的制约作用,所指对象在话语中具有强烈的连续性,是回指时以零形式出现的必要条件。该文为衡量所指对象微观连续性和宏观连续性的强弱设定了具体的评判标准。廖秋忠《现代汉语篇章中指同的表达》(中国语文 1986 年第 2 期)具体描述了现代汉语书面语言中常见的指同表达式的类型并探讨了这些表达式的制约条件。张伯江、方梅《汉语功能语法研究》(江西教育出版社 1996)按照吕叔湘关于指代词区分指示、区别和替代三种作用的论述,具体描写三组指代词在当代口语中的功能变化、共时差异以及其语法化倾向。陆丙甫《"的"的基本功能和派生功能——从描写性到区别性再到指称性》(世界汉语教学 2003 年第 1 期)更是提出虚词"的"具有从描写性派生出来的语用功能之指称功能。王丹、杨玉芳《语篇中代词的指代研究进展》(心理科学 2004 年第 6 期)认为代词的指代在语篇局部连贯性中具有关键作用,它可以解释语篇中代词的分布规律,影响代词指称的因素有语义因素和结构因素。对代词的认知研究另一方面主要集中在对歧义代词的解释,对歧义代词的解释的研究一方面采用重复姓名不利实验范式,另一方面则采用探测词的任务。

有关著作主要有:熊学亮《英汉前指对比研究》(复旦大学出版社 1999),对英语和汉语的前指作了对比研究;胡建华《指代不确定性研究》（湖南教育出版社 2002）主要讨论反身代词和空语类的指称问题。

五　省略与隐含

省略与隐含一直引起语法学家的强烈兴趣，这里既有语法问题，也有语用问题，更有认知问题。廖秋忠《现代汉语中动词的支配成分的省略》（中国语文 1984 年第 4 期）探讨了主语和宾语省略的问题，他的另一篇论文《篇章中的框—棂关系与所指的确定》（《语法研究和探索》三，北京大学出版社 1986）考察了框架承前省略实现确定名词的所指的现象。王维贤《说"省略"》（中国语文 1985 年第 6 期）运用三个平面解释省略应该有语法、语义和语用三种不同的省略。祝克懿《省略与隐含》（河南大学学报 1987 年第 5 期）认为省略这种语法现象是随着语言交际的产生而产生，发展而发展的；在一定条件下，省略的发展变化又导致了隐含的产生。范开泰《省略、隐含和暗示》（语言教学与研究 1990 年第 2 期）专文讨论汉语的省略、隐含和暗示的区别和鉴别。苗杰、张学成《关于"省略"和"隐含"的区分》（杭州师范学院学报 2004 年第 2 期）讨论"省略"和"隐含"的性质及二者的区分问题，重新审视了吕叔湘提出的界定省略和隐含的两个条件，即明确性和还原性，明确性是基础，还原性是操作方法。但是运用这两个标准还会遇到一些问题，特别是在句法语义平面处理多义句时，明显地暴露出人们在运用分析方法上存在的分歧。此外还有田间《现代汉语叙事语篇中 NP 的省略》（汉语学习 2003 年第 6 期）、李艳惠《省略语成分缺失》（语言科学 2005 年第 2 期）等。

六　语气、情态及其他研究

语气和情态也是系统功能语法理论中的重要范畴。对这一问题讨论得比较细致的是劲松《北京话的语气和语调》(中国语文1992年第4期),该文通过实验手段主要探讨了北京话语气的韵律特征,并根据语气意义和语法表达形式的结合,把北京话的语气分为4类11种,初步建立了一个北京话的语气系统。贺阳《试论汉语书面语的语气系统》(中国人民大学学报1992年第5期)根据书面形式标志和语气的不同意义领域,也建立了包含功能语气系统、评判语气系统和情感语气系统的三个汉语语气系统。孙汝建《语气和口气研究》(中国文联出版社1999)不但区分了语气和口气,而且还区分了具体句子和抽象的句子,区分了划分句类的依据和标准,这是至今为止研究语气、口气最为全面的一本专著。

总之,汉语功能语法的研究显示出强大的生命力。这些研究显示了如下特点:1.突破了形式研究中只以内省的句式为研究对象的做法,更多地注意了各种与言语行为有关的因素对话语组织的影响;2.突破了形式研究中只把注意力集中在类型异同的做法,而较多地注意实例的多寡反映出的倾向性规律;3.突破了形式研究中把对象看成一个静态成品的做法,而较多地当作一个动态过程看待,研究听说双方的语言认知策略;4.突破了形式语法孤立地看待句子(甚至只是一个结构)的做法,而十分重视联系语境进行分析。由于理论手段的丰富,很多语法学界长期争论的问题,得到了更为合理的解释,也拓宽了我们的研究视角,从而能够更细致地和更具解释力地去探究汉语语法现象。

当然,目前的研究也存在一些局限性,外语界的学者虽然对国外的语言学理论比较熟悉,然而缺乏对汉语语法的全面认识和对汉语语法个案的深入研究;而汉语界的学者则对当代语言学理论的最新发展不甚了解。所以我们需要取长补短,既了解世界语言学发展动态,又立足于汉语语法事实进行研究。同时,形式语法和功能语法虽然理论各不相同、泾渭分明,但是发展的趋势是双方有必要进行沟通,也许最科学的分析需要两者的结合。另外,从功能语法研究的范围和深度而言,还没有达到科学研究的系统性和穷尽性的要求,显得比较零散和空泛,很多问题需要依赖于整个汉语言学界的共同努力。

第三节　汉语语义语法

一　语义语法的理论探索

"语义语法",又叫"语义功能语法",是中国学者通过大量汉语语法研究的实践,在吸取了传统语法、结构主义语法、格语法、功能语法、认知语法和语义学等众多语言学理论的基础上而建立起来的语法理论。"形式语法"以形式化为标志,"功能语法"以功能作用为标志,这些都是从国外引进的语法理论,当然在跟汉语研究结合以后,已经或多或少带有某些中国的研究特色。中国的汉语语法研究有自己的优秀传统,它博采众长,熔为一炉,吸收了众多语言学理论的合理内核,并根据汉语的特点和客观规律,逐渐形成以语义为研究的出发点和研究重点的语法研究理论。正如王维贤指出的那样："现代语言学有语义化的倾向,是指现代汉语语法研究重视语义研究及语义对结构的影响。"(《现代汉语语法研究的一些方法论问题》,《语法修辞方法论》,复旦大学出版社 1991)由于这一研究取向特别重视语义对句法的决定性作用,是以语义解释作为其标志的,所以可以称之为"语义语法"。

应该承认,吕叔湘关于"从形式到意义,从意义到形式"的路子,朱德熙关于"形式和意义相互验证"的观点奠定了语义语法的理论基础,此外,胡裕树、张斌关于"三个平面"的理论,陆俭明关于语义特征和语义指向的研究,邢福义关于"两个三角"的理论以及复句各种语义关系的研究,对我们都具有极大的启发意义。尤其是胡明扬关于"语义语法范畴"的论述更具启发意义,他在 20 世纪 50 年代就发表《语法形式和语法意义》(中国语文 1958 年第 3 期)中就指出语法形式和语法意义二者是不可分的,进入 80 年代以后,他进一步对此进行多角度的阐述,发展了形式和意义的关系,提出了以分布特征作为语法形式并联系和对应语法意义的新的语义语法范畴概念,先后发表《句法语义范畴的若干理论问题》(语言研究 1992 年第 2 期)以及《再论语法形式和语法意义》(中国语文 1995 年第 5 期)。

"语义语法"是继承了以吕叔湘、朱德熙为代表的语法研究思想。这实际上正是中国语法研究的优秀传统。从吕叔湘、朱德熙、胡裕树、张斌、胡明扬,到陆俭明、邢福义等学者,都为这一理论的建立做出了自己独特而重要的贡献。这也可以说是我们汉语语法学界的研究主流,是目前绝大多数汉语语法学家所从事的研究理论。它的理论基础是结构主义语法和传统语法，吸取它们的合理内核，并且有所发展和延伸。新中生代的马庆株与邵敬敏是语义语法（语义功能语法）理论的积极鼓吹者和实践者。

马庆株在《结构、语义、表达琐议》（中国语文 1998 年第 3 期）中第一次提出了"语义功能语法"，他认为：应该以语义为语法研究的基础，重点在语法结构上，目的是弄清结构、语义、表达三者之间的关系，特别是语义与结构、语义与表达的关系。此外，还特别重视语法单位的有序性研究，利用语义来涉及语义解释型变换。应该说，结合语义表达进行语法结构单位的组合和聚合关系的研究，这是具有中国特色的现代汉语语法学的理论方法。他的研究，特别是从 80 年代末以来，尤其关注语义语法范畴，一是语义范畴的研究，比如顺序范畴、指称范畴和陈述范畴，有《顺序义对体词语法功能的影响》（《中国语言学报》4，商务印书馆 1991）、《指称义动词和陈述义动词》（语法研究和探索七，商务印书馆 1995）；二是语义特征的研究，结合词类以及次范畴小类的区分，比如《自主动词和非自主动词》（《中国语言学报》3，商务印书馆 1988）、《数词、量词的语义成分和数量结构的语法功能》（中国语文 1990 年第 3 期），《多重定名结构中形容词的类别和次序》（中国语文 1995 年第 5 期）。从结构研究转向语义范畴的研究，这一轨迹是非常清晰的，这从他的两本论文集的名称就可以看出来，第一本叫《汉语动词和动词性结构》（北京语言学院出版社 1992），第二本叫《汉语语义语法范畴问题》（北京语言文化大学出版社 1998）。鼓吹这一理论构想的论文还有龙涛《也说语义语法范畴》（汉语学习 2003 年第 3 期），袁明军、张慧晶的《语义功能语法与词汇语法的比较》（汉语学习 2003 年第 6 期)。2000 年 10 月、2003 年 9 月、2005 年 10 月、2007 年 10 月、2009 年 10 月先后在天津、鞍山、廊坊、新乡以及长沙举办了五届"语义功能语法研讨会"。

邵敬敏对语义的思考可以追溯到 1986 年的第四次现代汉语语法讨论会,他在《形式与意义四论》(《语法研究和探索》四,北京大学出版社 1988)中,根据吕叔湘和朱德熙的学说和实践,第一次明确指出:"以语法意义为研究的出发点去寻找形式上的证明,反过来又促使语法意义解释得更精确、科学、合理,似乎更适用于汉语。"后来,他的《论汉语语法的双向选择性语言原则》(《中国语言学报》8,商务印书馆 1997)又提出"双向选择原则",并且在《副词在句法结构中的语义指向初探》(汉语论丛一,华东师范大学出版社 1990)、《歧义分化方法》(语言教学与研究 1991 年第 1 期)、《"语义价""句法向"及其相互关系》(汉语学习 1996 年第 4 期)等论文作了进一步的具体阐述。进入 21 世纪后,他进一步大声疾呼建立具有中国特色的语法学理论,他的《汉语语法研究的几点思考》(语言科学 2003 年第 4 期)和《"语义语法"说略》(暨南学报 2004 年第 1 期)详细阐述了有关"语义语法"的构想。他的观点主要有四点:(1)汉语语法的总特点应该是:汉语语法不依赖于严格意义的形态变化,而主要借助于语序、虚词、重叠等其他语法手段来表现语法关系和语法意义。(2)强调形式与意义的双向研究,特别是强化了语义的研究或者说是以语义为出发点和重点的研究。(3)语法研究的最终目的应该是揭示"语义的决定性、句法的强制性、语用的选择性以及认知的解释性"。(4)词语组合应该符合双向选择性原则,即词与词的组合不是随意的,而是由双方的选择性所决定。这种选择关系主要是语义特征在起作用。他主张：(一)形式与语义可以互为研究的出发点。(二)汉语语法研究更适合于从语义出发。(三)语义是汉语语法研究的重点。(四)语义研究应该有相对的独立性。为此,提出语义研究的六大课题:(1)重建语义范畴。(2)梳理语义关系。(3)分配语义角色。(4)揭示语义特征。(5)确定语义指向。(6)建立语义结构。并且提出语义语法研究的方法论原则:(一)形式跟意义的双向研究。(二)共时和历时的双向研究。(三)静态跟动态的双向研究。(四)事实跟理论的双向研究。(五)描写跟解释的双向研究。其主要论文集有:《汉语语法的立体研究》(商务印书馆 2001)、《汉语语义语法论集》(上海教育出版社 2007)。

二　语义语法的研究成果

中国的学术传统是不喜欢打出学派旗号的,但事实上,目前国内绝大部分的语法学家的研究,基本上遵循的都是以吕叔湘、朱德熙为代表的研究思路,也就是在挖掘句法结构的意义和形式对应方面下工夫。强化句法语义的研究,甚至于把语义范畴、语义关系、语义角色独立出来进行研究,这就构成了语义语法的基本格局和发展趋势。

可喜的是有关汉语句法语义范畴和结构语义关系研究的专著不断问世。

关于动词有关的时、体、态的,有龚千炎《汉语的时相、时制、时态》(商务印书馆 1995),主张这是个三维系统,把"时相"分为状态、活动、终结、实现四个情状,再把动词分为关系、心态、状态、动作行为、心理活动、动作状态、终结、瞬间八类；"时制"则区分为说话时间与时间发生时间，另一参照时间与事件发生的时间；"时态"分为进行、将行、即行、未行将行、已行、刚过等。戴耀晶《现代汉语时体系统研究》（浙江教育出版社 1997），提出"体是观察时间进程中的时间构成的方式"的观点，认为时体意义属于句子而不仅仅属于动词。并且具体区分了六种体：现实体、经历体、短时体、持续体、起始体和继续体。李铁根《现代汉语时制研究》（辽宁大学出版社 1999），提出"绝对时"（以说话人的时间为参照）可以两分：已然和未然；相对时（以意见发生的时间为参照）也可以两分：同时和异时。并且重点讨论"了、着、过"的表时功能。

关于语义范畴、语义角色、语义指向等的研究更是方兴未艾，尤其是邢福义、范晓、马庆株、邵敬敏以及许多年轻学者撰写了一批有关语义范畴研究的专著。比较有影响的，例如朱晓亚《现代汉语句模研究》（北京大学出版社 2001）跟句型、句类相对，根据动词的配价以及不同的语义角色，第一次建立句子的语义结构模式。陈昌来《现代汉语语义平面问题研究》（学林出版社 2003），主要讨论句法语义结构里的施事、受事、致事、使事、经事、感事等语义角色。王珏《汉语生命范畴初论》（华东师范大学出版社 2004）第一次从生命范畴这一特定角度讨论跟句法结构的关系，非常有启发性。税昌锡《汉语语义指向论稿》（东北师范大学出版社 2005）第一次对语义指向从理论上加以系统的总结。此外还有刘焱《现代汉语比较范畴的语义认知基础》（学林出版社 2004）、周有斌《现代汉语选择范畴研究》（广西师范大学出版社 2004）、徐默凡《现代汉语工具范畴认知研究》（复旦大学出版社 2004）、鲁晓琨《现代汉语基本助动词语义研究》(中国社会科学出版社 2004)、周红《现代汉语致使范畴研究》(复旦大学出版社 2005)、马清华《并列结构的自组织研究》(复旦大学出版社 2005)、安华林《现代汉语释义基元词研究》(中国社会科学出版社 2005)、周静《现代汉语递进范畴研究》(中国传媒大学出版社 2007)、许国萍《现代汉语差比范畴研究》(学林出版社 2007)等。

作为汉语语法研究的重镇华中师范大学,在邢福义率领下,集结了一批年轻有为的语法学家,他们的研究成果作为"华中语学论库",由华中师范大学出版社出版了系列性的专著,包括:储泽祥《现代汉语方所系统研究》(1997),李向农《现代汉语时点时段研究》(1997),丁力《现代汉语选择问研究》(1998),李宇明《汉语量范畴研究》(2000),郑贵友《状位形容词"系"研究》(2000),萧国政《汉语语法学方法论》(2001),吴继光《用事成分与工具范畴》(2003),吴振国《汉语模糊语义研究》(2003)、段益民《句法规约与反义形容词》(2004);刘街生《现代汉语同位组构研究》(2004)、刘云《汉语篇名的篇章化研究》(2007)、谢晓明《语义相关动词带宾语的多角度考察》(2008)、姚双云《复句关系标记的搭配研究》(2008)等,这批专著多数都跟与语义范畴、语义分析有关,也各具特色。

三 语义语法的不同流派

人们对语义语法实际上存在不同的理解,这也很正常。就像功能语法一样,内部也是派中有派。这几年,鉴于对结构主义语法研究以及对形式语法和功能语法的反思,并鉴于对中国传统语言学研究的借鉴和探索,产生了另外一些语义语法流派。

　　李葆嘉《中国转型语法论——基于欧美模板与汉语类型的沉思》(南京师范大学出版社 2008),自称是"汉语语法研究的观望者",实际是对中国语法学的一种理论思考,其语法学观点深受申小龙的文化语言学影响,虽然时有妙论,但是也不乏怪论和另论;虽不属于汉语语法学的主流观点,但是也确有所思,时有所见。李葆嘉等《语义语法学导论——基于汉语个性和语言共性的建构》(中华书局 2007),属于汉语语法学界的一个异类,对主流学派,对现存的汉语语法学派采取一种批判的态度。作者提出一系列独到的观点,认为:(1)人类语言的本质属性是语义性;(2)语义系统的本质特点是网络性;(3)语义网络的简称是建构性;(4)句法语义植根于词汇语义;(5)句法结构的本质是相关义场的语义关联;(6)语形是语义范畴和语义结构的标记化;(7)语义语法学的任务是以义征挖掘和义场建构为基础,以语义范畴和语义句模抽象为中枢,以语义网络建构为目标。换言之,最终目的是建立汉语的意合网络。这些观点有其一定的合理性,尤其是重视句法语义的研究,无疑是正确的,但是需要注意的是:第一,语义不是语法研究唯一的因素,也无法自我完善。第二,在强调语义研究的同时,千万不要忽略了形式的验证,否则就可能陷入纯语义研究的泥潭。第三,断言"人类语言的本质属性是语义性",这一结论可能会引起比较大的争议。

　　留学日本的张黎先后出版了《汉语范畴语法论集》([日本]中国书店 2000)和《汉语意合语法语法学纲要》([日本]中国书店 2001)。前者是以"意合—范畴"为主体的个人论文集,作者认为:汉语语法是意合语法,其内涵表现为语义范畴(特征)间的组合搭配规则。后者则正式提出了"意合语法",他认为"意合是汉语的精神,意合是汉语的根本所在"。"意合既是汉语和其他语言之间的共性,又是汉语独立于其他语言的个性",汉语语法就是一种意合语法,所谓意合语法是指人类通过语义范畴、语义特征或其他语义的手段直接组词造句时所体现出的语义范畴、语义特征或其他语义手段间的组合搭配的规则系统。

李葆嘉、张黎当年对申小龙中国文化语言学比较欣赏,他们在汉语语法研究方面跟申小龙的观点有点接近,他们的语义语法(意合语法)几乎不提或者很少提到形式的验证,对功能也几乎没有涉及。过分强调"意合",必然会引起一些争议。

值得一提的是鲁川的《汉语语法的意合网络》(商务印书馆2001),他虽然是从事计算语言学出身,但是对语义研究却情有独钟,对汉语的语义分析,尤其是语义角色的分析比较细腻。他提出六个基本观点也有可取之处:1.谓词是句子结构的中枢;2.语义平面是汉语语法的基础;3.语块是三个平面同构分析的单位;4.分清语言的客观信息和主观信息;5.汉语语序的理据是临摹性;6.里层网络和表层序列相互转换。他对语义角色的研究确有独到之处,只是"意合网络"的提法可以商榷。

需要特别说明的是,现在汉语语言学界有少数学者认为,汉语是跟英语这样的"形式型"语法相反的"语义型"语言,甚至于曲解王力的解释,说汉语就是"意合语法"。这样的观点就意味着:汉语的语义不需要形式的载体,不受形式的束缚,也不需要形式的验证。我们认为,这样的误导是非常有害的。世界上不存在着没有形式的意义,也不存在着没有意义的形式。把这两者割裂开来是典型的形而上学,而且实际上也就是取消了汉语语法的客观存在。这种"伪语义语法"跟我们所提倡的语义语法有着本质的区别。因此,我们在大声疾呼加强语义语法研究的同时,也要提醒大家,千万不要忘记历史的教训,不要再人为地割裂意义和形式的血肉联系。

第四节　汉语认知语法

一　汉语认知语法的兴起

20 世纪 80 年代,在吸取了语用学、生成语义学和认知科学诸多成果的基础上,认知语言学开始形成。其代表人物是 Langacker、Lakoff、M. Johnson 和 Haiman 等,但由于还处于发展过程之中,所以没有形成完整的理论和方法。认知语言学有三个特点:第一,它的学科定位还有争议,既有人还把它看作是功能语言学的分支学科,也有人把功能语言学看作是它的分支学科。关键是缺乏严格意义的方法论。第二,它不是一种自足的语言学理论,属于解释语言学,往往依附于其他的语言学理论。第三,它涵盖语音、文字、词汇、语法,乃至语用各个领域,认知语法只是其中一部分的研究。尽管如此,它所讨论的原型理论、象似性原则、隐喻、意象图式、范畴化、语法化等,都已经成为汉语语法研究的热门课题,显示出它旺盛的生命力。

最早从事汉语认知语法研究的是戴浩一和谢信一。戴的代表作是《以认知为基础的汉语功能语法刍议》(叶蜚声译,国外语言学

1990 年第 4 期)和《时间顺序和汉语的语序》(黄河译,国外语言学
1988 年第 1 期);谢的代表作是《汉语中的时间和意象》(叶蜚声
译,国外语言学 1991 年第 4 期、1992 年第 1 期、第 3 期)。虽然有
关理论一直到 80 年代末才介绍进来,但是却迅速获得国内汉语语
法学家的青睐。由于认知语法认为句法不是一个自足的系统,往
往是由句法之外的因素决定;重视人类认知机制对语言机制的作
用,主张从人类的认知能力出发,通过人类在与外在现实相互作用
过程中形成的概念结构分析和解释语言结构,更注重语言结构的
理据分析和解释,更注重人文、心理、历史对研发结构的影响和制
约,比较符合汉语研究的传统,所以引起了汉语学者广泛的兴趣。
境外比较经典的有影响的有关研究收入戴浩一、薛凤生主编的《功
能主义与汉语语法》(北京语言学院出版社 1994),而弗里德里
希·温格瑞尔与汉斯-尤格·施密特《认知语言学导论》(第二版,
复旦大学出版社)的全译本直到 2009 年才由彭利贞、许国萍、赵薇
翻译出版。

　　以戴浩一为代表的认知功能语法学派与形式语法学派对语言
的本质的看法主要有四点不同:

　　第一,形式语法学派认为语法是人类天赋语言本能的体现,因
而语言能力是独立于其他认知能力的。语法是自主的,不会受到
语言之外的认知及人类生活经验的影响。而认知功能语法学派则
认为语言本能可能是寄生于人类其他心智能力而产生的,不是天
生的,独立自主的。换言之,前者相信先验的理性主义,后者则注
重后天的经验主义。

　　第二,在方法论上,形式语法基本上采用的是演绎法(reduction),认知功能语法学派主要采取归纳法(induction)。

第三,形式语法学派注重形式的解释(内在解释),认知功能语法学派注重功能的解释(外在解释)。

第四,形式语法学派为了追求数理公式的完美,有意无意地忽略语言的历史文化内涵;而认知功能语法学派则认为语言现象有其生理以及心理的基础,也具有历史文化的内涵。

汉语认知语法研究,大体可以分为两个阶段:

一是引进阶段。20 世纪 80 年代末以来,黄河和叶蜚声分别翻译了戴浩一、谢信一的专论,介绍了认知功能语法的哲学观、语言观和一些基本原则,从而揭开了汉语认知语法研究的序幕。前期主要是介绍,廖秋忠、沈家煊、赵艳芳、王勤学、林书武等学者发表了许多有关认知语法的评介文章,但较少涉及汉语的具体问题。

二是发展阶段。90 年代中期以后,外语学界和汉语学界都开始结合汉语进行认知语法的研究。外语学界主要是进行了大量的评介与理论探讨工作,最早进行系统介绍的有:赵艳芳《认知语言学研究》(上海外语教育出版社 2001)比较系统地介绍了有关认知语言学的基本理论与观点,涉及范畴化与原型理论、隐喻、象似性、语法化和推理。陈忠《认知语言学研究》(山东教育出版社 2006)写得深入浅出,联系汉语实际进行专题式的介绍,对读者很有帮助。此外还有程琪龙《认知语言学概论——语言的神经认知基础》(外语教学与研究出版社 2001)、卢植《认知与语言——认知语言学引论》(上海外语教育出版社 2006)、束定芳《认知语义学》(上海外语教育出版社 2008)等。

中国的外语学界在认知语法方面比较下工夫,成果也比较突出。例如徐盛桓关于常规关系研究,王寅、王德春、文旭等关于语言符号象似性的讨论。2001年由《外国语》杂志牵头,首届全国认知语言学研讨会在上海外国语大学召开,会议围绕认知语言学基础理论、隐喻研究和认知语言学应用研究三个主题展开了讨论,这些都进一步推动了汉语认知语法研究的发展。该会议每两年举办一次,2002年10月苏州大学第二届,2004年4月西南师大第三届,2006年5月南京师大第四届,2008年5月湖南大学第五届。有关论文见束定芳主编的《语言的认知研究——认知语言学论文精选》(上海外语教育出版社2004)。

认知语言学也引起了逻辑学界、心理学界、脑神经学科的高度关注,北京大学成立了"逻辑、语言与认知研究中心",浙江大学成立了"语言与认知研究中心",编辑出版《语言与认知研究》专辑(主编唐孝威、黄华新,社会科学文献出版社2007,2008,2009)。此外,中山大学有"逻辑与认知研究所",四川外语学院也有"认知科学研究所"。

由于认知语法还处于探索阶段,各人对认知语法的理解,以及研究的倾向和研究目标实际上存在很多差异,现在已经形成三种流派:

(一)与功能结合的"认知功能语法"研究,以戴浩一、张敏为代表;他们注重语言的信息传递功能,强调文化观念对语言的制约,力图用认知原则和交际功能原则解释汉语的结构原则;主张通过揭示汉语表示时间和空间的句子的观念原则对汉语的结构规律进行解释,提出了时间顺序、时间范围、整体—部分、凸显、信息中心等原则。

（二）与心理学结合的"认知心理语法"研究，以沈家煊、石毓智为代表；他们主要借鉴美国语言学家 Langacker 的认知语法，认为语法形式和语义结构之间具有一一映射的关系，语法规则是现实规则通过认知在语言中的投影；主张以语义和概念为出发点观察它与形式的匹配，比较关注句法象似性、意象图式和语法化等方面的研究，如数量特征、标记等对句法结构的对称与不对称的影响。

（三）与计算机结合的"认知计算语法"研究，以袁毓林为代表。以基于信息加工观点的认知心理学为背景，以人工智能的语言信息处理为研究导向，利用语义网络、语义的扩散性激活和基于缺省的非单调逻辑思想对汉语句子结构进行解释，提出了一条信息处理的思路，即把一部分跟语言理解直接相关的常识化解为一种句法、语义知识，主要研究名词的配价研究。

此外，还有谢信一（1998）的组成认知语法，程琪龙（2001）的神经认知语言学，但缺少对汉语语法现象的具体研究。

二 汉语认知语法的成就

汉语学界主要偏重于运用有关理论对汉语语法进行专题性研究，如汉语里多项定语的排列次序、词的重叠、词类的本质特点、肯定与否定的对称与不对称、名词配价的原因、领属构造中"的"字的隐现、方位表达等，并且取得了一系列比较重要的成果。在汉语认知语法研究方面，沈家煊、袁毓林以及石毓智的研究，由于紧密结合汉语语法事实，让人耳目一新，是汉语认知语法研究的代表性人物。

　　沈家煊的代表作有两本:《不对称和标记论》(江西教育出版社1999),作者将"标记理论"运用于语法研究,对汉语语法中各种对称和不对称现象作出统一的描写和解释。新的标记理论强调标记模式的"相对性"和"关联性",这种标记模式具有普遍意义,并且有语用、认知和生理等方面的基础。这说明语言的结构跟语言的功能密切相关,对语法现象应从语言结构之外去寻找解释。其主要观点是:语言结构在很大程度上是有理可据的,不是"任意的";语法范畴跟人建立的大多数范畴一样是非离散的"典型范畴";语法研究不能排斥意义,语义分析要将客观和主观结合起来;语法规则是语用法固化的结果,是认知方式在语言中的体现;语言演变和语言的不对称互为因果关系;解释语法现象可以打破已有的界线,如词类的界线,词汇和语法的界线,语法、语义和语用的界线。《认知与汉语语法研究》(商务印书馆2006)收录论文14篇,就"有界与无界"、"转指与转喻"、"预测和解释"、"句式与配价"等问题进行深入的探讨。沈家煊研究的特点是:理论与事实结合巧妙,分析精辟,通过具体课题体现出研究的方法论的改革,从而使得深奥的理论问题在事实的分析中得到验证;通过一个个课题得出来的认知语法观念,例如"主观性"、"概念结构"、"不对称"等,具有很强的解释力。如果说不足之处的话,就是系统性不够,论题相对分散。

　　袁毓林的认知语法研究的代表作也有两本:《语言的认知研究和计算分析》(北京大学出版社1998),尝试从认知科学的角度对语言的结构方式和语义理解的心理机制进行研究并加以计算分析,以探索语言研究怎样为计算机理解自然语言提供恰当的方法和合适的规则。作者力图建立一种语言的认知研究和计算分析相结合的研究范式,他认为认知活动最本质的特点是利用知识来指导人们当时的注意和行为。《汉语语法研究的认知视野》(商务印书馆 2004),实际是一本个人论文集,涉及"语序、照应和称代"、"话题结构和述补结构"、"历史语法和方言语法"、"学术史和方法论"四个方面,特点是研究视野比较开拓,密切注意面向计算机的运用。袁毓林的这两本著作,实际上都是他多年来的专题性研究的总结,特点是:(1)认知语法和计算机运用紧密结合起来;(2)不是一般的理论探讨,而是对汉语语法若干专题进行细腻而深入的钻研,并且富有创见;(3)逻辑思辨相当严密,分析说理透彻,是我国当代青年语法学家最高水平的代表之一。不足之处是有些文章可读性较差,计算机应用缺乏实践验证。

　　石毓智非常勤奋,论著丰硕。代表作是《肯定和否定的对称与不对称》(台湾学生书局初版繁体字本 1992,北京语言文化大学出版社增订本 2001),这是石毓智的成名作,也是一部重要的语法理论著作,从认知语言学的角度研究汉语语法,试图从"离散与连续"、"定量与不定量"两个方面全面梳理汉语的语法结构,找出其间的语义结构规律。《语法的认知语义基础》(江西教育出版社 2000)指出各种语义类别中,"数量语义特征",包括数目多少、时间长短、程度高低、离散—连续、定量—变量等,对语法系统的影响最为深刻。相关著作还有《语法的形式与理据》(江西教育出版社 2001)、《动补结构的诞生及其影响》(北京语言文化大学出版社 2002)、《语法的概念基础》(上海外语教育出版社 2006)、《认知能力与语言学理论》(学林出版社 2008)。石毓智的语法研究,宏观与微观结合得比较巧妙,不拘泥于旧说,新意迭见,时有独到之处,令人拍案叫绝;而且往往不回避重要的核心问题,敢于对权威观点提出挑战,是年轻语法学者中最有锐气的一个。问题在于有时假设固然大胆,求证却不够小心,论证有的显得比较粗糙。

在认知语法研究方面,近年来形成若干热点和亮点,出版了一批论著。比较有影响的,例如:张敏《认知语言学与汉语名词短语》(中国社会科学出版社 1998),该书分为两部分,上编对认知语言学的理论背景与研究现状,尤其是句法的象似性等作了较为系统的介绍;下编则运用句法的象似性,特别提出"距离动因"的观念,以此来解释汉语的名词结构里各种体现,这是同类研究中最有启迪性的。崔希亮《语言理解与认知》(北京语言文化大学出版社 2001)主要研究功能主义与信息结构、语法形式与意义、汉语语法的认知研究的方法与立场。郭继懋、郑天刚《似同实异——汉语近义表达方式的认知语用分析》(中国社会科学出版社 2002),将语义近似、表达项目相同或相近的语言形式进行比较,显示出使用条件和限制的区别、分工,并且从认知语言学上作出解释。屈承熹《汉语认知功能语法》(黑龙江人民出版社 2005)试图在详尽描述各类汉语语法现象之外,增添功能和认知的解释,包括"原型"、"连绵性"和"象似性"。张旺熹《汉语句法的认知结构研究》(北京大学出版社 2006)对汉语几种重要句式"把字句"、"连字句"、"重动结构"、"句法重叠"以及汉语介词衍生的语义降级机制,从认知结构这一新的角度进行了深入的讨论,并提出了"隐形量范畴"的独创性概念。此外,还有崔应贤《现代汉语定语的语序认知研究》(中国社会科学出版社 2002)、刘顺《现代汉语名词的多视角研究》(学林出版社 2003)、刘顺《现代汉语语法的多维研究》(社会科学文献出版社 2005)、陈振宇《时间系统的认知模型与运算》(学林出版社 2007)等。有关研究可参阅周红《汉语认知语法研究动态》(汉语学习 2002 年第 6 期)。

三　认知语法研究的重点

汉语认知语法的具体研究主要涉及以下几个方面：

(一)句法象似性研究

句法象似性，又称"临摹性"，是认知语法研究的一个重要方面。他们认为句法结构甚至句法规则是有理可据的，跟人的经验、概念结构有一种自然联系。它主要包括：(1)顺序象似性研究。例如戴浩一提出"汉语语序遵循时间顺序原则和时间范围原则"，比如"他在厨房里做饭"、"现在是一九八七年三月二十六日下午四点三十分"。这一原则具有较强的解释力，覆盖面广，但汉语仍有一些句子不能用它来解释，如"勇士想向山顶冲去"、"他出生在解放前"，等等。(2)距离象似性研究。例如张敏认为领属构造中"的"字的隐现，与定语和中心语之间的概念距离大小有关，确认指标的定语与作为领有者的定语相比，与中心语之间的概念距离要小，因此可以说"他妹妹、我老乡"，而不能说"你手、我汽车"。此外，郭继懋、王红旗《粘合补语和组合补语表达差异的认知分析》(世界汉语教学 2001 年第 2 期)把距离象似性原则用于动词短语研究上。(3)重叠象似性研究。张敏《从类型学和认知语法的角度看汉语重叠现象》(国外语言学 1997 年第 2 期)认为汉语的重叠形式是"同质概念元素在一定认知域里的复现"，高层模式在不同的认知域里体现为不同的具体模式，如再现模式、对称模式、等同模式、数量模式等,从而对重叠现象作了统一的解释。(4)数量象似性研究。沈家煊《句法的象似性问题》(外语教学与研究 1993 年第 1 期)、《"有界"与"无界"》(中国语文 1995 年第 5 期)运用认知上的有界和无界概念统一解释与数量词制约作用有关的语法现象,如"盛碗里鱼"不能成立或不自由,是因为其中的有界动词跟后面的无界名词不匹配,"鱼"前面应加数量词。(5)意义临摹研究。石毓智《语法的认知语义基础》(江西教育出版社 2000)认为由于人们认知视点的不同,同样的现实规则在语言中的表现形式也会不同。除了成分和关系临摹外,还有意义临摹。意义临摹不仅包括对外界客观物质世界意义的临摹,还包括对人造自然如知识系统、文化系统、语言自身等的临摹。

(二)标记与不对称研究

石毓智早于 90 年代初期就开始研究形容词肯定和否定的不对称,他的成名作是《肯定和否定的对称与不对称》(台湾学生书局 1992,北京语言文化大学出版社 2001),用数量特征统一解释了词语、句法结构和语义上肯定和否定的对称与不对称现象,即用定量和非定量的概念解释肯定和否定的使用,用离散和连续的概念解释"不""没"的分工,很有说服力。沈家煊《不对称和标记论》(江西教育出版社 1999)提出用多分关联的标记理论来描写和解释语法中的种种不对称现象,如肯定和否定的不对称、主语和宾语的不对称、形式和意义的不对称、词类和句法成分之间的不对称等;并且用关联模式建立了形容词、名词与句法功能之间的联系,也很有启发性。

(三)空间方位及参照点的研究

　　刘宁生《汉语怎样表达物体的空间关系》(中国语文 1994 年第 3 期)、《汉语偏正结构的认知基础及其在语序类型学上的意义》(中国语文 1995 年第 2 期)用"目的物"和"参照物"来分析汉语表达物体空间关系的方式,由于目的物和参照物具有一系列伴随特征,这就制约了表达空间关系的语句的可接受性,如汉语习惯是倾向于把具有较大、固定、持久、复杂、已知等特征的名词性成分放在句子中表示处所意义的位置上。张伯江、方梅《汉语功能语法研究》(江西教育出版社 1996)对名动词词类活用现象进行了认知解释:名词具有空间性,典型表现形式是前加名量词,动词具有时间性,典型表现形式是后加时体成分,凡是偏离基本用法的,都可以看作功能游移。因此,主宾语位置上的动词具有指称性,如"进行调查","调查"不能再加时体成分,却可以说"进行一项调查",从意义和形式两方面看到了时间性的减弱和空间性的增强。方经民《论汉语空间方位参照认知过程中的基本策略》(中国语文 1999 年第 1 期)、《汉语空间方位参照的认知结构》(世界汉语教学 1999 年第 4 期)认为空间方位参照的认知过程涉及到观察点的确立、方位词的选用、方向参照点的确立和位置参照点的选择四个方面,有基本的认知策略。此外还有崔希亮的《空间方位关系及其泛化形式的认知解释》(《语法研究和探索》十,商务印书馆 2000)等也做了有益的探讨。

　　(四)意象图式研究

　　沈家煊《"在"字句和"给"字句》(中国语文 1999 年第 2 期)提出句式是一个"完形",即一个整体结构。句式的整体意义的把握受到一些基本认知原则,如顺序原则、包容原则、相邻原则、数量原则的支配,并解释了许多以前无法解释的语法现象。李宇明《空间在世界认知中的地位——语言与认知关系的考察》(湖北大学学报1999年第3期)提出空间图式是一种能产性极强的认知图式,人们习惯于把空间的范畴和关系投射到非空间的范畴和关系上,如时间范畴和社会关系范畴。张旺熹《"把"字句的位移图式》(语言教学与研究2001年第3期)以及崔希亮《空间方位场景的认知图式与句法表现》(《中国语言学报》10,商务印书馆2001)认为"把"字句是一个以空间位移为基础的意象图式及其隐喻系统,不仅包括"物理空间的位移",还包括"时间、人体空间、社会空间、心理空间、范围空间以及泛方向空间等不同空间层面上的位移"。这些都是很有自己独到见解的研究。

(五)隐喻、转喻研究

隐喻研究,蓝纯的《从认知角度看汉语的空间隐喻》(外语教学与研究1999年第4期)重点考察了"上"和"下"的隐喻义拓展,说明汉语中许多抽象概念是通过空间隐喻来构建的。此外还有周榕的《时间隐喻表征的跨文化研究》(现代外语2000年第1期)等。有关著作多是外语学界的,主要有:束定芳《隐喻学研究》(上海外语教育出版社2000),范文芳《语法隐喻理论研究》(外语教学与研究出版社2001),胡壮麟《认知隐喻学》(北京大学出版社2004)、蓝纯、顾曰国《认知语言学与隐喻研究》(外语教学与研究出版社2005),彭增安《隐喻研究的新视角》(山东文艺出版社2006)等。

转喻研究,沈家煊的《转指和转喻》(当代语言学1999年第1期)认为汉语"的"字结构转指中心语的现象本质上是一种"语法转喻",并用认知框架和显著度两个概念分析得出了"的"字结构转指中心语的条件；此外还有王占华的《"吃食堂"的认知考察》(语言教学与研究 2000 年第 2 期)认为这里的"食堂"既不是处所宾语，也不是方式宾语，而是受事宾语的转喻形式，也能够独辟蹊径，很有解释力。

四　汉语认知语法的发展前景

汉语认知语法虽然起步比较晚，但已经显示出它强大的生命力和解释力，并且开始跟形式语法、功能语法以及与语义语法并立，形成新的学派。它之所以能过短时间里获得迅速的发展，主要原因是：

(1)能够以简驭繁，对同类语法现象作出统一的解释。即从认知入手有可能找出一些基本的原则，对语言不同层次、不同方面存在的并行现象作出合情合理的解释。比如沈家煊(2000)提出由"正负颠倒"引起的语法、语义和语用三个层面上的异常变化可以用"量级"进行统一的解释。

(2)可以预测，也可以验证，从而显示一定的科学性。比如石毓智(2001)指出："量大的事物能够长期存在，量小的容易消失"，并且得出了判断词语肯定、否定用法的模型，即根据概念的语义程度，区分出由 0 到 1 共七个量级，位于或逼近 0 的只用于或多用于否定结构，位于 0.5 的词语肯定和否定自由，位于或逼近 1 的词语只用于或多用于肯定结构。

(3)比较符合汉语语法研究的传统。由于认知语法重视经验事实的归纳，更容易取得独立的经验支持与验证；而汉语研究历来着重于语义的研究，注重修辞手段，比如隐喻、转喻以及比况等，这与汉语研究的传统相当一致。

认知语法从根本上来讲,属于解释语言学。当我们的语法研究在结构形式方面加大力度时,也就意味着对语义和认知的需要将加强。认知语法跟语义语法、功能语法密切相关,而且可以说是相辅相成。我国的认知语法研究虽然已经取得了不少成绩,对汉语语法现象作出了有相当深度的解释,并且大大拓宽了我们的研究视野;但也存在不少问题:1.科学性不足。有关认知语法的基本理论与方法缺乏深入的研究,各人的解释不尽相同,甚至于相去甚远。2.系统性不强。有关研究比较零散,没有建立起系统的框架,也缺乏宏观的把握。3.目的性不明。也就是认知语法研究最后想达到一个怎么样的目标,或者说跟其他语法理论有什么分工,这就需要给以明确的定位。

认知语法研究有着极为灿烂的前景,今后的研究,一是加强理论、方法的探索,构建起比较完整的理论框架,使认知分析更具科学性和解释性。二是密切结合汉语事实,进行系统性的研究。三是加强跟其他语法研究理论的配合,跟形式语法、功能语法、语义语法的研究加强联系,多元并存、互相补充,在描写充分性的基础上进一步做到解释的充分性。

第五节　其他语法研究理论

20 世纪引进的语法研究理论还有配价语法、蒙塔古语法、词汇语法等,进入 21 世纪以来,"构式语法"崛起,风靡一时。许多人对此发生强烈兴趣,目前还无法确认其真正的价值。

什么叫做"构式"？其经典的解释是："C 是一个构式，并且仅当 C 是一个形式和意义的匹配体⟨Fi，Si⟩，而其他形式 Fi 也好，意义 Si 也好，所具有的某些特征不能全然从 C 的组成部分或先前已有的其他构式所推知。"(《构式：论元结构的构式语法研究》，美国 Adele E. Goldberg 原著，吴海波译，北京大学出版社 2007)构式语法理论是从认知语言学发展出来的，其最主要的观点是认为构式具有自身的构式意义，而且"整体大于部分之和"，这一理论开始日益引起国内汉语语法学家的广泛关注。

偏重于介绍评价的论文主要有：纪云霞、林书武《一种新的语言理论：构块式语法》(外国语 2002 年第 5 期)、陆俭明《词语句法、语义的多功能性：对"构式语法"理论的解释》(外国语 2004 年第 2 期)、陆俭明《"句式语法"理论与汉语研究》(中国语文 2004 年第 5 期)、王黎《关于构式和词语的多功能性》(外国语 2005 年第 4 期)、严辰松《构式语法论要》(解放军外国语学院学报 2006 年第 4 期)、程乐乐《关于构式语法"三个世界"的思考》(长江学术 2006 年第 4 期)、沈莉娜《现代汉语构式语法研究综述》(牡丹江教育学院学报 2007 年第 5 期)、邓云华《论构式语法理论的进步与局限》(外语教学与研究 2007 年第 5 期)、陆俭明《构式语法理论的价值与局限》(南京师范大学文学院学报 2008 年第 1 期)、刘晓林《构式语言学述评》(天津外国语学院学报 2008 年第 1 期)、王瑜《构式语法研究综述》(高等教育与学术研究 2009 年第 1 期)等。国外专著有[美] Adele E. Goldberg《构式：论元结构的构式语法研究》(吴海波译，北京大学出版社 2007)。此外还可以参考沈园《句法—语义界面研究》(上海教育出版社 2007)。

　　目前运用构式语法理论来解决汉语具体问题的研究论文还不多,多为尝试性的,主要有:张伯江《论"把"字句的句式语义》(语言研究 2000 年第 1 期)、梁晓玲《从构式语法的角度看"动宾"格式中宾语的多样化》(佳木斯大学学报 2005 年第 2 期)、林晓恒《"都＋V＋的＋N"的构式分析》(语言研究 2006 年第 1 期)、李云靖《"NP＋的＋VP"结构的构式语法阐释》(语言教学与研究 2008 年第 2 期)等。有关评述可以参见沈莉娜《现代汉语构式语法研究综述》(牡丹江教育学院学报 2007 年第 5 期)、王瑜《构式语法研究综述》(高等教育与学术研究 2009 年第 1 期)等。

第二章　汉语语法研究的理论探索

事实与理论不可偏废，这个道理，人人都明白，但是真正实行起来，却往往是见仁见智。汉语语法学界在"求实"的旗帜下，历来崇尚语言材料的收集和归纳，而对理论的探讨和研究则重视不够。吕叔湘曾经把这两者比喻为铜钱和钱串子的关系，就引起不同的反响。这一倾向不仅表现在具体的研究成果上，而且反映在学术界的指导思想上。《中国语文》1980 年第 1 期发表了署名"本刊评论员"的重要文章《语言研究大有可为》，号召大家"在理论探讨的同时多做点用例调查"，对此，各人就有不同的解读，林裕文在《回顾与展望》（中国语文 1982 年第 4 期）中就明确提出"在提倡加强事例的调查的同时，还得提高理论的水平"。可以看出，北方学者的理念跟南方学者的理念存在一些差异，强调的侧重点有所区别。

近年来，随着年轻学者的崛起，明显强化了汉语语法理论的研究。这首先表现在学术界开展了若干次重大语法理论问题的讨论，各抒己见，观点纷呈；其次是积极引进和借鉴国外新的语法研究理论，并结合汉语语言事实，提出了许多大胆的新的构想，例如关于区分语义、语法、语用三个平面，关于语法形式与语法意义如何结合，关于语法研究的"本位"说、语法化问题、语言类型学、构式语法研究，等等。第三是出版了若干部语法理论研究的专著，理论意识明显得到加强,并且提出若干带有中国特色的语言学理论新观点或新构想。

第一节 语法研究三个平面的新思路

一 三个平面理论阐述的背景

20世纪80年代受国外符号学及相关语言学理论的影响,国内语法学界结合汉语实际,提出了"语法研究的三个平面"理论观点。这对以往语法研究一些纠缠不清的问题,提供了解决的新办法,也拓宽了语法研究的思路,促进了语法研究中形式和意义相结合、静态和动态相结合的研究方法,受到了语言学界的普遍关注。

所谓"三个平面",是指跟语法研究有关的句法、语义、语用三个层面,并非国外通行的相对独立的句法学、语义学和语用学。具体地说,在语法分析过程中,有些属于句法方面的因素,有些属于语义方面的因素,有些则属于语用方面的因素,我们在进行语法分析时,既要把这三个层面的因素区分开,又要把这三方面的因素联系起来。"三个平面"理论中所说的语义、语用,仅指与语法有关的语义、语用因素。从表达的角度看,句法是关键;从理解的角度看,语义是关键;从交际的角度看,语用是关键。从语法研究的角度说,句法研究是核心,以句法研究为基础,向里挖掘深层的语义关系,向外探求语用条件。"语法研究三个平面"的理论,对我国的语法研究影响很大,主要是以下两个方面:

(一)把语法研究中句法、语义、语用三方面的因素区分开,有利于分析、解释一些纠缠不清的复杂问题。如主语、施事、话题是分属句法、语义、语用三个不同层面的概念，原来语法分析时常常把这三者混在一起，这对句子主语的确定、对某些较为特殊的句法结构的分析和解释都会带来混乱。如以前对"王冕七岁死了父亲"这个句子主语的确定存在着不同的看法，有的认为是"王冕"，有的认为是"父亲"。但如果从三个不同层面来分析，问题就比较清楚了，"王冕"是句子的话题，也是句子的主语，而"父亲"语义上是当事，句法上则是宾语。

（二）把语法分析中相关的句法、语义、语用等因素联系起来，推动了汉语语法研究的深入发展。从句子表达的角度看，句子是否合格不仅涉及到句法因素，同时也涉及到相关的语义、语用的因素。例如，"他送我一本书"可以变换成相应的"把"字句："他把一本书送给我"；而同样的结构"他偷我一本书"则不能变换成相应的"把"字句："他把一本书偷给我"。究其原因，主要是这两个句子中的动词的语义特征不同，"送"具有"给予"义，"偷"则具有"获得"义；再如"客人来了"，可以改为"来客人了"；而"小张来了"，不能改为"来小张了"。其原因要从语用角度来解释，因为主语大多为有定事物，而宾语大多为无定事物。前句虽然可以把主语移到宾语位置，但意义略有区别，"客人"作主语，是有定的，是交际双方已知的信息，"客人"作宾语，是无定的，属于未知信息；"小张"是个具体的、特指的名词，因此只能作主语，不能移到动词后作施事宾语。跟语法有关的语义平面的研究包括语义特征的研究、语义指向的研究、语义角色的研究、语义结构的研究以及歧义的研究等。跟语法有关的语用平面的研究包括话题和述题、预设和焦点、指称和照应等方面的研究。

二 三个平面的理论模式

关于三个平面理论的讨论,最早体现在胡裕树主编的《现代汉语》(修订本,上海教育出版社 1981)的语法部分,实际上也是语法部分的执笔者张斌的意见,但是作为一种理论主张加以阐述还要算胡裕树和范晓的《试论语法研究的三个平面》(新疆师范大学学报 1985 年第 2 期),该文后由《语言教学与研究》(1993 年第 3 期)转载,这一理论在当时的汉语语法学界引起极大的关注,接连发表不少重要论文,并且形成好几种解释模式:

1. 两翼模式。胡裕树和范晓《试论语法研究的三个平面》(新疆师范大学学报1985年第2期)以及《有关语法研究三个平面的几个问题》(中国语文1992年第4期)认为:"如果把句法平面比作句子的躯干,不妨把语义和语用比作两翼,一个句子既有躯干又有两翼,才能'起飞',才能交际。因此必须以句法为基础,同时又兼顾到语义分析和语用分析,并尽可能使三者既区别开来又结合起来。"比喻颇生动,可是语义跟语用似乎不发生关系。

2. 双层模式。施关淦《关于语法研究的三个平面》(中国语文1991 年第 6 期)以及《再论语法研究的三个平面》(汉语学习 1993年第 2 期)认为:"语义、语用固然很重要,但在语法学里边,它们跟句法相比,却不能是基础,基础应该是句法。"而"句法和语义一起,跟语用发生关系。句法分析和语义分析都是静态分析,语用分析则是动态分析"。句法和语义似乎构成实体,语用只是环境。

3. 三维模式。文炼(张斌)《与语言符号有关的问题——兼论语法分析中的三个平面》(中国语文 1990 年第 3 期)认为三个平面"其实应该理解为'三维',好比一格立体的长、宽、高",并指出"语法规律的描写,可以有不同的角度(句法的、语义的、语用的),但要达到的目的却好似一致的,即别同异,辨真伪"。范晓后来也转而认同这三维模式,说明这一模式比较具有解释力。

4.三角模式。邢福义《现代汉语语法研究的两个"三角"》(云梦学刊 1990 年第 1 期)提出 a"语表"指语表形式,b"语里"指意义或关系,c"语值"指特定形式的语用价值。大致相当于一般所说的句法、语义、语用。"abc 三角之间具有互相制约、彼此依凭,形成立体的关系。"并指出 ab 角为表里验证,ac 角为由表辨值的关系。可惜 bc 角不知什么关系。

5.生成模式。王维贤《语言的三个平面与句法的三个平面》(《中国语言学报》7,1995)认为三个平面应该叫做"句法平面、句法语义平面和句法语义语用平面",因为语言有一个"基本短语结构形式",当插入具体的词语就形成"基本短语",即深层结构,当它出现在实际话语中,具有实际指称作用时,即成为句子。句法规则应该是贯穿三个平面的语言结构规律。

6.立体交叉模式。邵敬敏《关于语法研究中的三个平面的理论思考——兼评有关的几种理解模式》(南京师范大学学报 1992 年第 4 期)对三个平面作了比较大的修正,他认为应该叫做"词汇平面"、"句法平面"和"语用平面",分别都具有意义和形式,即词汇意义和词汇形式、句法意义和句法形式、语用意义和语用形式,从而形成一个书架一样的立体交叉模式。

汉语语法学界比较主流的看法是"三维模式",其他的模式也各有特色。对三个平面之所以会产生不同的理解，主要是因为对每种平面的内涵理解不同，对这三者的关系也各自有不同的看法。但是这并不妨碍大家进行语法研究的时候不仅仅注意句法形式，而且也开始关注语义的因素和语用的因素。

有关三个平面研究的论文还有徐枢、饶长溶等的《三个平面：语法研究的多维视野》（语言教学与研究 1992 年第 1 期）、范开泰《语法分析的三个平面》（语言教学与研究 1993 年第 3 期）、杨成凯《句法、语义、语用三个平面说的方法论分析》（语文研究 1994 年第 2 期）等。比较重要的论文后来由袁晖和戴耀晶结集为《三个平面：汉语语法研究的多维视野》（语文出版社 1998）。

关于三个平面语法研究的理论，研究最得力的当数范晓及其弟子。有关著作如范晓《三个平面的语法观》（北京语言文化大学出版社 1996）、高顺全《三个平面的语法研究》（学林出版社 2004）等。其代表作则是范晓、张豫峰合著的《语法理论纲要》（上海译文出版社 2003），其核心思想可概括为三个平面（三维）、四个原则（形式和意义、静态和动态、架构和功能、描写和解释）。陈昌来主编《现代汉语三维语法论》（学林出版社 2005）对范晓语法研究的核心思想以及三个平面理论的研究有相当详细的介绍。

跟三个平面理论相近的，还有邢福义倡导的"两个三角"的理论，大三角指"普（通话）、方（言）、古（代汉语）"；小三角指"语表、语里、语值"。他的《现代汉语语法研究的两个"三角"》（云梦学刊 1990 年第 1 期）以及《现代汉语语法问题的两个"三角"的研究——1980 年以来中国大陆现代汉语语法研究的发展》（语言教学与研究 1991 年第 3 期）对这个理论作了全面阐述，此外还有眸子(李宇明)的《语法研究中的"两个三角"和"三个平面"》(世界汉语教学 1994 年第 4 期)。

必须指出的是,这一理论专指在语法研究中需要特别注意句法、语义和语用这三个平面的区别和联系,所以不等于国外一般意义的语义学或者语用学,这是中国学者在新的形势下根据汉语语法研究的需要提出来的语法研究新思路。对打破结构主义一统天下,密切关注语义分析以及语用分析起到积极的作用,在 20 世纪 80—90 年代曾经风靡一时,许多人运用这一理论来研究汉语语法事实,并且取得显著的成绩。

三 关于语用平面的研究

三个平面在理论上的突破,主要是在以往注重研究语法结构之外,提出了必须注意语义平面和语用平面。关于语义平面的研究,显然跟以后崛起的汉语语义语法有着千丝万缕的联系,而关于句法分析中的语用平面的研究,跟以后的汉语功能语法也是息息相关。

语法研究中语用平面,不等于一般意义的语用学。这是指在汉语语法研究中需要引进语用的因素,以解决语法分析中的有关问题。20 世纪 80 年代这方面的研究,最主要的是关于"语法场"的建立以及"语用分析"的运用。前者以胡正微的《汉语语法场浅探》(中国语文 1980 年第 4 期)为代表,作者指出:"这种交际时由语言内外各种因素形成了对言语结构的交叉制约作用的范围,我们也借喻为'场',叫做'语法场'",而"储存单位一旦变为使用单位,也就同时进入语法场",这一研究实际上已涉及到语用学的范围,但只是当胡附、文炼提出要区分语义、语法和语用三个平面后,关于语用的研究才真正开始引起了注意。后者以范开泰的《语用分析说略》(中国语文 1985 年第 6 期)为代表,这是同类研究中介绍有关国外研究理论并结合汉语语法实际最出色的一篇文章,作者比较全面地介绍了话题与主语、焦点与重音、信息结构与言外之意等重要内容。见解新颖,很有启发性。这方面的研究还有石安石的《句义的预设》(语文研究 1986 年第 2 期)、刘宁生的《语境分析》(南京师大学报 1984 年第 1 期)等。专著有温锁林的《现代汉语语用平面研究》(北京图书馆出版社 2001)。

关于句群和语篇的研究,主要有吴为章、田小琳的《句群》(人民教育出版社 1984)、《汉语句群》(商务印书馆 2001),首先把句群按照结构分为 12 类,接着按照功能再分为"记叙、描写、说明、议论、抒情、对话"等若干类。吴启主《汉语构件语篇学》(岳麓书社 2001)分析语段、段群、部分、篇的结构,理论基础是"构件论"。鲁忠义、彭聃龄《语篇理解研究》(北京语言大学出版社 2003),这属于语篇阅读的认知研究,由三个部分构成:语篇理解的心理学方法研究;语篇理解的理论建构;语篇理解的实验研究。黄国文《语篇分析的理论与实践》(上海外语教育出版社 2001)以系统功能语法理论为指导,以广告语为研究对象,进行语篇分析。总的来看,有关研究还比较零散,影响不太大。

有关研究可参见高万云、郑心灵的《"语法分析的三个平面"研究述评》(汉语学习 1994 年第 6 期)、许小明《语法研究三个平面理论述评》(华南师范大学学报 1999 年第 6 期)、庄义友《语法三个平面学说述略》(汕头大学学报 2000 年第 4 期)、周梅《句法、语义、语用三个平面研究综述》(宿州师专学报 2002 年第 4 期)等。

第二节　形式与意义的关系

一　简单的历史回顾

20 世纪 50 年代,语言研究所现代汉语小组打算编写一部规范化的《现代汉语语法》,在《中国语文》1959 年 3 月号上发表《语法研究上要求加强协作》,提出了语法研究原则和一些尚未能解决的课题。文章说:"我们研究语法的主要精神是遵守意义和形式相结合这个原则。"但对此原则并未详加说明。徐思益《谈意义和形式相结合的语法研究原则》(中国语文 1959 年第 6 期)则认为:"一种语言所以不同于另一种语言,主要在于表现语法意义的语法形式不同。语法的研究,重要的不在于语法意义,而在于用什么语法形式来表现这种语法意义。"因此,"作为研究语法的重点,应当从语法意义的物质凭借,亦即从语法形式入手"。并坚决反对"把研究语法的出发点放在意义上,再去寻找与意义相照应的表现形式"。作者最后认为"问题的关键在于:怎样使意义和形式相结合,怎样理解形式"。这些观点说明作者受结构主义语法理论影响颇深,因此不可避免地忽略了问题的另一方面:即从语法意义入手去研究它的表现形式也是语法研究不可缺少的课题。其实,问题在于:反对的应该是只限于满足于一般意义的解释而不是去寻找与之相适应的复杂多变的语法形式的那种纯意义的研究方法。对该问题阐述得比较透彻的是文炼的《论语法学中"形式和意义"相结合的原则》(上海师范学院学报 1960 年第 1 期)。作者同意并阐述了陈望道关于"意义"分为三种的观点,即:1.个别意义(每个词的具体意义),2.会同意义(同一类词所共有的概括意义),3.配置意义(即词与词结合后的关系意义)。并认为:"同一形式可以表示不同的意义,而同样的意义也可以用不同的形式来表现","语法意义必须有语法形式的表现,离开了语法形式无所谓语法意义。语法意义和语法形式的统一体是语法结构,它是语法学唯一的研究对象"。这种观点比较全面,但作者对"意义和形式"如何具体结合仍未能深入阐述。

就该问题展开争论是由李临定、范方莲的《语法研究应该依据意义和形式结合的原则》(中国语文 1961 年第 5 期)引起的。作者认为:"在语法研究中要真正贯彻意义和形式结合的原则,必须用唯物辩证的观点,从联系中看问题。应该通过意义掌握形式,从形式中看意义,而不能把意义和形式割裂开来孤立地去看,或者偏重于形式而忽略了意义,或者偏重于'意义'而忽略了形式。"并且具体批评了有这两种倾向的几篇论文,一是偏重于形式忽略了意义的,如刘坚的《论助动词》(中国语文 1960 年第 1 期)、陈建民的《论兼语式和一些有关句子分析的问题》(中国语文 1960 年第 3 期)、王福庭的《"连动式"还是"连谓式"?》(中国语文 1960 年第 6、10 期);一是偏重于意义而忽略了形式的,如黎锦熙、刘世儒的《汉语语法教材》(第二编)(商务印书馆 1959)。作者的批评不能说没有一点道理,但是具体贯彻自己的"意义与形式"结合的原则,则未必能令人信服。如"红"的词类问题,因为"红"可作主、宾语,表示事物的名称,又可以作谓语,表示动作变化,又可以作定语,表示事物的性质,所以作者认为汉语中有三个"红",分属名词、动词、形容词。如果把这一原则和方法推而广之,那么汉语中原先的形容词几乎都应分属两个以上词类(有的可以作状语,表示一种情态,那么还应是副词等等),不仅形容词如此,其他词类何尝不可如此,这显然又回到黎锦熙的"依句辨品"的老路上去了。

接着,在《中国语文》1961年第6期发表了陆志韦的《试谈汉语语法学上的"形式与意义"相结合》。陆氏曾负责《论助动词》等几篇论文的指导工作,他针对李、范的批评文章,指出"语法意义和语法形式一开头就是结合着的,并且永远结合着,赤裸裸的不联系物质的语法意义是不存在的"。问题在于"在语法形式和语法意义结合得错综复杂,不容易描写的场合,研究的人迷失了方向"。作者还举例分析了汉语如何凭借"词序"来分析语法,为《论助动词》等论文作了些解释,并特别批评了那种认为"语法意义"和"语法形式"是"一对一"的简单化观点,指出"汉语里综合性的语法成分和分析性的副词都相当灵活地交叉着使用"。实际上是委婉地批评了李、范的分析方法。张静采取比较灵活的态度,认为意义明显而形式隐晦,可先从意义入手,然后证明形式;形式明显而意义难以捉摸,可先从形式入手,然后归结到意义上来。以后还零散地发表过几篇有关论文,如:黄伯荣《汉语语法的研究》(甘肃大学学报1960年第1期)、高华年《试以语法意义和语法形式相结合的原则论汉语兼语式的问题》(学术研究1962年第1期)等。

这个问题涉及到语法研究的根本原则和方法,因此引起人们普遍重视,一般地说,大家都赞同"语法意义"和"语法形式"相结合的原则,但对如何理解"语法意义"和"语法形式",两者又如何结合起来研究,两者之间究竟存在着什么样的错综复杂的关系都还有着不同的理解。这次讨论提出了一些原则性意见,但是缺乏交锋,基本上只是各谈各的;而且缺乏运用自己的原则对汉语进行实践的好文章,还仅仅停留在一般理论上的探讨。

二 新时期有关讨论的深入

20 世纪 80 年代中期,在第四次现代汉语语法讨论会(1986)上,"形式与意义"再次成为讨论的焦点。这一时期的主要观点有以下几种:

第一,朱德熙:认为形式和意义是结合在一起的,所以语法研究必须做到形式与意义相互验证、渗透。从形式入手时,要力求在意义上得到验证,找到意义上的依据;从意义入手,要力求在形式上得到验证,找到形式上的表现。(《语法答问》,商务印书馆1985)

第二,胡裕树、范晓:语法研究中要兼顾形式与意义,并寻求两者的对应关系。无论是形态丰富的语言还是形态缺乏的语言,语法研究都必须从形式出发去发现意义,而不是相反。这显然是典型的结构主义的观点。(《试论语法研究的三个平面》新疆师范大学学报 1985 年第 2 期)

第三,邵敬敏:一方面同意形式与意义必须相互验证,另一方面提出,形式与意义是个双通道,对形态丰富的语言来讲从形式入手比较适合;而对形态变化不那么丰富的汉语来讲,从意义入手也许是更加合适的。(《形式与意义四论》,《语法研究和探索》四,北京大学出版社 1988)

第四，申小龙、张黎主张从意义入手来研究语法，强调"意合"，但是并不要求形式上的验证。（《汉语语法学革新的几个原则问题》，北方论坛 1988 年第 4 期）

可以看出，在形式与意义相结合这个重要问题上，首先可以分为两大派：一派是"结合派"，即要求形式与意义结合；一派是"纯意义派"，认为两者根本不需要结合，主张只要从意义出发就可以研究汉语，不需要在形式上的任何验证，他们鼓吹"神而明之"，汉语语法是完全"意合"的，所以也可以叫"神明派"，或者"意合派"。在"结合派"内部，可以再分出两派："单向派"，认为语法研究必须也只能从形式入手，不可以从意义入手去研究语法；"双向派"认为语法研究既可以从形式入手，也可以从意义入手，这是个双通道，关键是两者要相互验证。"双向派"内部，还可以分出两派：一派是"机会均等派"，认为从形式或意义入手机会均等；另外一派是"语义决定派"，认为对汉语这样形态不丰富的语言来讲，最好是从意义入手再去寻找形式上的验证。

其中，朱德熙和胡明扬的研究最受到关注。朱德熙深受结构主义语法理论的影响，早年偏重于形式的分析，后来他的思想有了重大的飞跃，对语法形式和语法意义的关系在三个方面有重大发展：

提出"语法形式和语法意义对应关系说"，认为"语法研究的最终目的就是弄清楚语法形式和语法意义之间的对应关系"。

提出"语法形式和语法意义结合渗透说"，认为"语法研究应当把形式和意义结合起来"，"真正的结合是要使形式和意义互相渗透"。

提出"语法形式和语法意义互为验证说",认为"讲形式的时候能够得到语义方面的验证,讲意义的时候能够得到形式方面的验证。"

朱德熙后期的一系列的研究,包括歧义分化、方言疑问句研究等无不体现了形式和意义的结合和验证。

胡明扬早在 50 年代的《语法形式和语法意义》(中国语文1958 年第 3 期)中就指出语法范畴是"把语法意义归类得出来的类别",语法形式的类别除了"词形态(词形变化、助词)"之外,还有"句形态(句助词)"以及无形形态(语序、语调、重音),而语法意义和语法形式是"不可分割的统一体"。他还提出了"语法化"的概念,指出"被"、"将"、"把"等原先都是动词,经过长期的演变后,在现代汉语中不同程度地语法化的,成了语法形式。显然,这些观点是难能可贵的。1987 年他在"两市一省语言理论讨论会"上,第一次提出了"语义语法范畴",后来他又发表了《再论语法形式与语法意义》(中国语文 1992 年第 5 期)提出要区别"显性语法形式"和"隐形语法形式"。他的一系列论文都是围绕着这一理论问题进行阐述,例如《句法语义范畴的若干理论问题》(语言研究 1991 年第2 期)、《语义语法范畴》(汉语学习 1994 年第 1 期)以及《语义和语法》(汉语学习 1997 年第 4 期)。

三　形式和意义讨论的价值

语法形式与语法意义的关系,是涉及汉语语法研究的重大课题,有关的讨论意义很深远,也很值得我们作进一步的探索。

第一,加深了对形式与意义关系的认识。尤其是有助于加强句法结构中语义的研究,认识到两者之间的相互依存、交融和制约关系。

第二,加深了对语法研究的目的性的认识,即揭示意义的决定性、句法的强制性、语用的选择性和认知的解释性。

第三,加深了对语法形式的认识,形态不等于形式,形式又可以分为显性形式和隐性形式,汉语的语法形式,应该包括:语序、虚词、重叠、分布、层次、变换、替换、功能,甚至于音节的多少、重音、停顿、语调、语气等。

第四,加深了对语法意义的认识,这个意义不等于词义,它实际上包括语义特征、语义角色、语义指向、语义范畴、语义关系、语义结构、语义层次等问题。

第五,加强了对词汇意义的分析,发现词汇意义其实经过抽象、提炼,跟语法意义(组合意义以及类聚意义)也是有相当紧密的联系的。

有关情况可参阅赵海宝、马宁《汉语语法形式和语法意义的研究述评》(吉林师范大学学报 2003 年第 3 期)。

第三节 语序变化以及类型学研究

传统语法历来认为汉语语法的特点之一就是语序特别重要,语序的改变会导致句法结构关系的变化以及语法意义的变化。20世纪 50 年代关于主宾语问题的讨论已经涉及到这一课题。80 年代关于语序变化的讨论又热烈起来了。关于语序变化的研究主要表现在三个方面。

一 语序变化的性质

几乎所有的汉语语法学家都认为,语序的变化对语法结构的性质以及语法意义的鉴别起重大作用。比如"名词＋动词/形容词"往往构成主谓结构,而次序一变化,"动词＋名词"就构成了述宾结构,"形容词＋名词"就构成了偏正结构。例如"人吃了"和"吃人了"、"花红"和"红花",语序不同,结构关系不同,意义也不同。但是朱德熙也指出:"拿英语来说,词在句子里的位置相当稳定,倒是汉语的词序显得有一定的灵活性。"(《语法答问》,商务印书馆1985)例如"我不吃羊肉～羊肉我(可)不吃～我羊肉不吃(吃牛肉)"。

这里实际上涉及两个问题:

第一,这个语序是指短语内部还是句子内部的变化。吕叔湘《汉语语法分析问题》指出:"有一个现象很值得注意:短语内部的次序是不大能改变的,句子内部的次序就比较灵活。句子可以不改变其基本意义而改变内部的次序,短语很少能够这样。例如(a)我没有看第一本,(b)第一本我没看,(c)我第一本没看,三句一个意思。可是'花纸'和'纸花','半斤'和'斤半','后头的小孩'和'小孩的后头','好商量'和'商量好'意思都完全改变了。"换句话说,语序在不同语法单位层面上的重要性并不相同。这一认识推动了语序研究的深入发展。

第二,语序的类型。吴为章《语序重要》(中国语文1995年第6期)主要论述语序在汉语语法研究中的重要性,她认为目前研究的情况涉及到不同平面的语序,也涉及到制约语序的各种因素。

语序有广狭二义：狭义语序一般指语素、词的排列次序；广义语序通常指各个层面、各种长度的语言单位和成分的排列次序。语序实际上跟语言的类型有关。邵敬敏《现代汉语通论》（上海教育出版社 2001）作了具体的发挥：（1）语法的语序变化，指词语次序变化了，语法结构关系也随之改变，语义也跟着变化，如"人来了——来人了"；（2）语义语序变化，指词语的次序变化虽然没有引起语法结构关系的变化，但是语义却有明显的不同，如"猫捉老鼠——老鼠捉猫"；（3）语用的语序变化，指在语言交际使用时出现的临时性的移位，实际上语法结构关系没有变化，句子所表达的基本意义也没有区别，只是增加了一些"追加"、"补充"语用上的色彩，如"你快走吧！"跟"快走吧，你！"。范晓《关于汉语的语序问题》（汉语学习 2001 年第 6 期）则认为"只有相同结构的成分排序有变化才是语序变化"，其他的不能算，例如语用上的语序变化，只是"主要是句法语序发生变化，即主谓结构内部主语和谓语的位置颠倒了（主谓——谓主）"。

第三，语序研究的层次性。张斌、胡裕树《汉语语法研究》（商务印书馆 1989）更进一步指出："语序包括语法的、语义的和语用的。这三个层面既有区别，又有联系。"即句子是以句法结构为基础，但句子并不等于句法结构，句子往往在句法结构基础上有所增添（如增添外位成分、独立成分），有所变化（如倒装、省略）。这种变动有的跟语义有关，有的跟语用有关，因此不要笼统地把语序变化只单纯看做是句法结构的变化。

二　语言类型学的建立

跟汉语语法特点密切相关的还有汉语究竟属于哪一类型语言的问题。即汉语的类型，到底是属于 SVO，还是 SOV，还是 VSO、OSV？美国语言学家格林伯格提出把语序作为语言的一种普遍现象来研究，他认为 SOV 语言具有三个特点：1、修饰语出现在被修饰语之前；2、常用后置词；3、是非问句常在句末用上表示疑问的助词。70 年代戴浩一等认为现代汉语属于 SOV 语言类型，从古代汉语到现代汉语完成了从 SVO 到 SOV 的演化过程。黎天睦则认为汉语基本语序仍然是 SVO，其中的 O 所表达的语义是无标志的，而 SOV 中的 O 则表示了不同的语法意义。文炼、胡附《汉语语序研究中的几个问题》（中国语文 1984 年第 3 期）根据格林伯格的观点，对汉语进行了考察，他们不同意戴浩一的分析，认为古代汉语跟现代汉语虽然在语序上有差异，但是这种差别与类型的演变属于不同的范畴。文炼、胡附从修饰语的位置古今比较入手也否认这种从"SVO"到"SOV"的变化。朱德熙认为过去说汉语中宾语提前的 SOV（如"我羊肉不吃"）和 OSV（如"羊肉我不吃"）两类格式都应该解释为主谓结构作谓语的 SSV，可见他也不同意境外流行的这些观点。

李纳、汤姆孙根据赵元任"汉语是话题型语言"观点，提出汉语是"注重话题"的语言类型，而英语则是"注重主语"的语言，这就催生了"话题"与"主语"关系的研究。例如张斌、胡裕树《汉语的结构特点和语法研究》（《汉语语法研究》，商务印书馆 1989）提出"非动句"有话题，无主语；祈使句有主语，无话题；主谓谓语句既有主语又有话题。这一课题至今也没有定论,还需要作详尽的深入研究。

语言类型学必须基于跨语言,或者跨方言的比较,但是仅仅比较还不是类型学的研究。类型学追求的是若干语言或方言之间共性,并且建立起不同层次的语言类型。早期最引人注目的是桥本万太郎的《语言地理类型学》(1978,余志鸿译,北京大学出版社1985)。20世纪90年代初期,陆丙甫《核心推导语法》(上海教育出版社1993)里关于语序的研究,沈家煊《不对称与标记论》(江西教育出版社1999)关于语法单位和语法范畴的标记模式和关联模式的论述,都已经有类型学的苗头。但是真正关注,并且进行系统研究的是刘丹青、石毓智等。刘丹青《语序类型学与介词理论》(商务印书馆2003)是在他的博士论文基础上撰写的,运用语言类型学的理论框架,从前置介词和后置介词这个语言类型学重要参数入手,运用比较的方法,包括汉语和外语、普通话和方言的比较、现代汉语和古代汉语的比较,试图挖掘出支配介词以及介词短语语序的若干基本原则;关联项居中原则、和谐原则、时间顺序原则、信息结构原则等。基本功扎实,理论新颖,有自己独到见解。石毓智《汉语研究的类型学视野》(江西教育出版社2004)以语言类型学为基点,从汉语句子的基本语序看其对汉语语法特点的影响,语言材料涉及古今、中外以及汉语各种方言,旁征博引,横跨语音、词汇和语法,视野比较开阔。

此外还有徐杰主编《汉语研究的类型学视角》(北京语言大学出版社2005)、陈前瑞《汉语体貌研究的类型学视野》(商务印书馆2008)。详细介绍可参见刘丹青《语言类型学与汉语研究》(《语言学前沿与汉语研究》,上海教育出版社2005)。

三　语序研究的发展趋势

有关语序研究具有总结性的论文是范晓《关于汉语的语序问题》(一)(二)(汉语学习 2001 年第 5、6 期),作者系统地对语序及其研究进行了梳理,指出必须严格区别"语序"和"词序",不仅论述了语序的性质,重点讨论了研究语序的方法,强调要区别三种不同的语序(句法语序、语义语序、语用语序),要区别静态语序和动态语序、倒装移位和非倒装移位,句子的常规语序和非常规语序、个例和类型;并论述了制约语序的因素,认为制约"语序一般规则"的因素主要是逻辑因素、认知心理因素、语用表达因素、习惯因素,而制约"语序变动规则"的因素主要有句法因素、语义因素、语用因素,这是迄今为止论述最全面的一篇论文。荣晶《汉语语序研究的理论思考及其考察》(语言文字应用 2000 年第 3 期)重点考察汉语两千多个二价动词及其相关句式,试图揭示汉语语序及其变化的基本语义原则,并进一步对语篇句子的语序进行了定量分析,这也是一种新的研究思路。

其他重要论文主要围绕制约语序的因素、原则以及功能和认知的解释。例如:胡裕树、陆丙甫《关于制约汉语语序的一些因素》(烟台大学学报 1988 年第 1 期)、怀宁《与汉语语序研究有关的三个问题》(汉语学习 1992 年第 2 期)、郑振贤《论汉语词序安排的基本原则》(语文研究 1995 年第 3 期)、袁毓林《定语顺序的认知理解及其理论蕴涵》(中国社会科学 1999 年第 2 期)、金立鑫《对一些普遍语序现象的功能解释》(当代语言学 1999 年第 4 期)、陆丙甫《汉语语序的总体特点及其功能解释》(《庆祝中国语文创刊 50 周年论文集》，商务印书馆 2004）等。专著有崔应贤等《现代汉语定语的语序认知研究》（中国社会科学出版社 2002）以及周丽颖《现代汉语语序研究》（上海辞书出版社 2008）。前者侧重汉语定语的顺序比较并且进行认知解释；后者除了绪论进行理论探讨之外，分为七个专题进行分析，是目前最为全面阐述汉语语序问题的专著。

　　近年来语序的研究仍是一个热门话题。主要涉及：（1）制约语序的各种因素。包括句法层面的因素，如词和词的选择关系、虚词的使用、数量结构的有无以及音节的配合等；语义层面的因素，如词的语义特征等；心理学家还注意到词的长度；认知语言学还提出了制约汉语语序的一些原则，如时间顺序原则、凸现原则、语序临摹原则等。（2）在语用层面上语序的变化，如口语交际中常出现的"易位"现象、"空位"现象、语序变化与信息类型的变化之间的关系等。其他有关问题，如语序的强制性和选择性、语序的条件制约等也已开始引起人们的兴趣。有关情况可参阅刘鑫民《80 年代以来的汉语语序研究》（语言教学与研究 2001 年第 5 期）、安玉霞《汉语语序问题研究综述》（汉语学习 2006 年第 6 期）。

第四节　汉语语法研究的方法论

　　回顾近百年来汉语研究的历史，我们不难发现：每当研究取得比较显著的成果，汉语语言学有了长足的发展，从根本上讲，主要是由于在研究的理论与方法上有所更新、有所突破，近三十年的研究现状更是雄辩地证明了这一点。从另外一个角度讲，一个人要想在语言研究上能超越前人，除了占有丰富的语言材料之外，关键还在于掌握比较先进、比较科学的研究理论与方法。我们在牢记前辈关于"务实"教导的同时,更应重视"创新"所带来的质的飞跃,这是打开语言学宝库的一把金钥匙。理论与方法,两者相辅相成。任何方法都是有一定的理论支撑的,而任何理论都必须通过一定的方法来实现。如果说前者是建筑的设计思想,那么后者就是具体的设计手段。

一 方法论研究的类型

汉语语法学界历来重视语言材料的收集、整理和归纳,"例不十,法不立"成为语法研究的经典名言。但是在理论和方法的研讨方面则往往不太重视。尤其是关于方法论的研究,著作不多,专题性的论文其实也不多。跨越 30 年的时间,有关论文不过区区几十篇。其主要类型包括四个方面:

1. 探讨一般语言学研究方法的,比较宏观,比较多的是介绍评述国外的有关研究方法。例如:鲍林杰、赵世开《语言研究方法的演变》(当代语言学 1978 年第 2—3 期)、张绍杰《语言研究与语言研究方法》(东北师范大学学报 1996 年第 3 期)、曹石珠《关于语言研究的方法问题》(郴州师范高等专科学校学报 2002 年第 3 期)等。

2. 提出一些比较有新意的研究方法,包括动态研究、变异研究、跨境研究、文化研究等。例如:李向农《在动态中观察语言,从发展中寻求规律——语言研究方法随想》(语文建设 1997 年第 6 期)、王金安《谈对比语言学及其研究方法》(佳木斯大学学报 2006 年第 3 期)、杨秀杰《语言文化观念及其研究方法》(外语学刊 2007

年第 5 期)、田贵森《语言变异研究的理论与方法》(北京科技大学学报 2009 年第 3 期)、戴庆厦《论跨境语言研究的理论与方法》(云南师范大学学报 2009 年第 3 期)等。

3.专门论述汉语语法研究的方法,针对性比较强。例如:杨启光《汉语语法研究方法及其改革》(暨南学报 1988 年第 2 期)、崔希亮《现代汉语语法研究的立场和方法透视》(语言教学与研究 1994 年第 2 期)、夏先培《古代汉语语法研究方法刍议》(长沙理工大学学报 2004 年第 3 期)。

4.评述语法学名家的研究方法特色的。例如:潘耀南《论乔姆斯基的语言研究方法》(兰州大学学报 1990 年第 3 期)、李宇明《语法研究的方法、理论和治学风格——〈邢福义选集〉读后》(华中师范大学学报 2000 年第 5 期)、何云《试论朱德熙语言研究方法的来源——基于描写语言学视角》(河南科技大学学报 2009 年第 3 期)等。

二 一般语言学方法论的研究

有关语言学一般方法论的研究专著,根据作者学术背景的不同,可以分为两类:

一类是外语学界的,侧重于普遍语言学的方法论,多介绍国外的有关研究,对了解海外语言学研究动态有一定的借鉴作用,例如:

(1)桂诗春、宁春岩《语言学方法论》(外语教学与研究出版社 1997),分为三篇:"理论方法篇"、"描写方法篇"和"实验方法篇",以方法论为纲,讨论教育语言学、心理语言学以及认知语言学等。

（2）王远新《语言理论与语言学方法论》（教育科学出版社 2006），以介绍国际上各种语言学流派为主。

另外一类是汉语学界的，而且大多是从事汉语语法研究的，他们主要结合自己的语法研究心得，从方法论高度给以总结和思考。主要有：

（1）吕香云《现代汉语语法学方法》（书目文献出版社 1985）。该书讨论现代汉语语法学研究方法，除中心词分析法、层次分析法、句型分析法和转换分析法之外，着重讨论了汉语词序分析法和虚词分析法，并从分布分析法角度对朱德熙的《说"的"》进行了批评。作者试图构建一个理论框架，但写得比较凌乱，有些内容是否属于方法论似可商榷。

（2）方经民《现代语言学方法论》（河南人民出版社 1993），主要评述那些对汉语研究产生过重大影响的现代语言学的各种方法论，包括"现代语言学方法论基础"，从"语言和言语"、"微观和宏观"、"共时和历时"、"内在和外在"四个角度入手，然后再列举"现代语言学方法论原则"，集中分析了"形式和意义"、"组合和聚合"、"规则和原则"、"功能和变异"这四组重要范畴及其关系。第一次构拟了一个语言研究方法论的理论框架。

（3）金立鑫《语言研究方法导论》（上海外语教育出版社 2007）也颇有特色，对语言研究的一般方法、研究旨趣，尤其是工具、技术、解释进行了比较全面的阐述。

（4）陈保亚《二十世纪中国语言学方法论》（山东教育出版社 1999）则偏重于梳理 20 世纪中国语言学方法论的进展，指出中国语言学理论研究的三个转向：从理论到理论转向从理论到材料，最后转向从材料到理论。由于该书将中国语言学放到整个世界大背景下审视其在方法论上的进展,因此具有一定参考价值,但是对语法研究的方法论触及不够。

(5)沙平《汉语描写语法学方法论》(厦门大学出版社 2000),专门介绍汉语描写语法研究的方法的,分析到位,逻辑严密,实用性强。

(6)徐通锵《汉语研究方法论初探》(商务印书馆 2004),该书收录了作者近 20 年来所写论著的 17 篇文章,大体上可反映作者将西方的语言理论方法和汉语研究相结合而进行语言理论建设的探索历程。重点是讨论语言变异和语言理论研究、语言史研究的关系,以及阐述“字本位”理论。

三　汉语语法具体分析方法的研究

汉语语法分析涉及各种具体的方法,例如中心词分析法、层次分析法、变换分析法等等。这类具体分析方法的著作主要有:

(1)吴竞存、侯学超《现代汉语句法分析》(北京大学出版社 1982)。

吴竞存,1929 年出生,安徽六安人。1950 年入清华大学中文系学习,1958 年获北京大学硕士学位,导师魏建功。现为北京大学中文系教授。主攻现代汉语语法。代表性著作为《现代汉语句法分析》(与侯学超合作,语文出版社 1982)、《现代汉语句法结构与分析》(与梁伯枢合作,语文出版社 1992)以及《红楼梦的语言》(北京语言学院出版社 1996)等。

侯学超,1936 年出生,江苏泰兴人。1960 年毕业于北京大学中文系,留校任教至今,现为教授。主攻现代汉语语法,对层次分析以及短语属性很有研究心得。主要著作除了跟吴竞存合作的《现代汉语句法分析》之外,还独编了《现代汉语虚词词典》(北京大学出版社1998)。

该书详细介绍层次分析法如何分析汉语的句法结构,其特点是:第一,确定"切分"三原则:结构、功能、意义,注重层次分析法的实用性,对一些有争议的结构提出自己比较中肯的意见。例如建立起"多切分结构",这有助于认识和解决一些有争议的句法结构;对各种同形结构的分化、"零形式"、"独用结构"、"非连续结构"等都作了有益的探讨。第二,在注重形式分析的同时,加强语义分析,是迄今为止把层次分析法运用于汉语句法分析论述最详细、最深入,例句也最丰富的一本专著。第三,能正视层次分析法的局限性,指出它对层次相同关系相同而意思不同的同形结构无能为力,对非直接成分之间语义联系也不能有效地揭示,对意义和功能不一致的语段切分也有困难。这本书在科学性和实用性两方面都颇有价值。后来吴竞存和梁伯枢合写了《现代汉语句法结构与分析》(语文出版社1992),也有一定影响。

(2)马真《现代汉语虚词研究方法论》(商务印书馆2004)。这是在现代汉语虚词研究的基础上写成的,该书重点阐述研究方法,作者认为必须多角度考察研究汉语虚词的用法,包括句类、词类、音节、轻重音等等,强调比较是研究的最基本的方法,或者同义或近义虚词比较,或者意义相对的虚词比较,或者说明同一方面问题的虚词比较,或者形似实异的虚词比较,还要重视虚词运用的语义背景分析,对每个虚词都需进行综合的分析与研究。

(3)方经民《汉语变换语法研究——理论、原则、方法》(日本白帝社 1998)。该书对汉语语法的变换分析方法进行了理论总结，着重分析变换研究方法的三种类型：变换分析法、变换派生法和变换生成法；还具体分析了变换分析法的三种类型：变换操作分析法、变换分解分析法和变换关系分析法。这是迄今为止对变换方法最全面和深入的研究。

第三章　汉语语法研究的争论热点

第一节　汉语语法的特点

一　汉语语法的总特点

关于汉语语法的特点,早期的语法著作中都未作系统的分析和研究。马建忠《马氏文通》(商务印书馆 1898)认为"各国皆有本国的葛朗玛,大致相同,所异者音韵与字形耳",即他认为各国语言的语法具有共性。正因为如此,他模仿拉丁语的语法来描写汉语语法。当然也并非没有注意到汉语的个性,例如他发现"中国文字无变也,乃以介字济其穷","助字者,华文所独,所以济动字不变之穷"。黎锦熙《新著国语文法》(商务印书馆 1924)也倾向于不同语言语法上的共性,所以语法体系也是以模仿纳氏文法为主,当然他也指出汉语的词类在词形上没有严格的区别。直到 20 世纪 30 年代中国文法革新时期,提出要摆脱西方文法的束缚,建立具有汉语特点的语法体系,大家才开始注意探讨汉语语法的特点。

现在通行的看法是:汉语语法的总特点是缺乏严格意义的形态变化。正是由于这一总特点造成了汉语语法不同于印欧语的其他一系列特点。吕叔湘指出："汉语的语法引起意见分歧的地方特别多,为什么? 根本原因是汉语缺乏严格意义的形态变化。"(《汉语语法分析问题》,商务印书馆 1979)朱德熙也认同这一看法,认为"传统语法受印欧语影响,所以一般把汉语与印欧语比较,其中最主要、最显著的一点是汉语字形没有变化,即汉语缺乏形态变化"。(《语法答问》,商务印书馆 1985)

汉语语法到底有没有形态变化,历来有不同的看法。有的认为汉语没有狭义的词形变化,但有广义的形态变化,如方光焘指出"词与词的相互关系、词与词的结合,也不外是一种广义的形态"。(《中国文法革新讨论集》,上海学艺社 1940)其实这里所说的"广义形态"就是词的句法功能。有的认为汉语中也有狭义的形态变化,例如赵元任《汉语口语语法》(商务印书馆 1979)专门有一章"形态类型",包括词的重叠、派生词中的各类词缀。有的认为汉语中也有相当于印欧语的某些词法范畴,例如表人名词、代词后面可以加"们"以表复数,相当于英语中的 s;动词后面可加"着"、"了"、"过"表示动作持续、完成或曾经经历状态,相当于印欧语中的"体"范畴等。这些可以说明汉语中也有通过词形变化表示语法意义的狭义形态变化。在这方面,陆宗达、俞敏《现代汉语语法》(上)(北京群众书店 1954)做过大量的调查研究,并取得了一些成果。

邵敬敏主编《现代汉语通论》(上海教育出版社 2001)对这一看法提出了挑战。他认为,所谓"缺乏",仍然是站在印欧语的立场上看问题,本来就不一定必须有,那就无所谓"缺乏"。他提出"现代汉语最根本的总特点是:不依赖严格意义的形态变化,而借助于语序、虚词等其他语法手段来表示语法关系和语法意义"。其基本出发点有三点:第一,希望用朴素的眼光来看汉语语法,尽可能地排除印欧语的干扰;第二,把形态变化和语序、虚词、重叠等都看做具有平等地位的语法手段;第三,任何一种高度发达语言的语法,都是各有所长,也各有所短,如果它多采用某种语法手段,那么,就必然少采用其他的语法手段,这里不存在优劣、长短之分,只显示其不同倾向的特点。王晖《关于汉语语法特点几种说法的检讨》(青岛大学师范学院学报 2006 年第 1 期)也认为缺乏形态变化不能作为汉语语法的特点,注重语义,语法与语义、语用的关系极为密切才是汉语语法的特点。马庆株也持相近观点。

二　对汉语语法特点认识的分歧

汉语语法特点是跟其他语言的语法相比较而彰显的。对这一问题,语法学家们存在颇多的争议,可以说是众说纷纭,至今也没有一个定论。但是对这一研究的态度基本上都是肯定的。崔应贤、张爱琴《汉语语法特点研究的回顾与思考》(河南师范大学学报 1991 年第 2 期)指出汉语语法特点的认识研究,是我国语法学家着力探求的一个带根本性的课题。汉语语法学史每一个阶段出现的新的理论方法、总的趋势动向,无一不牵涉研究对象的特点问题。因此总结回顾有关这项研究的特征风貌,整理各家林林总总的诸多观点看法,思辨评析其成就经验,无疑有着实际的价值。20 世纪 70 年代末以来,重新寻找汉语语法的特点成为汉语语法学界讨论的焦点之一,有关的研究成果也层出不穷。主要观点有以下几种:

(一)从语法形式入手。传统看法是汉语特别重视"虚词"以及

"语序"的作用。对此作出修正或者补充的主要有几家:吕叔湘《现代汉语八百词》(商务印书馆 1980)提出三条:1. 常常省略虚词;2. 单双音节对句法结构有影响;3. 汉字对词形有影响。后来他又补充了"灵活性",包括移位、省略、动补结构的多义性。胡裕树、张斌《现代汉语》(上海教育出版社增订本 1985)则认为有五点:1. 语序是汉语里的重要的语法手段;2. 汉语词类和句法成分的关系是错综复杂的;3. 在现代汉语里,音节多寡影响语法形式;4. 现代汉语里的简称不但数目多,并且有它的特点;5. 汉语里有丰富的量词和语气词。除此之外,不少语法学家也指出,量词的大量使用、词的各种类型的重叠也是汉语语法相当重要的特点。

（二）从语言的本质属性出发。郭绍虞《汉语语法修辞新探》(商务印书馆 1978)提出"三性":1. 简易性,汉语的词、词组和句子的结构相似;2. 灵活性,在虚词用与不用上很是灵活;3. 复杂性,以量词的丰富多样以及用法的千变万化为例证明汉语是很复杂的。不过,张斌、胡裕树在《汉语的结构特点和语法研究》(《汉语语法研究》,商务印书馆 1989)里批评了郭绍虞的说法。李临定对汉语语法的特点作过专门的研究,多年来不断修改自己的看法。他的《言简意赅——汉语结构特点漫谈》(语言教学与研究 1982 年第 3 期)归结为两条:1. "用较少的词语表达较多的语义内容",2. "表层简略,深层语义则是丰富的"。后来在《汉语语法的若干特点》(语文建设 1986 年第 6 期)中又归结为:1. 浓缩性;2. 简略性;3. 句子格式多样性;4. 词类和句法相对应关系参差不齐。在《研究汉语语法特点,改进研究方法》(汉语学习 1988 年第 2 期)中则概括为:省略性与繁复性。前者指汉语较多省略、紧缩和综合等现象;后者指汉语语句构造灵活、自由,但并非任意而是需要一定的条件。专著有李临定《现代汉语语法的特点》(人民教育出版社 1987)。

(三)从语言的差异比较出发。朱德熙的观点与众不同,最引人注目。他在《语法答问》(商务印书馆 1985)里根据汉语和英语的比较结果,批评了传统的说法,即认为"语序"和"虚词"在其他语言里也一样重要,所以不能算是汉语语法的特点。第一,他认为"说汉语的词序特别重要,似乎暗示印欧语里的词序不那么重要。实际情况恐怕不是这样,拿英语来说,词在句子里的位置相当稳定,倒是汉语的词序显得有一定的灵活性"。例如"我不吃羊肉~羊肉我(可)不吃~我羊肉不吃(吃牛肉)"。第二,他认为说汉语中虚词重要,"这就跟说汉语词序特别重要一样,似乎暗示着印欧语的虚词不太重要的意思。事实正好相反,印欧语里该用虚词的地方不能不用,汉语句子里的虚词倒是常常可以'省略',特别是在口语里。例如:'买不起别买'(要是买不起就别买)、'没戴眼镜看不见'(因为没戴眼镜,所以看不见)这就是通常说的'意合法'。此外口语里甚至连一些表示结构关系的虚词有时候也可以不说出来。例如'你搁桌上吧'(你搁在桌上吧)、'洗干干净净收着'(洗得干干净净收着)"。

朱德熙的批评自然有一定道理,但是必须指出的是,即使两种语言都重视语序,都有虚词,但是数量的多少以及使用频率高低不同不能不说也构成区别性特点。而汉语显然是特别重视语序,虚词也特别繁多,而且语法作用显著。不过朱德熙的贡献不在于否定了什么,而在于指出汉语语法两个新的特点。

第一,汉语的词类和句子成分不存在简单的一一对应的关系。

在印欧语里,词类和句法成分之间有一种简单的一一对应关系。大致说来,动词跟谓语对应,名词跟主宾语对应,形容词跟定语对应,副词跟状语对应;而汉语词类和句法成分的关系是错综复杂的。朱德熙指出:(1)汉语的"动词和形容词既能做谓语,又能做主宾语。做主宾语的时候,还是动词、形容词,并没有改变性质。这是汉语区别于印欧语的一个很重要的特点。"(2)汉语中"名词无论做主宾语还是做定语都是一个形式。特别值得注意的是,汉语里名词修饰名词十分自由。……例如'我国南方各省丘陵地区粮食产量概况'"。(3)"在汉语里,做状语的不限于副词,形容词,特别是状态形容词(远远的、好好儿的、规规矩矩的、慢腾腾的)也经常做状语"。打个比方,英语的词类好像是性格演员,往往只擅长于演某一类角色;而汉语的词类则是多功能演员,可以扮演各种角色。

第二,短语结构跟句子结构以及词的结构基本一致。朱德熙认为:"印欧语里的句子的构造跟词组的构造不同。拿英语来说,句子(sentence)的谓语必须有一个由限定式动词(finite verb)充任的主要动词(main verb)。词组(phrase)里只能是不定形式(infinitive)或者分词形式(participle),不能是限定形式。"因此英语的句子和短语的构造原则是不同的。而汉语的动词不管出现在什么位置上,形式完全一样。从理论上讲,汉语里任何一个自由短语带上语调,在特定的语境中出现,都可以成为句子。反之,任何一个句子离开了一定的语境,去掉语调,就成为一个短语。

陆俭明(《现代汉语语法研究教程》增订本,北京大学出版社2005)则在朱德熙所说的两大特点基础上补充了四条:1.缺乏形态标志和形态变化。这主要表现在:(1)词类无形态标志;(2)名词、动词、形容词进入句子无形态变化。2.只要语境允许,句法成分,包括重要的虚词,可以省略。3.同一种语法关系可以隐含较大的语义容量和复杂的语义关系而没有任何形式标志。4.语序固定,语序成为汉语表示语法意义的重要手段。邵敬敏的《现代汉语通论》(上海教育出版社 2001)则采取折中的办法,既接受传统的看法,又接纳新鲜的观点,把"虚词"、"语序"以及朱德熙的新的两条特点并列为汉语语法最主要的四个特点。

三 对汉语语法特点的新探索

20 世纪 90 年代以来,关于汉语语法特点的探讨出现了一些新的看法。

(一)"意合说"。"意合"本来是王力在《中国现代语法》(商务印书馆 1943)里为了解释无关联词的复句而创立的术语,结果被人借用来说明汉语语法的特点。最有代表性的当推申小龙,他强调汉语语法的特点在于"人文性",并且具体表现为:重意念、重流动、重虚实、重具象。因此属于"意合语法"。这一观点影响了许多学者,尤其是从事中国文化语言学研究的学者。徐静茜《汉语的"意合"特点与汉人的思维习惯》(语文导报 1987 年第 6 期)从汉人的思维特点出发论证汉语中各成分联系的手段往往不靠语法成分,而是靠语义手段,指出汉语常常利用对偶、对举等平行结构辅助意合。潘文国《汉语语法特点的再认识》(《建设中国文化语言学》,北方论坛丛书 1994),在否定了学术界通常认识的汉语语法特点后,提出:1.汉语语法是隐性的,西方语法是显性的;2.汉语语法是柔性的,西方语法是刚性的。并且认为汉语是一种语义型语言(相对的是语法型语言),而且是一种节律型语言。萧国政、吴振国《汉语语法特点和汉民族心理》(华中师范大学学报 1989 年第 4 期)从"汉语语法的意合性和汉人思维的领悟性"、"汉语语法的简约性和汉人俭朴使用的价值观"、"汉语语法的灵活性和汉人思维的辩证性"三个角度进行了论证。持相近观点的还有王德寿《汉语语法特点研究述评》(广播电视大学学报 1998 年第 4 期)认为 80 年代中期兴起的文化语言学立足于汉民族这个大的文化背景来寻求汉语的特点,用人文主义的方法来研究语言,这似乎是条新的路子。

(二)"理据说"。马庆株认为汉语语法的主要特点是理据性、规则性特别强,表达很简洁。汉语词素变化少,音节也少,汉语数词都是单音节,变体少,是彻底的十进位,严格遵守从高到低的排列顺序,数词与世界通用的阿拉伯数字更接近。能愿动词前后加"不"与数学表达式一致。汉语模拟现实世界,人名、地名、日期、时间、地址的写法,遵循范围原则比较彻底,与行款一致。动补结构的语义和语法顺序体现时间顺序原则。语义语法范畴体现理据性。汉语特别重视人际关系,有主观范畴、汉语动词可以划分出"对上动词"和"对下动词"等等。(《理据性:汉语语法的特点》,吉林大学学报 2007 年第 2 期)。所谓理据的背后,实质上是语义或者语用在起作用。所以理据说其实也就是"重语义或重语用说"。王晖《关于汉语语法特点几种说法的检讨》(青岛大学师范学院学报 2006 年第 1 期)指出"缺乏形态变化"不能作为汉语语法的特点,朱德熙所说的"汉语词类和句法成分之间不存在简单的一一对应的关系"以及"汉语句子的构造原则和词组的构造原则基本上是一致的",也不是汉语语法的特点。注重语义,语法与语义、语用的关系极为密切才是汉语语法的特点。安华林《论现代汉语语法的特点》(信阳师范学院学报 2008 年第 4 期)则认为现代汉语语法有三大根本特点:汉语是分析型语言,缺乏严格意义上的形态变化;汉语是重语用的语言,语法跟语境的关系密切;汉语是重韵律的语言,节律对句法结构有制约作用。

（三）有关汉语语法特点的研究的方法论和基本原则。毛宇《论汉语语法特点的探求方法 》(青海师范大学学报 1993 年第 1 期)认为"汉语是外在形态少,却具有一种高度内在语义特点的语言"。所以在方法上,必须"透过纯形式的语法标志,去理解隐含于句子内部的语词意义的组合"。王明华《 论汉语语法特点的研究 》(杭州大学学报 1994 年第 4 期)一文的可贵之处是提出有关研究必须遵循的五个原则:双重性、非排他性、综合性、层次性、多维性。金立鑫《现代汉语语法特点和汉语语法研究的本位观》(汉语学习 2004 年第 5 期)则通过对若干"本位观"的分析来认识汉语语法的特点。有关研究还有:沙平《 形态、词序、虚词——关于语言类型学分类及汉语语法特点的检讨 》(福建师范大学学报 1999 年第 4 期),李书敏、赵学军《浅谈对汉语语法特点的认识》(现代语文(语言研究)2007 年第 10 期)等。

汉语语法特点是在跟其他语言的语法相比较而彰显的,我们不仅要注意人无我有或者人有我无的特点,更需要注意人少我多或者人多我少的特色,还需要关注虽然表面上大家都有,但是在深层次上存在着的差异。但是,对汉语语法特点的认识,目前的情况就好像瞎子摸象，各执一词，而且因为个人的出发点和视角不同，存在比较大的分歧。

第二节　"析句方法"的讨论

一　句子成分分析法与层次分析法

20 世纪 80 年代初，汉语语法学界开展了一场有关析句法的讨论，其实质是结构主义语法理论急需巩固自己的胜利成果，向传统语法发起的一场挑战。这场讨论给汉语语法的研究和教学带来重大的变革，因为句子分析方法的改进显然有助于加强我们对汉语句法结构的认识，也必将促进汉语语法学的繁荣和发展。

汉语句法的分析法历来有两种：一是传统的句子成分分析法（又称"中心词分析法"，但角度稍有不同），以黎锦熙《新著国语文法》和《暂拟汉语教学语法系统》为代表；一是结构主义的直接成分分析法（又称"层次分析法"，俗称"二分法"），以丁声树等《现代汉语语法讲话》和北京大学中文系编的《现代汉语》为代表。但事实上这两种析句法都不再是原来意义上的析句法了，即都已经过了一定的改造。例如前者已把句子分为三个层次：主要成分"主语"和"谓语"，连带成分"宾语"和"补语"，附加成分"状语"和"定语"；后者则对切分出来的结构进一步标明其语法关系，如"主谓"、"述宾"等等。在此基础上，还不断有人提出试图把这两种折句法结合起来的新方法。一是以句子成分分析法为主，适当吸取层次分析法的特点，即先把句子分为两个或三个基本成分：主、谓、宾，然后考虑附在主谓宾上面的另外三个成分:状、定、补,如果这些成分不是一个词而是个词组,词组内部则完全采用层次分析法。这可以胡裕树主编的《现代汉语》(上海教育出版社 1963)和黄伯荣、廖序东主编的《现代汉语》(甘肃人民出版社 1981)为代表。另一是以层次分析法为主,吸收句子成分分析法的特点,即既讲层次关系,又讲成分搭配,以此来决定句型。这可以胡裕树主编的《现代汉语》(增订本,上海教育出版社 1981)为代表。三是黄(伯荣)廖(序东)本(高等教育出版社 1997)为代表的"框架核心分析法",提倡"既讲核心又讲层次,既讲框架又讲位次",以线性显示句型框架为目的。

二 关于析句法的讨论

《暂拟汉语教学语法系统》从 1956 年制订起,到 80 年代初已过去了 20 多年,在教学实践中,它的缺点也暴露得比较充分了,人们强烈要求修改,这种不满集中反映在析句方法上。多年来人们在不断地摸索着用新的析句法去取代旧的析句法,并已积累了一定的经验。在这种背景条件下,《中国语文》为配合《暂拟系统》的修订,从 1981 年第 2 期开始,组织了一场关于"析句方法"的讨论。从《中国语文》1981 年第 2 期到 1982 年第 3 期,陆续发表有关论文 20 篇,后加上若干文章共 26 篇,编为《汉语析句方法讨论集》(上海教育出版社 1984)。

这次讨论的内容主要是:1.研究句子成分分析法(中心词分析法)和层次分析法(直接成分分析法)的性质;2.比较两种分析方法在分析汉语句子时的优劣;3.探讨这两种分析能否结合以及如何

结合。4.探讨是否还有其他新的析句方法。

对这两种析句方法的态度大体上有三种：

（一）坚持句子成分分析法、对层次分析法基本持否定态度。可能有不少人这样主张，但是公开申辩的只有史存直，代表作是《句子结构和结构主义句子分析》（中国语文 1981 年第 2 期）。他认为层次分析法是"只重形式，不考虑内容或少考虑内容"，因而是"形式主义"的分析法，主张采用传统的"句子成分分析法"，认为"六个成分自然分为三个层次"，它的特点是：既能"能保持句子格局"，又"兼顾了形式和内容两方面"。同时作者也反对两种析句法的结合，认为这"既没有可能，也没有必要"。

（二）坚决主张使用层次分析法，同时对句子成分分析法持批评态度。主要是华萍、沈开木和陆俭明等人。华萍（邢福义）《评"暂拟汉语教学语法系统"》（中国语文 1981 年第 2 期）着重从科学性、一贯性、实用性三个角度来分析句子成分分析法存在的问题，他认为《暂拟系统》的句子成分分析法不能正确反映语言事实的本来面目，尤其是不能反映句子结构的层次性，割裂了向心结构的整体性，句子格局的确定也忽视了丰富多彩的语言事实；问题主要是：（1）把有层次的句子结构看作同一平面多成分的结合体，六个成分之间的关系可以概括为"两心相照，非心向心"；（2）把整块运用的向心结构拆散成各自分立的造句零件；（3）让丰富多彩的语言事实去迁就由六种成分的搭配排列状况排列下来的句子格局。同时也批评了改良的中心词析句法，即先把句子分成"主—谓—宾"三部分这条路也是行不通的。沈开木《对"暂拟汉语教学语法系统"的一些意见》（中国语文 1981 年第 2 期）重点指出《暂拟系统》

认为句子是由词组成的,句子成分是由单词构成的,这就忽略了句法的本质——层次性,也使得它的句法的基本观点不能自圆其说。陆俭明则认为:"分析、比较、评论各种分析方法的优劣,其根本依据应该是看它们对语言事实的解释能力如何,即对语言事实解释的广度和深度如何。解释能力大的分析方法无疑优于解释能力小的。"他认为句子成分分析法的适用范围是极窄的,对语言事实的解释能力也是极有限的,它不仅不适于分析词法、句法中的复句,而且即便对单句也有很大的局限性,而句子成分分析法之所以有局限性,根本原因在于它严重忽视了语言的语法结构的层次性,同时批评了史存直所谓"六大成分也有层次"的观点,指出这跟语言结构的层次性有本质的区别。此外,卞觉非、李子云、仲夏、杨荟等也批评句子成分分析法抹杀了句子结构的层次性。

(三)探讨新的析句方法。这一观点希望尽可能公正地评价两种析句法的优缺点,然后寻找第三条路。(1)主张采用新的转换语法的树形图分析句子;如卞觉非的《汉语语法分析方法初议》(中国语文 1981 年第 3 期)提出"树形图解法"。(2)主张采用"基本成分分析法",即把句子先分成两组成分,一组是基本成分"主、谓、宾",一组是附加成分"定、状、补",如廖序东的《论句子结构的分析法》(中国语文 1981 年第 3 期),持相似观点的还有黄伯荣、张静。(3)主张采用"核心层次分析法",即析句时把某些词组当作一个整体看待不作分析,由此简化分析的层次和步骤,如陆丙甫的《对成分分析法和层次分析法相结合的一些看法》(中国语文 1981 年第 4 期)。(4)史有为《语法组合的层次、核心与叠印关系》(《语言学与语言教学》,安徽教育出版社 1984)提出"层—核分析法",把层次和找核心结合起来。(5)邢福义《论现代汉语句型系统》(《语法研究和探索》一,北京大学出版社 1983)主张采取"分层向核"方法建立句型,邵敬敏《基础短语析句法》(杭州大学学报增刊 1982)也持相近观点。(6)主张语法研究采用层次分析法,语法教学时采用句子成分分析法,如吕冀平的《句法分析和句法教学》(中国语文1982 年第 1 期)。

关于层次分析法的缺点,学者们也展开了热烈的讨论,大致有三种意见:第一,有些句子怎么切分都不合适,有的又怎么切分都可以,好像比较随意。第二,层次分析法如果排斥意义是不可取的,不讲关系也无助于了解句子格局,所以在处理主动句与被动句的语义差别、兼语式、同形结构、层次相同而结构性质不同的句子等问题时都会遇到一定的困难。第三,层次分析法手续比较麻烦,对复杂的句子的分析不利于掌握句子的格局"句型"。尽管如此,大家还是基本肯定层次分析法的优点,虽然它也存在一些不足,但不足以彻底否定层次分析法。

其中有两篇论文,观点新颖,很引人注目。一是朱德熙的《语法分析和语法教学》(中国语文 1982 年第 1 期),作者认为层次分析法与句子成分分析法不能比较,因为"层次性是语言的本质属性之一","进行语法分析就不能不进行层次分析,层次分析是语法的一部分,是进行语法分析不可缺少的手段之一,不是一种可以采用也可以不采用的方法",无论什么分析方法"都必须建立在层次分析的基础上"。这就从根本上否定了层次分析只是看作一种方法论的地位;此外还提出了一个"建立在词组基础上描述汉语句法的语法体系"的新设想,他认为"由于汉语句子的构造原则跟词组的构造基本一致,我们就有可能在词组的基础上来描述句法"。这种指导思想区别于以前的"词本位"和"句本位",后来发展为"词组本位"。二是胡附、文炼的《句子分析漫谈》(中国语文 1982 年第 3 期),作者对汉语句子分析提出了许多有启发性的见解:(1)主张区分"句子分析"和"句法分析",认为析句应该包括这两个方面,句法分析是句子分析的基础,包括词组的层次分析和结构关系的分析。(2)析句不仅要确定句型,而且要进一步了解句子的语义关系。(3)提出三个平面最早的构想:"必须认识到造句手段(如语序、虚词等)所表达的内容有语义的、有句法的、还有语用的。"(4)加强动词、名词等词类的再分类(次范畴)及词语的选择性研究。(5)指出句子生成的基础是句子的格局,或称之为句型。把无限的句子归入有限的句型,必须具备两个条件:"第一,掌握语言材料的功能替换规则;第二,掌握功能单位的配置规则。"这些想法为今后句法研究指出了一些带方向性原则性的问题。这两篇论文是整个"析句方法"讨论中最富有启发性的,理所当然受到大家的普遍重视。

三　析句法讨论的意义与作用

这次讨论为《暂拟系统》的修订提供了理论基础,并且制造了舆论,也是对汉语句法分析的一个比较全面的回顾和小结。除了在《中国语文》上发表的论文外,其他语言杂志和一些学报也刊登了若干有关论文,其中比较有参考价值的有:陆丙甫《主干成分分析法》(语文研究 1981 年第 1 期)、刘云泉《现代汉语几种语法体系的比较》(语文战线 1981 年第 1—2 期)、史存直《传统语法与美国自结构主义以来的几种新语法》(安徽大学学报 1981 年第 2 期)、

张志公《关于建立新的教学语法体系的问题》(中学语文教学 1981
年第 6 期)等。

但是,这次讨论中,双方观点只是各摆各的,几乎没有交锋,所
以辩论气氛不浓,因而讨论很难深入。此外,大部分论文偏重于对
两种析句法的评价,而独创性的新见解则并不太多。而且更为关
键的是这些讨论几乎没有触及句子的语义分析,只是局限于结构
的形式分析。以至于有人认为:句子分析的最终目标就是确定句
型。通过这次析句方法的讨论,进一步扩大了结构主义语法理论,
包括层次分析法在汉语语法分析中的影响,也彻底改变了几十年
来的以传统语法为主的汉语语法研究的面貌,另一方面,也解放了
语法学家的思想,打破了传统的束缚,使语法学走出了以找出词与
句子成分的对应关系的老套路,深化了语法研究的目的,为新时期
汉语语法学的繁荣打下了坚实的基础。

运用层次分析法来全面讨论汉语语法句法结构的专著最有价
值的是吴竞存、侯学超《现代汉语句法分析》(北京大学出版社
1982),该书不但有助于全面了解层次分析法的原则和方法,而且
对具体运用于汉语句法的分析有启示作用。该书提出层次切分必
须遵循的三原则:结构原则、功能原则和意义原则,还对一些在汉
语句法结构分析时所碰到的难题提出了解决的方法和途径,例如
多切分结构、非连续成分、零形式、双宾语、递系结构、连动结构等。
因此,该书对层次分析法在汉语句法分析中的普及和推广产生了
积极的作用。在该书基础上,吴竞存后来又和梁伯枢合作出版了
《现代汉语句法结构与分析》(语文出版社 1992),该书"试图用层
次分析法对现代汉语五种基本句法结构,一些较复杂、较特殊的句

法结构以及某些句法现象作特征观察和层次分析"。该书的特点是：第一，对切分三原则、同形结构、多切分结构以及同位性成分等问题作了理论探讨；第二，对骈合结构、流水句、跨层次等句法现象进行了新的分析。

必须指出的是，层次分析法虽然有许多优点，并且已经证明是汉语语法教学和研究中比较有用的方法之一；但是，层次分析法不是自足的、完备的，换言之，还存在着某些缺陷，对某些特殊的语法现象缺乏解释力。一是处理层次相同、关系相同、意义不同的同形结构方面显得无能为力；二是在分析非直接成分之间的语义关系时也是束手无策的。可见层次分析法不是万能的，因此，必须引进或者发现其他的句法分析法，以弥补其不足。例如变换分析法以及语义特征、语义指向、语义角色、语义关系、语义结构等涉及语义的一些分析法，在此基础上还需要进行语用分析。

关于析句法的讨论在 20 世纪 80 年代初期是个热门课题，但是随着汉语语法研究的深入与拓展，这一课题逐渐淡出。人们也许感觉到，无论句子成分分析法还是层次分析法，其实各有自己适用的对象与范围，而且更为重要的是，析句法并非终极的一种方法，解决了句子的结构关系仅仅是句子分析、结构分析的第一步，深层次的隐性的语法关系，包括语义关系、语用关联都可能需要我们加以密切关注的。有关情况可参阅朱文夫《现代汉语析句法述评》（贵州教育学院学报 2002 年第 3 期）等。

第三节　关于向心结构理论的探讨

一　有关向心结构和离心结构的争论

布龙菲尔德(L. Bloomfield)把句法结构分为两类：(1)至少有一个直接成分跟整体的语法功能相同的结构叫向心结构(Endocentric Construction)，向心结构里跟整体功能相同的直接成分叫"核心"(head)；(2)所有的直接成分都跟整体的语法功能不同的结构叫离心结构(Exocentric Construction)。这一理论沟通了一个句法结构的内部结构关系与外部整体功能之间的联系。一般认为：汉语里的偏正结构(包括定心与状心结构)、述宾结构、述补结构都是向心结构，由虚词组成的句法结构，如介词结构，"的"字结构都是离心结构。有争议的主要是以下三种结构：

(一)主谓结构。主谓结构在印欧语里被看做离心结构；而在汉语中，有不少人看做向心结构，是谓词性的。当然也有人认为是名词性的；也有人认为一部分是谓词性的(如"他来了")，一部分是名词性的(如"他上海人")。施关淦则认为主谓结构不能受"不"否定，作谓语也要受限制，既不同于名词，又不同于动词或形容词的功能，当然不能看作向心结构。其实，主谓结构可以受副词修饰(不一定是"不")，例如"他上海人→也许他上海人"，大部分也可以作谓语构成主谓谓语结构，因此，按照平行性原则，它的功能更接近于谓语性的，如果必须在两种结构中取舍，似看做向心结构较好。

　　(二)述补结构。这当然是向心结构,但对"核心"的理解则不一致。朱德熙认为有两种情况:甲式:写得好/飞得高;乙式:写得很好/飞得高高的。甲式与乙式的区别在于补语分别为甲类成分(性质形容词)与乙类成分(状态形容词)。从功能上讲,甲式相当于一个甲类成分,乙式相当于一个乙类成分。因此,朱氏认为动补结构有两种不同的核心。李临定《动补格句式》(中国语文1980年第2期)认为:"从谓语表述重心来看,往往是在'动补'格的后部分(动2),而不是在前部分(动1)。"其理由是动1往往可以省,而动2则不能省。马希文《与动结式动词有关的某些句式》(中国语文1987年第1期)也从另外的角度证明某些动结式是由"结"扩展而来的。施关淦不同意这一分析,认为都是以动词为中心的向心结构。

　　(三)"名+的+动"结构。例如"这本书的出版"这类结构从整体功能上看,它是名词性的,从结构形式看,属偏正结构,可是它的核心却是个动词。这便与向心结构的定义发生了矛盾。传统语法处理这一类结构时,把其中的动词或形容词说成是名物化了或者已经变为名词了。朱德熙、卢甲文、马真合写的《关于动词形容词"名物化"的问题》(北京大学学报1961年第4期)对"名物化"理论提出了尖锐的批评后,从此,"名物化"观点很少有人采用了。一般把出现在主宾语位置的动词形容词仍看做词性不变,换言之,把动词形容词作主宾语看成也是它固有的语法功能之一。这是有解释力的,但是,碰到"这本书的出版"这一类特殊结构便有点儿难以自圆其说了。吕叔湘从《中国文法要略》到《语法修辞讲话》都把它看做是一种特殊的"主谓结构","的"(之)的作用就在于"取消主谓结构的独立性"。这是传统语法的分析,后来也放弃了。

二 "这本书的出版"结构难题的探讨

以上三类结构,尤其是第三种争议最大。20 世纪 80 年代初,施关淦《"这本书的出版"中"出版"的词性——从"向心结构"理论说起》(中国语文通讯 1981 年第 4 期)又一次提出了这一棘手的问题。他认为要解决这一问题,至少有四条路子:

(1)证明布氏关于向心结构的理论是不准确的,或不完整的,应予以修正。

(2)不再把其中的"出版"看做是动词,即采用"名物化"或类似的词性转变说。

(3)证明"这本书的出版"不是以"出版"为中心词的名词性偏正结构。

(4)在坚持布氏向心结构理论以及"出版"仍为动词的前提下,另找出路,寻找新的解释。

朱德熙《关于向心结构的定义》(中国语文 1984 年第 6 期)提出在考虑语法关系的同时,必须也考虑语义问题,即"从语义上说,受到相同的语义选择限制",所谓语义选择限制,就是指语义上的搭配关系,例如:

住木头房子	住房子	*住木头
一所木头房子	一所房子	*一所木头

可见"木头房子"只有一个核心"房子",据此,朱氏把向心结构的定义修改为:"向心结构指的是至少有一个直接成分与整体在语法上功能相同,在语义上受到相同的语义选择限制的语法结构。向心

结构与整体功能相同并且受到相同的语义选择限制的直接成分是它的核心。"引进"语义选择限制"比只单纯考虑"功能"进了一步，这对理解为什么"木头房子"不是两个核心有解释力，但是对"技术的进步"(N 的 V)仍然无能为力，因为"技术的进步非常快"与"进步非常快"有相同的语义选择，这只能证明"进步"确为"技术的进步"的核心。这类中心语同整体功能仍然不同，朱氏把"技术的进步"与"(N 的 V)"看做广义的同构，显得理由不够充分。陆丙甫《关于语言结构的内向、外向分类的核心的定义》(《语法研究和探索》三，北京大学出版社 1985)也对布氏的向心结构理论提出了修正，他引进"规定性"标准替代"等同性"标准，即如果结构体 AB 的功能取决于(不再是等同于)A 或 B，则 A 或 B 就是核心。所谓"规定性"标准，也可以说是功能类的"稳定性"标准。陆氏为了合理解释一方面 AB 功能由 B 决定，另一方面 AB 的功能与 B 不同这种语言现象，例如"肉麻"由"麻"决定，可是整体功能不等于"肉"或"麻"而为形容词，从而提出"向心结构"也可能是外向的(即核心与整体功能不同)。但无论朱氏还是陆氏的修正办法，解决的只是确定一个结构体中 A 还是 B 为核心的问题，整体功能与核心功能矛盾的问题仍未能解决。金立鑫进一步发挥了陆丙甫关于"内向"、"外向"结构的观点，并形成一套与"向心"、"离心"结构并行的概念。他在《关于"向心结构"理论问题的再思考》(语言学通讯 1988 年第 4 期)中指出：各种分歧意见同对"核心"的不同理解有关。一种理解是，核心指跟短语的功能相同的直接成分(例如施关淦《现代汉语的向心结构和离心结构》，中国语文 1988 年第 4 期)；另一种理解是，核心是结构模式的结构意义，结构体功能的主要载负者的规定者(例如陆丙甫《关于语言结构的内向、外向分类的核心的定义》,《语法研究和探索》三,北京大学出版社 1985)。从功能出发,"主谓结构"、"虚词结构"是"离心结构",而从结构关系出发,则应该是"向心结构",既然汉语的功能类同结构关系之间没有简单的对应关系,便应该用不同的方法来处理:"内向结构"和"外向结构"用来处理短语与词的功能关系,"向心结构"与"离心结构"用来处理短语内部的结构关系。后来他在《现代汉语的结构分析和句型》(《九十年代的语法思考》,北京语言学院出版社 1994)更明确地提出"用'向心'和'并立'处理组合关系,用'内向'和'外向'处理聚合关系"。并"根据现代汉语的情况,在聚合关系方面我们修改布龙菲尔德的定义为:如果向心结构中的核心成分或者并立结构中的各个成分在功能上与整体一致,则这个结构就是内向结构,并且与整体功能一致的那个核心(或并立成分)也就是内向结构中的功能核心,否则就是外向结构"。"区分出'向心'和'内向'(组合关系和聚合关系)我们就可以顺利地处理下面的一些结构:向心的内向结构(美丽的西湖)、向心的外向结构(他的不来)、并立的内向结构(生动活泼)、并立的外向结构(一本书又一本书)。""这样区分,其中的一个意义在于指出'向心的内向结构'其结构核心与功能核心的一致性,'向心的外向结构'其结构核心与整体功能的不一致性。"这样就可以顺利地把"木头房子"看做"向心的内向结构",而不是"并立的向心结构",不再需要"语义选择原则";而把"这本书的出版"看做"向心的外向结构",可以避免"名物化"的缺陷。但问题在于这样一来,离心结构实际上已没有存在的价值了,因为包括主谓结构、虚词结构都解释为外向结构的向心结构。可见，如何用向心结构理论来分析解释汉语语法，仍需作进一步探讨。

三 向心结构研究的新趋势

这一问题长久得不到解决，一直有人在思考和探讨。发表的文章大体上可以分为几类：

新的名物化观点。例如：李宇明《所谓的"名物化"现象新解》（华中师范大学学报 1986 年第 3 期）、陈宁萍《现代汉语名词类的扩大》（中国语文 1987 年第 5 期）、董晓敏《"N 的 V"功能类别质疑》（九江师专学报 1987 年第 3 期）、范晓《VP 主语句——兼论"N 的 V"作主语》（《语法研究与探索》六，语文出版社 1992）、胡裕树、范晓《动词形容词的"名物化"和"名词化"》（中国语文 1994 年第 2 期）、陆俭明《关于"他所写的文章"的切分》（语言学通讯 1989 年第 1—2 期）、项梦冰《论"这本书的出版"中"出版"的词性》（天津师大学报 1991 年第 4 期）、张伯江《"N 的 V"结构的构成》（中国语文 1993 年第 4 期）、姚振武《现代汉语的"N 的 V"与古代汉语的"N 之 V"》（语文研究 1994 年第 2、3 期）、詹卫东《关于"NP＋的＋VP"偏正结构》（汉语学习 1998 年第 2 期）、司富珍《汉语的标句词"的"及相关的句法问题》（语言教学与研究 2002 年第 2 期）、王冬梅《"N 的 V"结构中 V 的性质》（语言教学与研究 2002 年第 4 期）、吴长安《"这本书的出版"与向心结构理论难题》（当代语言学 2006 年第 3 期）、任鹰《"这本书的出版"分析中的几个疑点——从"'这本书的出版'与向心结构理论难题"说起》（当代语言学 2008 年第 4 期）等。

其中比较有意思的是:陆俭明《对"NP＋的＋VP"结构的重新认识》(中国语文 2003 年第 5 期)依据以乔姆斯基(Chomsky)为代表的形式语法学理论中的"中心词理论"(head theory),对这类结构提出了一种新的分析思路,认为这种结构实际是由主谓词组中间插入"的"所形成的名词性结构。文章还对比说明了主谓词组加"的"所形成的两种名词性"的"字结构("的"加在主谓词组后所形成的"的"字结构以及"的"插在主谓词组中间所形成的"的"字结构)的异同。不过,这一说法跟吕叔湘当年《中国文法要略》的主张实际上是一脉相承的。此外还有沈家煊、王冬梅《"N 的 V"和"参照体—目标"构式》(世界汉语教学 2000 年第 4 期)另辟蹊径,采用认知语法的理论,从与目标(V)建立心理联系的参照物(N)必须在认知上"凸现"着眼,讨论 N 的信息度和可及度。尽管众说纷纭,但是还没有一种看法是大家都信服的,可见离开解决这一难题还有很长的路要走。

第四节　文化语言学的语法观

一　中国文化语言学的崛起

任何一个不带偏见的人都会承认,汉语语法研究的历史虽然只有短短的 100 多年,但是已经取得了很大的成绩,特别是 1978 年以来这三十年更是与时俱进、突飞猛进。但是平心而论,我们也不能不承认,这些研究存在着明显的缺陷,有些问题还是比较严重的,离建立起真正成熟的汉语语法体系和理论框架还有比较大的距离。其中最令人不满的是盲目地引进国外的有关理论,而又没能跟汉语语言事实密切地结合起来,更为严重的还有人削足适履,不惜歪曲汉语语言事实去迁就国外的某些理论,这自然要引起汉语语法学家的极大不满。很多学者,特别是青年语言学家,更是希望寻找出一条比较适合汉语语法研究的康庄大道。另外一方面则是有人试图否定开放引进,试图回到中国传统小学的研究框架中去,认为那才是中国语法学研究的出路。可见,这种干扰有来自于左的,也有来自于右的。要保证汉语语法研究健康地成长,就需要提倡"多元"的前提下,不间断地跟过左或者过右的观点展开辩论。

新时期的中国文化语言学就在这样的历史背景下开始对汉语语法学发起了冲击。中国的文化语言学,不同于国外的人类语言学、人种语言学、社会语言学、交际语言学,或者语言国情学,它的创立应该说是中国新一代青年语言学家的杰出贡献,并在20世纪80年代中期到90年代中期这十多年里形成高潮。他们的主体是新时期培养出来的以硕士和博士为主体的青年语言学家,思维敏捷、思路活跃、勇于创新、长于开拓。一方面继承了中国语言学界"务实"的优良传统,另一方面又不墨守成规,力图开创出新的局面。这一术语的提出,根据正式文字的记录,应该是游汝杰、周振鹤在《方言与中国文化》(复旦学报1985年第3期)中提出来的倡议:"我国境内的语言,据一般的估计有六七十种之多,几乎每一种语言内部都有方言的差异。如果将如此丰富的语言材料和历史悠久、丰富多彩的中国文化结合起来研究,是不是可以称之为文化语言学?它应该是具有中国特色的一个边缘学科,应该把中国语言学和文化史研究结合起来,探索语言与文化史的内在联系。"

这一新的构想迅速得到各方面的积极响应，特别是年轻学者表现出极大的热情，很快以上海、北京、武汉和广州等地为中心掀起了一股文化语言学的热潮。有一个很有趣的现象是，开始对文化语言学发生兴趣的多数集中在学术背景是从事音韵、训诂、文字研究的青年学者，例如游汝杰、申小龙、张玉金、宋永培、冯蒸、徐时仪、李先耕、蒋宗福、李葆嘉、苏新春、杨启光等，有的甚至于是从事历史学、地理学研究的，例如周振鹤、张汝伦等。这十年研究的代表性论文收录在邵敬敏主编的《文化语言学中国潮》（语文出版社1995）中。

二　中国文化语言学的流派

关于中国文化语言学的流派存在不同的认识，主要是：1.申小龙的四分说：游汝杰的"交叉说"、陈建民的"社会说"、刘焕辉的"交际说"和申小龙的"本体说"。2.邵敬敏的三分说：以游汝杰为代表的"双向交叉文化语言学"、陈建民为代表的"社会交际文化语言学"以及以申小龙为代表的"全面认同文化语言学"。3.戴昭铭的二分说：申小龙的"本体论"和游汝杰、陈建民、邢福义的"关系论"。4.师为公的南北说："京派文化语言学"和"海派文化语言学"。其中三分说得到比较多的学者的认同。

（一）双向交叉文化语言学

有关的著作大多数属于通论性质，对语法研究只是略微涉及，不是主体部分。主要有：

（1）游汝杰《中国文化语言学引论》（高等教育出版社1993，上海辞书出版社修订本2003），作者认为：文化语言学是"解释性的语用学的一个分支"，"与心理语言学、人类语言学、社会语言学等处于同一个层次"。他主张"在宏观上结合文化背景研究语言和方言的生成、分化和融合的过程；在微观上从文化背景出发，寻找某一种语言或方言的各方面特点的形成的原因"。他建议进行双向或多向的研究："把语用学和人文历史、人文地理、文学、戏剧、民俗等结合起来，既利用这些学科的知识来解决语用学自身的问题，也利用语用学的知识去解决这些学科的有关问题。"应该说，他在理论上对文化语言学的贡献最大，但是对汉语语法分析比较少，只是在最后一章的一节里才稍微提及，指出了几个特点。第一，"重经验直觉"："汉语的一种'绘画型'或'临摹型'的语言"，比如"汉语词序的先后反映实际生活经验的时间顺序"。第二，"善于分析，短于综合"：比如意合句，两个分句之间不用任何连接词，两者的互相关系就是靠意合。第三，"短于严密的逻辑思考"，比如流水句，这就像是国画的"散点透视"，而印欧语的句子则像西洋画的"焦点透视"。

（2）邢福义主编《文化语言学》（湖北教育出版社 1990），作者认为"文化语言学""是语言学和文化的交叉学科"，并提出若干研究方法：一、实地参与考察法；二、共层背景比较法；三、整合外因分析法。但是关于"文化对语法的影响"，也只是笼统地指出"汉语语法的简约性、灵活性与汉语组句尚意合、缺乏词法形态特征是互相制约的、互相影响的"。

（3）曹志耘《语言差异与文化心理——中外语言的文化学透视》（河北人民出版社 1994）在第二章"语言和思维模式"中稍微涉及语法研究，他认为："汉民族……倾向于具象，西方民族倾向于抽

130

象"，还具有"精确性"和"形式主义"的特点；与此相关，汉民族思维方法还具有"模糊、意会"的"绘画特点"以及"灵活性"。表现在语法方面，主要是语序、判断词"是"、主语的省略或隐含。

(4)沈锡伦《中国传统文化和语言》(上海教育出版社 1995)涉及语法主要是第十五章"汉语结构体现的文化特点"，论及四个问题：一、汉语表达和理解中的悟性特点；二、汉语形式对事理的宽容；三、汉语句法和词汇的简约性质；四、汉语句群的思维流程。但多属于举例性质。

(5)古敬恒、张爱民《汉语言研究与汉文化》(重庆大学出版社 1995)，其中有两章涉及汉语语法，第一章"汉语语法分析的文化内涵"，讲述了汉语词类分析的文化进程，认为"中华民族的文化是一种隐含的内向型文化，而西方文化则是一种开放的外向型文化"，因此"汉语的语义搭配具有深层蕴含的特点"；第二章"汉语特殊结构的文化现象"，针对"有"结构、"一"字组数量短语、形容词重叠式以及量词结构进行文化分析，但是具体分析比较牵强，有两张皮的感觉。

(6)戴昭铭《文化语言学导论》(语文出版社 1996)，认为文化语言学是解释性语言学，是交叉性学科，也是语言学的分支学科，研究方法主要是：文化符号解析法、文化思维认同法、文化背景考察法、文化差异比较法、文化心理揭示法。虽然讨论了不少问题，但是语法也很少涉及，只是表示：在汉语语法中意合是存在的，但是要建立意合语法则"需要慎重对待，深长思之"，"不宜把意合现象扩大到不适当的程度，也不宜把意合语法的建立抱有过高的期望"。作者对申小龙的语法思想采取比较宽容的态度："申氏的句法理论无疑能为真正符合汉语语法特点的语法体系的建立提供有启迪意义的新思路。"

此外,还有师为公《汉语与汉文化》(江苏教育出版社 1996)、张公瑾《文化语言学发凡》(云南大学出版社 1998)、苏新春《文化语言学教程》(外语教学与研究出版社 2006)、刘静《文化语言学研究》(中华书局 2006)等。从这一角度研究的还有王德春、赵金铭、常敬宇、卢卓群、余志鸿、刘丹青、曲彦斌等。

(二)社会交际文化语言学

从理论渊源关系来讲,这一流派实际上有两个源头:一是社会语言学,例如陈原《语言与社会生活》(三联书店 1979)、《社会语言学》(语文出版社 1981),以及陈松岑《社会语言学导论》(北京大学出版社 1985),后来还有郭熙的《中国社会语言学》(南京大学出版社 1999,浙江大学出版社修订本 2006)、徐大明《社会语言学研究》(上海人民出版社 2007)。二是交际语言学,例如刘焕辉《言语交际学》(江西教育出版社 1986)、姚亚平《人际关系语言学》(辽宁教育出版社 1988)、刘焕辉、张居中《交际语言学引论》(江西教育出版社 1992)、刘冬冰、周静《交际语言学》(中州古籍出版社 1999)、孙维张、吕明臣《社会交际语言学》(吉林大学出版社 2006)、岑运强《言语交际语言学》(中国人民大学出版社 2008)。但是他们打出的旗号是"社会语言学"和"交际语言学";真正从社会文化和交际文化角度来进行语言研究,并且声称自己是"文化语言学"的主要是陈建民,他早期从事汉语口语研究,从中受到启发,先后出版《文化语言学说略》(上海教育出版社 1987)和《语言文化社会新探》(上海教育出版社 1989),集中就语言与社会、语言与交际、语言与心理等关系进行分析。他强调在语言与文化结合研究中社会因素与交际因素的重要性,因而他的研究侧重于进行共时的语言变异研究。他不反对语言的结构分析,也不反对对语言的描写,只是认为结构的描写只是手段而不是目的,因此必须强化语言的人文性。他的主要观点是:第一,重视语言的交际价值;第二,重视语言的变异形式;第三,从动态的角度观察语言。因此他主张:"从使用语言的人的因素出发,文化语言学研究人们的言语活动,研究作为这种活动的工具的语言,并从文化学给以解释。"他还提出了一系列的研究方法:1.对比法;2.投影法;3.文化结构分析法;4.文化心理分析法。由于这一流派自身的特点,所以在语法方面涉及更少,主要是句法在交际过程中的省略、隐含、移位、追补、重复等动态变化,对语法体系几乎没有什么研究。

1987年12月在北京举办了"首届社会语言学学术讨论会",并且出版了《社会·语言·文化》(语文出版社1991),1989年在江西庐山举办第二届社会语言学学术讨论会,主题是语言与交际。1992年4月在西安举办了第三届社会语言学学术讨论会,主题的语言与文化,并且出版了由陈建民、谭志明主编的论文集《语言与文化多学科研究》(北京语言学院出版社1993)。2004年10月、2006年12月、2008年3月先后在北京以及香港举办了第四、第五、第六届社会语言学学术讨论会。从这一角度研究的还有胡明扬、王建华、苏金智、徐幼军等。

(三)全面认同文化语言学

这是最有争议的一个流派,当年的风头也最健,主将是申小龙,他是80年代中国文化语言学的风云人物,当时号称"申旋风",

对中国语言学形成强大的冲击波。他在《20世纪中国语言学的历史转折——中国文化语言学论略》(语文导报1987年第1期)中指出：应从广阔的文化背景中去探索汉语的规律,他尖锐地指出现时语言研究的弊病："中国语言学渐入冷门的原因之一是把自己的范围限于语音、语法和词汇,以致日益孤立于整个学术界,因此语言学和其他学科的结合可以增加中国语言学的新鲜血液和青春气息。""中国语言学的解放在呼唤语言学与人文科学结合。文化渗透是一种历史的必然。"

三　申小龙文化语法学思想分析

申小龙研究的重点是语法,可以称为"文化语法学",这明显不同于前面两种流派,他的语法学的思路以及观点基本上是继承并且发展了张世禄、郭绍虞、傅东华的思想,他主张"以汉语事实为出发点,建立能够与汉民族思维特征相印证的句子理论和句型体系"。他猛烈攻击从《马氏文通》以来在汉语语法学界长期存在的三种根本性倾向：模仿的句本位倾向;模仿的唯层次分析的倾向;模仿的比较异同的倾向,从而提出自己的"汉语句型文化"构想。他认为,印欧语的句子思维采用的是焦点视、主谓视,而汉语的句子思维采用的是散点视、非主谓视,因此,"汉语的句子的分析以句读(短语)段为句子的基本活动单位,以句读段适应不同表达功能的铺排律为造句法则"。他完全抛弃一般的析句观念与方法,纯粹从语义表达出发来建立汉语句型系统。他还提出研究的五种方法：文化认同法;文化镜像法;文化底层法;文化耗散法;文化比较法。他把语言看作"一个民族的意义系统和价值系统,一个民族看待世界的样式,一种世界观",认为必须还语言以"本体论的地位",提倡"语言决定论",预言我国语言学在质态上将发生"由描写型走向人文型的历史转折"。在语法研究方面,申小龙形成了一套自己独特的看法,他从哲学与文化心理学角度切入,认为汉人的认知心理是"整体思维、散点透视、综合知解",汉语语法所体现的的特点是"句读本体、逻辑铺排、意尽为界",所以他提出应该抛弃西方语言的焦点视、主谓视、单域视,提倡散点视、非主谓视、双域视。在表达功能论的总原则下,采用"层次—视点"切分法。并且提出一个新的句型系统:主题句、施事句和关系句。

他的主要论著有:《中国句型文化》(东北师范大学出版社1988)、《人文精神,还是科学主义?》(学林出版社1989)、《中国文化语言学》(吉林教育出版社1990)、《汉语人文精神论》(辽宁教育出版社1990)、《社区文化与语言变异》(吉林教育出版社1991)、《文化语言学》(江西教育出版社1991)、《语言的文化阐释》(知识出版社1991)、《语言的阐释》(辽宁教育出版社1991)、《中国语言学:反思与前瞻》(河南人民出版社1991)、《文化语言学论纲》(广西教育出版社1996)、《当代中国语法学》(2001)等。数量之多,令人惊叹,可惜多数是自我重复之作,有的甚至于内容几乎全部一样,仅仅章节排序不同。从这一角度研究汉语语法的还有张黎、马啸、杨启光等学者。

客观地说,申小龙才气横溢,时有新意,对中国文化语言学的创立是有功劳的,这主要有三点:第一,他的大声疾呼,促使中国文化语言学迅速成为一门新兴学科;第二,他活跃的思想,引起了语言学界之外的学术界,包括文学界、历史学界、哲学界、教育界等的关注;第三,他的激烈批判,指出了汉语语法研究中的许多弊病和问题,引起人们的深刻的反思。应该承认,申小龙对中国语言学界,特别是对汉语语法学界的批评,有合理的部分,他对汉语语法所作出的分析也有一些创造性的观点,但是他所宣传的主张不仅偏激,而且完全不管语言事实和语言研究的客观规律,所以从一开始就遭到众多语言学家的批评和质疑。不赞同或者批评申小龙的意见主要认为:第一是夸大文化的作用,把语言的特点一律看作是文化的影响,推出"唯文化论",把文化语言学说成了无所不包的"大语言学"。第二是夸大汉语与其他语言的区别,抹杀语言的共性,断言英语是"法治语言",而汉语是"人治语言",实际上否认了普遍语法的存在。第三,把汉语看做是一种"随心所欲"的东西,只讲意义,不讲形式,认为"语言分析的终极并不是形式,而是内容",这实质上是割裂了形式与意义的相互依存关系,否认语义要受到形式的制约,也就是取消了语法。第四,把中国语言学的根本矛盾说成是"汉语的人文性与汉语的科学主义",实际上就是否认了语言学具有自然属性,否认语言学是一门独立于自然科学与社会科学之外的特殊科学。

对申小龙的学术观点,引发了汉语语法学界的争论,大体上有三种不同的态度:

第一,赞同,甚至于给予高度评价。例如张汝伦《语言的文化传统》(读书 1987 年第 11 期)、羊城《论中国语言学界的"申小龙现象"》(汉字文化 1989 年第 4 期);张黎《文化的深层选择——汉语意合语法论》(吉林教育出版社 1994)就基本上采用申小龙的语法理论框架。

　　第二，基本肯定，但是也提出一些不同意见。例如潘文国《八十年代我国语言与文化的研究》(《语言文化多学科研究》，北京语言学院出版社 1993)、戴昭铭《文化语言学的由来、现状和前途》(《语言文化多学科研究》，北京语言学院出版社 1993)、逸如、冯韧《当代中国语言学的世纪变革》(北方论丛 1994 年第 3 期)等。

　　第三，批评。例如：陈炯《洪堡德的人类语言学与申小龙的文化语言学》(北方论坛 1989 年第 4 期)、《中国语言学派与中国文化语言学》(北方论坛 1990 年第 2 期)、《评申小龙的中国文化语言学》(江南大学学报 1990 年第 2 期)，程克江《中国文化语言学的兴起及其导向预测》(新疆大学学报 1990 年第 2 期)，伍铁平《评申小龙部分著述中的若干问题》(北方论坛 1992 年第 2 期)，屈承熹《怎样为"中国文化语言学"定位？》(《第四届国际汉语教学讨论会论文集》，北京语言学院出版社 1995)。

　　申小龙的观点根本问题在于一味强调汉民族以及汉语的特殊性，一味地突出意义的重要性和任意性，不需要任何形式的证明，不承认语言学科的科学性，否认汉语也是一种语言，跟世界上所有的语言具有一定的共性。因而遭到汉语语法学界的强烈批评。其中以邵敬敏、伍铁平的批评文章最为尖锐。邵敬敏的论战论文是《说中国文化语言学的三大流派》(汉语学习 1991 年第 2 期)、《关于中国文化语言学的反思》(语言文字应用 1992 年第 2 期)、《汉语的结构句型和功能句型》(《语言文化多学科研究》，北京语言学院出版社 1993)；邵敬敏的批评集中在申小龙的学术观点，包括他的句法观、文化观。而伍铁平的批判不仅涉及学术观点，更是尖锐地直指申小龙的抄袭等文风问题。例如《语言的文化阐释》(知识出版社 1992)和《中国文化语言学》(吉林教育出版社 1990)二书重新排列,改头换面,只增加了少数内容,就又拼出了一部《文化语言学》(江西教育出版社 1993)。而在《语言的文化阐释》一书中,抄袭的部分就有 160 多页,约占该书正文 358 页的 40%,再加上重复照搬他自己另外两本书的部分 170 多页(其中也有部分抄袭他人著述),总共约占全书 90%以上。伍铁平的批判文章有:《对读者要高度负责——再评申小龙的〈语言的文化阐释〉等著述》(与王化鹏合著,福建外语 1995 年第 3 期)、《反对在学术著作中弄虚作假——评申小龙的〈文化语言学〉等"著"作》(山西大学学报 1996 年第 2 期)、《做人比做学问更加重要——简评申小龙〈当代中国语法学〉》(天津外国语学院学报 2002 年第 1 期)、《申小龙著〈汉语语法学〉的几个问题》(与王化鹏合著,外国语言文学 2006 年第 1 期)等。90 年代的有关文章后来结集为《语言与文化评论集》(北京语言文化大学出版社 1997)。

汉语语法学界的尖锐批评,致使从 20 世纪 90 年代后期开始,申小龙的学术活动急剧减少;更为重要的是,他在语法学方面的理论既没有能够进一步的发展,也没有能够解决汉语语法研究中的具体问题,他最著名的句型三分的体系也是自相矛盾的。所以,他的影响逐年减弱,进入 21 世纪已经几乎被人遗忘。但是,他的一些观点以及学术思想还有相当的影响,在徐通锵以及潘文国的"字本位"理论中,都可以看出申小龙的学术影子。尽管如此,申小龙等的探索精神还是可嘉的,某些看法也有一定的启迪性。申小龙思潮成为昙花一现,并非偶然,关键是他缺乏对汉语语法的科学认识,把汉语语法的人文性夸大到不适当的地步,我们需要引以为戒。

1985—1995 年,可以说是中国文化语言学的全盛时期。中国语言文化学会举办了多次学术研讨会:1989 年 8 月首届全国语言与文化研讨会在大连举办;1991 年第二届全国语言与文化研讨会在广州举办,1994 年第三届研讨会在哈尔滨举办,1995 年第四届在昆明举办,1998 年第五届在汕头大学举办,2006 年在西北第二民族学院也举办了类似的研讨会。并且出版了不少专著和论文集,例如张汝伦、申小龙主编《文化的语言视界——中国文化语言学论集》(上海三联书店 1991),这是第一本集体论文集,以上海语文学会青年研究小组的会刊《上海青年语言学》为基础,共收录论文 22 篇,但是可惜没有一篇是讨论语法的。1993 年申小龙、李耀南、赵世举主编《中国语言和中国文化论集》(香港亚太教育书局)。1994 年戴昭铭主编了论文集《建设中国文化语言学》(第三届全国文化语言学研讨会论文集,《北方论丛》编辑部出版),有专门一个栏目讨论语法。此外,宋永培、端木黎明还主编了《中国文化语言学词典》(四川人民出版社 1993)。申小龙还主编了两套丛书:一是"文化语言学丛书"(吉林教育出版社),涉及语言与文化的方方面面,包括:姚亚平《文化的撞击——语言交往》(1990)、王建华《文化的镜像——人名》(1990)、申小龙《社区文化与语言变异——社会语言学纵横谈》(1990)、史有为《异文化的使者——外来词》(1990)、冯蒸《语言·人类·文化》(1990)、苏新春《文化的结晶——词义》(1994)、张黎《文化的深层选择——汉语意合语法论》(1994),其中谈语法的只有张黎的一本,后来他在这本书的基础上写成《汉语意合语法论纲》一书,在日本出版。二是"中国文化语言学丛书"(广东教育出版社),包括《当代中国修辞学》、《当代中国文字学》、《当代中国训诂学》、《当代中国音韵学》、《当代中国方言学》、《当代中国理论语言学》等,语法的也只有申小龙的《当代中国语法学》。

中国文化语言学的兴起,无疑对中国的现代语言学的发展是一个很大的推动,它不仅填补了汉语研究的这块空白,为我们开拓了一个全新的研究领域,有助于我们全面地认识汉语,包括汉语语法的人文性,可惜的是申小龙所宣扬的语法观把文化语言学引入歧途。我们相信随着汉语语法中的语义范畴和语义关系的深入研究,随着认知语法学的开展,文化语言学将发挥更大的作用,产生更大的影响。

第五节 关于"本位"说

一 语法研究的各种"本位说"

汉语语法学史上,曾经出现过好几种"本位"说,最有影响的当推马建忠的"字本位"(即词本位)、黎锦熙的"句本位"、朱德熙的"词组本位"、邢福义的"小句本位"以及徐通锵的"字本位"等。

(1)马建忠《马氏文通》(商务印书馆 1898)的"字本位"实际上是"词本位",是传统语法的普遍做法,因为在印欧语里,句法关系往往体现的词形的变化上,所以,词法显得比句法更为重要,词的用法搞清楚了,句法似乎也就迎刃而解。

(2)黎锦熙《新著国语文法》(商务印书馆 1924)提倡的是"句

本位”,特点是词类的确定主要依据词语在句法结构中的身份来决定,所以又叫“依句辨品,离句无品”。他还认为“句本位的文法,退而分析,便是词类底细目;进而综合,便成段落篇章底大观”。由句子成分来决定词的类别,必然导致汉语的词无定类,类无定词,所以“句本位”一直受到批评。不过史存直《句本位语法论集》(上海教育出版社 1986)则持拥护态度。

(3)朱德熙的“词组本位”(商务印书馆 1982),基于他认为“汉语的句子的构造原则跟词组的构造原则基本一致”,“句子不过是独立的词组”,“把各类词组的结构都足够详细地描写清楚了,那么句子的结构实际上也就描写清楚了”。词组本位将句子与词组看做是一种“实现”关系,句子的结构可以在词组的层面上得到解释。此外,词组的结构规则也可以用来解释合成词的内部结构。这样,词组本位在“词、词组、句子”三级单位之间建立起了结构规则上的联系。《语法讲义》全书实际上就体现了“词组本位”的语法思想和观念,通过“词组本位”的枢纽核心作用,建立起了一个新的语法系统。词组本位加强了词组的地位,这无疑是可取的,但是问题在于,句子实际上是一个动态单位,词组层面无法解释句子层面的许多问题。这样做的必然结果是放弃了对句子的深入研究。

(4)邢福义“小句中枢”说(中国语文 1995 年第 6 期),虽然也是“句本位”,但跟黎锦熙的“句本位”有本质区别:他的出发点不是“依句辨品”,而是认为“在汉语各类各级语法实体中,只有小句跟其他语法实体都有直接联系,处于‘联络中心’的位置。具体说,小句同词和短语相联系;在外部组合上,小句同复句和句群相联系”。《汉语语法学》(东北师范大学出版社 1996)则是这一“小句本位”

的具体体现。在此基础上，他进一步提出了小句成活律、小句包容律和小句联结律。

（5）马庆株是"复本位"（1998），把"本位"理解为"基本单位"，认为"由于语法单位一共有四个层级，不可能所有各级单位都是基本单位，也不宜以多数层级单位为基本单位，因而建议选两级语法单位为基本单位"。即在词法平面中，"语素"和"词"中取"词"作为基本单位；而句法中，"短语"和"句"，则取词组作为基本单位。

（6）徐杰的"原则本位"（《普遍语法原则与汉语语法现象》，北京大学出版社2001），是根据乔姆斯基的"原则与参数"理论，认为"原则"最为重要，所以应该用"原则"作为本位。

有关的评述文章有：萧国政的《"句本位""词组本位"和"小句中枢"》（世界汉语教学1995年第4期），李宇明的《汉语语法"本位"论评——兼评邢福义"小句中枢说"》（世界汉语教学1997年第1期），陆俭明、郭锐《汉语语法研究所面临的挑战》（世界汉语教学1998年第4期），邵敬敏《80到90年代的现代汉语语法研究》（世界汉语教学1998年第4期）。

二　关于"字本位"

20世纪90年代开始，汉语语法学界出现了一种叫做"字本位"的学说，其主帅是徐通锵，颇有部分的支持者，并在21世纪初具规模。需要指出的是，尽管都是打着"字本位"的旗号，其实对"字"内涵的理解并不相同。徐通锵的"字"起初指的"是汉语社团具有心理现实性的结构单位"，后来由于不断受到质疑，退而修正为"汉字"；程雨民的"字"是指的语素，潘文国的"字"就是汉字。其中以徐通锵的学说影响最大,支持者有鲁川、吕必松、汪平等。由字本位理论主要代表人物徐通锵、中国英汉语比较研究会会长杨自俭发起的"全国首届汉语'字本位'理论专题研讨会",于2004年12月4—5日在青岛中国海洋大学文学院召开,他们还策划出版《汉语字本位研究丛书》(山东教育出版社),由徐通锵主编,潘文国为副主编。2008年已经出版第一辑四本:杨自俭《字本位理论与应用研究》、孟华《文字论》、徐通锵《汉语字本位语法导论》以及鲁川、王玉菊《汉字信息语法学》。

(一)徐通锵的"字本位"

徐通锵最早是在1991年北京清华园的"汉语语法座谈会"上提出这一构想的。这些年来,先后发表了十多篇论文系统阐述了他的"字本位"研究的思想。例如:《语义句法刍议》(语言教学与研究1991年第3期)、《"字"和汉语的句法结构》(世界汉语教学1994年第2期)、《"字"和汉语研究的方法论》(世界汉语教学1994年第3期)、《加强"字"的研究,推进中国语言学的发展》(语言文字应用1996年第1期)、《说"字"——附论语言基本结构单位的鉴别标准、基本特征和它与语言理论建设的关系》(语文研究1998年第3期)、《"字"和汉语语义句法的生成机制》(语言文字应用1999年第1期)、《"字"和汉语的语义句法》(《语法研究入门》,商务印书馆1999)、《汉语的特点与语言共性的研究》(语文研究1999年第4期)、《说"本位"——字的研究和语言理论建设》(《汉语现状与历史的研究》,中国社会科学出版社2000)、《字和汉语语义句法的基本结构原理》(语言文字应用2001年第1期)、《字的重新分析和汉语语义语法的研究》(语文研究2005年第3期)、《"字本位"和语言研

究》(语言教学与研究 2005 年第 5 期)等。有关论文大体上收录在
《汉语研究方法论初探》(商务印书馆 2004)中,该书体现了作者试
图"根据汉语的研究去总结提炼相应的理论和方法,以实现中西语
言学的有效结合"。除了历史音韵学和汉语方言学之外,还有七篇
论文是阐述"字本位理论"的。其代表作是《汉语字本位语法导论》
(山东教育出版社 2008),该书从字本位的立场出发,采用"从外到
内,从内到外"相结合的方法,试图重新构建现代汉语语法,全书除
了绪论,分为三编:方法论、结构论、表达论。

　　徐通锵认为汉语研究的立足点就是"字"。他说:"汉语的特点
集中在哪儿？一言以蔽之,就是'字'。字是汉语的基本结构单位,
是汉语特点的凝聚点。"而汉语语法单位则由"字、辞(字组)、块(语
块)、读(小句)"四级组成,其中"字"是研究的本位,"字"在其他三
个单位的形成过程中起到了层层语法化的"阶"作用。因字而生
辞、生块、生句。因此我们完全可以通过"字"的三个阶的语法化脉
络提炼出汉语语法的规律。那么,什么是"字"呢？他说:"字是汉
语的基本结构单位,也是最小的结构单位。"(《语言论》)他还特别
声明:字不等于语素,也不等于词,更不等于我们一般所说的书写
单位"汉字"。他的解释是:"由几个音节构成的一个结构单位也可
以叫做一个字",比如"惊心动魄"。徐通锵认为,字是汉语的基本
结构单位,其特点就是一个音节关联一个概念,形成一个"1 个
字——1 个音节——1 个概念"的基础性结构格局。印欧语的结构
格局是:"1 个词——n 个音节——1 个概念"。两种不同的结构单
位的差异导致两种语言语法结构的差异,汉语偏重于语义,是语义
句法,印欧语偏重于语形,是形态语法。这种探索精神应该说是相

当可取的,体现了汉语语法学家在理论上的追求,但是要用"字"这个内涵和外延都非常模糊的概念来作为语法研究的基点,那是很危险的。而更为重要的是运用这一理论根本无法解决汉语语法中的具体问题,"字本位"无法被广大语法学家所接受是毫不奇怪的。

(二)程雨民的"字本位",即"语素本位"。代表作是《汉语字基语法——语素层造句的理论与实践》(复旦大学出版社2003),他认为:"正确的称呼应该是'以语素为基础的语法'",考虑到一般人不熟悉"语素",姑且称之为"字基语法","但必须强调这里的'字'是就其代表的'音义结合体'而言的,与字的写法所象征的意义,如'明'表示日、月的光照等,毫无关系","双音节和多音节的最小音义结合体,例如鹦鹉、玛瑙、巧克力都算一个'字'"。他还提出以语素为基础造句,七种语法结构为:联合、修饰、前后置、助字、动宾、动补、主谓等。这一观点影响不太大。

(三)潘文国的"字本位",即"汉字本位"。代表作是《字本位与汉语研究》(华东师范大学出版社2002),论文有《本位研究的方法论意义》(华东师范大学学报2002年第6期)、《"字本位"理论的哲学思考》(语言教学与研究2006年第3期)。他否认汉语里有语素或者词的存在,认为汉语基本的语法单位应该是"汉字"。他认为语法史发展有三个阶段:第一阶段以形态为主要手段(如拉丁语),第二阶段以词序和虚词为主(如英语),第三阶段则是以节奏和停顿为主(如汉语),并声称音节与节奏的"重要性有时要超过语义"。把汉语说成是世界语言发展的最高阶段,这恐怕是自我感觉太好了。没有对汉语语法本体进行过脚踏实地的研究,而奢谈语法研究的理论,是很危险的。

　　无论徐通锵还是潘文国的"字本位",都是建立在对以往的汉语语法研究尖锐批评的基础上的。从申小龙对汉语语法研究的批评开始,经过徐通锵的字本位,再到潘文国的字(汉字)本位,他们的学术思想实际上是一致的,反映了部分汉语学家,尤其是一贯主要从事音韵学研究的汉语学家对汉语语法研究现状的不满。作为一种理论上的探索,我们应该鼓励。有批评和反批评意见,也是正常的。但是,一切探索,一切争论,目的是解决汉语的实际问题。可是直到现在,"字本位"还是纸上谈兵,没有看到运用这种理论解决了哪怕是一个小问题,比如句法结构的组合和聚合问题,比如句法结构中的语义特征、语义指向、语义角色等问题。汉语语法学界对"字本位"理论普遍持怀疑,甚至于否定态度。

　　他们总希望把汉语说成是一种与全世界语言都不同的特别的语言,所以,要处处显示出这种区别来。词,当然是一种客观存在,不管你喜欢也好,不喜欢也好。至于说把"词"当作"汉语的结构本位",这不能不说是一种误解,只能够说是"汉语语法基本结构单位之一"。至于把汉字也看作是语言,不仅违背了语言学的基本理念,而且那只会引起许多不必要的麻烦。音节与节奏固然重要,但是说"重要性有时要超过语义",这根本不是一个层面的问题。

　　对徐通锵"字本位"理论感兴趣的人不少,但作者基本上都不是从事汉语语法研究的,例如:陈保亚《20世纪中国语言学方法论》(山东教育出版社 1999)、王存佳《汉语言理论研究的新探索——评徐通锵先生的字本位理论》(语文研究 2001 年第 2 期)、孟华《"字本位"理论与汉语的能指投射原则》(语言教学与研究 2001 年第 6 期)、李树俨《"字本位":汉语语言学理论的新突破》

（韶关学院学报 2003 年第 4 期）、李香平《字本位理论的重要发展——评〈字本位与汉语研究〉》（汉语学习 2004 年第 2 期）、陈默《字本位理论和汉语语法的研究策略》（临沂师范学院学报 2004 年第 1 期）、俞咏梅《汉语的结构模式是形声模式——兼论汉语学字本位理论的语言学意义》（长春师范学院学报 2005 年第 6 期）、夏晴《汉语研究的另一种思路——徐通锵"字本位"研究述评》（学术论坛 2005 年第 6 期）、时秀娟《徐通锵的"字"本位观和语义句法论》（齐鲁学刊 2007 年第 2 期）、王洪君《语言的层面与"字本位"的不同层面》（语言教学与研究 2008 年第 3 期）等。

提出商榷意见，或者反对"字本位"的文章并不多，主要有顾兆禄《回到索绪尔：论"语素本位"原理——兼与徐通锵先生讨论"字"与"语素"及"两种编码机制"问题》（江苏社会科学 2004 年第 6 期）、骆锤炼《字本位研究质疑》（宁夏大学学报 2006 年第 2 期）、赵大明《也谈汉语的基本结构单位——评徐通锵先生的字本位理论》（陕西师范大学学报 2006 年第 3 期）、闵毅《"字本位"理论述论》（中华文化论坛 2008 年第 1 期）等。

有趣的是，在第一线从事汉语语法研究的学者几乎都对此不发表明确的意见，不表态，不支持，也不明确反对，尽管私底下都表示保留意见，这可能是多元和宽容的观念在起作用。也许陆俭明和郭锐的看法具有一定的代表性，他们认为：对所提出的新思路、新理论、新学说、新方法的评论，需要看它对语言事实的描写、解释的广度和深度如何，看它对语言事实的描写、解释是否优于已有的理论观点方法，这需要理论在语法研究中的"实绩"来证明。（《汉语语法研究所面临的挑战》，世界汉语教学 1998 年第 4 期）这实际就是在婉转地表示对"字本位"存疑的态度。一种新的理论好不好，有没有用，不在于它说了些什么，而在于它做到了什么。"字本位"语法理论号称已经研究了十几年，我们至今还没有看到运用这一理论合理地、科学地、令人信服地解决了汉语语法中的某一个疑难问题，也没有看到超越现在语法研究所运用理论和方法的价值，因此，断言"字本位"的价值和意义，还需要用研究的事实来证明。由于力推"字本位"的两位主将徐通锵和杨自俭先后于2006年和2009年谢世，该本位说的研究实力显然也受到很大的影响。

三　关于"本位说"的评价

虽然各人都在说"本位"，但实际上对"本位"的理解却很不同。第一，本位是指语法结构中制约其他语法单位的最重要的唯一的语法单位，也是语法研究的出发点和归结点。所谓的"句本位"、"词组本位"、"小句中枢"就是这一意思。第二，语法研究中的基本语法单位，"复本位"就是这样理解的，由于可以看作有几个语法单位都很重要，所以是复本位。第三，语言基本结构单位，语法研究的基本粒子。徐通锵和潘文国的"字本位"就属于这一意思。针对这么多的"本位说"，也有人提出不同意见。

（1）史有为的"移动本位"。他最早是主张"小句本位"的，认为："为了拓展语言的话语篇章领域，解释语用层面的复杂表现，看来有必要建立'小句本位'。"其理由是，因为"小句汇集着语音、语法、意义、语用四种因素，而且可以涵盖词和短语，因此从系统角度看，以小句做本位来研究语法应是在新的研究阶段总的必然"。（《多元·柔性·主体——80—90年代语法研究大势之我见》，世界汉语教学1991年第4期)不过后来他觉察到"本位说"的不合理性,批评说:"中国有太多的本位情结","企图用一种本位来包打语法天下,这本身就是主观的"。(《迎接新世纪:语法研究的百年反思》,语言教学与研究2000年第1期)他的观点发生了根本性的变化,修正为"移动本位"说:"如果一定要本位的话,我们无妨'移动本位',不同范围、不同处理要求可以有不同的本位。在句子(小句、复句)的范围内以一种本位(中心),在从复句到句群(话语)的范围内选择另一种本位(中心),每一级本位都需要在前一级上增加某些因素,以处理面临的不同性质的问题。"(《转域和张力——语言分析的柔性控制方法》,语文研究1995年第1期)。

(2)邵敬敏一直主张"无本位"。他先后发表《80到90年代的现代汉语研究》(世界汉语教学1998年第4期)和《新世纪汉语语法研究的几点思考》(语言科学2003年第4期),旗帜鲜明地反对任何意义上的本位说,他认为"本位说"是个误区,如果坚持"本位说",就会自觉不自觉地限制了自己的眼光,把自己的手脚捆绑起来。用某某语言单位做"本位",这本身就是一种缺乏全局观念的"单视点"研究思路,我们应该对所有的语言单位都加以密切的关注,采用"多视点"的研究思路,决不可奢望用其中某个语言单位的研究来替代或决定其他语言单位的研究。因此,邵敬敏反对一切"本位"的提法。金立鑫和白水振《现代汉语语法特点和研究的本位观》(汉语学习2003年第5期)也持有相近的观点,他们认为语言是一个"多质体",受到"理论追求"以及"语言自身特点"双重制约,所以建议"放弃坚持某一本位观,实事求是地从各个平面用不同的方法论来解决各类不同的问题……普遍性语言原则才能够得到揭示"。

　　有关"本位说"的评述文章还有：李宇明《汉语语法"本位"论评》(世界汉语教学 1997 第 1 期)、周国光《汉语语法本位学说论析》(暨南大学华文学院学报 2003 年第 1 期)、李计伟《汉语语法研究"本位"学说理论发展述评》(延安大学学报 2003 年第 4 期)、肖萍《汉语语法"本位"述略》(浙江万里学院学报 2004 年第 6 期)。

第二编　人物篇

对学术研究的评述,离不开人物、活动以及成果这三个基本要素,而人物则是核心要素。时间与空间,是世界上万物存在的两个最为重要的参照系数。明确了这样一系列要素及其关系,我们才有可能对这 30 年来的汉语语法研究的历史进行科学的回顾和展望,而不至于丧失自我,迷失方向。

中国的学术界历来比较注重"师承"关系,在分界上比较注重以年龄为依据的"代",常常喜欢用老、中、青三代来区分。但问题是历史不是凝固的,它是动态的,是变化的。昨天的青年,今天就成为中年,明天就将变为老年。另一方面,作为叙述的视角,必须相对稳定,否则很难概括。我们权衡再三,采取以学术年龄为主,自然年龄为辅的主次标准,即 20 世纪 50—60 年代已经成名,并且年龄大体上在 1930 年以前出生的,看做"老一辈"学者。20 世纪 60 年代初已经大学毕业但 1978 年之后才开始崛起的,并且年龄在 1940 年以前出生的,看做"中生代"。"文革"中大学毕业但 1978 年后又攻读研究生,并且年龄在 1941 年以后出生的,看做"新中生代"。至于大批 70 年代末或 80 年代才进入大学并攻读研究生,而且年龄在 50 年代以后出生的,则看做"新生代"。90 年代后期培养的以研究生为主体,年龄属于 70 后、80 后的,称之为"新新生代"。这样,我们就把活跃在新时期的汉语语法学家们分为五个既有层次又有衔接的连续统:"老一辈"("文革"以前就成名的)、

"中生代"(1978年后十来年的主力军)、"新中生代"(1978年后新崛起的生力军)、"新生代"(1991年后涌现的主力军)以及"新新生代"(21世纪的生力军)。坦率地说,有些语法学家到底应该归属于哪一层次是两可的,特别是过渡性的、交叉性的学者,所以无论怎么样的切分都可能引起争议。因此,我们并不特别强调这一切分的唯一性和排他性,而是希望有关的评述得以在一定的框架中进行。我们重点是前面四个群体,至于"新新生代"还处于成长阶段,一般就从略。

　　本编主要系统地评述有关现代汉语语法本体研究的学者,这是我们语法研究队伍的主体。有关古代汉语语法、近代汉语语法、方言语法、口语语法、汉外对比语法、对外汉语教学语法、中文信息处理语法等方面的研究人才,将在相应章节里介绍。

第一章 老一辈语法学家的研究特色

汉语语法学界历来有南派(又叫"海派")、北派(又叫"京派")之说,郭绍虞在《汉语语法修辞新探》(商务印书馆1979)"革新中的南北两派"中认为,"北派是沿刘复的道路以进行的,南派则是沿着金兆梓的道路而发展的"。这一说法并不确切。其实,南北两派是在20世纪30年代以后才逐渐形成的,北派的代表人物是王力和吕叔湘,南派的代表人物是陈望道和方光焘。特别需要指出的是:语法学界的南北两派之分不同于传统语法、结构主义语法和转换生成语法三大学派之分,也不同于形式语法、功能语法、认知语法以及语义语法这几大流派的区别,因为后者是以研究理论和方法的不同来划分的,而前者则主要是依据各自研究的风格和重点不同来区别的。

北派素以谨严、扎实的研究著称,他们重视汉语语法事实的描写及其规律的揭示,并从中体现出理论和方法的探求。南派则以探索、革新为其研究特点,他们更加重视研究理论和方法的改造、创新,并以此来解决汉语语法研究中的实际问题。一个偏重于事实分析,一个偏重于理论探讨;一个着眼于求实,一个着眼于创新;一个从事实到理论,一个从理论到事实。几十年来,两派学者都作出了不懈的努力,并取得了相应的成果。相比之下,北派学者的研究成绩显著一些,从而成为汉语语法学界的主流派,南派学者则在一定程度上弥补了北派学者研究上的不足。

新时期30年来,南北两派都有杰出的代表产生,北派以朱德熙为代表,南派以胡附(胡裕树)、文炼(张斌)为代表。如果说朱德熙的研究往往是通过具体的汉语语法专题研究来探求研究理论和方法的改进,那么,胡裕树和张斌则更多的在理论和方法方面直接提出重大的原则,并用汉语事实予以说明。双方的研究都重视理论和事实的结合,形式和意义的结合,静态和动态的结合,描写和解释的结合,只是各自侧重点不同,研究的风格不同,虽然在某些方面双方的做法和观点仍存在着一定的差距,但是,在总的研究原则上双方是极其相近的,而且他们的研究遥相呼应,取长补短,正巧形成一种互补局面。到了他们研究的后期,朱德熙也非常重视理论上的探讨,如《变换分析中的平行性原则》(中国语文1986年第2期),而胡、张两位也十分注重语法规律的揭示,如《谈疑问句》(中国语文1985年第2期)。由此可见,南北两派取长补短、相互交融必将成为21世纪乃至更长历史时期汉语语法研究的主流。

20世纪80—90年代的老一辈汉语语法学家,具有全国性影响的领军人物,是吕叔湘、朱德熙和胡裕树、张斌。保持学术青春,继续进行语法研究并且产生一定影响的,还有史存直、王还、廖序东、张拱贵、张志公、王维贤、黄伯荣、胡明扬、张寿康、吕冀平等。

第一节　吕叔湘的语法研究

吕叔湘(1904—1998)，江苏丹阳人，1926 年毕业于东南大学外文系，1936 年赴英国留学，先后就读于牛津大学人类学系和伦敦大学图书馆学系。1938 年回国后历任云南大学文史系副教授、华西协和大学、中国文化研究院研究员、金陵大学文化研究所研究员兼任中央大学中文系教授。调入语言研究所后，历任副所长、所长，《中国语文》编委、副主编、主编，中国文字改革委员会委员、副主任，中国语言学会首任会长。吕叔湘的治学一向以严谨著称，在语法研究上他又是一位紧跟时代步伐、善于吸收新的语法理论和方法来不断地丰富自己的杰出代表。他研究的特点是通今博古，兼收并蓄，细腻扎实，发人深省。研究的主攻方向是句法语义。他的主要语法著作是《中国文法要略》(商务印书馆 1944)、《汉语语法论文集》(科学出版社 1954，商务印书馆增订本 1984)以及《汉语语法分析问题》(商务印书馆 1979)。吕叔湘 90 华诞前夕商务印书馆出版了《吕叔湘文集》6 卷本(1992)；《吕叔湘选集》入选《20 世纪现代汉语语法八大家》(东北师范大学出版社 2002)。《吕叔湘全集》共 19 卷，2002 年由辽宁万有图书发行有限公司出版。

一　吕叔湘语法研究的风格

从《中国文法要略》发表一举成名以来，吕叔湘的语法研究历经四个阶段：

(1)1949 年之前，以《中国文法要略》和《汉语语法论文集》为代表；

（2）20 世纪 50 年代初，以《语法修辞讲话》和《语法学习》为代表；

（3）60—70 年代，以《关于"语言单位的同一性"等等》、《说"自由"和"粘着"》为代表；

（4）80—90 年代，以《汉语语法分析问题》为代表。

吕叔湘的语法研究博大精深，形成了自己独特的风格：

（一）善于选择研究题目。能发掘有价值的研究课题，这本身就显示出研究者的水平与眼光。吕氏所研究的不少课题往往是极为重要却被前人所忽视。例如《现代汉语单双音节初探》（中国语文 1963 年第 1 期）一文，集中讨论了现代汉语中一个重要的语言现象——汉语的词从单音节向双音化发展的趋向。《试论非谓形容词》（与饶长溶合作，中国语文 1981 年第 2 期）则对形容词中特殊的一个小类"非谓形容词"（即区别词）首次进行了比较周密的考察。

（二）善于旧瓶装新酒。讨论的问题虽然陈旧，分析的角度却很新鲜，从而能够得出一些与众不同的结论。例如《把字用法的研究》（《金陵、齐鲁、华西大学中国文化汇刊》八，1948）一文开拓了一个新的研究角度，着重从动词几乎必须有前加成分或后续成分这一结构特点入手进行研究，指出"只有这第三个条件——动词前后的成分——才具有积极的意义，才是近代汉语里发展这个把字句式的推动力"。因此，这就成为研究"把"字句最重要的论文之一。

（三）强调"务实"精神。吕叔湘多次题词都是"务实"两字，这实际上也是继承了中国语言学的优良传统，即一切从语言事实出发,从事实中总结出客观规律来,因此十分重视例句的搜集、选择、积累、整理、归纳和提取。例句选用大多准确、贴切,有的简直是绝妙,它的作用绝不是信手拈来或随意编造所能达到的。这一风格在他参编的《现代汉语语法讲话》(商务印书馆 1962)和主编的《现代汉语八百词》(商务印书馆 1980)中也得到了充分的体现。

(四)方法论上兼收并蓄。作者在研究理论和研究方法上以传统为主,但又不墨守成规,而是不断吸取其他流派的观点和方法,各取所长,融为一体,努力形成了适合汉语语法研究的、中国化的研究理论和方法,例如《关于"语言单位的同一性"等等》(中国语文1962 年第 11 期)。正因为如此,所以他能够不断地与时俱进,不断地推陈出新,同时,得出的结论往往切实可靠,符合汉族人的语感。

(五)构建从语义到形式的描写框架,建立起句法语义的三大系统:"语义范畴"系统、"语义关系"系统和"语义语气"系统。例如《中国文法要略》的下半部"表达论",是全书写得最精彩的章节,第一次建立起"数量"、"指称"、"方所"、"时间"、"正反"等汉语语法的"范畴"系统,"离合"、"向背"、"异同"、"高下"、"释因"、"纪效"等"关系"系统以及"语意"、"语气"、"语势"等"语气"系统。后来他的《近代汉语指代词》(江蓝生补,学林出版社 1985)对指示、称代也做了详尽的描写与分析。

(六)研究态度及作风稳健、严谨,看法比较全面,结论比较可靠,经得起反复推敲和时间的考验,处理疑难问题尤为稳妥,有时宁可存疑,决不轻率下结论。

二　吕叔湘在汉语语法研究上的杰出贡献

吕叔湘的汉语语法研究在理论上最杰出的贡献是建立起从意义到形式的研究新思路。

第一,建立起汉语的语义角色系统。

以动词为核心,建立起动词跟与之发生关系的名词的语义角色联系,这实际上是后来"格关系"的雏形。最重要的创见是在句法结构的句法成分之外,另外建立起一套与之平行的语义角色,即补词系列,包括受事补词、关切补词、交与补词、凭借补词以及方所、方面、时间、原因、目的、比较等补词。这实际上反映了作者以动词为中心的句法观以及句法语义观。此外,他还指出形容词也可以有补词,多半是方面补词和比较补词。

第二,建立起汉语的动词时态系统。

设立了以时间为准则的"方事相、既事相、起事相、继事相、先事相、后事相";设立了以情状为准则的"一事相、多事相、短时相、尝试相、屡发相、反复相"等。

第三,建立起汉语的句子功能系统。

这主要是:1.叙事句,2.表态句,3.判断句,4.有无句。更为重要的是在进行句子的具体分析时,特别是对句子进行再分类时,更是处处运用语义分析法。

第四,建立起汉语的语义范畴系统。

包括:数量、程度、方所、时间、有定指称(第一身、第二身、第三身、尊称、谦称、互指、偏指、自称、特指、承指、助指);无定指称(问人、问物、抉择人物、问情状、问原因、问目的、任指、虚指、全称、偏称、他称、分称、普称、各称、隔称、逐称)、正反和虚实(否定、可能、或然、必要、当然、必然、能愿)。另外还探讨了各类子范畴,例如数量范畴,指出包括定量(基数、序数、整数、分数)、约量、动量等。

第五,建立起汉语的语义关系系统。

包括:离合和向背(联合、加合、递进、平行、对待、正反、转折、保留、交替、两非、排除);异同和高下(类同、比拟、近似、高下、不及、胜过、尤最、比较、得失、不如、倚变);同时和先后(相承、先后紧接、习惯性承接、先后间隔、两事并进、动作和情景);释因和纪效(因果、目的;假设和推论,假设、条件、推论);擒纵和衬托(容认、纵予、极端和衬托、逼进、连锁)等。

第六,建立起句子的语气系统。

包括:1.语意(正与反、虚与实);2.语气(与认识有关的是直陈和疑问,与行动有关的是商量与祈使,与感情有关的是感叹与惊讶等);3.语势(轻与重、缓与急)。从而三个方面形成一个有层次的系统。

第七,揭示了句子与词组之间的转换关系,并且探讨了转换的条件限制,例如分别讨论了句子里的起词、止词、补词转换做端语(中心语)时受到不同的条件制约。比如"水流"可以转换为"流水"或"流着的水",但是,"行人避路"可以转换为"避路的行人",却不能转换成"行人避的路"。这就开了句式变换研究的先风,发现某些结构之间存在的变化关系,要比国外的语言学家早了近二十年。

第八,指出在静态研究的基础上进行动态研究,其目的是进一步观察这些格式结合和变化的规律,可以用有限的格式去说明繁简多方、变化无穷的语句。这主要包括了句子的复杂化(包括"添枝加叶"、"局部发达"和"前后衔接")和多样化。这在语法研究思想上具有超前意识,是对以往只注意静态研究的一个极为重要的修正和发展。

总之,这八个方面是吕叔湘语法研究的核心思想,也是他对汉语语法研究最为重要的贡献。

三　吕叔湘语法研究的新突破

20 世纪 80 年代以来,吕叔湘又发表了若干篇重要的语法研究论文,这主要有两种类型:第一种是偏重于语义分析,例如《歧义类例》(中国语文 1984 年第 5 期)、《疑问、否定、肯定》(中国语文 1985 年第 4 期)以及《说"胜"和"败"》(中国语文 1987 年第 1 期)等,他强调"语法结构是语法结构,语义结构是语义结构,二者既有联系,又有分别"。第二类偏重于动态分析,例如《主谓谓语句举例》(中国语文 1986 年第 5 期)、《汉语句法的灵活性》(中国语文 1986 年第 1 期),对句式的变化以及移位、省略等现象进行了讨论。90 年代以后,他年事已高,逐渐退居二线,但他的学术思想在汉语语法学界影响仍然很大,不仅成为中青年语言工作者学习的楷模,而且还对 21 世纪的汉语语法研究走向具有深远的影响。

最能够体现吕叔湘近年语法思想的当推《汉语语法分析问题》(商务印书馆 1979)一书,这是作者几十年来刻苦治学的结晶,也是对近百年来汉语语法研究的一个提纲挈领式的小结。它不同于一般以建立一套完整的语法体系为目的的语法著作,也不同于其他着重阐述某种语法研究理论和方法的著作,更不是普通的汉语语法教科书,它有着自己独特的风格与价值观,兼顾了历史和现状,普及和提高,事实与理论,问题与走向,是一部面对客观实际,大胆提出问题,深入分析矛盾,探索解决途径,启发人们深入思辨的独特的语法著作。

全书除"序"之外,分为四章,共 99 小节:一、引言:介绍研究语法的原则和方法。作者主要采用传统语法框架,同时较多地吸取一些描写语法的方法,适当采用某些转换语法的理论。二、单位:简述各语法单位,如语素、词、短语、小句、句子等特点。三、分类:按结构和功能的不同标准对各语法单位进行分类,目的是为了讲语句结构。四、结构:主要讲句法结构,包括分析结构层次和结构关系以及两者之间的关系。

该书最突出的特点就是用"问题"来促使人们去进行"观察与思考",而这正是汉语语法研究健康发展的关键。具体来说,该书有以下几个鲜明的特点:

(一)敢于揭示矛盾、分析矛盾,并且有一定深度。一般语法书最大的毛病,与其说是体系上不够严密、科学,不如说在于回避矛盾、掩盖矛盾,以求自圆其说。此书恰恰相反,它用很大篇幅摆出语法学界长期争而未决的问题,以及还不曾被人注意到然而又很重要的一些潜在的问题。大的问题如:确定主宾语时的施受关系和位置次序的矛盾;区分单句和复句的三个因素的交叉关系;词类划分的两个半标准;等等。虽然是旧话重提,但分析合情合理,颇有见地。小的问题,如省略和倒装;"是"的分合;并列成分的加合关系中两种不同情况;等等,也有独到见解。所以作者开门见山宣布:"本文的宗旨是摆问题。"通观全书,便有可能对汉语语法研究中到底还存在哪些问题得到一个比较全面、概括、系统的了解。

　　该书不仅摆问题,而且还力图讲清楚问题产生的来龙去脉,指出问题的症结所在。有时还比较几种不同的处理方法,评价其利弊得失,最后提出作者自己的看法,言之成理,条理清晰。如谈到汉语语法分歧意见特别多时,作者指出,"根本原因是汉语缺少严格意义的形态变化";同时又进一步指出,"用句法功能做划分词类的依据",不仅"有单一标准和多重标准的问题",而且还有多重标准如何协调的问题。这就揭示了在汉语词类划分问题上分歧众多的根本原因所在,有时作者也认为没有把握解决它,宁可存疑,决不妄论。态度严谨、负责。

　　(二)评议有相当深度,并提出了一些独创性见解。有一些提法尽管有前人或有人曾提出过,但并未引起足够重视,作者重新提出来大声疾呼,并加进了自己的新见。如关于"短语结构",作者的见解新颖而中肯:"把短语定为词(或者语素)和句子之间的中间站,对于汉语好像特别合适",并指出"句子可以不改变其基本意义而改变其内部次序,短语很少能够这样"。这样,便把"短语结构"的研究提到一个新的高度上来了。而更为可贵的是作者有不少创见,其中有的是带有根本性的。如作者认为"词,短语,包括主谓短语,都是语言的静态单位,备用单位,而句子则是语言的动态单位,使用单位"。这一重要见解为汉语语法的分析开辟了一个新的途径。此外,许多具体问题,如提出"非谓形容词"、"类前缀、类后缀"、"短语词"、"词汇的双音化趋势"等,都独具慧眼。

　　(三)研究方法以传统为主,又兼收并蓄。"基本上还是在传统语法的间架之内谈,别的学派有可取之处也不排斥。"从结构主义语法那儿主要吸取了句法结构层次观念和层次分析法,指出"分析句子最好还是守住层次的原则"，"句子成分分析法要吸收层次分析法的长处，借以丰富自己"。同时，作者又吸取了转换语法的某些观点，提出今后要"研究句子结构的复杂化和句子格式的多样化"，这是"在静态研究的基础上进行动态的研究，是不仅仅满足于找出一些静止的格式而是要进一步观察这些格式结合和变化的规律"。

（四）简明扼要，深入浅出。此书篇幅不长，内容充实，风格朴素明快，阐述详略得当。既照顾到面，又突出了必要的重点和难点。如谈到名词，只挑出两点来讲：一是名词"跟能不能用数量词以及选用哪一类量词有关"，二是最困难的问题为"怎样区别哪些动词已经变成名词（兼属两类），哪些动词只是可以'名用'，还没有能转变成名词"。全书文字清浅、流畅、生动、活泼，不少地方口语化，颇为风趣。

该书是新时期最出色的语法著作之一，极富有启发性，在汉语语法学史上起着承上启下的重要作用。当然由于篇幅限制，有些问题似乎未能展开。如两种析句法如何结合，关于研究句子的复杂化和多样化等问题，都只是点到为止，缺乏进一步的探讨。陈亚川、郑懿德《〈汉语语法分析问题〉助读》（语文出版社 2000）对吕叔湘的语法思想进行了诠释，选择了 300 多个问题，逐一加以注释、说明和解答。内容分为：1.研究的背景情况；2.用语言事实进行说明；3.规律之外的特殊语言现象；4.如何理解某些理论问题；5.对某些分析意见献疑。总之，是在学习原著的基础上，采集众说，选择材料，提供情况，帮助理解。

第二节　朱德熙的语法研究

朱德熙(1920—1992)，江苏省苏州市人。1939 年入昆明西南联合大学物理系学习，1940 年转入中系。1946 年起在清华大学中文系任教，1952 年院系调整后一直在北京大学中文系任教，先后任北京大学教授、中文系副系主任、副校长兼研究生院院长、北京大学计算语言学研究所所长、中国语言学会会长、世界汉语教学学会会长。1989 年先后应华盛顿大学和斯坦福大学的邀请赴美国进行合作研究。20 世纪 50 年代初曾和吕叔湘合作写了《语法修辞讲话》，在国内外产生相当大的影响。他的学术著作主要有：《现代汉语语法研究》(商务印书馆 1980)、《语法讲义》(商务印书馆 1982)、《语法答问》(商务印书馆 1985)、《语法丛稿》(上海教育出版社 1990)。他在古文字研究方面也卓有成效。逝世以后，商务印书馆出版了《朱德熙文集》5 卷本，《朱德熙选集》入选《20 世纪现代汉语语法八大家》(东北师范大学出版社 2002)。有关情况可参阅《朱德熙纪念文集》(语文出版社 1993)。

一　朱德熙的语法研究概况

朱德熙的语法研究，大致可以划分为三个阶段：

(1)20 世纪 50—60 年代。基本上以结构主义语法理论和方法，如层次分析、分布、功能等来分析汉语语法，着眼于句法结构形式。

(2)70 年代。主要引进变换语法、格语法等理论和方法，着眼于歧义结构的分化。从而,从结构形式的分析转向深层语义与表层形式对应关系的分析。

(3)80年代。在共时分析基础上寻求历时的证明,在方言分析基础上寻求共时的证明,换言之,加强了纵向和横向的比较,并且加强了研究方法论的探索。

《现代汉语语法研究》收录作者已经发表的语法论文7篇以及一个附录(与卢甲文、马真合写的一篇),这些论文大致可划分为两个阶段,50、60年代的5篇为第一阶段,70年代的3篇为第二阶段。这是朱氏30年来从事现代汉语语法研究的一个阶段性小结,也是他的汉语语法研究代表性著作。

当年朱氏的《现代汉语形容词研究》一文便以它崭新的研究角度、独特有效的研究方法和出色的结论引起国内外同行的注目。尔后,他又进一步全面运用结构主义"分布"学说写了《关于动词形容词的"名物化"问题》(北京大学学报1961年第4期)、《说"的"》(中国语文1961年第12期)以及《句法结构》(中国语文1962年第8—9期)三文,更是把词法和句法研究紧密地结合起来,无疑对汉语描写语法的发展起到了积极的重要的推动作用。尤其是《句法结构》一文为全面研究汉语的句法结构,揭示其中不同层次、不同组合的奥秘提供了可靠的理论和方法依据。《说"的"》更是他的呕心沥血之作,是结构主义语法研究理论跟汉语语法事实紧密结合的经典之作。

70年代末的三篇新作《"的"字结构与判断句》(中国语文1978年第1—2期)、《与动词"给"相关的句法问题》(方言1979年第2期)以及《汉语句法中的歧义现象》(中国语文1980年第2期)是作者运用转换语法和其他一些由此而派生出来的语法理论来分析汉语语法的一个大胆的尝试,他出色而娴熟地运用经过改造的变换方法,对动词进行再分类,以深层结构理论为背景,揭示了汉语中隐藏在显性语法关系后面的隐性语法关系。这一切都为我们更深入更细致地分析汉语的句法特色和语义结构及其关系打开了思路。

朱氏论文数量并不多,但几乎篇篇都是呕心沥血之作,是以质胜量的典型代表。即使是对朱氏所采用的理论和方法以及研究结论持怀疑甚至反对态度的人,对他不倦地进行探索、创新的精神也都表示敬佩。这些论文,尤其是《句法结构》和《汉语句法中的歧义现象》两文在汉语语法学史上占有极为重要的地位。

二　朱德熙的汉语语法体系

《语法讲义》是比较全面体现作者对汉语语法体系认识的一个框架。作者从 1961 年起连续几年在北京大学中文系开设“现代汉语(二)”,这是一门专为语言专业学生开设的必修课,该书就是根据该课讲稿增补、修改而成。

全书分十八章,大体上可分为:第一章“语法单位”,相当于总论;第二章“词的构造”、第三章“词类”是词法;第四、五、六、十三、十四、十六章分别介绍各词类;第七一十二章讲句法结构;第十五、十七、十八章讲疑问句和祈使句,复句,省略和倒装。

该书体例同一般语法教科书相仿,但实际上偏重于研究和探讨,是有关研究理论和方法同具体语法规律的描述相结合的一本语法专著。它是国内继丁声树《现代汉语语法讲话》之后,运用结构主义语法理论对现代汉语语法进行全面描写，并具有浓郁中国特色的一部重要语法著作，它构拟了一个崭新的体系，为汉语描写语法的发展作出了积极的贡献。

该书语法体系总的特点是：

（一）划分词类根据词的语法功能，而"一个词的语法功能指的是这个词在句法结构里所能占据的语法位置"，这一见解比一般讲词的语法功能体现为词与词的结合关系，更明确地提出必须以词的"分布"来决定它的词类归属。

（二）关于词类系统，体现了层次观念，即"词有不同的个性，所以大类之下可以分出小类来"，"异类的词之间也可以有某些共性，所以有时我们又把不同的词类归并为一个大类"。

（三）对句子分析全面采用层次分析法，并指出：不仅要找出"组成这个系统的直接成分"，而且还要"确定两个直接成分之间的结构关系"。

（四）集中讲述六种句法结构，体现了"词组本位"的主导思想。"句子是前后都有停顿并且带着一定的句调表示相对完整意义的语言形式"，因此，一个词组如果独立，"即它前后都有停顿，那么此时它是一个句子"。

该书的特点不仅表现在语法体系的总体思想上，而且还充分表现在对具体语法规律的描写和处理上。

（1）对某些问题作了独特的处理。例如：取消同位词组，归入偏正结构；取消兼语结构，归入连谓结构，并把由介词结构修饰动词或动词词组算作连谓结构的一种；保留结构助词为一类，而把时态助词算作动词后缀。作者之所以如此处理，有其独到考虑，作者认为语义关系和结构关系应分别考虑，不能混为一谈，如果承认主语不一定是施事，那么兼语式赖以成立的基本依据也就站不住脚了。"请客人吃饭"和"买一份报纸看"在结构上应是一样的，区别只是在语义上。这样的处理颇有见地。

（2）提出了不少新颖而有创建的观点。例如不少人认为"把"字的作用在于把动词后头的宾语提前。因此，"把"字句可看成"主——动——宾"句的变式，作者力排众议，指出"跟'把'字句关系最密切的不是'主——动——宾'句式，而是受事主语句"，这对进一步研究"把"字句很有启发作用。

（3）对一些语法现象进行了细致的描写，有独到见解。例如，表示可能性的"看得见"和表示状态的"看得多"这两类格式中的"得"性质不同，前一"得"是独立的助词，后一"得"则是动词后缀；"看得"则应分析为"看得得"，"只是因为两个'得'语音形式相同，所以把助词'得'略去了"，而且它的否定形式正是"看不得"。

（4）采用变换分析方法对某些语法形式作了进一步的分化。例如对"在黑板上写字"、"台上坐着主席团"、"是瓦特发明的蒸汽机"句式的分化，又如对"准宾语"（即"张三的原告"、"他的篮球打得好"）也采用了变换法以获得较合理的解释。

三　朱德熙的语法理论思想

《语法答问》虽说只是一本小册子，但言简意赅，在学术上很有价值，实际上也是《语法讲义》的理论支撑。该书"目的是针对一些常常引起争论的基本概念和观点进行分析和评论"，因此偏重于理论和方法的探讨。值得引起注意的是三点：

（一）重新认识汉语的语法特点。作者认为主要有两点：一是汉语的词类跟句法成分之间不存在简单的一一对应的关系；二是汉语的句子构造原则跟词组的构造原则基本上是一致的。由这两个特点决定了汉语语法其他一些具体的特点。

（二）明确提出以词组为基点的词组本位语法体系。作者认为它比句本位优越：一是内部一致，没有矛盾；二是具有简明性。

（三）对语法形式与语法意义关系给以新的解释。作者认为"语法研究的最终目的就是弄清楚语法形式和语法意义之间的对应关系"。因此，进行语法研究应该把形式和意义结合起来。真正的结合则是两者互相渗透，讲形式的时候能够得到语义方面的验证，讲意义的时候也能够得到形式方面的验证。

该书采用对话形式，富有论辩色彩。如果说《现代汉语语法研究》是研究性的，《语法讲义》是描写性的，那么《语法答问》主要是论辩性的。该书的论题集中在一些有争论的问题上，所以显得观点鲜明，重点突出。作者努力摆脱印欧语的干扰，摆脱旧有观念的束缚，试图运用朴素的眼光看汉语，从而能提出一些新的富有启发性的见解。

四　朱德熙语法研究的特点和风格

朱德熙的语法研究不但具有鲜明的时代特点，而且也具有浓郁的个人风格。

1.善于吸取国外新的语法理论和方法，而且经过了去粗存精、去伪存真的改造，一切都要经过汉语语言事实的验证，因而有所修正，有所发展。例如《句法结构》中，他指出："$X_1 Y_1$ 和 $X_2 Y_2$ 同构的条件都是：(1)$X_1 Y_1 = X_2 Y_2$ (2)$X_1 = X_2$ (3)$Y_1 = Y_2$",并说明"对于某些形态比较丰富的语言来说,条件(1)可能是多余的。但是汉语的情形显然不同。因为在汉语里满足条件(2)和(3)的语法形式不一定同构,例如：

$$A \begin{cases} 烤白薯(述宾) \cdots\cdots (A_1) \\ 烤白薯(偏正) \cdots\cdots (A_2) \end{cases}"。$$

2.善于吸取前人研究的成果,在此基础上开拓出新的研究领域,把研究水平提高到一个新的高度。例如关于动词"向"和歧义格式的研究受到赵元任影响,关于形容词研究和语尾"的"的研究则受益于陆宗达、俞敏的《现代汉语语法(上)》一书。

3.善于抓住纷繁的汉语语法现象中某一个专题,而该专题往往能较好地体现出汉语语法研究的一些原则问题,所以具有"以小见大"、"以实显虚"的特点。例如《说"的"》《与动词"给"相关的句法问题》便是这类代表作。

4.研究理论及方法前后的连贯性和对此不断地进行完善、改进。这种连贯性使他的论文在总的方向上始终保持前后一致,而这种改进性则使语法研究得到不断深入和发展。例如在《句法结构》中专门谈到了变换方法,但那只是作为区分"狭义同构"内部小类的一种方法提出来的,而发展到现在,则已成为证明是否具有相同语法意义的一种可靠的形式标志。

5.提倡"用朴素的眼光来看汉语",对外来的理论与方法都要经过汉语的实践,并且作出相应的改进。例如作者根据汉语中存在着"客人的到来"这样结构关系与功能不一致的情况,对布龙菲尔德关于"向心结构"定义作出了修改,认为"向心结构和它的核心关系包括语法和语义两方面。从语法上说,功能相同;从语义上说,受到相同的语义选择限制"。

6.把普通话的语法研究跟汉语方言的语法研究结合起来,并且运用历史语法研究进行证明。例如《汉语方言里的两种反复问句》(中国语文 1985 年第 1 期)便运用了这两种比较法,作者发现汉语方言中反复问句有两种形式:"VP 不 VP"和"可 VP",两者只取其一,不存在并存的方言。同时从历史上追溯,考察了《西游记》《儒林外史》和《金瓶梅》,证明了这种论断的正确。

7.在理论和研究方法上不断进行探索。这一点贯串了朱氏的全部研究,而在《变换分析中的平行性原则》(中国语文 1986 年第 2 期)和《自指和转指:汉语名词化标记"的、者、所、之"的语法功能和语义功能研究》(方言 1983 年第 1 期)中表现得更为突出。作者提出"变换式矩阵里的句子无论在形式上还是在语义上都表现出一系列的平行性",并指出"句子里组成成分之间的语义关系是有层次的"。此外,作者还提出了"自指"(名词化造成的名词性成分与原来的谓词性成分所指相同)、"转指"(名词化造成的名词性成分与原来的谓词性成分所指不同)以及"句法成分的提取"等新观念,这不仅对分析汉语语法,而且对其他语言的语法分析也都有普遍指导意义。

朱氏是国内思想最活跃、最富有创新精神,研究卓有成效的著名语法学家之一。几十年来,他坚持从汉语语言事实出发,不断地借鉴国外一些新的语法理论和方法,并融会贯通,改造出新,对汉语语法进行科学的精细的分析,从而得出令人信服的、富有启迪性的结论;并通过典型汉语语法现象的分析研究,进一步提出在语法研究理论和方法上的新的富有创见的看法;从而为建立起具有中国特色的汉语语法理论框架作出极为重要的贡献。

五 朱德熙在汉语语法研究上的杰出贡献

80年代后期,朱德熙的语法研究思想有了新的发展,这主要体现在《语法丛稿》一书所收录的论文中。一是加强了句法结构中的语义分析,特别是运用语义特征的分析来解释一些歧义句法现象,颇有说服力。二是强调普通话语法跟方言语法以及历史语法的比较研究。

朱德熙在汉语语法研究领域作出了杰出的贡献,尤其对20世纪80—90年代汉语语法研究的飞跃发展具有无可争辩的推动作用。可以这样说,朱德熙的语法研究思想代表了当时中国语法学界的主流,朱德熙事实上也就是新时期前面十五年汉语语法学界的主帅,并且在中国语法学界产生了深远的不可估量的影响。他在语法研究的理论与方法上的贡献主要有以下三个方面:

第一,对语法形式和语法意义的关系在三个方面有重大发展:提出"语法形式和语法意义对应关系说",认为"语法研究的最终目的就是弄清楚语法形式和语法意义之间的对应关系"。提出"语法形式和语法意义结合渗透说",认为"语法研究应当把形式和意义结合起来","真正的结合是要使形式和意义互相渗透"。提出"语法形式和语法意义互为验证说",认为"讲形式的时候能够得到语义方面的验证,讲意义的时候能够得到形式方面的验证。"重视语义在语法研究中的作用,这一点在作者后期研究中表现得尤为明显。

第二，他认为"汉语的句子的构造原则跟词组的构造原则基本一致"，"句子不过是独立的词组"，"把各类词组的结构都足够详细地描写清楚了，那么句子的结构实际上也就描写清楚了"。在这一认识基础上提出了"词组本位"的理论框架。以词组为核心，往下，可以对各种合成词的内部结构作出了类似的解释；往上则可以对各种句子结构进行类似的解释，这样，词组本位在"词、词组、句子"三级单位之间建立起了结构规则上的联系。

第三，提出横向的（方言）语法研究和纵向的（历史）语法研究相结合的方法。他根据自己研究"的"的切身体会，指出必须把"方言语法研究、历史语法研究和标准语语法研究"结合起来，这就弥补了描写语法研究先天存在的不足，就从原先静态的、孤立的研究变成动态的、比较的研究。从而不仅为汉语语法研究的健康发展指明了新的方向，而且具有语言类型学上的意义。

第三节　胡裕树和张斌的语法研究

胡裕树（1918—2001），笔名胡附，安徽绩溪人。1945 年上海暨南大学中文系毕业后留校，1949 年后一直在复旦大学工作，历任复旦大学中文系教授、系主任。张斌，笔名文炼，1920 年生，湖南长沙市人，1943 年毕业于国立师范学院，1949 年后历任上海师范大学中文系教授、副系主任、系主任、语言研究所首任所长。他们两位学术思想相近，从 1952 年起便开始合作研究汉语语法，除 20 世纪 50 年代合出过《现代汉语语法探索》（上海东方书店 1955，商务印书馆新 1 版 1990）、《词汇·语法·修辞》（上海新知识出版社 1957，上海教育出版社新 1 版 1985)外，又把三十五篇论文合编为《汉语语法研究》(商务印书馆 1989)出版。他们的友谊、合作和进取精神在汉语语法学界传为佳话，为后辈学者树立了榜样。东北师范大学出版社出版的《20 世纪现代汉语语法八大家》(2002)，胡裕树和张斌两人由于经常合作，合为一本选集。

胡裕树还单独写有《数词和量词》(新知识出版社 1957，上海教育出版社新版 1984)，主编《现代汉语》(上海教育出版社 1962，增订本 1981)、《今日汉语》(复旦大学出版社 1986—1990)、《中国大百科全书·语言文字卷》(语法修辞分册)(中国大百科全书出版社 1988)、《汉语语法修辞词典》(与张涤华、张斌、林祥楣合编，安徽教育出版社 1988)、《动词研究》(与范晓合写，河南大学出版社 1995)、《动词研究综述》(与范晓合编，山西高校联合出版社 1996)等。

张斌单独出版了《处所、时间和方位》(新知识出版社 1957，上海教育出版社新版 1984)、《语句的表达和理解》(与允贻合著，上海文艺出版社 1989)、《汉语语法修辞常识》(香港教育图书公司 1991)、《汉语语法学》(上海教育出版社 1998)、《现代汉语语法十讲》(复旦大学出版社 2005)；主编全国高等教育自学考试《现代汉语》(语文出版社 2000)、《新编现代汉语》(复旦大学出版社 2002，第二版 2008)、《现代汉语虚词研究》丛书(安徽教育出版社 2002)、《现代汉语虚词词典》(商务印书馆 2003)、中央电视大学《现代汉语》(中央广播电视大学 2008)等。

一　胡、张语法研究合作的历史

早在 20 世纪 50 年代初,胡、张两位合作《谈词的分类》(中国语文 1954 年第 2—3 期)参加汉语词类问题讨论时就崭露头角,一发表便引起语法学界的重视,他俩力排众议,坚持把"功能"作为划分词类唯一的标准,表现出极大的勇气。他俩发展了方光焘关于"广义形态"的观点,提出了一些具体的结合关系作为区别词类的标准,很有参考价值。尔后,《现代汉语语法探索》一书比较系统地讨论了现代汉语语法研究中的若干理论问题和具体问题,受到语法学界的好评,至今仍有相当影响。《暂拟系统》制订后,他们为《汉语知识讲话》丛书编写了《数词和量词》、《处所、时间和方位》。这几本小册子篇幅虽然有限,但写得深入浅出,颇受欢迎。

60 年代胡裕树受高教部委托,主编《现代汉语》,并同张斌一起负责语法部分的编写工作,该教材是当时全国使用范围最广的,70 年代末和 80 年代又多次修改增订,语法部分几乎重写,体现出许多新的观念,还有不少重要的发展,反映了作者对汉语语法体系以及研究的理论和方法的看法发生了重大的变化。两位长期精诚合作几十年,不仅硕果累累,真挚的友谊在语法学界更是堪称佳话。

二　胡、张语法研究的特色和风格

总的来说,胡、张的语法研究在汉语语法学界产生了深远的影响,他们往往在研究的理论和方法上率先提出一些有关汉语语法研究全局性的问题,引起人们的深思。他们的研究可以这样予以概括：发扬传统，兼收并蓄，为我所用，立足革新，不断探索。

1.坚持探索精神，特别重视研究理论和方法上的探讨。他们认为汉语语法研究之所以不能深入的症结在于理论和方法上的探讨不够。所以特别强调"在提倡加强事例的调查的同时，还得提高理论的水平"。

2.思想解放，善于吸取国外新的语法理论，同时又密切结合汉语实际。他们认为"科学研究的成果是属于全人类的"，因此"我们不盲目崇洋，但外国有用的东西，我们完全应该借鉴"，而这种借鉴则应"不拘泥于具体材料的处理而把着眼点放在方法的运用上"。

3.不拘泥于一家之说，主张"兼收并蓄"，而更重要的还在于"有继承、有改造、有革新"，即"不是照搬人家的东西，而是立足于汉语语法科学的现代化"。正因为如此，他们的研究才会有深度，才能产生积极的影响。

张斌在90年代以后虽已高龄，学术活动依然相当活跃，代表作是《汉语语法学》（上海教育出版社1998），第一章"汉语语法和语法分析"，主要讲在比较中显示特点以及各类成分的分析；第二章"符号、信息和系统"，从符号、信息角度看语言系统；第三章"领悟和节律"，讲理解策略，句子跟节律的关系；第四章"描写、解释和应用"，包括分界、方法、对语法规律的认识，以及语法教学等。这是作者近年来语法研究的总结。主要贡献是：1.在动词"向"的问题上有独到见解。2.提出必须区分句子的意义和内容。3.结合人工智能的自然语言理解，提出句子理解的策略。

三　胡、张在汉语语法研究上的杰出贡献

80 年代以来，他们的语法研究十分活跃，发表了不少重要论文，提出了一些十分有价值的见解，作出了杰出的贡献。这主要表现在以下四个方面：

（一）首创"三个平面"语法研究的理论。在《现代汉语》（上海教育出版社增订本 1981）中已明确提出："必须区别三种不同的语序。语义的、语用的、语法的。"例如"你看我"和"我看你"是功能相同的词的替换导致语义不同，属于语义平面；"你哥哥来了吗？"和"来了吗，你哥哥？"有不同色彩，是为了在交际过程中适应具体环境的需要而产生的语序变换，属于语用平面；只有"客来了"和"来客了"的差别，由"名＋动"（主谓关系）变成了"动＋名"（动宾关系），这才是属于语法平面的语序变化。在《句子分析漫谈》（中国语文 1982 年第 3 期）中又进一步指出："虚词的作用也有语义的、句法的和语用的。"关于语法研究三个平面这一观点在《试论语法研究的三个平面》（胡裕树、范晓，新疆师大学报 1985 年第 2 期）中阐述得最为详细。作者认为"句中词语与使用者（符号与人）之间也有一定的关系，这种关系是属于语用的"，"三者之中，句法是基础，因为语义和语用都要通过句法结构才能表现"。后来张斌更进一步指出：句法、语义和语用是一种立体的三维关系，相互联系又相互制约。

这一思想提出的关键之点，一是强调了"语义"研究的重要性，要注意句法跟语义的区别与联系；二是强调了"语用"平面的存在，提醒人们既要在研究句法时，排除语用的种种因素，同时又要加强

对语用平面的研究,因为语义、语用和句法这三者是既有联系又有区别的。

(二)引进了"话题"概念,开辟了话题与主语关系的研究。《现代汉语》(增订本)认为"主谓谓语句的主语大都是说话的起点,含有话题的性质",而且话题"在意念上,往往不只影响一个句子,尽管在结构上往往是属于一个句子(分句)的"。在《试论汉语句首的名词性成分》(胡裕树,语言教学与研究 1982 年第 4 期)中对话题作了精辟的分析,作者认为"VP 前的名词性成分都属于句子,但它们有分别:主语属于句法结构,即句子的内层结构,其余的属于句子的外层结构","确定主语、主题以及其他外层结构,应该遵循形式化(formalization)的原则",并根据汉语主语的三个主要特点(1. 不带介词;2. 位置固定,一般不移后;3. 与 VP 的语义关系密切)来鉴别主语和话题。这一研究引起大家的广泛兴趣,推动了语法跟语用结合的研究。

(三)揭示"选择性与次范畴"的内在联系。《现代汉语》(增订本)指出词与词的选择性有两种:(1)词汇上选择,是受词汇意义的制约;(2)语法上选择,具体表现在各类实词的次范畴的搭配关系上。在《词语之间的搭配关系》(文炼,中国语文 1982 年第 1 期)中又进一步涉及到动词的"向",他把与动词发生联系的名词性成分分为两种:强制性的和非强制性的。只有强制性的名词性成分才决定动词的"向"。研究词语选择性和次范畴的关系,为我们进行词类内部的精确再分类和句型的确定提供了重要的依据。

(四)提出了建立句型系统的构想。《现代汉语》(增订本)的一个重大贡献就是构拟了一个现代汉语的句型系统。作者认为"句子的结构分析的终极目的,是为了确定句型",并提出了根据句子的语法结构来确定句型的方法:"第一,从上位句型到下位句型,依此确定。""第二,句子的整体如果是个偏正结构,它的类型由被修饰的中心部分来确定。"这一思想在《句子分析漫谈》中又有了发展:"句子分析的终点是确定句型,但确定句型并不等于完成了析句的全部任务。句子里复杂的语义关系须通过进一步的句法分析加以阐明。""句子中的语义关系的发现,必须从结构上、语言材料的类别(次范畴)上,以及词语的选择性上加以说明。"

四　胡、张与林祥楣的合作研究

跟胡附、文炼二位关系密切的另外一位语法学家是林祥楣。林祥楣(1921—1992),浙江瑞安人,浙江大学国文系毕业,1949年后即到华东师范大学工作,任华东师范大学中文系教授。从50年代起,他们三人经常在一起切磋学问,撰写文章,他们合作的共同笔名为"林裕文",发表的主要论著有《词汇、语法、修辞》(新知识出版社1957,上海教育出版社新版1985)、《偏正复句》(上海教育出版社1962,新版1984)两本小册子,合写的论文有为《中国语文》创刊三十周年而写的《回顾与展望》(中国语文1982年第4期),该文对三十年来汉语语法研究从理论和方法上作了回顾,对"规范化和现代化"、"体系和方法"、"理论和事例"、"继承和发展"这四组关系发表了重要的看法,说理透彻,是对汉语语法学史的一个理论性概括。重要论文还有《谈疑问句》(中国语文1985年第2期)。林祥楣个人在50年代出版过《代词》(新知识出版社1955,上海教育出版社新版1984),80年代发表了《简缩与配搭》(语言教学与研究

1985 年第 3 期)、《层次、功能、关系》(华东师大学报 1984 年第 6 期),并主编《现代汉语》(自学考试本,语文出版社 1991)等,都有一定影响。林祥楣也比较注重语法理论探求,风格接近于胡、张二位。

第四节　其他老一辈知名学者的语法研究

一　史存直的语法研究

史存直(1904—1994),安徽合肥人,日本京都帝国大学土木工学系毕业,回国后弃工从文,致力于文字改革运动,并立志终身从事语言学研究。历任中学教员、出版社编辑、华东师范大学中文系教授,曾任上海语文学会副会长、中国音韵学研究会顾问、全国高等学校文字改革学会顾问。他的语言学研究主要是四个方面:一是语法学,二是音韵学,三是汉语史,四是文字改革。

史存直在语法研究方面,坚持传统语法的理念,在 20 世纪 80 年代初的析句法讨论中,旗帜鲜明地反对结构主义理论及其层次分析法,主张句子成分分析法,自成一家之说。他主张建立语法体系必须注意三项基本原则:1.句本位原则;2.形式与意义对勘而以形式为纲的原则;3.句法与词法对勘而以句法为纲的原则。其中句本位原则尤为重要。发表的重要论文有《语法研究的两个方向》(上海师范大学学报 1979 年第 1 期)、《评几种新的析句法》(华东师范大学学报 1980 年第 5 期)、《句子结构和结构主义的句子分析》(中国语文 1981 年第 2 期)、《传统语法和美国自结构主义以来的几种新语法》(安徽大学学报 1981 年第 2 期)等。总的观点是坚持句子成分分析法,反对层次分析法;坚持传统语法,反对结构主义语法和转换生成语法;坚持句本位,反对词组本位。史氏一贯旗帜鲜明,态度坦率,即使长期处于少数派地位,也决不气馁,80 高龄而仍孜孜不倦从事语法研究。可惜他只是谈理论,讲原则,注意体系和框架,却缺少对汉语语法具体的专题研究。语法代表作有《语法三论》(上海教育出版社 1980)、《语法新编》(华东师范大学出版社 1982)、《句本位语法论集》(上海教育出版社 1986)等。

史存直在音韵学、汉语史、文字改革、检字法等方面也很有研究,其他重要著作还有《汉语语音史纲要》(商务印书馆 1981)、《汉语语法史纲要》(华东师范大学 1986)、《汉语词汇史纲要》(华东师范大学 1989)、《汉语音韵学纲要》(安徽教育出版社 1999)(后合为《汉语史纲要》,中华书局 2008)、《三级部首检音字汇》(华东师范大学 1990)以及《文言语法》(中华书局 2005)等。

二　王还的语法研究

王还,女,1915 年出生,福建福州人。1938 年毕业于清华大学外语系,历任昆明西南联合大学助教、清华大学和北京大学讲师等职,1947 年赴英国剑桥大学教汉语,后任北京语言大学教授、北京语言学院语言教学研究所所长。曾任中国语言学会常务理事。王还是我国对外汉语教学的先驱者,为我国的对外汉语教学作出突出贡献。代表作为论文集《门外偶得集》(北京语言学院出版社 1987,增订本 1994)。

王还主要研究汉语语法、英汉语法对比以及对外汉语教学。

她的语法研究紧密结合对外汉语教学,早年出版的《"把"字句与"被"字句》(新知识出版社 1957)是经典之作,后来又发表了《"把"字句中"把"的宾语》(中国语文 1985 年第 1 期)等;后期则主要研究虚词,论文有《再说说"在"》(语言教学与研究 1980 年第 3 期)、《再谈谈现代汉语词尾"了"的语法意义》(中国语文 1990 年第 3 期)。她的研究特别注重相关虚词的对比,例如《"只有……才……"和"只要……就……"》(语言教学与研究 1989 年第 4 期)、《"差(一)点儿"和"差不多"》(语言教学与研究 1990 年第 1 期),善于在比较中发现规律。

对外汉语教学方面,比较注重对外汉语语法点的教学,论文有《关于怎么教"不、没、了、过"》(世界汉语教学 1988 年第 4 期)等,还指导对外汉语教材的编写,主编了《对外汉语教学语法大纲》(北京语言学院出版社 1995),并且编撰为外国人学习汉语使用的《简明汉英词典》(商务印书馆 1982)、《汉英双解词典》(北京语言学院出版社 1997)等。

三　廖序东的语法研究

廖序东(1915—2006),湖北鄂城人。1937 年考入北平师范大学国文系,1941 年毕业于西北联合大学,师从黎锦熙等。后即投身教育事业,前段为中等教育阶段,执教陕西、四川、湖北等六所师范学校;后段为高等教育阶段,执教于江苏,包括苏州国立社会教育学院、苏南文化教育学院、江苏师范学院、南京师范学院、江苏师范专科学校、徐州师范学院等。曾任徐州师范学院中文系副主任、主任,副院长,中国语言学会理事、江苏省语言学会副会长。他是我国著名的语法学家,也是江苏语言学事业的重要奠基人之一。他与黄伯荣合作主编的《现代汉语》影响深远。代表性著作是《廖序东语言学论文集》(商务印书馆 2004)、《文言语法分析》(上海教育出版社 1981)和《楚辞语法研究》(语文出版社 1995)。有关情况可参阅《楚风汉韵何悠悠——廖序东先生纪念文集》(王建军、李申主编,高等教育出版社 2007)。

廖序东的语法研究主要涉及两个方面:

一是现代汉语语法研究,早期出版了《文章的语法分析》(与张拱贵合作,东方书店 1955),后期偏重于句子分析及其图解法。论文有《论句子结构的分析法》(中国语文 1981 年第 3 期)、《论篇章段落的语法分析》(河北师范学院学报 1984 年第 3 期)、《论句子的图解》(汉语学习 1986 年第 1 期)等,是汉语传统语法研究的典范之作。

二是古代汉语语法研究,尤其在楚辞研究方面很有见地。论文有《释〈离骚〉"之"字句》(徐州师范学院学报 1979 年第 1 期)、《释〈离骚〉"其"字句》(徐州师范学院学报 1980 年第 1 期)、《金文中的同义并列复合词》(《中国语言学报》4,商务印书馆 1991)、《〈天问〉的疑问词和疑问句》(徐州师范学院学报 1993 年第 1—2 期)、《〈马氏文通〉所揭示的古汉语语法规律》(中国语文 1998 年第 5 期)、《〈马氏文通〉所采用的研究方法》(语言研究 1999 年第 2 期)。

四　张拱贵的语法研究

张拱贵(1918—1999),湖北罗田人。1934 至 1937 年在武昌读师范。1941 年毕业考入北平师范大学中文系，留院任助教。抗日战争期间，先后入西安大学、西北联合大学、西北师范学院，受业于著名语言学家黎锦熙。历任西北大学讲师、北平大学讲师、苏州国立社会教育学院副教授兼国语专修科代主任，无锡苏南文化教育学院、江苏师范学院副教授。1955 年后，任南京师范学院、南京师范大学副教授、教授，江苏省语言学会副会长、南京市语言学会名誉会长等职，是我国著名语言学家。

汉语语法研究是张拱贵的强项。他的主要贡献是与廖序东一起，在黎锦熙"读书标记法"的基础上，改造成一种新的语法分析方法——"加线法"，专著是《文章的语法分析》（东方书店 1955）与《文言文的语言分析》（甘肃人民出版社 1982），在汉语语法学界产生了很大影响。此外他对复句和句群也颇有研究，论文有《两种类型多重复句的分析》（语言教学与研究 1981 年第 2 期）、《关于复句的几点分析》（语言教学与研究 1983 年第 1—2 期）。专著有《句群和句群教学》（宁夏人民出版社 1991）

在语法专题研究方面，论文主要有《词类和句子成分的关系及有关词类的几个问题》（南京大学学报 1983 年第 4 期）、《为什么要提高短语在语法系统和语法教学中的地位》（汉语学习 1984 年第 5 期）、《语法格式和语汇格式》（汉语学习 1985 年第 5 期）等。

此外，他对普通话语音研究和教学也倾注大量心血，发表论文多篇，出版著作多部。

五　张志公的语法研究

张志公（1918—1998），河北南皮人，生于北京。1937 年考入中央大学工学院,后转外语系学习,1945年毕业于金陵大学外语系,并先后在金陵大学和海南大学外语系任教。1951—1960年任《语文学习》主编,1955年后任人民教育出版社汉语编辑室主任,负责中小学语文教材的编写工作。后担任国家教委课程教材研究所学术委员会主任,曾任北京语言学会会长等职。张氏研究重点是汉语语法和修辞,是《暂拟汉语教学语法系统》制订的主要负责人,主持《汉语》(人民教育出版社1956)、《语法和语法教学》(人民教育出版社1956)、《汉语知识》(人民教育出版社1959)的编写。专著有《汉语语法常识》(中国青年出版社1953)、《修辞概要》(署名张怀一,新知识出版社1953)、《语法学习讲话》(上海教育出版社1962)、《语文教学论集》(人民教育出版社1981),还著有《张志公自选集》(北京大学出版社1998)和《张志公文集》(第一卷为汉语语法,广东教育出版社1991),并主编了《中国语文研究参考资料》(署名叔重,中华书局1955年)以及《现代汉语》(人民教育出版社1982,1985)等。

张志公在语法学方面的主要贡献是:在20世纪50年代主持了《暂拟汉语教学语法系统》的制订,在80年代初期又主持了修订工作,重新制订《中学教学语法系统提要》,把语素、单词、短语、句子和句群确立为五级语法基本单位。他比较善于调和各家不同的观点,俗称"抹稀泥"大王,这显然有助于排除分歧得出可以用于教学的语法共同纲领:在第一次制订时做得相当出色,所以,这一暂拟系统在20世纪50—70年代在全国中学语文学界产生了非常深远的影响,但是在80年代,由于时代背景不同了,这一修订实际上没能够达到预期的效果。

　　他的三本著作分别代表了他三个阶段的语法思想。《汉语语法常识》的特点是：善于汲取各家长处，并尽可能融为一体。从整体来看，立论比较平稳，博采众说，但也不乏独到见解，加上讲理浅显，举例详明，着眼实用，所以很受广大群众，尤其中小学语文教师欢迎。该书试图在研究方法上把传统语法和结构主义语法在一定程度上结合起来，这对以后的语法研究有一定的影响。《语法学习讲话》在语法与修辞结合研究方面作了可喜的尝试，同时在研究方法上更多地吸取了结构主义语法的理论。其特点是：把重点放在应用上；讲最基本的东西；多从逻辑关系上着眼；联系说话和写作中的修辞表达以及语气情态等问题；为构拟更符合汉语特点的语法体系作了探讨工作。为中央广播电视大学中文专业主编的《现代汉语》教材，其语法部分即包括"组合"和"表达"，既从形式、结构到意义，又从意义、表达到形式、结构。同时兼顾修辞、逻辑乃至语气情态等，在析句方法上采用了层次分析法。实际上是作者试图把语法、修辞、逻辑"熔为一炉"的一种尝试。想法虽然不错，但是由于编写比较仓促，不少提法还不够成熟，效果不尽如人意。

　　20 世纪 80 年代以来，张志公主要关注"教学语法"的研究，论文有《语法研究和语法教学》（语文研究 1980 年第 1 期）、《关于汉语语法体系分歧问题》（语言教学与研究 1980 年第 1 期）、《分歧点与交叉点》（中国语文 1981 年第 6 期）、《谈汉语的语素》（语言教学与研究 1981 年第 4 期）等。

六　王维贤的语法研究

　　王维贤（1922—2009），北京人，1946 年毕业于北京中国大学哲学教育系,曾就读于清华大学、燕京大学和北京大学,后为杭州大学(现浙江大学)中文系教授,曾任浙江省语言学会会长、中国语言学会常务理事、中国逻辑与语言研究会理事长。主要著作有:《现代汉语语法》(与卢曼云合著,浙江教育出版社 1981)、《语言逻辑引论》(与李先焜、陈宗明合著,湖北教育出版社 1989)、《现代汉语复句新解》(与张学成等合著,华东师范大学出版社 1994)、《现代汉语语法理论研究》(语文出版社 1997),主编《逻辑学》(甘肃人民出版社 1986)、《语法学词典》(浙江教育出版社 1992)等。进入 21 世纪以后,他还出版了两本重要的论文集:《王维贤语言学论文集》(商务印书馆 2007)与《认知、交际和语法》(中国社会科学出版社 2007)。

王维贤是一位学术思想开放活跃、积极进取的学者,在事实与理论、语言与逻辑、形式与意义等的结合方面身体力行,做出表率。他的学术研究,主要涉及三个领域:一是对语法研究理论的深入思考;二是借助于逻辑学的理论与方法来研究语法,尤其是复句;三是对语言逻辑的研究。

他的贡献主要是:

第一,语法研究理论方面,提出了一些发人深省的见解,具有独创性和普遍指导意义。早在 20 世纪 60 年代,《言语三论》(杭州大学学报 1962 年第 1 期)就提出了"广义言语"和"狭义言语"的区分。他是一位紧跟时代步伐前进的学者,而且有着明显的超前意识,70 年代末,他就开始介绍并且运用乔姆斯基的转换生成语法理论来研究现代汉语语法,被誉为"真正掌握了生成语法核心思想的语言学家"(胡明扬,《王维贤语言学论文集》序)。他还对三个平面的理论作出了新的富有创见的解释,在《语言的三个平面与句法的三个平面》(《中国语言学报》7,商务印书馆 1994)里,区分出"语言系统的三个平面"与"句法研究的三个平面",并且指出所谓的三个平面实际上应该是"句法平面"、"句法语义平面"和"句法语义语用平面"。从这一理解出发,他的《说"省略"》(中国语文 1985 年第6 期)对"省略"作出了非常精辟的解释,提出"省略"实际上应该区分为语义的省略、句法的省略和语用的省略,从而把一般含混的省略细化为不同的层面。

第二,对现代汉语语法进行了多角度的研究,重点是语法理论和方法的研究。《现代汉语语法》一书主要采用的是结构主义的理论框架,比较全面地反映了他早期的学术思想;《现代汉语的短语结构和句子结构》(语文研究 1984 年第 3 期)是他语法研究的代表作,该文重点解决短语结构跟句子结构的关系,从"层次和线形"、"短语和句子"、"类型和实例"、"深层和表层"、"语法和词汇"、"孤立和语境"等七个角度分析了这两者区别的理论背景,是对短语本位理论的重要补充和修正。此外,《论现代汉语动词形容词的名物化》(《语法修辞新探》,浙江教育出版社 1987)指出要进一步探讨这些所谓名物化形式在内在结构和语法功能上的差异;《"了"字补议》(《语法研究和探索》五,商务印书馆 1991)在区分"了$_1$"和"了$_2$"的基础上建议再分出个"了$_3$"。

第三,引进现代数理逻辑的原理和方法,结合现代语言学理论,对复句进行了卓有成效的研究。60 年代他发表了《"种"和"属"的译名问题》(中国语文 1961 年第 10—11 合刊),初露锋芒;80 年代他主编了《逻辑学》,是试图结合现代汉语语法来讲解普通逻辑的第一本教材,给人耳目一新之感。他认为现代逻辑的核心是数理逻辑,所以他不仅致力于把数理逻辑跟语言结合起来进行研究,而且运用数理逻辑理论和方法具体地研究汉语的复句,《现代汉语复句新解》就是这方面的代表作。借助于逻辑语义的分析,构拟出一个新的复句系统网络;运用三个平面的理论,对复句内部各种类别进行了细致的描写;还针对复句研究中的疑难问题,提出了一系列富有启迪性的见解。关于"转折句"与"因果句"的研究尤为出色。

王维贤关于现代汉语语法研究理论的探索集中反映在《现代汉语语法理论研究》和《王维贤语言学论文集》中,他在现代语言学理论上具有很高的修养,而且能够紧密结合汉语语法的事实,进行深入而细致的研究;他熟悉现代逻辑的理论与方法,特别是逻辑语义的分析,并且能够联系汉语事实进行分析,所以他的研究兼顾语言与逻辑,兼顾理论与事实,兼顾形式与意义,兼顾静态和动态,这样就形成自己独特的风格。有关评价可以参阅邵敬敏主编《继承与创新——王维贤倪宝元教授教学科研 50 周年纪念文集》(浙江教育出版社 2000)。

七　黄伯荣的语法研究

黄伯荣,1922 年生,广东阳江人。1949 年毕业于中山大学语言学系,1951 年研究生毕业留校工作。1954 年院系调整后进入北京大学任教,1958 年到兰州大学任教,历任副教授、教授。1987 年调入青岛大学中文系直到退休。曾任中国语言学会理事、山东语言学会副会长、青岛语言学会会长。

黄伯荣的主要贡献是现代汉语教材的建设方面,他和廖序东合作主编了《现代汉语》(甘肃人民出版社 1979,高等教育出版社增订本 1991),并且主编《现代汉语知识丛书》(甘肃人民出版社和湖北人民出版社、中国社会科学出版社联合出版,1980—1985)。这是迄今为止同类教材中发行量最大,使用范围最广,影响最深的。

他的语法研究早期代表作是《陈述句、疑问句、祈使句、感叹句》(新知识出版社 1957),以及《句子的分析与辨认》(上海教育出版社 1963)。新时期他的语法研究主要是关于析句法的研究,《十二年来汉语析句法的变化发展》(语文建设 1990 年第 6 期)是宏观的回顾。而《框架核心分析法及图解》(海南教育学院学报 1999 年第 2 期)、《框架核心分析法》(汉语学习 1999 年第 6 期)则提出一个既讲核心又讲层次,既讲框架又讲位次的新的析句法。它能把不同层次的句子成分放在同一线性框架平面上,便于显示句型框架,所以又可叫"句型核心分析法"。

在汉语方言语法研究方面,他也做了大量开创性的工作,主要是调查大纲的制订和资料汇编。他主编了《汉语方言语法类编》(青岛出版社 1996)以及《汉语方言语法调查手册》(与孙林东等合编,广东人民出版社 2001)。有关情况可参阅《汉语教学与研究文集——纪念黄伯荣教授从教 50 周年》(高等教育出版社 2005)。

八 胡明扬的语法研究

胡明扬,1925 年生,浙江海盐通园人。1948 年毕业于上海圣约翰大学英文系,中国人民大学教授,曾任北京语言学会会长、中国语言学会副会长。他的兴趣爱好比较广泛,在语言学界属于多面手,涉足语音学、方言学、语法学、词典学以及对外汉语教学等,主要著作有:《语言和语言学》(湖北教育出版社 1985)、《北京话初探》(商务印书馆 1987)、《海盐方言志》(浙江人民出版社 1992)、《语言学习散论》(北京语言大学出版社 2002)、《社会语言学研究论集》(北京语言大学出版社 2002)等。有关论文收录于《语言学论文选》(中国人民大学出版社 1991),另外还主编了《词类问题考察》(北京语言学院出版社 1996)、《汉语方言体貌文集》(江苏教育出版社 1996)、《语言学概论》(语文出版社 2000)、《词类问题考察续集》(北京语言文化大学出版社 2004)等。其中,《胡明扬语言学论文集》(商务印书馆 2003)比较全面地反映了他的研究范围和研究特色,分为:(1)方言语法;(2)近代汉语研究;(3)语法理论与事实的研究;(4)社会语言学研究。

胡明扬的语法研究主要涉及四个方面:

第一,语法研究理论探讨。这是胡明扬语法研究的强项,充满前瞻性的思辨,并且提出了一些很有见解的观点。早在 20 世纪 50 年代他就开始了语法理论的研究,例如《语法形式和语法意义》(中国语文 1958 年第 3 期)指出语法范畴是"把语法意义归类得出来的类别",语法形式的类别除了"词形态(词形变化、助词)"之外,还有"句形态(句助词)"以及无形形态(语序、语调、重音),而语法意义和语法形式是"不可分割的统一体"。他还提出了"语法化"的概念,指出"被"、"将"、"把"等原先都是动词,经过长期的演变后,在现代汉语中不同程度地虚化而得,成了语法形式。显然,这些观点都是难能可贵的。后来他又发表了《再论语法形式与语法意义》

（中国语文 1992 年第 5 期），提出要区别"显性语法形式"和"隐性语法形式"。更为重要的是他还正式提出了"语义语法范畴"（《句法语义范畴的若干理论问题》，语言研究 1991 年第 2 期），还敏锐地指出语法意义跟语汇意义是密切相关相互影响的（《语法意义与语汇意义的互相影响》，汉语学习 1992 年第 1 期）。

　　第二，北京话语法研究。《现代汉语词类问题考察》（中国语文 1995 年第 5 期）集中反映了他对词类理论问题的看法。他认为这是一个极为复杂业非常重要的问题，有关的理论问题是：（1）划分词类的目的，也就是词类与句法分析之间的关系问题；（2）划分词类的标准问题，即根据句法功能，包括句子成分功能以及短语组合功能。词类方面具体研究最有名的是《北京话的语气助词和叹词》（中国语文 1981 年第 5—6 期）以及《语气助词的语气意义》（汉语学习 1988 年第 6 期），不仅区分出三类语气：表情语气、表态语气和表义语气；而且对主要的语气词逐个进行了考察，因而得出一些很有意思的结论，例如他发现语气词"呢"实际上并不承担疑问语气。在句式研究方面，比较有影响的是《流水句初探》（语言教学与研究 1989 年第 4 期）着眼于流水句的语音（包括语调）、结构和语义方面的特征，并且进一步把"无关联词语的复句"三分为"意合句"、"流水句"和"排比句"。

　　第三，方言语法研究，主要是研究作者家乡的海盐方言。他研究的特点是：（1）注意特殊点，例如《海盐通圆方言的代词》（中国语文 1957 年第 6 期）、《海盐方言的代词》（语言研究 1987 年第 1 期）发现人称代词区分 1 式和 2 式，1 式用在动词前，2 式同在动词后，两者严格区分。（2）注意语音跟句法的关系，例如《海盐通圆方言

中变调群的语法意义》（中国语文 1959 年第 8 期）指出连读变调具
有明显的语法意义。（3）加强了跟现代汉语的比较，例如《海盐方
言的存现句和静态句》（中国语文 1988 年第 1 期），发现海盐方言
无论存在句还是隐现句，都有动态和静态的区别，并且还有一致的
形式标志。有关研究集中反映在《海盐方言志》里。

第四，历史语法研究，主要是对近代汉语的专书进行研究。例
如《〈老乞大〉复句句式》（语文研究 1984 年第 3 期）、《〈西游记〉的
助词》（语言研究 1989 年第 1 期），论文不仅考察了一些词类和句
式，而且还从中得出一些很有价值的具有研究方法论意义的结论。

胡明扬研究的主攻方向是语法，尤其是语法理论的探讨和北
京口语语法研究，兼及方言语法和历史语法。作者观察敏锐，思路
清晰，视野开拓，表达到位，理论色彩浓郁，具有很强的说服力和启
迪性。

九 张寿康的语法研究

张寿康（1925—1991），北京人，1946 年从北平师范大学国文
系毕业后，在北平第一女子中学任教。后为北京师范学院中文系
教授，曾任汉语教研室主任、华北修辞学会会长、中国语言学会理
事、北京语言学会副会长兼秘书长、中国修辞学会会长。在语言
学、语法学、文字学、词汇学、构词学、文章学等方面，都有所开创和
突破。

他在语法研究方面最重要的贡献在于"结构类型"和"词素分
析"两个方面：（1）提出"语言是一种结构系统"，"结构"是语言的建
筑构件，可以在语言中成块儿地独立自由运用，是造句的一个语言

单位。所以语法的研究,应以研究结构为主,为此分出 21 种现代汉语的结构(短语),这对深入分析短语结构有积极的推动作用。代表作是《说"结构"》(中国语文 1978 年第 4 期)。(2)关于构词法和构形法的研究,他把"词素"分为"实词素"和"虚词素",这是个创举,对构词法的研究很有启发性。代表作是《略论汉语构词法》(中国语文 1957 年第 6 期)以及《构词法与构形法》(湖北教育出版社 1981)。

张寿康研究领域广泛,除了语法,他在文章学以及修辞学方面也很有建树,著有《文章学导论》(湖北教育出版社 1986)以及《文章修饰论》(商务印书馆 1994),提出了"文章三律论",即语言合体律、观点材料统一律和层次律。还主编了《修辞的理论与实践》(语文出版社 1990)。在中学语文教学方面,著有《语文和语文教学》(山东人民出版社 1981)、《汉语学习丛论》(山东教育出版社 1983)、《语文学习与教学》(甘肃人民出版社 1984)以及《教学语法答问》(北京师范大学出版社 1990)。他还主编了不少词典,比较有影响的是《简明汉语搭配词典》(福建人民出版社 1990)、《现代汉语实词搭配词典》(商务印书馆 1992)。

十　吕冀平的语法研究

吕冀平,1926 年生,山东黄县(今龙口)人,曾任人民教育出版社编辑、哈尔滨师范学院中文系讲师、黑龙江语言学会理事长。现任黑龙江大学中文系教授、博导。他在 20 世纪 50 年代就非常活跃,在主宾语问题以及单句复句问题的大讨论中发挥过积极的作用,《主语和宾语的问题》(语文学习(北京)1955 年第 7 期)以及

《单句复句的划界问题》(与郭翼舟、张中行合作,中国语文 1957 年第 4 期)两篇论文名扬一时。60 年代他所撰写的述评《〈现代汉语语法讲话〉读后》(中国语文 1962 年第 2 期)是书评中的经典之作,著作有《复杂谓语》(新知识出版社 1958,上海教育出版社新版1985)等。

80 年代以来,他的研究主要集中在教学语法的研究上,特别是析句方法的探讨,他的语法思想深受吕叔湘的影响,代表作是《两个平面、两种性质:词组和句子的分析》(学习与探索 1979 年第4 期)、《句法分析和句法教学》(中国语文 1982 年第 1 期)。他认为,词和词组是语言单位,属于静态单位,所以内部可以分析语义关系;而句子是言语单位,属于动态单位,由于是体现交际功能的,所以要结合话题、陈述来分析。此外,他编写的教材《现代汉语基础》(黑龙江人民出版社 1983,商务印书馆 2000)是关于《暂拟汉语教学语法系统》诠释最详尽的一本语法教材。90 年代以后他的研究转向汉语的规范问题,跟戴昭铭、邹韶华等合作出版了《现代汉语的规范化问题》(商务印书馆 2002)。他的总结性著作是《吕冀平汉语论集》(社会科学文献出版社 2002)。吕冀平的语法研究比较公允、平稳、清晰,特别适合语法教学的需要。

第五节　其他老一辈语法学家及其语法著作简介

这里的"老一辈语法学家",主要指上文未能介绍而其语法著作还是很有影响的老年语法学家,其中部分是可能在其他领域更有知名度的学者。个别在 1978 年之前已经去世但著作是在 1978 年之后出版的,考虑到其学术影响,酌情收录。

一　陈望道及其《文法简论》

陈望道(1890—1977),浙江义乌人。曾任复旦大学教授、校长,上海语文学会会长。陈氏用毕生精力从事语文的教学和研究工作,对汉语语法和修辞研究尤为精深。他提出"根据中国文法事实,借鉴外来新知,参照前人成说,以科学的方法严谨的态度缔造中国文法体系",一直被奉为汉语语法研究的宗旨。他还是 20 世纪 30 年代中国文法革新讨论的发起者和组织者,第一个对汉语语法学史进行了较系统、全面的总结,1960 年他还发起了关于"文法"、"语法"术语使用的讨论。修辞学方面的代表作是《修辞学发凡》(大江书铺 1932)。

语法代表作是《文法简论》(上海教育出版社 1978)。这是中国"十年浩劫"后出版的第一部有影响的语法专著,也是陈望道从事汉语语法研究 60 年心得体会的一个纲领式总结。作者对文法研究的一些原则有自己独到的见解,他提出建立汉语文法体系"应该具有妥帖、简洁、完备这三个条件",并具体阐述了"研究文法必须从语文事实出发","必须抽象概括","必须扣住组织和功能","必须有发展的观点"等四个注意事项,可谓言简意赅,发人深省。该书重点在于讲清词与词的各种组织关系,自成体系,独树一帜。

二　黎锦熙、刘世儒及其《论现代汉语中的量词》

黎锦熙(1890—1978),湖南湘潭人,曾任北京师范大学教授、文学院院长、教务长、校长。我国著名的语言学家,汉语传统语法的代表性人物,代表作是《新著国语文法》(商务印书馆 1924)。

刘世儒(1922—1980),河北沙河人。1948 年考取北京师范大学中文系,1954 年调入北京师范学院,后任教授。他主要继承黎锦熙的学说,也是传统语法的代表性学者。黎与刘两人合作多年,主要著作是《汉语语法教材》(商务印书馆 1957、1959、1962)。

两位合著《论现代汉语中的量词》(商务印书馆 1978)。这是针对陈望道《论现代汉语中的单位和单位词》所写的答辩性小册子。全书分四节:(1)量词的含义问题;(2)"陪伴词"问题;(3)量词的分类问题;(4)量词新解。作者基本上坚持《汉语语法教材》的观点,略作修正。

三　郭绍虞及其《汉语语法修辞新探》

郭绍虞(1893—1984),江苏苏州人。1927 年起历任燕京大学、上海复旦大学、之江大学、光华大学、同济大学中文系教授兼系主任。1949 年后任同济大学文法学院院长、复旦大学中文系教授兼系主任、上海语文学会副主席、《辞海》副主编、中国语言学会顾问、上海文联副主席、作协上海分会副主席、复旦大学图书馆馆长等。他是我国著名的语言学家、文学家、文学批评史家。郭绍虞的研究特色是语言文字研究与中国文学、中国文化联系紧密。语言学著作还有《数位词的分析与其词例》(商务印书馆 1951),有关论文收录于《照隅室语言文字论集》(上海古籍出版社 1985)。

代表作《汉语语法修辞新探》(商务印书馆 1979)是一部探讨汉语语法与修辞结合的专著。全书除前言、后记外,上编主要讲理论,下编侧重语言事实分析。作者认为汉语语法的特点有三个:(1)简易性,这可以从词、词组和句的构造的一致性得到证明,以"词组篇"为代表;(2)灵活性,这可以从虚词和词组的使用上得到证实,以"虚词篇"为代表;(3)复杂性,这可以从语法和修辞处处相结合(包括音乐性和顺序性)得到证实,以"量词篇"为代表。

该书最重要的观点有三个:(1)以辞例为基础;(2)以词组为中心;(3)"名词重点"说。值得引起重视的是第(2)点,作者把汉语的词、词组、句分为三纲,并认为汉语构词法、词组结构形式以及造句法都是基本一致的。一般语法书只讲词法、句法,两者不能沟通,而词组恰恰可以起到"灵活而多变的桥梁作用",所以,词组对汉语语法来讲,处于格外重要的中心位置。这一观点,跟朱德熙的"词组本位"说息息相通。

四 方光焘及其《方光焘语言学论文集》

方光焘(1898—1964),浙江衢县人。1918 年赴日留学,1929年赴法专攻语言学,曾在上海大学、上海暨南大学、安徽大学、中央大学等校任教,解放后一直任南京大学中文系教授。方光焘是南派语法学派的代表性学者,坚持并发展了结构主义理论,首先提出"广义形态"说,在 20 世纪 30 年代中国文法革新讨论、60 年代关于"说'的'"的方法论以及"语言"与"言语"的大讨论中发挥过巨大的作用。生前论著发表甚少,主要著作是他逝世后出版的《方光焘语言学论文集》(王希杰、卞觉非、方华选编,江苏教育出版社1986,商务印书馆 1997)以及《语法论稿》(江苏教育出版社 1990)。

《方光焘语言学论文集》是为纪念方光焘逝世二十周年出版的

专集,该书收论文 22 篇,可分为三类:(1)参加 30 年代文法革新讨论的文章;(2)参加 60 年代语言与言语讨论的文章;(3)关于汉语语法研究的文章。其中《汉语词类研究中的几个根本问题》(提纲)是对 50 年代汉语词类问题讨论的总体看法。《论语言记号的同一性》(提纲)是评论朱德熙的《说"的"》,着重讨论"语言记号的同一性"、"性质形容词和状态形容词的区分"、"语法功能"以及"语音形式和意义的同一"四个理论问题。《论现代汉语语法研究中几个原则性问题》则专门讨论语法研究的原则和方法,方氏对语法研究中所作的新的尝试给以热情支持,对结构主义语法理论研究深透,论述精当。

五　洪心衡及其《汉语词法句法阐要》

洪心衡(1900—1993),福建闽侯人。1921—1951 年在福州英华中学任教,1946 年兼任福建师范专科学校国文科副教授,1953—1956 年任人民教育出版社语言组编辑,1956 年秋调福建师范学院中文系任教,主要从事现代汉语语法教学和研究工作。

代表作《汉语词法句法阐要》(吉林人民出版社 1980)。全书收 14 篇文章,一半为词法研究,一半为句法研究。这些研究基本上是在传统语法框架中进行的,用例丰富,分析细致,也不回避矛盾,研究的理论和方法虽然显得比较传统,但是对教学语法的学习还是很有帮助。著作还有《汉语语法问题研究》(新知识出版社 1956)、《能愿动词、趋向动词、判断词》(上海教育出版社 1985)等。

六　朱星及其《汉语语法学的若干问题》

朱星(1911—1982)，江苏宜兴人。早年入教会学校学习拉丁文和法文，后入上海震旦大学和无锡国学专修学校学习，历任河北天津师范学院中文系教授、副院长，天津市语文学会副理事长，河北北京师范学院中文系教授、副院长，天津师范学院副院长，中国语言学会理事，中国音韵学研究会理事等，学贯中西，通今博古，主攻汉语史和语义学，是我国著名的语言学家，主要著作还有《古代汉语概论》(天津人民出版社 1959)等。

代表作《汉语语法学的若干问题》(河北人民出版社 1979)。全书分 24 个专题论述汉语语法研究中的若干问题，一类是对语法一些基本理论问题的研究，涉及面较广；另一类是语法学史的简述，评述简明扼要，比较中肯。作者对词汇学、语义学也很有研究，对汉语语义学的建设有较大的贡献。

七　邓福南及其《汉语语法专题十讲》

邓福南(1922—2007)，湖南岳阳人。1947 年毕业于前国立湖南师范学院。先在中学任教，1954 年调到高等学校，为湖南师范大学中文系教授。主要著作还有《汉语语法新编》(与秦旭卿等合作，湖南教育出版社 1983)。

代表性著作《汉语语法专题十讲》(湖南人民出版社 1980)。作者针对现代汉语语法中存在分歧较大的问题分为十讲论述。一般是先摆出各家不同说法，再阐明分歧之所在，探索分歧产生的原因，进而提出自己的一些设想。大体上采用《暂拟系统》，但略有改动。归纳较有条理，叙述亦较清楚，是进行语法专题研究的一本入门指导书。

八　任学良及其《汉语造词法》

任学良，1922 年生，四川南充人。黑龙江大学中文系及俄语专业毕业，曾任杭州师范学院教授、系主任，中外语言文化比较学会会长。主要著作还有《汉英比较语法》（中国社会科学出版社1981）。

代表作《汉语造词法》（中国社会科学出版社 1981）。这是我国第一部有关汉语造词法的专著。全书分为七章，着重分析了"词法学造词法"、"句法学造词法"、"修辞学造词法"、"语音学造词法"和"综合式造词法"，作者严格区分"构词法"和"造词法"，认为两者是"目"和"纲"的关系。该书有一些新见，材料也颇丰富，虽然有不同观点的争议，但是该书开汉语造词法研究之先河，产生了比较大的影响。

第二章 中生代语法学家的
研究特色

　　中生代语法学家,也就是在 20 世纪 80 年代通常所说的中年语法学家,专指 50 年代到 60 年代初期毕业的一批语法学家。他们有的虽然在"文革"之前已经开始进行研究,但是成绩尚不显著,更多的则是 60 年代刚刚起步就被迫停止了研究或者根本还没有起步,当他们进入 80 年代时,已经进入了"不惑之年",年龄一般在 40 岁上下。他们一觉醒来,发现自己在事业上几乎一无所有,成就比不上老一辈,年龄上又没有年轻人的优势,他们自嘲是"先天不足,后天失调";而且生活上还特别窘迫,上有老,下有小,他们迫切希望冲破现有的僵局,尽快地冒出来,这就需要抱成一团,形成团队优势,以显示这一群体的实力。在这样的历史背景条件下,他们发起并举办了系列性的"现代汉语语法讨论会",并且连续出版讨论会的论文集《语法研究和探索》,逐渐形成了自己的研究品牌和研究风格。

　　"中生代"语法学家,包含了一大批知名学者。由于众所周知的历史原因,他们的学术青春期并不长,但是踏实、勤奋、好学,克服了常人难以想象的困难,在各自领域里取得了可喜的成绩。他们的成就也许有大小,水平有高有低,但是他们的那种拼搏进取的精神确实值得后辈认真学习。

按照他们语法研究各自不同的侧重点以及特色,大体上可以分为三大类型:第一类,从事语法研究,并且在多个方面成绩显著;第二类,偏重于语法研究的某个方面,并且做得比较深入;第三类,除了语法研究之外,主要关注其他领域的研究。当然,也包括少数学者开始主要从事语法研究,后来兴趣以及研究重心发生转移,在其他领域做出了成绩的。

经过十多年的研究,到 80 年代末、90 年代初,这批中年语法学家已经明确了各自的研究的重点和范围,并形成各自的研究风格和特点,成长为汉语语法学界的中坚力量,在语法研究的各个领域都取得了重大成就,最杰出的领军人物就是陆俭明与邢福义。

他们是一个团队,是一个群体,由于历史的原因,中年学者佼佼者比较多地集中在北京地区,尤以中国社科院语言研究所与北京语言学院为主,例如(按年龄排列):范继淹(语言研究所)、饶长溶(语言研究所)、史锡尧(北京师范大学)、龚千炎(语用所)、李临定(语言研究所)、徐枢(语言研究所)、赵淑华(北京语言学院)、吴为章(北京广播学院)、陈建民(语言文字应用研究所)、刘月华(北京语言学院)、史有为(中央民族学院)、马真(北京大学)、施关淦(语言研究所)、田小琳(人民教育出版社/香港岭南大学)、赵金铭(北京语言学院)、吕文华(北京语言学院)等。

其他地区的中生代语法学者分散在全国各地,例如(按年龄排列):徐思益(新疆大学)、沈开木(华南师范大学)、高更生(山东师范大学)、詹人凤(哈尔滨师范大学)、张静(河南省语委)、傅雨贤(中山大学)、宋玉柱(南开大学)、卞觉非(南京大学)、刘叔新(南开大学)、吴启主(湖南师范大学)、范晓(复旦大学)、李芳杰(武汉大学)、范开泰(上海师范大学)等。

中年语法学家,除了以上列举之外,实际上人数远远不止这些。有些将在其他有关章节里介绍,例如:吴竞存(北京大学)、侯学超(北京大学)、林杏光(中国人民大学)、孟琮(语言研究所)、孙锡信(复旦大学)、冯志伟(语言文字应用研究所)、鲁川(河南财经学院)等;有些由于篇幅关系,不再专门介绍,例如:陈垂民(暨南大学,1927—1999)、吴士勋(陕西师范大学,1928)、江天(辽宁大学,1930)、张炼强(首都师范大学,1931)、朱林清(南京师范大学,1933)、孟维智(山西大学,1935)、张学成(杭州师范大学,1936)、季永兴(广西师范大学,1936)、李大忠(中国人民大学,1939)、于根元(中国传媒大学,1940)、王希杰(南京大学,1940)等。他们各领风骚若干年,作出了自己独有的贡献。

应该说,这是一支虎虎有生气的研究队伍,他们从不同的侧面,对语法研究主攻目标初步形成战略包抄的局面。他们研究的主要特点可以归纳为三多:多侧面的研究,多角度的突破,多层次的结合。它的鲜明标志就是对新的研究方法进行不倦的探索,它的奋斗目标就是在事实描写的基础上追求理论上的解释性,从而形成了"务实"与"创新"相结合的优良学风。

第一节　陆俭明的语法研究

陆俭明,1935年生,江苏吴县人,1960年北京大学中文系毕业后留校任教,北京大学教授,历任教育部汉语语言学研究中心主任,中国语言学会副秘书长、秘书长、副会长,国际中国语言学会常务理事、会长,北京语言学会副会长以及世界汉语教学学会会长等。

一 陆俭明语法研究简介

陆俭明师承我国著名语言学家朱德熙,而且有所发展,有所创新,已经形成自己鲜明而独特的研究风格,成为我国汉语语法研究学科的领军人物。他的研究大体上经历了三个阶段:第一阶段,紧密结合现代汉语以及对外汉语的教学工作,主要从事现代汉语虚词以及口语句法的研究,着重语言事实的分析以及句法规律的挖掘。第二阶段,在大量语法研究的基础上开始注意对研究方法的多层次的探讨,主要在交叉比较、变换分析、语义特征、语义指向等方面作出贡献;第三阶段,在句法结构和语义分析密切结合的前提下,开始对语法研究理论进行总结,包括对汉语语法研究历史的回顾和前瞻。

他早期的成名作是跟马真合写的《现代汉语虚词散论》(北京大学出版社 1985,修订本语文出版社 1999),此外还有《现代汉语句法论》(商务印书馆 1993);20 世纪 80 年代的阶段性小结是《著名中年语言学家自选集——陆俭明自选集》(河南教育出版社1993)以及理论色彩比较强的《八十年代中国语法研究》(商务印书馆 1993),《20 世纪现代汉语语法八大家——陆俭明选集》(东北师范大学出版社 2001)则是比较全面的总结。从中我们可以清楚地看出一个真正的学者一步一个脚印所走过的艰辛而又灿烂的道路。他的研究深刻地体现了我国语言学界的优良传统,即坚持从汉语的语言事实出发进行深入的调查研究,但又不局限于局部的描写,而是努力体现研究方法的革新;他的研究也充分展示了我国新一代语法学家在理论上的追求,即在吸收、借鉴国外新的理论方法的基础上,努力结合汉语实践,加以修正,加以发展,并且形成自身的特点。

陆俭明对汉语语法规律有着相当深刻的认识,描写细致入微,论证扎实周到,结论严谨可靠,思路清晰严密,而且行文流畅可亲,深入浅出。其最重要的特点则是对汉语语法研究方法论的不懈地探索,这也是贯穿他全部研究的一根主线。

二 陆俭明语法研究的主要成果

陆俭明的语法研究是从虚词研究起家的,而且这也是他研究的强项。代表作就是他和夫人马真的合著《现代汉语虚词散论》,该书收论文 16 篇,其中《虚词研究浅论》是专门讨论研究方法的。作者认为研究虚词有两条线索:一是根据虚词的意义,依靠比较法,或者把彼此同义或近义的虚词放在一起,如"千万"和"万万";或者把说明同一方面的虚词放在一起,如能修饰数量词的副词;或者把意义相对的虚词放在一起,如"就"和"才"、"把"和"被";或者把包含有某虚词的句子同抽调了该虚词的句子放在一起,如"你拿去看好了"和"你拿去看"。比较法并不是什么新的方法,但对比较方法能如此娴熟地运用,而且从不同角度进行多侧面比较,则是一门艺术。二是考察虚词的用法,作者提出从八个方面考察。(1)句类,(2)词类,(3)音节,(4)轻重音,(5)肯定与否定,(6)简单与复杂,(7)位置,(8)跟其他词语的配搭。这八个方面虽然只是列举,但真正能做到,那么虚词的基本用法也就归纳出来了。其余 15 篇都是专题研究,9 篇是关于副词的。这些论文在方法论上都有一定的指导作用。

另一部重要著作是《八十年代中国语法研究》,一共九章,除了"80 年代现代汉语语法研究概貌"和"历史的回顾"是概述性质,其余几章分别讨论若干研究方法,包括"层次分析的应用"、"变换分析的应用"、"语义特征分析的应用"、"语义格和语义指向"、"形式和意义的结合"、"值得注意的理论和观点",最后一章是小结。该书的可贵之处就在于从方法论的高度对 80 年代以来的汉语语法研究的若干重要研究方法进行了梳理,因此具有重要的指导作用。

三　陆俭明的语法应用研究

陆俭明不但在语法研究方面作出了杰出贡献,而且在语言应用研究,尤其在语法教学教材方面倾注了大量的心血。他是北京大学《现代汉语》教材的主要执笔者之一,也是脍炙人口的《汉语成语小词典》(商务印书馆 1959)和《现代汉语虚词例释》(商务印书馆 1982)两本重要工具书编写的组织者和执笔者之一,还主编了《现代汉语基础》(语文出版社 2001),撰写了《现代汉语语法研究教程》(北京大学出版社 2003)、《汉语与汉语研究十五讲》(跟沈阳合作,北京大学出版社 2004)。他参与并且主持了许多重大的科研攻关项目,主要有《汉语词类问题研究》(国家社科基金"七五"重点项目)、《现代汉语词语语法信息库》(国家自然科学基金"七五"重点项目)、《面向汉语理解的短语信息库的构造》(1995—1997 国家自然科学基金项目)以及《现代汉语句法语义研究》(国家社科基金"九五"重点项目)等。

他非常关注语文教学,尤其是对外汉语教学,在教学第一线以及出国讲学过程中积累了大量丰富的实例,不少语法论文都是结合对外汉语教学来写作的,例如《关于汉语虚词教学》(语言教学与研究 1980 年第 4 期)、《关于"去＋VP"和"VP＋去"句式》(语言教学与研究 1985 年第 4 期)、《说"年、月、日"》(世界汉语教学 1987 年第 1 期)、《表疑问的"多少"和"几"》(《王力先生纪念论文集》,商务印书馆 1990)等。不仅如此,他还在理论上进行了探索,发表了《配价语法理论与对外汉语教学》(世界汉语教学 1997 年第 1 期)、《对外汉语教学中经常要思考的问题》(语言文字应用 1998 年第 4 期)、《关于开展对外汉语教学基础研究之管见》(语言文字应用 1999 年第 4 期)以及《"对外汉语教学"中的语法教学》(语言教学与研究 2000 年第 3 期)等。

四　陆俭明语法研究的特色

陆俭明的语法研究不仅继承了老一辈语法研究的优良传统,而且形成了自己的特色。这些特色主要是:

(一)研究的视野比较开阔,善于观察,善于联系,善于总结。他不仅研究虚词本身的特点,而且把虚词跟句式联系起来进行研究,从而打开了思路;不仅注意书面语的语法研究,而且注意口语里句式的变化,注意不同语用场合的特点,从而发现了一些不为人注意的动态变化;不仅注意句法形式的制约,而且注意语义特征、语义角色、语义指向对形式的决定作用;不仅注意语法本体的研究,而且还注意对外汉语教学以及计算机应用中所出现的问题,这就为语法的应用性研究开辟了道路;不仅注意具体语法规律的挖掘,而且注意研究方法的归纳,这就为语法研究理论的总结提供了依据。

(二)擅长从各个角度进行多层次的比较,而且这种比较往往是和其他方法结合在一起使用,从而收到更为显著的效果。例如《现代汉语里的疑问语气词》(中国语文 1984 年第 5 期)就是综合使用了功能比较法、语义对应法和教学推导法,使比较研究更具有科学性。该文从疑问句和非疑问句,从这种疑问句和那种疑问句之间的最小对比中,来确定出现在疑问句末尾的语气词是否真正负载疑问信息,最后得出一个新鲜的结论:即现代汉语疑问语气词只有两个半:"吗"、"呢"和半个"吧"。也许你不一定同意他的结论,但不能不佩服他所采用的研究方法的科学性。这一比较的方法在《由"非疑问形式 + 呢"造成的疑问句》(《语法研究和探索》二,北京大学出版社 1984)以及《汉语口语句法里的易位现象》(中国语文 1980 年第 1 期)等论文中也运用得十分娴熟。这一方法体现了文理渗透的精神,简明实用,很有吸引力。

(三)坚持语法形式与语法意义之间双通道的研究,互相结合,互相渗透,互相验证,以揭示这两者之间的相对应又不相对应的复杂关系。例如《关于定语易位的问题》(中国语文 1982 年第 3 期)着重指出句法结构是句法结构,语义结构是语义结构,两者不是一回事;《周遍性主语及其他》(中国语文 1986 年第 3 期)则在区别主语和话题时强调必须有严格的形式标准,而《"还"和"更"》(《语言学论丛》六,商务印书馆 1980)则通过这两个虚词的互补局面,显示了语义类别和句法结构的制约和反制约的关系。因此,这一研究也是对朱德熙关于形式与意义关系学说的继承和发展。

（四）强烈的多元意识，主张不断探索研究方法的改进，针对不同的课题，采用不同的研究方法，以达到最佳的研究效果。这主要是综合使用变换分析法、语义特征分析法、语义指向分析法、计量分析法等，而且他还特别重视对这些研究方法的总结，先后发表了《分析方法刍议》（中国语文 1981 年第 3 期）、《变换分析在汉语语法研究中的应用》（湖北大学学报 1990 年第 3 期）、《语义特征分析在汉语语法研究中的应用》（汉语学习 1991 年第 1 期）、《汉语句法分析方法的嬗变》（中国语文 1992 年第 6 期）、《关于语义指向分析》（《中国语言学论丛》2，北京语言文化大学出版社 1997）、《当代语法理论和现代汉语语法研究之管见》（山西大学学报 2007 年第 3 期）等，尤其是《八十年代中国语法研究》（商务印书馆 1993）更是一部带有理论总结性的著作，显示出陆俭明在探讨语法研究方法和理论方面的自觉意识。

（五）充满活力和激情，永葆学术青春。陆俭明是一位与时俱进不断创新的学者，即使年过七十，仍葆学术青春，发表许多重要的有指导意义的论文：《汉语语法研究所面临的挑战》（与郭锐合作，世界汉语教学 1998 年第 4 期）、《汉语语法研究的必由之路》（语言文字应用 2005 年第 3 期）、《当代语法理论和现代汉语语法研究之管见》（山西大学学报 2007 年第 3 期），特别是在 21 世纪发表了《"句式语法"理论与汉语研究》（中国语文 2004 年第 5 期）、《构式语法理论的价值与局限》（南京师范大学学报 2008 年第 1 期）等，对构式语法理论进行了实事求是的评价，既肯定构式语法理论对推进语言研究有一定贡献，同时也指出这种理论还很不完善,甚至还存在某些问题与局限。

陆俭明是 20 世纪和 21 世纪新旧世纪之交中国语言学界的领军性人物,他的语法研究无疑在汉语语法学史上占有无可替代的重要位置,起到了承前启后的桥梁作用,不仅自己的研究出类拔萃,在组织、引导中国的汉语语法研究健康发展、走向世界方面也发挥了积极的作用。

第二节 邢福义的语法研究

邢福义,1935 年生,海南乐东人,1956 年于华中师范学院中文系中文专修科毕业后留校任教,历任华中师范大学中文系教授、华中师范大学语言研究所所长、语言学系主任、教育部语言与语言教育研究中心主任、中国语言学会常务理事、中国对外汉语教学学会会长、中国修辞学会副会长,湖北省语言学会会长等。

一 邢福义语法研究简介

邢福义的研究历史大体上可以分为三个阶段:第一阶段,1980年之前,集中在词类研究以及词与词的组合关系上,代表作是《词类辨难》(甘肃人民出版社 1980);第二阶段,转为对句子的研究,主要是对特殊句式的特点及其作用的研究,尤其集中于复句的研究,早期著有《复句与关系词语》(黑龙江人民出版社 1985),其中最精彩的论文是《汉语复句格式对复句语义关系的反制约》(中国语文 1991 年第 1 期),集大成之作则是《汉语复句研究》(商务印书馆 2001);第三阶段,1991 年之后,除了继续对汉语语法事实的研究之外,开始语法研究理论的探索,并且在此基础上建立起一个比较完整的语法体系,代表作是《汉语语法学》(东北师范大学出版社1997)等。20世纪90年代初出版的《著名中年语言学家自选集——邢福义自选集》(河南教育出版社1993)是他80年代研究的一个小结,《20世纪现代汉语语法八大家——邢福义选集》(东北师范大学出版社2001)则是比较全面的总结。邢福义先后出版了五本论文集,形成一个系列:《语法问题探讨集》(湖北教育出版社1986)、《语法问题发掘集》(湖北教育出版社1992)《语法问题思索集》(北京语言学院出版社1995)、《语法问题追踪集》(中国社会科学出版社2008)、《语法问题献疑集》(商务印书馆2009),这大体上反映了他的研究历程。正如作者自己所说:"'探→掘→思(→追)'反映思维发展的前进轨迹,标示求知历程的延展线索。"在教材方面,他还主编了《现代汉语》师范本(高等教育出版社1991)、《现代汉语语法修辞专题》(高等教育出版社2001)等。

邢福义的语法研究善于思考,善于挖掘,善于探讨,善于总结。他积累了大量研究的经验,常常概括出一些言简意赅、发人深省的名言。例如他总结自己的研究宗旨:思想方法是"吃透两头,留下中间";工作方法是"一点突破,由此及彼";提高方法是"立足事实,提升理论"。具体来说,就是要做到三个充分:"观察充分"、"描写充分"、"解释充分"。又如他在治学方面也有自己独特的见解,他以三句话来作为自己行为的规范。第一句:"抬头是山,路在脚下。"意思是眼睛要看着山,心中有目标,而上山的路却要靠自己一步一个脚印地去走。第二句:"猪往前拱,鸡向后扒。"意思是要奋斗,但还要根据各人自己的特点采取不同的方法。第三句:"年年岁岁,春夏秋冬。"意思是确定目标以后就要坚持不懈,经受住各种考验。并且要求"尊重事实,讲究文品",提出要"处理好人与成果的关系"、"处理好意见相左的关系"、"处理好求信存疑的关系",这样才能避免"抄袭"、"霸道"和"僵化"三个恶劣的文品。他在研究生培养方面,提出"亦师亦友,志在高山",对研究生提出三个"着眼点":"进攻意识"、"研究能力"和"优良学风"。这些独到而新颖的见解,实属难能可贵。

邢福义不是名校出身,也没有名师指点,他完全依靠自己几十年如一日的拼搏与钻研,克服了常人难以想象的困难,才获得了如此巨大的成功。对此,了解他的人几乎没有一个不佩服的。邢福义的研究体现出勤奋、刻苦、钻研的独特风格,显示出敏锐、深刻、细腻的学术特色。

二　邢福义语法研究的主要成就

邢福义语法研究的强项是复句,代表作是《汉语复句研究》,这是一本汉语复句研究的集大成之作,标志着当前我国复句研究的最高水平。作者对复句的分类有自己独特的看法,他提出分类的原则是"从关系出发,用标志控制",要求分类原则必须具有同一性和彻底性,分类结果必须具有切实性和全面性。最后他把汉语复句分为三大类:因果复句、并列复句和转折复句。该书除了"概说",这三类复句就各占一编,最后第五编是"复句问题面面观",讨论一些理论问题以及特殊格式。作者认为,他在"五重视"上是下了工夫的:一是重视语法事实的发掘;二是重视逻辑基础的考察;三是重视"语表—语里—语值"的三角验证;四是重视句法格局对语词运用的制约;五是重视若干理论问题的理论思考。正因为他具有这样的自觉意识,所以,全书不仅事实描写详尽而细腻,规律揭示充分而准确,而且在理论上也有新的突破和创意。

邢福义在语法体系方面的代表作是《汉语语法学》,该书也可以说是作者对自己多年来语法研究的一个总结,他以"小句中枢"为核心思想,建立起一个比较完整的语法框架,也就是从小句出发来观察汉语的语法。该书提出"小句的成活率、包容律、联接律",接着是"小句构件",包括词类和短语。最后才是"小句联接"(即复句和句群)。这样作者就把自己关于词类研究、句法研究、复句研究的心得在"小句中枢"的旗帜下有机地组织在一起了。尤其值得重视的是第四章"研究论",比较详细地阐述了关于"小三角"(语表、语里和语值)、"大三角"(普通话、方言、古代汉语)的理论构想。可以这样说,如果你要全面了解邢福义的语法思想,这部书是不可不读的。

三 邢福义汉语语法研究的特点和风格

第一,他的研究扎实、准确、细致,常常能以小见大,发人深思,而且往往能够从小处入手,大处着眼,脚踏实地进行细致具体的专题研究,在方法上寻求多渠道的探索,在内容上追求多角度的突破,观察敏锐,描写细腻,让人惊叹不已。例如几乎所有的语法书都认为"刚才"是时间名词,而"刚刚"是个时间副词,而《时间词"刚刚"的多角度考察》(中国语文 1990 年第 1 期)则指出实际上有两个"刚刚":"刚刚$_1$"是时间副词,"刚刚$_2$"是时间名词。他从语义、语法和语用三个角度进行了细致的比较分析,因而寻找出两个"刚刚"的对立性差异。

第二，他的研究不但重事实，着眼于生动活泼的语言事实；而且重解释，在描写的基础上进行深入的解释。这首先表现在对客观规律的归纳上，吕叔湘对此有高度的评价："福义同志能在一般人认为没有什么可注意的地方发掘出规律性的东西。"例如《反递句式》(中国语文 1986 年第 1 期)指出反递句式"不但不 p，反而 q"实际上混合了递进关系和反转关系，内部关系的二元性构成了这类反递句式的特殊的逻辑关系，从而制约着反递句式可以采用的种种形式。其次表现在解释的力度上，解释有两个角度：一是在语言内部寻找原因，二是语言外部发现原因。例如《"有没有 VP"疑问句式》(华中师范大学学报 1990 年第 1 期)发现这类原本属于南方方言的疑问句式现在已经进入普通话了，邢福义指出内因是该句式有它特殊的质，原有的句式"是否 VP"或者"VP 没有"都不能替代它，同时普通话里还有"有没 NP"相近句式，这样就会产生很强的"类化"作用。外因则是原先使用该句式的粤语、闽语地区近年来经济迅猛增长，加上内地跟港台地区接触大大加强，促使该句式使用范围扩大，出现的频率增加。这样的解释是很有说服力的。

第三，重视语法与逻辑的结合研究，这一点在复句研究方面表现得特别显著。一是运用逻辑方面的知识对语言现象进行推理归类，以加深对语言现象的本质认识。例如《让步句的考察》(汉语学习 1986 年第 1 期)对让步句的子类数目考察，先设 M = 让步性 + 转折性，再用一个三段论来验证一些复句句式是不是让步句。通过验证，具有 M 特性的除"虽然"句、"即使"句外，还有"无论"句、

"宁可"句,可见让步句的子类数目应该有 4 个。二是看逻辑基础的微妙变化所引起的语法格式或语义上的变动。例如《"与其 p 不如 q"择优推断句式》(《语法研究和探索》六,语文出版社 1992)指出当 p、q 的逻辑基础发生根本变化时,即 p 失掉了它优于 q 的这一特征,不管他对说话人来说是主观上的还是客观上的,p、q 的位置一定会发生变化,否则这一句式就不能成立。

四 邢福义在汉语语法研究理论上的贡献

邢福义在大量研究的基础上,进行理论上的建构,提出一系列具有中国特色的研究理论与研究方法。邢福义在理论和研究方法方面的贡献主要有以下几个方面:

(一)提出"小句中枢"学说:也就是根据汉语语法的特点"重句法而不重词法",应该以"小句"为本位,以句法机制为重点,注重观察句法规律对各种语法因素的管控作用,此外,他还根据小句中枢说归纳出小句的三个基本规律:成活律、包容律、联接律。有关该理论的研究,可参阅《汉语学报》编辑部编《小句中枢说》(东北师范大学出版社 2006),该论文集收录了邢福义本人论文 4 篇,其他学者的成果 26 篇,有关评述若干条。

(二)提出"两个三角"学说:大三角是指"普—方—古",主张以方证普,以古证今,即提倡在研究普通话时,要横看方言,上看古代汉语。小三角是指"语里—语表—语值",主张在"表里辨察"的基础上"考究语值"。主要论文是《现代汉语语法问题的两个"三角"的研究》(语言教学与研究 1991 年第 3 期)、《现代汉语语法研究的"小三角"和"三个平面"》(华中师范大学学报 1994 年第 2 期)。

（三）提倡两个沟通：一是自然语言研究内部的沟通，即语法研究跟语音研究、词汇研究、语用研究、逻辑研究、文化学研究等沟通，进行跨界性研究；二是自然语言研究跟计算机应用研究沟通，即语法的本体研究必须跟计算机技术结合，适应计算机应用的需要，因为孤立的单角度的纯本体的研究具有很大的局限性。

（四）提出一系列很有启迪意义的独创性的观点。例如归纳出词类辨析的三个方法："直接判定法"、"排他法"和"类比法"，并且提出一些具体的语法鉴定格式来帮助判定具体的词性，很有实效。再如关于复句的语义关系具有二重性，既反映客观实际，又反映主观视点，而且主观视点是第一位的起主导作用的因素。又如他在句子结构分析的基础上揭示出"结构的分层向核性"以及"动词核心，名词赋格"的特性。

近年来，邢福义的语法研究不断向纵深发展，还在培养学术梯队方面做了大量工作，例如最新出版的《汉语句法机制验察》（北京三联书店 2004）就是他跟两个学生共同的研究成果。邢福义能够担当起新时期汉语语法研究的领军角色，绝非偶然。除了自己的天赋，关键是对事业的不懈的追求和几十年如一日的刻苦钻研，而这也正是最值得后人学习的地方。

第三节 北京地区中生代知名学者的语法研究

一 范继淹的语法研究

范继淹（1925—1985），重庆人，1949 年毕业于中央大学经济系。1956 年调入语言研究所，后担任研究员，曾任中国人工智能学会副理事长，主要从事现代语言学以及汉语语法研究。《范继淹语言学论文集》（语文出版社 1986）是在他去世后，在吕叔湘指导下编成的。该书共收论文 19 篇及译文 2 篇，除词典编写理论、重庆方言研究、人机对话研究之外，有 13 篇论文是关于现代汉语语法研究的。这些论文可以分为两个时期：1966 年以前是纯语法研究，1976 年以后因为从事人机对话研究，所以语法研究密切同人机对话研究结合在一起，即为适应人机对话的需要而制订现代汉语语法规则，并尽可能使之形式化。

范继淹语法研究的特点是：

第一，广泛吸取国外现代语言学的新理论、新方法，但是只取其合理内核，积极贯彻"洋为中用"原则，因此能不拘一格、兼收并蓄。同时在分析汉语语言事实的基础上，不断地对这些理论进行修正或补充。例如《多项 Np 句》（中国语文 1984 年第 1 期）指出：转换生成语法的重写规则 S＝Np＋Vp 未必能概括汉语表层结构的多种句式。一个汉语句子既可以没有 Np，也可以没有 Vp；既可以有多项 Np，也可以有多项 Vp。并描写了施受句、处所句、工具句、系事句的多项 Np 在句中的线性序列，构拟了由基本式经过移位、删略等手段演变为派生式的过程。最后的结论是汉语的基本句式为"主动宾"，但是词序变化多端。

第二，强调句法与语义之间的制约与反制约关系，努力探求这两者的对应规则。通过同形歧义和同义歧形的各种类型分析，在《句法语义浅谈》（语文教学通讯 1981 年第 1、3、4 期）一文中提出"语义决定性"和"句法强制性"的关系。作者认为表层结构千变万化是汉语句法的重要特征,因此,研究同义结构具有特别重要的意义。《是非问句的句法形式》(中国语文 1982 年第 6 期)据此提出现代汉语的是非问句属于是非选择问句一类,换言之,作为共时描写,用"吗"提问和用"V 不(没)V"的各种形式提问应归为一类。这样,不仅建立起描写同义句式的框架,而且揭示了语法形式与语法意义之间复杂的对应关系。

第三,语法研究紧密配合人机对话的研究,不仅考虑如何把语法规则"形式化",而且还要考虑语义上的解释以及进入交际场合后的语用因素,为此提出"多重网络理论"和"多通道综合理解程序"(《应用"扩充转移网络"理论分析汉语》,语言研究 1981 年创刊号),从而使这些研究具有重大的实用价值。范继淹与徐志敏合作,于 1980 年试验成功了我国第一个语言型的人机对话系统"RJD—80 型汉语人机对话系统",填补了我国科研的一个空白,也为我国语言学的现代化闯出了一条新路(《RJD—80 型汉语人机对话系统的语法分析》,中国语文 1982 年第 3 期)。尔后,又试成了"TK—84 汉语人机对话实验",提出了一系列新的设想,不仅为人机对话研究,也为自然语言研究开辟了新的前景。

范继淹的研究在语义分析与形式化、计算机运用与人工智能方面站在当时全国语法学界的前沿,他的论文里有不少精彩的论断,在形式与语义关系方面的研究尤为深入,可惜的是英年早逝,留下无穷的遗憾。

二　饶长溶的语法研究

饶长溶,1930 年生,福建长汀人。1950 年长汀师范学校毕业,

1952 年考入开封河南大学,1953 年转学于广州华南师范学院中文系,1956 年调保定河北省哲学社会科学研究所,1972 年在保定河北大学中文系任教,1977 年到中国社会科学院语言研究所工作。曾任《中国语文》杂志编审、副主编、研究员。主要从事汉语语法和方言研究。

　　有关语法研究论文结集为《汉语层次分析录》(北京语言文化大学出版社 1997),作者特别注重"层次分析",他认为语法意义和语法形式以及两者的结合体都是有层次的,所以分析时必须具有层次的观念。

　　他的语法研究大体上可以分为三个方面:

　　第一,语法专题研究,尤其在副动词(次动词、介词)方面很有心得。在当年《试论副动词》(中国语文 1960 年第 4 期)的基础上,又发表了《"至于"、"关于"不像是介词》(汉语学习 1987 年第 1 期)、《再说次动词》(《语法研究和探索》五,语文出版社 1991),此外《"很"＋动词结构》(与范继淹、王福庭合作,中国语文 1961 年第 8 期)、《试论非谓形容词》(与吕叔湘合作,中国语文 1981 年第 2 期)、《"不"的偏指前项的现象》(《语法研究和探索》四,北京大学出版社 1988)以及《动宾组合带宾语》(中国语文 1984 年第 6 期)都是相当精彩的。

　　第二,语法理论探讨,主要涉及语法形式和语法意义的关系,例如《关于句法、语义分析中的几个问题》(《语法研究和探索》六,语文出版社 1992)、《关于语法意义的层次性》(《语法研究和探索》七,商务印书馆 1995)。

　　第三,长汀方言语法研究,对代词、后缀,特别是动词的体貌比较有研究。

饶长溶的汉语语法研究重在对事实的描写分析,观察细致敏锐,分析深入合理,结论令人信服,无论是普通话的,还是方言的,都显得扎实厚重。此外,他还著有《把字句、被字句》(人民教育出版社 1990)。

三　史锡尧的语法研究

史锡尧,1931 年生,山东桓台人。1954 年北京师范大学中文系毕业,现任北京师范大学中文系教授,曾任北京市语言学会副会长。主要研究现代汉语语法学、修辞学和词汇学。著作有《现代汉语》(与杨庆蕙双主编,北京师范大学出版社 1984)、《名词短语》(人民教育出版社 1990),有关论文结集为《语法、语义、语用》(人民教育出版社 1999)。《史锡尧自选集》(上海人民出版社 2007)是他多年学术研究的一个总结,包括语法学、修辞学、词汇学三大部分。他研究的特色是学风稳健,持论公允,对语言教学比较关注。

史锡尧的语法研究特点是主张结合语义和语用多角度来进行语法研究,代表性论文有《两种析句方法试评》(中国语文 1981 年第 4 期)、《论语法、语义、语用三结合进行语言研究》(汉语学习 1991 年第 2 期)。

他在虚词研究方面也颇有特色。例如《论副词"也"的基本语义》(世界汉语教学 1988 年第 4 期)、《副词"又"的语义及其网络系统》(语言教学与研究 1990 年第 4 期)、《"不"的否定对象和"不"的位置》(汉语学习 1995 年第 1 期)、《"再"的语义分析》(汉语学习 1996 年第 2 期)等。

其他著作还有《现代汉语修辞》(合撰，北京出版社 1980)、《鲁迅老舍作品语言艺术》(北京师范大学出版社 1996)、《常用词语漫话》(北京师范大学出版社 2000)等。

四 龚千炎的语法研究

龚千炎(1932—1996)，江西南昌人。1956 年南京大学中文系毕业，曾在语言研究所攻读副博士学位，导师吕叔湘。1985 年起为语言文字应用研究所研究员，曾任《语言文字应用》首任主编。主要著作有《句子分析》(安徽教育出版社 1982)、《中国语法学史稿》(语文出版社 1987，修订本 1997)、《析句法》(人民教育出版社 1990)、《〈儿女英雄传〉虚词例汇》(语文出版社 1993)、《汉语的时相、时制、时态》(商务印书馆 1995)。有关论文结集为《语言文字探究》(北京语言学院出版社 1994)与《龚千炎语言学论集》(京华出版社 2000)。

他的语法研究主要体现在三个方面：

第一，句法分析，特别是对一些特殊句式的研究卓有成效，其可贵之处在于能够突破结构主义的框架，加强语义分析。代表性论文例如《现代汉语里的受事主语句》(中国语文 1980 年第 5 期)、《由"V 给"引起的兼语句及其变化》(中国语文 1983 年第 4 期)、《论"把"字兼语句》(《语言研究和探索》四，北京大学出版社 1988)。

第二，关于汉语时间系统的研究，他是国内最早开始研究时间范畴的学者之一，根据汉民族的时间观念跟汉语言相对应的表达方式的分析，主张区分时相、时制和时态，他认为汉语只有时态语法范畴,而没有时制语法范畴,代表性论文是《谈现代汉语的时制表时和时态表达系统》(中国语文 1991 年第 4 期)和《现代汉语的时间系统》(世界汉语教学 1994 年第 1 期)。

第三,关于语法学的评论和语法学史的研究,除了《中国语法学史稿》这本专著之外,还发表了《80 年代现代汉语语法研究的回顾与评价》(世界汉语教学 1991 年第 2 期)、《四十年来的现代汉语语法研究》(《中国语文研究四十年纪念文集》,北京语言学院出版社 1993)、《八十年代、九十年代的汉语语法研究》(汉语学习 1996 年第 2 期)。他是国内为数不多的语法史评学家之一,对汉语语法学史的建立作出了重要贡献。

龚千炎兼有中国语法学界南北两派的优点,踏实而敏锐,稳妥而不乏新见;注意语言事实的收集与归纳,而又重视理论的突破与更新。

五　李临定的语法研究

李临定,1932 年生,山西永济人。1955 年毕业于南开大学中文系,语言研究所研究员,曾任现代汉语研究室主任。李临定研究的主攻方向是动词及其句型,尤其在句型研究方面更是走在最前列,相继发表了《动补格句式》(中国语文 1980 年第 2 期)、《"被"字句》(中国语文 1980 年第 6 期)、《连动句》(语文研究 1981 年第 2 期)、《判断双谓句》(《语法研究和探索》一,北京大学出版社 1983)、《划分句型的原则和标准》(《句型和动词》,上海教育出版社 1985)等一批专题论文,他的代表作是《现代汉语句型》(商务印书馆 1986)、《现代汉语动词》(中国社会科学出版社 1990)以及《汉语比较变换语法》(中国社会科学出版社 1988)三本专著,分别体现了他语法研究的三个主攻方向。李临定语法研究的特点是观察入微,论述周密,特别重视语言事实的描写,一切凭事实说话,朴实无华,并有不少新颖独到的见解。

李临定的语法研究主要贡献在于:

第一,对汉语重要句型进行细致的描写。李临定的《现代汉语句型》"在广泛研究汉语材料的基础上,揭示汉语各种句型格式,描写它们的分类型和总类型的句法特征"。该书填补了当时语法研究的一个空白,对认识现代汉语句型的复杂性、多样化很有帮助。该书不追求句型体系的完整和严密,而是选择重点分析,采用多标准划分类型,强调动词语义对句型的制约作用,注意对句型所表示语法意义的解释。

第二,深入揭示核心动词与匹配的名词之间的语义关系。李临定十分重视动词的核心作用以及跟名词与动词之间的格关系,他在《现代汉语动词》中分析了动词的 17 个次类及其特征;并且运用"系"的观点对动词和宾语的各种单联系形式和综合联系形式进行了讨论,按照宾语的性质把动词分出 13 类。最后讨论动词跟句型的关系。

第三,重视比较和变换研究方法的探讨。《汉语比较变换语法》运用比较、变换的方法提出一个新的语法系统。全书依据同义的标准把句子分为五大类:介词格类,受事格类,非控格类,状态存在句类,异形句类。对每一大类先分别进行比较,着重找出同义句或同义成分的形式特征及差异,然后用变换公式作形式化的描写。

其他著作还有《现代汉语语法的特点》(人民教育出版社

1987)、《汉语疑难词辨析》(商务印书馆 1998)。他还入选"著名中年语言学家自选集",出版了《李临定自选集》(河南教育出版社1994)。90 年代以后的研究转向跟语法有关的词典编撰,出版了《现代汉语实用标词类词典》(山西教育出版社 2000)、《现代汉语疑难词词典》(商务印书馆 2005)、《现代汉语短语解析词典》(与人合作)(商务印书馆 2008)等。

六　徐枢的语法研究

徐枢(1932—2010),上海宝山人,1955 年北京大学中文系毕业,长期在语言研究所工作,任研究员、博导,曾任《中国语文》副主编。

徐枢长期从事汉语语法的研究,专题研究有三个方面:

第一,关注语法研究的理论,特别是关于语义分析的研究。例如《语义漫谈》(汉语学习 1989 年第 5 期)、《谈语义制约与格式实现的条件》(世界汉语教学 1993 年第 4 期)。在《宾语和补语》(黑龙江人民出版社 1985)一书中,不仅讨论了谓词性宾语的情况,而且详细讨论了名词性宾语以及补语的语义类型。

第二,汉语语法研究历史的总结,具有高屋建瓴的眼光。例如《回顾与展望——试谈 80 年代 90 年代的现代汉语语法研究》(《80年代与 90 年代中国现代汉语语法研究》,北京语言学院出版社1992)、《现代汉语语法研究四十年》(《中国语文研究四十年纪念文集》,北京语言学院出版社 1993)、《十多年来现代汉语语法分析方法述评》(《语法研究和探索》七,商务印书馆 1995)等。

第三,特定格式、结构、句式的研究,例如《"又＋形 1＋又＋形

2"格式的限制》(《中国语言学报》3,商务印书馆 1988)、《从语法、语义、语用的角度谈"名受 + 名施 + 动"句式》(《语法研究和探索》四,北京大学出版社 1988)。

徐枢的语法研究务实而有理论意识,既紧扣具体的语法专题,又注意理论上的挖掘和思考,善于总结和概括,所以颇有启发性,这跟他长期从事编辑审稿的职业可能有一定关系。此外,还出版了《语素》(人民教育出版社 1990),这是国内第一本专门论述语素的专著,涉及语素的识别和分类。

七 赵淑华的语法研究

赵淑华,女,1932 年生,北京人,1952 年毕业于清华大学中文系,留校担任留学生的汉语教学,并长期在对外汉语教学领域工作,现任北京语言大学教授。赵淑华的有关研究紧密结合对外汉语的教学,主要是汉语句型的研究以及对外汉语教学的教材编撰,在对外汉语教学领域是经验丰富的老专家,也是对外汉语教学语法的奠基者之一。

她的语法专题研究,主要体现在句型方面,她率领的团队第一个构拟了《现代汉语基本句型》(连载,世界汉语教学 1989 年第 1、3、4 期,1990 年第 1 期,1991 年第 1 期),是我国最重要的句型研究专家之一。有关句型研究的论文还有:《从句型统计看对外汉语教学的重点》(《第三届国际汉语教学讨论会论文选》,北京语言学院出版社 1991)、《句型研究与对外汉语教学》(语言文字应用 1992年第 1 期)、《谈 80 年代与 90 年代的句型研究》(《80 年代与 90 年代中国现代汉语语法研究》,北京语言学院出版社 1992)、《关于北京语言学院现代汉语精读教材主课文句型统计结果的报告》（语言教学与研究 1995 年第 2 期）、《单句句型统计与分析》（语言教学与研究 1997 年第 2 期）等。

她还是《实用现代汉语语法》（与刘月华、潘文娛合作，外语教学与研究出版社 1983，商务印书馆增订本 2003）的作者之一（署名故犇）。此外她参与了我国最早的对外汉语教材《汉语教科书》（商务印书馆 1958）的编写，独立或者参与编写有影响的对外汉语教材数种。

八　吴为章的语法研究

吴为章（1934—2009），女，福建南安人。1961 年复旦大学中文系毕业，1965 年南京大学中文系现代汉语研究生毕业，导师方光焘。后任中国传媒大学（原北京广播学院）教授。主要从事语法研究和广播电视语言研究，研究风格严谨、求实、敏锐，具有强烈的理论意识，特别在动词的配价研究和句群研究方面成就显著，走在全国同类研究的最前列。

第一，动词配价研究。她是国内最早从事这一研究的学者之一，先后发表了《单向动词及其句型》（中国语文 1982 年第 5 期）、《"成为"类复合动词探讨》（中国语文 1985 年第 4 期）、《"X 得"及其句型》（中国语文 1987 年第 3 期）、《动词"向"札记》（中国语文 1993 年第 3 期）以及《"价"的性质和"价"的确定》（《语法研究和探索》九，商务印书馆 2000），对汉语配价语法研究作出了特殊的贡献，在理论上有所追求，提出了"向"的性质、确定"向"的标准和程序、决定动词"向"的条件以及动词与必有成分和可有成分的关系等。

第二,句群研究。句群是大于句子的语言单位,汉语语法学界历来对此缺乏研究,她对句群的结构特点、语义关系、组合方式以及表达作用等进行了充分的讨论,并且提出区分复句与句群、句群与段落的方法。这一研究可以说是填补了这方面的空白。代表作是《句群》(与田小琳合作,上海教育出版社 1984)、《句群与表达》(中国物资出版社 1988)、《汉语句群》(与田小琳合作,商务印书馆1999)。

此外,还有著作《主谓短语主谓句》(人民教育出版社 1990)、《广播电视话语研究选集》(北京广播学院出版社 1997)、《实用语法修辞》(北京广播学院出版社 2001)、《新编普通语言学教程》(中国传媒大学出版社 2002)等。

九 陈建民的语法研究

陈建民(1935—2004),广东海丰人。1958 年中山大学中文系毕业,语言文字应用研究所研究员,历任全国汉语口语研究会副会长、全国民俗语言学会副会长、北京市语言与文化研究会会长。他的汉语语法研究主要涉及两个方面:

第一,汉语口语,尤其是口语语法。代表作为《说和写》(广东人民出版社 1979)、《汉语口语》(北京出版社 1984)、《说话的艺术》(语文出版社 1994)。对汉语口语的性质、演变、语气和节奏、句法特征以及口语类型,全面地进行了论述,可以说是汉语口语研究的奠基之作。特别是对书面语和口语语法上的差异作了细腻的对比,指出口语语法的一些特点,并且论述了连贯、对举、堆叠、追加、插说、包含等语用手段,很有启发性。后来还连续发表了《受话人的言语反应》(语言教学与研究 1986 年第 2 期)、《汉语口语里同义重复现象》(中国语文 1990 年第 5 期)、《口语句子的特点》(语文建设 1991 年第 7 期)等论文。

第二,汉语句型研究。著有《现代汉语句型论》(语文出版社 1986)、《非主谓句》(人民教育出版社 1990),提出"中介物"的思想,对汉语的句型,尤其是口语特点的句型进行了论述。

陈建民的语法研究角度新颖,特色鲜明,对口语的句式变化和特点观察细腻,分析详尽,具有开创性。后来陈建民的研究重心转移到社会文化语言学方面,主要是词汇的演变,代表作有《语言文化社会新探》(上海教育出版社 1989),并主编了《语言、社会、文化》(语文出版社 1991)、《言语交际与交际语言》(江西高校出版社 1993)、《语言与文化多学科研究》(北京语言学院出版社 1993)等。

十　刘月华的语法研究

刘月华,女,1937 年生,黑龙江齐齐哈尔人。1961 年北京大学中文系毕业,1965 年北京大学研究生毕业,导师高名凯。曾长期在北京语言学院工作,1989 年赴美,后相继在麻省理工学院、哈佛大学从事对外汉语教学。刘月华的语法研究紧密结合对外汉语教学,观察细致、方法实用,并且善于发现问题,也善于解决问题,比如关于是非疑问句的研究在当时就独领风骚。

刘月华的语法研究主要有四个方面:

第一,对外汉语语法教学。代表性著作是《实用现代汉语语法》(跟潘文娱、故韡合作,外语教学与研究出版社 1983,商务印书馆增订本 2003），这是专门为从事对外汉语教学编写的，注重语言事实，描写细腻详尽，是一部很有特色的教材。还写有《汉语语法难点释疑》（与郑懿德等合作，华语教育出版社 1992）。

第二，句子成分分析，重点是补语分析。例如《可能补语用法的研究》（中国语文 1980 年第 4 期）、《定语的分类和多项定语的顺序》（《语言学与语言教学》，安徽教育出版社 1984）、《状语与补语的比较》（语言教学与研究 1982 年第 2 期）等。尤其是对趋向补语的研究更具特色，例如《关于趋向补语"来"、"去"的几个问题》（语言教学与语言研究 1980 年第 3 期）、《趋向补语的语法意义》（《语法研究和探索》三，北京大学出版社 1985）等，有关研究集中体现在《趋向补语通释》（北京语言文化大学出版社 1998）一书中。

第三，句子类型研究，尤其是疑问句和祈使句的分析。例如《用"吗"的是非问句和正反问句用法比较》（《句型和动词》，语文出版社 1987）、《从〈雷雨〉、〈日出〉、〈北京人〉看汉语的祈使句》（《语法研究和探索》四，北京大学出版社 1988）、《语调是非问句》（语言教学与研究 1988 年第 2 期）等。

第四，动词和相关问题研究。例如《动词重叠的表达功能及可重叠动词的范围》（中国语文 1983 年第 1 期）、《时态助词"过$_2$"、"过$_1$"、"了$_1$"用法比较》（语文研究 1988 年第 1 期）等。

早期有关论文结集为《汉语语法论集》（现代出版社 1989），后期论文结集为《中文教材与教学研究：刘月华教授荣退纪念论文集》（北京语言大学出版社 2006）。

十一　史有为的语法研究

史有为,1937年生,江苏常州人,1961年北京大学中文系毕业,长期在中央民族学院汉语系工作,1992年任日本大阪外国语大学教授,1998年后改任日本明海大学教授,历任日本现代中国语研究会会长,日本《现代中国语研究》杂志编委会代表。

史有为虽然师承朱德熙,但是他的研究别具一格,人称"怪球手"或"黑马"。除了主攻语法,他还是个多面手,对语音、词汇编撰、汉字改革和现代化,乃至外来语、文化语言学、语言教学、对外汉语教学都有相当的研究,还参加多部语文词典的编撰工作。

史有为的语法研究可以分为两个明显的阶段,以1992年为界:第一阶段以柔性语法为主,代表作是《呼唤柔性——汉语语法探异》(海南出版社1992)。他大声呼唤柔性,提倡走向柔性,主张语法研究必须从刚性处理向柔性处理发展。第二阶段除了继续倡议柔性语法研究之外,还对汉语语法进行多角度的探讨,包括体貌有关的"的"、"了"的研究、与成句有关的"概括范畴"和人称表述视点的探索等;代表作是《汉语如是观》(北京语言文化大学出版社1997),特别是"汉语词类柔性处理试探"、"转域和张力——语言分析的柔性控制方法"等独具匠心。史有为的语法研究往往给人另辟蹊径的感觉,常常采取逆向思维、多向思维,是一位勇于进取、善于思索、不断创新的优秀学者。

史有为的语法研究特色主要是:

(一)敢于突破主流范式,提出了"柔性语法"和"柔性处理"。这一独特的见解,也是他最大的贡献,是在对中间状态和模糊状态研究的基础上提出来的。他认为"柔性"这个观念表现在两个方面：一是语言的柔性观；二是语言研究或处理的柔性观。这一思想的理论背景是把语言看作具有开放型、连续性、模糊性、混沌性、非系统性、多重性、多维性等七个特性。

（二）提倡"多元性"的研究思路。在语言处理上，史有为主张应该具备整体性和相对性两个观念，并且提出八个方面的原则或方法：(1)不同的质的问题采用不同质的方法；(2)长久的存在必有合理的因素；(3)采用概率统计的方法；(4)采用模糊逻辑的方法；(5)采用"转域"的处理策略；(6)给予意义在语言研究中以一定的地位；(7)承认语言的自然性、心理性、社会性、人文性在语言研究中各自应有的地位；(8)采用多维的、综合的方法。这些想法的核心实际上是承认语言是极为复杂的，不要企图用一种模式去研究它，解释它。

（三）坚持从汉语实际出发重新审视原有的结论，坚持自主开发和创新意识，强调"原创性"。例如提出"表述视点"的新观念，并修正了"完成"这一体貌术语，提出更加符合汉语实际的"达成"这一新的解释。

（四）理论意识特别强，对汉语语法研究的历史具有宏观的思考。例如：《多元·柔性·主体——80—90年代语法研究大势之我见》(世界汉语教学 1991 年第 4 期)、《现代汉语语法：展望新世纪的研究》(汉语学习 2000 年第 6 期，2001 年第 1 期)、《迎接新世纪：语法研究的百年反思》(语言教学与研究 2000 年第 1 期)等。

此外，他还撰写了《异文化的使者——外来语》(吉林教育出版社 1991，上海辞书出版社 2004)，主编《成语用法大辞典》(大连出版社 1998)、《从语义信息到类型比较》（北京语言大学出版社 2001）等。

十二　马真的语法研究

马真，女，1938 年生，四川南充人。1960 年北京大学中文系毕业留校任教，北京大学中文系教授。她的语法研究主要是两个方面：

第一，虚词研究，这是她的研究强项。除了跟陆俭明合著《现代汉语虚词散论》（北京大学出版社 1985，语文出版社修订本 1999）之外，还出版《现代汉语虚词研究方法论》（商务印书馆 2004）。论文有《修饰数量词的副词》（语言教学与研究 1981 年第 1 期）、《说"也"》（中国语文 1982 年第 4 期）、《关于表示程度浅的副词"还"》（中国语文 1984 年第 3 期）、《说副词"有一点儿"》（世界汉语教学 1989 年第 4 期）等。她的虚词研究细腻准确到位，并且特别注意多角度的考察以及方法论的探讨，因而往往有精妙之处发现，比如《说"反而"》（中国语文 1983 年第 3 期）一文的宝贵之处就在于第一次明确提出了研究虚词必须注意虚词使用的语义背景。

第二是句式研究，例如《"比"字句内比较项 Y 的替换规律试探》（中国语文 1986 年第 2 期）、《汉语句法里的缩略现象》（语言研究 1989 年第 1 期）、《"名词＋动词"词语串浅析》（中国语文 1996 年第 3 期），对词语搭配的语义分析以及句法结构的变化尤为关注。

此外，她还著有《简明实用汉语语法》（北京大学出版社 1981，修订本 1988），后改版为《简明实用汉语语法教程》（北京大学出版社 2004），对象是非中文专业的大学生，由于简明、实用、方便，深受各界欢迎。

十三　施关淦的语法研究

施关淦，1939 年生，浙江富阳人。1965 年复旦大学中文系毕业，曾任《中国语文》副主编，为语言研究所编审、研究员。他从事汉语语法研究，主要涉及三个方面：

第一，语法理论研究。包括三个平面以及向心结构理论的理论探索，例如《关于语法研究的三个平面》（中国语文 1991 年第 6 期）和《再论语法研究的三个平面》（汉语学习 1993 年第 2 期）、《句子：三个平面的语法研究的对象》（《语法研究入门》，商务印书馆 1999）、《"这本书的出版"中"出版"的词性——从"向心结构"理论说起》（中国语文通讯 1981 年第 4 期）、《现代汉语里的向心结构和离心结构》（中国语文 1988 年第 4 期）、《八十年代汉语语法研究概说》（中国语文 1992 年第 6 期）等。

第二，歧义及其分化的研究。例如《汉语书面语言歧义现象举例读后（一）》（中国语文 1980 年第 10 期）、《关于"在＋NP＋V＋N"句式的分化问题》（中国语文 1980 年第 6 期）。

第三，具体语法专题研究，例如《试论时间副词"就"》（《语法研究和探索》四，北京大学出版社 1988）、《现代汉语语素说略》（《语法研究和探索》六，语文出版社 1992）、《省略和隐含》（中国语文 1994 年第 2 期）、《动词谓语句简论》（《语法研究和探索》七，商务印书馆 1995）等。

著作有《名词、动词、形容词》(人民教育出版社 1990),并合作主编《〈马氏文通〉与汉语语法学——〈马氏文通〉出版百年(1898—1998)纪念文集》(商务印书馆,2000)。

施关淦的语法研究具有海派特点,注重理论的思辨,同时注意吸取京派的长处,观点比较平稳、公允,分析问题充满辩证法,客观而全面,具有较强的说服力。

十四　田小琳的语法研究

田小琳,女,1940 年生,陕西西安人。1963 年北京大学中文系毕业,1966 年山东大学中文系硕士研究生毕业,导师殷孟伦。曾任人民教育出版社中学语文室副主任,1985 年到香港定居,创办香港文化教育出版社,任总编辑;2000 年任香港岭南大学荣誉研究员、高级语言导师、语言中心主任。兼任世界汉语教学学会常务理事、中国修辞学会副会长、香港中文教育学会副会长。田小琳主要从事词汇研究以及普通话教学工作。她的语法研究贯通古今,简明实用,思路清晰,说理透彻,注意语文教学和语言交际的需求,显示出很强的应用价值。

她的语法研究主要体现在两个方面:

第一,句群研究。跟吴为章合写了《句群》(上海教育出版社1984)和《汉语句群》(商务印书馆 2000)两本专著,前者是关于汉语句群研究的第一本专著,后者则在此基础上有了比较重要的突破,对句群的性质、分类、组合和切分以及句群研究的作用都进行了详细、透彻的分析,也是我国目前有关句群最前沿的研究。

第二,语法教学研究。她曾担任张志公的助手,结合工作需要,她在这方面也发表了大量的文章,并写有《语言和语言教学》(山东教育出版社 1984)、《语法和教学语法》(河南教育出版社、香港文化教育出版社 1990)、《语法和左邻右舍》(人民教育出版社 1990)等,对中学语法教学做了多方面的阐述。

此外,她在词汇研究,特别在香港词汇和普通话词汇比较研究方面也卓有建树,提出关于"社区词"的新理念,论文有《社区词与中文词汇规范之研究》(世界汉语教学 2002 年第 1 期)、《香港社区词研究》(语言科学 2004 年第 3 期)等。并且编撰了《香港社区词词典》(商务印书馆 2009)。

她还研究"港式中文",进行普通话和香港方言词语的对比,研究普通话的教学。著有《现代汉语》(与程祥徽合作,香港三联书店 1989,台湾书林 1993 再版)、《语文和语文教学》(山东教育出版社 1993 年)、《香港中文教学和普通话教学论集》(人民教育出版社 1997)以及《现代汉语教学与研究论集》(香港商务印书馆 2004)等。个人论文集为《田小琳语言学论文集》(东北师范大学出版社 2006)。

十五　赵金铭的语法研究

赵金铭,1940 年生,天津人。1964 年北京大学中文系毕业,北京语言大学教授、博士生导师,历任中国语言学会秘书长、北京语言学会会长、世界汉语教学学会副会长。主要从事近代汉语和现代汉语语法研究以及对外汉语语法教学研究。

他的语法研究大体上分为三个阶段,也是三个方面:

(一)早期重点是近代汉语语法研究。代表作是《敦煌变文中所见的"了"和"着"》(中国语文 1979 年第 1 期)、《"的""地"源流考》(语言教学与研究 1979 年第 4 期)、《〈游仙窟〉与唐代口语语法》(语言研究 1995 年第 1 期)以及《汉语差比句的南北差异及其历史嬗变》(语言研究 2002 年第 3 期)等。

（二）中期转向现代汉语句式研究。例如《"我唱给你听"及相关句式》(中国语文 1992 年第 1 期)、《同义句式说略》(世界汉语教学 1993 年第 1 期)、《现代汉语补语位置上的"在"和"到"及其弱化形式"-de"》(《中国语言学报》7,商务印书馆 1995)、《论汉语的比较范畴》(《中国语言学报》10,商务印书馆 2001)、《差比句的语义指向类型比较研究》(中国语文 2002 年第 5 期)、《现代汉语致使句式研究》(与郭姝慧合作,语言文字应用 2005 年第 3 期)、《现代汉语重动句研究》(与孙红玲合作,语言文字应用 2006 年第 1 期)、《现代汉语受事前置句研究》(与彭锦维合作,语言文字应用 2006 年第 1 期)、《从类型学视野看汉语差比句偏误》(世界汉语教学 2006 年第 4 期)。

（三）后期因工作需要更为关注对外汉语的语法教学。例如《教外国人汉语语法的一些原则问题》(语言教学与研究 1994 年第 2 期)、《对外汉语教学语法与语法教学》(语言文字应用 2002 年第 1 期)。著作有《汉语研究与对外汉语教学》(语文出版社 1997)、《对外汉语研究文录》(外语教学与研究出版社 2005)、《对外汉语全方位探索》(商务印书馆 2005)、《基于中介语语料库的汉语句法研究》(北京大学出版社 2008),还主编了《对外汉语教学的全方位探索》(商务印书馆 2005)、《对外汉语教学概论》(商务印书馆 2006)等。

赵金铭语法研究的风格是兼及现代和历史,本体以及应用,特别是结合对外汉语语法教学,纵向从上古《诗经》一直到现代,横向从语音、词汇到语法。从研究的深度来讲,近代汉语语法以及现代汉语句式的研究比较有价值,视野开拓,观察精细,分析精到。不仅如此,赵金铭在对外汉语教学的测试、教学理念、汉语国际传播、汉字教学、教材研发、偏误分析等多方面都有精彩的论述,是对外汉语教学和研究方面的领军人物。

十六 吕文华的语法研究

吕文华,1940 年生,江苏南京人。1964 年华东师范大学中文系毕业,现为北京语言大学教授。主攻现代汉语语法和对外汉语教学语法。著作有《对外汉语教学语法探索》(语文出版社 1994,北京语言大学出版社增订本 2008)、《对外汉语语法体系研究》(北京语言文化大学出版社 1999),主编《商务馆学汉语词典》(与鲁健骥合作,商务印书馆 2006)。

吕文华语法研究的特点是:

第一,注意句法的语义分析。例如《谈结果补语的意义》(语言教学与研究 1982 年第 3 期)、《"被"字句的语义分析》([美]中国语言教师学会学报 1990 年第 1 期)、《把字句的语义类型》(汉语学习 1994 年第 4 期)、《句型教学结合语义分析的构想》(汉语学习 1998 年第 6 期)等。

第二,注意句式特点分析。例如《由字句——兼及被字句》(语言教学与研究 1985 年第 2 期)、《主语是受事的"是……的"句》(汉语学习 1985 年第 5 期)等。

第三,注重口语的特点。例如《"了"与语气完整及其他》(语言教学与研究 1985 年第 3 期)、《"了$_2$"语用功能初探》(《语法研究和探索》六,语文出版社 1992)。

第四,关注对外汉语教学语法的特点。因为从事对外汉语教学多年,对语法教学方面的问题尤为关注,发表了《汉语教材中语法项目的选择和编排》(语言教学与研究 1987 年第 3 期)、《对〈语法等级大纲〉的几点意见》(语言教学与研究 1992 年第 3 期)、《中高级汉语语法教学的构想》(世界汉语教学 1993 年第 2 期)、《语法切分与分级》(《中国语言学报》7,商务印书馆 1995)、《兼谈对外汉语教学中的补语系统》(世界汉语教学 2001 年第 3 期)、《对外汉语教材语法项目排序的原则及策略》(世界汉语教学 2002 年第 4 期)等。

吕文华的语法研究注意形式与意义的对应,特别重视语义分析,包括语义结构和语义指向等;密切结合对外汉语教学实际,务实求真,应用性特别强。

第四节　其他地区中生代知名学者的语法研究

一　徐思益的语法研究

徐思益,1927 年生,四川仪陇人。1954 年毕业于四川师范学院中文系,1958 年获南京大学副博士学位,导师方光焘。毕业后到新疆师范学院工作,历任新疆大学中文系教授、新疆汉语言学会会长。研究主攻方向是语言学理论、汉语语法以及语言接触和双语对比。论文集是《徐思益语言学论文选》（新疆大学出版社 1994）、《徐思益语言学论文选续集》（新疆大学出版社 2004）。

第一，语言学理论建设。代表作《描写语法学初探》（新疆人民出版社 1981）是我国第一部运用结构主义语法理论，结合汉语语法事实，以"汉语"作为分析对象的描写语法学专著。《语言学导论》（与李兆同合著，新疆人民出版社 1981）更是 20 世纪 80 年初期国内最优秀最有影响的三本语言学基础教材之一。此外还主编了《语言学简明教程》（新疆教育出版社 1989）。

第二，对语言学理论专题的探讨。论文有《语法结构的同一性和差别性——从动补句式说起》（语文研究 1984 年第 3 期）、《关于汉语流水句的语义表达问题》（语言与翻译 2002 年第 1 期）、《汉语的特点及其研究方法》（语言与翻译 2007 年第 3 期）。

第三，关于语言接触和双语对比研究。论文有《试论语言的民族变体》（语言与翻译 2000 年第 4 期、2001 年第 1 期）。专著有《语言接触与影响》（新疆人民出版社 1997），对新疆的多元语言生活状况，尤其是对新疆双语现象和双语问题进行了翔实的调查研究，填补了学术界空白，同时为应用语言学、社会语言学和民族学等提供了重要的研究资料。

徐思益的语法研究特点是：主要依据描写语法学派理论，也注意吸取新的学说，既强调形式的重要性本质性，又注意语义和语用的分析。一是引进生成语法学的方法，例如《关于"自己"的指代问题——谈约束理论》（新疆大学学报 1988 年第 1 期）。二是重视语义分析，例如《论句子的语义结构》（新疆大学学报 1984 年第 1 期）、《再谈意义和形式相结合的语法研究原则——兼论语法研究三个平面》(新疆大学学报 1994 年第 2 期)。三是加强语用学的研究,例如《重视语用学的研究》(语言与翻译 1991 年第 1 期)、《谈隐含》(新疆大学学报 2000 年第 4 期)、《重谈语用场》(新疆大学学报 2005 年第 4 期)、《说预设》(语言与翻译 2008 年第 3 期)。

二　沈开木的语法研究

沈开木,1929 年生,福建诏安人。1954 年毕业于华南师范学院,后为华南师范大学中文系教授。主要特色是结合话语分析的语法研究。20 世纪 80 年代初期,他就以对副词独具匠心的研究一鸣惊人,后来致力于话语结构分析以及理论的探讨,力主建立"汉语话语语言学"。他的论文集命名为《语法、理论、话语》(广东人民出版社 1999),正好说明他在这三方面都取得了出色的成果。

第一,语法研究,最出色的就是关于副词的研究。《表示"同中有异"的"也"字独用的探索》(中国语文 1983 年第 1 期)和《"不"字的否定范围和否定中心的探索》(中国语文 1984 年第 6 期)两文代表当时副词研究的最高水平,触及语义指向、歧义指数、否定中心、否定范围、否定前提、语境制约等重大课题。

第二,语法研究的理论与方法,既有方法论的讨论,例如《对"暂拟汉语教学语法系统"的一些意见》(中国语文 1981 年第 2 期)、《论"语义指向"》(华南师范大学学报 1996 年第 6 期);也有理论的探索,例如《论语法形式的定义》(江淮论坛 1991 年第 4 期)、《三个平面理论》(《语法研究和探索》六,语文出版社 1992)。往往能够发他人之未发,想他人之未想。

第三,话语分析,这是进入 90 年代以后沈开木研究的重点。

论文有《话题、述题和已知信息、未知信息》(语言教学与研究 1992 年第 4 期)等,这一研究集中反映在专著《句段分析——超句体的分析》(语文出版社 1987)和《现代汉语话语语言学》(商务印书馆 1996)中。

作者除了话语的结构分析之外,还注重语义以及语用的分析,对话题、述题、焦点以及信息处理、编码、交际决策、前提、语义推导、语用含义等进行了讨论,为建立汉语话语语言学作出了杰出的贡献,是中生代语法学家的佼佼者。

三　高更生的语法研究

高更生,1929 年生,山东莱阳人。1960 年从山东师范学院中文系毕业后留校任教,山东师范大学中文系教授,曾任山东省语言学会副会长、会长。主要研究现代汉语语法和汉字。

他的语法研究的特点在于紧密结合汉语语法的教学,例如:《汉语语法问题试说》(山东人民出版社 1981,山东教育出版社 1982)、《汉语语法专题研究》(山东教育出版社 1990)以及《汉语教学语法研究》(与王红旗合作,语文出版社 1996)、《汉语语法研究》(山东教育出版社 2001)分别代表了作者在 70、80 和 90 年代以及 21 世纪初四个不同时期的研究心得,都是针对语法教学中出现的疑难问题进行解说,所以具有比较强的应用性,在理论以及分析方法上也作了有益的探索。

高更生在具体研究方面主要是分析汉语的长句、复杂句和句组,代表作是《长句分析》(中国社会科学出版社 1983,修订本 1988)、《句组分析》(湖北教育出版社 1986)和《复杂单句》(人民教育出版社 1990)。其实,这三本书也是为汉语语法教学服务的,因为长句、复杂句以及句组都是语法教学中经常碰到的难以分析的句子,作者通过大量的例句,从结构、语义以及运用几个角度进行了分析,并且探讨了产生长句、复杂句的原因和途径,颇有启发。他还主编了《现代汉语知识大词典》(山东教育出版社 1992)等。

高更生语法研究最大的特点是:第一,不回避问题,而是正视问题,并且积极地去解决。第二,不是空对空地讨论,而是紧密结合汉语语法教学,针对性强;第三,不是就事论事,而是提高到理论的高度来认识问题。

此外,他对汉字也很有研究,著作有《现行汉字规范问题》(商务印书馆 2002)、《汉字研究》(山东教育出版社 2000),还主编《汉字知识》(山东教育出版社 1982)、《现代汉语 3500 常用字字典》(山东教育出版社 1992)等。

四　詹人凤的语法研究

詹人凤,1929 年出生,湖南龙山人。1954 年毕业于北京大学中文系,长期在哈尔滨师范大学任教,历任副教授、教授。主攻语义学以及语法学。代表作是《现代汉语语义学》(商务印书馆 1997)。此外,他还编撰《汉语语法论文集》(与叶长荫合作,黑龙江人民出版社 1987)、《语言学概论》(与石安石合作,高等教育出版社 1988)。

他的语法研究特别重视语义分析,论文有《动结式短语的表述问题》(中国语文 1989 年第 2 期)、《受事主语句(名—动式)的识别》(《语法研究和探索》六,语文出版社 1992)、《试说隐性语法关系》(北方论丛 1994 年第 5 期)、《语义指向与语法关系》(《语法研究和探索》九,商务印书馆 2000)。

五　张静的语法研究

张静,1929 年生,河北乐亭人。1953 年毕业于东北师范大学中文系,后到河南省高校工作,历任郑州大学中文系教授、主任、信阳师范学院院长、河南省教委副主任、河南省语委副主任、《语文知识》总编等职,曾任中国修辞学会会长、全国高等师范现代汉语研究会会长、河南省语言学会会长,是 20 世纪 60 年代、80 年代最活跃的汉语语法学家之一。主要研究现代汉语语法,兼及语言理论、汉语语音、词汇、修辞等。

他的语法研究比较传统,主张古今汉语共用一个语法体系,没有必要搞两套不同的语法体系。他的特点是"旧瓶装新酒",比如他也主张语法形式跟语法意义相结合的原则,但是他对语法形式以及语法意义重新进行定义,对一些常用的语法术语也重新定义,可见他关注的主要还是体系的构建,并没有对具体的语法专题进行分析研究。他善于对各种不同观点进行比较分析,观察敏锐深入,往往能够切中时弊,代表性著作是《语言简论》(河南人民出版社 1985)、《汉语语法问题》(中国社会科学出版社 1987)、《现代汉语专题研究》(天津人民出版社 1996)。

他还是 20 世纪 80 年代初影响最大的三本现代汉语教材之一的主编(上海教育出版社 1980),他力主以语言运用为主线来编写现代汉语教材,强调语法和修辞结合,语法体系力求简明。

六 傅雨贤的语法研究

傅雨贤,1932 年生,广东连平人。1957 年北京大学中文系毕业,中山大学中文系教授。一直从事汉语语法研究,也兼及粤方言、客家方言研究。主要著作有:《现代汉语语法学》(广东高等教育出版社 1988,增订本 1994)、《现代汉语介词研究》(与周小兵、李炜等合作,中山大学出版社 1997)。论文集是《语法方言探微》(广东高等教育出版社 2006)。

傅雨贤研究的主要特色是句式变换研究和介词比较研究。

第一,同义句式的转换,重点是讨论转换的条件,并提出内转、外转等新观点,例如《"把"字句与主谓宾句的转换及其条件》(语言教学与研究 1981 年第 1 期)、《"对于"句与主谓宾句的转换及其条件》(中山大学学报 1981 年第 4 期)、《"在 + Np + V"与"V + 在 + Np"的转换问题》([中国香港]语文杂志 1983 年第 11 期)、《谈谈几种句式的转换》(《语法研究和探索》二,北京大学出版社 1984)、《"进行"谓语句及其句式变换》(《句型和动词》,语文出版社 1987)等。

第二,有关介词研究,《现代汉语介词研究》一共讨论了"把、给、对"等 9 组介词,在比较中进行分析,相当细腻、准确,对汉语教学有一定帮助。

《现代汉语语法学》分为 11 个专题进行介绍、评述,其中关于语言形式和语法意义的阐述以及关于变换分析的原则和方法等都写得简明扼要,相当精彩。

七 宋玉柱的语法研究

宋玉柱,1933 年生,河北昌黎人。1957 年南开大学中文系毕业,南开大学汉语言文化学院教授,曾长期在日本北九州大学工作。主攻现代汉语语法,论著颇丰。《现代汉语语法论稿》(天津人民出版社 1981,北京语言学院出版社 1996)主要收录 1981 年之前的成果,《现代汉语特殊句式》(山西教育出版社 1991)则收录 80 年代研究的成果。

宋玉柱语法研究的重点是汉语的特殊句式,涉及把字句、被字句、对字句、连动句、兼语句、主谓谓语句、准双宾语句、可逆句等,对存现句的研究最有特色。他把存现句分为"存在句"和"隐现句",又分为"静态句"和"动态句",还讨论了"定心谓语存在句"。代表性著作是《现代汉语存在句》(语文出版社 2007),该书总结了作者十多年来对存在句进行研究的成果,对存在句有全面细致的论述。

关于语法研究理论和方法的总结性著作是《语法论稿》(北京语言学院出版社 1995),包括《关于语法形式与语法意义相结合的思考》(天津教育学院学报 1992 年第 4 期)、《词语搭配的类型及其性质》(世界汉语教学 1990 年第 1 期)等,还包括有关存现句的讨论以及语法争鸣和语法教学的文章。宋玉柱的研究能够以小见大,擅长于对句式进行比较分类,语感敏锐,观点中肯,常有独到见解。

宋玉柱非常勤奋,笔耕不辍,还出版了《现代汉语语法十讲》(南开大学出版社 1986)以及《现代汉语语法基本知识》(语文出版社 1997)等,对语法知识的普及屡有贡献。

八　卞觉非的语法研究

卞觉非,1933 年生,江苏扬州人。1961 年南京大学中文系毕业留校工作,南京大学海外教育学院教授,曾任江苏省语言学会会长。他的语法研究主要是三个方面:

第一,汉语语法析句法。他积极参与 20 世纪 80 年代初期的关于析句法的讨论,论文有《汉语语法分析问题及其他》(中国语文 1980 年第 3 期)、《试论现代汉语的结构及其他》(与黄自由合作,南京大学学报 1981 年第 3 期)、《略论语素、词、短语的分辨及区分方法》(语文研究 1981 年第 3 期)。

第二,形容词重叠研究。例如《"干净"和"干干净净"及其他》(汉语学习 1983 年第 4 期)、《略论 AABB 重叠式的语义、语法、修辞和语用功能》(南京大学学报 1985 年第 5 期)、《AABB 式的语义、语法、修辞、语用功能》(《语法研究和探索》三,北京大学出版社 1985)、《句子的分析与理解及其相关问题》(南京大学学报 1995 年第 1 期)等。

第三,结合对外汉语的教学,进行理论的思考,提出"交际语法"的构想,论文有《"交际汉语语法"的构想》(《第三届国际汉语教学讨论会论文集》,北京语言学院出版社 1992)、《理论性和应用性:理论语法与教学语法的分野》(扬州大学学报 2004 年第 1 期)。

卞觉非语法研究的特色是运用三个平面的理论,从语义、语法、修辞和语用多个角度进行探索,并且密切结合对外汉语教学。

九　刘叔新的语法研究

刘叔新,1934 年生,广东惠州人。1957 年南开大学中文系毕业后即留校任教,南开大学中文系教授,博士生导师。《刘叔新自选集》入选《著名中青年语言学家自选集》(河南教育出版社 1993,大象出版社 1998)。他的主攻方向是词汇学,主要著作有《词汇学和词典学问题研究》(天津人民出版社 1984)、《汉语描写词汇学》(商务印书馆 1990)、《同义词语和反义词语》(与周荐合著,商务印书馆 1992)、《词语的知识和运用》(与李行健合著,天津人民出版社 1979)、《语义学和词汇学问题新探》(天津人民出版社 1993),还主编《现代汉语同义词词典》(天津人民出版社 1987)等。此外对粤方言和壮傣语也颇有研究,著作有《连山壮语述要》(高等教育出版社 1998)、《粤语壮傣语问题——附语法语义词汇问题研讨》(商务印书馆 2006)。

他在语法研究方面也成绩斐然,最显著的特色,就是结合词汇和语义的研究,有关研究成果收录为《刘叔新自选集》(河南教育出版社 1986)、《语法学探微》(南开大学出版社 1996)。由于刘叔新的研究重点是词汇及其意义,所以他的语法研究特别重视语义范畴以及语义对句法的影响。他的语法研究可以分为几个方面:

(一)对语法意义的理论探讨,例如《句法语义的几个语义问题》(《语法研究和探索》四,北京大学出版社 1988)、《语句内的语义关系和语法意义》(南开学报 1994 年第 1 期)、《句内词语意义关系的性质和复杂层面》(南开语言学刊 2004 年第 2 期)等。

(二)对语义范畴的分析,他认为语法范畴应扩展到句法领域,因此对现代汉语的存在继续范畴、态范畴、趋向范畴等一系列语法范畴进行了深入的研究。

（三）注意语音对句法的影响以及方言语法的研究，例如《主语声音形式特点的考察》（《语法研究和探索》七，商务印书馆1995）、《广州话普通话语法对比研究的重要性和方法问题》（今日粤语1995）。

刘叔新的语法研究特色在于：第一，注意理论的探索，不是就事论事，而是能够深入实质问题。第二，对语义特别重视，尤其关注语法意义和语义关系的区别。第三，能够打通语音、词汇、语法的研究，视野比较开阔，联系相当广泛。

刘叔新学识渊博，兴趣广泛，对音乐、诗歌、文学也颇有研究，著有《语言学和文学的牵手：刘叔新自选集》（南开大学出版社1999）、《南北咏痕——诗词稿选抄》（天津人民出版社1993）、《民族乐队编配简说》（与张德顺、张大宽合著，天津人民出版社1993）等。

十　吴启主的语法研究

吴启主，1934年生，湖南长宁人。1957年湖南师范学院毕业后留校工作，湖南师范大学中文系教授，博士生导师，曾任湖南省语言学副会长。他主攻语法研究，此外还主持了《湖南方言研究丛书》的编写工作。他的语法研究主要特点是：

第一，深受短语本位的影响，致力于"构件"语法框架的建立。专著有《现代汉语"构件"语法》（与李裕德合作，湖北教育出版社1986）和《汉语构件语法语篇学》（岳麓书社2002），认为句子分析应该以分析构件——短语为主。

第二,对句型、句式进行详尽的分析,论文有《汉语书面语言歧义现象举例读后(一)(二)》(中国语文1980年第1期)等,著作有《句型与句型选择》(甘肃人民出版社1981)、《连动句、兼语句》(人民教育出版社1990)。

第三,对教学语法非常关注,论文有《教学语法问题刍议》(湖南师范大学学报1992年第5期)等,著作有《病句分析》(与李裕德合作,湖北教育出版社1985),并主编《现代汉语教程》(湖南师范大学出版社2003)、《现代汉语》(南海出版公司2005)。

吴启主的语法研究颇有特色,以"构件语法"贯穿始终,跟当代"构式语法"有一定的吻合之处。《结构和构件》(湖南师范大学教育科学学报1992年第3期)阐述了有关看法,指出从张寿康的"构件论"思想到吴启主、李裕德的"构件语法"体系,努力在探求建立一个符合汉语特点的语法体系,因而能够独树一帜,在汉语语法学界引起一定的反响。

十一　范晓的语法研究

范晓,1935年生,上海市人,1961年复旦大学中文系毕业后留校,历任复旦大学中文系教授,中国语言学会常务理事,退休后为浙江师范大学文学院特聘教授。范晓不但非常勤奋、刻苦、执著,而且勤于思索,经常提出独创性见解,给人耳目一新的感觉。科研范围比较广泛,涉及语言学理论、语法、修辞、方言、词典编纂等多个领域,研究的主攻方向为语法学。范晓比较好地继承了胡裕树的语法思想,并且有所发展,尤其在三个平面理论、动词与短语研究等方面卓有成效。范晓语法研究的特色是：

（一）阐述并发展了语法研究"三个平面"的理论。这一思想最早是由胡裕树和张斌提出来的，但是在理论上第一次进行阐述的则是范晓跟胡裕树合作的论文《试论语法研究的三个平面》（新疆师范大学学报 1985 年第 2 期，语言教学与研究 1993 年第 2 期），该文的发表标志着这一理论正式形成，后来两位再次合写了《有关语法研究三个平面的几个问题》（中国语文 1992 年第 4 期）。范晓的可贵之处就是以持之以恒的探索精神，将"三个平面"理论发展为"三维理论"（《三维语法阐释》，汉语学习 2004 年第 6 期），换言之，三者的关系应该是句法是核心，以句法为基础，向隐层挖掘语义，向外层探求语用。代表作是《三个平面的语法观》（北京语言学院出版社 1996）以及《语法理论纲要》（与张豫峰等合著，上海译文出版社 2003）。

（二）在动词及其相关短语研究方面独树一帜。《有关动词研究的几个问题》（语文导报 1986 年第 5 期）带有导论性质，而《交接动词及其构成的句式》（语言教学与研究 1986 年第 3 期）、《略论 V－R》（《语法研究和探索》三，北京大学出版社 1984）、《及物动词与不及物动词的区分及其再分类》（《中国语言学报》4，商务印书馆 1991）以及《动词形容词的"名物化"和"名词化"》（中国语文 1994 年第 2 期）则就个别专题作了比较深入的讨论。相关著作有《汉语动词概述》（与杜高印、陈光磊合作，安徽教育出版社 1985）、《动词研究》（与胡裕树双主编，河南大学出版社 1995）、《动词研究综述》（与胡裕树双主编，山西高校联合出版社 1985）。从动词研究，后来转而对相关短语进行研究，出版了《介宾短语·复指短语·固定

短语》(人民教育出版社 1990)、《汉语的短语》(商务印书馆
1991)等。

(三)对句法语义以及语用进行研究。其中最有特色的是关于
动词的配价研究,比如《动词的价分类》(《语法研究和探索》五,语
文出版社 1991)、《动词的配价与句子的生成》(汉语学习 1996 年
第 1 期)、《动介组合体的配价问题》(《现代汉语配价语法研究》2,
北京大学出版社 1995)等,在配价的性质、配价与语义格的关系、
配价与句子的语义关系、与句子的生成关系以及动元和状元的关
系等方面都有详细而精彩的论述。最新的论述有《说语义成分》
(汉语学习 2003 年第 1 期)、《语用的动态分析和静态分析》(语言
科学 2006 年第 1 期)、《关于"施事"》(汉语学习 2008 年第 2 期)、
《语法研究中"解释"的解释》(汉语学习 2008 年第 6 期)等。

(四)对句子系统进行全面的多角度的研究,提出要建立"句
系",并且分为句型、句类和句模。其中"句模"这一提法是他首创
的,这是指句子的语义结构的模式,他跟他的博士生朱晓亚合作发
表了《三价动作动词形成的基本句模》(汉语学习 1998 年第 6 期)、
《二价动作动词形成的基本句模》(语言教学与研究 1999 年第 1
期)。此外,他主编的《汉语的句子类型》(书海出版社 1998)则集
中地体现了他这方面的思想。

(五)对语法研究方法论的探讨。《语法研究的十大关系》(《语
法研究入门》,商务印书馆 1999)把语法研究概括为"四个原则"和
"十大关系"。四个原则是:(1)形式和意义相结合的原则,句法、语
义、语用这三个平面都有自己的语法形式和语法意义;(2)静态和
动态相结合的原则,要以静态为基础,同时还要用发展的观点、语

用的观点进行动态分析;(3)结构和功能相结合的原则,要以功能
为主导,结构为基础,进行"结构—功能"分析;(4)描写和解释相结
合的原则,要求不仅进行描写,还要从认知心理上给予解释。十大
关系则是指:形式和意义、静态和动态、生成和分析、结构和功能、
语言和言语、汉语和他语、组合和聚合、规律和例外、事实和理论、
继承和创新。应该说,这些观点是很有启发性的。

　　总之,范晓的语法研究扎实、周全,体现了多角度的思考,在理
论探索和事实研究方面都取得了可喜的成果,尤其是关于三个平
面理论的探索在全国居领先地位。他不仅多产,而且勤于思考,时
有新见,在全国语法学界有相当深远影响,也是中生代语法学家的
代表性人物。

十二　李芳杰的语法研究

　　李芳杰(1939—2007),湖北黄陂人。1964 年北京大学中文系
毕业,1968 年北京第二外国语学院外语系毕业,多次出国教授汉
语,武汉大学留学生教育学院教授,曾任湖北省语言学会副会长,
中国对外汉语教学学会常务理事。主要从事现代汉语语法和对外
汉语教学研究,著作有《汉语语法和规范问题研究》(武汉大学出版
社 1993)、《汉语语义结构研究》(武汉大学出版社 2003)。

　　李芳杰的语法研究最有特色的是:

　　第一,句型研究。论文有《主谓宾语句》(武汉大学学报 1992
年第 4 期)、《主谓补语句》(世界汉语教学 1992 年第 3 期)、《说"话
头"》(语言教学与研究 1992 年第 3 期)、《"的"字结构位于句首的
判断句》(世界汉语教学 1997 年第 1 期)、《大主语或小主语是"的"

字结构的主谓谓语》(武汉大学学报 1998 年第 4 期)、《句型主体论》(语言教学与研究 1999 年第 4 期)、《小句中枢说与句型研究和教学》(世界汉语教学 2001 年第 3 期)等。

第二,语义分析。论文有《汉语基本词组的语义结构模式》(武汉大学学报 1994 年第 1 期)《联合词组的语义结构类型及其特点》(武汉大学学报 1996 年第 6 期)《语义结构与歧义分解》(武汉大学学报 2002 年第 6 期)等。

李芳杰的研究用事实说话,平易近人,思路清晰,同时注意紧密跟对外汉语教学结合,所以取得比较好的效果。

十三　范开泰的语法研究

范开泰,1942 年生,浙江慈溪人。1964 年华东师范大学中文系毕业留校工作,1994 年调入上海师范大学,任中文系教授,博士生导师,曾任上海师范大学对外汉语学院首任院长、应用语言学研究所所长、上海市语文学会副会长。著作有《现代汉语语法分析》(与张亚军合作,华东师范大学出版社 2000),此外还跟张斌合作主编《现代汉语虚词研究丛书》(安徽教育出版社 2002)。近年因工作需要,研究重心转移到对外汉语教学方面。

他的语法研究主要有四个方面:

第一,语义、语用的理论探讨。脍炙人口的代表性论文为《语用分析说略》(中国语文 1986 年第 2 期),这也是他的成名作,对汉语的语用研究有重要指导作用。此外还有《语义分析说略》(《语法研究和探索》四,北京大学出版社 1988)、《型式语义琐议》(《中国语言学报》9,商务印书馆 1999)。

第二,关于三个平面的理论探讨。例如《语法分析的三个平面》(语言教学与研究 1993 年第 3 期)、《关于汉语语法三个平面分析的几点思考》(《语法研究和探索》七,商务印书馆 1995)。

第三,对语用中的一些特殊现象进行研究。例如《省略、隐含、暗示》(语言教学与研究 1990 年第 2 期)、《与汉语名词项的有定性有关的几个问题》(《语法研究和探索》六,语文出版社 1996)、《现代汉语虚词功能研究新探》(《语法研究和探索》九,商务印书馆 1999)。

第四,对外汉语教学,例如《论汉语交际能力的培养》(世界汉语教学 1992 年第 1 期)、《中介语、中介文化和动态分析》(《中国文化与世界》4,上海外语教育出版社 1996)以及《对外汉语教学与汉语语法的经济性》(《第五届国际汉语教学讨论会论文选》,北京大学出版社 1997)、《"眼看"与"马上"的语义表达功能辨析——兼谈对外汉语近义虚词教学》(云南师范大学学报 2007 年第 5 期)、《关于华文教学学科建设的若干理论思考》(暨南大学华文学院学报 2008 年第 3 期)等。

范开泰语法研究的特点是理论色彩浓郁,思辨性强,尤其在语用分析和语义分析方面屡有建树,颇有影响。

第三章　新中生代语法学家的
研究特色

新时期这三十年来,国家由于实行改革开放的国策,语言学研究空前繁荣,特别是汉语语法研究更是根深叶茂,人才辈出。通常所说的"新时期培养的语法学家",是统指1978年国家恢复研究生招生制度以来,以新培养的硕士或博士为主的,相对比较年轻的学者。他们的特点是:第一,思想比较解放,敢于也善于吸收新的研究理论和方法;第二,基础比较扎实,得到老一辈语法学家的精心指导,又能够开拓创新;第三,精力比较充沛,相当珍惜目前的研究条件,对汉语研究有一种献身精神。

这是个年龄跨度相当大的群体,新时期第一届研究生(1978年入学),到90年代初不少人就开始招收研究生了;他们在80年代还勉强可以称之为青年语法学家,可是到了90年代就不能不承认已经进入中年,到21世纪不少人迈进了老年,而新的研究生,特别是应届的硕士生、博士生,正源源不断地进入我们的研究队伍,因此有必要做进一步的切分。

"新中生代",指20世纪40年代出生、年龄比较大一些,并且在80年代中期就开始崛起的,代表人物有入选《中年语言学家自选集》(安徽教育出版社2002)的马庆株、邵敬敏和沈家煊。如果说马庆株的研究特点是"深刻",邵敬敏的特点是"敏锐",那么沈家煊的特点则是"新颖"。从研究理论和方法来看,马氏和邵氏比较接近,马氏提倡"语义功能语法",邵氏主张"语义语法",虽然侧重不同,但是他们都比较注重语义在语法研究中的作用。沈氏则更加偏重于功能和认知。应该说,他们的研究具有一定的互补性。这一代的佼佼者还有杨成凯、张爱民、邹韶华、尹世超、廖秋忠、黄国营、陆丙甫、陈平等。此外,朱景松(苏州大学 1942)、刘汉城(空军政治学院,1944)、徐静茜(湖州师院,1945—2000)、李明(苏州大学 1946)、耿二岭(天津大学,1947)、周继圣(中国海洋大学,1948)、崔永华(北京语言大学,1952)等的语法研究也自成一家。

这一群体人数相对比较少,这是因为"文革"时期,他们几乎全部沉到社会底层,1978 年能够考取研究生从事语法研究的只是极少数。他们的特点是大多接受过正规的专业训练,基础扎实,作风踏实,埋头苦干,又有敏锐的观察力。不过,总的来说,他们还是属于过渡性人物,是接力赛的中间一棒,起着承前启后的特殊作用。

第一节　马庆株的语法研究

一　马庆株的语法研究概况

马庆株,1942 年生,天津人,1963 年天津师范学院中文系毕业,1981 年获北京大学中文系硕士学位,导师朱德熙。现为南开大学中文系教授,博士生导师。历任天津市语言学会会长、中国语文现代化学会会长、中国语言学会常务理事、中国修辞学会副会长。他是新时期培养出来的语法学家的代表性人物之一,人称"北马(庆株)南邵(敬敏)"。他的语法研究观察细致,分析入微,结论可靠,尤其在动词以及动词短语研究方面独树一帜,关于语义特征等的分析在方法论上有独到之处,对 20 世纪 80—90 年代的现代汉语语法研究产生了较大影响。他主攻现代汉语语法,兼及语言规划、词汇学和修辞学。进入 21 世纪以后,他的研究重心逐渐转移到中国语文现代化以及汉语国际传播方面。

他的代表性著作是《汉语动词和动词性结构》(北京语言学院出版社 1992,北京大学出版社 2005)以及《汉语语义语法范畴问题》(北京语言文化大学出版社 1998),前者收录 80 年代前期的重要论文 8 篇,那时他的研究主要是围绕动词以及动词性结构结构进行的;后者收录 80 年代后期以及 90 年代的重要论文 11 篇,这时的研究范围则扩大到其他的词类以及相应的结构。贯穿研究始终的一根主线是着眼于句法语义的分类和作用。《著名中年语言学家自选集——马庆株卷》(安徽教育出版社 2002)以及《马庆株自选集》(南开大学出版社 2004)可以说是他的研究的一个小结。此外他还主编了《语法研究入门》(商务印书馆 1999)、《20 世纪现代汉语语法论文精选》(商务印书馆 2005)等。

二　马庆株的语法研究特色

马庆株的语法研究深受朱德熙的影响,特别是"词组本位"的理论,但是他有所发展,有所创新,并且取得了出色的成就。这主要表现在:

第一,他的研究强项是动词以及动词性结构的研究,他在层次分析法和变换分析法的基础上,进一步运用语义特征分析方法,对汉语动词进行了再分类。他的《时量宾语和动词的类》(中国语文1981 年第 2 期)运用分布分析、变换分析,特别是语义特征分析等有效的方法,对进入"C_1(V + T)","C_2(V + 了 + T)","C_3(V + (了)+ T)"三种格式的动词进行了检验,发现该格式有没有歧义实际上是由动词的语义特征决定的,这个语义特征就是"持续范畴",从而得出"持续动词"和"非持续动词"两大类。这一研究由于引进语义特征概念,并且进行了有效的解释,显然具有方法论的意义。此外,他还借鉴汉藏语研究的有关成果,分析了汉语里的"自主动词"和"非自主动词",提取出"自主范畴",这对汉语动词的深入研究具有标杆性意义。

第二,特别重视句法语义的分析,除了语义特征之外,还包括语义角色、语义指向、语义范畴等。他认为"汉语语法与语义密切相关,语义的类别有时就是语法意义的类别……我们主张语义的语法学[semantic grammar],简称语义语法"。所以他的语法分析时时处处离不开语义的分析。例如《数词、量词的语义成分和数量结构的语法功能》(中国语文 1990 年第 3 期),运用[+ 次第]和[- 次第]的语义特征分析了序数词、基数词以及用基数词来表示序数的情况,并且归纳出量词之间的各种语义关系。《顺序义对体词语法功能的影响》(《中国语言学报》4,商务印书馆 1995)则讨论了现代汉语体词(包括指人名词、时间词、处所词语)的顺序范畴,他认为这种"顺序义"影响了体词在同位结构和主谓结构中的分布位置,从而区分出"相对顺序义"和"绝对顺序义"。同时还进一步指出:体词有没有这种"顺序义"直接影响到他们的语法功能,即如果有顺序义,则这部分的体词可以"谓词化"。此外,《与"(一)点儿"、"差(一)点儿"相关的句法语义问题》(《语法研究和探索》六,商务印书馆1992)、《指称义动词和陈述义名词》(《语法研究和探索》七,商务印书馆1995)等都属于这一类研究。

第三,在大量语法专题研究的基础上进行理论探索,提出"语义功能语法"的理论框架。他主张语义功能语法应该以语义为基础,以分布、变换等形式特征为标准,以语义语法范畴为中心,以词和词组为基本单位,以分类为重点,形式与意义相结合,共时与历时相联系,共性与个性并重,归纳与演绎并举,多角度、全方位地描写和解释语法聚合和语法组合。与之呼应的是他主张语法研究应该坚持"复本位",即认为词与词组是语法的两个最重要的语法单位,所以可以叫"复本位"。有关论文还有《关于若干语法理论问题的思考》(与王红旗合作,《南开语言学刊》,2004年第1期)、《汉语语言学走向世界的途径——再谈语义功能语法》(《南开语言学刊》,2004年第2期)。

第四,对汉语语法研究进行宏观思考,提出汉语语法学史应该按照"着重语言共性的研究"、"着重语言个性的研究"以及"共性与个性并重"分为三个时期。这一研究集中反映在《语法研究大有可为》(汉语学习1990年第5期)、《走向成熟的现代汉语语法学》(《中国语文研究四十年纪念文集》,北京语言学出版社1993)、《20世纪中国现代语法学史的分期问题》(汉语学习1998年第4期)、《二十世纪的中国现代语法学》(与项开喜合作,《二十世纪的中国语言学》,北京大学出版社1998)等论文中。

第二节　邵敬敏的语法研究

一　邵敬敏的语法研究概况

邵敬敏,1944 年生,浙江宁波人,1966 年毕业于北京大学中文系语言专业,师从王力、朱德熙、陆俭明等著名学者。曾在文化部和浙江省浦江县文化馆工作多年,1981 年在杭州大学(今为浙江大学)中文系获硕士学位,导师王维贤。1981—2002 年在华东师范大学中文系工作,2002 年调入暨南大学,任中文系教授、博士生导师,曾任上海市语言研究中心副主任,现任广东省中国语言学会会长、中国语言学会常务理事、现代汉语语法国际研讨会召集人。他也是新时期培养出来的语法学家的代表性人物之一。

邵敬敏是 80 年代上海青年语言学沙龙"现代语言学(XY)"的发起人和核心成员之一,既是当时"中年"语法讨论会的积极参加者,又是"青年"语法研讨会的倡导者和组织者。在沟通中国语言学界老、中、青这三代学者方面发挥了特殊的桥梁作用。他大学本科在北京,研究生学习在杭州,长期工作在上海,后来又去了香港和广州,所以他的汉语语法研究兼有南北之长,他的语法研究代表作是《现代汉语疑问句研究》(华东师范大学出版社 1996)、《汉语语法的立体研究》(商务印书馆 2000)、《著名中年语言学家自选集——邵敬敏卷》(安徽教育出版社 2002)以及《汉语语义语法论集》(上海教育出版社 2007)。

邵敬敏的研究风格是兼收并蓄、龙虫并雕。他主攻方向是现代汉语语法,在理论上主张"语义语法",同时采取多元的态度,不拘一格、博采众长,各种语法理论都有所运用。重要著作还有《汉语语法专题研究》(与人合作,广西师范大学出版社 2003,北京大学出版社增订本 2009)、《上海方言语法研究》(与徐烈炯合作,华东师范大学出版社 1998)、《汉语方言疑问范畴比较研究》(与人合作,暨南大学出版社 2010)等。此外他对语言学史、语言学评论、文化语言学、交际语言学、广告语言学、社会语言学以及词典编纂、语言教学、对外汉语教学等也都颇有研究,有关著作主要有:《广告实用写作》(华东师范大学出版社 1991)、《广告语创作透视》(北京语言学院出版社 1996)、《汉语广视角研究》(东北师范大学出版社 2006)、《港式中文与标准中文的比较》(与石定栩等合作,香港教育图书公司 2006)。他还主编了《文化语言学中国潮》(语文出版社 1994)、《HSK 汉语水平考试词典》(华东师范大学出版社 1994)、《现代汉语通论》(上海教育出版社 2001,修订本 2007)。他还是历届现代汉语语法研讨会的总召集人,这一研讨会在进入 21 世纪后改名为"现代汉语语法国际研讨会",他主编了各届会议的论文集《汉语语法研究的新拓展》,为语法研究队伍的兴旺和语法研究成果的交流作出了不懈的努力。

二 邵敬敏的语法研究特色

邵敬敏的语法研究主要表现在四个方面:

第一,在理论方面形成自己独到的看法,他主张高举两面大旗:一是"借鉴西方"、"跟国际接轨",一是"立足汉语"、"形成自己特色"。既要引进借鉴、又要独立原创。他提倡建立"有中国特色的语言学理论",并根据汉语语法的特点,提出"语义语法"的理论框架以及"双向选择"的若干原则。他认为语法研究既可以从形式入手去寻找语义的解释,也可以从语义入手去寻找形式的验证,这是一个双通道;对汉语来讲,可能从语义入手更为合适。他认为要把语义作为语法研究的出发点和重点,主张对语义特征、语义指向、语义角色、语义范畴、语义关系进行重点研究。代表性论文是《"语义语法"说略》(暨南学报2004年第1期)。

第二,汉语语法学史和语法学评论的研究能够独树一帜。在20世纪80年代出版的众多汉语语法学史的著作中,他的《汉语语法学史稿》(上海教育出版社1990,商务印书馆修订本2006)是影响比较大的。不仅对整个汉语语法研究的历史具有理论性思考,在研究目的、历史分期、研究理论和方法等方面都提出自己独到的见解;而且立论比较公正,尤其对一些在历史上曾经遭到非难甚至于批判的语法论著能够力排众议,给以恰当的评价,例如关于胡适的评价,关于《新著国语文法》的评价。他还具有鲜明的"史"的意识,以发展的眼光看待问题,梳理出汉语语法研究的线索,而不仅仅是专著的简介。另外和跟方经民合写的《中国理论语言学史》(华东师范大学出版社1991)是第一部这方面的专著,对汉语研究的各个领域的理论发展给以极大的关注;此外还有《中国社会科学100年·语言卷》(与潘悟云合作主编,上海人民出版社2005)。他的评论性论文也比较有影响,包括史论、综述、专论、书评、序言等,有关论文收录在《汉语语言学评论集》(浙江教育出版社2003)。有关论文如《新世纪汉语语法研究的几点思考》(语言科学2003年第4期)、《21世纪汉语语法研究的宏观思考》(澳门语言学学刊

2009 年第 1 期)等。

第三,对语法专题进行细致深入的研究,而且特别注重句法语义的分析,跟马庆株的研究有异曲同工之妙。在具体课题研究方面也形成了自己的特色,比较有影响的是关于疑问句的研究,提出新的"选择系统"的分类方法,他还指出"疑问程度"可以分为五类,跟疑问句的结构类型相匹配,"疑"和"信"是互为消长相互制约的因素,跟疑问程度密切相关。其次是有关量词的研究,是双向选择的代表之作,比如《量词的语义分析及其与名词的双向选择》(中国语文 1993 年第 3 期)、《动量词的语义分析及其与动词的选择关系》(中国语文 1995 年第 2 期)。此外,在歧义研究、语义指向研究、副词研究、句式研究、重叠格式研究、配价研究等方面都有所建树。

第四,近年来他还特别关注语法的动态变化,包括语言接触、语言变异、语言的时代特征、地域特征、交际特征。并且开始关注汉语特殊的框式结构研究。有关论文有《"V 一把"中 V 的泛化与"一把"的词汇化》(中国语文 2007 年第 1 期)、《网络时代的汉语语法动态研究》(与马喆合作,语言文字应用 2007 年第 3 期)、《"连 A 也/都 B"框式结构的争议及其框式化进程》(语言科学 2008 年第 4 期)、《试论"责怪"义标记格式"都是 NP"》(与郑娟曼合作,汉语学习 2008 年第 5 期)等。

第三节　沈家煊的语法研究

一　沈家煊的语法研究概况

沈家煊，1946 年生，浙江吴兴人，生于上海。1968 年毕业于北京广播学院英语播音专业，1982 年毕业于中国社会科学院研究生院，获硕士学位，导师赵世开。现任中国社会科学院语言研究所研究员，文史哲学部委员、博士生导师。历任《当代语言学》、《中国语文》主编、语言研究所所长、国际汉语学会会长、中国语言学会副会长、会长。他是新时期培养出来的语法学家的代表性人物之一。

他的主攻方向是语言学理论，特别是语法理论。20 世纪 80 年代主要翻译并且评介国外的语言学流派，特别是乔姆斯基形式语法之外的功能语言学和认知语言学，并且进行一些英汉语法比较。从 1987 年以后，他的研究出现了一个飞跃，给人异军突起的感觉，即从一般的翻译、介绍，转为运用国外的最新语言学理论密切结合汉语语法事实进行新的探索，发表了一系列新意迭出的论文，例如：《"差不多"和"差点儿"》（中国语文 1987 年第 6 期）、《"判断词语"的语义强度》（中国语文 1989 年第 1 期）、《不加说明的话题——从"对答"看"话题——说明"》（中国语文 1989 年第 5 期）。这些研究的特点是：引进语义学、语用学的观念和方法，对一些汉语语法中的课题给予新的解释，跟传统的语法研究比较来讲，透出新的思路，所以引起语法学界的广泛关注。

他起步不早，却后来居上。进入 90 年代以后，他的研究更是向纵深发展,10多年里迅速成长为汉语语法学界举足轻重、具有相当影响力的代表性人物。

沈家煊的语法研究,更加偏重于解释性的探索,具有浓郁的理论色彩。由于摆脱形式语法的框架,从语义、语用、认知着手,所以给人一种全新的感觉。应该说,他的研究不同于传统的结构主义语法理论,也区别于形式语法,例如《"在"字句和"给"字句》(中国语文1999年第2期),以这两种具体句式为例,说明"一个句子是一个'完形'(Gestalt),即一个整体结构",整体结构具有整体意义,而整体意义是有认知基础的,由顺序原则、包容原则、相邻原则、数量原则等基本的认知原则所决定的。并且指出光是分布来区分小类是不够的,同时语法光有分析是不够的,还应该有综合。这就对以分布为主要特征的结构主义语法观提出了挑战。

他还常常提出一些思考性的问题,给人以启迪。例如《"移位"还是"移情"——析"他是去年生的孩子"》(中国语文2008年第5期)、《"分析"和"综合"》(语言文字应用2005年第3期)、《语法研究的目标——预测还是解释?》(中国语文2004年第6期)。

沈家煊的代表作是《不对称和标记论》(江西教育出版社1999)以及《认知与汉语语法研究》(商务印书馆2006)。

二　沈家煊的语法研究特色

沈家煊的语法研究有如下特点:

第一,往往能够抓住一个个具体问题,却在方法论上给人以启迪,以小见大。由于他比较熟悉国外的语言学动向,所以往往能够借鉴新的理论与方法。他的研究在运用国外新的理论和方法时比较好地结合汉语的语法事实，这跟一般外语学界的介绍性论文有本质的区别，所以能够获得汉语语法学界的普遍认同。例如他在《"有界"和"无界"》（中国语文 1995 年第 5 期）一文中引进认知语法学的两个极为重要的对立性观念"有界"和"无界"，重点解释了数量词对句法结构的制约作用，并且发现这一对立在名词、动词、形容词上都可以作出类似的说明。后来，"有界"、"无界"已经成为语法学界解释汉语语法现象时非常有用的一对术语。

第二，在描写基础上着重解释，这种解释有语义的，有语用的，最终则是认知的。由于角度新颖，解释合理，所以往往能够发现一些我们平时不太注意的问题，在年轻学者中影响特别大。例如《"语义的不确定性"和无法分化的多义句》（中国语文 1991 年第 4 期）指出：由于逻辑上的"衍推关系"以及语义上的"缺性对立"，造成了某些句子的"语义的不确定性"，它们无法分化为两个独立的单义句。这种语法现象显然不同于通常的"歧义"和"笼统"。

第三，善于把具体事实的分析提高到理论的高度上来认识，并且给以概括和提炼。尤其是借鉴功能语言学的"标记理论"对汉语语法中各种对称不不对称的语法现象进行认知上的解释，其中不少观点很有参考价值，例如他指出"标记模式"具有"相对性"和"关联性"，"主语"和"宾语"的不对称实际上是"施事"和"受事"的不对称，"话题"和"焦点"的不对称。这在研究观念上给人以极大的冲击。再如《"糅合"和"截搭"》（世界汉语教学 2006 年第 4 期）指出"糅合"不仅是汉语构词的重要方式，也是汉语造句的重要方式，并且将概念和词语的整合或复合分为"糅合"和"截搭"两类。"糅合"好比是将两根绳子各抽取一股重新拧成一根。而"截搭"好比是将

两根绳子各截取一段重新接成一根。从认知方式上讲,"糅合"与
"隐喻"相关,"截搭"与"转喻"相关。

第四节 其他新中生代知名学者的语法研究

一 杨成凯的语法研究

杨成凯,1941 年出生,山东招远人。1973 年至 1974 年在天津
市财经学院外贸系学习,毕业后在天津市红桥区中学任教,1981
年获中国社会科学院研究生院语言系硕士学位,导师吕叔湘。留
所工作,现为语言研究所研究员,兼任北京语言学会副秘书长。主
要从事现代汉语语法研究,对版本学也有研究。代表作为《现代汉
语法理研究》(辽宁教育出版社 1996)。

他的研究特点是:

第一,擅长理论思辨,善于宏观的思考。例如《从汉语语法研
究看中国语言学理论四十年》(语言研究 1993 年第 1 期)、《句法、
语义、语用三平面说的方法论分析》(语文研究 1993 年第 1 期)、
《语法学基础散论》(语言科学 2006 年第 1 期)等。

第二,对汉语语法特点有自己独到见解。系列论文为《动词作
主宾语是汉语的语法特点吗?——汉语语法特点散论之一》(汉语
学习 1991 年第 6 期)、《关于短语和句子的构造原则的反思——汉
语语法特点散论之二》(汉语学习 1993 年第 2 期)、《关于汉语分词
问题之我见》(语言文字应用 1997 年第 3 期)、《关于汉语语法单位
的反思——汉语语法特点散论之三》(汉语学习 1994 年第 6 期)。

第三,对词类划分、句法结构以及主宾语问题有独特的思考。论文有《"兼语式"存废之争》(中国社会科学院研究生院学报 1984 年第 1 期)、《词类的划分原则和谓词"名物化"》(《语法研究和探索》五,语文出版社 1991)、《广义谓词性宾语的类型研究》(中国语文 1992 年第 1 期)、《"主主谓"句法范畴和话题概念的逻辑分析》(中国语文 1997 年第 4 期)等。

二 张爱民的语法研究

张爱民,女,1942 年出生,1966 年徐州师范大学中文系毕业,1981 年徐州师范大学获得硕士学位,导师廖序东。毕业留校任教,现为徐州师范大学中文系教授。主攻汉语语法,她的语法研究以细腻见长,一切以事实为依据,分析合情合理,富有说服力。代表作是《现代汉语语法论稿》(江苏教育出版社 1991)。

有关研究主要是三个方面:

(一)重叠研究:《形容词重叠式作状语与作其它成分的比较》(语言教学与研究 1996 年第 2 期)、《动词重叠与句类的语用制约》(徐州师范大学学报 2005 年第 1 期)。

(二)虚词研究:《范围副词"都"字的句法语义分析》(徐州师范大学学报 1987 年第 3 期)、《单一否定词移位问题探讨》(徐州师范大学学报 1992 年第 4 期)、《"着"字虚化问题研究》(与王媛媛合作,徐州师范大学学报 2004 年第 1 期)。

(三)结构与句式研究:《"从 + 处所词"的语义功能》(徐州师范大学学报 1982 年第 4 期)、《汉语语序研究要略》(与张谊生合作,江苏社会科学 1996 年第 3 期)、《"X 比 N 还 N"句式探讨》(徐州师范大学学报 2002 年第 4 期)。

三 邹韶华的语法研究

邹韶华,1943 年生,江西安福人。1968 年毕业于华东师范大学中文系,1982 年黑龙江大学中文系研究生毕业,获硕士学位,导师吕冀平。现为黑龙江大学文学院教授、博导,曾任黑龙江省语言学会会长。代表性著作:《语用频率效应研究》(商务印书馆 2001)、《歧义的倾向性研究》(与马彪合作,中国社会科学出版社 2007)。他的研究特色是平凡中见真谛,在不被人重视的地方发现规律性的东西。尤其在语义偏移和语频制约研究方面独占鳌头。

他的语法研究主要涉及四个方面:

一是语义偏移问题研究,探讨语义偏移对句法结构所造成的影响。例如《名词在特定环境中的语义偏移现象》(中国语文 1986 年第 4 期)、《中性词语义偏移的原因及其对语言结构的影响》(《语法研究和探索》四,北京大学出版社 1988),认为中性词的语义基本上向积极意义偏移,积极意义与消极意义使用频率约为 7:3。《中性词语义偏移的类型与成因》(外语学刊 2007 年第 6 期)则认为语频效应原则是从语言本身且能一以贯之地阐明语义偏移种种复杂情况的路径。

二是对语频的研究。他指出,人们对语义的理解往往带有主观性,见仁见智的情况是常常发生的。语义的制约因素是语用频率,因为语频反映的是客观事实,它可以量化,具有科学性和可操作性。他用许多实际例子阐明了语频对语义和语法的制约作用。有关论文是《语用频率效应刍议》(语言教学与研究 1993 年第 2

期)、《语频·语义·语法》(汉语学习 2004 年第 2 期)。

三是语法语义和语用的研究。有关论文结集为《求真集:对汉语语法问题的一些思索》(三联书店 2004)

四是语法规范化问题,参加了有关科研项目。有关研究收录在由吕冀平主编的《当前我国语言文字的规范化问题》(上海教育出版社 2000)。

四　尹世超的语法研究

尹世超,1944 年生,山东莱州人。北京大学中文系 1967 年毕业,现为黑龙江大学文学院教授、博导。历任中国修辞学会东北分会副理事长,黑龙江省语言学会常务理事、副理事长,黑龙江省思维科学学会常务理事。尹世超主要从事现代汉语语法和修辞的研究,重点对标题语言和哈尔滨方言进行探索。治学特点是选题独特、见解透辟、眼光敏锐,善于发现新语言现象。

主攻方向是语法,代表作如《试论粘着动词》(中国语文 1991 年第 6 期)、《说语气词“哈”和“哈”字句》(《汉语语法面面观》,北京语言文化大学出版社 1998)等都有精彩的描写和解释。有关论文结集为《汉语语法修辞论集》(中国社会科学出版社 2002)。

他最具特色的研究有两个方面:

一是标题语研究。除了单篇论文之外,专著《标题语法》(商务印书馆 2001)第一次全面、系统地研究了现代汉语的标题语法,填补了这方面研究的空白。具有两大显著特色:一是立足于语用平面,强化语体意识,把句法、语义、语用三个平面有机地结合起来,进行了动态的研究;二是以做到观察、描写和解释都比较充分为追求目标,并且娴熟地运用了对比法和统计法。在此研究基础上还编写了《标题用语词典》(商务印书馆 2007)。

二是应答句研究。先后发表了《说否定性答句》(中国语文 2004 年第 1 期)、《应答句式说略》(汉语学习 2008 年第 2 期)、《"那"字应答句》(语言文字应用 2009 年第 1 期)等。该研究不仅描写了常用应答句式的构成、类型和功能,指出语体和句类对句式的选择和使用有直接影响,而且对具体的有特色的应答句进行了描写分析分类。

此外,他在哈尔滨方言研究方面也卓有成效,编写了《哈尔滨方言词典》(江苏教育出版社 1997)《哈尔滨话音档》(上海教育出版社 1998)以及《黑龙江方言词典》(上海教育出版社 2001)等。

五　廖秋忠的语法研究

廖秋忠(1946—1991),台湾嘉义人,1968 年毕业于台中东南大学,1971 年毕业于台北师范大学研究生班,1976 年获得美国加州大学伯克利分校的博士学位,1978 年毅然回国,在中国社会科学院语言研究所任研究员,历任全国政协委员、全国青联常委、全国台联副会长、台盟中央委员会委员、《国外语言学》主编等。他的语法研究主要是两个方面:

一是运用话语分析的理论和方法进行篇章研究,发表了系列论文《现代汉语篇章中空间和时间的参考点》(中国语文 1983 年第 4 期)、《现代汉语篇章中的指同的表达》(中国语文 1986 年第 2 期)、《篇章中的管界问题》(中国语文 1987 年第 4 期)等,他的有关研究开辟了我国话语分析的新路子。

二是句法结构的语用研究,例如《现代汉语中动词的支配成分的省略》(中国语文 1984 年第 4 期)、《物体部件的描写顺序》(语言研究 1988 年第 2 期)、《现代汉语并列名词性成分的顺序》(中国语文 1992 年第 3 期)等。

廖秋忠为人谦恭,学识过人,是我国篇章语言研究的开创人,可惜英年早逝,长恨绵绵。在吕叔湘指导下,语言研究所编辑出版了《廖秋忠文集》(北京语言学院出版社 1992)。

六　黄国营的语法研究

黄国营,1946 年生于广州,1970 年毕业于上海师范学院中文系,1981 年获中国社科院研究生院语言学系硕士学位,导师吕叔湘。1981 年起在华中理工大学中国语言研究所和中文系工作,任系主任、《语言研究》主编。1997 年起调入清华大学中文系任教授、副系主任、语言研究中心主任,兼伦敦商务孔子学院中方院长,兼任中国语言学会理事,北京语言学会常务理事。研究方向是汉语语言学及语言理论,研究重点为句法和语义。他的语法研究比较注意事实与理论的结合,重视理论探讨,著作有《理论语言学》(人民出版社 2000)等。

(一)关于词类、句子成分、短语的研究。论文有:《伪定语和准定语》(语言教学与研究 1981 年第 4 期)、《"的"字的句法、语义功能》(语言研究 1982 年第 1 期)、《现代汉语的歧义短语》(语言研究 1985 年第 1 期)、《现代汉语形容词的标记和非标记问题》(与石毓智合作,中国语文 1993 年第 6 期)。

(二)疑问句及其语气词研究。例如《汉语名词性特指疑问句转换系统》(语言研究 1983 年第 2 期)、《"吗"字句用法初探》(语言研究 1986 年第 2 期)、《语气副词在"陈述——疑问"转换中的限制作用及其句法性质》(语言研究 1992 年第 1 期)、《汉语句末语气助词的句法层次地位》(语言研究 1994 年第 1 期)。

（三）交际和语用研究。例如《言语交际的信息控制系统》(语言研究 1989 年第 1 期)、《汉语话语中的转折》(〔韩〕人文学研究 1996 年第 2 卷)、《语用成分在汉语句法结构中的投影》(语言研究 2000 年第 1 期)。

（四）理论探讨。例如《对比语言学和对外汉语学》(汉语学习 1988 年第 5 期),《二十世纪理论语言学的起始和终结》(清华大学学报 1999 年第 1 期)、《基于大规模语料汉语词汇联想意义网络的构建》(清华大学学报 2004 年第 5 期)。

七　陆丙甫的语法研究

陆丙甫,1947 年出生,上海人。1982 年获复旦大学硕士学位,导师胡裕树。留校任教,1987 年赴美,获美国康州大学心理语言学硕士以及美国南加州大学东亚语言学博士,导师李艳惠。历任南昌大学中文系、上海师范大学中文系教授。他也是 80 年代上海青年语言学沙龙"现代语言学（XY）"的发起人和核心成员之一,主要研究领域为语法理论、功能语法、语言类型学。在短时记忆对人类语言结构的影响、层次分析、成分分析、轨层结构、组块等方面研究卓有成效。代表作为《核心推导语法》(上海教育出版社 1993)。此外还主编《语言研究论集》(与李胜梅合作,中国社会科学出版社 2001)。

陆丙甫的语法研究具有深厚的理论内涵,在 20 世纪 80 年代初就崭露头角,赢得吕叔湘、朱德熙的赞赏。他的语法研究别具一格,是我国语法学界较早采用心理语言学、认知语言学和类型学方法来研究汉语语法的代表人物之一。其研究特色主要是:

第一,从最早的"主干成分分析法"到最新的"直系成分分析法",在比较传统的句子成分分析法和结构主义直接成分分析法的基础上,提出了一种兼顾核心和层次的"向心层次切分"分析法和有限多项式的"向心轨层"的语法结构观念。这在句法分析上是一个大胆而有创意的尝试。论文有:《主干成分分析法》(语文研究1981 年第 1 期)、《流程切分和板块组合》(语言研究 1985 年第 1期)、《直系成分分析法——论结构分析中确保成分完整性的问题》(中国语文 2008 年第 2 期)、《"组块"与语言结构难度》(世界汉语教学 2009 年第 1 期)。

第二,用心理语言学机制进行理论探讨。由于人类思维操作的广度限制不会超过七个左右,所以结构分析也必须反映人类认知能力的制约。以此为出发点,也就可以对语序共性、语序转换等现象进行了功能主义的解释。例如《关于制约汉语语序的一些因素》(与胡裕树合作,烟台大学学报 1988 年第 1 期)、《加强共性研究更是当务之急——对中国语言学研究的反思的反思》(汉字文化1990 年第 1 期)、《作为一条语言共性的"距离—标记对应律"》(中国语文 2004 年第 1 期)、《语序优势的认知解释》(当代语言学2005 年 1—2 期)等。

第三,关注汉语语法的方方面面,并且带有浓郁的理论色彩。例如《关于建立深一层的汉语句型系统的刍议》(语言研究 1993 年

第 1 期)、《从语义、语用看语法形式的实质》(中国语文 1998 年第
5 期)、《从宾语标记的分布看语言类型学的功能分析》(当代语言
学 2001 年第 4 期)、《"的"的基本功能和派生功能——从描写性到
区别性再到指称性》(世界汉语教学 2003 年第 1 期)等。

八　陈平的语法研究

　　陈平,1954 年出生,1978 年考取中国社会科学院研究生院"英
汉对比"专业研究生,导师吕叔湘。后赴美国洛杉矶加州大学攻读
理论语言学博士学位。曾任美国俄勒冈大学讲师、中国社会科学
院语言研究所研究员,香港城市大学应用语言学系主任、教授,以
及澳大利亚昆士兰大学亚洲语言学系主任、教授。现任澳大利亚
昆士兰大学语言与比较文化研究院教授、科研部主任。代表作为
《现代语言学研究——理论、方法与事实》(重庆出版社 1991)。

　　陈平主要从事话语分析及其理论研究,在 20 世纪 80 年代相
当活跃,发表的系列论文,除了介绍、评论现代西方各语言学派的
理论和方法之外,主要是运用语用学的新理论、新方法来进行话语
分析。论文有《话语分析说略》(语言教学与研究 1987 年第 3 期)、
《汉语零形回指的话语分析》(中国语文 1987 年第 5 期)等。

　　此外,他还对汉语本体进行了开创性的研究,《释汉语中与名
词性成分相关的四组概念》(中国语文 1987 年第 2 期)提出"有
指"、"无指"、"定指"、"类指"的部分重要概念,对名词性成分的深
入研究很有启发意义。《论现代汉语时间系统的三元结构》(中国
语文 1998 年第 6 期)讨论各种与时间相关的概念,他认为时间系
统从本质上来说是一个语法范畴,这个时间系统赖以建构的三元,

包括时相结构、时制结构以及时态结构,都是语义性质的结构,这就为后来有关时、体的研究奠定了基础。不仅有助于理解现代语言学中一些重要的理论和方法问题,同时也增进我们对汉语和英语中一些语言事实的了解。

90 年代后由于移居海外,有关汉语语法的研究趋淡。近年来的论文主要有:《试论汉语中三种句子成分与语义成分的配位原则》(中国语文 1994 年第 3 期),提出两条语义角色优先序列,用以表现汉语句子中主题、主语和宾语与各种语义成分的配位原则。作者试图达到两个目的:一是用高度概括的形式说明相关的语言现象,收到以简驭繁的效果;二是揭示在变化多端的配位机制中起根本作用的有关因素。《汉语中结构话题的语用解释和关系化》(当代语言学 1996 年第 4 期),从语用角度将句法话题分为三种:事例话题(instance topic)、框架话题(frame topic)和范围话题(range topic)。《引进·结合·创新——关于国外语言学与中国语言学研究关系的几点思考》(当代语言学 2006 年第 2 期)更是一个宏观的思考,他认为引进、结合、创新是国外语言学与中国语言学研究关系这个大课题的三个组成部分,更是它的三个发展阶段。

陈平的成果虽然不多,但是很有新意,往往能够提出一些尖锐的问题,提供一些关系全局的新理念,具有前瞻性。

第四章 新生代语法学家的 研究特色

　　所谓"新生代语法学家"大体上是指"文革"结束 1977 年之后才有机会进入大学学习并且再攻读硕士、博士学位的年轻一代,多数在 80 年代中期之后才初露头角。他们的年龄跨度比较大,有的是 50 年代初出生的,更多的是 1960 年后的,也有 1970 年后的,年龄差可达 20 年左右,从而形成一个奇特的现象。这一代青年学者具有若干共同的特点,在他们身上体现出"专业化"、"现代化"、"国际化"的特色:第一,拥有比较高的学历,大多有博士学位,接受过比较全面而系统的专业教育。第二,思想比较开放,一方面继承了中国优秀的学术传统,注重语言事实的分析与描写,另一方面更加注重研究理论的解释与方法的更新。所以在研究上往往会推陈出新。第三,外语以及电脑技术掌握得比较熟练,跟国际语言学界有着比较密切的联系,也比较了解世界各国汉语语法研究的新动向。他们也可以称之为"跨世纪"的新一代。他们不是几个,而是一批,不但人数大大超过以往,而且新鲜血液不断涌现,他们代表着汉语语法学界的未来和希望。

　　"新生代"的语法学家数以百计,其代表性人物主要有:北京大学的袁毓林、沈阳、郭锐;语言研究所的张国宪、刘丹青、方梅、张伯

江、胡建华；北京语言大学的崔希亮、张旺熹；北京地区还有：邢欣
（中国传媒大学）、贺阳（中国人民大学）、刁晏斌（北京师范大学）；
上海地区：王珏（交通大学）、齐沪扬（上海师范大学）、申小龙（复旦
大学）、张谊生（上海师范大学）、金立鑫（上海外国语大学）、左思民
（华东师范大学）、黄锦章（上海财经大学）、戴耀晶（复旦大学）、陈
昌来（上海师范大学）；武汉地区：萧国政（武汉大学）、李宇明（华中
师范大学）、李向农（华中师范大学）、吴振国（华中师范大学）、储泽
祥（华中师范大学）；广州地区：彭小川（暨南大学）、周国光（华南师
范大学）、周小兵（中山大学）、郭熙（暨南大学）、方小燕（华南师范
大学）、李炜（中山大学）、屈哨兵（广州大学）；其他地区：张宝胜（河
南大学）、孔令达（安徽师范大学）、李葆嘉（南京师范大学）、吴继光
（徐州师范大学）、李宗江（解放军外国语学院）、杨锡彭（南京大
学）、张先亮（浙江师范大学）、王红旗（南开大学）、段业辉（南京师
范大学）、吕明臣（吉林大学）、吴长安（东北师范大学）、马清华（南
京大学）、税昌锡（贵州师范大学）、史金生（解放军外国语学院）、彭
利贞（浙江大学）等。

　　汉语语法研究的"境外军团"，虽然人数不多，然而思想开放，
善于吸取新的理念和理论，敢想敢做，具有显著的开拓精神和创新
意识，属于走向世界的新一代，也是 21 世纪语法研究的主力军之
一。本书主要涉及从中国大陆出国留学并在境外工作的一批语法
学家，例如香港的徐烈炯、石定栩、何元建、顾阳、潘海华、张敏、徐
杰；新加坡的石毓智；日本的方经民、张黎等。

　　需要特别指出的是，实际上从事汉语语法研究的年轻学者远
比我们所列举的多得多，特别是 90 年代后期开始，当年的年轻学

者中有一些佼佼者已经成为博士生导师或硕士生导师,他们所培养出来的博士和硕士,不仅人数大大超过以前,水平也非同日而语,这批人就是"新新生代",他们是我们事业发展的希望所在,是我们语法研究的生力军。由于他们还处于成长过程中,也由于篇幅的限制,本书无法一一列举。

第一节　北京地区的代表性学者

北京历来是我国汉语语法研究的核心所在。老一辈的王力、吕叔湘、朱德熙一直是我们汉语学界的领军人物。北京的汉语语法力量主要集中在三个单位:北京大学、语言研究所和北京语言大学。北京大学在朱德熙多年培养下,陆俭明是杰出代表,中年的还有马真、侯学超、吴竞存等,并且形成了新生代袁毓林、沈阳、郭锐这三驾马车,加上更为年轻的詹卫东,各有自己的特色和领域。语言研究所的语法研究一直是强项,在吕叔湘率领下,20世纪80年代有范继淹、李临定、孟琮、徐枢、饶长溶、施光淦、詹开第、廖秋忠、陈平、杨成凯等,可谓人才济济;但是到了90年代初就出现极大危机,有的去世,有的出国,有的退休,可称江河日下,人才凋零。这一局面经过多年努力才有了起色,沈家煊的崛起,张国宪、刘丹青、胡建华的加盟,张伯江、方梅的成长,这才得以重新凝聚力量,形成研究团队。至于北京语言大学,老一辈真正从事语法研究的并不多,比如王还,中年一代主要是赵淑华、刘月华、赵金铭、吕文华等,经过十多年的建设,现在年轻一代开始崛起,形成了以崔希亮、张旺熹为代表的,包括孙德金、陈前瑞等新的团队。除此之外,中国人民大学、北京师范大学、首都师范大学、中国传媒大学等也有一些年轻的语法学家：邢欣、刁晏斌、贺阳、周一民、丁崇明等。总的来看，后浪推前浪，人才辈出，优势不绝，所以人们戏称北京是汉语语法研究的"第一世界"。

一　张国宪的语法研究

张国宪，1954 年生，安徽滁县人，1993 年在上海师范大学获得博士学位，导师张斌。现为语言研究所研究员，博士生导师，曾任语言研究所副所长。他在配价研究，特别是形容词的配价研究方面做得相当出色。他的研究严谨、周密，善于理论思辨，代表性著作是《现代汉语形容词功能与认知研究》（商务印书馆 2006）。

他的语法研究主要涉及三个方面：

一是单双音节的动作动词功能的差异，试图揭示动作动词的长度跟句法、语用功能的关系。先后发表了《"动+名"结构中单双音节动作动词的功能差异》（中国语文 1989 年第 3 期）、《单双音节动作动词语用功能差异探索》（汉语学习 1989 年第 6 期）、《单双音节动作动词搭配功能差异研究》（上海师范大学学报 1990 年第 1 期）等。

二是配价问题以及语义角色研究。论文有《有关汉语配价的几个理论问题》（汉语学习 1994 年第 4 期）、《制约夺事成分句位实现的语义因素》（中国语文 2001 年第 6 期）、《索取动词的配价研究》（汉语学习 1997 年第 2 期）等。

三是形容词及其配价研究，涉及形容词的选择限制规律以及形容词的"态"。论文有《双价形容词对语义构造的选择》（汉语学习 1995 年第 4 期）、《现代汉语的动态形容词》（中国语文 1995 年第 5 期）、《现代汉语形容词的体及形态化历程》（中国语文 1998 年第 6 期）、《延续体形容词的续段结构及其体表现》（中国语文 1999 年第 6 期）、《三价形容词的配价分析与方法思考》（世界汉语教学 2002 年第 1 期）、《性状的语义指向规则及句法异位的语用动机》（中国语文 2005 年第 1 期）、《状态形容词的界定和语法特征描述》（语言科学 2007 年第 1 期）等。

二　邢欣的语法研究

邢欣，女，1954 年生，甘肃兰州人。1976 年新疆大学中文系维吾尔语专业毕业，1982 年获中国社会科学院语言研究所硕士学位，导师徐思益。1990 年获复旦大学博士学位，导师胡裕树。从 1976 年起在新疆工学院、新疆大学、新疆师范大学、南开大学、中国传媒大学等多所高校中文系或应用语言学系任教。曾任新疆师范大学科研处副处长、南开大学研究生院培养处处长等职。现任中国传媒大学播音主持艺术学院应用语言学系教授、博导。邢欣思想特别活跃、敏锐而具有冲击力，语法研究是她的强项和主攻方向，同时也涉及社会语言学、对外汉语教学、双语教学等。

第一，汉语特殊句式研究，尤其是兼语式的研究。前期代表作是《现代汉语特殊句型研究》（新疆科技卫生出版社 1995），后期代表作是《现代汉语兼语式》（北京广播学院出版社 2004）。该书对兼语式这一特殊句型作了详尽的探讨，运用生成语法理论、功能语法理论总结兼语式的框架结构特点，动词语义连续统分析，兼语动词和非兼语动词的区别，结构形式特点，兼语式中的空语类与控制语,以及致使动词的配价。这是作者多年来探讨的主要课题。内容既有理论分析,又有例句验证,是汉语特殊句型研究的重要参考书。

近期她的语法研究转而关注篇章和语用。例如《视角转换与语篇衔接语》(修辞学习 2007 年第 1 期)、《语篇衔接语的关联功能及语法化——以部分感观动词语法化构成的衔接语为例》(汉语学习 2008 年第 3 期)等。

第二,社会语言学的调查和研究。著作有《都市语言研究新视角》(北京广播学院出版社 2002)。

第三,双语对比研究。论文有《现代汉语与维吾尔语致使句型比较》(汉语学报 2008 年第 2 期),专著有《维吾尔语词汇演变研究》(新疆大学出版社 1997)等。

三　沈阳的语法研究

沈阳,1955 年生,北京人。1986 年华东师范大学中文系毕业,1989 年华东师范大学获硕士学位,导师陈秀珠。1993 年获北京大学博士学位,导师陆俭明。现为北京大学中文系教授,博士生导师,中文系副系主任。主攻现代汉语语法和语言学理论。他的研究特色是紧随国际语言学界的潮流,注重理论和方法的"中国化",思维缜密,逻辑性强,颇有创意。

沈阳是国内少数公开宣称运用形式语法理论来研究汉语语法的学者,他的成名作博士论文《现代汉语空语类研究》(山东教育出版社 1994)就是运用 GB 理论来重新解释汉语语法里的"空语类"现象,提出了汉语里三类不同性质的空语类——省略性、移位性、隐含性,很具启发性。这些年来,他一直探索如何运用形式语法理论来解决汉语语法实际问题,《名词短语分裂移位与非直接论元句首成分》(语言研究 2001 年第 3 期),主要讨论汉语句法结构中论元名词短语的分裂移位现象和由分裂移位造成的非直接论元句首 NP 成分的语法作用,指出从论元名词短语分裂移位角度可以说明为什么汉语会形成这样一种话题结构,以及这种句首 NP 成分的语法作用。《"直接统制"与"他"的句内所指规则》(中国语文 2004 年第 1 期),主要从句法形式角度讨论第三人称代词"他"在句子结构内的所指关系,尝试把"约束原则"、"统制原则"与"中心语参数"结合起来,建立"直接统制"的概念和负向条件的句内人称代词所指规则,从而更加统一地解释了汉语句内人称代词的所指规律。他还跟香港学者何元建、顾阳合作,出版了《生成语法理论与汉语语法研究》(黑龙江教育出版社 2001),该书重点是运用乔氏理论原则来分析、解释现代汉语里的一些语法现象,包括结构理论、移位理论、论元理论和指称理论。

沈阳近年来还着力研究配价语法,特别是名词的配价以及领属关系的研究,先后发表了《汉语句法结构中名词短语部分成分移位现象初探》(语言教学与研究 1996 年第 1 期)、《名词短语的多重移位形式和"把"字句构成构成与语义解释》(中国语文 1997 年第 6 期)、《领属范畴及领属性名词短语的句法作用》(《句法结构中的语义研究》,北京语言文化大学出版社 1998)等。配价语法研究方面,主编了《现代汉语配价语法研究》(与郑定欧合作,北京大学出版社 1995)以及《配价理论和汉语语法研究》(语文出版社 1999)。

他还特别注意汉语语法教学,编写了《汉语和汉语研究十五讲》(与陆俭明合作,北京大学出版社 2003)、《语言学概论》(与贺阳合作,中国人民大学出版社 2006)。应该说沈阳的研究在引进并且消化、修正、补充西方语言学理论方面迈出坚实而有成效的一步,他也是我国新生代语法学家最有希望的年轻学者之一。

四　贺阳的语法研究

贺阳,1955 年出生,北京人。1988 年获中国人民大学中文系硕士学位,导师胡明扬。留校任教,2005 年获中国人民大学文学博士学位。现任中国人民大学文学院副院长、教授、博导,兼任人大复印报刊资料《语言文字学》主编,北京市语言学会常务理事、副秘书长。研究领域主要是北京话、现代汉语语法和语言接触。代表作是《现代汉语欧化语法现象研究》(商务印书馆 2008)。他的语法研究特色主要是:

第一,注意口语的语法研究。例如:《北京话的语气词“哈”字》(方言 1994 年第 1 期)、《“程度副词＋有＋名”试析》(汉语学习 1994 年第 2 期)、《汉语完句成分试探》(语言教学与研究 1994 年第 4 期)。

第二,注意计量统计。例如《性质形容词句法成分功能统计分析》(《词类问题考察》,北京语言学院出版社 1996)、《形名兼类的计量考察》(同上)。

第三,注意语言接触给语法带来的影响。例如:《从现代汉语介词中的欧化现象看间接语言接触》(语言文字应用 1994 年第 4 期)、《现代汉语数量词中的若干欧化语法现象》、《现代汉语 DV 结构的兴起及发展与印欧语言的影响》(中国人民大学学报 2006

年第 2 期)、《汉语主从复句的语序变化与印欧语言的影响》(长江学术 2008 年第 4 期)。

五 刘丹青的语法研究

刘丹青,1958 年生,江苏无锡人,1982 年毕业于苏州大学,1984 年获南京师范大学硕士学位,导师张拱贵;2000 年获香港城市大学博士学位,导师徐烈炯、张斌。他先后在南京师范大学和上海师范大学工作,曾任江苏省语言学会副秘书长、上海师范大学语言研究所所长。2002 年后调任中国社会科学院语言研究所教授、博导,历任《中国语文》副主编、研究所所长助理、副所长。

刘丹青研究领域广泛,从事汉语语法学、方言学、语言学理论的研究,尤其以跨语言、方言的语言共性及类型学研究见长。刘丹青具有国际视野,是当前我国语言学界思想最为活跃、成果最为突出的年轻学者之一。代表作是《语序类型学与介词理论》(商务印书馆 2003),把介词作为参项,分析汉语介词的类型背景,指出汉语的介词实际上有前置、后置和框式三种类型,并从语言类型学角度进行理论讨论,提出不少有理论价值的观点。

刘丹青的研究特色主要有以下几点:

第一,始终关注国际语言学界最新进展,研究课题多具开拓性。例如《亲属关系名词的综合研究》(语文研究 1983 年第 4 期)是国内最早结合义素探讨词的句法属性的论文,指出关系名词必须有领属定语才能在句法上自足。《三大类实词句法功能的统计分析》(与莫彭龄合作,南京师范大学学报 1985 年第 3 期)是国内第一篇以统计研究词类划分的论文。《汉语相向动词初探》(《语言研究集刊》一,江苏教育出版社 1986)是国内第一篇研究相互性动词的论文。《形名同现及形容词的"向"》(南京师范大学学报 1987年第 3 期)是国内第一篇研究形容词配价的论文。《汉语形态的节律制约》(南京师范大学学报 1993 年第 1 期)等文则在国内较早提出语法研究的语音平面。

第二,对语言类型学研究情有独钟。论文有《语序共性与歧义结构》(《中国语言学的新拓展:庆祝王士元教授六十五岁华诞》,香港城市大学出版社 1999)、《汉语方言语序类型的比较》([日]现代中国语研究 2001 年总 2 期)、《粤语句法的类型学特点》([中国香港]亚太语文教育学报 2001 年第 2 期)、《吴语的句法类型特点》(方言 2001 年第 4 期)、《汉语给予类双及物结构的类型学考察》(中国语文 2001 年 5 期)、《汉藏语言的若干语序类型学课题》(民族语文 2002 年第 5 期)、《汉语关系从句标记类型初探》(中国语文 2005 年第 1 期)、《汉语名词性短语的句法类型特征》(中国语文 2008 年第 1 期)等。尤其是关于吴方言里"阿 V"句式到底是属于是非问还是正反问,他不同意朱德熙的意见,认为应该属于是非问,在语言学界引发一场争论。

第三,运用普通话和上海话的语言材料,进行话题和功能的深入研究。先后发表了《普通话与上海话中的拷贝式话题结构》(语言教学与研究 1998 年第 1 期)、《焦点与背景、话题及汉语"连"字句》(中国语文 1998 年第 4 期)、《汉语中的框式介词》(当代语言学 2002 年第 4 期)等。代表作是《话题的结构与功能》(与徐烈炯合作,上海教育出版社 1998,增订本 2007)。

第四,关于语法研究的理论思考和专题研究。论文有《试论汉语语法的宏观研究》(《九十年代的语法思考》,北京语言学院出版社 1994)、《语义优先还是语用优先》(《句法结构中的语义问题》,北京语言学院出版社 1994)、《"唯补词"初探》(汉语学习 1994 年第 3 期)等。

刘丹青在语音、词汇以及方言研究方面也有一些很有特色的成果,例如《汉语指示词语音象似性的跨方言考察》(与陈玉洁合作,当代语言学 2008 年第 4 期、2009 年第 1 期),提出指示词语音象似性三原则:背景原则、响度原则和重度原则,并且通过大量汉语方言数据的统计分析进行了验证。他还翻译了科姆里和史密斯编制的《Lingua 版语言描写性研究问卷》,并编写成《语法调查研究手册》(上海教育出版社 2008),该书对汉语方言语法调查研究很有参考价值。

六　刁晏斌的语法研究

刁晏斌,1959 年生,山东烟台人。1982 年辽宁师范学院中文系毕业,1986 年获吉林大学硕士学位,导师许绍早。2004 年获南开大学博士学位,导师马庆株。2006 年完成在山东大学文学与新闻传播学院博士后流动站的研究工作。2005 年应聘为北京师范大学中文系教授。历任辽宁师范大学语言研究所所长,中国高师现代汉语教学研究会常务理事,辽宁省语言学会副会长,辽宁省修辞学会会长。刁晏斌的研究特色是打通近代汉语和现代汉语,并且试图创建"现代汉语史",具有发展和动态的观念,角度新颖,颇有创意。

刁晏斌的语法研究大致可以分为三个方面:

第一,前期主要研究近代汉语句法。论文有:《试论近代汉语语法的特点》(《近代汉语研究》二,商务印书馆 1999)等,著作有《近代汉语句法论稿》(辽宁师范大学出版社 2001)、《三朝北盟会编语法研究》(河南大学出版社 2004)。

第二,第一个提出建立"现代汉语史",并且要对现代汉语的历史发展演变进行研究,目的在于打通古代汉语、近代汉语和现代汉语。著作有《初期现代汉语语法研究》(台北洪业文化事业有限公司 1998)、《现代汉语史》(福建人民出版社 2006)、《现代汉语虚义动词》(辽宁师范大学出版社 2004)。近年更是开展对"文革"时期语言的研究,例如《试论"文革"语言语法的特点》(山西师范大学学报 2008 年第 2 期)。

第三,注重语言的变化和变异。论文有《新时期语法变异现象研究述评》(语言文字应用 2003 年第 2 期)、《略论共时语法研究中的历时观照》(宁夏大学学报 2006 年第 4 期)、《试论"程度副词+一般动词"形式》(世界汉语教学 2007 年第 1 期)等。同时开展海峡两岸的语法比较研究。著作有:《新时期新语法现象研究》(中国文联出版社 2001)、《差异与融合——海峡两岸语言应用对比》(江西教育出版社 2000)等。

七 崔希亮的语法研究

崔希亮,1960 年生,吉林公主岭人。1983 年毕业于北京大学中文系,1988 年获北京大学硕士学位,2004 年获北京大学博士学位,导师陆俭明。现为北京语言大学教授、博导,历任北京语言大学校长助理、副校长、校长。兼任北京市语言学会副会长、中国语言学会常务理事、世界汉语教学学会副会长。崔希亮的研究考虑到对外汉语教学的需要,所以能够在务实中体现理论的思考,兼顾形式和意义,还运用统计学来加以证明;注重交际信息的区分和提取,更可取的是注意认知上的解释,给人耳目一新的感觉。他是我国新一代对外汉语教学的领军人物,代表作是《语言理解与认知》(北京语言文化大学出版社 2001),著作还有《汉语熟语与中国人文世界》(北京语言文化大学出版社 1997)、《汉语教学:海内外的互动与互补》(商务印书馆 2007)。

崔希亮的语法研究主要着力于几个方面:

一是运用配价理论和认知语言学来研究特殊句式。例如:《论"连…也/都…"结构的多重语言信息》(世界汉语教学 1990 年第 3 期)、《汉语"连"字句的语用分析》(中国语文 1993 年第 2 期)、《汉语"把"字句的若干句法语义问题》(世界汉语教学 1995 年第 3 期)、《"在"字结构解析——从动词的语义、配价及论元之关系考察》、(世界汉语教学 1995 年第 3 期)。

二是运用认知语言学进行方位、位移、时间的研究。例如:《空间方位关系及其泛化形式的认知解释》(《语法研究与探索》十,商务印书馆)、《汉语方位结构"在……里"的认知考察》(《语法研究和探索》十一,商务印书馆 2001)、《"在"与空间方位场景的句法表现及语义映像》(《中国语言学报》10,务印书馆 2001)、《汉语空间方位场景的态与论元的凸显》(世界汉语教学 2002 年第 1 期)、《空间关系的类型学研究》(汉语学习 2002 年第 1 期)、《事件的情态和汉语的表态系统》(《语法研究与探索》十二,商务印书馆)、《汉语介词与位移事件》(《中国语言学报》12,商务印书馆 2006)。代表作是

《汉语语言学文萃——语法卷》(北京语言文化大学出版社 2004)。

近年来,崔希亮的语法研究有两个明显的走势:一是更加注重理论和方法的探讨,发表了《现代汉语语法研究的立场和方法透视》(语言教学与研究 1994 年第 2 期)、《认知语言学:研究范围和研究方法》(语言教学与研究 2001 年第 5 期)等;二是加强了对外汉语教学方面的研究,论文有《现代汉语称谓系统与对外汉语教学》(语言教学与研究 1996 年第 2 期)、《日韩学生汉语介词结构的中介语分析》(《中国语言学报》11,商务印书馆)、《欧美学生汉语介词习得的特点及偏误分析》(世界汉语教学 2005 年第 3 期)等。

八　方梅的语法研究

方梅,女,1961 年生,北京人。1990 年获北京大学硕士学位。现任语言研究所研究员、《中国语文》编辑部主任。方梅主要从事功能语法、认知语法和篇章语言学研究,特点是注重汉语口语,注重语法功能和语用,是国内比较早运用功能语法理论来研究汉语,而且也是结合得比较好的青年学者。

她跟张伯江合作的代表作是《汉语功能语法研究》(江西教育出版社 1996)。该书以北京口语语法为研究对象,对主位结构、焦点结构、词类功能和句法功能分别进行探讨,还对语法化现象,特别是尝试范畴以及指代范畴的语法化问题作了比较深入的研究,其中涉及认知语言学的典型、生命度、无指性、连续统,在研究方法上有借鉴意义。这本书的影响很大,成为汉语功能语法研究的代表性著作之一。

方梅近年来继续运用功能语法的理论进行探讨,在语法化、背景化、虚化等热点问题方面进行出色的研究。其特点是角度比较新颖，注重功能和篇章分析。例如《指示词"这"和"那"在北京话中的语法化》（中国语文 2002 年第 4 期）通过对"这"和"那"在北京话共时系统中各种用法的描写，说明指示词用法的虚化轨迹和虚化的系统背景，以及"从篇章用法到句法范畴"的演变机制。《认证义谓宾动词的虚化——从谓宾动词到语用标记》（中国语文 2005 年第 6 期）指出表示评价意义的认证义动词控制度最弱，虚化为表达说话人视角和态度的语用标记。此外还有《篇章语法与汉语篇章语法研究》（中国社会科学 2005 年第 6 期）、《由背景化触发的两种句法结构——主语零形反指和描写性关系从句》（中国语文 2008 年第 4 期）等。

九　张伯江的语法研究

张伯江，1962 年生，河北玉田人。1984 年北京大学中文系毕业，1991 年中国社会科学院研究生院语言学系获硕士学位，后获得复旦大学博士学位，导师戴耀晶。现任语言研究所研究员、博导。他主要从事功能语法、认知语法和篇章语言学研究，特点是注重北京口语语法，注重语义以及功能和语用，是国内比较早运用功能语法理论来研究汉语，而且也是结合得比较好的优秀青年学者之一。

张伯江的成名作是跟方梅合写的《汉语功能语法研究》（江西教育出版社 1996），详见上文"方梅的语法研究"。

近年来，张伯江的研究进一步运用功能语法的理论与方法对具体问题进行研究。

　　一是对句式、句类的研究。例如:《论"把"字句的句式语义》(语言研究 2000 年第 1 期)借助认知心理学的"顺序原则"、"相邻原则"和"数量原则"说明"把"字句个别特点之间的逻辑联系,显示"把握整体"这种方法有更广的解释力。《被字句和把字句的对称与不对称》(中国语文 2001 年第 6 期)把被字句和把字句句式语义上的差异概括为直接受影响与间接受影响、直接使因与间接使因之间的差别。此外还有《疑问句功能琐议》(中国语文 1997 年第 2 期)等。

　　二是对词类、句子语义角色功能的关注。例如《施事角色的语用属性》(中国语文 2002 年第 6 期)认为施事的理解很大程度上取决于语用因素,换言之,施事常常与说话人的视点和感情合一,说话人的移情焦点优先占据句首位置的时候,叙述视点有可能离开常规施事位置,常规施事位置上就会出现弱施事成分,这是施事语用决定特征的另一方面表现。此外还有《从话语角度论证语气词"的"》(与李纳等合作,中国语文 1998 年第 2 期)、《名词功能的游移研究》(《句法结构中的语义研究》,北京语言文化大学出版社1998)、《施事角色的语用属性》(中国语文 2002 年第 6 期)、《功能语法与汉语研究》(语言科学 2005 年第 6 期)等。

　　张伯江不满足于对语法现象的表面描写,而致力于追究语法背后深层动因;看重交际功能对语序变化的影响,语法差异形成的历时过程对共时格局的决定作用,并用认知规律来给以统一的解释。有关句法语义的研究,后结集为《从施受关系到句式语义》(商务印书馆 2009)。

十　袁毓林的语法研究

袁毓林,1962 年生,江苏昆山人。1980 年江苏师院苏州地区专科班毕业,1987 年杭州大学获得硕士学位,导师王维贤和倪宝元,1990 年北京大学获博士学位,导师朱德熙。先在清华大学中文系工作,现为北京大学中文系教授、博士生导师。他是近年来新崛起的年轻一代语法学家的代表性人物,在祈使句、配价语法以及语义功能分析、认知语法研究等方面都有卓越建树。

代表作之一是《现代汉语祈使句研究》(北京大学出版社1993),这实际上是他的博士论文,从句法、语义、语用不同层面对祈使句进行了多角度的探索,特别是根据语义特征联系动词的小类来研究,区分出"述人动词"和"非述人动词",前者又分为"可控动词"和"非可控动词","可控动词"再分为"自主动词"和"非自主动词","自主动词"又区分褒贬,从而对肯定式祈使句、否定式祈使句以及强调式祈使句不仅作出仔细描写,而且进行了认知解释。

代表作之二是《汉语动词的配价研究》(江西教育出版社1998),他提出通常所说的配价可以分为四个层次:联、项、位、元,这对解决配价研究中的若干疑难问题有一定的启发作用。而且他还对名词的配价进行了有创见的研究,也是国内最早开始这一研究的。论文有《一价名词的配价和配位分析》(《对外汉语教学探讨集》,北京大学出版社 1998)、《汉语动词的配价层级和配位方式》(《现代汉语配价语法研究》2,北京大学出版社 1998)。

代表作之三是《语言的认知研究和计算分析》(北京大学出版社 1998),该书尝试运用认知语言学的计算分析方法来解决汉语语法中的具体问题,所以该书既有理论与方法的思考和介绍,也有具体课题的分析和解释。例如提出了"降级述位结构"、"降级主语"、"降级宾语"、"语义激活"、"缺省推理"、"空范畴"等术语,运用"原型理论"和"词类范畴家族相似性"来分析和重新解释汉语的词类问题。袁毓林的认知语法研究跟计算语言学密切相关,有关论文还有《语言的认知研究和计算分析》(语言文字应用 1996 年第 1 期)、《定语顺序的认知解释及其理论蕴涵》(中国社会科学 1999 年第 2 期)、《照应的结构限制和认知解释》(《继承与创新》,浙江教育出版社 2000)、《计算语言学的理论方法和研究取向》(中国社会科学 2001 年第 4 期)、《容器隐喻、套件隐喻及相关的语法现象——词语同现限制的认知解释和计算分析》(中国语文 2004 年第 3 期)等。

袁毓林的语法研究面比较宽,对历史演变的语法化,对否定结构都有精彩的论述。例如《话题化及相关的语法过程》(中国语文 1996 年第 4 期)、《"者"的语法功能及其历史演变》(中国社会科学 1997 年第 3 期)、《述结式的结构和意义的不平衡性——从表达功能和历史来源的角度看》(〔日〕现代中国语研究 1999 年第 1 期创刊号)、《并列结构的否定表达》(语言文字应用 1999 年第 3 期)、《论否定句的焦点、预设和辖域歧义》(中国语文 2000 年第 2 期)、《否定式偏正结构的跨维度考察》(《语法研究和探索》十,商务印书馆 2000)、《流水句中否定的辖域及其警示标志》(世界汉语教学 2000 年第 3 期)等。

进入 21 世纪以后,袁毓林的语法研究更加开拓,注意力转移到对语义解释、语义功能、语义模式、焦点结构等方面。论文主要有《论元角色的层级关系和语义特征》(世界汉语教学 2002 年第 3 期)、《从焦点理论看句尾"的"的句法语义功能》(中国语文 2003 年第 1 期)、《句子的焦点结构及其对语义解释的影响》(当代语言学 2003 年第 4 期)、《"都"的加合性语义功能及其分配性效应》(当代语言学 2005 年第 4 期)、《试析"连"字句的信息结构特点》(语言科学 2006 年第 2 期)、《汉语拥有关系的语义模式和语法表现》(世界汉语教学 2007 年第 4 期)等。

袁毓林的语法研究给人一种崭新的面貌,跟传统的研究理论与方法有很大的区别。他最出色的地方就是研究理论与方法的更新,所以能够得出与众不同的结论。他的研究思路非常活跃,综合地运用语义(语义特征、语义范畴、语义角色等)和语用(话题、焦点、隐含、省略等)的概念和手段,特别是运用认知语言学的理论,以及心理语言学、计算语言学的若干方法,给人耳目一新的感觉。

《袁毓林自选集》(江西教育出版社 1999)比较全面地反映了他 90 年代的研究成果。此外,他还主编了《赵元任语言学论文选》(清华大学出版社 1992)、《计算机时代的汉语和汉字研究》(与罗振声合作,清华大学出版社 1996)、《现代汉语配价语法研究(二)》(与郭锐合作,北京大学出版社 1998)。

十一 郭锐的语法研究

郭锐,1962 年生于四川绵阳,山西汾西人。1983 年毕业于北京大学中文系,1991 年获硕士学位,1999 年获博士学位,导师陆俭明。本科毕业就留校工作,现为北京大学中文系教授、博导。主要研究汉语句法、语义以及语用和句法的交互作用。他的研究特色是坚持形式和意义相互验证的研究方法,注重语义分析。论著虽然不是太多,但是都是深思熟虑之作,颇有影响。代表作是在博士论文基础上修改而成的专著《现代汉语词类研究》(商务印书馆2002),此外,他还主编了《现代汉语配价语法研究》(二)(与袁毓林合作,北京大学出版社1998)。

　　郭锐的研究强项是汉语词类,他当年跟随朱德熙一直从事汉语的词类研究,以后有所发展,认为划分词类不能完全依赖于分布和功能,他的划分词类的原则与方法得到很多学者的认同。论文有《语文词典的词性标注问题》(中国语文1999年第2期)、《表述功能的转化和"的"字的作用》(当代语言学2000年第1期)、《词频与词的功能的相关性》(语文研究2001年第3期)、《汉语形容词的划界》(《中国语言学报》10,商务印书馆2001)、《汉语词类划分的论证》(中国语文2001年第6期)等。

　　郭锐的研究还特别重视语义和认知的研究,有自己独到的看法。《语义结构和汉语虚词语义分析》(世界汉语教学2008年第4期)认为汉语虚词的语义依赖与之共现的其他成分,换言之,虚词往往引导出一些实体、时间、处所等语义要素,语义结构就是虚词所引出的语义要素以及虚词所表达的语义要素间的关系。如果用语义结构分析法来描写副词,就有可能发现一些新的义项。有关论文有《过程和非过程——汉语谓词性成分的两种外在时间类型》(中国语文1997年第3期)、《"吗"问句的确信度和回答方式》(世界汉语教学2000年第2期)、《衍推和否定》(世界汉语教学2006年第2期)、《把字句的语义构造和论元结构》(《语言学论丛》二十八,商务印书馆2003)、《空间参照理论与汉语方位表达参照策略研究》(《当代语言学理论和汉语研究》,商务印书馆 2008)等。

十二　张旺熹的语法研究

张旺熹,1962 年生,安徽芜湖人。1987 年获山东大学硕士学位,2004 年获上海师范大学博士学位,导师齐沪扬。现为北京语言大学教授、博导,汉语水平考试研究中心主任。

他的研究主攻方向为特殊句式的结构和语义研究,当年以《把字结构的语义结构及语用分析》(语言教学与研究 1991 年第 3 期)脱颖而出,该文联系形式与意义来重新审视把字句,并且放到语用环境中去考察这类特殊句式。之后的研究基本上遵循这条路子进行,并且结集出版了《汉语特殊句法的语义研究》(北京语言文化大学出版社 1999),该书运用功能语法和认知语法对一些现代汉语的特殊句法结构,例如把字结构、主谓谓语结构、双数量结构、"动＋得＋形"结构、"V 不 C"结构、"动＋形"结构以及动补结构等进行了细致深入的分析,在语法事实描写的基础上,侧重观察和解释句法所反映的语义问题,涉及语义关系、语义条件、语义范畴、语义特征、语义系统、语义模式、语义选择以及语义对句法的制约作用等。

近年来他的语法研究向认识解释方面发展,论文有《"把"字句的位移图式》(语言教学与研究 2001 年第 3 期)、《汉语介词衍生的语义机制》(汉语学习 2004 年第 1 期)、《连字句的序位框架及其对条件成分的映现》(汉语学习 2005 年第 2 期)。代表性著作是《汉语语法的认知与功能探索》(世界图书出版公司 2007)、《汉语句法的认知结构研究》(北京大学出版社 2006),还主编了《汉语句法结构隐性量探微》(北京语言大学出版社 2009)。此外,张旺熹在对外汉语教学方面也素有研究,著作有《对外汉语研究与评论》(教育科学出版社 2005)。

十三　胡建华的语法研究

胡建华,1962 年出生,山东五莲人。1997 年任山东大学英语系副教授,2001 年任湖南大学语言学系教授;2002 年获香港城市大学中文、翻译及语言学系博士学位,导师潘海华。2002—2003 年在香港理工大学中文及双语系做博士后。2006 年起任中国社会科学院语言研究所研究员、《当代语言学》副主编。

主要研究句法、语义学以及儿童语言习得。主要论文有:"论元的分布与选择——语法中的显著性和局部性"(中国语文 2010 年第 1 期)、"现代汉语不及物动词的论元和宾语"(中国语文 2008 年第 5 期)以及"否定、焦点与辖域"(中国语文 2007 年第 2 期)等。在海外发表的论文有:Is there a Finite vs. Nonfinite Distinction in Chinese? (与潘海华、徐烈炯合著;*Linguistics* Vol. 39,6,2001)、Decomposing the Aboutness Condition for Chinese Topic Constructions(与潘海华合著;*The Linguistic Review*,2/3,2009)以及 A Semantic-Pragmatic Interface Account of(Dangling) Topics in Mandarin Chinese(与潘海华合著;*Journal of Pragmatics*,2008-11)等。专著有《指代不确定性研究》(湖南教育出版社 2002)。

他擅长于运用形式语法理论来解释汉语语法现象,研究涉及面很宽,所研究的课题涉及句子的定式性与时态投射、格指派、量化结构、论元结构、焦点和信息结构、否定结构、被动结构、存现结构、体貌标记、疑问句、反身代词、空语类、话题结构以及孤岛限制等。他提出并论证显著性和局部性是制约并协调汉语语法系统运作的一般原则。用显著性与局部性运算机制对疑问词的分布与解读、量化辖域、论元选择、反身代词约束以及儿童句法和语义习得等问题做了系统研究。

第二节　上海地区的代表性学者

上海地区历来是汉语语法研究的重镇，也是海派语法的发源地，人称汉语语法研究的"第二世界"。在 20 世纪 80—90 年代，复旦大学、华东师范大学以及上海师范大学形成老中青结合的三足鼎立的格局：胡裕树、范晓、戴耀晶（复旦），林祥楣、范开泰、邵敬敏（华东师大）和张斌（上海师大），三家关系相当融洽团结。但是从 90 年代中开始，这个格局逐渐发生了变化。随着林祥楣、胡裕树先后去世，范开泰调入上海师大，邵敬敏调去暨南大学，范晓退休，齐沪扬、张谊生、吴为善崛起，陈昌来、陆丙甫加盟，上海师大的语法研究力量迅速壮大。目前在上海，主要的语法研究力量聚集在上海师范大学，包括文学院中文系以及对外汉语学院两部分，可谓一枝独秀。在张斌、范开泰的培养下，迅速成长起一批以博士为主体的年轻有为的语法学家，尤其是对外汉语学院的核心力量几乎都是语法研究出身，他们编辑出版《对外汉语研究》（商务印书馆），举办"虚词与对外汉语"的研讨会，集体编写"现代汉语虚词研究丛书"（安徽教育出版社），蔚然成军，洋洋大观，成为上海高校最具实力的语言学阵地。此外,在上海外国语大学、上海财经大学、上海大学等高校也积聚着一些从事语法研究的年轻学子。上海在汉语法学界"老二"的地位依然坚固,不容忽视。

一　王珏的语法研究

王珏,1949 年生,河南鹿邑人。1986 年获徐州师范大学中文系硕士学位,导师廖序东、古德夫。1986 年起在解放军外国语学院中文系任教,1995 年从部队转业到华东师范大学对外汉语学院工作,后任教授、博导,曾任汉语系主任,2008 年调入上海交通大学国际教育学院工作。

王珏主要研究汉语语法,不愿随大流,常常另辟蹊径,显示出自己独特的视角和研究特色。他的研究主要涉及以下几个方面:

一是关于名词的研究。论文有《植物名词的分类及其语法特征》(世界语言教学 1999 年第 1 期)、《体词的陈述性与非个体性》(华东师范大学学报 2005 年第 6 期),代表性著作是《现代汉语名词研究》(华东师范大学出版社 2001)。

二是关于生命范畴研究,这是他在学术界最有影响的研究。论文有《生命名词的语义类别与语法表现》(《现代汉语语法研究新拓展》一,浙江教育出版社 2002)、《生命动词初论》(《中国语言学报》十一,商务印书馆 2002)、《生命范畴概说》(华东师范大学学报 2003 年第 1 期)、《汉语生命范畴及其词汇、词法、句法表现》(华东师范大学学报 2004 年第 1 期)等。代表性著作是《汉语生命范畴初论》(华东师范大学出版社 2004)。

此外还有理论著作《语言内部补偿初探》(香港天马图书有限

公司 2001)。王珏对方言以及音韵学也有一定研究。

二 齐沪扬的语法研究

齐沪扬,1950 年生,浙江天台人,生于上海。1981 年安徽淮北煤炭师范学院中文系毕业,1988 年华东师范大学获得硕士学位,导师林祥楣;1993 年上海师范大学获得博士学位,导师张斌。现为上海师范大学对外汉语学院教授、博导、院长,兼任上海语文学会副会长。齐沪扬的研究特色是细致严谨,说理透彻,注重应用,是新一代汉语语法学家的代表性人物之一。

齐沪扬的语法研究大体上可以分为三个方面:

第一,空间系统研究。代表作是《现代汉语空间问题研究》(学林出版社 1998)。他着意建立一个比较完整的空间系统:方向系统、形状系统和位置系统。相对应的现代汉语就有表示静态位置的"位置句"(包括"绝对"和"相对")和表示动态位置的"位移句"(包括"绝对"、"相对"和"伴随")。并且进一步根据空间位置系统得出动词的分类系统。这是迄今为止对空间问题及其动词系统最详尽深入的研究。

第二,词和短语研究。早期集中在区别词的研究,论文有《谈区别词的内部分类》(淮北煤炭师范学院学报 1988 年第 2—3 期)、《论区别词的范围》(华东师范大学学报 1990 年第 2 期)、《区别词功能游移的原因》(汉语学习 2008 年第 4 期)等。近期主要讨论短语类型,例如《动词性短语与动词的功能比较》(上海师范大学学报 2000 年第 4 期)、《形容词性短语与形容词的功能比较》(与王爱红合作,汉语学习 2001 年第 2 期)、《体词和体词性短语的功能差异》

（华东师范大学学报 2002 年第 2 期）。代表性著作是《与名词动词相关的短语研究》（北京语言大学出版社 2004）。

第三，近年来注重语气词以及语气副词的研究。论文有《论现代汉语语气系统的建立》（汉语学习 2002 年第 2 期）、《现代汉语祈使句句末语气词选择性研究》（上海师范大学学报 2005 年第 2 期）、《语气副词的语用功能分析》（语言教学与研究 2003 年第 1 期）、《反诘类语气副词的否定功能分析》（汉语学习 2006 年第 5 期）等，著作有《语气词与语气系统》（安徽教育出版社 2003）。

他还非常关注语言教学和对外汉语教学，著有《现代汉语短语》（华东师范大学出版社 2000）、《传播语言学》（河南人民出版社 2000）以及《现代汉语虚词研究综述》（与张谊生、陈昌来合作，安徽教育出版社 2003）；主编《面向 21 世纪语言问题再认识》（与范开泰合作，上海教育出版社 2001）、《汉语通论》（中央广播电视大学出版社 2005）、《对外汉语教学语法》（复旦大学出版社 2005）以及《现代汉语》（商务印书馆 2008）等。

三　申小龙的语法研究

申小龙，1952 年生于上海，祖籍浙江杭州。1978 年入复旦大学中文系学习，1988 年获复旦大学博士学位，导师张世禄。现为复旦大学中文系教授、中国语言文学研究所理论语言学研究室主任，先后兼任全国青年汉语史研究会会长、中国语言文化学会会长、上海语言学会理事、北京国际汉字研究会副会长。主攻文化语言学，尤其关注汉语语法理论建设。申小龙多年鼓吹中国文化语言学，掀起一股"申旋风"，对汉语语法学的主流理论和方法大胆提

出挑战,才气横溢,指点江山,在 20 世纪 80 年代中期到 90 年中期
产生非常大的影响,但是观点颇为偏激,争议极大。著作甚多,却
有部分抄袭的嫌疑,主要有《中国句型文化》(东北师范大学出版社
1988)、《中国语言的结构与人文精神——申小龙论文集》(光明日
报出版社 1988)、《人文精神,还是科学主义?——20 世纪中国语
言学思辨录》(学林出版社 1989)、《中国文化语言学》(吉林教育出
版社 1990)、《当代中国语法学》(广东教育出版社 1996)、《申小龙
自选集》(广西师大出版社 1999)等。主编高校教材《新文化古代
汉语》(与宋永培合作,广西人民出版社 1995)、《语言学纲要》(复
旦大学出版社 2003)等。90 年代中期以后,可能是受到多方面的
批评和指责的影响,逐渐淡出语法学界。

四　张谊生的语法研究

张谊生,1952 年生,浙江绍兴人。1992 年获徐州师范大学硕
士学位,导师张爱民。1995 年获上海师范大学博士学位,导师张
斌。毕业后留校,现任上海师范大学中文系教授、博导,兼任上海
师大语言研究所副所长。张谊生出道虽晚,却迅速崛起,后来居
上,以自己出色的研究成果赢得了很高的声誉。他的语法研究强
项是副词,并已形成自己鲜明的特色,他详尽地掌握语言事实,通
过比较,找出细微而重要的区别,而且往往能够在常人不注意的地
方发现规律、挖掘理论问题,是目前对现代汉语副词研究得最深入
的学者之一。

代表性著作是《现代汉语副词研究》(学林出版社 2000)与《现
代汉语副词探索》(学林出版社 2004),前者讨论了"性质与类别"、

"结构与关系"、"否定与连接"以及"生成与变化"，由于他先对相当数量的副词进行细致而深入的研究，所以能够从中提炼出若干带有普遍性的理论问题，比如探讨"程度与范围"、"时间与否定"、"评注与情态"、"关联与关系"等专题，具有浓郁的理论色彩。

他先是对个别重要副词进行一个个的个案研究，分析可以说是细致入微，入木三分。例如《现代汉语副词"白""白白"》（淮北煤炭师范学院学报 1993 年第 1 期）、《现代汉语预设否定副词的表义特征》（世界汉语教学 1996 年第 2 期）等。

然后转而对副词进行整体性分析和理论性思考，发表了《名词的语义基础及功能转化与副词修饰名词》（语言教学与研究 1996 年第 4 期、1997 年第 1 期）、《副词的篇章连接功能》（语言研究 1996 年第 1 期）、《说"永远"——兼论汉语词类研究中的若干理论问题》（语言教学与研究 1998 年第 2 期），特别值得注意的是《说"难免"——兼论汉语的虚化方式、羡余否定》（《中国语言学报》九，商务印书馆 1999）、《论与汉语副词相关的虚化机制——连论现代汉语副词的性质、分类与范围》（中国语文 2000 年第 1 期）等。

近年来，他的研究视野更为拓宽，特色是：（1）涉及动词的配价以及其他虚词，例如《交互动词配价研究》（语言研究 1997 年第 1 期）、《交互类短语与连介兼类词的分化》（中国语文 1996 年第 5 期）。著作有《助词与相关格式》（安徽教育出版社 2003）以及《现代汉语虚词研究综述》（与齐沪扬、陈昌来合作，安徽教育出版社 2003）。（2）关注语法化和主观化问题，论文有《"副＋是"的历时演化和共时变异——兼论现代汉语"副＋是"的表达功用和分布范围》（语言科学 2003 年第 3 期）、《副词"都"的语法化与主观化——

兼论"都"的表达功用和内部分类》(徐州师范大学学报 2005 年第 1 期)、《"看起来"与"看上去"——兼论动趋式短语词汇化的机制与动因》(世界汉语教学 2006 年第 3 期)、《汉语非典型持续体标记"中"和"间"的形成和发展》(汉语学报 2007 年第 4 期)、《试论主观量标记"没"、"不"、"好"》(中国语文 2006 年第 2 期)。(3)关注汉语语法的最新变化,对新兴用法的观察相当敏锐。例如《当代汉语摹状格式探微》(语言科学 2008 年第 2 期)、《从"非常 X"的陌生化搭配看汉语修辞学的现代取向》(修辞学习 2008 年第 2 期)。

五 金立鑫的语法研究

金立鑫,1953 年出生,上海人,是自学成才的典型,20 世纪 80 年代通过参加上海市自学考试,获学士学位,后参加复旦大学研究生班,1992 年获上海外国语大学中文系博士学位,导师王德春。毕业后留校任教,现任语言研究所教授,兼任世界汉语教学学会理事,中国汉英对比与翻译学理事。主要研究语言学理论、现代汉语语法以及对外汉语教学的理论和方法。代表作是《语法的多视角研究》(上海外语教育出版社 2000)和《语言研究方法导论》(上海外语教育出版社 2007)。他的研究风格是理论意识比较强烈,通过对汉语语法事实的分析寻找研究理论和方法的突破。

他的语法研究主要是三个方面:

一是汉语语法专题研究。最有影响的是关于把字句的研究,论文有《"把 OV 在 L"的语义句法语用分析》(中国语文 1993 年第 5 期)、《"把"字句的句法、语义、语境特征》(中国语文 1997 年第 6 期),此外还有《词尾"了"的时体意义及其句法条件》(世界汉语教学 2002 年第 1 期)、《"没"和"了"共现的句法条件》(汉语学习 2005 年第 1 期)等。

二是注意句法结构的功能解释。例如《句法结构的功能解释》(外国语 1995 年第 1 期)、《名词短语内部的形式分析和功能解释》(外国语 1996 年第 1 期)、《动词的语义域及其价语的推导》(中文信息学报 1996 年第 2 期)等。

三是对语法研究理论和方法的追求。论文有《关于一些普遍的语序现象的解释》(当代语言学 1999 年第 4 期)、《语言学的经验科学性质》(语言科学 2003 年第 2 期)、《现代汉语语法和汉语语法研究的本位观》(汉语学习 2003 年第 5 期)、《生成和理解过程中的词汇语义选择》(语言科学 2007 年第 3 期)、《试论行为类型、情状类型及其与体的关系》(语言教学与研究 2008 年第 4 期)等。

此外,他在对外汉语教学方面也有所研究。例如《试论对外汉语教学学科的科学属性及其内部结构》(暨南大学华文学院学报 2002 年第 1 期),还主编了《对外汉语教学虚词辨析》(北京大学出版社 2005)、《认知功能教学法》(与邵菁合作,北京语言大学出版社 2007)。

六　左思民的语法研究

左思民,1957 年出生,籍贯江苏。1997 年于上海师范大学获文学博士学位,导师张斌。曾长期在上海师范大学中文系任教,现为华东师范大学中文系教授、博导。主要从事现代汉语语法及语言学研究,理论意识强烈,善于联系语用、交际来进行思考。专著有《汉语语用学》(河南人民出版社 2000)。

　　他的语法研究,对"体"的研究情有独钟,发表了系列论文,例如《现代汉语的"体"概念》(上海师范大学学报 1997 年第 2 期)、《试论"体"的本质属性》(汉语学习 1998 年第 4 期)、《现代汉语中"体"的研究——兼及体研究的类型学意义》(语文研究 1999 年第 1 期)、《试论汉语体标记的一种标记特点:嵌套》(《面临新世纪挑战的现代汉语语法研究》,山东教育出版社 2000)、《汉语中时、体标记的合一性》(〔日〕现代中国语研究 2001)、《汉语时体标记系统的古今类型变化》(汉语学报 2007 年第 2 期)等。

　　此外,他在语用学方面也很有研究。论文有《汉语句子的构成和定义》(上海师范大学学报 1988 年第 1 期)、《试论汉语句长的制约因素》(汉语学习 1992 年第 3 期)、《论言语行为的分类问题》(上海师范大学学报增刊《文苑》1993)、《命题和其预设间的关系》(上海师范大学学报增刊《文苑》1994)、《试析话语衔接的基本支配因素》(《现代语言学》,语文出版社 1994)、《话语语法研究的性质、范围和对象》(《语法研究入门》,商务印书馆 1999)等。

七　黄锦章的语法研究

　　黄锦章,1953 年生于上海,原籍江苏无锡。1986 年获复旦大学硕士学位,导师胡裕树。1994 年获上海外国语大学语言学与应用语言学博士学位,导师王德春。现任上海财经大学国际文化交流学院教授、硕导,语言学与应用语言学研究所所长。主攻汉语语言学,尤其是汉语语法的理论研究。

　　第一,关注论元结构的研究。《行为类可能式 V‑R 谓语句的逻辑结构和表层句法现象》(语文研究 1993 年第 2 期),率先提出

用逻辑运算处理 Ｖ－Ｒ 结构配价问题。代表作为《汉语格系统研究》(上海财经大学出版社 1997)，是中国大陆第一部系统地运用当代格语法理论来研究汉语句法语义结构的学术专著。

第二，研究汉语主题结构。论文主要有《试论话题选择在语用上的制约因素》(《语法修辞方法论》，复旦大学出版社 1991)、《论两种不同性质的主题和汉语的类型学特点》(汉语学习 1996 年第6 期)、《再论汉语话题在所指上的要求及影响所指要求诸因素》(《语文论丛 5》，上海教育出版社 1997)等。

第三，注意新的理论探索，视角独特，在定指连续统、致使结构的认知解释以及轻动词假设等方面都有所建树。例如《汉语中的使役连续统及其形式紧密度问题》(华东师范大学学报 2004 年第5 期)、《专名的不定指用法及其语用含义》(修辞学习 2004 年第 3期)、《当代定指理论研究中的语用学视角》(修辞学习 2004 年第 5期)、《轻动词假设与汉语句法研究》(汉语学习 2004 年第 6 期)、《移动动词与上古汉语的类型学特征》(华东师范大学学报 2008 年第 1 期)。

此外，还开展对外汉语教学理论的探索，主编了《对外汉语教学中的理论与方法》(与刘焱合作，北京大学出版社 2004)等。

八　戴耀晶的语法研究

戴耀晶，1958 年生，江西泰和人，1987 年获得杭州大学硕士学位，导师王维贤和倪宝元。1990 年获得复旦大学博士学位，导师胡裕树。现任复旦大学中文系教授、博导。主要研究方向为现代汉语语法和语义学，在普通语言学理论、方言语法、语音学、对外汉

语教学等领域也有所涉猎。戴耀晶的研究特色是理论意识比较强,思考问题严密、谨慎,结论可靠。他的语法研究集中在两个方面:

第一,时体问题研究。代表作是他的博士论文《现代汉语时体系统研究》(浙江教育出版社 1997),他提出"体是观察时间进程中的时间构成的方式",他认为时体意义属于句子而不仅仅属于动词,所以观察时要从事件而不是从动词出发,他把事件分为"动态事件"和"静态事件"、"完整事件"和"非完整事件"。为此他提出了现代汉语的两种观察方法和六种体:外部观察法(现实体、经历体和短时体)、内部观察法(持续体、起始体和继续体)。戴耀晶的时体研究很有特色,他不拘泥于印欧语的语法范畴模式,一切从汉语语言事实出发,创造性地提出观察"时体"要从外部和内部两个不同的角度出发,并且把时体范畴跟汉语句法形式联系起来进行分析,在现代汉语时体研究方面具有独创意识。

第二,近年来他特别关注句法语义的分析,包括动词的配价、否定范畴、疑问范畴。论文有:《现代汉语动作类二价动词探索》(中国语文 1998 年第 1 期)、《试论现代汉语的否定范畴》(语言教学与研究 2000 年第 3 期)、《汉语疑问句的预设及其语义分析》(广播电视大学学报 2001 年第 2 期)、《汉语否定句的语义确定性》(世界汉语教学 2004 年第 1 期)等。

参与编写的著作有:《三个平面:汉语语法研究的多维视野》(与人合作,语文出版社 1988)、《语言研究的新思路》(与人合作,上海教育出版社 1998)等。

九　陈昌来的语法研究

陈昌来,1962 年生,安徽定远人。1985 年毕业于安徽师范大学中文系,1988 年毕业于安徽师范大学语言研究所,获硕士学位,导师张涤华,1998 年获复旦大学中文系博士学位,导师范晓,2001年于上海师范大学中国语言文学博士后流动站出站,合作导师张斌。曾任山东烟台师范学院教授,现为上海师范大学教授,历任对外汉语学院副院长、应用语言学研究所副所长、社科处处长。

他刻苦勤奋,述作甚丰,研究特色是稳妥中见新意,平凡里显眼光。主攻汉语语法,涉及多个方面的研究。

他的语法本体研究主要集中在运用三个平面的理论对以动词为核心的句子语义结构进行多角度的分析。例如《汉语处所价语的初步考察》(语言教学与研究 1997 年第 3 期)、《论语义结构中的与事》(语文研究 1998 年第 2 期)、《配价理论与汉语语法研究》(《中国语言学报》9,商务印书馆 1999)、《工具主语和工具宾语异议》(世界汉语教学 2001 年第 1 期)、《带受事成分的不及物动词的考察》(语言教学与研究 2003 年第 3 期)、《"给予"类三价动词构成的句式及其论元缺省的认知解释》(汉语学习 2007 年第 3 期)等。有关研究结集为《现代汉语句子》(华东师范大学出版社 2000)、《现代汉语动词的句法语义属性》(学林出版社 2002)、《现代汉语语义平面问题研究》(学林出版社 2003)。

近年来对介词比较关注,论文有《现代汉语介词的内部差异及其影响》(上海师范大学学报 2002 年第 5 期)、《介词框架"在 N 的 V 下"与主句的语义联系及语义特点》(云南师范大学学报 2007 年第2期)等,有关著作是《介词与介引功能》(安徽教育出版社2002)以及《现代汉语虚词研究综述》(与齐沪扬、张谊生合作,安徽教育出版社2002)。

关于汉语语法学史,他也发表多篇专论,专著是《二十世纪的汉语语法学》(书海出版社2002)。该书有两大特色:一是1976年以后的汉语语法学发展阐述比较详细,并且按照专题给以论述;二是集中评述了新世纪里包括老中青三代在内的50多位语法学家的研究成果,特别是比较详细地介绍了几十位年轻学者,这是其他语法学史著作中所没有涉及的。

此外还主编《应用语言学纲要》(与人合作,商务印书馆2007)、《对外汉语教学概论》(复旦大学出版社2005)、《现代汉语三维语法论》(学林出版社2005)等。

第三节 武汉地区的代表性学者

华中地区的汉语语法研究以华中师范大学为核心,还包括武汉大学、华中科技大学以及湖北大学等。在邢福义的旗帜下,培养了像李宇明、萧国政、徐杰、汪国胜、李向农、吴振国、吴继光、储泽祥等语法新秀,他们雄心勃勃,气势浩然,俨然成为新兴力量的代表,号称"第三世界"。华中师大不仅成立了语言学系,而且还有教育部的重点基地"语言与语言教育研究中心",除了每两年举办一次语法专题国际研讨会之外,还由华中师范大学出版社出版了"华中语学论库",包括:储泽祥《现代汉语方所系统研究》(1997),李向农《现代汉语时点时段研究》(1997),丁力《现代汉语选择问研究》

(1998)，李宇明《汉语量范畴研究》(2000)，郑贵友《状位形容词
"系"研究》(2000)，萧国政《汉语语法学方法论》(2001)，吴继光《用
事成分与工具范畴》(2003)，吴振国《汉语模糊语义研究》(2003)，
段益民《句法规约与反义形容词》(2004)，刘街生《现代汉语同位组
构研究》(2004)，汪国胜《汉语方言语法研究》(2004)，刘云《汉语篇
名的篇章化研究》(2005)，邢福义主编《汉语被动表述问题研究新
拓展》(2006)，朱斌《现代汉语"是"字句然否类型联结研究》
(2006)，姚双云《复句关系标记的搭配研究》(2008)，方欣欣《语言
接触三段两合论》(2008)，谢晓明《语义相关动词带宾语的多角度
考察》(2008)，朱建颂《方言与文化》(2008)，匡鹏飞《时间词语在复
句中的配对共现研究》(2008)，刘云《汉语虚词知识库的建设》
(2009)，朱斌、伍依兰《现代汉语小句类型联结研究》(2009)，汪国
胜、谢晓明主编《汉语重叠问题》(2009)，刘培玉《现代汉语把字句
的多角度探究》(2009)等，可谓兵强马壮，叹为观止。

一　萧国政的语法研究

萧国政，1949 年生，湖北武汉人。1981 年华中师范大学毕业，
1984 年华中师范大学中文系获硕士学位，2000 年获博士学位，导
师邢福义。硕士毕业后即留校工作，2002 年调到武汉大学，现为
文学院教授，博士生导师，历任华中师范大学教授、语言学研究所
副所长、《汉语学报》主编、湖北省语言学会副会长、武汉大学语言
研究所所长、武汉大学语言与信息研究中心主任。主要研究方向
为现代汉语语法和语言文字信息处理。他的语法研究的特色是走
自己的路，比较执著，关注语法、语义与信息的交集。他提出"三个

世界"(语法的组形世界、释义世界和传息世界)、"两层空间"(人际空间和人机空间),颇有个性。有关研究集中表现在三个方面:

第一,符号语法研究,涉及词类、结构、句型等问题。例如《隐蔽性施事定语》(语文研究 1986 年第 4 期)、《试论 V－V 和 VV 的差异》(华中师范大学学报 1988 年第 6 期)、《"'这么'＋形容词＋'点儿'"格式及相关的句法语义问题》(语言研究 2000 年第 1 期)。

第二,理论语法研究,体现了作者对汉语语法研究和方法的深入思考。例如《现代汉语语法研究的语料对象及语料提取》(华中师范大学学报 1994 年第 2 期)、《"句本位""词组本位"和"小句中枢"——汉语语法表述体系更迭的内在动力和发展趋向》(世界汉语教学 1995 年第 4 期)、《现代汉语的隐性语法范畴》(华中师范大学学报 1999 年第 2 期)、《试论 21 世纪现代汉语语法研究的内涵构成与发展选择》(华东师范大学学报 2004 年第 3 期)等。

第三,信息语法研究,偏重于信息以及语义分析。论文有:《右向传递句的延展和凝缩——关于信息语法的思考》(《九十年代的语法思考》,北京语言学院出版社 1994)、《"形容词＋'点'"的信息功能与语义取值》(世界汉语教学 1999 年第 4 期)、《句子信息结构与汉语语法实体成活》(世界汉语教学 2001 年第 4 期)、《信息处理的汉语语义资源建设现状分析与前景展望》(长江学术 2007 年第 2 期)等。

他还提出面向语言信息处理和对外汉语教学的词汇语义理论——"词群—词位变体"理论,引起语言信息处理学界的极大兴趣。

其代表作是《现代汉语语法问题研究》(华中师范大学出版社

1994)、《汉语语法学方法论》(华中师范大学出版社 2001)以及《汉语语法的事实发掘与理论探索》(湖北人民出版社 2005)。

二　吴振国的语法研究

吴振国,1954 年生,湖北武汉人。1982 毕业于华中师范大学中文系,1987 年获硕士学位,2000 年获博士学位,导师邢福义。现任华中师范大学语言学系主任、教授。主要研究方向为现代汉语语法、语义学及计算语言学。擅长计算机应用、数据库和计算机网络。吴振国的语法研究很有特色,视野开拓,对结构的形式和语义,尤其模糊语义有独到见解。代表性著作为《汉语模糊语义研究》(华中师范大学出版社 2003),主编《语言学概论》(华中师范大学出版社 2002)。其研究特色主要是:

第一,疑问句研究。例如《关于正反问句和“可”问句分合的一些理论方法问题》(语言研究 1990 年第 2 期)、《现代汉语选择问句的删除规则》(华中师范大学学报 1992 年第 5 期)等。

第二,句法结构研究。例如《前项隐含的“又”字句》(语言教学与研究 1990 年第 2 期)、《汉语动词重叠的时间特征》(汉语学报 2000 年第 1 期)、《现代汉语中的粘合式联合结构》(语言研究 2004 年第 1 期)等。

第三,汉语的模糊语义研究。例如《模糊词语的联合》(《汉语法特点面面观》,北京语言文化大学出版社 1999)、《模糊语义的聚合》(语言研究 2000 年第 4 期)、《语义的模糊性与相关现象辨析》(汉语学报 2000 年第 2 期)、《语义模糊性的几种表现形式》(语言文字应用 2001 年第 3 期)等。

三 李宇明的语法研究

李宇明,1955 年生,河南泌阳人。1981 年郑州大学中文系毕业,1984 年华中师范大学中文系获硕士学位,导师邢福义。历任华中师范大学中文系教授、博导,文学院副院长、院长,副校长,国家教育部语信司司长、语言文字应用研究所所长,国家语委副主任。

主要学术研究领域为语言学理论、现代汉语、心理语言学,特别是语法以及儿童语言学研究深获好评。他在 20 世纪 80 年代已经在语法研究方面崭露头角,研究特点是注重语义和形式的互相验证,并且能够不拘泥于旧说,无论课题的开拓,还是专题的钻研,创新意识强烈,是我国新生代语法学家的优秀代表之一。代表作是《语法研究录》(商务印书馆 2002)。

第一,研究儿童的语言习得。先后出版了《汉族儿童问句系统习得探微》(与唐志东合作,华中师范大学出版社 1991)、《儿童语言的发展》(华中师范大学出版社 1995)以及《语言的发生与理解》(与陈前瑞合作,华中师范大学出版社 1998)等。尤其是第一本著作属于开创性的,颇有影响。

第二,90 年代加强对语法本体的研究,重点是"量范畴"。论文有《主观量的成因》(汉语学习 1997 年第 5 期)、《论空间量》(语言研究 1999 年第 2 期)、《"一 V…数量"结构及其主观大量问题》(汉语学习 1999 年第 4 期)、《量词与数词、名词的扭结》(语言教学与研究 2000 年第 3 期)等,代表性专著是《汉语量范畴研究》(华中师范大学出版社 2000)。

第三,对汉语语法进行多角度的研究,新见迭现。例如《所谓的"名物化"现象新解》(华中师范大学学报 1986 年第 3 期)、《论词语重叠的意义》(世界汉语教学 1996 年第 1 期)、《领属关系与双宾句分析》(语言教学与研究 1996 年第 3 期)、《双音节性质形容词 ABAB 式重叠》(汉语学习 1996 年第 4 期)、《疑问标记的复用及标记功能的衰变》(中国语文 1997 年第 2 期)、《动词重叠的若干句法问题》(中国语文 1998 年第 2 期)等。

近年来主持教育部语信司工作,李宇明的研究重心转移到语言信息处理和语言政策管理方面,更偏重于宏观的政策性的思考,显示出作者眼光独到、视野开阔、见解深远。论文有《信息时代的中国语言问题》(语言文字应用 2003 年第 1 期)、《中国的话语权问题》(河北大学学报 2006 年第 6 期)、《语言资源观及中国语言普查》(郑州大学学报 2008 年第 1 期)、《语言功能规划刍议》(语言文字应用 2008 年第 1 期)等。

此外他还主编了《理论语言学教程》(华中师范大学出版社 1997)、《语言学概论》(高等教育出版社 2000)等。

四 李向农的语法研究

李向农,1955 年生,湖北汉阳人。1977 年湖北鄂州师范中文专业班毕业后留校任教,1983 年武汉师范学院(今湖北大学)中文高师函授毕业,1985 年安徽师范大学获硕士学位,留校工作,1994 年获华中师范大学博士学位并留校任教。现为华中师范大学教授、博导,历任研究生处副处长、文学院院长、副校长。兼任湖北省语言学会秘书长。李向农主要从事语法研究,他的研究风格是既重视特定格式和句式的分析,又重视句法语义,尤其是语义范畴的分析。代表性著作是《现代汉语时点时段研究》(华中师范大学出版社 1997),此外,还有专著《体态语》(与周国光等合作,中央民族大学出版社 1997)。

李向农的语法研究大体上分为三个方面:

一是对儿童虚词习得的研究(主要与周国光、孔令达合作)。论文有:《2—5 岁儿童运用"把"字句情况的初步考察》(语文研究 1990 年第 4 期)、《儿童比较句和介词"比"习得情况的考察和分析》(《语法研究与探索》六,语文出版社 1992)、《1—5 岁儿童运用方位句及方位介词情况的调查分析》(心理科学 1992 年第 3 期)等。

二是对特定格式、句式的研究。论文有:《疑问代词"谁"在特指问句中传疑传信初探》(《语法求索》,华中师大出版社 1990)、《前加特定形式词的"一 X,就 Y"句式后项否定式》(华中师范大学学报 1992 年第 5 期)、《再说"跟……一样"及其相关句式》(语言教学与研究 1999 年 3 期)、《"V 着 V"结构的意义关系及"V"的语义特征分析》(与张军合作,华中师范大学学报 2001 年第 3 期)、《祈使句中状态形容词的句法语义分析》(与陈珺合作,汉语学报 2005 年第 3 期)、《单双音节意欲形容词句法语义特征考察》(语言研究 2005 年第 4 期)。

三是对"时点时段"的研究,这也是他最有特色的研究。论文有:《现代汉语时间表达中的"特指时段"》(语言教学与研究 1995 年第 2 期)、《时点时段的内涵及构成与汉语社会的时间观念》(世界汉语教学 1995 年第 2 期)、《现代汉语时间参照定位的语表形式——X 前/后》(语言研究 1997 年第 1 期)。

五　储泽祥的语法研究

储泽祥,1966 年生,安徽岳西人,1988 年获安徽师范大学学士学位,1991 年获湖南师范大学中文系硕士学位,留校任教,1994 年获华中师范大学博士学位,导师邢福义。2002 年 10 月调至华中师范大学文学院工作,现任华中师范大学文学院教授、博导、副院长。主要研究方向为汉语语法、汉语方言和汉语语用学。曾任湖南师大国际汉语言文化交流学院院长、文学院院长助理、院学术委员会主任、湖南省语言学会副会长、国际双语学会理事。

储泽祥 32 岁就破格提升为教授、博导,属语法学界的后起之秀。他的语法研究,课题比较集中、实在,观察敏锐、细致,分析角度新颖,往往能够以小见大,对方所范畴、名词及其相关结构颇有研究。

他的语法研究主要涉及两个方面:

第一,语义范畴中的方所研究。论文有《"满 + N"与"全 + N"》(中国语文 1996 年第 5 期)、《名词的空间义及其对句法功能的影响》(语言研究 1997 年第 2 期)、《现代汉语的命名性处所词》(中国语文 1997 年第 5 期)、《汉语"在 + 方位短语"里方位词的隐现机制》(中国语文 2004 年第 2 期)、《处所角色宾语的判定及其典型性问题》(语言教学与研究 2004 年第 6 期)、《汉语处所词的词类地位及其类型学意义》(中国语文 2006 年第 3 期)、《空间实体的可居点与后置方位词的选择》(语言研究 2008 年第 4 期)。他的博士论文是《现代汉语方所系统研究》(华中师范大学出版社 1997),重点考察了"方所语形"、"方所位相"和"方所入句"三个问题,形式上提出"标系统",包括"方位标"、"命名标"和"准方位标";语义上指出本体和客体的共同干预决定了方所的具体意义;语用上则主要考察入句以后的各种复杂情况,包括语义特征、句法格式、语序变化等,都可能影响到语用价值的实现。这实际上就是从语表、语里和语值三个方面对现代汉语方所系统进行全方位的分析。

第二,跟方所密切相关的名词研究。论文有《"连用"手段下的多项 NP》(中国语文 1999 年第 2 期)、《相似性的"N1 似的 N2"格式》(语言教学与研究 1999 年第 4 期);在此基础上出版了《名词及其相关结构研究》(湖南人民出版社 2000),该书考察了名词的空间特征、名词空间成分的历时性作用、名词的语义细节、名词在不同句法位置上的语义和语用表现等,是对名词及相关结构进行全面研究的著作之一。

近年来,他的理论意识明显加强,在认知解释等方面作出了有益的探索。例如《指示代词的类型和共性》(当代语言学 2003 年第 4 期)特别重视序列的连续性、空间性,并借助认知语言学的理论方法,分析了多分指示代词的象似性表现情况。《汉语因果复句的关联标记模式与"联系项居中原则"》(中国语文 2008 年第 5 期)则试图研究汉语因果复句的关联标记模式,并探讨"联系项居中原则"是如何起作用的。

语法方面的著作还有《汉语联合短语研究》(合著,湖南大学出版社 2002)、《汉语空间短语研究》(北京大学出版社 2009)。方言研究方面著作有《邵阳方言研究》(湖南教育出版社 1998),还主编《岳西方言志》(华中师范大学出版社 2009)。

第四节　广州地区的代表性学者

广州地区的汉语语法研究,在 20 世纪 80 年代有过不俗的战绩,华南师范大学的沈开木和中山大学的傅雨贤,加上暨南大学的陈垂民,成绩斐然,但是一直没能形成大格局。进入 21 世纪后,广东地区的改革开放的大气候吸引了众多学子,随着一个个语法学家"孔雀东南飞",并且在本土生根、开花、结果,培养出一批批语法学的博士和硕士,语法研究这才在广州成为"显学",势头不容小觑。邵敬敏、郭熙(暨南大学),周国光、王葆华(华南师大),屈哨兵(广州大学),李炜、刘街生(中山大学),岳中奇(广东技术师范学院)先后投奔华南,加上本地中青年语法学家周小兵、杨启光、彭小川、方小燕迅速成长,两股力量拧成一股绳。要特别指出的是,唐钰明的古汉语语法研究、施其生的方言语法研究、张玉金的上古汉语语法研究,更为汉语语法研究增添了活力。这样就形成了暨南大学、中山大学、华南师大和广州大学四根支柱。他们除了积极参与全国现代汉语语法国际研讨会之外,还在广东省中国语言学会的旗帜下举办"汉语语法南粤论坛",提出要打通现代汉语语法、方言语法和历史语法的壁垒。2006 年在韶关、2008 年在肇庆已经举办两届,2010 年将在澳门大学继续举办。相比北京、上海和武汉的语法研究,广州显得更为年轻、充满朝气,所以自称"第四世界"。

一　彭小川的语法研究

彭小川,女,1949 年生于广州,祖籍江西樟树。1976 年毕业于华南师范学院中文系。1987 年毕业于暨南大学中文系汉语言文字学专业,获硕士学位,导师詹伯慧。现为暨南大学华文学院应用语言学系教授、博导。主攻汉语语法研究、粤方言语法研究、对外汉语教学语法研究。彭小川勤奋、刻苦、多思,还特别认真踏实,善于比较研究,有自己的独到见解。

第一,对粤语的语音以及语法都有深入研究,尤其粤语语法精心钻研,屡有新见。论文有:《广州话的"有得(冇得)"句》(暨南学报 1996 年第 4 期)、《广州话的"V 得(O)"结构》(方言 1998 年第 1期)、《广州话的动态助词"翻"》(方言 1999 年第 1 期)、《广州话动词重叠的形式与意义》(汉语学报 2000 年下卷)、《广州话的动态助词"开"》(方言 2002 年第 2 期)、《广州话表"持续"义的几种形式及其意义的对比分析》(语文研究 2003 年第 4 期)、《广州话含复数量意义的结构助词"啲"[ti^{55}]》(方言 2006 年第 2 期)、《广州话是非问句研究》(暨南学报 2006 年第 4 期)、《粤语阳江话是非问句句末的"麼"、"呢"连用》(与张秀琴合作,中国语文 2008 年第 1 期)等。代表作是《粤语论稿》(暨南大学出版社 2004)。

第二,对现代汉语语法的虚词进行研究。论文有:《连词"并"用法考察》(暨南学报 2004 年第 1 期)、《说"一旦"》(与人合作,世界汉语教学 2006 年第 1 期)、《充当语篇连接成分的"相反"辨疑》(与人合作,汉语学习 2006 年第 4 期)、《"全部""所有"和"一切"的语义考察》(世界汉语教学 2007 年第 4 期)等。此外,她还主编了《现代汉语虚词探索与研究》(暨南大学出版社 2007)。

第三,对外汉语教学语法研究。论文有:《对外汉语语法课语段教学刍议》(语言文字应用 1999 年第 3 期)、《关于对外汉语语篇教学的新思考》(汉语学习 2004 年第 2 期)。有关著作是《对外汉语教学语法释疑 201 例》(与李守纪、王红合作,商务印书馆 2003)。

二　周国光的语法研究

周国光,1952 年生,安徽界首人,1985 年获得安徽师范大学硕士学位,导师张涤华、龚千炎。先留校工作,后调任南京师范大学,现为华南师范大学文学院教授、博导、中文系系主任,兼任广东省中国语言学会常务理事。主要研究方向为语法学、语义学和心理语言学,在汉语句法结构系统、汉语配价语法、句法语义、语法习得研究等方面成果相当突出,其中关于儿童语法习得方面的研究居于国内领先地位,关于语法理论的探索也常有独到见解,是新生代语法学家中的佼佼者。

一是配价语法研究。发表了系列论文《汉语的配价语法理论》(语文建设 1994 年第 9 期)、《汉语配价语法伦略》(南京师范大学学报 1994 年第 4 期)、《确定配价的原则与方法》(《现代汉语配价语法研究》,北京大学出版社 1998)、《工具格在汉语句法结构中的地位》(中国语文 1997 年第 3 期)等,他认为配价应该归属于语义平面,跟词汇意义密切相关,是汉语配价语法研究中代表性观点之一。

二是儿童句法习得研究。他从 1992 年起发表了一系列相关论文,例如《儿童语言中的被动句》(语言文字应用 1992 年第 1 期)、《儿童语言中连谓结构和相关的句法问题》(中国语文 1998 年第 3 期)、《语言习得理论中的若干问题》(世界汉语教学 1999 年第

3 期)、《儿童使用否定词"不"及其相关否定结构状况的考察》(语言文字应用 2002 年第 4 期)、《汉语时间系统习得状况的考察》(语言文字应用 2004 年第 4 期)、《汉族儿童习得现代汉语领属范畴状况的考察》(语言文言应用 2007 年第 4 期)等,并出版专著《汉语句法结构习得研究》(安徽大学出版社 1997)和《儿童句式发展研究和语言习得理论》(与王葆华合作,北京语言文化大学出版社 2001)。

三是语法研究理论的探索,论文有《汉语语法本位学说论析》(华南师范大学学报 2003 年第 1 期)、《试论语义指向分析的原则和方法》(语言科学 2006 年第 4 期)、《"NP＋的＋VP"结构和相关难题的破解》(汉语学报 2007 年第 3 期)、《X 标杠理论和中心语理论的语法后果及其理论缺陷》(华南师范大学学报 2007 年第 4 期)、《关于主位、主语、话题的思考》(与潘玉雯合作,华南师范大学学报 2008 年第 6 期)等,体现了他对理论与方法的不懈的思考。

其他的专著和教材还有:《体态语》(与李向农合作,中央民族大学出版社 1997)、《现代汉语语法理论与方法》(与张林林合作,广东高等教育出版社 2003)、《现代汉语词汇学导论》(广东高等教育出版社 2004)等。

三 周小兵的语法研究

周小兵,1955 年生,浙江镇海人,1987 年获得中山大学硕士学位,导师傅雨贤。现任中山大学对外汉语学院教授、博导、院长,兼任广东省中国语言学会副会长。主要研究方向:现代汉语,应用语言学,第二语言教学,尤其在副词比较研究、介词功能研究以及对外汉语语法教学研究这三方面取得出色的成果。他研究的特色是准确细致，注重应用，加强比较，关注外国留学生学习中所出现的问题，重视描写与解释相结合，是我国新生代语法学家的代表性人物之一。

一、注重副词及其比较研究，涉及句法、语义以及篇章。论文有：《"进行""加以"句型比较》（汉语学习 1987 年第 6 期）、《"不太A"析》（世界汉语教学 1992 年第 3 期）、《论现代汉语的程度副词》（中国语文 1995 年第 2 期）等。论文结集为《句法·语义·篇章——汉语语法综合研究》（广东高等教育出版社 1996）。近年来有关研究仍在就继续，主要论文有《体词性"有的"、"有些"的多角度分析》（语言研究 2001 年第 3 期）、《"一再"和"再三"的辨析》（与邓小宁合作，汉语学习 2002 年第 1 期）等。

二、后来研究重心移到介词方面。论文有：《介词的语法性质和介词研究的系统方法》（中山大学学报 1997 年第 3 期）、《介词结构和动词结构的句法语义分析》（《语法研究与探索》九，商务印书馆 1999）等，结集出版了《现代汉语介词研究》（与傅雨贤、李炜合作，中山大学出版社 1997）。

三、近年来研究热点在对外汉语教学，重点是语法的教学。论文有《汉语第二语言教学语法的特点》（中山大学学报 2002 年第 6 期）、《与范围副词"都"有关的偏误分析》（与王宇合作，汉语学习 2007 年第 1 期）。代表性专著是《对外汉语教学中的副词研究》（与赵新合作，中国社会科学出版社 2002）、《外国人学汉语语法偏误研究》（与朱其智、邓小宁合作，北京语言大学 2007）。

有关对外汉语教学的专著还有《第二语言教学论》（河北教育

出版社 1996)、《对汉语教学入门》(与人合作,中山大学出版社2004)、《汉语阅读教学理论与方法》(北京大学出版社 2008)等,还主编了《粤语区人学习普通话教程》(高等教育出版社 1997)、《中级汉语阅读教程》(北京大学出版社 1999)、总编《阶梯汉语系列教材》(华语教学出版社,2005—2006)等。

四　郭熙的语法研究

郭熙,1955 年生,河南社旗人,1980 年毕业于河南省平顶山师专,1985 年获南京大学中文系文学硕士学位,曾任南京大学中文系教授。2003 年调入暨南大学,现任暨南大学华文学院教授、博导、院长及海外华语研究中心主任。兼任中国语言学会理事、广东省中国语言学会常务理事、中国社会语言学会会长。郭熙充满研究活力,是中国语言学界年轻学者的代表性人物之一。

郭熙的研究三次转型,都是硕果累累。20 世纪 80 年代主要从事汉语语法研究,90 年代转为研究社会语言学,21 世纪开始再次转为研究华语教育。

(一)汉语语法研究,代表作是《"放到桌子上""放在桌子上""放桌子上"》(中国语文 1986 年第 1 期)、《关于"动词＋'到'＋处所词语"的句法分析》(南京大学学报 1987 年第 3 期)、《"动词＋'到'＋时间词语"的两种句式》(汉语学习 1988 年第 1 期)、《论"一样"＋形容词》(《语法研究与语法应用》,北京语言学院出版社1994)、《河南境内中原官话中的"哩"》(语言研究 2005 年第 3期)等。

(二)社会语言学研究。论文有《苏南地区的河南方言岛群》

（南京大学学报 1995 年第 4 期）、《当前我国语文生活的几个问题》（中国语文 1998 年第 3 期）、《中国社会语言学的现状与前瞻》（江苏社会科学 2002 年第 5 期）、《面向社会的社会语言学：理想与现实》（语言文字应用 2005 年第 3 期）等。代表性专著是《中国社会语言学》（南京大学出版社 1999,浙江大学出版社增订本 2004）。

（三）华语教育研究。他对"华语"进行了正名,在华语教育方面有不少理论上的突破。论文有《理论语法与教学语法的衔接——以汉语作为第二语言教学为例》（汉语学习 2002 年第 4 期）、《"对外汉语学"说略》（汉语学习 2004 年第 3 期）、《海外华语教学研究的现状与展望》（世界汉语教学 2006 年第 1 期）、《论华语研究》（语言文字应用 2006 年第 2 期）等。

他的论文集为《语言与语言应用论稿》（浙江大学出版社 2005）,还主编了《汉语新语汇词典》（江苏教育出版社 1993）等。

五　方小燕的语法研究

方小燕,女,1955 年生,广州人,1987 年毕业于华南师范大学中文系,获得硕士学位,导师沈开木。2002 年获暨南大学博士学位,导师詹伯慧。现为华南师范大学国际文化学院教授、博士、副院长,兼任广东省中国语言学会常务理事、广东省教育学会中学语文专业委员会常务理事。主攻汉语方言学、汉语话语语言学、现代汉语语法、对外汉语教学等。代表作是《广州方言句末语气助词》（暨南大学出版社 2003）。

方小燕的研究不仅充满灵气,而且善于够沟通和比较,在语法、方言、话语分析以及对外汉语教学、语音对比等几个方面都有建树。

(一)汉语语法研究。论文主要有《现代汉语成分省略的性质和确定》(华南师范大学学报 1989 年第 4 期)、《从序时词语的基准看动意词语的着眼点》(2003 年第 1 期)等。

(二)广州方言语法研究。论文有《广州话里的疑问语气词》(方言 1996 年第 1 期)、《广州话里的动态助词"到"》(方言 2003 年第 4 期)、《广州话性器官俗词语的话语功能》(《第八届粤方言研讨会论文集》,中国社科出版社 2003)等。

六 李炜的语法研究

李炜,1960 年生,籍贯山东,生于兰州。1982 年获西北师范大学中文系学士学位,1985 年获兰州大学中文系现代汉语专业硕士学位,导师黄伯荣;1985 年起在中山大学中文系任教,2002 年获中山大学博士学位,导师唐钰明。现为中山大学教授、博导,副系主任。兼任广东省中国语言学会秘书长。主要研究现代汉语语法、汉语语法史(近现代)以及汉语方言语法。研究风格是思路敏捷,以小见大,抓住专题,锲而不舍,联系历史,纵观变化。

第一,历史语法研究,尤其是关于"给"的历史发展演变研究。系列论文有《清中叶以来使役"给"的历时考察与分析》(中山大学学报 2002 年第 3 期)、《加强处置/被动语势的助词"给"》(语言教学与研究 2004 年第 1 期)、《清中叶以来北京话的被动"给"及其相关问题——兼及"南方官话"的被动"给"》(中山大学学报 2004 年第 3 期)、《琉球官话课本中表达使役、被动义的"给"》(与濑户口律子合作,中国语文 2007 年第 2 期)、《清中后期两种北京话口语材料中含"给"字的给予句及其给予义的表达》(与李丹丹合作,兰州大学学报 2008 年第 2 期)等。

第二,关于"琉球官话课本"的语言研究。论文有《琉球官话课本中表使役、被动义的"给"》(中国语文 2007 年第 2 期)、《从版本、语言特点考察〈人中画〉琉球写本的来源和改写年代》(与李丹丹合作,中山大学学报 2007 年第 6 期)。

第三,关于兰州方言语法的研究。论文有《兰州方言的两种"一个"句》(宁夏大学学报 1988 年第 2 期)、《甘肃临夏一带方言的后置词"哈"、"啦"》(中国语文 1993 年第 6 期)等。

七　屈哨兵的语法研究

屈哨兵,1961 年生,湖北宣恩人。1981 年毕业于湖北民族学院中文系,1992 年获华中师范大学文学硕士学位,2004 年获华中师范大学文学博士学位,导师邢福义。1992 起在广州教育学院、广州师范专科学校任教,2001 年起历任广州大学人文学院党委书记、广州大学校长助理、副校长,兼任广东省中国语言学会副会长、广东省社会科学联合会副主任、世界汉语教学学会理事。主要从事汉语语法研究以及应用语言学研究。屈哨兵的语法研究作风稳健、踏实,又不失锐气,往往能够另辟蹊径,善于挖掘,平凡中见神奇。

他的语法研究,主要在两个方面:

一是方言语法研究,论文有《湖北宣恩话中一种特殊的语词重叠格式》(湖北大学学报 1992 年第 2 期)、《湖北宣恩话"V 下 V 下的"动词重叠及相关问题》(方言 2001 年第 2 期)等。

二是被动标记研究。论文有《"经过/经＋VP"结构的受动特性和语用势能》(语言科学 2004 年第 3 期)、《"值得"结构表达被动观念的形式、动因及相关比较》(广州大学学报 2006 年第 1 期)、《被动标记"让"的多角度考察》(语言科学 2008 年第 1 期)等,有关论文结集为《现代汉语被动标记研究》(华中师范大学出版社 2004)。

此外,屈哨兵对广告语也颇有研究,专著是《广告语言方略》(科学普及出版社 1997)、《广告语言跟踪研究》(与刘惠琼合作,暨南大学出版社 2009)。

第五节　其他地区的代表性学者

一　张宝胜的语法研究

张宝胜,1948 年生,河南汝南人。德语专业出身,1982 年获开封师范学院硕士学位,导师陈信春,留校任教。1992 年至 1997 年赴德国任教。曾任海南师范学院中文系副教授,现任河南大学文学院教授、河南大学语言科学与语言规划研究所副所长。研究方向为语法理论和现代汉语语法。代表作是《语法修辞问题探索》(河南大学出版社 2002)、《语法研究论稿》(学林出版社 2007)。

研究特色是主攻"汉语的句法—语义问题",同时兼顾语用因素,例如《配价语法和"对＋N＋的＋X"短语的歧义问题》(河南大学学报 2002 年第 5 期)、《"宁可"复句的语义特征》(语言研究 2007 年第 1 期)、《"名₁(代)＋的＋名₂"中名₂ 的省略》(河南大学学报 2007 年第 3 期)等。

同时尝试运用认知语法和功能语法来进行解释,目的是弄清楚句法形式和语义内容之间的对应关系。例如《副词"还"的主观性》(语言科学 2003 年第 5 期)、《与双宾句相关的两个问题——兼论"描写"与"解释"的关系》(汉语学报 2006 年第 2 期)。

二　孔令达的语法研究

孔令达,1951 生,安徽蚌埠人。1982 年安徽师范大学中文系本科毕业,1985 年获安徽师范大学硕士学位,留校任教,历任教授、文学院副院长,兼任中国语言学会理事、安徽省语言学会副会长。主攻汉语语法和心理语言学。代表作是《汉族儿童实词习得研究》(与人合作,安徽大学出版社 2004),他的研究特点是扎实稳妥,一丝不苟,充分占有语料,又能够进行理论探索。

孔令达在儿童语言习得方面屡有建树,系列论文有:《1—5 岁儿童使用结构助词"的"情况的调查和分析》(与周国光、李向农合作,心理科学 1990 年第 6 期)、《儿童动态助词"过"习得情况的调查和分析》(与周国光、李向农合作,语言文字应用 1993 年第 4 期)、《儿童语言中的述补结构》(世界汉语教学 1994 年第 4 期)、《儿童语言中代词发展的顺序及其理论解释》(与陈长辉合作,语言文字应用 1999 年第 2 期)、《儿童语言中体词性宾语语义成分的发展和相关问题的讨论》(与丁凌云合作,语言文字应用 2002 年第 4 期)、《儿童语言中方位词得习得及相关问题》(与王祥荣合作,中国语文 2002 年第 2 期)。

他在汉语虚词研究方面也取得可喜的成绩,最有影响的论文是《关于动态助词"过₁"和"过₂"》（中国语文 1986 年第 4 期）。而后这方面连续发表多篇论文：《影响汉语句子自足的语言形式》（中国语文 1994 年第 6 期）、《"好容易"的功能和意义》（中国语文 1996 年第 3 期）、《从语言单位的同一性看汉语助词"过"的分合》（《语法研究和探索》八，商务印书馆 1997）、《"VP＋过"的功能》（安徽师范大学学报 2005 年第 6 期）。

此外还主编了《语法·修辞·逻辑》（安徽大学出版社 1998）以及《汉语研究论集》（安徽大学出版社 2005）。

三　李葆嘉的语法研究

李葆嘉，1951 年生于江苏东台，籍贯镇江。1981 年毕业于盐城师范学院中文系，1986 年获徐州师范大学中文系汉语史专业硕士学位。1986—1990 年先后任教于解放军南京政治学院、江苏教育学院。1991—1992 年任南京师范大学第二附属中学校长。现为南京师范大学文学院教授、博导、语言科学及技术系主任、语言科技研究所所长。兼任江苏省语言学会常务理事。学术主攻理论语言学、历史语言学、语义语法学、汉语方言学、语言学史、语言文化哲学、语言信息工程学等。主张中国传统方法与西方现代理论、微观深入考证和宏观系统阐释、语言学与相关学科融会贯通的研究。

李葆嘉醉心于理论的构建，代表作是《语义语法学导论——基于汉语个性和语言共性的建构》（中华书局 2007）。该书全面阐述作者独特的"语义语法观"，他认为汉语语法研究和语言信息处理，都需要既能反映汉语典型个性又植根于语言本质共性的理论。而关键在于"人类语言的本质共性是语义性","语义系统的潜在机制是网络性","语义网络的形成过程是建构性"。根据语义统一场理论,"语形是语义的标记性,词类是语义的聚合性,句法是语义的缠绕性"。语义语法学以义征挖掘和义场建构为基础,以语义范畴提取和语义句模抽象为中枢,以基于义征缠绕的语义网络建构为目标。只要对语言系统描写、语言机制探索和语言能力模拟的目标为变,就务必穿越语义的"沼泽地",而唯一的路引就是语义语法学理论。

相关专著还有:《理论语言学:人文与科学的双重精神》(江苏古籍出版社 2001)、《中国语言文化史》(江苏教育出版社 2003)。李葆嘉在音韵学方面也颇有造诣,早期的著作基本上都是这方面的,例如《清代上古声纽研究史论》(台北五南图书出版公司1996)、《广韵反切今音手册》(上海辞书出版社 1997)、《当代中国音韵学》(广东教育出版社 2003)。

四　吴继光的语法研究

吴继光(1953—2000),江苏徐州人,1982 年获徐州师范学院学士学位,留校在学报编辑部工作,任助理编辑、编辑。1986 年获徐州师范学院硕士学位,导师廖序东;1997 年获华中师范大学博士学位,导师邢福义。历任徐州师范大学中文系教授、系主任。不幸积劳成疾,英年早逝。代表作是《现代汉语的用事成分与工具范畴》(华中师范大学 2003),包括他的博士论文、硕士论文以及所有发表过的学术论文。

吴继光主攻汉语语法、汉语方言以及语言教学,为人侠义,治学严谨,思路清晰,成果丰硕。他的研究风格善于把宏观的思考跟微观的分析结合起来,体现较强的理论意识。

一是关于汉语专题以及语法研究理论的思考。论文有:《动词性"比"字句的分化及其他》(语言教学与研究1990年第1期)、《现代汉语语法研究的目标和思路》(语言教学与研究1997年第3期)、《试谈在动态研究中发掘语法规律》(华中师范大学学报1997年第3期)等。

二是关于"工具"语义格的研究。论文有《工具成分和主谓谓语句》(汉语学习1996年第3期)、《用事成分的语义序列与语法规则》(中国语文1999年第3期)。

五 李宗江的语法研究

李宗江,1954年生,黑龙江肇东人。1978年解放军外国语学院俄语专业毕业后留校工作,1990年北京大学获硕士学位。现为洛阳解放军外国语学院教授,曾任二系主任、基础部主任等职,兼任中国语言学会理事、中国军事写作学会副会长、河南省语言学会副会长、全军大学语文(人文)协作联席会副主任。主攻汉语语法以及语法化。专著有《汉语常用词演变研究》(汉语大词典出版社1999)、《国际信息编译中的语言问题》(金盾出版社2001)。

李宗江的语法研究古今贯通,中外融合。理论意识比较强,敏锐地发现问题,并且能够运用最新的理论来分析汉语事实。其研究特色主要是:

(一)重视语法理论探讨。例如《汉语中的向心结构与离心结构》(解放军外国语学院学报1991年第4期)、《从施动受的表层形式看汉语语法的特点》(汉语学习 1991 年第 5 期)、《形式的空缺和羡余与语言的自组织性》(外语学刊 1991 年第 6 期)、《关于语法化机制研究的两点看法》(《语法化与语法研究》四,商务印书馆2009)。

(二)强调对句法结构进行语义分析和语用分析。例如《V 得(不得)与 V 得了(不了)》(中国语文 1994 年第 5 期)、《"完成"类动词的语义差别及其演变方向》(《语言学论丛》三十,商务印书馆2004)、《汉语被动句的语义特征及其认知解释》(解放军外国语学院学报 2004 年第 5 期)、《"这下"的篇章功能》(世界汉语教学2007 年第 4 期)、《表达负面评价的语用标记"问题是"》(中国语文2008 年第 5 期)。

(三)侧重于汉语语法化动因和机制的讨论。论文有《关于语法化的并存原则》(语言研究 2002 年第 2 期)、《句法成分的功能悬空与语法化》(《语法化与语法研究》一,商务印书馆 2003)。

(四)较早地讨论了汉语中的去语法化现象和去词汇化现象。论文有《语法化的逆过程:汉语量词的实义化》(古汉语研究 2004年第 4 期)、《去词汇化:"结婚"和"洗澡"由词返语》(语言研究2006 年第 4 期)。

(五)较早地讨论了现代汉语中的共时语法化的现象,这也是近几年研究的重点。论文有《说"完了"》(汉语学习 2004 年第 5期)、《"回头"的词汇化和主观化》(语言科学 2006 年第 4 期)、《话题标引成分"要说"的由来和去向》(《语法化与语法研究》三,商务印书馆 2007)。

(六)注意活生生的口语特色。例如《话题标引成分"要说"的由来和去向》(《语法化与语法研究》三,商务印书馆 2007)、《"再说、再讲、再看"的语法化》(《汉语语法研究的新拓展》三,东北师范大学出版社 2007)、《"爱谁谁"及相关说法》(汉语学习 2009 年第 1期)、《"看你"类话语标记分析》(语言科学 2009 年第 3 期)等。

六 杨锡彭的语法研究

杨锡彭,1955 年出生,江苏南京人。1986 年获华东师范大学中文系硕士学位,导师林祥楣。2001 年获上海师范大学博士学位,导师张斌。1986 年起任教于南京大学中文系,现任文学院教授。代表作是《汉语语素论》(南京大学出版社 2004)、《现代汉语研究导引》(南京大学出版社 2006)、《汉语外来词研究》(上海人民出版社 2007)。

他的语法研究集中在语素以及构词法方面。论文有《也谈词的语素分析的基本原则》(烟台师范学院学报 1993 年第 4 期)、《语素的定义及其它》(淮北煤炭师范学院学报 1993 年第 1 期)、《论复合词语的语法属性》(南京大学学报 2002 年第 1 期)、《关于词根与词缀的思考》(汉语学习 2003 年第 2 期)等。

此外,他对外来词也颇有研究。例如:《试论"音意兼译"》(南京师范大学学报 2006 年第 3 期)、《从汉语汉字的特点看音译词的特点》(语言研究 2007 年第 4 期)、《外来词的语音汉化》(2007 年第 4 期)。

七 张先亮的语法研究

张先亮,1956 年生,浙江天台人。1979 年毕业于浙江师范大学中文系,历任浙江师范大学中文系副主任,人文学院副院长、院长,汉语言文字学研究所所长。现任浙江师范大学教授、党委副书记。兼任中国语言学会理事、中国修辞学会常务理事、全国文学语言研究会副会长、华东修辞学会副会长、浙江省语言学会副会长。

主要研究方向为现代汉语语法、应用语言学以及教学语法,主攻汉语教学语法和语法教学。研究风格注重理论与应用的结合,观察细致,文风清通,说理透彻,逻辑性强。代表性专著有《理论语法研究与比较》(浙江教育出版社 1998)、《教学语法特点与应用》(杭州大学出版社 1991)、《中学生语文水平标准研究》(合著,吉林人民出版社 2003)、《教学语法应用研究》(合著,中国社会科学出版社 2006)。

第一,汉语语法专题研究方面的论文有:《动词重叠研究中的几个问题》(浙江师范大学学报 1997 年第 6 期)、《试论"巴不得"与"恨不得"》(与唐善生合作,语言教学与研究 2002 年第 6 期)、《试论篇章对"有"字句主宾语的制约》(华东师范大学学报 2005 年第 4 期)、《现代汉语存在句偏离的认知透视》(浙江师范大学学报 2008 年第 6 期)、《"责任"式话语标记"你看你"》(与郑娟曼合作,世界汉语教学 2009 年第 2 期)。

第二,语法教学研究,这也是他的强项,为此倾注了大量的心血和精力。他本身就是一位优秀教师,荣获"全国优秀教育工作者"(2004 年)和"浙江省劳动模范"(2005 年)称号,上课深受学生欢迎。因此他的研究言之有物,切合实际。论文有《谈谈语素研究与教学中的几个问题》(浙江师范大学学报 1995 年第 6 期)、《试论教学语法的定位》(语言文字应用 2003 年第 2 期)、《教学语法需解决的几个问题》(语言文字应用 2007 年第 3 期)等。

八 王红旗的语法研究

王红旗,1958 年出生,山东宁津人。1982 年山东师范大学中文系毕业后留校任教,1982—1984 年在北京大学中文系进修普通语言学,1989 年获北京大学中文系硕士学位,毕业后到山东师范大学中文系任教,2001 年获南开大学中文系博士学位,导师马庆株。2001—2003 年在上海师范人文学院做博士后研究,出站后到南开大学文学院工作。现为南开大学教授、博导。

主要研究方向是现代汉语语法、句法语义。主要著作是《汉语教学语法研究》(与高更生合著,语文出版社 1995),此外还编写了《语言学概论》(青岛海洋大学出版社 1997,北京大学出版社修订本 2008)。

第一,特别关注句法语义的分析。例如《"别 V 了"的意义是什么——兼论句子格式意义的概括》(汉语学习 1996 年第 4 期)、《论语义指向分析产生的原因》(山东师大学报 1997 年第 1 期)、《动词的特征与"别 V 了 1"的歧义指数》(语文研究 1999 年第 3 期)、《语义特征及其分析的客观基础》(汉语学习 2002 年第 6 期)、《"把"字句的意义究竟是什么》(语文研究 2003 年第 2 期)、《施受歧义产生的条件》(语言研究 2006 年第 4 期)。

第二,重点分析述补结构的语义关系。例如《谓词充当结果补语的语义限制》(汉语学习 1993 年第 4 期)、《动结式述补结构配价研究》(《现代汉语配价语法研究》,北京大学出版社 1996)、《动趋式述补结构配价研究》(语言研究 1999 年第 1 期)、《动结式述补结构在"把"字句和重动句中的分布》(语文研究 2001 年第 1 期)、《粘合补语和组合补语表达差异的认知分析》(与郭继懋合作,世界汉语教学 2001 年第 2 期)。

第三,重视指称的分类以及产生的条件。例如《功能语法指称分类之我见》(世界汉语教学 2004 年第 2 期)、《非指称成分产生的原因和基础》(汉语学习 2006 年第 1 期)、《指称不确定性产生的条件》(语文研究 2006 年第 3 期)、《论无指成分》(《语言学论丛》三十五,商务印书馆 2007)。

第四,强调有关的理论分析。例如:《关于若干语法理论问题的思考》(与马庆株合作,《南开语言学刊》三,天津人民出版社 2004)、《框架及其在语言表达中的作用》(语言研究 2004 年第 1 期)等。

九　段业辉的语法研究

段业辉,1957 年出生,黑龙江尚志人。1988 年获南京师范大学中文系硕士学位,导师张拱贵。2000 年获南京大学中文系博士学位,导师柳士镇。现任南京师范师范大学国际文化教育学院院长、教授、博导,兼任江苏省语言学会副会长。代表性著作有《新闻语言学》(江苏教育出版社 1999)、《现代汉语语法语义研究》(南京师范大学出版社 1999)、《中古汉语助动词研究》(南京师范大学出版社 2002)、《新闻语言比较研究》(与李杰、杨娟合作,商务印书馆 2007)等。还主编教材《语体语言教程》(北京语言学院出版社 1993)、《应用汉语导论》(南京师范大学出版社 1997)等。

段业辉的语法研究,既有现代的,也有古代的;既有虚词研究,

也有结构研究,比较全面、稳妥。主要集中在三个方面:

第一,副词的研究。论文有《试论副词重叠》(南京师范大学学报 1987 年第 1 期)、《论副词的语义制约》(南京师范大学学报 1992 年第 2 期)、《语气副词的分布及语用功能》(汉语学习 1995 年第 4 期)等。

第二,结构的研究。论文有《"这样"的语义指向和已知信息的代词化》(汉语学习 1987 年第 6 期)、《论"V + 上/下"结构中的"上"和"下"》(南京师范大学学报 1990 年第 2 期)、《论现代汉语并列结构内部构造的紧凑性》(暨南学报 2006 年第 6 期)等。

第三,中古汉语语法研究。论文有《〈世说新语〉疑问句分析》(南京师范大学学报 1998 年第 3 期)、《论〈马氏文通〉的助动词系统及相关问题》(南京师范大学学报 1999 年第 4 期)、《中古汉语助动词句法结构论》(南京师范大学学报 2002 年第 3 期)等。

十 吕明臣的语法研究

吕明臣,1958 年生于吉林省长春市。1982 年毕业于东北师范大学中文系,1985 年获吉林大学硕士学位,留校任教至今。2001 年获吉林大学科学技术哲学专业心理学方向博士学位。现任吉林大学文学院副院长、教授、博导,兼任中国残疾人康复协会理事,中国残疾人康复协会听力语言专业委员会副主任委员,吉林省语言学会常务理事。主攻现代汉语语法以及语用学、应用语言学研究,尤其是华语交际以及聋儿语言能力研究。出版《话语意义的建构》(与人合作,东北师范大学出版社 2006)、《社会交际语言学》(与孙维张合作,吉林大学出版社 1996)、《网络语言研究》(吉林大学出版社 2008)等学术专著多部。

吕明臣的语法研究比较注意话语交际,尤其是问答句,以及网络语言的特点。

第一,汉语答句研究。论文有《汉语答句的意义》(《语法求索》,华中师范大学出版社 1989)、《汉语"应对句"说略》(汉语学习1992 年第 6 期)、《汉语的情感指向和感叹句》(汉语学习 1998 年第 6 期)、《现代汉语应对句的功能》(汉语学习 2000 年第 6 期)等。

第二,话语意义研究。论文有《言语的建构》(社会科学战线2000 年第 5 期)、《话语意义研究的理论演进》(社会科学战线 2005年第 4 期)、《话语意义的性质和来源》(汉语学习 2005 年第 5期)等。

第三,网络语言特征、形式和属性研究。论文有《网络言语交际中角色的特征和转换》(辽东学院学报 2007 年第 5 期)、《网络语言形式研究》(与李伟大合作,华夏文化论坛 2006 年第 1 期)、《网络交际中自然语言的属性》(吉林大学学报 2004 年第 2 期)等。

十一　吴长安的语法研究

吴长安,1963 年出生,黑龙江望奎人。1985 年获东北师范大学中文系学士学位,1988 年获吉林大学硕士学位,导师李少卿。2008 年获吉林大学文学院博士学位,导师柳英绿。现任东北师范大学出版社总编辑、编审,文学院、留学生教育学院教授、博导。兼任东北师范大学教师教育课程教材研究中心副主任、汉语国际教育教学指导委员会副主任。兼任吉林省语言学会常务理事、秘书长,中国教育音像学会常务理事,吉林省社联委员,吉林省新闻出版系统职称评审委员。专业兴趣为汉语语法学、理论语言学以及出版语言学和出版学理论。

吴长安的语法研究集中在三个方面：

第一，语义和语义范畴分析。《语义在次范畴确定中的自足价值》(1995 年第 3 期)、《名词的比喻意义与名词、非谓形容词的界限》(汉语学报 2002 年第 3 期)、《现代汉语数范畴说略》(东北师范大学学报 2006 年第 3 期)等。

第二，结构和句式研究。例如《数词表示概数的两种句式》(汉语学习 1987 年第 2 期)、《口语句式"W 死了"的语义、语法特点》(东北师范大学学报 1997 年第 1 期)、《汉语中存在"'名'修饰'形'"结构》(汉语学习 2002 年第 2 期)、《关于"VP 的$_3$"的第三种类型》(《语法研究和探索》十三，商务印书馆 2006)、《"大……的"说略》(世界汉语教学 2007 年第 2 期)、《"爱咋咋地"的构式特点》(汉语学习 2007 年第 6 期)等。

第三，结合具体语法专题的理论探讨。例如《扩展法与汉语成词的理论基础》(逻辑与语言学习 1987 第 2 期)、《语境的范围及其在语法分析中的作用》(语言学通讯 1989 年 3—4 期)、《单音词指称与陈述转化的标记模式和类型》(汉语学习 2004 年第 4 期)、《"第二"的词汇化意义》(中国语文 2006 年第 2 期)、《"这本书的出版"与向心结构理论难题》(当代语言学 2006 年第 3 期)、《向心结构理论与汉语句法结构系统》(《语法研究的新进展》三，东北师范大学出版社 2007)、《公理观念下的汉语语法体系的建立》(吉林大学学报 2007 年第 2 期)等。

此外，他在文化语言学、编辑学等方面也论著甚丰。专著《文化的透视——汉字论衡》,还主编了教材《现代汉语》(东北师范大学出版社 2005)。

十二　马清华的语法研究

马清华,1964 年出生,江苏南通人。1985 年、1988 年先后获南京师范大学学士学位和硕士学位,1985—2005 年先后在苏州大学、日本国立冈山大学、温州大学任教。2004 年获华东师范大学博士学位,导师邵敬敏、刘大为。现为南京大学海外教育学院教授、博导,主攻语义学和句法学,著作有《文化语义学》(江西人民出版社第二版 2006)、《语义的多维研究》(语文出版社 2006)、《并列结构的自组织研究》(复旦大学出版社 2005)、《句法语义论集》(吉林人民出版社 2001)等。

当年他以研究生身份发表《现代汉语的委婉否定格式》(中国语文 1986 年第 6 期),引起广泛注意。他的语法研究具有明显的个人特色:

第一,特别重视句法里的语义内涵以及认知等因素,强调解释性。例如《隐喻意义的取象和文化认知》(外语教学与研究 2000 年第 4 期)、《语言的动物观念和普遍性问题》(民族语文 2001 年第 1 期)《词义类扩的相貌知觉倾向》(语文研究 1999 年第 2 期)、《感情意念的取象结构》(语文研究 2000 年第 2 期)、《语义共振:突变式吸收的意义条件》(汉语学习 2004 年第 5 期)。

第二,视角新鲜别致,与众不同,尤其重视制约因素的探究。例如《汉语祈使句特征问题》(语言研究 1995 年第 1 期)、《汉语单音形容词二叠式程度意义的制约分析》(语言研究 1997 年第 1

期)、《并列可联范围的扩张及其控制因素》(语言科学 2005 年第 5
期)、《并列结构多语序运筹的机制》(《语言学论丛》三十二,商务印
书馆 2006)、《关联标记的结构控制作用》(汉语学习 2006 年第 6
期)。

第三,重视语法化的研究以及借助于民族语言和方言的研究。
例如《并列连词的语法化轨迹及其普遍性》(民族语文 2003 年第 1
期)、《汉语语法化问题的研究》(语言研究 2003 年第 2 期)、《词汇
语法化的动因》(汉语学习 2003 年第 2 期)、《关联成分的语法化方
式》(中央民族大学学报 2003 年第 3 期)等。

十三 税昌锡的语法研究

税昌锡,苗族,1965 年出生,贵州道真人。1989 年获贵州教育
学院英语系学士学位,1999 年获广西师范大学中文系汉语史硕士
学位,2002 年获华东师范大学博士学位,导师邵敬敏。2002—
2004 浙江大学中文系任教,2005—2006 年在暨南大学做博士后,
合作导师邵敬敏。现任贵州师范大学文学院对外汉语教研室副主
任、教授。研究领域为汉语语法学、语义学、认知语言学。代表性
著作《汉语语义指向论稿》(东北师范大学出版社 2005)。

税昌锡的语法研究特别注重句法语义的分析,重点论文有:
《"V+满"的句法语义分析》(与邵敬敏合著,[日]现代中国语研究
2001 年第 2 期)、《"NPL+NPs+VP"格式的句法语义分析》(汉语
学习 2004 年第 3 期)、《动词界性分类试说》(暨南学报 2005 年第
3 期)、《语义特征分析的作用和语义特征的提取》(北方论丛 2005
年第 3 期)、《论语义特征的语法分类》(汉语学习 2006 年第 1 期)、

《VP 界性特征对时量短语的语义约束限制》(语言科学 2006 年第
6 期)、《附着事件、附着动词及相关句法语义》(汉语学报 2008 年
第 3 期)、《附着事件的过程结构和附着动词过程特征的互动关系》
(《汉语语法研究的新拓展》四,北京大学出版社 2009)、《动词的动
位范畴》(汉语学习 2009 年第 4 期)等。

　　尤其是关于语义指向的研究更是独占鳌头。论文有《简论隐
性语法关系和语义指向分析》(广西师范大学学报 2002 年第 1
期)、《反身代词"自己"语义指向的功能解释》(《语法研究和探索》
十二,商务印书馆 2003)、《论语义指向的内涵》(语言科学 2003 年
第 6 期)、《焦点、语义联项与"不"的语义指向》(宁夏大学学报
2003 年第 6 期)、《语义指向分析的发展历程与研究展望》(语言教
学与研究 2004 年第 1 期)、《语义指向结构模式的多维考察》(浙江
大学学报 2004 年第 3 期)。

十四　史金生的语法研究

　　史金生,1965 年出生,黑龙江齐齐哈尔人。1986 年、1989 年
在哈尔滨师范大学中文系先后获学士和硕士学位,2002 年获南开
大学博士学位,导师马庆株。2002 年到中国社会科学院语言研究
所做博士后,合作导师为沈家煊。现任解放军外国语学院教授。

　　他的语法研究特色是对虚词,尤其是副词和语气词的语义以
及功能把握准确,而且具有历史发展的眼光,从语法化角度进行观
察和分析,独具慧眼。

　　(一)注重副词的语义功能研究。论文有《时间副词"就、再、
才"的语义语法分析》(逻辑与语言学习 1993 年第 4 期)、《"逐渐"

类副词与动词的类》(《语法研究和探索》十一,商务印书馆 2002)、《语气副词的范围、类别和共现顺序》(中国语文 2003 年第 1 期)、《情状副词的类别和共现顺序》(语言研究　2004 年第 4 期)、《动量副词的类别及其选择性》(与人合作,语文研究 2004 年第 3 期)等。

(二)语法化研究,特别是常用虚词的语法化进程。论文有《"毕竟"类副词的功能差异及语法化历程》(《语法化与语法研究》一,商务印书馆 2003)、《"又""也"的辩驳语气用法及其语法化》(世界汉教学 2005 年第 3 期)、《"要么"的功能及其语法化——语用动因及相关的形式变化》(解放军外国语学院学报 2005 年第 6 期)、《目的标记"起见"的语法化》(《语法研究和探索》十三,商务印书馆 2006)等。

(三)语气词以及句类的研究。论文有《语用疑问句》(世界汉语教学 1995 年第 2 期)、《表反问的"不是"》(中国语文 1997 年第 1 期)、《语气词"呢"在疑问句中的功能》(《面临新世纪挑战的现代汉语语法研究》,山东教育出版社 2000)、《传信语气词"的、了、呢"的共现顺序》(汉语学习 2000 年第 5 期)、《传信语气词"呢"的功能》(语言研究 2001 特刊)等。

(四)句式以及对外汉语教学语法研究。例如《动词带"过"的"把"字句》(汉语学习 1988 年第 4 期)、《动词带"着"的"把"字结构》(与人合作,语言教学与研究 1998 年第 4 期)、《结构、语义、表达研究的探索与实践》(世界汉语教学 2000 年第 1 期)、《谈结合语篇进行对外汉语虚词教学》(《对外汉语教学研究论文集》,百花文艺出版社出版 2001)等。

第五章 港澳地区和旅居国外语法学家的语法研究

1978 年以后从中国大陆出国深造,目前在大陆以外地区工作的语法学家主要有两类:一是在我国香港、澳门工作的,有徐烈炯、石定栩、顾阳、何元建、潘海华、张敏、徐杰等;二是日本的方经民、张黎,新加坡的石毓智等。台湾地区的语法学家以及旅居欧美的华裔语法学家,由于资料问题,暂时欠缺。

第一节 港澳地区的代表性学者

一 徐烈炯的语法研究

徐烈炯,1937 年生于上海。先后在北京大学、上海外国语学院学习。历任复旦大学外国语言文学系教授、系主任、《现代英语研究》主编等职。1993—2002 年任香港城市大学中文、翻译及语言学系主任,主攻语言学理论、句法学、语义学。研究重点为生成语法理论。退休后任加拿大多伦多大学的高级访问学者。他是娴熟、出色地运用生成语法理论研究汉语语法的为数不多的优秀学者之一,不仅能够发现问题,解决问题,并且具有一定的前瞻性,在

沟通中国与海外的汉语语法研究方面发挥了不可替代的积极作用。他的研究特色主要是:

第一,系统、深入、准确地引进并评述生成语法的理论,能密切结合汉语的语法事实。著作有:《生成语法理论》(上海外语教育出版社 1988)、《语义学》(上海外语教育出版社 1990)、《当代国外语言学:学科综述》(河南人民出版社 1993)等。

第二,运用生成语法的理论框架对汉语语法专题进行研究。论文有:《与空语类有关的一些汉语语法现象》(中国语文 1994 年第 5 期)、《汉语语义研究的空白地带》(中国语文 1996 年第 4 期)、《题元理论与汉语配价问题》(当代语言学 1998 年第 3 期)等。著作有《焦点结构和意义的研究》(与潘海华合作,外语教学与研究出版社 2005)。

第三,就话题、焦点等进行专题性研究。论文有:《焦点与背景、话题及汉语"连"字句》(中国语文 1998 年第 4 期)、《汉语是话语概念结构化语言吗?》(中国语文 2002 年第 5 期)等。代表作为《话题的结构与功能》(与刘丹青合著,上海教育出版社 1998,上海教育出版社增订本 2007)、《话题与焦点新论》(与刘丹青合作,上海教育出版社 2003)。作者认为:汉语研究应该置于世界语言变异的范围之中,在普遍语法和语言类型学的理论背景上展开,因为只有这样,汉语研究的具体成果才能回馈于普通语言学理论;也只有这样,汉语语言学才能汇入世界语言学的主流。该书可以说是比较充分地体现了汉语研究的共性意识以及对语法理论普遍性的追求。

第四,对中国语言学的宏观思考。论文有:《语言学就是语言学》(语言文字应用 1998 年第 1 期)、《功能主义与形式主义》(外国语 2002 年第 2 期)。专著有《中国语言学在十字路口》(上海教育出版社 2008)。

第五,上海方言语法研究。论文有:《上海方言"辣、辣辣、辣海"的比较研究》(方言 1997 年第 2 期)、《上海方言形容词重叠式研究》(语言研究 1997 年第 2 期)、《"阿 V"及其相关疑问句式比较研究》(中国语文 1999 年第 3 期)(以上论文均与邵敬敏合作)、《上海话"伲"与普通话"都"的异同》(方言 2007 年第 2 期)。有关论文结集为《上海方言语法研究》(与邵敬敏合作,华东师范大学出版社 1998)。

他还主编了《汉语语言学书目(1980—1997)》(与王志洁合作,外语教学与研究出版社 2001)、《汉语语法研究的新拓展》(一)(与邵敬敏合作,浙江教育出版社 2002)、《国际汉语语言学文献索引(1997—2003)》(与潘海华合作,商务印书馆 2005)、《共性与个性:汉语语言学中的争议》(北京语言学院出版社 1999)。

他还与人合著了 *New Horizons in Modern Chinese Grammar* (2003), *A Bibliography of Chinese Linguistics* (2001), *Readings in Chomsky's Philosophy of Language* (1992), *Studies in Shanghainese Grammar* (1998), *Topic: Structural and Functional Analysis* (1998)等。

二　石定栩的语法研究

石定栩,1948 年生,祖籍湖南湘潭,出生于武汉。1982 年华东师范大学英语系毕业,1986 年获美国匹兹堡大学应用语言学硕士学位,1987 年获南加州大学语言学硕士学位,1992 年获南加州大学语言学博士学位,导师李艳惠。历任香港理工大学中文及双语学系教授、副系主任、文学院副院长。主攻方向句法和语义、语用的互动关系、语言接触与语言演变以及语言类型学。石定栩的语法研究注重借鉴国外新的理论,尤其是形式语法和功能语法,特别重视跟汉语事实的结合,力求在研究方法上有所突破,分析深刻,说理到位,在国外理论的中国化方面做出可喜的成绩。

第一,系统介绍当代语言学发展的现状,尤其是乔姆斯基形式语法理论。论文有《国外汉语语言学研究现状》(国外语言学 1997 年第 1 期)、《乔姆斯基形式句法的最新发展》(当代语言学 2003 年第 1 期)等,编著《乔姆斯基的形式句法——历史进程及最新理论》(北京语言文化大学出版社 2002)。

第二,探讨如何在汉语研究中运用当代语言学理论的。例如《汉语主题的特性》(现代外语 1998 年第 2 期)、《汉语句法的灵活性和句法理论》(当代语言学 2000 年第 1 期)、《汉语动词前受事短语的句法地位》(中国语文研究 2003 年第 2 期)、《语义、句法、话语和语用的关系——从"的"字结构谈起》(《语法研究和探索》十,商务印书馆 2000)、《复合词与短语的句法地位》(《语法研究和探索》十一,商务印书馆 2002)、《汉语的定中关系动—名复合词》(中国语文 2003 年第 6 期)、《约束 B 原则与代词的句内指称》(中国语文 2006 年第 1 期)、《"的"和"的"字结构》(当代语言学 2008 年第 4 期)等。

第三,运用语言接触理论对香港的书面语进行研究,论文有《英语对香港书面汉语句法的影响——语言接触引起的语言变化》

（外国语 1999 年第 4 期）、《香港书面汉语中的英语句法迁移》（外语教学与研究 2003 年第 1 期）、《香港汉语书面语的语法特点》（中国语文 2006 年第 2 期），专著是《港式中文与标准中文的比较》（与邵敬敏、朱志瑜合作，香港教育图书公司 2006）、《港式中文面面睇》（香港星海出版 2006）。

三　顾阳的语法研究

顾阳，女，上海人，1981 年获西安外国语大学英语系学士学位，1988 年获美国亚利桑那州立大学英文文学硕士，1990 年、1992 年先后获美国康奈尔大学语言学硕士、博士。尔后在香港中文大学英文系、现代语言及文化系、语言学及现代语言系任教，现为香港中文大学语言学及现代语言系教授。曾任香港语言学学会常务秘书、副会长、会长。兼任国际中国语言学学会常务副秘书长，《国际中国语言学学会通讯》主编，主要研究领域包括理论语言学、句法学、形态学、词汇语义学、比较语言学、语言类型学等，并着重研究英语、汉语、汉—藏语等语言语法体系的共性与个性。出版编著、合著五部，代表性专著为《生成语法理论与汉语语法研究》（与沈阳、何元建合作，黑龙江教育出版社 2001）。

顾阳的语法研究除了介绍生成语法理论之外，例如《论元结构理论介绍》（当代语言学 1994 年第 1 期）、《生成语法及词库中动词的一些特性》（当代语言学 1996 年第 3 期），在英汉"存现结构"的对比研究方面，以及汉语合成词的构造方面都有自己独到的见解。论文有《关于存现结构的理论探讨》（现代外语 1997 年第 3 期）、《汉语合成复合词的构造过程》（中国语文 2001 年第 2 期）等。

四　何元建的语法研究

何元建,1950 年生,四川成都人。1985 年兰州大学中文系获硕士学位,留学英国,获约克大学硕士学位、伦敦大学哲学博士学位。曾任英国杜伦大学东亚系讲师、纽卡素大学语言中心讲师以及成都科技大学讲师,现任香港中文大学翻译学系教授。主要从事语言学与翻译学研究。何元建是中文系出身,对汉语有着很好的语感和理解,又精通英文,学贯中西,运用生成语法理论来研究汉语语法是他的强项。代表性专著是《汉语句法导论》(美国艾德米伦出版社)、《生成语法理论与汉语研究》(与沈阳、顾阳合著,黑龙江教育出版社 2001)、《汉语动结结构》(与王玲玲合著,浙江教育出版社 2002)、《生成语言学背景下的汉语语法及翻译学研究》(北京大学出版社 2007)。

一是介绍形式语法理论并与汉语语法研究相结合。论文有《X 标杆理论与汉语短语结构》(当代语言学 1995 年第 2 期)、《概化约束理论中的非论元照应关系》(当代语言学 1995 年第 2 期)、《论元、焦点与句法结构》(现代外语 2002 年第 2 期)、《汉语中的零限定词》(语言研究 2000 年第 3 期)等。

二是关于语言类型学的研究。论文有《特指问句标记的类型学特征》(外语教学与研究 2003 年第 3 期)、《论使役句的类型学特征》(语言科学 2004 年第 1 期)等。

三是构词法研究。论文有《回环理论与汉语构词法》(当代语言学 2004 年第 3 期)、《汉语真假复合词》(2005 年第 5 期)等。

四是结构与句式研究。论文有《论元、焦点与句法结构》(现代

外语 2000 年第 2 期)、《论汉语使役句》(与王玲玲合作,汉语学习
2002 年第 4 期)、《论汉语中的名物化结构》(与王玲玲合作,汉语
学习 2007 年第 1 期)等。

五　潘海华的语法研究

潘海华,男,1962 年生于湖北潜江,湖北孝感人。1983 年获华
中理工大学计算机学士学位,1986 获武汉大学语言信息处理硕士
学位,后在华中理工大学语言研究所任教。1995 年获美国德州大
学奥斯汀分校语言学系博士学位,其博士论文改名为"汉语中反身
代词化的限制条件"(*Constraints on Reflexivization in Mandarin
Chinese*)由美国加兰德出版社出版(Garland Publishing,Inc.
1997)。1995 年在香港中文大学系统工程与管理工程系从事博士
后研究,同年至香港城市大学中文、翻译及语言学系任教,现为香
港城市大学人文及社会科学院副院长、教授。他的研究包括句法
理论、形式语义学、语料库语言学、计算语言学、机器翻译等。他对
形式语法理论相当熟悉,而且运用自如,对汉语语法研究提出一系
列的新命题和新思路。

第一,关于汉语反身代词的研究,提出自我归属(self-ascrip-
tion)理论,论文有:《NP 显著性的计算与汉语反身代词"自己"的
指称》(与胡建华合作,当代语言学 2002 年第 1 期)、《汉语复合反
身代词与英语反身代词比较研究》(与胡建华合作,外语教学与研
究 2002 年第 4 期)等。

第二,关于否定与焦点敏感算子的研究,论文有:《焦点与"不"
字句的语义解释》(与李宝伦合作,现代外语 1999 年第 2 期)、《对

焦点敏感的结构及焦点的语义解释》(当代语言学 2003 年第 1—2
期),他认为,焦点对于汉语"不"字句的解释起着非常重要的作用,
所以"不"是一个焦点敏感算子。

　　第三,关于动词结构及其相关的主宾语的研究。论文有《优选
论与汉语主语的确认》(中国语文 2002 年第 1 期)、《显性非宾格动
词结构的句法研究》(语言研究 2005 年第 3 期)、《汉语保留宾语结
构的句法生成机制》(中国语文 2008 年第 6 期)。

　　他对语义学,特别是形式语义学很有研究,代表性专著有《形
式语义学引论》(与蒋严合作,中国社会科学出版社 1998)、《焦点
的结构与语义解释》(与徐烈炯合作,外语教学与研究出版社
2004)。

六　张敏的语法研究

　　张敏,1963 年生于武汉,1985 年北京大学中文系毕业,1990
年获北京大学博士学位,导师朱德熙。留校工作,后于 1991 年赴
美访学,1993 年到新加坡国立大学工作,现为香港科技大学副教
授、中国语言学研究中心主任。

　　张敏的语法研究主要是两个方面:认知语言学的研究以及方
言语法的研究,并且有意识地把两者结合起来。论文有:《从类型
学和认知语法的角度看汉语重叠现象》(国外语言学 1997 年第 2
期)、《汉语方言体词重叠式语义模式的比较研究》(伍云姬编《汉语
方言共事与历时语法研讨论文集》,暨南大学出版社 1997)、《汉语
名词和动词的认知语言学研究》(与戴浩一合作,《中国语言学论
丛》3,北京语言文化大学出版社 1998)。《汉语认知语法面面观》

《汉语法特点面面观》，北京语言文化大学出版社 1999）等。

张敏的代表作是《认知语言学与汉语名词短语》（中国社会科学出版社 1998），涉及"的"字隐现的一般规律、多项定语的语序规则等，是最早借鉴认知语言学来进行汉语语法研究的论著之一，影响比较大。

七　徐杰的语法研究

徐杰，1963 年出生，河南永城人。1982 年获河南大学学士学位，1984 年获华中师范大学硕士学位，导师邢福义。1986 年赴美深造，先后就读于美国夏威夷大学和马里兰大学，1993 年获美国马里兰大学语言学博士学位，后就职于新加坡国立大学中文系，历任澳门大学中文系主任、社会科学及人文学院副院长，兼任华中师范大学语言与语言教育研究中心教授、博导，《汉语学报》副主编。主要研究领域为语言学理论、语言习得与语言教育以及汉语语法学。

徐杰的语法研究早期以描写语法为主，代表作是论文集《汉语描写语法十论》（河南教育出版社 1993）。以后专攻形式语法理论，近期代表作是《普遍语法原则与汉语语法现象》（北京大学出版社 2001），这是运用形式语法的"管约"理论来研究现代汉语的。除了阐述"原则本位"的语法理论，重点是联系现代汉语中的一系列语法现象进行分析，目的是寻找一条走向普遍语法之路，显示出他深刻的洞察力和清晰的表述力。

近期的研究还是通过具体的汉语语法专题，体现他对普遍语法的追求。论文有：《语义上的同指关系与句法上的双宾语句式》

（中国语文 2004 年第 4 期）、《词组与小句之间的差异及其蕴含的理论意义》（汉语学报 2005 年第 3 期）、《被动句式与非宾格句式的一致与差异》（［日］现代中国语研究 2005 年第 6 期）、*The Nature of Null Objects in Chinese*（《汉语空宾语的性质》）（［新加坡］汉语研究与计算学报 2006 年第 1 期）、《句子的中心与助动词占据的谓头语法位置》（汉语学报 2006 年第 3 期）、《领有名词的提升移位与多项名词性结构的切分方向》（当代语言学 2008 年第 3 期）等。

此外，还著有 *Sentence Head and Sentence Structure*（英文版《句子中心与句子结构》）（Longman 出版社 2003）、《语言规划与语言教育》（学林出版社 2007），主编《汉语研究的类型学视角》（北京语言大学出版社 2005）。

第二节　旅居国外的代表性学者

一　方经民的语法研究

方经民（1954—2004），生于上海，1982 年获华东师范大学学士学位，1987 年获硕士学位，导师陈秀珠，2001 年获上海师范大学博士学位，导师张斌。1992 年赴日，曾任日本松山大学教授、日本中国语学会理事，不幸的是因车祸英年早逝，年方 50 周岁。他的研究主要致力于语法研究的理论和方法，见解独到，富有理论意识。

第一，关于汉语变换语法理论的探讨。论文有：《论变换分析的平行性原则》（湖北大学学报 1991 年第 3 期）、《变换分析的同一性原则》(上海师范大学学报 1992 年第 1 期)、《变换分析的约束性原则》(湖北大学学报 1992 年第 2 期)等。代表作有两本:一是《现代语言学方法论》(河南人民出版社 1993),二是《汉语变换语法研究——理论、原则、方法》(日本白帝社 1998)。后者是对汉语变换语法理论系统性的总结,不仅指出变换研究方法的三种类型——变换分析法、变换派生法和变换生成法,还具体分析了变换分析法的三种类型——变换操作分析法、变换分解分析法和变换关系分析法,而且还提出在变换分析中的四个原则——同一性原则、约束性原则、平行性原则和类推性原则。这是迄今为止对变换理论最全面和深入的研究。

第二,运用认知语言学的观点对汉语方位范畴的研究。论文有:《汉语"左""右"方位参照中的主视和客视——兼与游顺钊先生讨论》(语言教学与研究 1987 年第 3 期)、《论汉语空间方位参照认知过程中的基本策略》(中国语文 1999 年第 1 期)、《论汉语空间区域范畴的性质和类型》(世界汉语教学 2002 年第 3 期)、《现代汉语方位成分的分化和语法化》(世界汉语教学 2004 年第 2 期)、《地点域/方位域对立和汉语句法分析》(语言科学 2004 年第 6 期)。

此外,他还与邵敬敏合写了开创性的《中国理论语言学史》(华东师范大学出版社 1991),也颇有影响。

二 张黎的语法研究

张黎,1957 年生,吉林长春人。1987 年获哈尔滨师范大学硕士学位,1991 年获得复旦大学博士学位,导师胡裕树。20 世纪 90 年代中赴日本工作,现任日本大阪产业大学教授。主攻现代汉语语法和语法理论,重点探讨文化语言学的语法观,认为汉语语法是一种意合语法,特别重视汉语语义分析,自成一家之言。

张黎的语法思想当年深受申小龙的影响,属于文化语言学范畴的意合语法,攻读博士学位后有所变化,主要是注意了语法形式的分析。早期代表作是《文化的深层选择——汉语意合语法论》(吉林教育出版社 1994)。以后发表的语法论文基本上也都属于这一主题,《汉语范畴语法论集》(日本中国书店 2000)就是以"意合范畴"为主体收录了已经发表的论文 21 篇。

代表作是《汉语意合语法学纲要》(日本中国书店 2001),全面阐述他的意合语法的观点。他认为:意合是汉语的精神,汉语的根本所在。所谓意合语法是指人类通过语义范畴、语义特征或其他语义的手段直接组词造句时所体现出的语义范畴、语义特征或其他语义手段间的组合搭配的规则系统。

三 石毓智的语法研究

石毓智,1963 年生,河南洛阳人。1987 年获兰州大学中文系学士学位,1990 年获华中科技大学中文系硕士学位,导师黄国营。1993 年赴美进加利福尼亚大学圣地亚哥校区语言学系,获硕士学位,导师 Langacker,后获斯坦福大学博士学位,导师孙朝奋。现任新加坡国立大学中文系副教授。主要研究兴趣为语法化理论、认知语言学、类型语言学。成名作是《肯定和否定的对称与不对称》(台湾学生书局 1992 初版,北京语言文化大学出版社 2001 再版)。

石毓智是个年轻的高产语法学家,发表大量论文,并且出版好几部专著。他的研究新鲜、敏锐、讲究理论与方法的更新，进取心强，尤其在语法化研究以及认知解释方面更是新意迭见。

第一，语法化研究。论文有：《论汉语体标记诞生的机制》（与李纳合作，中国语文 1997 年第 2 期）、《汉语发展史上结构助词的兴替——论"的"的语法化历程》（与李纳合作，中国社会科学 1998 年第 6 期）、《汉语史上疑问类型学转变的机制和过程》（与徐杰合作，中国语文 2001 年第 5 期）、《双音化趋势对动补结构形成的影响》（语言研究 2002 年第 1 期）。代表作是《语法的形式和理据》（江西教育出版社 2001）、《汉语语法化的历程——形态句法发展的动因和机制》（与李纳合作，北京大学出版社 2001）、《现代汉语语法的建立——动补结构的产生及其影响》（北京大学出版社 2001）、《语法化的动因与机制》（北京大学出版社 2006）。

第二，认知语法研究。论文有：《现代汉语的肯定性形容词》（中国语文 1991 年第 3 期）、《汉语形容词的有标记和无标记现象》（与黄国营合作，中国语文 1993 年第 6 期）、《时间的一维性对介词衍生的影响》（中国语文 1995 年第 1 期）、《汉语的有标记和无标记结构》（《语法研究和探索》十，商务印书馆 2000）、《现代汉语句子组织信息的原则》（《语法研究和探索》十一，商务印书馆 2002）等。著作有《语法的认知语义基础》（江西教育出版社 2000）、《语法的概念基础》（上海外语教育出版社 2006）、《认知能力与语言学理论》（学林出版社 2008）。

第三，建立在汉语、外语以及汉语方言研究基础上的类型学研究。论文有：《汉语的主语与话题之辨》（语言研究 2001 年第 2 期）、《汉语史上疑问形式的类型学转变及其机制》（与徐杰合作，中国语文 2001 年第 5 期)等。代表性著作是《汉语研究的类型学视野》(江西教育出版社 2004)。

第四,对语言学理论的思考。他对乔姆斯基生成语法理论大胆提出质疑,对认知语法、构式语法进行评述。论文有:《乔姆斯基语言学的哲学基础及其缺陷——兼论语言能力的合成观》(外国语 2005 年第 3 期)、《语言能力合成说的认知心理学证据》(语言研究 2007 年第 3 期)、《论构式语法理论的进步与局限》(外语教学与研究 2007 年第 5 期)等。

第五,近年来对方言语法发生兴趣,主要进行比较研究。论文有《汉语方言中动词重叠的语法意义和功能的差别》(汉语学报 2007 年第 4 期)、《汉语方言中被动式和处置式的复合标记》(广西师范大学学报 2008 年第 2 期)、《汉语方言处置式的代词回指现象及其历史来源》(与刘春卉合作,语文研究 2008 年第 3 期)、《汉语方言语序变化的两种动因及其性质差异》(民族语文 2008 年第 6 期)。

第三编　本体篇

第一章　汉语语法结构专题研究

　　新时期汉语语法研究的一个重要特点就是研究日益深入、细致,新的研究理论和方法几乎渗透到每个研究专题领域。一方面,传统的研究课题,由于新的研究理论和方法的引进而发生了质的变化;另一方面,由于角度变换、视野开拓,又发现了许多新的值得研究的课题。这两个方面结合起来,使汉语语法专题研究开创了一个崭新的局面。另外一个特点就是新时期培养的博士、硕士一批批地进入语法研究领域,他们思想最少保守,研究的角度新颖、独特,研究的方法前卫、多元,涌现出许多精彩的论著。

第一节　语素研究

　　"语素"是指语言中最小的音义结合的语法单位。长期以来,词与句子是语法研究的重点,而语素、短语和句群的研究则一直没有得到足够的重视,特别是语素,由于汉字的特殊性,更是如此,至今还有人否认汉语语素的客观存在。这种状况自 20 世纪 50 年代起有所变化，但是到 70 年代末吕叔湘《汉语语法分析问题》问世才有了实质性的改变，该书对语素的性质、地位、作用等作了比较深入的论述，并提出有关语素的大小、语素的异同、语素与汉字的对应关系、语素与词的对应关系等问题，这才引起大家对语素研究的重视。关于汉语语素的研究，目前主要有杨锡彭的专著《汉语语素论》（南京大学出版社 2003），比较全面地分析了汉语语素的特点和分类，可以说是集语素研究大成之作。此外还有孙银新《现代汉语词素研究》（中国文史出版社 2003）。

一 汉语语素的特点和作用

关于汉语语素的特点，有两种观点颇具代表性：一是张志公《谈汉语的语素》（语言教学与研究 1981 年第 4 期）认为有三个特点：（1）除了少数例外，"一个语素是一个带调的音节"；（2）"汉语语素的自由性，或者，非依附性"；（3）"在语言里很活跃，活动能量很大"。二是尹斌庸《汉语语素的定量研究》（中国语文 1984 年第 5 期）也指出三点：（1）语音上的单音性。双音节的语素只占整个语素的 3%，而且出现频率很小，构词能力非常弱。因而汉语中生命力最强的、起决定作用的是单音节语素。（2）形式上的不变性。即语音形式在任何情况下保持不变。（3）结合上的自由性。即语素和语素之间的结合显得十分自由，或者说十分松散。汉语的这个特点，使我们在传统上重视语素，而不大重视词。尹文在汉语语素研究上具有开创性的意义。此外，［捷克］雅·沃哈拉《漫谈汉语语素的特征》（中国语文 1987 年第 2 期）也从语音形式与文字形式两个角度进行了有益的探讨。

1981 年《中学教学语法系统提要》第一次明确地把语素定为五级语法单位(语素、词、短语、句子、句群)的第一级,并作为语法教学的基本内容。此时语素在汉语语法研究中的地位才真正得到确认。正如施光亨《语素研究述评》(语文导报 1987 年第 6 期)所指出的那样:"建立起语素的概念就突破了语法研究以词为下限的框框,扩大了语法研究的视野,这对认识汉语语法的特点将是一个促进。"这个促进主要体现在以下三个方面:第一,有助于构词法向纵深方向发展;第二,加强了对语素直接组成词以上语法单位(短语、句子)的认识;第三,加强了词义的精细分析。

二　汉语语素的分类

语素的分类可以从不同的角度采用不同的标准。常用的有意义、功能两个标准:

(一)按语素意义的虚实来分类。这有两种具有代表性的分法:

1.张寿康《略论汉语构词法》(中国语文 1957 年第 6 期)主张分为两类:(1)实词素(如"人"、"民"、"和"等);(2)虚词素(如"画儿"、"喷子"中的"儿"、"子")。实词素又叫词根,虚词素又叫词缀。

2.张志公主编《现代汉语》(人民教育出版社 1980)主张分为四类:(1)实语素,包括名素、动素、形素等;(2)半实素,如"你"、"这"、"谁"、"哪";(3)半虚素,如"第"、"老"、"者"、"员";(4)虚素,如"而"、"的"、"了"、"吗"。

(二)按语素功能的分类。最有影响的有以下几种:

1.张志公主编《现代汉语》(人民教育出版社修订本1982)把语素分为三类:(1)自由语素,能独立成词,也能与别的语素自由组合成词。相当于"成词语素",如"花"、"跑"、"硬"。(2)半自由语素,不能独立成词,但能自由地和别的语素组合成词。相当于"不成词语素",如"牧"、"基"。(3)不自由语素,既不能独立成词,跟别的语素组合时又有固定的位置,活动能力有限。如"老"(老虎/老师)、"子"(桌子/车子)。

2.朱德熙《语法讲义》(商务印书馆1982)用三种不同标准把语素分为三类:(1)以能否单独成句为标准,能单独成句的叫自由语素,不能单独成句的叫黏着语素;(2)以能否单独成词为标准,能单独成词的为成词语素,不能单独成词的为不成词语素;(3)以语素在组合时位置是否固定为标准,结合时位置固定的语素叫定位语素,位置不固定的语素叫不定位语素。

3.胡裕树主编《现代汉语》(上海教育出版社增订本1995)用"能否单独成词"(能单独成词的为自由语素,不能单独成词的为不自由语素)、"与别的语素组合成词时位置是否固定"(位置固定的为定位语素,位置不固定的为不定位语素)两条标准,把语素分为四类:(1)自由的不定位语素,如"胆"、"动";(2)自由的定位语素,如"们"、"吗";(3)不自由的不定位的语素,如"习"、"袖";(4)不自由的定位语素,如"阿"、"子"。

三 汉语语素研究的若干问题

有关语素的研究,还涉及以下几个方面:

(一)语素的划界问题。语素跟词、音节以及汉字都有一定纠葛,这几个概念,显然角度不同,因此需要划清界限,并且找到标准以及区分的方法。有关研究的文章有:许德楠《说单音节与语素在构形上的同一性》(语言教学与研究 1981 年第 4 期)、石安石《分割汉语语素的几个问题》(黑龙江电大 1983 年第 2 期)、唐发饶《怎样确定汉语的语素》(语文学习 1984 年第 3 期)、周一农《语素特例分析》(丽水师专学报 1985 年第 2 期)、王宗炎《关于语素、词和短语》(中国语文 1985 年第 5 期)、郭良夫《语素和词与词和短语》(中国语文 1988 年第 6 期)、王芃《汉语切分中"替代"法的得失》(汉语学习 1988 年第 2 期)、苏锡肖《试说现代汉语复音单纯词中的音节符号向语素转化》(汉语学习 1989 年第 2 期)、曹德和《语素研究的性质、方法及语料来源》(复旦学报 2003 年第 6 期)、柳燕梅《汉语语素识别研究中的三点分歧》(汉语学习 2004 年第 1 期)、张爽《关于确定汉语语素的思考》(西南民族大学学报 2004 年第 7 期)、刘禀诚《语素鉴定法述评》(井冈山师范学院学报 2005 年第 1 期)、杨晓黎《汉语词汇发展语素化问题刍议》(汉语学习 2008 年第 1 期)等。

(二)关于"剩余语素"的研究。这是比较特别的问题,最早是卞觉非在《略论语素、词、短语的分辨及其区分方法》(语文研究 1983 年第 1 期)中引用了朱德熙的说法,并下定义为:"除了在特定的格式里出现之外,从不跟别的语素结合的语素,叫剩余语素。"有关讨论,主要涉及如何确定剩余语素,汉语里这类语素到底有多少。主要论文有:阎立羽《汉语的独一无二成分》(《语言研究论丛》六,天津教育出版社 1991)、石安石《论语素的结合能力和一用语素》(语文研究 1993 年第 1 期)、陈保亚《对剩余语素提取法的限制》(汉语学习 1997 年第 3 期)、王万秋《"剩余语素"成因管窥》(唐山师范学院学报 2009 年第 6 期)等。

（三）关于词缀的研究。语素进入构词时，包括词根和词缀。词缀是语素研究的重要组成部分，包括前缀、后缀、中缀。吕叔湘《汉语语法分析问题》还第一次提出了"类前缀"和"类后缀"，例如"单、超、非、无、不、反、自"等，这是很有眼光的看法。有关论文有：郭良夫《现代汉语的前缀和后缀》(中国语文 1983 年第 4 期)、孙艳《现代汉语词缀问题探讨》(河北师范大学学报 2000 年第 3 期)、朱亚军《现代汉语词缀的性质及其分类研究》(汉语学习 2001 年第 2 期)等。

近年来关于新兴的类词缀的研究引起广泛的关注。论文有沈孟璎《试论新词缀化的汉民族性》(南京师大学报 1995 年第 1 期)、周日安和邵敬敏《美英式原型标记"一门"的类化和泛化》(外国语 2007 年第 4 期)、张谊生《附缀式新词"X 门"试析》(语言文字应用 2007 年第 4 期)、周文《汉语新词语缀化特征及其分析》(江汉大学学报 2002 年第 2 期)、缪小放《新兴类语缀例释》(语文建设 1999 年第 3 期)等。

（四）语素的地位和作用。由于汉语的特殊性，一方面人们开始重视汉语语素的研究；另一方面，也始终有人怀疑语素的存在和作用。这就形成了两种截然相反的观点。支持的，例如张茜《对语素的认识》(逻辑与语言学习 1989 年第 6 期)等，程雨民更把语素(称之为"字基")作为汉语语法研究的"本位"。反对的，例如陈重愚《关于语素理论的思考》(汉字文化 1991 年第 1 期)便认为语素是汉语语言学中不具有解释力的虚有的主观单位，而语素理论更是"一个充满矛盾、很难自圆其说的体系"，因而"注定是没有生命力的"。怀疑的,例如王洪君《从字和字组看词和短语》(中国语文1994 年第 2 期)认为"'字'的名称比'语素'更能确切地反映该级语法单位在汉语中的特殊地位"。杨成凯《关于汉语语法单位的反思——汉语语法特点散论之三》(汉语学习 1994 年第 6 期)也认为语素不应看做语法单位。徐通锵、潘文国提倡字本位,当然就更加反对语素的存在。但是,尽管主张用"字"来替代语素,并且不承认汉语里存在语素这一级语言单位的人几十年里一直没有绝迹,但是,认为汉语里确实有语素客观存在,并且把语素看做是汉语基本单位之一的学者占压倒多数,而且值得深思的是真正从事语法研究的学者几乎无人表示怀疑。

(五)外来语素问题。外来新观念、新知识正在源源不断地充实着人们的认识,正在进入汉语的最底层单位。汉语在演变规律强大运行力的影响下,一些最重要的、常用的基本概念与基本词汇,总会以单音语素的方式凝固、沉淀下来。最早注意到这一语言现象的是周洪波《外来词译音成分的语素化》(语言文字应用 1995年第 4 期),以及周一农《外来语素论略》(上)(下)(绍兴文理学院学报 1998 年第 1—2 期)。全面考察并且进行系统研究的当推苏新春《当代汉语外来单音语素的形成与提取》(中国语文 2003 年第6 期),该项研究从 876 条外来词中提取出所用汉字 557 个,其中记音汉字 186 个。在此基础上,分析了记音汉字演化为音义兼表的语素字,复音外来词凝固为单音语素的过程,提出了"独立使用"与"重复构词"的两条鉴定标准,该文认为外来单音语素的出现是汉语语素演变的结果。李韵、杨文全《单音节外来语素在当代新词构造中的应用及对现代汉语的影响》(西华师范大学学报 2007 年第 2 期）则认为单音节外来语素形成并参与当代新词构造符合汉语的语言规律，是汉语同化外来语言成分的重要途径，这一现象对现代汉语发展产生了积极的影响；单音节外来语素参与当代新词构造，是语言接触过程中发生的语言变异，是一种"积极"的、有生命力的语言现象。类似的研究近年来非常活跃，例如：董晓敏《外来词音节语素化的文化语言阐释》（语文研究 2003 年第 1 期）、周日安《汉语单音节外来词初探》（汉语学习 2004 年第 2 期）、卢微《汉语外来语素成因探析》（菏泽学院学报 2007 年第 3 期）、孙道功《新词语外来音译词带来的新语素考察》（云南师范大学学报 2007 年第 4 期）、徐志敏《汉语前缀与外来语素的前缀提取》（淮北煤炭师范学院学报 2007 年第 6 期）等。

四 构词法与造词法

20 世纪 50 年代，汉语构词法的研究方兴未艾，其代表作是陆志韦等编著的《汉语构词法》（科学出版社 1957）。80 年代，这一研究又重振雄风。先后出版了两本著作：张寿康《构词法和构形法》（湖北人民出版社 1981）以及任学良《汉语造词法》（中国社会科学出版社 1981）。张寿康主张区分构词法和构形法，并按照词类进行了详细的分析。任学良则提出了"造词法"的构想，分为词法学造词法、句法学造词法、修辞学造词法、语音学造词法和综合式造词法。他认为："大部分词既有造词法又有构词法的问题，其余的词则只有造词法没有构词法的问题"，造词法和构词法是"纲和目"的关系。尽管这一观点遭到张寿康、谭达人等学者的批评，但是该书由于是第一次正式论述"汉语造词法"并且建立起造词法的类型,其影响还是很深远的。

关于汉语构词法与造词法的著作主要有陈光磊《汉语词法论》(学林出版社 1994)、陈宝勤《汉语造词研究》(巴蜀书社 2002)、万献初《汉语构词论》(湖北人民出版社 2004)、周荐《汉语词汇结构论》(上海辞书出版社 2004)。最有影响的是潘文国、叶步青、韩洋合著的《汉语的构词法研究》(台湾学生书局 1993,华东师范大学出版社 2004),该书分为十二个专题对近百年来的汉语构词法进行了全面整理总结,不仅材料齐全,而且敢于发表自己的独到见解。有关构词法以及造词法的论文主要有:葛本仪《汉语的造词与构词》(文史哲 1985 年第 4 期)、刘叔新《汉语复合词内部形式的特点与类别》(中国语文 1985 年第 3 期)、杨红华《汉语构词法分类标准质疑》(广西大学学报 1993 年第 4 期)、吴湘飞《简论汉语新词构词法的特点》(杭州商学院学报 1997 年第 3 期)。

进入新世纪以来,这一研究呈现出一些新特点:一是从结构层面深入到语义层面,乃至语用层面。比如朱彦《汉语复合词语义构词法研究》(北京大学出版社 2004)以及朱志平《汉语双音复合词属性研究》(北京大学出版社 2005)就是其中的佼佼者。二是探讨词法跟句法的关系,例如石毓智《论汉语的构词法与句法之关系》(汉语学报 2004 年第 1 期)认为从历史上看,汉语的复合词大多是句法结构的词汇化,同时在很大程度上作用于句法。三是运用新的生成语法理论来解释构词法,例如顾阳、沈阳《汉语合成复合词的构造过程》(中国语文 2001 年第 2 期),认为合成复合词是通过动词论元结构的变化形式构造的,合成复合词具有不同于句法操作的衍生机制。四是根据汉语语素数据库进行基于遗传算法汉语构词研究,例如苑春法《汉语构词研究》(语言文字应用 2000 年第 1 期)以及董秀芳《汉语的词库与词法》(北京大学出版社 2004)。

有关情况可参阅占勇《汉语构词法研究述评》(兰州学刊 2006 年第 9 期)、鲁小娟《汉语构词法研究综述》(社会科学论坛 2008 年第 4 期)、栗臻《汉语造词法研究综述》(怀化学院学报 2009 年第 4 期)、张科《汉语构词法研究综述》(语文学刊 2009 年第 19 期)。

第二节 词类研究

汉语词类的划分是个老大难问题,长期以来,汉语语法学家们作了多方面多角度的探索,20 世纪 30 年代和 50 年代举行过两次大规模的讨论,显然,结构主义的词类划分观占据了上风,但由于汉语的特殊性,仍存在许多悬而未决的问题,有些问题至今仍然分歧很大。其主要原因就在于汉语词类的语法形式比较隐蔽,所以词类的划分不能单纯依靠形态标志,而大家对语法功能则可能有不同的理解。

一 吕叔湘、朱德熙的词类新学说

80 年代汉语词类研究的总框架是在吕叔湘、朱德熙关于词类学说的理论指导下进行的。长期以来,吕氏与朱氏对汉语词类划分问题作了深入研究,并提出了一系列颇有代表性的看法,对汉语词类的研究产生了重大的影响。

当年,吕叔湘《关于汉语词类的一些原则问题》(中国语文 1954 年第 9 期)实际上是对 50 年代汉语词类问题讨论的一个小结,因此,着力于对各种观点、理论的评述与分析,并探讨分歧的原因及可供参考的解决办法。这一思想,在《汉语语法分析问题》中又有新的发展,主要是:(1)汉语缺乏严格意义的形态变化,就不能不主要依靠句法功能,即指出广义的句法功能标准。(2)用句法功能作为划分词类的依据,有单一标准和多重标准,而多重标准的结果总是参差的,就有个协调问题。理想的标准应该是对内有普遍性,对外有排他性。(3)词类的划分,大类应进一步划分小类,大类又可以概括成更大的类。即指出词类系统的层级性问题。(4)划分为实词与虚词两大类的实用意义不大,建议可以分为"可列举的类"(封闭的类)以及"不能列举的类"(开放的类)。即指出词类划分的新角度。这些想法,无疑为汉语词类的划分打开了新的思路,有重要的现实指导意义。

朱德熙的词类新学说集中体现在《语法讲义》与《语法答问》两本书中,前者侧重于词类系统的构拟,后者侧重于理论上的阐述。朱德熙的观点主要是:(1)用"分布"理论对词的语法功能进行解释,指出"一个词的语法功能指它占据的语法位置的总和",即"词的语法分布(distributions)"。(2)阐述了语法功能与词汇意义的关系,指出"划分词类的时候,都只能根据功能,不能根据意义"。意义只有在"确定词的同一性的时候"才需要考虑。(3)阐述了功能与形态的关系,指出"形态不过是功能的标志"。(4)指出汉语词类与句子成分之间错综复杂的对应关系,不是一对一,而是一对多。(5)指出从内涵来讲,语法性质<语法特点>划类标准。(6)分析了词的共性与个性,指出词类划分的层次性与相对性的原则。(7)指出实词与虚词之间存在着三种重要的区别:自由与黏着,定位与不定位,开放与封闭。朱氏的这些看法与吕氏相比,更为彻底地运用了结构主义语法理论,更为明确地阐述了词类划分问题上的一些重大问题,因而在汉语语法学界产生了相当大的影响。

二　建立汉语系统的新尝试

(一)80 年代初期的有关探讨

汉语的词类是个系统,所以是具有层次性的。根据词类的共性可以归纳成几个大类,根据词类内部的个性,又可以分成若干小类,问题在于具体划分成多少层次以及每个层次的划分标准。

石安石《汉语词类划分问题上的再探讨》(《语言研究论丛》,天津人民出版社 1980)提出了"逐层系统划分汉语词类"的构想:(1)每次划分的具体标准应当是有周遍性的和排他性的。(2)每次分类按一个标准而不是同时考虑几个标准。原则上每次一分为二,然后层层二分(少数一分为三)。(3)建立起一个多层次的词类系统,并逐层用编码说明。例如 1/2 为第一层,11/21 为第二层,111/112、121/122 为第三层,依此类推。卢甲文《现代汉语词类划分标准及层次》(中州学报 1982 年第 6 期)提出了另一种分类尝试:每次只用一个标准,只切分出一个词类,其余依此类推,从而逐层建立词类系统。两位学者所建立的词类系统,坚持层次观念并基本上采用一分为二的方法,因而对计算机处理语言来讲,特别有吸引力。鲁川《现代汉语信息语法和词类问题》(河南财经学院学报 1989 年第 3 期)吸收了石、卢两文的优点,从计算机处理角度进行了适当的改造,即划分为四个层次:1.总类(实/虚);2.大类(体/谓等);3.基本词类(13 种);4.小类(如动词之下可再分自动/他动等）；每层用一个标准，尽量做到对内有普遍性，对外有排他性。

从石安石到卢甲文再到鲁川，具体做法和结果虽然有区别，但是其指导思想是一致的，即十分注意可操作性，致力于"多层次、有序的"汉语词类系统的标准。

从事这一研究的还有孙锡信《汉语实词分类程序》（《语言研究》集刊，复旦大学出版社1987），他根据运用朱德熙划分词类的方法，设计出一套可供操作的"程序"。陈爱文《汉语词类研究和分类实验》（北京大学出版社1986）也提出了一套词类划分的程序：按"必要性能、不容许性能、一般性能、可容许性能"四种概念来区别词类词性，其中一、二项构成了词类的特征。

（二）关于建立汉语词类新系统的努力

关于汉语的词类问题，一直是汉语语法研究的难点和热点，对此，胡明扬先后主编了《词类问题考察》（北京语言文化大学出版社1996）以及《汉语词类问题考察续集》（北京语言文化大学出版社2004）。前者主要提出与词类相关的理论问题：（1）划分词类的目的问题，即划分词类的目的是为了进行句法分析；（2）划分词类的标准问题。这一研究对认识汉语词类问题的复杂性很有帮助。后者则特别提出要构建信息处理用的汉语词类体系，以适应电脑自动进行句法分析的需求。

对汉语词类进行锲而不舍研究的是郭锐，他的《现代汉语词类研究》（商务印书馆2002）实际上是在朱德熙主持的国家项目的基础上发展而来的，该书继承了朱氏学说，又有自己的创新思想，这主要在于：1.对词的本质的看法，不是分布类，而是词的语法意义的类型，"表述功能"，即在组合中的意义类型；2.建立有层次的词类系统，即分为：陈述（表示断言）、指称（表示对象）、修饰（表示对陈述或指称的修饰、限制）、辅助（起调节作用）四个大类型以及"实体、位置、计量单位、数量、指示"等小的类型，不同于分布论、相似论、原型论；3.表述功能可以分为"内在的"（固有的）和"外在的"（在某个语法位置所实现的）。另外还运用了大量而详细的数字统计，所以具有比较大的说服力。

在计算机使用的汉语词类研究方面也有了新的成果，徐艳华《汉语实词语法功能考察及词类体系构建》（中国社会科学出版社2007）目的是构建真正适合计算机处理自然语言需要的汉语词类体系，以语料库为信息源，采用统计并辅以内省的方法，详细考察了名词、动词、形容词和副词中高频的 3514 个词的语法功能，建立了语法功能信息库，并彻底贯彻"按照词的语法功能划分词类的标准"，依据"句法功能完全相同即为一类"的原则，对 3514 个常用词进行了分类，最终分出 676 类。

三 "原型理论"与"连续统理论"

新时期最大的进展是中青年学者在词类划分方面提出了一些新的研究思路，借助于原型范畴、连续统、相似性原则、类型学等，对词类进行新的解释。这类论文主要有：张伯江《词类活用的功能解释》（中国语文 1994 年第 5 期）认为"名词具有空间性属性，动词具有时间性属性，名量词和时体助词是二者的典型表现"，"名词和动词是两个最基本的类，其他词类大多是从这两个词类里分化出来的"。他以时间性和空间性为两极，描写了名词和动词之间的连续统："名词——非谓形容词——形容词——不及物动词——及物

动词"。张国宪《现代汉语的动态形容词》(中国语文 1995 年第 3
期)也用连续统的观点给形容词内部进行再分类。他认为现代汉
语的形容词有动态、静态两类。根据形容词动性的强弱、量的弥散
和凝结的差异,动态形容词和静态形容词也是一个连续统。袁毓
林《词类范畴的家族相似性》(中国社会科学 1995 年第 1 期)指出
汉语词类是一种原型范畴,是人们根据词与词之间在分布上的家
族相似性而聚集成类的,因此属于同一词类的词有典型成员和非
典型成员之别,典型成员是一类词的原型,是非典型成员归类时的
参照标准,根据原型范畴化理论,运用词分布上的优势劣势之别,
在给词分类时,给不同的词类下出宽泛定义,辅以严格定义,是一
个比较现实、周全的做法。李宇明《非谓形容词的词类地位》(中国
语文 1996 年第 1 期)从空间性、时间性、程度性三个维度讨论非谓
形容词的地位,认为非谓形容词在三个维度上的值几乎等于零,成
为一个"功能最容易发生游移"的词类。它在"名词——非谓形容
词——形容词——不及物动词——及物动词"这一词类连续统中,
较容易向右发生功能游移,所以以前把它归在形容词内。非谓形
容词也会进一步向动词游移,"非谓形容词是体词向谓词方向发展
这一趋势中的关键一站"。非谓形容词也可能向名词游移,他认为
这方面的例子可能"比游移为动词更常见、更自然"。张谊生《说
"永远"——兼论汉语词类研究中若干理论问题》(语言教学与研究
1998 年第 2 期)在对现代汉语中"永远"一词的语法意义、句法功
能及动态发展过程作详细描写的基础上,提出了对汉语词类划分
的新建议:(1)"划分词类应该以原型范畴(prototype-based cate-
gory)为基础,以特征范畴(feature-based category)为辅助。原型

范畴理论认为：实体是根据其属性加以范畴化的，范畴边缘是模糊不清的；同一范畴内各成员之间有典型和非典型之分。"所以确定某个词的类别要分清它的典型用法和非典型用法。此外，"在具体归类时，又必须考虑到词类的各种句法特征。"(2)必须用动态眼光来观察、分析，因为词的语法意义、句法功能都有一个动态发展过程。(3)应该以连续的、联系的观点来进行汉语词类的宏观和微观研究。词类之间在句法、语义方面的差别实际上都是以一种程度强弱为序的连续统(continuum)。此外还有储泽祥《汉语处所词的词类地位及其类型学意义》(中国语文 2006 年第 3 期)、刘露营和刘国辉《词类范畴典型概念与动词句词化现象》(重庆大学学报 2008 年第 1 期)等。

四 词类研究的定性与定量分析

在定性研究的基础上引进数理统计进行定量分析，是语法研究一个新的发展趋势。近年来，在词类定性与定量研究方面主要是：

(一)归类定性的测试及其方法。这方面邢福义的研究很有特色，《词类辨难》(甘肃人民出版社 1981，商务印书馆修订本 2003)列举了二百多个难归类的词，运用"直接判定法"、"排他法"与"类比法"给词归类定性。后来他在《词类判别四要点》(语言教学与研究 1989 年第 7 期)中进一步指出，在定性归类时要特别注意四点：(1)依靠充足性语法特征，(2)慎用非充足性语法特征，(3)联系具体的入句结果，(4)灵活运用直接判定法、排他法、类比法等证明方法。应该说这些都是行之有效的好方法，但在运用时，应该慎重，因为客观的语言现象是复杂的,不能因为不是甲就必然是乙,也可能是丙或丁。李宇明《词性判定能力的测试》(华中师范大学学报1989年第2期)发展了邢福义的观点,他在语言群体上抽取到足以代表群体词性的调查样本,然后对有代表性的样本进行"离句断品"、"离句测标"和"依句审标"三个方面的测试,最后对所有测试的答案进行统计,并在此基础上,依据一定的数值标准来给测试的词归类定性。这一研究工作对例外具体词的词性确定有一定的辅助作用。

(二)词类功能的定量分析。进行全面的定量分析是尹斌庸《汉语词类的定量分析》(中国语文1986年第6期),他从三个方面对汉语词类作了概括性的定量研究:(1)汉语各类词的词数及所占的百分比。名动形三类词占全部词数的92%,这三类词数的比约8∶4∶1。四字成语占6%,其他词为2%。(2)汉语词类的概率分布,在历时的变换下,词类分布基本上是一个"不变量"。(3)词类的平均出现频率,可以刻画这个词类的平均活动能力。如名词的平均活动能力为1,动词为2,代词为72,助动词为344等。这一研究运用统计学的理论和方法,为汉语词类研究提出了新观念、新方法。

(三)通过主次功能统计探索词类模糊性和相对性。莫彭龄、单青(刘丹青)《三大类实词句法功能的统计分析》(南京师范大学学报1985年第3期)发现存在一条从大到小的渐变功能线,因此,名词、动词、形容词之间有着相当清楚的界限,这表现为主要语法功能的自身验定性和相互区别性,但次要功能的界限则是模糊的。莫彭龄《词的模糊类聚初探》(常州工业技术学院学报1988年第3

期)对《骆驼祥子》中的表人或事物名称的词的句法功能作了统计，发现其功能都集中在主、宾、定三种成分上，因此，证明词类的模糊性和复杂性决定了词类的客观性和相对性。他在《关于词类问题的几点再认识》(南京师范大学学报 1990 年第 1 期)中又指出：词本身是个模糊集合，不仅词同非词是模糊的，词的功能也具有模糊性，可以用模糊类聚统计把词分成若干个相对类别。胡明扬《现代汉语词类问题考察》(中国语文 1995 年第 5 期)根据莫彭龄、单青的统计结果及自己的统计情况认为，汉语中名词的主要功能是作主语、宾语，动词主要功能是作谓语，形容词的主要功能是既能作谓语又能作定语。

（四)个别词类的定量统计。例如王启龙《带宾形容词的统计分析》(语言教学与研究 1995 年第 2 期)对 2098 个形容词带宾情况作了统计分析，发现"能带宾的单音节形容词占全部单音节形容词的 20.6%，能带宾的复音节形容词占全部复音节形容词的 3%"，而且绝大多数是使动用法。谢红华《单双音节同义方位词补说》(语言教学与研究 2001 年第 2 期)统计了 30 万字的口语及书面语材料，对 16 个单音节方位词与 57 个双音节方位词的异同进行了详尽的描写，发现了两者在构词能力、作句子成分、与介词的结合、与名词的结合及语体色彩等方面存在着一系列的差异。

五　词类研究中的若干问题

（一)确定兼类词的原则与方法

陆俭明《关于词的兼类问题》(中国语文 1994 年第 1 期)全面地讨论了现代汉语兼类词的界定问题，列举了八组有争议的情况，认为要确定这些词是否属于兼类，主要涉及三个问题：(1)词的同一性问题。尤其是同义的理解应该是"指在现代汉语这个共时平面上二者意义是否相同"。(2)划分词类的相对性，即如何处理要放到整个语法系统中去考虑。(3)兼类词只能是少数，这是一个原则。可是，在具体处理一个词到底属于兼类还是同音时，有时候很难区分出普遍性、固定性和特殊性、临时性，这就必须借助于统计法。

马彪《运用统计法进行词类划界的一个尝试》(中国语文 1994年第 5 期)尝试采用统计法处理汉语兼类词的划界问题。他首先确定了各类词的"区别性功能特征"，通过兼类词成因、发展趋势的分析为运用统计法划界提供依据；然后通过一百多万字语料中上千个词的分布情况进行了考察、分析，主要解决两个问题：(1)界定兼类词的标准。(2)兼类的主次，涉及定名问题，又关系到词在语法书中和词典中的排列顺序问题。

(二)名物化问题

这主要指在主宾语位置上出现的动词、形容词，传统语法认为这时它们已转变成名词，或相当于名词了，或者叫"名物化"。朱德熙、卢甲文、马真《关于动词形容词名物化问题》(北京大学学报 1961 年第 4 期)对这一说法提出了尖锐的批评，指出汉语中几乎所有的动词、形容词都能作主语、宾语，如都看做名物化就会导致词无定类的结果。该文发表以后，"名物化"的说法受到了沉重的打击。但到了 21 世纪，又有人重新提出了这一敏感的课题。

李宇明《所谓的"名物化"问题新解》(华中师范大学学报 1986年第 3 期)提出当一个词或词组占据句中某个语法位置时，便具有某种位置义,例如,主语、宾语位置上有指称义,谓语位置上有陈述义等等。所以当动词或形容词在主宾语位置出现时,它们的词性没变(因而仍可以受"不"修饰等等),但同时又获得了位置义,这一解释是颇有启发意义的。胡裕树、范晓《动词形容词的"名物化"和"名词化"》(中国语文 1994 年第 2 期)主张区分开句法平面的"名词化"与语义平面的"名物化"。姚振武《汉语谓词性成分名词化的原因及规律》(中国语文 1996 年第 1 期)认为亚里士多德的范畴把现实世界分为十个范畴,其中"本体"占有特殊的地位,其他范畴是本体的属性。反映到语言中,本体表现为主语,其他几个范畴表现为谓语。因此主语和谓语的关系也可以归结为现实世界本体和属性关系。因此谓语不仅可以陈述主语,也完全可以指称主语。

(三)具体词类的研究

汉语的各个词类,现在几乎都有人在进行研究。动词是研究得最充分的,早期有范晓、杜高印、陈光磊《汉语动词概述》(上海教育出版社 1987)以及李临定《现代汉语动词》(中国社会科学出版社 1989);宏观研究的有胡裕树和范晓主编的《动词研究》(河南大学出版社 1995)以及《动词研究综述》(山西高校联合出版社1996)。研究最有特色的是马庆株《汉语动词和动词性结构》(北京语言学院出版社 1992)。专题式研究的例如陈昌来《现代汉语动词的句法语义属性研究》(学林出版社 2002)、李珊《动词重叠式研究》(语文出版社 2003)、刁晏斌《现代汉语虚义动词研究》(辽宁师范大学出版社 2004)等。

除了动词之外,名词研究也开始引起大家的关注,出版了好几部专著:王珏《现代汉语名词研究》(华东师范大学出版社 1999)在同类著作中是第一部；储泽祥《名词及其相关结构研究》（湖南人民出版社 2000），讨论了名词的空间特征、名词空间成分的历时性考察、名词的语义细节、名词在不同句法位置上的语义、语用表现以及名词的叠结和连用。张敏《认知语言学与汉语名词短语》（中国社会科学出版社 1998），运用认知语言学和句法的象似性，讨论距离动因和汉语名词短语。此外还有刘顺《现代汉语名词的多视角研究》（学林出版社 2003）、韩蕾《现代汉语指人名词研究》（中国戏剧出版社 2007）、邱斌《汉语方位类词相关问题研究》（学林出版社 2008）等。

　　形容词研究方面，张国宪《现代汉语形容词功能与认知研究》（商务印书馆 2006）是迄今为止对形容词研究得最为深入的，并且进行了认知上的解释。此外还有邵炳军《现代汉语形容词通论》（甘肃教育出版社 1999）、段益民《句法规约与反义形容词》（华中师范大学出版社 2004）等。其他词类的著作相对少一些，主要有：何杰《现代汉语量词研究》（民族出版社 2000，北京语言大学出版社增编版 2008）、刘伟《代词隐现的动态研究》（安徽大学出版社 2006）、周上之《汉语离合词研究》（上海外语教育出版社 2006）、〔韩〕李镜儿《现代汉语拟声词研究》（学林出版社 2007）等。

　　进入 21 世纪以后，有关词类问题的研究出现了新的迹象：

　　（一）举办"纪念汉语词类问题大讨论 50 周年专家座谈会"。为了纪念 1955 年开始的汉语词类问题大讨论 50 周年，并进一步推动当前汉语词类研究，中国社会科学院语言研究所和安徽师范大学于 2005 年 4 月 17—19 日在安徽芜湖联合主办了专家座谈会。涉及以下几个重大问题：（1）关于汉语词类的理论问题；（2）关于汉语词类的研究方法；(3)关于汉语词类的分类系统问题；(4)关于汉语词类的兼类问题；(5)关于名物化问题。详见孔令达、王葆华《汉语词类研究的回顾与展望》(汉语学习 2005 年第 4 期)。

(二)《现代汉语词典》(第五版)标注词性。以往几乎所有汉语词典都是不标明词性的，这给使用者带来很大的不便。经过几十年的研究，第五版《现代汉语词典》终于尝试标注词性了，这是词类研究的一件大事，虽然还存在一些问题，但是毕竟迈出了坚实的第一步。有关情况可参阅徐枢《关于〈现代汉语词典〉(第 5 版)词类标注的说明》(中国语文 2006 年第 1 期)。

更多内容可参阅卢晓霞《20 世纪现代汉语词类研究述评》(理论学习 2006 年第 8 期)、张平《现代汉语词类研究述评》(阴山学刊 2007 年第 3 期)、仲崇山《汉语词类划分的功能标准述评》(韩山师范学院学报 2007 年第 5 期)。具体词类的研究，也可参阅刘顺《现代汉语句词研究述评》(韩山师范学院学报 2004 年第 1 期)、蒋华《指示代词研究述评》(徐州师范大学学报 2006 年第 1 期)、刘庆伟《现代汉语区别词研究述评》(2009 年第 1 期)、方寅《汉语动量词研究述评》(常熟理工学院学报 2009 年第 7 期)、饶勤《现代汉语拟声词研究综述》(首都师范大学学报 2000 年第 3 期)、赵爱武《近 20 年汉语象声词研究综述》(武汉大学学报 2008 年第 2 期)、史冬青《汉语介词研究评述》(东岳论丛 2007 年第 6 期)等。

第三节　虚词研究

中国语言学的传统之一，就是重视虚词的学习和研究。20 世纪 80—90 年代的汉语虚词研究进入了一个全盛时期,最重要的就是打破了传统观念的束缚,在理论上兼收并蓄,方法上博采众长,可以说已经取得了突破性的进展。

研究虚词,恰恰就是要注重于语法意义的研究,注重于相同虚词在不同句法结构中的作用,注重于相同句法结构却运用不同虚词所产生的语法意义微妙的变化,注重于虚词与虚词的照应、替换、区别。近百年来的汉语语法研究的历史已经证明,并且必将继续证明:要想真正深入透彻地揭示汉语的语法规律,离开了虚词的研究必将一事无成。

一　权威性汉语虚词词典

权威性的现代汉语的虚词词典主要有两本:

(一)吕叔湘主编《现代汉语八百词》(商务印书馆 1980,增订本 1999)。这是我国第一部讲汉语语词用法的词典,和以往以释义为主的词典有很大区别。全书分六部分:前言、凡例、现代汉语语法要点、正文、附录和笔画索引。收词 821 个,以虚词为主,按意义和用法分项详加说明,并注明词性。它的特点是:(1)大部分词条的描写相当细致、中肯,有不少见解相当精辟;(2)不拘形式,在实用上下工夫,尤其最普通最常见的用法讲得更为精细;(3)举例贴切、规范、准确,恰如其分地反映要说明的规律,而且不少例子生动活泼,富于口语化;(4)以实例说明用法,少用专门术语,多用简短文字说明,有些词条采用比较法,说明用法相近或易于混淆的语词的区别。总之,该书是一本学术研究跟应用性相结合的虚词词典。

（二）北京大学中文系 1955 级和 1957 级语言班合编的《现代汉语虚词例释》（商务印书馆 1982）。该书 1962 年便已编好，但直到 20 年后才由陆俭明、侯学超及胡双宝修订后出版。特点是：(1)共收虚词 790 个（兼收少量文言虚词及部分代词），是目前国内收词条较多、解释最详细的虚词词典；(2)注释比较精细、确切，并密切注意和用法、功能结合起来；(3)注意近义和反义词的辨析比较，有的专门进行"辨异"；(4)强调实用，在一些词条下设[病例]项，指出毛病并予以纠正。总之，该书学术性、实用性都很强。

80 年代比较有影响的虚词专书还有：

景士俊《现代汉语虚词》（内蒙古人民出版社 1980）。收录 492 个虚词，每个词条都标明词性，简释意义、用法，有的词条还附有"辨析"，解决同义、同形异类和一词多类的复杂现象。全书比较简明扼要。

华南师范学院中文系编写组《现代汉语虚词》（广东人民出版社 1981）。收录虚词及词头、词尾和衬字 634 个。每个词条按用法分别引若干例子说明，同时对部分用法相近虚词进行辨析。

侯学超《现代汉语虚词词典》（北京大学出版社 1998），收虚词最多，达 1030 个。在读音、词性、意义以及用法等方面进行了比较详细地说明。用例丰富，解释简明。同时由于充分考虑了前面几部词典的得失，所以能够取长补短，后出转精。

21 世纪的现代汉语虚词词典主要有：

张斌主编《现代汉语虚词词典》（商务印书馆 2001）收词 1013 条，释义简明扼要，特别注重用法的举例，还专门设立意义相近或易混词条的"比较"，以及"注意"栏目，以提醒使用者。

朱景松主编《现代汉语虚词词典》(语文出版社 2007),比较好地体现了三性:科学性,指从句法运用角度审视虚词的意义,并对相关虚词进行辨析,指出其异同;系统性,指的是对多义虚词寻找中心用法,并且尽力理清各个义项之间的联系,突出词义的系统性;实用性,指收词众多,并且列举注音、词性、词义、用例、提示、辨析等。

此外,作为词典出版的还有:孟田《关联词语例释》(黑龙江人民出版社 1981)、山东曲阜师范大学编写组《现代汉语常用虚词词典》(浙江教育出版社 1987)、唐启运和周日健《汉语虚词词典》(广东人民出版社 1989)、武克忠《现代汉语常用虚词词典》(浙江教育出版社 1992)、王自强《现代汉语虚词词典》(上海辞书出版社 1998)、李科第《汉语虚词词典》(云南人民出版社 2001)等。

二　虚词研究及其理论方法的发展

近 20 多年来,现代汉语虚词在专题研究方面取得了重大成果。即对虚词进行了深入细腻的研究,这包括对一类类虚词的综合论述和对一个个虚词的精细描写。尤其是研究的理论和方法有了重大的突破,真正走上了科学化的道路,这可以陆俭明、马真合写《现代汉语虚词散论》(北京大学出版社 1985,语文出版社修订本 1999)以及马真《现代汉语虚词研究方法论》(商务印书馆 2004)为代表,学者们先后发表了成千篇虚词研究的专论以及若干专著,其中不乏真知灼见。例如:胡明扬《北京话的语气助词和叹词》(《中国语文》1981 年第 5 期)、陆俭明《关于现代汉语里的疑问语气词》(《中国语文》1984 年第 5 期)、黄国营《"吗"字句用法初探》

（《语言研究》1986 年第 2 期）等。

现代汉语虚词研究主要涉及几个问题：

（1）实词虚词的划界以及归属问题。现在普遍的看法是接受胡裕树和张斌的观点：能够充当句法成分的词叫实词，不能充当句法成分的词叫虚词。原先以语义的实在还是虚灵来划分的主张基本上没有市场。但是具体执行的时候还是有一些不好处理的问题。主要是：副词的归属；拟声词和叹词的归属；在补语位置并且语义明显虚化的趋向动词的归属。也有人主张放弃虚实的二分法，建议分为开放类词以及封闭类词。也有人主张三分：主体词、修饰词、功能词。不过主流的观点还是虚实二分。参阅李淑霞《关于实词和虚词划分标准问题述评》（黑龙江农垦师专学报 2003 年第 3 期）。

（2）虚词词义的分析方法。虚词的语义比较空灵，必须依靠它所依附的结构乃至句子，或者复句才能辨别。虚词的语义在使用中又产生了许多引申义，尤其是常用虚词，这就给虚词语义的分析带来许多困难。显然仅仅依赖语感是不可能解决这些问题了。新的趋势是借助于一些方法，例如运用语义特征、语义指向、同类比较、反义映证等。例如黄国营《"的"字的句法语义功能》（语言研究 1982 年第 1 期）、陆俭明《关于现代汉语里的疑问语气词》（中国语文 1984 年第 5 期）、孔令达《关于动态助词"过$_1$"与"过$_2$"》（中国语文 1986 年第 4 期）、刘勋宁《现代汉语词尾"了"的语法意义》（中国语文 1988 年第 5 期）、房玉清《动态助词"了"、"着"、"过"的语义特征及其用法比较》（汉语学习 1992 年第 1 期）、储诚志《语气词语气意义的分析问题》（语言教学与研究 1994 年第 4 期）、郭锐《语义结构和汉语虚词语义分析》(世界汉语教学 2008 年第 4 期)等。

(3)虚词的来源,也即语法化问题。专论有向明友《汉语语法化研究——从实词虚化到语法化理论》(汉语学习 2008 年第 5 期)。具体课题的研究林林总总,数不胜数,例如:江蓝生《疑问语气词"呢"的来源》(语文研究 1986 年第 2 期)和《助词"似的"的语法意义及其来源》(中国语文 1992 年第 6 期)、刘勋宁《现代汉语句尾"了"的来源》(方言 1985 年第 2 期)、吴福祥《尝试态助词"看"的历史考察》(语言研究 1995 年第 2 期)、潘悟云《汉语否定词考源——兼论虚词考本字的基本方法》(中国语文 2002 年第 4 期)、石毓智《兼表被动和处置的"给"的语法化》(世界汉语教学 2004 年第 3 期)、史金生《"又"、"也"的辩驳语气用法及其语法化》(世界汉语教学 2005 年第 4 期)、陈宝勤《试论"着"的语法化过程》(语文研究 2006 年第 1 期)、周芍《试探介词"对"的语法化过程》(语文研究 2006 年第 1 期)、古川裕《关于"要"类词的认知解释——论"要"由动词到连词的语法化途径》(世界汉语教学 2006 年第 1 期)、李崇兴《被动标记"叫"语法化的语义基础和句法环境》(古汉语研究 2006 年第 3 期)、姚小鹏《副词"可是"的语法化及相关问题》(汉语学习 2007 年第 3 期)、彭睿《构式语法化的机制和后果——以"从而"、"以及"和"极其"的演变为例》(汉语学报 2007 年第 3 期)、邢志群《从"连"的语法化试探汉语语义演变的机制》(古汉语研究 2008 年第 1 期)等。

有关情况可参阅邵敬敏《80 年代副词研究的新突破》(语文导报 1987 年第 2—3 期)、陈利丽《汉语虚词研究述评》(宿州教育学院学报 2006 年第 6 期)、张春秀《20 世纪 90 年代以来现代汉语虚词研究综述》(齐齐哈尔师范高等专科学校学报 2007 年第 5 期)。

三 副词研究的创新特色

副词是类很特别的词类,按照充当句法功能来看,一般看做实词,但是在论述虚词的意义和作用时,却几乎全都处理为虚词。这主要就是因为副词的句法功能跟语法意义的特殊性。副词的研究在整个虚词研究方面是最有成绩的,主要表现在方法论上出现新的突破。在这方面,陆俭明、马真以及沈开木的研究都很引人注目,例如陆俭明《"还"和"更"》(《语言学论丛》六,北京大学出版社1980)、《"更加"和"越发"》(语文研究 1981 年第 1 期)、马真《说"也"》(中国语文 1982 年第 4 期)、《说"反而"》(中国语文 1983 年第 3 期)在方法论上有独到之处。沈开木《表示异中有同的"也"字独用的探索》(《中国语文》1983 年第 1 期)和《"不"字的否定范围和否定中心的探索》(《中国语文》1984 年第 6 期)探讨了句中副词语义指向的规律,揭示了一种新的歧义品种。马希文的《跟副词"再"有关的几个句式》(《中国语文》1985 年第 2 期)着重探讨"预设"对句式中动词结构的影响。

此外,胡树鲜《两组副词的语义特点及多项作用点》(四平师范学院学报 1982 年专刊)、邵敬敏和饶春红《说"又"——兼论副词研究的方法》(语言教学与研究 1985 年第 2 期)、刘宁生《"大约"的语义、语法分析》(语文研究 1985 年第 3 期)、[法]白梅丽《现代汉语中"就"和"才"的语义分析》(中国语文 1987 年第 5 期)、刘宁生和钱玉莲《"最"的语义指向与"最"字句的蕴含》(汉语学习 1987 年第 5 期)、邢福义等《时间词"刚刚"的多角度考察》(中国语文 1990 年第 1 期)、邵敬敏《副词在句法结构里的语义指向初探》(《汉语论丛》一,华东师范大学出版社 1990)等也多有新见。

90 年代以来,在副词研究方面取得突出成绩的是张谊生,他的代表作是《现代汉语副词研究》(学林出版社 2000)和《现代汉语副词探索》(学林出版社 2004)。前者从副词的性质与类别、结构与关系、否定与连接以及生成与变化五个角度进行了深入的探讨,这是我国迄今为止副词专题研究水平最高的一本专著。后者是个续篇,依然对汉语副词的整体和局部问题展开多视角的考察和研究,研究相当有深度,精细、准确、深入。

总之,副词研究的新突破主要表现在四个方面:(1)对副词语法意义内在联系的沟通;(2)对副词语义和句式相互依存关系的分析;(3)对副词语义指向而引起的歧义的研究;(4)对语境影响副词的语义指向和句式结构的探索。

四　汉语虚词研究的专著

当前,随着计算语言学和对外汉语教学的蓬勃发展,对汉语虚词的研究提出许多崭新的问题和特殊的要求。上海师范大学分别于 2003 年、2006 年和 2008 年召开了第一届、第二届以及第三届"全国现代汉语虚词研究与对外汉语教学学术研讨会",对促进现代汉语虚词研究作出了特有贡献。

面对新形势和新任务,汉语虚词迫切需要有人作一番承前启后的系统性研究。正是在这样的形势下,由张斌和范开泰两位先生主编的《现代汉语虚词研究丛书》(安徽教育出版社 2003 年)应运而生,代表着汉语虚词的最新研究成果。这套丛书包括:《副词与限定描状功能》(张亚军)、《介词与介引功能》(陈昌来)、《连词与相关问题》(周刚)、《语气词与语气系统》(齐沪扬)、《助词与相关格式》(张谊生)以及《现代汉语虚词研究综述》(齐沪扬、张谊生、陈昌来合编)。该丛书具有三个明显的特色:第一,具有鲜明的时代特色。第二,具有南北交融的互补特色。第三,具有研究理论和方法上的创新特色。总之,作为第一套,也是到目前为止唯一的一套现代汉语虚词研究丛书,该套丛书的出版,填补了现代汉语虚词研究的一个空白,满足了虚词研究和教学的实际需要,在汉语语法学史上具有独特的价值。

　　虚词研究专著方面还有:傅雨贤、周小兵、李炜等的《现代汉语介词研究》(中山大学出版社 1997),刘一之《北京话中的"着(-zhe)"字新探》(北京大学出版社 2001),周小兵、赵新等《对外汉语教学中的副词研究》(中国社会科学出版社 2002),李晓琪《现代汉语虚词讲义》(北京大学出版社 2005),徐阳春《虚词"的"及其相关问题研究》(中国社会科学出版社、文化艺术出版社 2006)。这些研究不仅仅是对虚词用法进行词典式的一条一条义项的描写,而是开始注意到这些语法意义之间的沟通,以建立起语法意义的网络系统;不仅仅是对个别虚词作孤立的分析,而是开始注意到类聚虚词或相对相反虚词的比较综合;不仅仅是单视角地就虚词研究虚词,而是多视角地把虚词跟句法结构、语用功能乃至认知背景等都紧密地联系起来进行研究;也不仅仅是平面地共时地对虚词进行分析,而是历史地、动态地进行语法化的研究。此外,彭小川主编《现代汉语虚词探索与研究》(暨南大学出版社 2007)以及刘云《汉语虚词知识库的建设》(华中师范大学出版社 2009)也颇具特色。一个是结合对外汉语的教学，一个是从中文信息角度着力于知识库的建设。

毋庸讳言，虚词研究还存在不少问题和不足。主要表现为：微观的单个虚词的研究和分析比较详尽，宏观的整个类别的探讨和理论总结相对简略；对虚词本身的意义和用法的描写相当深入细致，而结合虚词的句式和格式的分析还略嫌零散薄弱；表层现象和具体义项的归纳分析仍然居多，深层关系和内在联系的探索和解释还嫌不足；运用结构主义的理论和方法比较普遍和纯熟，其他学说和流派的理论和方法还不够熟练和普及。有关情况可参阅陈利丽《汉语虚词研究述评》（宿州教育学院学报 2006 年第 6 期）。

第四节　短语研究

传统的汉语语法研究，或者以词为重点，或者以句子为重点，短语（词组）似乎是可有可无的，没有正式的地位，这明显地是受到印欧语法模式的影响。真正深刻认识到汉语语法中短语重要作用的是郭绍虞、吕叔湘、朱德熙等学者，尤其是朱德熙在短语研究中倾注了大量心血，建立了"词组本位"，并取得了丰硕的成果。

一　对短语地位和作用的重新认识

郭绍虞《汉语词组对汉语语法研究的重要性》（复旦学报 1978年第 1 期）指出："汉语的构词法和造句法是基本一致的。中间还有词组一级，它的结构形式也是与之基本一致的。"因此，"词组能在词与句之间起灵活而多变的桥梁作用"。后来又在《汉语语法修辞新探》(商务印书馆 1979)一书中作了进一步发挥,提出"用词组为中心,作为研究汉语语法的关键"。吕叔湘《汉语语法分析问题》把语言单位分为"静态单位"和"动态单位"两类,短语属于静态单位,备用单位。因此,他认为"把短语定为词(或者语素)和句子之间的中间站,对于汉语好像特别合适"。

朱德熙《语法讲义》以六大词组(偏正、述宾、述补、主谓、联合、连谓)为基本骨架来描述汉语语法体系,并在《语法答问》一书中正式提出了"词组本位"说。他发现汉语跟英语完全不同,句子的构造原则跟词组的构造原则基本上是一致的,词组带上表述性就可以成为句子,而且词组内部的结构关系又与复合词的结构关系基本一致,所以我们可以"在词组的基础上来描写句法,建立一种以词组为基点的语法体系"。

可见,从词本位到句本位,再到短语(词组)本位,这一变化反映了汉语语法学家们不断地在探索汉语语法的特点。这一提法加深了对词组在汉语语法体系中的重要性的认识,是有积极意义的。但是,句子平面也有许多问题是词组结构分析所无法解决的。

二 短语的类型及其鉴别方法

张寿康《说"结构"》(中国语文 1978 年第 4 期)列举了 21 种结构:主谓、动宾、判断、谓补、连谓、偏正、固定、数量、指量、方位、介词、"所"字、"的"字、"是……的"、复指、能愿、趋向、联合、紧缩、否定、比况等结构。并主张"语法研究应以研究结构为主"。张文引发了汉语语法学界的热烈讨论。李人鉴《对〈说"结构"〉一文的几点看法》(中国语文 1979 年第 7 期)从三个方面批评了张文:(1)不是逻辑的分类;(2)没区分单层次结构与多层次结构;(3)分类太细,21种结构可以合并为几大类型。陆丙甫的《也谈"结构"》和彭庆达《说〈说"结构"〉》(中国语文1979年第6期)持相互对立的观点,陆文强调研究汉语结构的重要性,而彭文则认为在词法和句法之间不必插入一个词组系统。邢福义《略论"结构"研究中的几个问题》(华中师范学院学报1980年第1期)比较公正客观,指出张文比较重视结构的个性,李文则注重共性,并充分肯定了张文的积极意义,并就"结构"同句子成分、句子的关系等五个问题作了较深入的讨论,认为结构和句子只是着眼点不同,却不存在着量的区别。范晓《关于结构和短语问题》(中国语文1980年第3期)对这一讨论作了比较全面的概括,可以说是一个小结,论述了研究短语的意义,并建立了一个有层次的短语系统,第一级分为复合与派生两大类,第二级分为四类,第三级分为十九类。石安石《汉语词组基本类型的鉴别问题》(天津师范学院学报1978年第4期)提出用"肯定式/否定式"、"选择问句"等比较成套的变化格式来鉴别某些词组的类型。

三　短语的作用及其与句子的关系

吕叔湘《汉语语法分析问题》指出短语与句子的区别:"短语内部的次序是不大能改变的,句子内部的次序就比较灵活,句子可以不改变其基本意义而改变其内部次序,短语很少能够这样。"朱德熙《语法答问》强调汉语句子的构造原则跟词组的构造原则是一致的,因此,句子的结构实际上就是词组的结构,但同时他又认为:句子跟词组终究是两回事,不能混为一谈。这主要涉及两个问题:

(1)是不是所有的词组都能独立成句？(2)是不是所有的句子都能还原为被包孕的词组，就是说能不能作为更大的词组里的一个组成部分？王维贤《现代汉语的短语结构和句子结构》(语文研究1984年第3期)分析了句法分析的几个不同的侧面，着重讨论了现代汉语中短语结构与句子结构的区别，指出"为了认识句子的结构，不仅要对构成句子的基础的短语进行短语结构分析，而且要从表达功能的角度对句子进行句子成分的分析"。侯学超的《说词组的自由与粘着》(语文研究1987年第1期)指出词组也可以分为自由词组和黏着词组，并详细分析了介词结构等十类黏着词组。对黏着词组来说，它们永远不能单独成句，因而这一研究对深刻认识词组与句子的关系是很有意义的。

　　比较重要的文章还有张静《论"词组"》(中州学刊1981年第1—2期)、怀宁《几种粘着短语的句法分析》(兰州大学学报1981年第1期)、张志公《汉语的词组》(语言教学与研究1982年第4期)、周一农《现代汉语结构规律初探》(人大复印资料1981年第8期)、吴葆棠《现代汉语词组构造基本类型》(汉语学习1983年第6期)、李子云《短语探讨》(安徽教育学院学报1986年第3期)、黄克俊《略谈现代汉语的结构》(东北师范大学学报1986年第6期)等。

　　关于汉语短语研究的专著，主要有三类：

　　一类是通论性的，例如华宏仪《汉语词组》(山东教育出版社1984)、邵蔼吉《现代汉语词组》(湖北教育出版社1985)、吴启主和李裕德《现代汉语"构件"语法》(湖北教育出版社1986)、季永兴《现代汉语语法结构分析》(广西师范大学出版社1990)、李子云《汉语句法规则》(安徽教育出版社1991)、张旺熹《汉语特殊句法的语义研究》(北京语言文化大学出版社 1999)、岳中奇《汉语特殊句法结构研究》(兵器工业出版社 2000)、熊文华《短语别裁》(民族出版社 2003)、张旺熹主编《汉语句法结构隐性量探微》(北京语言大学出版社 2009)等。

一类是动词性短语研究的专著。例如缪锦安《汉语的语义结构和补语形式》(上海外语教育出版社 1990)、马庆株《汉语动词和动词性结构》(北京语言学院出版社 1992,北京大学出版社 2005)、刘月华主编《趋向补语通释》(北京语言文化大学出版社 1998)、王玲玲和何元建《汉语动结结构》(浙江教育出版社 2002)、徐德宽《现代汉语双宾构造研究》(上海辞书出版社 2004)、张云秋《现代汉语受事宾语句研究》(学林出版社 2004)、任鹰《现代汉语非受事宾语句研究》(社会科学文献出版社第二版 2005)、于屏方《动作义位释义的框架模式研究》(中国社会科学出版社 2007)、李杰《现代汉语不及物动词带主事宾语句研究》(学林出版社 2007)、谢晓明《语义相关动词带宾语的多角度考察》(2008)、李杰《现代汉语状语的多角度研究》(上海三联书店 2008)、施春宏《汉语动结式句法语义研究》(北京语言大学出版社 2008)等。

一类是名词性短语结构研究的专著。例如储泽祥《名词及相关结构研究》(湖南人民出版社 2000)、储泽祥等《汉语联合短语》(湖南大学出版社 2002)、王惠《现代汉语名词词义组合分析》(北京大学出版社 2004)、刘街生《现代汉语同位组构研究》(2004)、马清华《并列结构的自组织研究》(复旦大学出版社 2005)、李晋霞《现代汉语动词直接做定语研究》(商务印书馆 2008)、彭家法《附加语句法语义研究》(安徽大学出版社 2009)等。

四　短语的语义、语用和认知分析

90 年代以来,短语研究从注重句法结构分析转向从语义、认知角度的分析。

(一)从语义角度分析短语的语义特点、语义关系以及语义分类。例如詹卫东《关于"N + 的 + V"偏正结构》(汉语学习 1998 年第 2 期)考察了不同动词进入这一结构能力的差异,分析了这一结构对 NP 不同的语义选择、VP 跟 NP 构成的不同的语义关系,并尝试从认知语法角度作出解释。黄河《关于同位结构》(汉语学习 1992 年第 1 期)根据语义类型和语义关系,把同位结构分为指人、指物,等量复指和部分复指,双项复指和多项复指等类别。

(二)从功能角度分析短语的语义和语用特点。例如郭良夫《试说能愿动词的句法结构形式及其语用功能》(中国语文 1993 年第 3 期)把能愿动词的结构形式分为五大类,其判断意义分为七种:完全肯定、基本肯定、倾向肯定、无定、倾向否定、基本否定、完全否定。俞咏梅《论"在 + 处所"的语义功能和语序制约原则》(中国语文 1999 年第 1 期)认为状语性处所范畴的"在 + 处所"短语,在结构中由于语义指向不同以及动词的制约作用,可以被次范畴化为[起点]、[原点]、[终点]的对立。

(三)从认知角度解释句法结构的构成基础。例如廖序东《现代汉语并列名词性成分的语序》(中国语文 1992 年第 3 期)考察了汉语并列名词性成分的排列顺序,提出了当并列名词性成分地位不等或不对称时其排列顺序要遵守以下原则:重要性的原则、时间先后的原则、熟悉程度的原则、显著性的原则、积极态度的原则、立足点的原则、单一方向的原则、同类的原则、对应的原则等。刘宁生《汉语偏正结构的认知基础及其语序类型学上的问题》（中国语文 1995 年第 2 期）讨论了汉语偏正结构，特别是名词性偏正结构的语序，证明偏正结构中中心语和修饰语先后的认知基础是"目的物"和"参照物"，并根据"参照物先于目的物"的语序原则，决定了"修饰语"位于"中心语"之前的语序一致性。张国宪《"V 双 + N 双"短语的理解因素》（中国语文 1997 年第 3 期）运用原型理论研究"V 双 + N 双"短语的认知图式，并把这种图式分解为若干个基本组成部分，以寻求短语的理解因素，并给出了由支配关系向修饰关系游移的优势理解序列，涉及名词的生命度、定指度、控制度、语义角色，动词的及物性、动性强弱、语义制约以及结构节律的语法重音和音步。

要特别指出的是，近年来汉语的短语研究出现新的动向，即采取新的视角，新的理念，主要是探讨"隐现机制"、"词汇化"、"类型特征"等。例如盛林《现代汉语的量词短语与量词式结构》（世界汉语教学 2003 年第 2 期）、储泽祥《汉语"在 + 方位短语"里方位词的隐现机制》（中国语文 2004 年第 2 期）、徐杰《词组与小句之间的差异及其蕴含的理论意义》（汉语学报 2005 年第 3 期）、石定栩《动词后数量短语的句法地位》（汉语学报 2006 年第 1 期）、张谊生《"看起来"与"看上去"——兼论动趋式短语词汇化的机制与动因》（世界汉语教学 2006 年第 3 期）、刘丹青《汉语名词性短语的句法类型特征》（中国语文 2008 年第 1 期）等。

另外就是更加注重中文信息处理的应用性研究。例如：王立霞《现代汉语介词短语边界识别研究》（中文信息学报 2005 年第 3

期)、方芳《基于语料库的量名短语识别初探》(乐山师范学院学报
2006 年第 2 期)、杨泉《面向信息处理的现代汉语同类词短语句法
功能歧义研究》(语言文字应用 2007 年第 2 期)、徐艳华《基于语料
库的基本名词短语研究》(语言文字应用 2008 年第 1 期)等。

总之,短语在汉语语法研究中的重要性,已为大家所公认。但
汉语短语的研究还有许多工作有待我们去做。马庆株《词组的研
究》(语言教学与研究 1997 年第 4 期)提出词组的研究可以从以下
几个方面着手:研究固定词组和临时词组、自由词组和黏着词组、
单义词组和多义词组、定位词组和不定位词组。归纳起来,我们认
为,关于短语的研究可以从下面几个方面进行:

(1)短语和词的关系。汉语的短语和词由于结构方式以及语
义关系构成一种平行关系,所以要区分出语法词、离合词、正词法
的词和词汇的词。

(2)短语的结构类型及其复杂化。影响短语结构类型的因素
包括词序、虚词、成分类、语义关系、功能等。复合短语与派生词组
的相互转化、虚词的隐现规律以及短语的复杂化过程,包括同类包
含和异类包含。

(3)短语的功能类型。影响短语功能类型的因素有:短语与指
称和陈述以及短语和词的功能差异。

(4)短语的转化。这有两大类:一类是不改变语法单位的级
别;一类则改变语法单位的级别,包括:"短语——短语"的同级转
化、"短语——词/语素组合"的降级转化。

(5)短语和句子的关系。包括短语成句,升级转化。这显然与
短语的自由和黏着属性有关。

第五节　句型研究

句子历来是汉语语法研究的重点。汉语语法的特点，决定了句子结构和短语的结构基本一致，因此句子内部的结构关系一般不再是句子分析的内容，而是对句子结构的基本模式进行概括、归类，这就是句型分析。对句型的理解历来有广义和狭义的区别，广义的句型指对句子运用不同标准进行综合分类。狭义的句型，就是指句子的结构分类，例如主谓句、非主谓句等。

一　汉语句型研究的历史

黎锦熙《新著国语文法》根据四种主要句子成分的组合方式，归纳出四种句子的基本结构形式，已经初步构成了汉语句型的雏形。20 世纪 40 年代王力、吕叔湘、高名凯三大家在句型研究上并未取得很大的进展。王力《中国现代语法》主要分析了"能愿式"、"使成式"、"处置式"、"被动式"、"递系式"、"紧缩式"等句子形式，从而开创了描写汉语特殊句式的先河。吕叔湘《中国文法要略》则把句子分为"叙事句、表态句、判断句、有无句"之外，着重从语义范畴角度对汉语中某些句子作了详细的分析，例如表时间、处所、否定、比较、传信、传疑，等等。从而开创了从语义范畴角度对句子结构模式的研究。高名凯《汉语语法论》专门设有"句型论"一编，但实际上是讲句子的语气类型，包括"否定、询问、疑惑、命令、感叹"等命题。

50 年代以后，根据结构主义语法理论强调的"聚合关系"和

"组合关系",《暂拟汉语教学语法系统》把句子分为"双部句"和"单部句",已开始具有真正"句型"的萌芽思想。但第一个真正建立汉语语法句型系统的,当推《汉语知识》(人民教育出版社 1956)。它指出"主语、谓语、宾语、补语、定语、状语这些句子成分相互配合,产生各种各样的句子格式"。这一句型系统把句子的成分分为三级,主语和谓语为第一级,宾语和补语为第二级,定语和状语为第三级,并以句子成分的等级、有无、多少来决定句型,从而建立了基本句型三大类十八种。

句型研究一直到 70 年代末,受转换生成语法理论影响,才引起广泛的重视。吕叔湘《汉语语法分析问题》指出:"怎样用有限的格式去说明繁简多方、变化无穷的语句,这应该是语法分析的最终目的,也应该是对于学习的人更为有用的工作。"在这一观点的影响下,80 年代汉语句型研究形成了一个高潮,并成为汉语语法中卓有成效的一个重要组成部分。

80 年代的汉语句型研究颇具特色。一是汉语教学,包括对外汉语教学,比较重视句型教学;二是对句型的研究和探索进一步深入,产生了不少新的句型系统框架,出版了几本句型研究的专著;三是在句型研究理论上提出了一些新的设想,尤其在句型和动词关系上有一些新的突破;四是对汉语的句型结构形式进行深入细致的描写。

80 年代句型研究之所以会取得如此成绩,主要有以下几方面的原因:(1)是时代和社会的需要。随着我国的改革开放,中国的国际地位日益提高,学习汉语的人越来越多。对外汉语教学要求归纳出汉语的基本句型,为教学服务;(2)80 年代初开展了汉语析句法的讨论,汉语句子的分析受到了特别的重视,汉语的句型研究也从中吸取了不少有益的东西;(3)受国外语言学理论的影响,包括结构主义理论的影响,例如层次分析、向心结构、扩展和替换等观点和方法,加强了对汉语句型静态的分析。尤其是乔姆斯基的转换生成语法理论的影响。"转换"涉及到句型之间的内部变换关系,"生成"涉及到句型中从简单到复杂的变换过程,促使句型研究在静态分析的基础上进一步开展动态分析的研究。

二　汉语句型系统的构拟

吕叔湘主编的《现代汉语八百词》以及几本大学现代汉语教材都建立了句型系统,尤以胡裕树主编的《现代汉语》最为重视,而且从理论上作了有益的探讨。

《现代汉语八百词》的句型系统先以《区分句型的一个尝试》(中国语文 1979 年第 3 期)发表,主谓句下面分为:动词谓语句、名词谓语句和"是"字句、小句谓语句。重点是动词谓语句,再分为十三种:及物动词句、不及物动词句、双宾语句、动词作宾语句、小句作宾语句、数量宾语句、宾语前置句、"把"字句、被动句、补语句、存在句、连动句、兼语句。特点是区分句型时同时采用四个标准,不强调句型的系统性,而是着重分析汉语中常用的句式和特有的句式,因此比较简明、实用。但是由于采用多标准,又缺乏层次观念,句型的分类有时发生交叉的现象。

胡裕树主编的《现代汉语》(上海教育出版社 1981 增订本)把"句型分析"提到相当重要的地位。该句型系统吸收了结构主义的某些理论和方法。它的特点是:(1)明确区分句型和句类;划分类型依据单一的标准,即以结构的关系来确定。(2)指出"句子结构分析的最终目的,是为了确定句型"。明确了句型分析在语法体系中的中心地位。(3)指出了不影响句型的各种因素:a.句中表示语气的成分;b.句中功能相同词语的替换;c.扩展(增加修饰语);d.增加独立成分;e.语用上的语序变换。(4)句型系统有层次性,分为上位句型和下位句型。有关句型分析的理论依据在《现代汉语使用说明》(上海教育出版社 1981)以及《句子分析漫谈》(中国语文 1982 年第 3 期)、《如何确定句型》(中文自修 1984 年第 4 期)中都有比较充分的论述。该教材第一次系统地提出了一个有层次的句型系统,在理论上有所创新,也具有一定的特色,因此不仅在语法教学,而且在语法研究中都产生了很大的影响。

黄伯荣、廖序东主编《现代汉语》(甘肃人民出版社 1981)的句型系统,特点主要是:(1)对"句型"是广义的理解;(2)主谓句下面根据不同的情况分为五种格式:主谓式、主谓宾式、双宾式、连谓式、兼语式,除此以外又另外"从不同角度"分析一些"需要着重说明的句式":主谓谓语句、"把"字句、"被"字句、存在句等。该句型系统同时使用多标准,又缺乏层次观念,在理论上也显得比较凌乱。增订二版(高等教育出版社 1997)只是略作调整,主谓句分为"名词谓语句"、"动词谓语句"、"形容词谓语句"以及"主谓谓语句",非主谓句分为"动词性"、"形容词性"、"名词性"以及"叹词句"。另外着重介绍有结构特点的几种句式,对整个句型系统未作说明。

此外,林杏光《汉语句型 500 句》(陕西人民出版社 1980)采用六个不同标准把汉语句子分为 100 类共 500 句。由于标准交叉,这样分出来的句型显得相当杂乱。郭德润《汉语常见句型的用法》(新华出版社 1981)主要介绍了现代汉语中最常见的 9 种句型,有的从介词角度命名的,包括"把"字句、"被"字句、"对"字句、"在"字句;有的从句子所具有的语义特点命名的,包括存在句、祈使句;也有的从谓语部分特点命名的,包括兼语句、谓词宾语句和"是"字句。所以实际上讨论的是重要句式。吴启主《句型和句型的选择》(甘肃人民出版社 1981)是黄伯荣、廖序东所编的《现代汉语》配套的教参书。该书对句型研究作了一些理论上的探讨,材料较为丰富。有两点较为有价值:(1)讨论了句型的转换,提出了"内转"和"外转"。"内转"指不改变句子基本结构的内部局部转换,所谓不改变句子基本结构是指扩展、省略、变序、离合等;"外转"指由一种基本句型转换为另一种基本句型。(2)讨论句型的选择,提出歧义句的作用和同义句的选择。《中学教学语法系统提要》句型系统的特点是:以主、谓、宾、补四种句子成分的组合为主要依据,状语对形容词谓语句句型有影响,而对动词谓语句没有影响;动词谓语句内部小句型采用多标准,所以句型系统的层次性有时讲有时不讲。

三 关于汉语句型的理论探索

关于建立汉语狭义句型系统的理论探索,主要有邢福义《论现代汉语句型系统》(《语法研究和探索》一,北京大学出版社 1983),他提出句子结构"分层向核"的性质,试图把结构主义的"层次"观点和传统语法的"动词中心说"观点结合在一起。该系统的实质是以句子的谓语动词为"核心成分",然后句子的其他成分按层次与之一一组合起来,因而形成句型结构成分在组合时的向核性和层次性,这种分类在一定程度上解决了把句子各种成分放在一个平面上处理的弊病。跟邢氏观点相近的是邵敬敏《句型的分类及其原则》(杭州大学学报增刊 1984)、《基础短语析句法》(《语言学年刊》,杭州大学学报编辑部 1982),该系统还吸收了"短语中心说"以及"层次观念",坚持句子是由各造句单位在基础短语做核心的基础上逐层叠加生成的。不仅句型本身有层次性,而且句型内部的类型也有层次性。因此,这一句型系统是有限的、有层次的、有序列的生成性的结构系统。

关于建立汉语广义句型系统的理论探索,主要有吴为章《关于句子的功能分类》(语言教学与研究 1994 年第 1 期),该文根据吕叔湘的观点,把句子分为始发句、后续句和终止句,并对这三类按功能分类的句子的分布、特征及其应用作了较为细致的分析和描写。范晓《略说句系学》(汉语学习 1999 年第 6 期)主张运用三个平面理论研究分析句子,认为:句子都是句法、语义和语用的统一体,从句法平面可以抽象出句型,从语义平面可以抽象出句模,从语用平面可以抽象出句类。这三方面综合起来的抽象的句子即句样,一个具体的句子为句例。此外,还有陈炳迢《现代汉语句型系统》(复旦学报 1981 年增刊)、范晓《试论动词谓语句的定型问题》(语文论丛二)、史存直《也谈句型》(华东师范大学学报 1983 年第4 期)、黄章恺《现代汉语单句构造类型初探》(宁夏大学学报 1983年第 4 期)、袁晖和陈炳《关于句型的确定》(松辽学刊 1987 年第 1期)、李临定《划分句型的原则和标准》(《句型和动词》,语文出版社1987)、朱林清《关于汉语句型研究的若干问题》(南京师范大学学报 1989 年第 1 期)等。

四　汉语句型研究的代表作

对汉语句型真正进行比较深入研究的是李临定和陈建民两位：

李临定《现代汉语句型》(商务印书馆 1986)的主要目的是："在广泛研究汉语材料的基础上,揭示汉语各种句型格式,描写它们的分类型和总类型的句法特征。"该书不追求句型体系的完整和严密,而是选择 23 种小句型进行论述,每种小句型都分三部分:说明、句型分类和句型特点。建立句型的标准是"依据句子构造的系列性区别特征(对比特征)"。该书分析句型的特点是:(1)确定句型从多个角度、采用多种标准来观察、来确立句型的。主要根据句子成分来确定,可称为"句成分型",除此以外,还采用了句子格式、代表字、语气、语义、变换等标准确立了结构格式型、代表字型、语气型、语义型、异变换型等句型。(2)特别强调动词与句型的关系。根据动词的小类来确立句型,如区分了"意志动词句型"和"非意志动词句型"、"复指动词句型"和"非复指动词句型"、"动作行为动词句型"和"非动作行为动词句型"、"及物动词句型"和"不及物动词句型"等。(3)注意对句型所表示的语法意义的解释,特别注意深层的语义分析式,例如在分析"动补式"时,指出"孩子哭醒了我 = 孩子哭 + 我醒了"。这种分析对揭示句法结构中的语义关系很有作用,对认识现代汉语句型的复杂性、多样化也有帮助。

陈建民《现代汉语句型论》(语文出版社 1986),他所建立的句型系统是多层次的。该句型系统的特点是:(1)强调"中介物"的分类思想,主张取消单、复句的区分;(2)强调句型的层次性,提出上位句型、中位句型、下位句型、下下位句型构造;(3)比较注重形式,并用意义加以验证;(4)重视口语中的句型;(5)每种句型都有它的基本格式,并可以转化为其他成型的句子结构格式,叫转化式;也可以派生出非成型的结构格式,叫派生式。基本格式是有限的,而转化式和派生式却是多样的。该书在理论上有自己独到的见解,并建立了一个完整的句型系统。

有关句子研究的专著还有杨成寅《现代汉语句型概论》(内蒙古教育出版社 1993)、范晓《汉语的句子类型》(书海出版社 1998)、陈昌来《现代汉语句子》(华东师范大学出版社 2000)、张豫峰《现代汉语句子研究》(学林出版社 2006)等。

五　动词和句型关系的研究

由于句型中最多、最复杂的是动词谓语句,因此动词的类与句型密切相关。吕叔湘《汉语语法分析问题》认为"动词和句型"这是语法研究中第一号重要的问题,因为动词是句子的中心、核心、重心,别的词都是同它挂钩的,因此"句型问题往往与动词的性质分不开"。1985 年在厦门举行的"句型和动词"学术讨论会上,就集中讨论了这个问题,并出版了论文集《句型与动词》(语文出版社 1987),收论文 24 篇及会议综述 1 篇,并附录国内有关句型和动词的论文提要 90 篇。主要涉及以下几个方面的问题:

(一)根据某些动词语义小类构成的句型的研究。例如史有为《包装义动词及其有关句型》、范晓《交接类动词及其构成的句式》(语言教学与研究 1986 年第 3 期)。

(二)根据动词的"向"来以及动词所带的相关成分研究句型。

例如吴为章《单向动词及其句型》(《语法研究与探索》二,北京大学出版社 1984)、《"X 得"及其句型——兼说动词的"向"》(中国语文 1987 年第 3 期)、《双宾句类型分类》(《语法研究和探索》二,北京大学出版社 1984)、《动补格句式》(中国语文 1980 年第 2 期)。

(三)动词与句型关系的理论探讨。李行健《动词和句型的研究献疑》(《句型与动词》,语文出版社 1987)认为动词的内部分类要服从句型研究的需要,因此要在动词组合关系中去区分它的小类,句型的分类标准,应以"句子构造的规律"为划分标准。史有为《句型的要素、变体和价值》(《句型与动词》,语文出版社 1987)运用统计学的观点分析了句型和句例的关系,区分四种不同的"句型要素"(语义句型要素,句法句型要素,语音句型要素,语用句型要素);并提出"句型变体",观点比较独特而新颖,认为"句型成分"的资格是"渐变"的,即是程度不等的,而不是顿变的。

六　句型的语义特征和语用功能研究

这主要表现在以下几个方面:

(一)句子语义类型的分析。例如张黎《试论汉语语义句型的划分》(汉语学习 1995 年第 5 期)建立了一个语义句型系统。这个系统有五个层面:语气结构、情态结构、句模结构、时体结构、命题结构,每个层面都对句子进行了分类,比如情态结构层面上分为肯定句和否定句,否定句又可分为存在性否定、意愿性否定和态度性否定三类;句模结构层面则把陈述句分为动态句和静态句。此外,朱晓亚《现代汉语句模研究》(北京大学出版社 2001)主要探讨句子的语义结构类型,根据语义角色的组合重点揭示句型背后的句模系统。

（二）沟通句子的语义类型与功能类型的关系。例如张学成《表层句型和深层句型》（《语法修辞方法论》，复旦大学出版社1991）认为句型可以分为表层句型和深层句型，深层句型可以理解为由深层的基础结构推导出来的基本结构形式。项开喜《体词谓语句的功能透视》（汉语学习2001年第1期）主要探讨了汉语体词谓语句的功能价值和认知基础。指出汉语中的一些名词性短语由于某种范畴性语义特征的作用，出现功能游移现象，因而具有陈述功能。

（三）句型的统计研究与教学探索。例如赵淑华等《单句句型统计与分析》（语言教学与研究1997年第2期）用统计方法对28万字的小学语文课本进行了句型分类统计和句法结构分析，试图建立"一个体现汉语特点、突出汉语语法教学重点的常用句型表"。在讨论了单句的确定、句型成分的范围后，通过大量的统计调查和细致的句法分析，按照它们的层级关系，排列出一个句型网络系统。为对外汉语教学服务的句型研究还有：邵敬敏《对外汉语教学生成句型系统刍议》（《语法研究与语法应用》，北京语言学院出版社1994）、卢福波《对外汉语教学基本句型的确定依据与排序研究》（语言文字应用2005年第4期）、李晟宇《对外汉语教学句型选择和确定的原则》（语言文字应用2006年第2期）等。

总之，句型研究的分歧产生的背景是所采用的句型分析方法的不同。旧的句型分析采用的是句子成分分析法，新的句型分析则是在传统的句子成分分析法的基础上，同时吸取了层次分析法的长处，试图把二者融为一体。目前句型系统中的大小句型构成不同的层次,这一点已普遍被大家所接受。问题是对句型内部的句型成分的组合的层次性,仍有不同的理解,需要我们作进一步的研究。

第六节　句类研究

所谓"句类",就是按句子的语气给句子分的类。主流观点认为句类可以分为四种:陈述句、疑问句、祈使句和感叹句。近年来,句类研究大大加强,尤其在疑问句研究方面更是取得了丰硕的成果,祈使句和感叹句的研究也取得了一定的进展。

一　疑问句研究的历史

20 世纪 40 年代老一辈语法学家对汉语的语气进行过一些有益的探讨。王力《中国现代语法》认为语气是由语调加上一些虚词来表示的,并按语气词为纲把语气词分为十九类,从而第一次建立了一个语气系统,包括决定、表明、夸张、疑问、反问、假设、揣测、祈使、催促、忍受、不平、论理以及诧异、不满、顿挫、重视、辩驳、慷慨、反诘等语气。吕叔湘《中国文法要略》把语气分为狭义和广义两种:狭义的"语气"指"概念内容相同的语句,因使用目的不同所生的分别";广义的"语气"包括"狭义的语气"、"语意"和"语势"三种。"语意"指正和反、定和不定、虚和实的区别。"语势"指说话的轻或重、缓或急。这三者说法不尽相同:语意以加用限制词为主,语势以语调为主,而语气则兼用语调与语气词,从而构成一个较为完整的语气系统。高名凯《汉语语法论》认为相同的语言材料,不同的说法,这些都可能形成不同的句型,并建立了他的句型系统:否定命题;询问命题;疑惑命题;命令命题;感叹命题。

50 年代中学教学语法的《暂拟系统》把句子按语气分为"直陈句、疑问句、祈使句、感叹句"四种。黄伯荣《陈述句、疑问句、祈使句、感叹句》(新知识出版社 1957)认为影响句子语气或用途的分类的主要有四种因素:(1)语调;(2)语气助词;(3)语序;(4)说话人的态度表情。其中"语调起着很重要的作用"。

80 年代初期国内语法学界开始关注疑问句研究,代表人物就是陆俭明,他的《由"非疑问句形式 + 呢"造成的疑问句》(中国语文 1982 年第 6 期)和《关于现代汉语里的疑问语气词》(中国语文 1984 年第 5 期)以及范继淹《是非问句的句法形式》(中国语文 1982 年第 4 期)形成了第一次冲击波,标志着有关句类的研究开始从宏观的分类转入微观的分析。林裕文的《谈疑问句》(中国语文 1985 年第 2 期)以及吕叔湘《疑问·肯定·否定》(中国语文 1985 年第 4 期)形成第二次冲击波,其特点是偏重于理论上的探讨。由朱德熙《汉语方言里的两种反复问》(中国语文 1985 年第 1 期)及其引发的若干篇讨论方言中两种反复问句的一批文章,则形成了第三次冲击波。

疑问句研究的代表作是邵敬敏的《现代汉语疑问句研究》(华东师范大学出版社 1996),这是迄今为止第一部也是唯一一部研究疑问句的专著。台湾等地的学者采用了一些新的理论方法,如 Chomsky 的生成语法理论,例如汤廷池《汉语疑问句的研究》(台湾师范大学学报 1981 年第 26 期)及《汉语疑问句综述》(台湾师范大学学报 1984 年第 29 期)等。

二 疑问句的分类系统

疑问句从不同角度、按不同标准进行分类，会得出不同的结果。分类的角度大致有五种情况：

1.吕叔湘《疑问·否定·肯定》根据疑问句内部小类的派生关系来分类，可称为"派生系统"。他认为特指问与是非问是两种基本类型，而正反问与选择问是从是非问中派生出来的，因为它们是由"两句是非问合并而成的"。

2.朱德熙《语法讲义》根据疑问句与陈述句之间的转换关系，可称为"转换系统"。他认为："只要把相应的陈述句的语调变换成疑问语调，就成了是非问句"；"在相应的陈述句里代入疑问词语、加上疑问语调，就变成了特指问"；"把陈述句的谓语部分换成并列的几项，再加上疑问语调，就变成了选择问"。总之，可以把这三类问句都看成是由陈述句转换来的句式。

3.林裕文、陆俭明根据疑问句的结构形式特点来分类的，可称为"形式系统"。特指问和选择问都是由疑问形式的语言成分构成的，句末都能带语气词"呢"，不能带"吗"；而是非问句则是由非疑问形式的语言成分构成的，句末可带语气词"吗"，不能带"呢"。

4.范继淹《是非问句的句法形式》根据语句的交际功能，即说话的意图，可称为"功能系统"。即认为除特指问句外，其他的疑问句都是一种选择关系，因此是非问句是选择问句的一种特殊形式。他的出发点是语义理解，对人工智能、信息处理和机器翻译等更具有实用价值。

5.邵敬敏《现代汉语疑问句研究》把所有的疑问句都看成是一

种选择。作为选择,可以有两种:一种是是非选择,一种是特指选择。二者的根本区别在于回答时,前者为肯定或否定,后者为针对性回答。是非选择,即在正反两方面进行选择。

6.袁毓林《正反问句及相关的类型学参考》(《语法研究与语法应用》,北京语言学院出版社 1994)提出建立一个兼顾历史和方言的汉语疑问系统:泛时性系统。他认为是非问至少可以分为两类:A 靠语调构成的,B 靠语气词"吗"构成的。从历时观点看,B 类归入反复问较好。此外还有徐杰的《疑问范畴与疑问句式》(世界汉语教学 2000 年第 4 期)。

三 疑问语气词的研究

《马氏文通》以来不少人以语气词为纲来研究疑问句。这一研究有两点不足:第一,局限于书面语的研究,把语调与语气词两者的作用混为一谈,缺乏准确性;第二,对语气词的作用与意义的分析,仅凭语感,缺少验证与比较,缺乏科学性。近年来这方面的研究有所突破。

胡明扬《北京话的语气助词和叹词》(中国语文 1981 年第 5—6 期)特别重视口语,因而能分辨同一语气词在口语中的不同变体及其表示的不同意义;特别注意到把语调所表示的意义和语气词表示的意义区分开,重视语气词本身所具有的基本语义,因此发现了不少以前鲜为人知的特点和规律。例如指出"用'呢'和不用'呢'的区别在于用'呢'是提醒对方"。陆俭明《关于现代汉语里的疑问语气》(中国语文 1984 年第 5 期)的研究结论更为引人注目,他认为要判断疑问句末尾的语气词是否是疑问语气词,必须"要看它是否真正负载疑问信息,这一点又必须能在形式上验证,验证的办法是比较"。现代汉语中的疑问语气词只有两个半:"吗"、"呢"和半个"吧"。该文主要用比较来论证,在方法论上具有一定的意义。

关于疑问语气词,争论最大的是"呢"及由非疑问形式带"呢"构成的问句。邵敬敏《语气词"呢"在疑问句中的作用》(中国语文1989 年第 3 期)用大量语言事实证明,即使在"非疑问形式 + 呢"这类特殊疑问句中,"呢"事实上也不承担疑问信息。疑问句的性质不是由语气词"吗"或"呢"决定的,而是由疑问句的性质决定选择什么语气词。因此"呢"只是非是非问的一种形式标志,有无这个形式标志并不影响疑问句的性质。"呢"的基本作用是表示"提醒",在非是非问句中表示"提醒"兼"深究",在非是非问的简略式中还兼起"话题"标志的作用。史金生《语气词"呢"在疑问句中的功能》(《面临新世纪挑战的汉语语法研究》,山东教育出版社2000)则提出不同的看法,该文对"呢"在三种环境中使用的情况进行了考察,认为"呢"的基本语义功能是表疑惑;在不同的语境中还有以疑为问、追问等附加功能;在语法上有成句作用;在语篇上有预示功能、连接功能和转移话题功能。

四　疑问点与答问的研究

疑问点即疑问句的信息焦点,吕叔湘《中国文法要略》对此有专门论述,后来在《疑问·否定·肯定》中又有所发展,主要是指出是非问句的疑问点的变化,这个焦点在说话时可以用对比重音来表示。林裕文《谈疑问句》对吕氏的这一思想作了进一步的发展,该文的贡献在于：(1)在特指问中，一个疑问句可同时有几个疑问点，如："这是谁给谁买的药?"(2)选择问中中，疑问点往往是由 A 或 B 中不同的成分来表示，如"你吃饭还是吃面?"疑问点是"饭"还是"面"，这只是一个疑问点。(3)正反问中，"X 不 X"既负载疑问信息，也是疑问点。(4)是非问句"是对整个句子的肯定或否定，这就无所谓疑问点了"。林文对疑问点的分析更为细致，但是存在两个争议点：第一，是非问句到底有没有疑问点；第二，选择问的疑问点只是选择项不同的部分还是应该包括整个选择结构。

关于答句的研究还刚刚起步。吕明臣《汉语答句的意义》(《语法求索》，华中师大出版社 1989)从语用角度作了初步的有意义的探索。该文着重分析了"答非所问"的句子，归纳出答句的几种意义类型：1、完成型意义的答句：A 超标准完成型，B 弱标准完成型；2、非完成型意义的答句：A 取消意义，B 无力意义，C 回避意义。萧国政《现代汉语非特指问简答式的基本类型》(《语法研究和语法应用》，北京语言学院出版社 1994)讨论了非特指问(是非问、选择问、反复问)简答式及其类型。认为从形式构成来看，这类简答式可分为"选词简答式"(从问句中选取词语构成的答式)和"派词简答式"(另取词语构成的答式)。从简答式的形式与所传信息的对应关系看，可分为基础式和复合式(是基础单质简答式的增字扩展式)。周小兵《特指问的否定应答》(汉语学习 1996 年第 6 期)联系言语交际中预设、语境等语用因素对特指问的否定回答所包含的特定含义作了分析。比较集中研究答句的是朱晓亚的《现代汉语问答系统研究》(《现代汉语句模研究》，北京大学出版社 2001)，她建立了问答系统的基本结构模式，分为：毗邻式、交叉式、环扣式、嵌入式。尤为重要的是还建立了答句的语义系统框架。

五　疑问程度和疑问句功能的研究

吕叔湘在《中国文法要略》中指出："询问、反诘、测度,总称为疑问语气。"这实际上是按疑问程度把疑问句分为三类。赵元任《汉语口语语法》对此也有所论述:"吗"字是非问句"对于肯定的答案抱有或多或少的怀疑,也就是可能性在50%以下","V－不－V的问话是不偏于哪一边的"。这些见解都很有见地。

疑问程度研究涉及多种因素:疑问句的内部类型、语气词与语气副词、句调以及上下文和语境等。其中疑问句的类型是最基本的。徐杰、张林林《疑问程度和疑问句式》(江西师范大学学报1985年第2期)把疑问程度予以量化,主要考察疑问句类型与疑问程度的关系。黄国营《"吗"字句用法初探》(语言研究1986年第2期)则根据前文或语境把疑问程度定为五级:真的概率为0(无疑而问)、真的概率为1/4(表示怀疑和猜测)、真的概率为1/2(真正疑问句)、真的概率为3/4(表示怀疑和猜测)、真的概率为1(无疑而问),这实际上是把吕叔湘按疑问程度所分的三类情况具体化而已。此后李宇明、唐志东《汉族儿童问句系统习得探索》(华中师大出版社1992),把疑问句分为高疑问句、低疑问句和无疑问句三种,其思路实质上也是一样的。

邵敬敏《"吧"字疑问句及其相关句式比较研究》(《第四届国际汉语教学讨论会论文集》,北京语言学院出版社1995)认为:信与疑是两种互为消长的因素,对疑问程度起决定性作用的是疑问句类型,其次是疑问句语气词。正反问疑惑程度居中,即信、疑各为

1/2，特指问疑惑程度最强，即信 0 而疑 1；反诘问实际上没什么疑惑，即信 1 疑 0。至于"吗"字是非问句则为信 1/4 而疑 3/4，"吧"字是非疑问句为信 3/4 而疑 1/4。

　　运用功能语法来研究疑问句的功能，主要涉及疑问句的疑问域、疑问信息、疑问标记、疑问功能的衰变和迁移等。张伯江《疑问句功能琐议》（中国语文 1997 年第 2 期）运用共时语法化的观点来辨析疑问句中的几个主要问题。他认为疑问句的疑问域有大有小，主要有三种：点、部分和整体。疑问域为一个点，就是特指问所反映的事实；疑问域为一个包含析取关系的集合，就是选择问所反映的事实；疑问域为整个命题，就是广义是非问所反映的事实。疑问域的不同反映了期待信息量的不同。因此在话语中表现出强度不等的倾向性功能，广义的是非问句常常在话轮转换中发挥积极的作用。李宇明《疑问句的复用及标记功能的衰退》（中国语文 1997 年第 2 期）主要讨论在某些特殊的条件下，句中出现了疑问标记，但它并不负载疑问信息，或不能很好地负载起它所应负载的疑问信息，称为疑问功能衰变。徐盛恒《疑问句探询功能的迁移》（中国语文 1999 年第 1 期）则指出疑问句功能的变化是从强发问过渡到弱发问，功能的迁移是从"问"迁移到"非问"。

六　疑问句内部类型的研究

　　（一）是非问句

　　这主要有两类：一是由语调承担疑问信息的句子，二是由语气词"吗"或者"吧"来承担疑问信息的句子。有关论文主要有刘月华《用"吗"的是非问句和正反问句用法比较》（《句型和动词》，语文出版社 1987)、《语调是非问句》(语言教学与研究 1988 年第 2 期)、邵敬敏《"吧"字疑问句及其相关句式比较研究》(《第四届国际汉语教学讨论会论文选》,北京语言学院出版社 1995)等。彭小川《关于是非问句的几点思考》(语言教学与研究 2006 年第 6 期)则认为普通话是非问句表示疑问的语调不仅仅是上升语调一种,还有一种低平语调,主要表达一种求证的语气。

（二）选择问句

邵敬敏《现代汉语选择问研究》(语言教学与研究 1994 年第 2 期)主要归纳出选择问句的五种基本类型以及三种语义类型：A. 对立关系；B. 差异关系；C. 相容关系。并讨论了相同项的省略规则。吴振国《选择问的删除规则》(《语法研究与语法应用》,北京语言学院出版社 1994)认为选择问句中的同指成分都可以按一定规则删除,但不同句式删除规则不同。有关论文还有傅惠钧《真性问与假性问：明清汉语选择问句的功能考察》(语言教学与研究 2001 年第 3 期)、丁力《列项选择问中的三种管控现象》(汉语学报 2005 年第 2 期)等。专著则有丁力《现代汉语选择问研究》(华中师范大学出版社 1998)。

（三）正反问句

关于正反问句的形式变化,范继淹《是非问句的句法形式》(中国语文 1982 年第 6 期)对此作了比较详细的分析。该文把"吗"疑问句与"V 不（没）V"的各种形式都归入是非问句,认为它们是一种"同义歧形句"。此外,邵敬敏《现代汉语正反问研究》(《汉语言文化研究》四,天津人民出版社 1994)比较全面地分析了正反问的删略变式以及应用价值,特别是指出了南方方言的"V 不 VO"

格式有取代北方方言"VO 不 V"格式的趋势,并从认知上分析了原因,讨论这一格式的还有刘道英《"A 不 AB"谓语句与正反问句的比较研究》(青海民族学院学报 2001 年第 1 期)。杨海明《近百年来北京话正反问句动态研究》(暨南学报 2007 年第 2 期)从动态角度审视近百年来北京话正反问句的演变,发现其基本倾向是:句法上由后省 NP 演变为前省 NP;语义上能愿类、判断类正反问增加,征询类减少;语用上焦点前移与外显类大幅增加,焦点分散类完全消失。

(四)特指问句

有关特指问句的研究比较少,主要是研究特指问句的简略格式,即"非疑问形式 + 呢"问句。第一个对这类句式作深入研究的是陆俭明《由"非疑问形式 + 呢"造成的疑问句》(中国语文 1982,6),陆氏把非疑问形式记作 W,"W + 呢"问句有两种句式:"Np + 呢"、"Vp + 呢",并指出"W + 呢"疑问句既可以跟特指问句对应,也可以跟选择问句对应,这种对应关系要受到上下文的制约,而不是像一般所认为的只能跟特指问句相对应。并认为"W + 呢"问句实际上是非是非问句的一种简略形式。李宇明《"呢"句式的理解》(汉语学习 1989 年第 3 期)认为"Np 呢"主要表示两种语义:甲、询问人或物之所在,乙、其他情况,并总结出这类问句的三条规律。邵敬敏《"非疑问形式 + 呢"疑问句研究》(《现代汉语疑问句研究》,华东师范大学 1996)主要讨论了"NP 呢?"与"VP 呢?"两类问句对语境的依赖性及其对不同语法意义的制约。李大勤《"WP 呢"问句疑问功能的成因试析》(语言教学与研究 2001 年第 6 期)认为"WP 呢?"中的"呢"并不负载疑问语气,但是该问句疑问语气得以形成的一个内在因素。

（五）反问句

反问句不是疑问句的结构类型，而是一种语用交际类型，有关反问句的研究一直是个热门话题。最早是于根元《反问句的性质和作用》（中国语文 1984 第 6 期）探讨了反问句的性质与划界，指出：由于反问句实际包含有答案，因此一般不需要回答，但从听话人角度分析，反问句不少是可以回答的，而且实际上是有回答的，关键是反问句往往要对方不作反对的回答。刘汉松《反问句新探》（南京师范大学学报 1989 年第 1 期）运用表层结构和深层结构理论来区别一般疑问句和反问句。符达维《不宜扩大反问句的范围》（中国语文天地 1989 年第 6 期）则认为表推测的以及表责问的不一定是反问句。界定的标准是凡是反问句不需要对方作出回答，对方也不能作出与说话者意愿不同的回答。许皓光《试谈反问句语义形成的因素》（辽宁大学学报 1985 年第 3 期）主要探讨反问句的意义和作用。沈开木《反问语气怎样起否定作用》（中国语文通讯 1985 年第 6 期）指出反问句"寄托体"的实质性成分受否定时，要看这个成分的等级以及是不是在关联副词之后而定。常玉钟《试析反问句的语用含义》（汉语学习 1992 年第 5 期）提出在语境中把握反问句的语用含义，指出它具有隐含性、行为性和多样化三个特点。郭继懋《反问句的意义和作用》（《汉语语法特点面面观》，北京语言文化大学出版社 1999）指出反问句的作用不是单纯强调，而是间接地告诉别人他做的事不合情理的。邵敬敏《反问句的类型与语用意义分析》（《现代汉语疑问句研究》，华东师范大学出版社 1996）指出：反问句在语用上显示说话者的"不满情绪"、"独到见解"以及"约束力量";并根据反问语气,分出三种强弱不等的程度:责怪和反驳为强级,催促和提醒是中级,困惑和申辩是弱级。此外,李宇明《反问句的构成及其理解》(殷都学刊 1990 年第 3 期)、郭继懋《反问句的语义语用特点》(中国语文 1997 年第 2 期)、胡孝斌《反问句的话语制约因素》(世界汉语教学 1999 年第 1 期)、殷树林《反问句的性质特征和定义》(阜阳师范学院 2006 年第 6 期)等都有精彩的论述。有关情况可参阅胡德明《九十年代中期以来现代汉语反问句研究综述》(汉语学习 2009 年第 4 期)。

　　除此之外,回声问、间接问等特色疑问句也引起一定关注。例如:王志《回声问》(中国语文 1991 年第 2 期)、邵敬敏《回声问的形式特点和语用特征分析》(华东师范大学学报 1992 年第 2 期)、陈炯《关于疑问形式的子句作宾语的问题》(安徽大学学报 1984 年第 1 期)、邵敬敏《间接问句及其相关句类比较》(华东师范大学学报 1994 年第 5 期)等。

七　祈使句与感叹句研究

(一)祈使句研究

祈使句的句法结构特点跟谓语动词密切相关,朱德熙《语法讲义》认为"祈使句的谓语只能是表示动作或行为的动词或动词性结构"。刘月华《从〈雷雨〉〈日出〉〈北京人〉看汉语的祈使句》(《语法研究和探索》三,北京大学出版社 1985)用统计法分析了三部作品中的 2000 多个祈使句,指出只有自主动作动词可以构成肯定式的祈使句,非自主动词不能。蒋平《形容词谓语祈使句》(中国语文 1984 年第 5 期)研究了形容词的褒贬义对进入祈使句的限制,指出只有积极形容词才比较容易进入肯定式、否定式。刘月华也认为"动词形容词能否构成祈使句以及构成哪种祈使句,主要取决于意义"。袁毓林《祈使句式与动词的类》(中国语文 1991 年第 1 期)的研究最为深入,他指出自主动词褒义的动词一般只能进入肯定性祈使句,不能进入否定性祈使句;自主动词中的贬义动词及非自主动词一般只能进入否定性祈使句,不能进入肯定性祈使句;而中性的自主动词既适合肯定性祈使句,也适合否定性祈使句。王红旗《"别 V 了"的意义是什么——兼论句子格式意义的概括》(汉语学习 1996 年第 4 期),认为书面上的"别 V 了"有六种意义,这主要决定于在"别 V 了"中出现的动词的语义特征。马清华《汉语祈使句理论本质》([日]现代中国语研究 1998)则认为汉语的祈使句本质上是一个表命令的功能类别。祈使句还涉及主语的情况,例如沈阳《祈使句主语省略的不同类型》(汉语学习 1994 年第 1 期)讨论祈使句中主语的省略有两种情况。马清华《论汉语祈使句的特征问题》(语言研究 1995 年第 1 期)指祈使句的主语并不总是指听话人,应该把"施事"与"听话人"区别开来。

祈使句研究的代表作是袁毓林《现代汉语祈使句研究》(北京大学出版社 1993),该书对现代汉语祈使句的性质、范围、使用条件、内部分类等作了较为全面、系统的讨论,并对现代汉语中十来种典型的祈使句作了细致深入的描写。该书主要讨论了祈使句的性质、范围、分类系统、使用语境以及语用约束。近年来的研究论文主要有方霁《现代汉语祈使句的语用研究》(语文研究 1999 年第 4 期、2000 年第 1 期)、徐阳春《祈使句的构成、预设及恰当性》(绍兴文理学院学报 2004 年第 4 期)、齐沪扬《现代汉语祈使句句末语气词选择性研究》(上海师范大学学报 2005 年第 2 期)、傅惠钧《略论隐性否定祈使句》(汉语学习 2007 年第 3 期)等。

(二)感叹句研究

感叹句的代表性专著是杜道流《现代汉语感叹句研究》(安徽大学出版社 2005),该书对感叹句重新进行了定性、定位,分析了感叹句的信息结构、从感叹标记和功能意义角度进行了重新分类,并且对某些有特色的感叹句进行了比较详细的描写和分析。有关论文有朱晓亚《现代汉语感叹句初探》(徐州师范学院学报 1994 年第 2 期)、吕明臣《汉语的感情指向和感叹句》(汉语学习 1998 年第 6 期)、陈虎《基于语音库的汉语感叹句与感叹语调研究》(汉语学习 2007 年第 5 期)和《汉语无标记类感叹句语调研究》(语言教学与研究 2008 年第 2 期)、李莹《感叹句标记手段的跨语言比较》(汉语学报 2008 年第 3 期)等。有关情况可参阅肖亚丽《现代汉语感叹句研究述评》(广西社会科学 2006 年第 12 期)。

第七节 句式研究

句式是指某些有特殊标志或特殊作用的句子。对句式的研究,王力曾做过许多开创性工作,他提出的"处置式"、"使成式"、"递系式"等都很有影响。随着语法研究日趋深入细致,不少人长期致力于汉语特殊句式的研究,并取得了积极的成果。

目前所谓的句式,多为开放性的,大体上有以下几类情况:

1.以特别标志词(介词或动词)来命名的,如把字句、被字句、比字句、有字句等。

2.以特殊结构命名的,如主谓谓语句、双宾语句、连动句、兼语句等。

3.以特定语义范畴命名的,如存现句、致使句、否定句、被动句、比较句等。

句式往往称之为"特殊句式",历来是与法学家关注的热点。近年来这类专著出了不少。例如:宋玉柱《现代汉语特殊句式》(山西教育出版社 1991)、邢欣《现代汉语特殊句型研究》(新疆科技卫生出版社 1995)、岳中奇《汉语特殊句法结构研究》(兵器工业出版社 2000)、赫琳《动词句同义句式研究》(崇文书局 2004)等。

一　把字句研究

黎锦熙首创"提宾"说,认为介词"把"的作用是把原先位于动词之后的宾语提到了动词之前(《新著国语文法》,商务印书馆1922)。王力则进一步从该句式表示的语法意义这一角度提出了"处置"说(《中国现代语法》,商务印书馆 1943),尔后,吕叔湘另辟新径,提出"行为动词"说、"宾语有定"说以及"谓语复杂"说(《把字用法的研究》,《金陵、齐鲁、华西大学中国文化汇刊第八卷》1948)。这三家观点在国内外汉语语法学界影响都很大。

20 世纪 50 年代的研究,一是对黎、王、吕三家学说进行修正或补充,如胡附、文炼《"把"字句问题》(《现代汉语语法探索》,东方书店 1957)、王还《"把"字句和"被"字句》(《汉语知识讲话》,新知识出版社 1957)和梁东汉《论"把"字句》(《语言学论丛》二,新知识出版社 1958)。二是着重考察把字句的早期形式,并探讨其产生、发展的历史原因。主要有王力《处置式的产生及其发展》(《汉语史稿》中册，中华书局 1958)以及他当时的两名研究生祝敏彻和向熹的《论初期处置式》(《语言学论丛》一，新知识出版社 1957)与《〈水浒〉中的"把"字句、"将"字句和"被"字句》(《语言学论丛》二，新知识出版社 1958)以及戈弋的《把字句(处置式)的起源》(中国语文1958 年第 3 期)。

1978 年以来，把字句的研究又一次出现高潮。这可分为三类情况：

(一)基本上是在传统语法框架内，对以往的研究进行检讨，着重探讨把字句的语法意义、结构特点以及构成把字句的条件。例如潘文娱《对"把"字句的进一步探讨》(语言教学与研究 1978 年试刊 3 集)、宋玉柱《"处置"新解——略论"把"字句的语法作用》(天津师范学院学报 1979 年第 3 期)、郭德润《"把"字句的动词》(江淮论坛 1981 年第 8 期)、季永兴《把被句管窥》(中国语文通讯 1981年第 6 期)、王还《把字句中的"把"的宾语》(中国语文 1985 年第 1期)、〔美〕薛凤生《试论"把"字句的语法特性》(语言教学与研究1987 年第 1 期)、曹逢甫《从主题—评论的观点看"把"字句》(《中国语言学报》1987 年 15 卷 1 期)、〔美〕薛凤生《"把"字句和"被"字句的结构意义——真的表示"处置"和"被动"?》(《功能主义与汉语语法》，北京语言学院出版社 1994)。除此以外，还有专门研究把字句特殊格式的，例如詹开第《把字句谓语中动词的方向》(中国语文 1983 年第 2 期)、邵敬敏《"把"字句和"被"字句合用小议》(汉语学习 1983 年第 1 期)、王志《浅谈谓语另带宾语的"把"字句》(汉语学习 1984 年第 5 期)、吴葆棠《一种丧失义倾向的"把"字句》(《句型与动词》，语文出版社 1987)、龚千炎《论"把"字兼语句》(《语法研究和探索》四,北京大学出版社 1988)等。其中宋玉柱的研究尤为着力,他还发表了《关于"把"字句的两个问题》(语文研究 1981年第 2 期)、《运用把字句的条件》(汉语学习 1982 年第 3 期)等。

(二)受转换深层语法及格语法理论影响,着力研究把字句内部深层语义的联系以及把字句和其他句式相互变换的关系及变换条件的限制。有的是在讨论其他相关句式时涉及到把字句的,例如朱德熙《"在黑板上写字"及其相关句式》(语言教学与研究 1981年第 1 期)、施关淦《关于"在 + Np + V + N"句式的分化问题》(中国语文 1980 年第 6 期)、邵敬敏《关于"在黑板上写字"句式变换和分化的若干问题》(语言教学与研究 1982 年第 3 期)、李临定《动补格句式》(中国语文 1980 年第 2 期)。有的则是专门讨论把字句及其变换句式的,例如傅雨贤《"把"字句与"主谓宾"句的转换及其条件》(语言教学与研究 1981 年第 1 期)、邵敬敏《把字句及其变换句式》(《研究生论文选集·语言文字分册》,江苏古籍出版社 1985)以及中国台湾的汤廷池《处置式变形》(《国语变形法研究》,台北学生书局 1977)、梅广《把字句》(《文史哲学报》,台湾大学 1978)等。

(三)继续探讨把字句形成的历史发展线索。主要有金湘泽《"把"字结构的历史情况》(宁波师专学报 1979 年第 1 期)、张亦堂《古汉语处动用法试谈》(齐鲁学刊 1983 年第 4 期)、陈初生《早期处置式略论》(中国语文 1983 年第 3 期)、张华文《〈早期处置式略论〉质疑》(广州师范学院学报 1984 年第 3—4 期)、[法]贝罗贝《早期"把"字句的几个问题》(语文研究 1989 年第 1 期)。此外,潘允中《汉语语法史概要》(中州书画社 1982)和史存直《汉语语法史纲要》(华东师大出版社 1986)两本著作也有专节作了讨论。

　　有关把字句研究,主要涉及这么几个课题:1.把字句的语法意义,大体上可以分为新旧两派观点,即旧"处置说"和新"结果说"。王力主张"处置"说,又为不表示"处置"义的"活用"另立一个"继事式"。吕叔湘和梁东汉都对此持有疑义。新说有潘文娱的"广义的处置"说,宋玉柱的"结果"说以及邵敬敏的"致果""致态"说。目前对"结果说"的具体解释虽不尽相同,但它已逐步替代了"旧处置说",而基本被汉语语法学界所接受。2.构成把字句的条件,包括:(1)"把"的宾语应该是"有定"还是"无定",王还认为"有定"、"无定"的说法来源于英语的"有定冠词"和"不定冠词",而汉语应以用"专指"、"确指"、"泛指"为宜。(2)动词的限制,赵元任把动词分为"处置动词"和"非处置动词"。汤廷池把动词分为"动态动词"和"静态动词"。邵敬敏把动词分为"致果动词"和"非致果动词"。(3)句式结构的要求。吕叔湘指出"动词的处置义,宾语的有定性,这些都是消极条件,只有这第三个条件——动词的前后成分——才具有积极性质,才是近代汉语里发展这个把字句式的推动力"。范晓根据把字句内部结构特征归纳出 10 种把字句句式。

　　90 年代以来,把字句的研究仍是一个热门话题,主要集中在两个方面:

　　一是从语义语用角度研究把字句的特点,主要有张旺熹《"把"字结构的语义及其语用分析》(语言教学与研究 1991 年第 3 期)、吕文华《把字句的语义类型》(汉语学习 1994 年第 4 期)、崔希亮《把字句的若干句法语义问题》(世界汉语教学 1995 年第 3 期)、金立鑫《"把"字句的句法、语义、语境特征》(中国语文 1997 年第 6 期)、刘一之《"把"字句的语用语法限制及语义解释》(《语言探索与研究》十,商务印书馆 2000)、陶红印、张伯江《无定式把字句在近、现代汉语中的地位及其理论意义》(中国语文 2000 年第 5 期)等。

二是把字句的语义分析,一种是关于"致使义"的探讨,例如:张伯江《论"把"字句的句式语义》(语言研究 2000 年第 1 期)、周红《论"把"字句的正向致使性与句式特征》(云梦学刊 2006 年第 1 期)、郭燕妮《致使义把字句的句法语义语用分析》(汉语学报 2008 年第 1 期)。另一类是配价关系的分析。论文有范晓《动词的配价与汉语的把字句》(中国语文 2001 年第 4 期)、卢英顺《把字句的配价及相关问题》(语言科学 2003 年第 2 期)、张谊生《述结式把字句的配价研究》(《南开语言学刊》,南开大学出版社 2005)等。

三是探讨把字句的生成条件、原因及过程等,一种为"宾语提前"说,这是大多数人所持的观点,因为"把"字的作用就是把动词后的宾语提前,所以把字句是由主动句(主—动—宾)变化而来的。另一种为"受事主语"说,朱德熙认为"把"字后面的名词在语义上是动词的受事,在句法上则是从受事主语句变化而来,因为大量的把字句是不能还原成主动宾句的。至于新的解释有好几种:曹逢甫根据主题说的观点,他认为把字句与双主句(主谓谓语句)在结构上有相似之处。金立鑫认为把字句的生成主要是受句法和篇章的强制性。沈阳从句法角度考虑,认为"由于把字句成分数量多,结构形式复杂,所以才需要一种特殊的能够在结构并合过程中保持成分一致性和结构一致性的语法形式,而名词的多重移位正是使把字句能够用简单一致的形式构造复杂结构类型的一种重要手段"。崔希亮《"把"字句的若干句法语义问题》(世界汉语教学 1995 年第 3 期)、张旺熹《"把"字句的位移图式》(语言教学与研究

2001 年第 3 期)、高立群《"把"字句位移图式心理现实性的实验研究》(世界汉语教学 2002 年第 2 期)则从认知语言学的角度指出，典型的把字句凸显的是一个物体在外力作用下发生空间位移的过程。这种空间位移图式以物理空间位移框架为基础，还包括物体在诸如时间、人体空间、社会空间、心理空间、范围空间以及泛方向空间等不同空间层面上的移位。此外，还有沈阳《名词短语的多重移位形式及把字句的构造过程与语义解释》(中国语文 1997 年第 6 期)以及杨素英《从情状类型来看"把"字句》(汉语学习 1998 年第 2—3 期)、金立鑫《选择使用"把"字句的流程》(汉语学习 1998 年第 4 期)等。沈家煊《如何处置"处置式"?——论把字句的主观性》(中国语文 2002 年第 5 期)提出"主观处置说"，邵敬敏、赵春利《"致使把字句"与"省隐被字句"的语用解释》(汉语学习 2005 年第 4 期)则认为是介词"把"不是引进一般意义的语义角色，更不是引进"受事"的语法成分，而应该是一个语用标记，显示说话者对某个事件的关注焦点，这实际上是由语用平面的特殊句式的特点所决定的，因此"把字句"可以分为"有意识把字句"和"无意识把字句"两类。

此外还有关于特殊把字句的分析，主要有许光烈《维纳斯句型——近代汉语中一种特殊的"把"字句》(语言教学与研究 2005 年第 4 期)、王幼华《半截子埋怨式"把"字句的结构语义分析》(语文研究 2008 年第 1 期)。

专著有刘培玉《现代汉语把字句的多角度探究》(华中师范大学出版社 2009)。有关情况可参阅刘培玉《把字句研究评述》(河南师范大学学报 2001 年第 4 期)、郑杰《现代汉语"把"字句研究综述》(语言教学与研究 2002 年第 5 期)、袁莉容《20 世纪 90 年代以来把字句研究综述》(内蒙古师范大学学报 2003 年第 6 期)等。

二 被字句研究

80 年代初期,被字句及其相关的被动句、受事主语句的研究又活跃起来。当时最重要的文章有两篇:李临定《被字句》(中国语文 1980 年第 6 期)和龚千炎《现代汉语里的受事主语句》(中国语文 1980 年第 5 期)。李文运用变换方法考察了被字句与其他各种句式的内在关系,并对语义关系进行分析。龚千炎把受事主语句分成 6 种类型,并逐类进行描写。此外还有傅雨贤《被动句式与主动句式的变换问题》(汉语学习 1986 年第 2 期)、柳士镇《〈百喻经〉中的被动式》(南京大学学报 1985 年第 2 期)、吕文华《"被字句"中的几组语义关系》(世界汉语教学 1990 年第 2 期)、蔺璜《动宾谓语"被"字句》(山西大学学报 1988 年第 1 期)以及宋玉柱《处所主语"被"字句》(天津师大学报 1990 年第 1 期)等。

关于被字句的语法意义,王力的"不如意说"最有影响,后来他又补充说,"'五四'以后,汉语受西洋语法影响,被动式的使用范围扩大了。这就是说,不一定限于不幸或不愉快的事情。"梁东汉、王还对此作出补充和修正。李临定《现代汉语句型》的修正主要有两点:(1)"在现代汉语里'被'字句型表示中性以至褒义有扩大之势,但还是以表示贬义为常见。"(2)"贬义问题应从宽理解,不能认为只是针对主语的,或只是动词的褒贬词义问题。"近年来,有人试图作出新的解释。范剑华《论现代汉语被动式》(华东师大学报 1990 年第 11 期)认为被动式的语义是指"对 N_1 而言不可抗拒的事"，它可以指褒义或中性或贬义。

关于"被"字的词性，历来有不同的看法，大体上有以下三种：第一种认为"被"在古汉语是动词，但在现代汉语中词义已虚化，功能也改变了，所以是助动词（或次动词、副动词）；其本质都是"介词"。第二种是把"被"看做一种特殊的动词，如李人鉴，后来桥本万太郎在《汉语被动式的历史区域发展》（中国语文1987年第1期）也认为可以把"被"看做"（及物的）动词"。第三种是梁东汉、王还的"助词"说。

关于被字句产生的原因。袁义林《被动式发展琐议》（山东师范大学学报1984年第1期）认为"当受事也是有生命的事物时，因为它与施事作为有生命的事物都能与动词组成'施事＋动作'的语义关系，所以必须用语法形式指明动作的影响到底指向谁了"。后来在另一篇《汉语被动句与其基础句的关系问题》（山东师范大学学报1990年第1期）又进一步提出"生命度"的看法，即出现在谓语动词前的两个名词性成分的"生命度"是影响由一般的"意念被动句"变为"形式被动句"的最主要的因素。范剑华也持有类似观点。

21世纪关于被字句的研究，注重在三个方面：（1）被字句的谓语动词特点。例如刘承峰《能进入"被/把"字句的光杆动词》（中国语文2003年第5期）、范晓《被字句谓语动词的语义特征》（长江学术2006年第2期）等。（2）运用形式语法理论来解释被字句的生成机制。例如吴庚堂《"被"字的特征与转换》（当代语言学1999年第4期）、熊仲儒《汉语被动句句法结构分析》（当代语言学2003年第3期）、石定栩和胡建华《"被"的句法地位》（当代语言学2005年第 3 期)、李红梅《〈最简探索:框架〉下对"被"字结构的再探索》(现代外语 2004 年第 2 期)、徐德宽《基于最简方案框架的汉语被字结构研究》(外语学刊 2007 年第 4 期)、曹道根《谈汉语"被"字句一些最简句法研究中存在的理论问题》(当代语言学 2008 年第 1 期)、邓思颖《汉语被动句句法分析的重新思考》(当代语言学 2008 年第 4 期)等。(3)分析有特色的被字句,例如王改改《北京话口语中的"被"字句》(汉语学习 2003 年第 2 期)、邢福义《承赐型"被"字句》(语言研究 2004 年第 1 期)、张谊生《试论"由"字被动句——兼论由字句和被字句的区别》(语言科学 2004 年第 3 期)、辛承姬《包含有连动关系的"被"字句》(汉语学报 2005 年第 1 期)等。

对被字句全面进行研究的是李珊《现代汉语被字句研究》(北京大学出版社 1994),以描写为主,并做了部分语义解释。有关情况可参阅邵桂珍《汉语被动句功能研究述评》(暨南大学华文学院学报 2002 年第 2 期)、聂志军《"被"字被动句研究综述》(内江师范学院学报 2008 年第 11 期)。

三　存现句研究

有关存在句,真正意义上的研究当首推范方莲的《存在句》(中国语文 1963 年第 5 期),该文着重讨论了狭义的存在句(仅指"N 处 + V + NP")结构特点,并对各段的成分作了细腻的分析描写。80 年代以来,存在句的研究更加深入,取得了突破性的研究成果。

"存现句"以前又叫"存在句",名称不同也反映了对这一句式认识的变化。"存在句"只讲客观存在,如"桌上有书"、"桌上放着书"。"存现句"不仅包括"存在",还包括"出现"与"消失",如"树上飞来一只鸟"、"村里死了一个人"。

宋玉柱对存在句的研究最为系统深入,先后发表了《动态存在句》(汉语学习 1982 年第 6 期)、《完成动态存在句》(汉语学习 1989 年第 6 期)《经历体存在句》(汉语学习 1991 年第 5 期)等文章。宋氏的研究主要有以下的特点:(1)建立了"定心谓语存在句"、"名词谓语存在句"等新的存在句类型;(2)研究对象从静态存在句扩大到动态存在句;(3)对存在句的特点、内部类型等进行了系统的研究。

关于存现句结构形式特点。范方莲认为,存在句的结构在形式上必须具有三段:A 段处所词语,B 段动词,C 段数量名组合。宋玉柱《定心谓语存在句》(语言教学与研究 1982 年第 3 期)和《名词谓语存在句》(徐州师范学院学报 1988 年第 6 期)又提出了存在句的两种新类型:a.定心谓语存在句,如"远处山谷里一片青青的森林";b.名词谓语句,如"满脸青春美丽豆儿"。雷涛《存在句的范围、构成和分类》(中国语文 1993 年第 4 期)进一步指出:尽管大多数存在句都有 A、B、C 三部分,但"除了 C 段是必不可少的以外,其余部分均可以在一定条件下不出现"。例如"A＋C"(如"山下一座古庙")或"B＋C"("从前,有一个渔夫"),甚至仅"C"(如"大大的玻璃窗")等形式。黄松南《论存在句》(《汉语学习》1996 年第 8 期)指出这类句式应分成两种类型:A.动词是不及物动词,后面的 NP 是主语;B.动词是及物动词,后面的 NP 是宾语。

关于存现句中的动词。范方莲认为,存在句中的动词有两个特点:(1)都是动作动词,(2)动词在意义上与"位置"或"位移"有关。范晓等《汉语动词概说》(上海教育出版社 1983)认为存在句中的动词主要有三类：(1)表示事物存在的动词，如"有、在、存在"；(2)表出现消失的动词，如"消失、出现、隐没"；(3)表事物增加减少的动词，如"增加、减少、缩小"。李临定《现代汉语句型》中对动词的分类尤为精细，有专门"存在句型"一节，列出了 8 种动词类型："坐"型、"垂"型、"长"型、"挂"型、"绣"型、"戴"型、"飘"型、"坐满"等。宋玉柱则进一步在考察了静态存在句和动态存在句之间的差异后认为：动态存在句中的动词是表示持续动作而不能表转瞬即逝的动作；而且都是不及物动词，不能是及物动词。雷涛认为 B 段的动词主要有三类：单个动词、V＋了或 V＋着、其他动词性结构。崔建强《隐现句的谓语动词》(语言教学与研究 1987 年第 2 期)认为隐现句中的动词要具备两点：(1)必须具有隐没性或趋向性，即表示出现或消失的动作动词，或本身与趋向动词相结合来表现隐没信息；(2)必须是单向体宾动词。谭景春《一种表破损义的隐现句》(中国语文 1996 年第 6 期)提出一种表破损义的隐现句，如"脸上划了一个大口子"、"鞋底磨了一个大窟窿"，构成这类句子的动词大多是及物动词；基本是表动作的，很少表变化的；大多是具有破损义或能造成污染的非自主动词。

有关论文还有顾阳《关于存现结构的理论探讨》(现代外语 1997 年第 3 期)、杨安红和周鸣《现代汉语存现句与方位词》(徐州师范大学学报 2001 年第 2 期)、李挺《汉语存现句的认知特征分析》(学术交流 2009 年第 10 期)。专著主要有吴卸耀《现代汉语存现句》(学林出版社 2006)、宋玉柱《现代汉语存在句》(语文出版社 2007)。有关情况可参阅王健《现代汉语存现句研究综述》(常熟理工学院学报 2007 年第 1 期)。

四　主谓谓语句研究

主谓谓语句是指由主谓短语充当谓语的句子。第一个指出这种特殊句式的是陈承泽,他在《学艺》第二期(商务印书馆1921)里说"得以句为说明语"。黎锦熙《新著国语文法》把主谓短语作谓语的句子看做形容语句。王力《中国现代语法》则看做"句子形式用如描写词"。正式把它作为汉语中一种特殊句式进行描写的,首推赵元任,他在《汉语口语语法》中提出整句作谓语的谓语类型,并对这类句式中大主语与小主语的关系、作谓语的整句的特点以及这类句子的性质范围等作了讨论。

(一)主谓谓语句的类型

主谓谓语句到底有几类,这个问题争议相当大,最少的只有1类,多的有7—8类。而且由于各自的出发点以及标准不同,类别之间往往还有交叉现象。比较严格的是胡裕树《现代汉语》,只有3类:(1)把主谓句中某一动词的宾语或宾语的某一部分提到句首,如"这个故事我没有听到过"。(2)大主语与小主语之间具有领属关系的,例如"他身体健康"。(3)是由全句修饰语中减去介词"关于"、"对于"等构成的,例如"田间管理,他的经验很丰富"。丁声树《现代汉语语法讲话》认为主语如果是周遍性的受事(例如:"我相信你,你什么都懂,什么都知道。""我上海也到过,天津也到过,几个大商埠都到过。")也属于主谓谓语句,但胡裕树只看做宾语提前句。孟维智《主谓谓语句的范围》(《语法研究和探索》二,北京大学出版社1984年)也分出3类:A领属关系的;B整体和部分的关系,例如:"他写的字,有的大,有的小";C周遍性的。由于汉语里,谓语动词之前,可以出现不止一个名词,而对这些名词作用就有不同的看法,这也就导致对主谓谓语句的类型不同的看法。现在比较通行的看法是 4 类,即:受事型、领属型、关涉型和周遍型。

(二)主谓谓语句中大主语的确定

关于主谓谓语句中的大主语,一种主要从结构上考虑,可称之为"话题说",即认为大主语是全句的话题,这样只要是出现在主谓短语前面的名词性成分都有作主语的可能,而不管大主语与后面小主语、小谓语之间具有怎样的语义关系,所以时间词、处所词,甚至提示成分都可作大主语。例如赵元任《汉语口语语法》把"今儿天好"中的"今儿"看做大主语。即凡是出现在句首的词语就往往获得了话题的资格,朱德熙《语法讲义》也有类似看法。

一种则认为话题跟主语不同,话题不能看做主语。这主要涉及两类情况:一是句首的时间词和处所词,吕叔湘《主谓谓语句举例》(中国语文 1986 年第 5 期)认为:"有些句子头上的名词(大多数是表示时间和处所的)很难说是'陈述对象',因而与其说是主语,还不如说是状语。"胡裕树《现代汉语》也认为时间名词、处所名词放在主语之前,它们就成了全句修饰语了。宋玉柱《现代汉语特殊句式》则认为具体情况要分别对待,即有时可看做全句的大主语,有时则处理为句首状语。"标准就在于这个时间词能有几个出现位置。如果只能出现在句首,而不能出现在句中,那么它就是主语。"例如:"今天天气很好/花园里桃花全开了"。如果它既可以出现在句首,又可以出现在句中,那么它就是状语。例如:"今天我去北京/我今天去北京"。二是句首词语在句法上跟后面词语没有任何关系的,陈建民《现代汉语句型论》认为:"前面的名词性词语跟句内任何词语都不发生语法关系,这就不宜看做主谓谓语句。如'这种天气,你最好不要出门。'"宋玉柱《现代汉语特殊句式》则认为"话题是从语用角度提出来的,本来跟主语不是一码事","话题虽然在很多情况下与主语相重合,但二者并非同一概念,因此不能用话题代替主语。"因此他认为"这件事,中国人民的经验是太多了"就不属于主谓谓语句。李敏《"大主语隐含介词的主谓谓语句"再分析》(语言教学与研究 1996 年第 3 期)认为"话题"和"主语"不是一个平面上的东西。主语与谓语在语义上必须有一定的选择关系,"这是确定主语的一个最重要的条件"。所以她认为有些句子句首的名词不是主语,而是话题,应该看做句首状语,例如"这种事,我做不了主"。

(三)关于"宾语前置"的说法

有关"宾语前置"的说法有两种情况:第一种情况是大主语或小主语在语义上是小谓语中动词涉及的对象,究竟应该看做主语还是宾语前置。例如"这个人,我不认识。"李珠《谈谈汉语主谓谓语句》(语言教学与研究 1979 年第 2 期)认为此类不属于主谓谓语句,是宾语前置句。朱德熙《语法讲义》认为应该是主语,不能解释为宾语提前,因为如果是宾语提前的话,"那应该能够挪回到宾语的位置上去,事实上能挪回去的只是其中的一部分",有的根本不能挪动,如"他北京话说得很好";有的挪以后,意思完全不同,如"这几种活儿我们全都学会了"。胡裕树《现代汉语》对这类情况作两种不同的处理:"这个故事我没听到过"看做通过把宾语提到句首形成的主谓谓语句,而把"我上海也到过"这种受事成分作小主语的句子看做宾语前置。孟维智《试论主谓谓语句的特点》(山西大学学报 1983 年第 2 期)主张把这类句首成分看做宾语,至于能否"还原",并不是确定是否宾语的关键,因为"宾语虽然一般居于动词后边,但在一定条件下也可以居于句首"。第二种情况是大主语或小主语是表周遍性的名词性成分。例如:"我哪儿也不去","我一个人也不认得"。赵元任和朱德熙都认为不属于宾语倒装,朱氏还认为这类表周遍性的词语只能作主语,主要理由是这类"倒装"不能还原。胡裕树《现代汉语》则认为凡具有遍指意味、同时宾语是被强调的,宾语用在动词前边,只改变了宾语的位置,没有改变动词和宾语之间的结构关系,所以看做宾语前置。宋玉柱《现代汉语特殊句式》的观点与胡氏相同,但他则从语法意义和语法形式两方面考虑。

这里争议的关键,就是受事成分如果出现在句首就可以看做主语,而出现在大主语之后,就要看作宾语提前,那么,到底是作统一处理,都看做主语比较合适呢,还是作不同处理比较好。

(四)主谓谓语句与一般主谓句的关系

胡裕树《现代汉语》认为"主谓谓语句是由一般主谓句转换而成的",所以主谓谓语句与一般主谓句能相互转换。例如:(1)"我没有听到过这个故事/这个故事我没有听到过";(2)"他的身体很好/他身体很好";(3)"关于中草药他很了解/中草药他很了解"。李珠《谈谈主谓谓语句》认为主谓谓语句(例如"他身体很好")从意义上看,突出的是"他";从形式上看,语音在"他"后可以有较大停顿;语法功能上的作用是说明性的。吴继光《工具成分和主谓谓语句》(汉语学习 1996 年第 3 期)认为"工具成分和主谓谓语句有着密切的关系"。这种关系表现在两个方面:第一,工具名词以无标记形式入句;第二,工具名词以有标记形式入句。他的这种解释似乎不仅仅适用于工具名词,对结果、材料、方式等名词应该也能适用。袁毓林《话题化及相关的语法过程》(中国语文 1996 年第 4 期)也认为主谓谓语句是从一般主谓句派生出来的,但不否认它是汉语的基本句型;并讨论了从主谓句到主谓谓语句这种"话题—说明"的结构的派生过程。

21 世纪对主谓谓语句的探讨更加偏重于理论的思考。例如仲崇涛《主谓谓语句研究与汉语语法理论的发展》(南京邮电学院学报 2001 年第 1 期)、吴立友《主谓谓语句有关问题的理论探讨》(渝西学院学报 2002 年第 4 期)、罗安源《从"主谓谓语句"看汉语在语言接触中的强劲活力》(中央民族大学学报 2008 年第 3 期)。专著为华宏仪《主谓谓语句》(宁夏教育出版社 1998)。有关情况可参阅夏齐富《主谓谓语句述评》(安庆师范学院学报 1990 年第 1 期)、汪洪澜《主谓谓语句研究综述》(兰州学刊 1995 年第 2 期)。

五　兼语式研究

早在 20 世纪 30 年代刘复便提出了"兼格",40 年代王力提出了"递系式",50 年代丁声树等称之为"兼语式"。对这一句式历来有两种态度,肯定与否定对立得很激烈。史存直的《论递系式和兼语式》(中国语文 1954 年第 3 期)认为这种提法是不科学的,兼语式大都可以分析为"主谓补"结构。萧璋《论连动式和兼语式》(北京师范大学学报 1956 年第 1 期)和李临定、范方莲《语法研究应该依据意义和形式相结合的原则》(中国语文 1961 年第 5 期)也都认为应取消兼语式,尽管其理由并不相同。60 年代研究兼语式的代表作是陈建民的《论兼语式和一些有关句子分析法问题》(中国语文 1960 年第 3 期),他的兼语式范围较宽,包括四类:(1)动、名、动;(2)动、名、形;(3)动、名、主谓;(4)动、名、名。

这一争论在新时期又进一步展开,从总的来看,取消论的趋势有所加强。张静《"连动式"和"兼语式"应该取消》(郑州大学学报 1977 年第 4 期)首先发难,认为该句式实际上有的是双宾语结构,有的是主谓结构作宾语,有的是复句。张礼训《从层次分析作业方法的要求看兼语结构分析上的矛盾》(南京大学学报 1977 年第 3 期)和符达维《从句子的内部结构看所谓"兼语式"》(辽宁大学学报 1980 年第 4 期)则分别从结构主义层次分析法和深层使构语义分析两个不同的角度论述兼语式不能成立的理由。目前最有影响的否定意见是朱德熙提出的,他的《语法答问》(商务印书馆 1985)指出"$V_1 + N + V_2$"形式中,N 是 V_1 的宾语,而 N 和 V_2 之间只有语义上的关系,没有结构上的关系,因为这里的层次构造是("$V_1 + N$)$ + V_2$",换言之,所谓"兼语式"同连动式的差别仅仅在于其中的 N 是施事还是受事,而语法结构不能同语义结构混为一谈,因此他主张把它看做连动式中的一个小类。

对兼语式范围控制最严的是胡附、文炼,从《现代汉语语法探索》到《现代汉语》(增订本),一直主张兼语式的第一个动词必须有致动义。可见,即使都主张有兼语式的,具体看法仍有很大差异。近年来有关研究着重从理论上阐述兼语式存在的合理性。吴竞存、侯学超的《现代汉语句法分析》一书从结构、功能、意义这三个切分原则入手论证了兼语式可以进行层次切分。龚千炎的《由"V

给"引起的兼语式及其变化》(中国语文 1983 年第 4 期)则讨论了一些新的更为复杂的兼语句式。邢欣《论兼语式的深层结构》(新疆大学学报 1984 年第 1 期)则运用转换生成语法理论来分析兼语式的表层结构和深层结构之间的关系。有关论文还有崔应贤、盛永生《简论"兼语式"的范围》(河南师范大学学报 1990 年第 3 期)、游汝杰《现代汉语兼语句的句法和语义特征》(汉语学习 2002 年第 6 期)、成镇权《再谈"兼语式"》(语言教学与研究 2007 年第 6 期)等。

对兼语式的存废之争,现在下结论还为时过早。对这类句式的性质、内涵和外延以及同其他句式的关系,都还有待于进一步探讨。但不管如何,这类句式的客观存在正反映了汉语语法的特点。有关专著有吴启主《连动句、兼语句》(人民教育出版社 1990)、邢欣《现代汉语兼语式》(北京广播学院出版社 2004)。有关情况可参阅何婷婷《20 世纪 80 年代以来的兼语式研究》(伊犁教育学院学报 2005 年第 2 期)。

六　其他句式研究简况

现代汉语的特殊句式其实非常繁多。除了以上几类,还有一些也是大家关注的。

（一）连动句

高增霞《现代汉语连动式的语法化视角》(中国档案出版社 2006)首次从语法化的角度对这一重要句法现象加以系统全面地审视和考察,刘海燕《现代汉语连动句的逻辑语义分析》(四川人民出版社 2008)主要运用了逻辑语义学的理论和方法,对现代汉语中连动句的意义和结构进行跨学科的描写、分析和解释。有关情况可参阅高增霞《连动式研究述评》(聊城大学学报 2003 年第 6 期)、胡涛和陈淑梅《20 世纪 80 年代以来汉语连动句研究综述》(现代语文 2006 年第 8 期)、颜丽《汉语"连动句"百年研究综述》(齐鲁学刊 2008 年第 3 期)。

(二)比较句

刘焱《现代汉语比较范畴的语义认知基础》(学林出版社 2004)、许国萍《现代汉语差比范畴研究》(学林出版社 2007),两本书都从范畴入手,都立足于认知解释。只是前者讨论全部的比较,强化语义分析,构建了一个以语义为纲、句法为载体的比较系统;后者不讨论平比,只涉及差比,更重视理论的解释性。有关情况可参阅尚平《比较句系统研究综述》(语言文字应用 2006 年第 2 期)、夏群《汉语比较句研究综述》(汉语学习 2009 年第 2 期)等。

(三)其他句式研究

句式研究的专著还有张豫峰《"得"字句和"有"字句》(延边大学出版社 2002)、宛新政《现代汉语致使句研究》(浙江大学出版社 2005)等。有关情况可参阅:张豫峰《"得"字句研究述评》(汉语学习 2000 年第 2 期)、延俊荣《双宾句研究述评》(语文研究 2002 年第 4 期)、王佳毅《20 世纪 90 年代以来"有"字句研究述评》(邵阳学院学报 2004 年第 2 期)、杨玉玲《重动句研究综述》(汉语学习 2004 年第 3 期)、曾常红《"是"字句研究综述》(湖南科技学院学报 2006 年第 10 期)、陶瑞仁《现代汉语"得"字句研究综述》(绥化学院学报 2007 年第 6 期)、杨玉玲《重动句研究综述》(汉语学习 2004 年第 3 期)、崔丽丽《"使"字句研究综述》(云梦学刊 2008 年第 1 期)、颜丽《汉语"连动式"百年研究综述》(齐鲁学刊 2008 年第 3 期)、程相伟《汉语"连"字句的研究综述》(洛阳师范学院学报 2008 年第 3 期)、曾常红和梁炳磊《"连"字句研究综述》(语文知识 2009 年第 4 期)等。

第八节　复句研究

复句是汉语句型系统中与单句相对立的一种句型。自《马氏文通》以来复句一直受到语法学界的关注,有关复句的一系列问题,例如"复句的性质和定义"、"单复句的划界"、"复句内部的分类"等一直是语法学界的热门话题。

一　复句研究简史

复句的研究大致可以分为三个阶段:

(一)《马氏文通》"论句读"就专门论述了"句与句或自相联属"的情况,指出复句的四种基本类型:(1)"排句而意无轩轾者";(2)"叠句而意别深浅者";(3)"两商之句";(4)"反正之句"。这大致相当于现在所说的并列、递进、选择和转折四种复句。黎锦熙《新著国语文法》首先提出"复句"、"分句"的概念,把复句先分为"等立"与"主从"两大类,下面再分出 10 中类 26 小类,并把连词跟复句的类型一一对应起来。后来王力《中国现代语法》把"语音停顿"作为判别复句的重要标记。吕叔湘《中国文法要略》的贡献主要是对复句内部的逻辑语义关系作了详尽的分析,分别讨论了离合、向背、异同、高下、同时、先后、释因、纪效、假设、推论、擒纵、衬托等语义范畴。这就为以后的复句深入研究奠定了坚实的基础。

（二）50 年代复句研究得到了进一步的重视,1957 年 1 月《中国语文》发表了孙毓苹《复合句和停顿》,接着又发表了郭重平《单句复句的划界问题》(中国语文 1957 年第 4 期)提出了划分单复句的六个标准,由此在语法学界展开了有关单复句划分的大讨论。讨论主要涉及到五个问题:(1)单句与复句划界标准;(2)包孕句的处理;(3)复句系统的建立;(4)复句内部关系分析;(5)紧缩复句研究。

（三）新时期以来,对复句的研究更加细致、深入、系统,而且从句法形式、逻辑语义以及语用交际等多角度开展研究。在复句方面研究最突出的是王维贤和邢福义。

王维贤《现代汉语复句新解》(华东师大出版社 1994)从逻辑角度出发,运用三个平面的理论对现代汉语复句的句法特征、关联词语以及转折句、形合句、意合句等进行了多角度的分析描写。他认为从复句生成的角度看,"复句是把几个单纯命题组织在一个'句子'中的表达形式"。但是并非有几个命题组成的句子都是复句,复句的构成还要受语言表达系统的制约。"制约因素包括句法结构形式及其功能系统、关联词语、语义和语用因素等。"

邢福义《汉语复句研究》(商务印书馆 2001 年)则对汉语复句的性质、标志、分类、语义关系、单复句的划界、复句中的分句形式特点等系统地作了理论上的探讨,并对广义的因果复句、转折复句、并立复句及其相关句式作了细致的分析描写。他认为"复句是包含两个或两个以上分句的句子",主要有以下一些特征:(1)凡是复句,都包含两个或两个以上分句。其构成,表现为:分句＋分句

（＋分句）。（2）复句在口头上都具有"句"的基本特征，即有一个统一全句的语调，句末有一个终止性停顿，书面语上用句号，问号或感叹号。（3）复句的构成单位是分句，作为复句构成的基本元素，复句里的各个分句具有相对独立和互相依存的特征。所谓相对独立，是指各个分句都具有"句"的性质和地位，分句间互不作成分。所谓互相依存，指分句间具有一定的关系，往往可以由相应的关联词语把分句连接起来，而且凭借分句间的依赖关系"承前"或"蒙后"省略某个成分。华中师范大学的一批年轻学者在邢福义学术思想影响下，撰写了不少复句研究的专著，例如：匡鹏飞《时间词语在复句中的配对共现研究》（华中师范大学出版社 2008）、姚双云《复句关系标记的搭配研究》（华中师范大学出版社 2008）、刘云《汉语篇名的篇章化研究》（华中师范大学出版社 2005）、朱斌和伍依兰《现代汉语小句类型联结研究》（华中师范大学出版社 2009）等。

其他复句研究的专著还有赵恩芳、唐雪凝《现代汉语复句研究》（山东教育出版社 1998）、徐颂列《现代汉语总括表达式研究》（浙江教育出版社 1998）、徐阳春《现代汉语复句句式研究》（中国社会科学出版社 2002）等。

二　单复句的区分

有关单复句的区分是汉语语法界长期以来颇有争议的一个问题，50 年代的讨论主要就是想解决这个问题。郭仲平《单句复句的划界问题》列举了黎锦熙、王力、吕叔湘、语法小组、张志公等五家各自确定复句的标准，并作了分析，指出各家划分标准概括起来一共有六个：(1)结构（主语和谓语）；(2)意义关系；(3)语音停顿；(4)连词；(5)连词以外的关联词语；(6)谓语的多少和繁简。吕叔湘《汉语语法分析问题》指出："区分单复句，涉及三个因素：一、只有一个主谓结构，还是有几个主谓结构？二、中间有没有关联词语？三、中间有没有停顿？这三种因素正负交叉，能有八种情况，加上有时候主语不好确定，问题就更加复杂了。"张拱贵《关于复句的几点意见》（语言教学与研究1983年第1期）认为："单复句的区别并不在于结构的繁简，而在于结构性质的不同，结构性质的不同；单句是由句子成分构成的，复句是由单句（主谓句和非主谓句）构成的，它们在结构上有本质上的不同。"

80年代对这一问题又开展了讨论，例如张静《单句复句的定义和划界问题》（语文研究1981年第1期）、陈信春《区分单句复句的标准问题》（河南大学学报1985年第5期）。也有人主张不必区分单句和复句，例如孙良明《从汉语动词特点谈汉语无单句复句之分》（山东师范大学学报1983年第1期）；陈建民也主张取消区分单复句，他的《现代汉语句型论》认为"现代汉语的单复句系统是按西方两极化的二分观点建立起来的"。在汉语中有些句子既像单句，又像复句，是一种"中介物"，对这些大量存在的"中介物"不能简单地归入对立的单句或复句，而应该"用三分或多分的办法，才能使问题获得比较圆满的解决"。

邢福义《汉语复句研究》的观点比较辩证，他认为汉语的单复句既有对立又有纠结。单复句的对立表现为"典型单句和典型复句的对立"。典型单句是单核句，一个句子不管有无结构层，有多少结构层，如果只有一个结构核，那就是单句。典型的复句则是核同质、有核距、无共同包核层的多核句。王维贤《现代汉语复句新解》也认为单复句的区分"不论从内容上和结构上都难于一刀两断,找出非此即彼的简单的界限"。所以他在单复句之间又分出"准单句"和"准复句"两类。

三　关联词语以及复句的类别

关联词语是复句的结构标志,也是分析复句意义关系的形式标志。因此研究复句不能不谈到关联词语。论述得最清楚的当推王维贤和邢福义。王维贤《现代汉语复句新解》指出,关联词语主要有以下类型:a.连词是最基本的关联成分;b.起关联作用的副词主要有两类,一类是与连词相呼应的,如"就、才",一类是两个副词成对使用,如"越……越";c.起关联作用的短语,这类虽在表义上比较明确,但属于词汇手段;d.其他,包括依靠词汇手段(如代词、反复),依靠对偶、排比等句式及重音等。邢福义《复句问题论说》归纳出关联词语的三个特点:(1)就词类内讲,它不是固定的类,可以是连词、副词,也可以是别的类的词。(2)就语法单位讲,它可以是词,也可以是短语,还可以是跨语法单位的非完整形式(如"不但不")。(3)就职能讲,它不具有划一性,可以是纯粹标明复句关系的语法成分,也可以同时充当句子里某个成分。

有关关联词语的研究,目前主要侧重于功能用法的研究,例如李晓琪《现代汉语复句中关联词的位置》(语言教学与研究1991年第2期)对现代汉语中常见的116个关联词分布的位置进行了考察,根据分句定位的原则,把关联词分为四类:A类,只能出现在第一分句里;B类,只能出现在第二分句里;C类,在几个分句中重复出现；D 类，只能在分句之间出现。罗日新《关联词语纵横谈》（语言研究 1995 年第 1 期）对 33 篇现行中学语文课文中的关联词语（包括起关联作用的词、短语及非词非短语的部分）作了调查后发现：(1)关联词语在分布上具有普遍性。即能联系复句内的分句、句群内的句子界及单句内的成分等各种言语单位。(2)在类别上具有稳定性，所表达的语义逻辑关系也较为稳定。(3)在功能上具有多重性。有少数关联词语在功能上不仅能兼用一大类中的几小类，还可以跨越两个大类，甚至还可以跨越句界（单句、复句、句群）。周刚的《关联词语在单句中的功能再探》（汉语学习 2000 年第 6 期），对关联词语在单句中的句法功能、语义功能及语用功能也作了探讨。

复句的内部的分类，传统的分法是先分为联合和偏正两大类，然而结论似乎相同，但各家分类的出发点实际上并不相同。

(一)从逻辑语义出发。黎锦熙、王力、高名凯都持相近观点。张拱贵《关于复句的几点分析》（语言教学与研究 1983 年第 1—2 期）对此解释得最为明确："复句中各部分之间的关系基本上是逻辑关系，这些关系是客观事物间的关系的反映，所以也叫做逻辑事理关系，简称意义关系"，"复句分联合偏正两类，是按分句之间在意思上的联系区分的"。张学成《复句句式语义层刍议》（《面临新世纪挑战的现代汉语语法研究》，山东教育出版社 1999 年）指出对复句的语义分析，必须以认识关系为基点，但是也不能忽视事理关系和心理关系。邵敬敏《建立以语义特征为标志的汉语复句新系统刍议》（世界汉语教学 2007 年第 4 期）则在认知背景下，根据语义特征提出新的复句分类系统。

(二)从结构出发。林裕文《偏正复句》(新知识出版社 1956)认为联合复句内部宽展后,不但增加了分句,而且延长了小句,但分句之间的关系并没有改变,因此具有"非封闭性"特点;而偏正复句虽然也可以在原句里增加一些别的分句,但却没有延长关系,因此具有"封闭性"特点。胡裕树主编《现代汉语》首先把复句分为联合复句和偏正复句。联合复句又分为四种:(1)并立关系,(2)连贯关系,(3)递进关系,(4)选择关系。偏正关系的复句也分为四种:(1)因果关系,(2)转折关系,(3)条件关系,(4)让步关系。

(三)形式与语义结合。王维贤《现代汉语复句新解》主张:把复句先分为意合句和形合句两大类。意合句指没有形式标志的复句。形合句有广义和狭义之分,广义的形合句指用关联词、关联短语或句中某一成分的重复、对偶的句子形式、指代词甚至语音形式来联系分句的。狭义的仅指由关联词语连接分句的句子。从而建立起一个有层次的复句类型系统,共分为 7 个层次 17 种类型复句。

复句具体的小类,各家分歧比较大,最少的是 7 类,最多的有 13 类;具体名称以及内容也有差别。现在选择最有代表性的分类列举如下:

(1)黎锦熙《新著国语文法》:平列、选择、承接、转折/ 时间、原因、假设、范围、让步、比较。(10 类)

(2)王力《中国现代语法》:积累、离接、转折、按断、申次/ 时间、条件、容许、原因、目的、结果。(11 类)

(3)丁声树《现代汉语语法讲话》:连贯、联合、交替、对比/ 因果、让步、条件。(7 类)

（4）胡裕树《现代汉语》：并列、连贯、递进、选择／因果、转折、条件、让步。（8类）

（5）黄伯荣、廖序东《现代汉语》：并列、顺承、选择、递进／转折、假设、条件、因果、目的、取舍。（10类）

（6）刘月华《实用现代汉语语法》：并列、承接、选择、递进／因果、条件、转折、假设、让步、取舍、目的、时间、连锁。（13类）

（7）邢福义《汉语复句研究》：因果、推断、假设、条件、目的／并列、连贯、递进、选择／转折、让步、假转。（12类）

（8）邵敬敏《现代汉语通论》：A.平等（A_1并列复句、A_2选择复句）；B.轻重（B_1递进复句、B_2补充复句）；C.顺理（C_1连贯复句、C_2因果复句、C_3条件复句、C_4目的复句）；D.违理（D_1转折复句、D_2让步复句）。（4大类10小类）

四　复句研究的新思路

（一）流水句的性质和特点

吕叔湘《汉语语法分析问题》指出："汉语口语里特多流水句，一个小句接一个小句，很多地方可断可连。"胡明扬、劲松《流水句初探》（语言教学与研究1989年第4期）首先指出"无关联词语复句"可以分为三类——（1）意合句（可以补出关联词语），（2）流水句（一般难以补出关联词语），（3）排比句（主要依靠结构上的平行现象来连接）；并对流水句的特点作了较为细致的描写，（1）语音特征：在全句末了有一个句终语调，接着是一个较长的句间停顿。（2）结构特征：a."至少包含两个或两个以上的独立句段"；b."句段之间一般不是靠关联词语来连接的"。（3）语义特征："句段和句段之间的语义关系比较松散,一般难以添补上表示某种逻辑关系的关联词语。"王维贤等《现代汉语复句新解》认为:"流水句是一种口语现象,在句法上是最能体现意合特点的句子。"流水句的特点主要是:"(1)从句法形式上看,流水句一般不用关联词语;(2)从句法的表层组织看,流水句的结构和语气多变;(3)从小句间的语义关系看,流水句大多表现为多层次性;(4)从小句间的语义联系看,流水句中的小句和小句组合松散,时常若断若续,可断可连。"

(二)复句的动态研究

对复句,不仅要致力于静态研究,还要重视动态研究。这方面邢福义的研究特别有新意,他在《汉语复句格式对复句语义关系的反制约》(中国语文 1991 年第 1 期)中指出:复句语义具有二重性,既反映客观事实,又反映能够主观视点,而主观视点才是第一位的起主导作用的因素,因此"复句格式为语义关系所制约,但又反过来对复句的语义关系进行反制约"。"复句格式直接反映主观视点,间接反映客观实际。"这一新的分析角度是复句研究的一个重要突破,不仅揭示了复句格式与语义关系的相互依存、相互制约的关系,而且导入了说话者主观判断的语用因素的潜在作用。有关研究可参阅全立波《现代汉语复句研究述评》(株洲师范高等专科学校学报 2004 年第 6 期)、田然《近二十年汉语语篇研究述评》(汉语学习 2005 年第 1 期)。

第二章　汉语语法语义专题研究

　　语法结构包括语法形式和语法语义。所以两者既要区分又要结合起来。吕叔湘(1984)认为"语法结构是语法结构,语义结构是语义结构,二者既有联系,又有区别",这是对二者关系的一个很好的诠释。语法语义的分析,主要指歧义结构、语义特征、语义指向、语义角色、语义范畴等方面的分析。有关情况可参阅张新华《汉语句法语义研究述评》(海南大学学报 2004 年第 4 期)。

第一节　歧义及其分化方法研究

一　歧义研究的概况

　　歧义,又叫多义或同形。歧义结构的研究,是近年来汉语语法学界十分感兴趣并且成果显著的一个研究专题。传统语法早前注意到了语言中的歧义现象,但那是作为消极的不规范的语言现象提出来的,目的是希望避免歧义理解,使语言表达准确无误。现在语言学家之所以对歧义研究发生兴趣,是把它作为深入探讨语言形式和语言意义种种复杂对应关系的一个突破口来对待的。同一形式如何表达多种意义,以及同一意义如何运用多种形式;这正是语言学家力图揭示的语法规律。

最早提出汉语歧义结构研究的是赵元任,他在《北京口语语法》中举的例是:"他是去年生的小孩儿"和"他是一九四八年选举的总统"。国内率先研究歧义结构并卓有成效的是朱德熙,他在1968 年发表的《论句法结构》就运用结构主义语法理论和方法成功地分化了因层次结构不同而产生的歧义,举的例是"咬死了/猎人的/狗"(动宾/偏正),并尝试运用变换方法进一步分化因深层语义关系不同而产生的歧义,举的例是"屋里摆着酒席",S_1 可变换成"酒席摆在(得)屋里",表示"存在",说明事物的位置,着眼点是空间;S_2 可变换成"屋里正在摆着酒席",表示动作或行为的"持续",着眼点是时间。这些研究的结论及运用的方法引起了人们极大的关注。通过歧义研究这个窗口,人们发现了在线性排列、表层结构的后面,隐藏着许多尚未挖掘出来的更为复杂、精细的语法规律。

20 世纪 80 年代以来,研究歧义的论著大为增加。首先是徐仲华《汉语书面语言歧义现象举例》(中国语文 1979 年第 5 期),列举并描写了九种比较有代表性的歧义格式,同时涉及构成歧义的条件。施关淦、吴启主《〈汉语书面语言歧义现象举例〉读后(一)(二)》(中国语文 1980 年第 1 期),则对徐文作了重要的修正补充,提出具体句子和抽象句式应予以区分。吕叔湘《歧义类例》(中国语文 1984 年第 5 期)则收集了丰富的语言材料,可以说是集歧义类例之大成,并作了比较细致的分析。此外还有范继淹《语言的信息》(中国语文 1979 年第 2 期)从信息传输的角度提出了"同形歧义"的概念,吴葆棠《现代汉语词组歧义现象初探》(延边大学学报1979 年第 1 期)首次对词组的歧义进行论述,黄国营《现代汉语的歧义短语》(语言研究 1985 年第 1 期) 对歧义格式进行了详尽的归纳。

最重要的论文是朱德熙《汉语句法中的歧义现象》(中国语文 1980 年第 2 期),该文深入探讨了分化歧义的方法,具有方法论的意义,是同类文章中最有深度也最富有启发性的一篇。围绕他的另一篇论文《"在黑板上写字"及相关句式》(语言教学与研究试刊二,1981 年第 3 期)还展开过讨论,有王还的《再说说"在"》(语言教学与研究 1980 年第 3 期)、施关淦《关于"在 + Np + V + N"句式的分化问题》(中国语文 1980 年第 6 期)以及邵敬敏的《关于"在黑板上写字"句式分化和变换的若干问题》(语言教学与研究 1982 年第 3 期)等。关于歧义的著作主要有文炼、允贻的《歧义问题》(黑龙江人民出版社 1985)、吴英才和李裕德《现代汉语的歧义问题》(宁夏人民出版社 1997)以及田原《评定副词"就"的歧义现象》(北京大学出版社 2006)。

歧义研究引起相关学科的高度重视,先后发表大量论文从各个方面进行探讨。其中主要有三个方面:

1.心理和认知学界的研究。例如:张亚旭、舒华、张厚粲《句法歧义消解与句子理解研究综述》(心理科学 2000 年第 1 期)、孙兵《句子加工中语义关联性和句法歧义性实验研究》(心理与行为研究 2005 年第 2 期)、孙兵《句法歧义句理解加工中的语义关联性效应研究》(心理科学 2007 年第 1 期)、周家春《基于认知视角的歧义观》(安徽工业大学学报(社会科学版)2007 年第 5 期)、叶文婷《汉语歧义认知推理过程探讨——功能研究对形式研究的补充》(社会科学家 2007 年第 6 期)等。

2.计算机学界的研究。例如:冯志伟《论歧义结构的潜在性》（中文信息学报 1995 年第 4 期）、冯志伟《自然语言处理中的歧义消解方法》（语言文字应用 1996 年第 1 期）、詹卫东《汉语短语结构定界歧义类型分析及分布统计》（中文信息学报 1999 年第 3 期）、刘开瑛和郑家恒《歧义切分与专有名词识别软件研究》（语言文字应用 2000 年第 1 期）、杨泉《面向中文信息处理的现代汉语"V＋V"结构歧义问题研究》（语言文字应用 2005 年第 1 期）、余希田《汉语自动分词歧义处理研究》（医学信息学杂志 2007 年第 6 期）等。

3.外语学界的研究。例如:尹富林《英语歧义结构及其化解方法探析》（安徽工业大学学报（社会科学版）2000 年第 2 期）、王琼英《英汉结构歧义对比研究》（暨南学报 2001 年第 5 期）、杨茂《英语语言歧义比较》（合肥工业大学学报（社会科学版）2007 年第 5 期）等。

进行综述的论文,第一篇是邵敬敏《关于歧义结构的探讨》（语文导报 1985 年第 9 期），由于歧义一直是汉语语法研究的热点,以后几乎每隔几年就有一篇综述,例如肖国萍《近二十年来的汉语歧义研究》（福建论坛 1998 年第 3 期）、邵敬敏《歧义——语法研究的突破口》（《语法研究入门》,商务印书馆 1999）、尤庆学《汉语歧义研究综述》（汉语学习 2001 年第 4 期）、于晓日《近五十年来汉语歧义研究综述》（钦州师范高等专科学校学报 2004 年第 3 期）、戴黎刚《现代汉语歧义研究述评》（北方论丛 2004 年第 3 期）、刘凤丽《汉语歧义研究述评》（宁波教育学院学报 2008 年第 4 期）等。

二　歧义的类型与分化的方法

归纳歧义的类型，实际上是寻找产生歧义的原因。张斌《汉语语法学》（上海教育出版社 1998）把歧义现象分为以下五种类型：（1）词义不明确造成的歧义，例如"小店关门了"；（2）句法结构不固定引起的歧义，例如"我们打算试验改良品种"；（3）语义关系含糊引起的歧义，例如"鸡不吃了"；（4）层次难以切分引起的歧义，例如"中国医学研究"；（5）语气、口气表达不清引起的歧义，例如"我只买了半斤糖"。

关于分化歧义结构的方法，朱德熙提出四种：（1）组成成分的词类（form classes of the constituents）；（2）层次构造（immediate constituents）；（3）显性语法关系（overt grammatical relations）；（4）隐性语法关系（covert grammatical relations）。这里所谓的词类是指按词的次范畴给词进行再分类后的小类；显性语法关系即一般的语法结构关系，而层次不同的歧义结构，它们的内部语法关系也往往不同，所以对层次和语法关系的分析总是结合在一起进行的。隐性语法关系是指"隐藏在显性语法关系后面的潜在的语法关系"，即深层的语义关系。

90 年代以来，歧义研究有了长足的进步，邵敬敏《歧义分化方法探讨》（语言教学与研究 1991 年第 1 期）在朱德熙一文的基础上提出新的分化方法，涉及语义层面和语用层面。

（1）语义指向。例如"老张有个女儿很骄傲"，"骄傲"的语义可能指向"老张"，也可能指向"女儿"。语义指向可以发生在句法的间接成分之间，所以可以超越句法结构关系和层次，具有较强的解释力。

（2）语义特征。例如"他倒了一杯水"，可能是倒掉，也可能是倒上，产生歧义的原因就是动词"倒"的语义特征既具有[＋获得]，也具有[－舍弃]。因此按照词的语义次范畴可以给词进行再分类。

（3）预设/焦点和隐含等语用条件。例如"她最爱梅花"，不同的理解关键就在于上下文或者前提的不同：S_1（这些人中，她最爱梅花）。S_2（那些花中，她最爱梅花）。S_3（那些人中，那些花中，她最爱梅花）。

讨论歧义分化方法的论文还有：李汉威《现代汉语的歧义结构及其分化手段》（江汉大学学报1990年2期）、蔺璜《三个不同平面上的歧义现象》（语文研究1993年第3期）、邢凯《歧义现象和语言的不确定性》（南开大学学报1997年第3期）、林新年《歧义结构分析方法述评》（福建论坛1998年第3期）等。

三　有关歧义研究的若干问题

（一）歧义格式与语义的关系

关于句子的歧义是否与句子的格式有关，有不同的看法。朱德熙《汉语句法中的歧义现象》（中国语文1980年第2期）认为："这些句子的'多义性'是代表这些句子的抽象的'句式'所固有的，并不是组成这些句子的那些具体的词的词义引起的。"换句话说，这些多义句的存在反映出句式是多义的。徐仲华《汉语书面语言歧义现象举例》（中国语文1979年第5期）曾把汉语的歧义类型分为九种格式，说明他也认为歧义与格式有关。而施关淦《〈汉语书面语言歧义现象举例〉读后》(中国语文 1980 年第 1 期)则认为歧义与格式无关,而是跟词语的搭配密切相关。其实,分析句法结构造成的歧义,我们当然可以归纳出一些歧义格式来,但是格式并不是造成歧义唯一的原因,它还与词的意义,或者说跟词的语义特征有关,因此在某种格式中填入不同的词语,有时会产生歧义,有时不会。但也不能反过来断言,歧义与格式没有关系。因为汉语的形态变化比较少,因此有的格式就比较容易产生歧义。由于句子格式总是有限的,而所要表达的意义却是无限的,这就再成了矛盾,但是由于语义的制约以及语境的制约,真正产生歧义也不容易。换句话说,只能说在某些情况下,句法结构才会产生歧义。冯志伟《论歧义结构的潜在性》(《自然语言的计算机处理》,上海外语教学出版社 1996)提出"潜在歧义论"就很有启发性,即格式的歧义是潜在的,并非所有进入格式中的词都能造成歧义,而是有一定语义条件限制的。

(二)歧义度的研究

歧义度是指歧义结构歧义的强弱程度。赵元任《汉语的歧义问题》(Ambiguity in Chinese,Studia Serica Bernhard Karlgren Dedicata,Copenhagen,1959,石安石译,《语言学论丛》十五,商务印书馆 1988)认为影响歧义程度的重要因素是对结构的各种解释的相对频率,各种解释频率相差无几,则歧义度高;若相差悬殊,歧义度就低。尤庆学《歧义度的调查与分析》(汉语学习 2000 年第 5 期)采用优选法,以问卷调查的形式考察分析了歧义结构的相对歧义度和绝对歧义度。跟歧义度密切相关的是歧义的倾向性,邹韶华对此进行了卓有成效的研究,早在 80 年代就发表了《歧义的倾向性》(求是学刊 1988 年第 5 期),后来邹韶华、马彪《歧义的倾向性研究》(中国社会科学出版社 2007)进一步就歧义程度进行研究,提出歧义倾向的制约因素:逻辑因素、心理因素以及语频因素。该书重点讨论的就是第三类,所以必须进行量化统计。

(三)歧义的生成

王维成《从歧义看句法、语义、语用之间的关系》(语言教学与研究 1988 年第 1 期)从语言生成的角度,对形成歧义的语义、句法、语用等因素作了分析与讨论。他认为:"多功能的形式会由于语境制约因素(如句内语境、上下文语境、情景语境以及社会文化语境等)不强而使多义无法单义化,最终导致歧义的产生。"施春宏《歧义现象的演绎分析》(语言教学与研究 2000 年第 1 期)则通过以"V + N"这一格式作为演绎的初始格式,借助递归扩展方式来分析"V + X + N"的层次构造歧义的内在系统性,并以之为例说明可以通过对歧义现象进行演绎分析,找出目前以归纳法为主而形成的歧义类型的内在联系。他认为歧义是有系统的、分层次的,有一定的生成规则。因此歧义格式是可以建立演绎模型的。歧义格式可以分为潜歧义格式和显歧义格式,歧义格式存在强歧义格式、弱歧义格式、零歧义格式的差异,这是句法关系的强生成能力、弱生成能力、零生成能力造成的。这可以说是关于歧义研究的最新思考。此外还有刘艳春《语义平面的歧义句成因刍议》(汉语学习 2002 年第 1 期)也颇有见地。

(四)语境歧义

词汇平面、句法平面以及语义平面,都有可能产生歧义,而语用歧义则主要是由于语境引起的。徐思益《在一定语境中产生的歧义现象》(中国语文 1985 年第 5 期)讨论了与语句的语义解释有关的语境歧义现象。"语境中的歧义现象,是指一句话语在特定语境中,对于不同的人可能产生不同的理解。"句法上的歧义现象着眼于语言分析,语境中的歧义着眼于说话分析。句法上的歧义现象在语境中出现的情况是很少的,而语境中的歧义是作家或说话者在特定语境中有意创造的,或者是为了烘托情景的气氛,或者是为了丰满人物的个性,可以使表达形式生动活泼,产生最佳的艺术效果。所以语境中的歧义不妨碍语言交际,相反,它是人们使用语言的艺术,是作家语言风格的表现。王建华《语境歧义分析》(中国语文 1987 年第 1 期)是同类文章中最精彩的,他把语境歧义分为狭义的和广义的两个方面,狭义的语境歧义指说写者表达明白的确定的语义内容,而听读者理解时由于受语境因素影响产生歧义;广义的语境歧义指说写者本身就含有不确定因素,如话语语义模糊、语义双关等。造成语境歧义的原因可能是语言本身的原因,如同音异义、一词多义等,也可能是语境因素造成的,如交际双方预设背景不同,或社会文化心理习俗差异,或时代不同等因素。他又将语境分为外显性语境和内隐性语境,指出内隐性语境常常比外显性语境更容易造成语境歧义。张宁《语境等级与歧义》(汉语学习 1988 年第 1 期),她首先把语境分为语言语境和非语言语境两大类,再细分为六级十二小类,讨论不同等级语境中的歧义。此外,还有吴新华《汉语是怎样排除结构歧义的》(南京师大学报 1987 年第 2 期)、张黎《言语交际中的歧解现象》(语言教学与研究 1996 年第 4 期)、陈一民《汉语语用平面歧义研究综述》(中南工业大学学报 2001 年第 4 期)、项成东《语用歧义再探》(绍兴文理学院学报 2001 年第 5 期)、胡胜高和谭文芬《话语歧义的语用研究》(辽宁大学学报 2008 年第 4 期)等。

　　(五)消除歧义的手段

　　吕叔湘《歧义类例》(中国语文 1984 年第 5 期)认为"消除歧义的手段大致有五种:(1)语音,(2)上文,(3)下文,(4)环境,(5)情理"。张斌《汉语语法学》(上海教育出版社 1998)指出:(1)"消除歧义,一般依靠上下文。"例如唐代诗人张继的《枫桥夜泊》中"夜半钟声到客船"一句曾有过不同的理解,有人认为是夜半的钟声送到了客船,有人认为是指半夜钟声中到了一条客船。"就字面而论,两种说法都讲得通,可是诗的题目是'枫桥夜泊',说明船是停靠在桥边的,所以只能取前一种说法。"(2)"改换词语或句式也是消除歧义的常用方式。"例如:"我们要学习文件"(有歧义),"我们需要学习文件"(无歧义)、"我们须要学习文件"(无歧义)。任芝锳《歧义结构试析》(杭州大学学报 1986 年第 4 期)也指出书面语中的歧义消除可以通过同义词语的替换、增添词语、变换语序或增加语境等方法。邵敬敏《歧义——语法研究的突破口》(《语法研究入门》,商务印书馆 1999)指出:消除歧义现象主要有四个方面:(1)语音的制约。包括:轻声、声调、重音、停顿等。(2)语法制约。有些歧义现象由于受语法功能的某些特点的制约,从而排除了歧义。(3)语义制约。词语在组合中由于语义上的制约,而排除了歧义。(4)上下文的制约。即由于上下文语境的存在,排除了隐含或预设的不确定,从而排除了歧义。(5)语境制约。主要是指语言交际的具体环境排除了歧义。周治金《汉语歧义消解过程的研究》(华中师范大学出版社 2002),则运用心理学理论,用实验的方法比较系统地探讨了语言歧义消解过程中的抑制机制。

歧义研究衍生出许多相关研究课题,例如歧义与多义、笼统、模糊的界限和区别,歧义和韵律关系,歧义格式、歧义指数等也都非常热门。专著有周治金《汉语歧义消除过程的语境》(华中师范大学出版社 2002)等。有关研究可参阅尤庆学《汉语歧义研究综述》(汉语学习 2001 年第 4 期)、戴黎刚《现代汉语歧义研究述评》(北方论丛 2004 年第 3 期)、刘凤丽《汉语歧义研究述评》(宁波教育学院学报 2008 年第 4 期)。

第二节　配价语法和语义角色研究

一　语义角色研究概况

"语义角色"指不同的词语在句法结构中所充当的语义身份,也有叫做"语义格"、"题元"、"论元"、"论旨角色"或者"配价角色"等,主要是指名词跟动词之间的语义关系,也包括名词之间以及形容词跟名词之间的语义角色。语义角色跟配价语法密切相关。

早在 20 世纪 40 年代,吕叔湘在《中国文法要略》(商务印书馆 1942—1944)中,就以动词为核心,建立起动词跟与之发生关系的名词的语义角色联系,即在句法成分之外,另外建立起一套与之平行的语义角色系统,即补词系列,包括受事补词、关切补词、交与补词、凭借补词以及方所、方面、时间、原因、目的、比较等补词。此外,他还指出形容词也可以有补词,比如方面补词和比较补词。

70 年代末,尝试运用配价语法这一理论来解决汉语句法问题

的是朱德熙《"的"字结构和判断句》(中国语文 1978 年第 1—2
期),他用"向"(配价)来给动词分类,并提出歧义指数;文炼《词语
之间的搭配关系》(中国语文 1982 第 1 期)也比较早介绍了动词的
"向"的配价理论。吴为章则是专门研究动词配价的学者,她先后
发表了系列论文:《单向动词及其句型》(中国语文 1982 年第 5
期)、《"成为"类复合动词探讨》(中国语文 1985 年第 4 期)、《"X
得"及其句型——兼谈动词的向》(中国语文 1987 年第 3 期)、《"结
果宾语"的向及其句型》(《现代汉语配价语法研究》二,北京大学出
版社 1998)等。此外,专门讨论配价的论文还有文炼、袁杰《谈谈
动词的"向"》(《语文论丛》四,上海教育出版社 1990)、范晓《动词
"价"分类》(《语法研究和探索》五,语文出版社 1991)等。

　　在理论探讨方面,吴为章《动词"向"的札记》(中国语文 1993
年第 3 期)、张国宪《有关汉语配价的几个理论问题》(汉语学习
1994 年第 4 期)、周国光《汉语配价语法论略》(南京师大学报 1994
年第 4 期)、周国光《确定配价的原则与方法》(《现代汉语配价语法
研究》,北京大学出版社 1995)、金立鑫《关于配价研究的定位问
题》(汉语学习 1996 年第 4 期)等都颇有影响,他们在动词配价的
性质、配价的确定标准和依据、价类数目、配价描写等方面进行了
深入研究。

　　由于配价语法能较好地解释某些语法现象,近年来越来越受
到关注,1995 年在北京大学召开了"第一届汉语配价语法研讨
会",1998 年在上海复旦大学召开了"第二届汉语配价语法研讨
会"。并且出版了三本专题论文集:沈阳、郑定欧主编《现代汉语配
价语法研究》(北京大学出版社 1995),袁毓林、郭锐主编《现代汉

语配价语法研究》(第二辑,北京大学出版社 1998),沈阳主编《配价理论与汉语语法研究》(北京大学出版社 2002),这对汉语配价语法的研究无疑有一定的推动作用。

二　汉语配价理论的贡献

配价语法研究的核心是动词中心论,因此对语义角色的讨论也是以动词为基点的。配价语法的"向"和"价"是另外一个观察角度,它关心的是必须和动词搭配的语义成分的数量,进而研究动词对其他成分的支配能力,因此它不但要考察语义角色的配置,还要考察语义角色的同现,构句状况,据此划分动词的次类。而语义角色是在句法结构中从语义关系入手着眼,重点分析的是动词与其后名词或名词性成分的复杂的语义关系以及这些名词性成分担任的语义角色,是一种描写。其实本质上二者都是在讨论语义结构关系。配价研究哪些语义角色是配价成分,哪些语义角色是非配价成分,通过它的研究去进一步考察动词的支配能力。从这个意义上看,语义角色是配价研究的一个接口,是一个中介,句法分析的一个扩展中间站。而且,配价语法在深入讨论动词及其语义关系的同时,也解决了语义角色方面的一些困惑。

汉语配价语法的理论在以下几个方面有突破:

第一,关于配价是语义的、语法的,还是语义语法的讨论深化了对配价的认识。目前大致有以下几种观点:

1.以范晓、张国宪、周国光为代表,认为应该属于语义平面;

2.以吴为章为代表,认为应该是"句法—语义范畴";

3.邵敬敏认为应该区别"句法向"和"语义价",袁毓林更细化为"联、项、位、元"四个配价层级。

　　第二,对各类语义角色,包括施事、受事、工具、处所、时间等进行专题性研究。总论性的论文有范晓《动词的"价"分类》(《语法研究和探索》五,语文出版社 1991)、史有为《"格素"论要》(《语法研究和探索》六,语文出版社 1993);分论性的有李临定《"工具"格和"目的"格》(《语法研究和探索》三,北京大学出版社 1985)、史有为《施事的分化与理解》(《中国语言学报》4,商务印书馆 1991)等。

　　第三,根据具有某类语义特征的动词小类进行配价研究,例如邢欣《致使动词的配价》(《现代汉语配价语法研究》,北京大学出版社 1995)、张国宪《索取动词的配价研究》(汉语学习 1997 年第 2期)、张谊生《交互动词的配价研究》(语言研究 1997 年第 1 期)、徐峰《现代汉语置放动词配价研究》(语言教学与研究 1998 年第 3期)、鲁川《交易类四价动词及汉语谓词配价的分类系统》(汉语学习 2000 年第 6 期)、周国光《现代汉语制作动词的配价研究》(安徽师范大学学报 2001 年第 1 期)等。

　　第四,围绕着某些结构或者句式进行配价研究,例如邵敬敏《双音节"V＋N"的配价分析》(《现代汉语配价语法研究》,北京大学出版社 1995)、袁毓林《述结式配价的控制—还原分析》(中国语文 2001 年第 5 期)、王静和王洪君《动词的配价与被字句》(《现代汉语配价语法研究》,北京大学出版社 1995)、齐沪扬的《位置句中动词的配价研究》(《现代汉语配价语法研究》,北京大学出版社 1995)、范晓《动词的配价与句子的生成》(汉语学习 1996 年第 1期)与《动词的配价与汉语的把字句》(中国语文 2001 年第 4期)等。

三 语义角色的关系类型

汉语学界针对语义角色及其分类系统的讨论,自 20 世纪 80 年代后期以来已经提出了好几个方案,但是各家的分类标准并不统一,因此分类的结果至今存在着较大分歧,甚至比较混乱。这些分歧,究其原因,一方面,句式的多样性和动词语义的复杂性造成了角色分类定量的困难;另一方面也是由于对语义的认识既有客观的一面,也有主观的一面。这说明语义角色的类别具有很大的可变性,根据标准的不同或者目的的不同,将会得出不同的结论。其中比较有影响的类型列举如下:

(1)孟琮《动词用法词典》(上海辞书出版社 1984)是国内比较早对语义角色进行研究的,按动词和后面的名词宾语的语义搭配关系对语义格进行分类,一共分为 14 个语义格,分别是受事、结果、对象、工具、方式、处所、时间、目的、原因、致使、施事、同源、等同、杂类。特点是少而精,易于掌握和运用,但是杂类比较庞杂,类别太少有的就难于确认。

(2)袁毓林《汉语动词的配价研究》(江西教育出版社 1998)分为核心和外围两大类,具体再分为 16 种,特点是分出三个层次,"核心"和"外围"相当于"必有"和"可有"。

核心:主体(施事 感事 致事 主事)/客体(受事 与事 结果 对象 系事)

外围:凭借(工具 材料 方式)/环境(场所 源点 终点 范围)

(3)邵敬敏(1999)提出 7 大类 24 小类的语义角色框架。特点是比较全面,考虑到名词性的语义角色,而且希望取得角色的详尽和简明的平衡点。

主体:施事、自事、等事、领事　　客体:受事、系事、属事

关涉:对象、工具、方式、材料　　条件:处所、范围、时间

因果:依据、原因、目的、结果　　伴随:致使、数量、同源

情况:行为、属性、事件

(4)范晓分为7大类26种,特点是首先分出"强制性"和"非强制性"两大类,然后再细分,中类和小类都比较丰富。

强制性语义成分——

主事:施事、系事、经事、起事

客事:受事、成事(结果)、使事、涉事(准受事)、位事、止事

与事:当事、向事、对事、替事、共事、比事

补事

非强制性语义成分——

凭事:工具、材料、方式、依据

因事:原因、目的

境事:处所、时间、范围、条件

(5)鲁川《现代汉语意合网络》(商务印书馆 2001)根据中文信息处理需要所建立的汉语语法的意合网络建立起一套"周边角色的分类系统",提出一个 7 大类 26 小类的框架。

主体:施事、当事、领事

客体:受事、内容、成果

参与　邻体:起源、对象、依据

系体:属事、分事、类事、涉事

情节:缘故、结局、意图、范围、数量

情景 状况:方式、工具、材料、频次

环境:时间、空间、历程、趋向

不同学者区分出的语义角色的数量差别甚大,少至 14 个,多至 26 个。从学者们不同界定及分类上的巨大分歧可以看出,"语义角色"是一个相当不确定的概念。语义角色的名称和数目各家不统一,这不但是配价语法、格语法的困惑之处,更是语义研究的困惑。关键是确定语义角色的标准和鉴定标准不够统一。事实上,我们也无法确认哪一种分类是最符合汉语事实的。而且,说到底,汉语到底有多少个语义角色,这还与人的认知心理接受度有关。

语义格系统是个层级系统,这一点在汉语学界已经基本达成了共识。这方面,袁毓林的研究最为细致,并注重形式上的可操作性,讨论了论元角色的测试标准。此外,邵敬敏"语义价"和"句法向"的思想,马庆株"直接配价"、"间接配价"的思想,对深化研究具有理论意义和实践价值。实践证明,语义角色层级的划分,大大有利于研究的清晰化和科学化。

四 语义角色研究的几个热点问题

(一)语义角色与句法结构的关系

一些学者将语义成分分为强制性与非强制性,也称必有成分(支配成分)与可有成分(说明成分),语义角色也相应地分为强制性语义角色和非强制性语义角色两类。范晓《动词的"价"分类》、陈昌来《现代汉语语义平面问题研究》指出动元是动核结构支配的强制性必有成分,跟动元相比,处所、工具、原因等状元则是为了丰富、细腻句子语义结构所用的可有语义成分。动元包括主事、客事、与事、补事；状元包括境事、因事、关事、比事。不仅动词性成分的语义角色可以这样划分，名词性成分的语义角色也有类似划分。名元是强制性语义成分，是组成名核结构的必不可缺的语义成分，有领事、与事两类；定元是名词性结构中的非强制性语义成分，是非必有的语义成分，分为限事、定事两种。

袁毓林《汉语动词的配价研究》也将语义角色分为核心和外围两类，核心论元指动词的必有论元，它们对构成基本的述谓结构来说是不可缺少的，其中，主体论元以作主语为其主要的句法实现形式，客体论元以作宾语为其主要的句法实现形式。外围论元指动词的可有论元，它们起到扩充基本的述谓结构、形成复杂命题的作用；它们以作状语为其主要的句法实现形式，其中凭借论元跟环境论元的区分主要出于语义上的考虑。

但是问题在于，究竟什么样的语义角色可以算作句法上动词的同现成分？邵敬敏《"语义价""句法向"及其相互关系》认为这种划分是值得商榷的，一是强制成分对于印欧语来说或许是适用的，而对汉语则不然；二是哪些语义角色算作强制成分，哪些算作非强制成分，每个人的看法也不尽相同。这使得在汉语中区分强制成分和非强制成分带有很大的任意性。

（二）介词与语义角色的关系

句法结构中用介词引进的语义成分算不算动词的一种语义角色？格语法认为，介词是语义平面中语义成分或语义关系的标记，此即介词的语义功能。介词的语义功能研究也是随着"格"语法的发展而发展。李临定在《汉语比较变化语法》（中国社会科学出版社 1988)、《现代汉语动词》(中国社会科学出版社 1990)等著作中专门论述了"介词格",将介词格分为"在"格、"从"格、"对"格、"用"格、"为"格、"向"格,并且涉及到了介词的隐现问题。鲁川《介词是汉语句子语义成分的重要标志》认为"语义成分的划分应与介词的划分相一致,具有同一介词的短语应划为同一种语义成分",据此将介词分为主体介词、客体介词、邻体介词、工具介词、根由介词和环境介词 6 类。林杏光《词汇语义和计算语言学》也是从动词出发主要依靠格标(介词和语序)来确定格关系。金昌吉《汉语介词和介词短语》根据介词与其附着的成分在格框架中承担的语义功能,以介词为标记,将汉语的格分为主体格、客体格、邻体格、时地格、根由格和关涉格。陈昌来《介词与介引功能》根据介词所标记的语义角色,将介词分为主事介词、与事介词、境事介词、凭事介词、因事介词、关事介词和比事介词。

(三)句子的语义类型——句模

在句型、句类、句式之外,范晓提出可以建立句子的语义类型。专著朱晓亚《现代汉语句模研究》(北京大学出版社 2001)则排除根据介词和语序来确定语义角色,而是根据动词和它所支配的语义成分之间的关系给动词分类。有关论文还有鲁川《现代汉语基本句模》(世界汉语教学 2000 年第 4 期)。

五　配价理论研究的新发展

(一)汉语形容词和名词的语义角色研究

"语义价"的研究不仅对谓词结构分析有用,而且对名词结构分析也同样有指导意义。名词和名词组合成一个句法结构时,也可能形成若干种语义格类型。同一个名词有几个语义格的可能，它就有几个"语义价"。袁毓林《现代汉语名词的配价研究》(中国社会科学 1992 年第 3 期)、《一价名词的认知研究》(中国语文 1994 年第 4 期)是国内最早研究汉语名词配价的，他首先将配价研究由动词推广到名词，先后对现代汉语的二价和一价名词进行了细致的研究，并从方法论上进行了系统阐述，其配价层级的思想有利于研究的清晰化和科学化。范晓、张豫峰《语法理论纲要》(上海译文出版社 2003，修订版 2008)中分析了汉语中的名核结构，将名词的语义角色分为名元和定元，名元是名核结构中的强制性语义成分，如领事("他的脾气"中的"他")和与事("我对他的意见"中的"对他")。定元对名核结构起限制性说明作用，如限事("树上的鸟"中的"树上")和饰事("漂亮的眼睛"中的"漂亮")。

　　名词间这种复杂关系的体现，使得我们有必要名词的语义角色进行深入系统地研究。而且，在配价中研究名词的语义角色有利于解释歧义现象。"对李刚的成见"有歧义，"对这件事的意见"没有歧义，两者的格式相同，都是"对 + 名词 + 的 + 名词"，但为什么前者没有歧义，后者却有歧义？原因就在于名词的配价上。虽然结构相同，但"李刚"担任的语义角色与"这件事"担任的语义角色却不相同，语义关系的分析，语义角色的确定对这个问题作出了更为合理的解释。

　　形容词的语义角色研究当推张国宪的研究，代表性论文为《论单价形容词》(语言研究 1995 年第 1 期)、《论双价形容词》(《现代汉语配价语法研究》，北京大学出版社 1995)以及《三价形容词的配价分析与方法》(世界汉语教学 2002 年第 1 期)。提出了确定单价、双价以及三价形容词的原则和具体方法，而且从句法选择和语义选择两方面深入分析了汉语形容词的配价情况，从配价角度给形容词划分了次类，并加以形式化。文章还讨论了句式对价载体和语义角色的制约作用，指出语义角色的凸现程度会因句式整体意义的不同而有所差异，并在此基础上对配价方法进行了反思。

总的说来，形容词和名词的配价研究使得汉语语义关系的描写更加全面，语义角色的研究在广度上得到深化，因此具有突破性的进展。

（二）配价研究的主要著作

配价研究主要围绕着动词进行，最重要的著作是袁毓林的《汉语动词的配价研究》（江西教育出版社 1998），特点是提出并建立了汉语动词的配价层级系统，把"价"根据不同的需求和目的，分为"联"、"项"、"位"、"元"四个层级，目的是更合理地揭示动词的配价能力。其次是运用这一理论框架具体分析了定量的 1640 个动词在不同层面上的支配能力，以验证自己的思想，是同类研究中最有创新性和启发性的。

此外还有几本专著也很有影响：（1）陈昌来《现代汉语动词的句法语义属性研究》（学林出版社 2002），（2）徐峰《汉语配价分析与实践——现代汉语三价动词探索》（学林出版社 2004），（3）高明乐《题元角色的句法实现》（中国社会科学出版社 2004），（4）黄锦章《汉语格系统研究》（上海财经大学出版社 1997）等。

鲁川主编《动词大词典》（中国物资出版社 1994）以及林杏光主编《现代汉语动词大词典》（北京语言学院出版社 1994）就是主要为计算机服务的，他们提出了一个"谓词框架"，以动词为纲进行语义角色的匹配描写。显然,这些词典的编撰促进了汉语格关系、语义角色研究的深入,同时也是计算语言学发展的重要成果。

　　有关配价理论研究评述文章有:蔺璜的《动词"向"研究述评》(山西大学学报 1992 年第 1 期)、于广元的《汉语动词的"向"研究述评》(扬州师院学报 1994 年第 3 期)、周国光的《现代汉语形容词配价研究述评》(汉语学习 1995 年第 2 期)、周国光的《现代汉语动词的配价研究》(汉语学习 1996 年第 1 期)、王伟丽《汉语配价语法研究的新动向》(汉语学习 2000 年第 3 期)、尹戴忠《汉语动词配价研究综述》(韶关学院学报 2007 年第 2 期)、张伟《汉语语法研究中的热点问题——配价语法研究新动态》(现代语文(语言研究版)2007 年第 4 期)、高明阳《现代汉语配价语法研究概观》(鸡西大学学报 2008 年第 4 期)。

第三节　语义指向研究

一　语义指向研究的历史

　　从 1979 年末开始,汉语语法研究已经为语义指向理论的诞生做了大量的研究准备工作。吕叔湘《汉语语法分析问题》(商务印书馆 1979)第一次提出了"指向"这一新概念。他明确指出句法结构跟语义结构不一致的情况:"论结构关系,A 应该属于 B,但是在意义上 A 指向 C。"邵敬敏《关于"在黑板上写字"句式分化和变换的若干问题》(语言教学与研究 1978 年第 3 期)指出"他在黑板上写字"这一歧义结构的"在黑板上"是指"字"通过"写"的动作到达的动态位置，"他"的位置是不显现的，模糊的。"在黑板上"如果指的施事"他"静态的位置，而"字"的位置则是不显现的、模糊的。这实际上就是把语义指向分析跟语义结构联系起来了。胡树鲜《两组副词的多项作用点》（四平师院学报研究生论文专刊1982）则使用了"作用点"这一术语，其实质与语义指向分析是一致的。第一次公开使用"语义指向"这一术语的应该是刘宁生《句首介词结构"在……"的语义指向》（汉语学习1984年第2期）。有关论文例如肖辉嵩《否定词"没有"的语义及其指向》（汉语学习2004年第6期）、徐复岭《连动短语前状语的语义指向》（汉语学习1986年第3期）以及欧阳云《状语、补语的语义指向的异常情况》（赣南师范学院学报1986年第4期）。稍后，邵敬敏《80年代副词研究的新突破》（语文导报1987年第2—3期）对20世纪80年代副词研究的新突破进行了全面的评述，从方法论的角度总结了语义指向分析的作用。这篇评述使"语义指向"这一术语得到语法界的广泛认同，语义指向分析作为一种有效的分析手段正式得以确立。

　　90年代有关"语义指向"的研究，贯穿着两条线索：一是运用语义指向分析法对语言事实作具体的分析，力求探寻其句法和语义上的对应规律，具体涉及到了副词、状语、补语以及歧义句式的分化等；一是从理论上对语义指向本身进行探讨，力求说明其产生的背景、性质和内涵、对象和范围、表现形式及在语法分析中的作用等。邵敬敏《副词在句法结构中的语义指向初探》（《汉语论丛》一，华东师范大学出版社1990）提出了"指"、"项"、"联"一系列的术语并进行分析，这对语义指向的研究具有比较重要的意义。陆俭明《关于语义指向分析》（《中国语言学论丛》1997）对语义指向的

理性思考也是非常有价值的。此外,税昌锡《汉语语义指向论稿》
(东北师范大学出版社 2005)及其系列论文对语义指向进行了系
统讨论,可以认为是汉语语义指向研究的阶段性总结。

有关语义指向的阐述,还有沈开木《论"语义指向"》(华南师范
大学学报 1996 年第 6 期)、税昌锡的《语义指向分析的发展历程与
研究展望》(语言教学与研究 2004 年第 1 期)与《语义指向结构模
式的多维考察》(浙江大学学报 2004 年第 3 期)、周国光《试论语义
指向分析的原则和方法》(语言科学 2006 年第 4 期)。

二　语义指向的定义和性质

尽管"语义指向"问题自 20 世纪 80 年代初开始就受到广泛的
关注,但对"语义指向"的定义,至今没有一个统一的认识。大致有
如下几种说法:

(1)"支配或说明"说。范晓、胡裕树《有关语法研究三个平面
的几个问题》(中国语文 1992 年第 4 期)、胡裕树《汉语语法研究的
回顾与展望》(复旦学报 1994 年第 5 期)认为,语义指向是"词语在
句子里在语义平面上支配或说明的方向"。

(2)"匹配可能性"说。卢英顺《语义指向研究漫谈》(世界汉语
教学 1995 年第 5 期)认为语义指向是"句法结构的某一成分在语
义上和其他成分(一个或几个)相匹配的可能性"。

(3)"能力或特性"说。沈开木(1996)认为语义指向是"一个词
指向它的对象的能力或特性"。

(4)"语义联系"说。持这一看法的学者最多,陆俭明(1997)认
为,语义指向是"句中某一成分在语义上跟哪一个成分相关"。王

红旗《论语义指向分析产生的原因》(山东师范大学学报 1997 年第
1 期)认为,语义指向是"处在句子的同样句法位置上的具有同样
语法性质的词语却可以同句子的不同成分发生语义联系的现象"。
周刚《语义指向分析刍议》(语文研究 1998 年第 3 期)认为,语义指
向是"句子中某一成分跟句中或句外的一个或几个成分在语义上
有直接联系"。

　　以上学者对语义指向的认识虽然表述各异,但都承认语义指
向的基础是成分之间语义上的联系。这种联系建立在成分之间的
兼容性语义特征之上。但是这些说法都不涉及有语义联系的成分
之间,谁是主体,谁是客体,即在语义上谁指向谁的问题。

　　税昌锡《语义特征分析的作用和语义特征的提取》(北方论丛
2005 年第 3 期)认为,具有兼容性语义特征能够组合的词语,根据
人类一般认知规律,其中被说明,被修饰,被限制的成分就是被指
成分,用以说明,修饰,限制被指成分的成分便是指向成分。这样,
便提出了新的"动态指归"说。换言之,语义指向的定义是:"语义
指向就是句法成分在语义平面的动态指归性,它体现为由指向成
分和被指成分一起构成的语义指向结构体。"假设有两个句法成分
X 和 Y,它们组合成一个语义指向结构体,其中 X 为话题,Y 为述
题,用语义指向来分析就是:"Y 语义指向 X",或"X 是 Y 的语义
指向"。

三　语义配项与语义联项

　　(1)语义配项,即指能跟该词在语义上发生联系的数项。继胡
树鲜(1982)提出"多项作用点"的概念后,杨亦鸣《"也"字语义初

探》(语文研究 1988 年第 4 期)在讨论到"也"的语义性质时,曾提出"一面性和两面性"的概念,指出"'也'字句中'也'每次可以只追加'也'之前或之后的项(单项的和联项的)的性质称为一面性,……可以同时追加前项和后项的性质成为两面性",邵敬敏《副词在句法结构中的语义指向初探》(《汉语论丛》一,华东师范大学出版社 1990)明确提出"项"的概念,指出"副词的'项',即指能跟该副词在语义上发生联系的数项。只能跟一个成分发生语义联系的叫'单项副词',能跟两个以上成分发生语义联系的叫'多项副词'"。税昌锡《论语义指向的内涵》(语言科学 2003 年第 6 期)在邵敬敏研究的基础上把范围加以扩大,认为语义配项是指能跟句子中某一成分在语义上发生联系的成分的数项。在一定的语言环境里,只能跟一个成分存在语义组配关系的成分是单项成分,能跟两个以上成分存在语义组配关系的成分是多项成分。例如"张师傅在汽车上喷油漆","在汽车上"就是多项成分,可以是"油漆在汽车上",也可以是"张师傅在汽车上",还可以理解为"张师傅站在汽车上往车身上喷油漆",因此导致歧义。

(2)语义联项,即指一个成分跟另一个成分发生语义关系时同时联系的对象。人们在言语交际中常常通过心理重音来显示语义重心所在,语用上称为"焦点"。心理重音可以表示语句的焦点所在,句子的隐含义往往可以通过心理重音推知出来。心理重音表示说话人在一句话中要强调的交际内容的重点,而隐含义则反映了心理重音存在的背景知识。因此,隐含义随着心理重音的变化而变化。汉语里有些副词进入句子后,句义随着心理重音的改变而发生变化的问题则与语义和语用都有关系。例如"三个人就吃了两斤肉",如果重音落在"就"左边的数量词组上时,"三个人"就含有"少"的意思;如果重音落在"就"右边的数量词组上时,右边的"两斤肉"就含有"少"的意思,句子隐含的意思是人多却肉吃得少。这是因为"就"作为副词修饰数量词时,语义上表示限制范围,表达少量的意思。

(3)语义指向的结构模式。尹世超《结构关系与语义指向》(语文研究 1988 年第 4 期)把结构关系与语义指向不对应或不完全对应的情况分为五种类型:反向式、同向差式、单复式、层次差式和内外差式。各种类型又可分若干小类,一共分出小类十六种。税昌锡《语义指向结构模式的多维考察》(浙江大学学报 2004 年第 3期)从不同角度粗略地归纳为八组相互对立的结构模式,包括七对语义指向:前指和后指、顺指和逆指、邻指与隔指、专指与兼指、单指与多指、强指与弱指、显指与潜指、内指与外指。

运用语义指向的方法来研究汉语的具体问题,取得了丰硕的成果。例如古川裕《"跟"字的语义指向及其认知解释——起点指向和终点指向之间的认知转换》(语言教学与研究 2000 年第 3期)、赵金铭《差比句语义指向类型比较研究》(中国语文 2002 年第5 期)、徐以中《副词"只"的语义指向及语用歧义探讨》(语文研究2003 年第 2 期)、詹卫东《范围副词"都"的语义指向分析》(汉语学报 2004 年第 1 期)、邵敬敏和吴立红《"副 + 名"组合与语义指向新品种》(语言教学与研究 2005 年第 6 期)、李炜东《"在 + 处所"的语义指向分析》(语言文字应用 2005 年第 1 期)、张国宪《性状的语义指向规则及句法异位的语用动机》(中国语文 2005 年第 1 期)等。

有关情况可参阅徐洁《语义指向研究综述》(南阳师范学院学

报 2008 年第 10 期）。

第四节　语义特征研究

朱德熙先生说过："语法研究发展到今天,如果光注意形式而不注意意义,那只能是废话,如果光注意意义而不注意形式,那只能是胡扯。"（转引陆俭明 1993）变换分析法把句法分析从语法结构关系范畴扩大到语义结构关系范畴,通过变换,不但可以分化歧义句式或给原句式定性分类,而且也可以扩大我们的视野,帮助我们把研究工作进一步引向深入。然而,变换仍然有其局限,即无法解释造成歧义的根本原因。这一局限迫使人们寻找新的突破口,探求新的分析方法来解答这些问题。在这样的背景下,语义特征分析法等语义分析法就应运而兴。

一　汉语语义特征研究简史

"语义特征分析法"作为一种语法分析方法,来源于语义学中的语义成分分析法。1955 年,著名语言学家布龙菲尔德提出了"语义特征"这一用语,1956 年,人类学家威廉·古迪纳夫在《成分分析以及意义研究》（Componential analysis and the study of meaning）中提出了语义成分分析法,这一方法很快被美国语言学家卡茨和福特借鉴运用于语言学,用来为转换生成语法寻求语义特征,从而引起了当时的语法学界和语义学界的特别关注。

国内朱德熙最早运用语义特征来分析汉语语法问题,他在《现代汉语形容词研究》（语言研究 1956 年第 1 期）中把形容词分为两类:甲类成分(红)和乙类成分(红红的、红通通的、通红、很红),并且指出:两者的"区别不在基本的词汇意义上,而在抽象的、概括的意义上,即前者表示的是性质,后者表示的是这种性质的状况或情态。"可见,"性质"和"状态"的对立本质上是形容词语义特征的体现。20 世纪 60 年代初,朱德熙又运用变换的平行性原则分化了下面的歧义结构"墙上正在挂着画儿",指出那是因为其动词兼属 V_1 和 V_2,所以产生歧义。可是直到他在《变换分析中的平行性原则》(中国语文 1986 年第 2 期)一文中才解释 a 可以变换而 b 不能变换的原因,就在于句中动词是否具有[＋附着]的语义特征,并得出结论:"一个变换关系能不能成立,往往决定于参与这个变换的句式里带关键性的词的类属"。这显然是语义特征分析法在汉语语法研究中最有成效的实践之一。

继承并发展朱德熙的学说,并且在语义特征方面作出突出贡献的是马庆株,他的《时量宾语和动词的类》(中国语文 1981 年第 2 期)利用语义特征的对比非常有说服力地区别了下列结构的不同:

(1)死了三天了。　死类(a1)动词:[＋完成][－持续]

(2)等了三天了。　等类(b1)动词:[－完成][＋持续]

(3)看了三天了。　看类(b21)动词:[－完成][＋持续][－状态]

(4)挂了三天了。　挂类(b22)动词:[－完成][＋持续][＋状态]

这四个句子,结构相同,语义不同,关键就在于动词的小类不同,而不同的小类正是由语义特征决定的。之后邵敬敏《歧义分化方法

探讨》(语言教学与研究 1991 年第 1 期)所归纳的方法论之一就是
"词的次范畴小类与语义特征",不仅提到动词的语义特征,还提出
了名词的语义特征对句子的成立与否也有决定作用,比如:"他烧
了一车炭"是有歧义的,关键是动词"烧"的语义特征的不确定性,
可能是[＋消除],也可能是[＋获得]。然而这种不确定性,是由名
词制约的。

对语义特征在理论上进行总结和探讨的,早期是王志《动词语
义特征对句子构造的影响》(语言学通讯 1988 年第 1 期)、陆俭明
的《语义特征分析在汉语语法研究中的运用》(汉语学习 1991 年第
1 期),近期是马庆株《变换、语义特征和语义指向》(《语法研究入
门》,商务印书馆 1999)、袁明军《语义特征概观》(汉语学习 1999
年第 5 期)、王红旗《语义特征及其分析的客观基础》(汉语学习
2002 年第 1 期)、邵敬敏和周芍《语义特征的界定与提取方法》(外
语教学与研究 2005 年第 1 期)。尤其是税昌锡的系列论文对此进
行了比较深入的讨论:《语义特征的作用和语义特征的提取》(北方
论坛 2005 年第 3 期)、《"语义特征"的定义和理据刍议》(云梦学刊
2006 年第 5 期)以及《论语义特征的语法分类》(和邵敬敏合作,汉
语学习 2006 年第 1 期),涉及语义特征的属性、类别以及提取的方
法等比较重要的课题。

二　语义特征的提取

"语义特征",指的是构成词义的若干义素中对形成某个句法
结构起决定作用的那个或那几个特别重要的义素,也就是两类不
同聚合的词语在相同结构组合中具有区别性特征的意义上的特

点,可以称之为辨义成分(distinguisher)。陆俭明(1991)将语义特征概括为"某一小类实词所特有的、能对它所在的句法格式起制约作用的、并足以区别于其他小类实词的语义内涵或者说语义要素"。王红旗(2002)也认为"语义特征是在同样句法位置上出现的一组实词所具有的或与这组实词的词义密切相关的、且对这些实词的语法形式或这些实词所在的句法结构的形式有制约作用的语义因素"。他们的看法目前具有代表性。以此看来,语义特征所涉及的范围被限制在两个方面:一是在词类方面主要涉及实词;二是将分析的框架设定为同一句法格式的同一关键位置。按照这种认识,语义特征所涉及的范围是相当狭窄的。

(一)兼容性语义特征的提取

(1)词语组配。邵敬敏《论汉语语法的双向选择性原则》(《中国语言学学报》8,商务印书馆1996),根据"语义一致性原则",认为"两个词语能够组合成一个语言结构,它们必定具有某个或某些相同的语义特征"。例如"烧了一张纸、烧了一件衣服"中"一张纸、一件衣服"的[＋可燃性;可毁性]特征跟"烧"的[＋燃烧;使消失]特征相容,而"烧了一壶开水、烧了一锅鸡汤"中的"(开)水、(鸡)汤"的[＋可加热性;可使成性]特征跟"烧"的[＋加热;使成]特征相容。这是导致某些结构产生歧义的原因,所以"烧了一车炭"就存在歧解,既可理解为烧掉了一车炭,也可理解为烧得了一车炭。

(2)词义系联。马庆株《语法研究入门》(商务印书馆1999)指出,"词义系联分为同义系联和不同义系联两类。经过同义系联替代之后可以得到表示同一意义的词语的聚合,这表示同一意义的词语有相同的语义特征。"例如"逃跑、喊叫、修理、折叠、尝试、收藏"等,构成这些词的同义的成词语素在单独成词时一定有共同的语义成分。"不同义系联包括上下位系联、类义系联,系联的结果得到上下位词。类义词,原词与其上下位词、类义词也一定有共同的语义特征。此外反义系联得到的反义词虽然不能保证语义特征完全相同,但总会有共同的语义成分。"他还认为,通过方言际、语际比较和对比,即比较词义学和对比词义学的方法也可以发现语义特征。例如可以从"看、瞧、瞅、望、瞄","搅和、和弄、和、搅、拌、调"两组中分别找出共同的语义成分。

(3)词典释义。朱德熙《"在黑板上写字"及相关句式》(语言教学与研究 1981 年第 1 期)对比了下列两组例子:

S_1	S_2
A.在黑板上写字　→	字写在黑板上
在屋檐下挂灯笼　→	灯笼挂在屋檐下
在水田里插秧苗　→	秧苗插在水田里
在水面上漂纸船　→	纸船漂在水面上
B.在食堂里吃饭　→	＊饭吃在食堂里
在盆子里洗手　→	＊手洗在盆子里
在邮局里寄信　→	＊信寄在邮局里
在教室里唱歌　→	＊歌唱在教室里

他指出:A 的 S_1 式,可以变换为 S_2 式;而 B 只有 S_1 式,不能变换为 S_2 式。这是因为 A 的 V_1 跟 B 的 V_2 不同。A 的 V_1 表示作用于 N,并且使之达到"在 + Np"的结果或状态,而 B 的 V_2 不能这样致使。我们可以借助于词典对词义的解释可以帮助确定词语的兼容性语义特征。《现代汉语词典》(商务印书馆 1996)对 V_1 的

释义可以说明这一点：

写：用笔在纸上或其他东西上做字。

挂：借助于绳子、钩子、钉子等使物体附着于某处的一点或几点。

插：长形或片状的东西放进、挤进。刺进或穿入别的东西里。

漂：停留在液体表面不动。

可见，这些动词的语义特征可以概括为［使附着于某处］，这跟整个格式的语义特征是兼容的。

（二）区别性语义特征的提取

根据陆俭明《变换分析在汉语语法研究中的运用》（湖北大学学报 1990 年第 3 期）的研究，"含有相同语义结构关系的不同句法结构之间总是存在着某种内在的结构关系"。例如：

	N + V	V + N
A. 去的是张师傅	张师傅去	＊去张师傅
B. 看的是张师傅	? 张师傅看	看张师傅
C. 剪的是张师傅	? 张师傅剪	＊剪张师傅

A、B、C 的句法形式相同，但它们的语义关系是不一样的，这可以通过句法变换来检验。首先，虽然它们都可以变换为"N + V"，但 V 的语义自足性有差别，"张师傅去"是自足的，而"张师傅看"和"张师傅干"的 V 缺少受事而不自足，这说明"去""看"和"剪"的语义特征存在差别。其次，上述格式变换为"V + N"后，A 和 C 不能变为该格式，只有 B 能变为该格式，不过，"张师傅"由变换前的施事变成了受事。这说明"看"和"剪"的语义特征也存在差别。综合起来，"去"、"看"、"剪"代表了三类不同语义特征的动词，在对受事

角色的要求这一点上，"去"类动词的语义特征可以描写为[-有生受事/-无生受事]，"看"类动词的语义特征可以描写为[+有生受事/+无生受事]，"剪"的语义特征可以描写为[-有生受事/+无生受事]。

三　语义特征分析的作用

20 世纪 80 年代以来，语义特征分析在汉语语法研究中得到了广泛的运用。语义特征分析能促使语法研究的精密化，从而使语法研究更具解释力，其作用主要又以下几点：

（一）可以揭示某些词语的比较隐蔽的语义特征。朱德熙《与动词"给"相关的句法问题》（方言 1979 年第 2 期）指出，"写、搛、舀、留"等动词本身并不包含"给予"的意义，但当说到"写信、搛菜、舀汤、留座位"的时候，就有可能取得"给予"的意义。这时，它们跟"卖、送、递、让"等本身包含"给予"意义的动词一样，可以出现在"V＋NP(受)＋给＋NP(与)"或"V＋给＋NP 与＋NP(受)"格式中。例如：

写一封信给老王→写给老王一封信

搛一筷子菜给小王→搛给小王一筷子菜

舀一瓢水给小张(喝)→舀给小张一瓢水(喝)

留一个座位给老大爷→留给老大爷一个座位

（二）可以揭示某些句式能否成立的语义依据。袁毓林《现代汉语祈使句研究》（北京大学出版社 1993）指出，具有[＋褒扬]特征的形容词可以后接"（一）点儿"构成祈使句，而[＋贬抑]特征的形容词则不可以。试比较：

　　A. 虚心点儿！　　积极点儿！　　坚强点儿！

　　　　主动点儿！　　灵活点儿！　　大方点儿！

　　B. 粗一点儿！　　近一点儿！　　高一点儿！

　　　　浓一点儿！　　大一点儿！　　慢一点儿！

　　C. ＊骄傲点儿！　　＊悲观点儿！　　＊啰嗦点儿！

　　　　＊胆小点儿！　　＊嘈杂点儿！　　＊蛮横点儿！

　　D. ＊可爱点儿！　　＊健康点儿！　　＊伟大点儿！

　　　　＊优秀点儿！　　＊美丽点儿！　　＊高尚点儿！

以上四组格式中的形容词的语义特征可以用矩阵图区别如下：

　　形 A：［＋褒义，－贬义，＋可控］

　　形 B：［－褒义，－贬义，＋可控］

　　形 C：［－褒义，＋贬义，±可控］

　　形 D：［＋褒义，－贬义，－可控］

可见，只有同时具备［－贬义］和［＋可控］两项语义特征的形容词才能够进入以上格式。

　　（三）可以揭示同形格式中相关词语语义指向不同的原因。税昌锡《反身代词"自己"语义指向的功能解释》（浙江大学学报 2003年第 3 期）发现动词语义特征的不同影响到句中的"自己"的语义指向也不同。例如：

　　a. 我给了他一本自己的书。

　　b. 我送了他一筐自己种的蔬菜。

　　c. 我要了他一本自己的书。

　　d. 我买了他一筐自己种的蔬菜。

a、b 中的动词具有［＋给予］的语义特征，而 c、d 中的动词具有［＋

获取]的语义特征,所以:a/b 的"自己"指向句首主语"我",c/d 的"自己"指向间接宾语"他"。

关于语义特征的理论探讨,主要有:陆俭明《语义特征分析在汉语语法研究中的运用》(汉语学习 1991 年第 1 期)、王红旗《语义特征及其分析的客观基础》(汉语学习 2002 年第 6 期)、邵敬敏和周芍《语义特征的界定与提取方法》(外语教学与研究 2005 年第 1 期)、杨荣祥《语义特征分析在语法史研究中的作用》(北京大学学报 2005 年第 2 期)、税昌锡《语义特征分析的作用和语义特征的提取》(北方论丛 2005 年第 3 期)等。

语义特征的具体专题性研究,最早是从形容词、动词、名词这三类主体词开始的,例如:蒋平《论汉语相互句中名词短语的语义特征》(语言研究 2000 年第 1 期)、施春宏《名词的描述性语义特征与副名组合的可能性》(中国语文 2001 年第 3 期)、袁毓林《论元角色的层级关系和语义特征》(世界汉语教学 2002 年第 3 期)、刘街生《现代汉语动量词的语义特征分析》(语言研究 2003 年第 2 期)、蔺璜《定语位置上名词的句法表现及其语义特征》(山西大学学报 2005 年第 2 期)、李向农《单双音节意欲形容词句法语义特征考察》(语言研究 2005 年第 4 期)、任鹰《动词语义特征对共现名词指称方式的制约和影响》(世界汉语教学 2007 年第 3 期)等。再进一步就扩展到句子,乃至于复句。例如:游汝杰《现代汉语兼语句的句法和语义特征》(汉语学习 2002 年第 6 期)、张宝胜《"宁可"复句的语义特征》(语言研究 2007 年第 1 期)、邵敬敏《建立以语义特征为标志的汉语复句教学新系统刍议》(世界汉语教学 2007 年第 4 期)等。

　　跟任何其他的分析方法一样,语义特征分析法也解决不了所有的问题。语法结构自有相应的语义基础,但语言是发展的,是变化的,在使用过程中语义可能会磨损,会蜕变,会脱落,因此许多语法现象的语义基础在今天已很难作出令人满意的解释。而且语言是复杂的,影响到组词成句规则的因素也是多样的,语义、语法和语音都在语言系统中互相制约、互相作用。在众多的语法意义中,除了语义特征,还有诸如语义指向、语义角色、语义范畴、语义关系、语义结构、语义层次等都可能影响、制约语法规律。但无论如何,语义特征分析法作为一种研究方法对于我们分析、研究汉语的语法规则,解释一些语法现象,都有着不可替代的地位和作用。

　　有关情况可参阅袁明军《语义特征研究概观》(汉语学习 1999年第 5 期)、于红《现代汉语义征研究述评》(江海学刊 2005 年第 3期)。

第五节　语义范畴研究

一　语法范畴的内涵

(一)形式范畴和语义范畴

　　张涤华等主编《汉语语法修辞词典》(安徽教育出版社 1988)认为语法范畴是指"某种语法意义和表现这种意义的形式手段两者的统一体"。具体来说。又可以区分为"形式范畴"和"语义范畴",或者称之为"形式语法范畴"和"语义语法范畴"。

　　"形式范畴",这是从形式入手建立起来的一套范畴,例如名词的性、数、格、位,动词的时、体、态,形容词的比较级、最高级,等等。以往从西方语言学理论引进来的语法范畴,实际上就是这样一种形式范畴。形式范畴,通常包括词法范畴和句法范畴。基本上还属于以形式标志为主的语法观念。需要说明的是,所谓的形式范畴,实际上也包含了语法意义的内涵,只是从它的出发点来命名而已。

　　"语义范畴",这是在探求汉语特有的表现语法意义的语法形式或决定语法形式的语法意义的过程中,在不断明确语法研究目的和探求研究方法的过程中,在认识到语法意义与语法形式之间内在的决定与反制约关系这样的历史背景下提出来的。换言之,语义范畴从本质上讲,就是从语法意义角度归纳出来的语法范畴。语法意义主要有两类:一是从词类次范畴小类中概括出来的具有范畴性的语义特征;二是从词语或句式的组合中概括出的范畴化的语义关系,这些语义范畴,从本质上讲,也都需要形式的支撑和鉴定。

　　西方语法理论的"性、数、格、位、时、体、态"等语法范畴是根据一定的语法形态概括出来的,而我们所说的语义范畴则跟语义特征、语义关系息息相关,并且得到隐性语法形式验证的。"形式范畴"和"语义范畴"应该是相通的,互有照应的,只是出发点不同,着重点不同,从而造成了差异。

　　(二)语义范畴的理解

　　横向组合的语义基础是纵向聚合的语义特征,而纵向的聚合类的语义特征,则可以形成语义范畴。对语义范畴,目前大概有三种不同的理解。

第一，语法范畴分为两类：一是显性形式语法范畴，一是隐性形式语法范畴。胡明扬《语法形式和语法意义》(中国语文 1958 年第 3 期)认为："语法范畴是把语法意义归类得出来的类名"，当然这主要指显形语法形式所体现的语法意义；他的《再论语法形式和语法意义》(中国语文 1992 年第 5 期)主张"由隐性语法形式和相应的语法意义构成的语法范畴不妨称之为语义语法范畴"。马庆株《汉语语义语法范畴问题》(北京语言文化大学出版社 1998)赞同这一观点，他提出用"词汇意义——语义特征——语法分布"来打通词汇和语法的关系，证明"汉语语义范畴(语义特征)和语法范畴(分布特征)的对应性，例如自主动词和非自主动词语法上对立的各种表现与语义上对立的相应关系说明自主非自主既是语义范畴，又是语法范畴，可以称作语义·语法范畴"。

第二，语义范畴相对独立于语法范畴(形式范畴)。

吕叔湘主张语法研究可以语法意义为纲，说明所赖以表达的语法形式，这样的语法意义就具有一定的独立性。所谓的语义，包括各种语义范畴和各种语义关系。邵敬敏《关于语法研究中三个平面的理论思考》(南京师范大学学报 1992 年第 4 期)继承了吕叔湘这一语法思想，主张"语法研究应该根据汉语的特点，着重分析汉语的语法意义范畴及其表现形式……确切地说是研究语法意义如何通过各种语法形式表现出来的，它既有词汇及语用问题，而更主要的还是句法本身的问题"，在《句法语义的双向选择性原则》(《中国语言学报》8，商务印书馆 1997)还进一步指出："语义决定性原则，即汉语语法的决定性因素是语义，而不是形式"。并且在《"双音节 V＋N"结构的配价分析》(《现代汉语配价语法研究》，北京大学出版社 1995)中解释"动词＋名词"的组合中,为什么有的是动宾关系(学习英语),有的却是偏正关系(学习园地)时指出"动词和名词的语义关系决定了它们之间的句法结构关系的不同"。

第三,语法范畴产生了语义范畴。陆俭明、沈阳《汉语和汉语研究十五讲》(北京大学出版社 2003)认为:"语法意义通常是指不是由词语、语境、推理产生而是由语法形式产生的意义",换言之,他们是从形式与意义的生成关系来定义语法意义的,显然这是受到生成语法理论的影响,认为是"语法形式产生了意义"。这里其实触及一个很大的理论问题,即到底是意义决定形式,还是形式产生意义。他们还把"语义范畴"分为狭义的语义范畴(词法范畴)和广义的语义范畴(句法范畴),前者主要指有词形变化的语言所体现的体词属性范畴(性、数、格、有定和不定)和谓词属性范畴(时、体、态和人称),但是,"汉语的这些语法意义并非通过词形变化体现,因此应该就不属于词法范畴,而已经是一种句法范畴";即"凡是由某种句法结构形式产生的语法意义就叫做'句法范畴',或直接称作'语义范畴'"。不管对语义范畴如何理解,下面这些概念对语义范畴的研究都是密切相关的:

A.语法范畴,指涉及语法形式、语法意义及其关系的范畴,可以分为形式范畴和语义范畴两大类。

B.形式范畴,是从语法形式角度界定语法意义的范畴,包括词法范畴和句法范畴。

C.词法范畴,指狭义语法形式,即词形变化形式所引起的语法意义变化的范畴,强调以词法的形式作为研究的出发点,去寻找词法意义的区别。

D.句法范畴,指广义语法形式与隐性语法形式所引起的语法意义变化的范畴,强调以句法的形式作为研究的出发点,去寻找句法意义的区别。

E.语义结构,是指隐藏在句法结构背后的由语义特征和语义关系建立起来的结构体,是从语义关系角度解释语法形式和语法意义的结合体。

F.语义特征,就是体现语法意义的特征,是指跟句法结构成立与否、句法结构变化以及相互区别有关的语义要素。一个词语的义项往往由若干个语义成分(义素)构成,但只有对句法结构有决定性的语义成分才是语义特征。

G.语义关系,就是体现语法意义的语法成分之间的关系,它必须由两项语法成分才能形成。语义关系由语义特征的聚合和组合决定。

H.语义论元,语义关系的一种,特指围绕动词的各种名词性为主的成分在特定语义结构中所担当的语义论元。语义论元离不开句法结构,也离不开语义结构,但这是两种不同性质的结构。

I.语义角色,语义关系的一种,特指语义论元之外的语法成分之间的语义关系,包括名词与名词、形容词与名词以及相关短语之间的语义关系。

J.语义指向,指语义结构内部语义成分之间所联系的可能性和现实性。除了直接成分和间接成分之间存在着语义指向,在语素之间,在义素之间,在语义特征之间,都可能存在着语义指向。它可以存在于句法结构之内,也可以超越句法结构。

二　语义特征范畴的内涵与类型

语义范畴的分类及其确定的标准，一直是语法学界难题之一。语义范畴，又叫语法意义范畴、语义语法范畴，指对语法意义进行抽象所得出来的范畴，首先可以区分为"语义特征范畴"和"语义关系范畴"，语义特征范畴是根据聚合的性质标准，而语义关系范畴则是根据组合的性质标准。前者可以再区分为"词义特征范畴"和"句义特征范畴"；后者可以区分为"语义论元范畴"、"语义角色范畴"和"语义关联范畴"。

（一）词义特征范畴，即从一个词的集合中提取出来，并且对某些句法结构具有制约作用的重要义素。比如：自主、可控、有生、携带、持续、获得、消失、推移、顺序等。这主要着眼于词类次范畴的分类，在方法上主要通过句式变换分析法来区别，寻找决定自身在句法中分布特征的词类语义特征，特别是实词的次范畴。胡明扬《再论语法形式和语法意义》(中国语文 1992 年第 5 期)认为这能够预测其"潜在的组合可能性或分布特征"，使词汇分类与语法分类结合在一起。比如马庆株提出的动词次范畴的"自主"语义特征，不仅可以解释自主动词和非自主动词之间语法形式的差别，而且对"使动结构"和"动补结构"也有解释力。当然，由于词类的语义特征是隐性的，有时候划分的小类解释面很窄，或者说概括力不强，划分的词类语义特征只有在典型的句式里才能表现得比较突出，或者只有与语义特征相反或没有此类语义特征的词类对比时才能显现。

实词的语义特征的研究可分为三种类型：

（1）解释分布型。以解释分布为主，着眼于词类语义特征与语法分布的对应性。例如朱德熙《现代汉语形容词研究》（语言研究1956年第1期）根据形容词在语法功能的对立，提出了性质形容词和状态形容词，并且"构成一个语法范畴——性状范畴"；《顺序义对体词语法功能的影响》（《中国语言学报》4，商务印书馆1991）考察了"有顺序义的体词性成分（指人名词、时间词、处所词等）"，并指出相对/绝对顺序义的不同。

（2）分化辨析型。以分化小类或辨析语义差异为主，着眼于词类次范畴语义特征的差异或分化歧义。例如朱德熙《现代汉语语法研究》（商务印书馆1980）对动词"取得/给予"的分化；陆俭明《"V来了"试析》（中国语文1989年第3期）把动词分为心理/位移/目的性动词、去除义等；邢福义《说"NP了"句式》（语文研究1984年第3期）提出NP的［＋推移性］语义特征。

（3）范畴表达型。以表达思想为主，着眼于提炼语义特征的表达方式。主要有：动词的自主范畴、体词的顺序范畴、形容词的性状范畴；量范畴（数量、动量、时量、模糊量等）、时间范畴、方所范畴、肯定范畴、否定范畴、指称范畴等。

（二）句义特征范畴。即根据不同句式、句类所提取出来的，跟句子的特点密切相关的句子的语义特征，"句义特征范畴"的研究还刚刚起步，很多问题还需要进一步探索。句义特征范畴包括：

（1）语气类型：根据句子的语气来进行区分，包括陈述、疑问、祈使、感叹等句类语义特征。

（2）表达类型：根据句子的表达效果划分，特别是特殊句式来分析，包括处置、被动、肯定、否定、意愿、猜测、使成、判断、虚拟、评估等。

三　语义关系范畴的内涵与类型

凡是两个句法成分构成一个句法结构,这两个成分,不管是词语、短语,还是句子,甚至于句群,就必定形成一定的语义关系,并且形成范畴。语义关系范畴细化为三类:

(1)语义论元范畴。实际上是一种特殊的语义关系范畴,特指以动词为核心,跟其他名词性为主的句法成分建立起某种语义关系,这些跟动词发生联系的句法成分就是语义论元范畴,比如:施事、受事、工具、材料、凭借、方式、数量、方所、时间等。它反映的是结构成分与结构成分之间的语义关系,一旦离开这种句法结构,这种语义关系就不存在了,语义论元范畴的特点是组合双方的相互依赖性。吕叔湘早在 1942 年的《中国文法要略》中就分析了动词与名词间的 12 种语义关系,自"格"语法理论介绍到我国来以后,众多学者开始研究汉语动名间的语义关系。孟琮等编《动词用法词典》(上海辞书出版社 1987)分了 14 个语义格,即受事、结果、对象、工具、方式、处所、时间、目的、原因、致使、施事、同源、等同、杂类。鲁川、林杏光《现代汉语语法的格关系》(汉语学习 1989 年第 5 期)提出:格关系是诸多语义关系中的一种,只反映体谓语义关系,不反映偏正关系,也不能安排话题和焦点以解决句子生成的排序问题,因此格语法应改为格关系,格标记是介词和语序。袁毓林《一套汉语动词论元角色的语法指标》(世界汉语教学 2003 年第 3 期)设计了用于形式验证的 8 种语法指标,坚持了从意义出发必须能在形式上得到验证的原则,结合原型理论,给出不同的论元角色的典型的句法、语义特征,然后通过类比归类的办法来确定特征不明显的语义成分的论元角色,最后建立了一个由 17 个论元角色组成的层级体系。

(2)语义角色范畴。指动名关系之外的其他的句法成分之间的语义关系,主要是名词和名词,形容词和名词所构成的各种语义关系,例如"整体/部分、领有/属有、质料/本体、先行/后续、动作/结果、动作/程度"等等也需要作详尽的分析。这样的关系,我们也可以称之为"广义的格关系"。这方面的研究,已经开始引起大家的注意,并将成为语义研究一个新的亮点。

(3)语义关联范畴,是以句子作为基本单位所形成的语义关系,它反映的是事件与事件的语义联系,其中特别注重分句与分句之间(即复句内部)的语义关系。可见,语义关联范畴的特点是相互依赖性。比如:比较、并列、连贯、递进、等同、转折、因果、目的、条件等。

需要特别指出的是,短语与短语之间也可以构成某种语义关系。这些语义关系,一部分跟词与词的语义关系相似,例如:时间范畴、空间范畴、指示范畴、称代范畴、数量范畴、比较范畴、领属范畴、顺序范畴等。另外一部分则跟句子之间的语义关系相似,例如递进范畴、选择范畴等。

关于汉语语法语义范畴的研究,充满着太多的疑题,它的内涵、外延、类型以及内部的关系,都还不太清楚。以往汉语语法研究偏重于形式,或者说,以形式为出发点和重点,大家还不习惯于从语义出发并把它作为研究的重点。

语义范畴的研究论文,大体上可以分为两类:

　　一是理论探索,主要有:孙维张《论语义范畴系统的建构》(吉林大学学报 1990 年第 1 期)、胡明扬《句法语义范畴的若干理论问题》(语言研究 1991 年第 2 期)、吴世雄《论语义范畴的家族相似性》(外语教学与研究 1996 年第 4 期)、张黎《关于语义范畴——意合语法讨论之二》(汉语学习 1997 年第 4 期)、詹卫东《确立语义范畴的原则及语义范畴的相对性》(世界汉语教学 2001 年第 2 期)、许青《关于语义范畴模糊性的思考》(怀化学院学报 2004 年第 6 期)、邵敬敏、赵春利《关于语义范畴的理论思考》(世界汉语教学 2006 年第 1 期)等。

　　二是具体语义范畴的专题性研究。例如刘宁生《动词的语义范畴"动作"与"状态"》(汉语学习 1985 年第 1 期)与《论"着"及其相关的两个动态范畴》(语言研究 1985 年第 2 期)、赵春利《关于目的范畴在句法、延展及其筛选上的理论思考》(中国海洋大学学报 2005 年第 2 期)、汲传波《论强调范畴的构建》(暨南大学华文学院学报 2006 年第 2 期)、刘天明《结果范畴和结果宾语分析》(长春理工大学学报 2007 年第 5 期)、张全生《述结式致使语义范畴》(汉语学报 2008 年第 2 期)、陶瑷丽《现代汉语程度范畴研究》(长江学术 2009 年第 2 期)、严丽明《现代汉语对比范畴的界定及其分类》(暨南学报 2009 年第 4 期)等。

　　近年来,关于语义范畴的专题性研究成为一大热点,出版了数以十计的专著。例如:储泽祥《现代汉语方所系统研究》(1997)、齐沪扬《现代汉语空间问题研究》(学林出版社 1998)、李宇明《汉语量范畴研究》(2000)、吴继光《用事成分与工具范畴》(2003)、王珏《汉语生命范畴初论》(华东师范大学出版社 2004)、周有斌《现代汉语选择范畴研究》(广西师范大学出版社 2004)、刘焱《现代汉语比较范畴的语义认知基础》(学林出版社 2004)、徐默凡《现代汉语工具范畴认知研究》(复旦大学出版社 2004)、周红《现代汉语致使范畴研究》(复旦大学出版社 2005)、许国萍《现代汉语差比范畴研究》(学林出版社 2007)、周静《现代汉语递进范畴研究》(中国传媒大学出版社 2007)、彭利贞《现代汉语情态研究》(中国社会科学出版社 2007)、陈颖《现代汉语传信范畴研究》(中国社会科学出版社 2009)等。

　　有关研究的情况可参阅郑路《汉语时间范畴研究综述》(兰州学刊 2008 年第 2 期)、陶瑗丽《现代汉语程度范畴研究述评》(中南大学学报 2009 年第 5 期)、赵国军《汉语量范畴研究综述》(贵州师范大学学报 2009 年第 6 期)。

第三章　汉语语法的纵横研究

　　汉语语法研究历来最看重的是现代汉语的语法研究，这当然是无可非议的，因为我们的研究必须贴近现实，必须服务于社会，必须紧跟时代前进的步伐。但是正如朱德熙所指出的那样：如果不联系历史语法的演变，不联系方言语法的比较，这样的语法研究肯定是不周全的。历史语法又可以分为古代汉语语法和近代汉语语法，这些年来，随着语法化研究的迅速崛起，打通从古到今汉语演变的进程，已经成为中国汉语语法学家的历史使命。此外，作为共时的现代汉语，又有共同语与方言的区别，现代汉语语法研究，一方面需要跟纵向的历史语法挂钩，另一方面，也需要跟方言语法进行横向比较，只有在这样的纵横交叉的联系与比较的坐标交集上，我们才有可能真正梳理清楚汉语语法的特点及其规律。此外，汉语还有书面语与口语的差异，通常我们研究的语法都主要局限在书面语的范围之内，而事实上，口语语法呈现出某些不同于书面语的特点，因此，汉语口语语法的研究，也是我们重点关注的研究对象。

　　在老一辈语法学家的提倡下，这 30 多年来，历史语法、方言语法以及口语语法的研究都取得了有目共睹的显著成绩，尤其是近代汉语语法研究以及方言语法研究的崛起，更成为新时期汉语语法学兴旺发达的一个重要标记。

第一节　古代汉语语法研究

汉语语法研究,从《马氏文通》一开始就是从古汉语语法入手的,但是,长期以来,古代汉语语法的研究始终处于徘徊状态,从1950 年到 1978 年只发表过 87 篇论文,专著也极为有限。进入 20 世纪 80 年代以后,这种状态发生了根本性变化,先是突破了旧有的研究模式,不再围绕着省略、倒装、词类活用、使动、意动、双宾语、"主＋之＋谓"结构等传统课题炒冷饭,而是呈现出一系列新的研究苗头。这主要是:

1.加强了断代史语法的研究;

2.加强了古典专书的语法研究;

3.虚词跟句式结构的作用和变化结合起来进行研究;

4.开始运用新的研究理论和方法,例如语义分析法、变换分析法以及计量统计法等。最为可喜的是树立起发展观念,以及随之而来的历史演变研究的崛起。

一　古代汉语语法研究概况

古汉语语法研究历来比较传统,该时期开始突破传统的束缚,主要从现代汉语语法研究领域引进一些已经证明是行之有效的研究理论和方法,这方面做得最出色的数唐钰明和李佐丰,他们研究的特点是在研究的理论与方法上进行了大胆的革新,从而得出一些与众不同的结论。

古汉语语法研究有一个显著的特点,就是受到现代汉语语法研究的影响,例如朱德熙的"短语本位"的思想就有所体现。唐子恒《文言语法结构通论》(山东大学出版社 2000)分为"词法通论"、"结构(短语)通论"和"句子通论"三部分,特点是突出了"结构"分析,显然是受到短语本位说的影响。许仰民《古汉语语法》(河南大学出版社 1988)、《古汉语语法新编》(河南大学出版社 2001)则试图建立"词类、词组、句子"的古汉语语法教学系统。运用转换、配价等现代语言学理论来研究的还有王克仲《古汉语动宾语义关系的制约因素》(中国语文 1986 年第 1 期)、袁本良《古汉语句法转换问题》(《中国语言学报》八,商务印书馆 1997)和《古汉语句法变换的语义语用分析》(《中国语言学报》10,商务印书馆 2001)、李运富《〈左传〉谓语"请"字句的结构转换》(语言文字学 1994 年第 10 期)等。专著有殷国光《〈庄子〉动词配价研究》(商务印书馆 2009)等。

从古汉语语法研究的微观研究,特别是专题研究方面看,有几个方面取得了引人注目的成绩:

(一)文言虚词的研究获得丰收。

(1)出版了若干虚词汇编工具书。例如:杨伯峻《古汉语虚词》(中华书局 1981)、徐仁甫《广释词》(四川人民出版社 1981)、陕西师范大学编写组《常用文言虚词词典》(陕西人民出版社 1983)、韩峥嵘《古汉语虚词手册》(吉林人民出版社 1984)、高树藩《文言文虚词大词典》(湖北教育出版社 1991)、陈霞村《古代汉语虚词类解》(山西教育出版社 1992)、王海棻《古汉语虚词词典》(北京大学出版社 1996)、余心乐等《古汉语虚词词典》(江西教育出版社 1996)、王海棻等编《古代汉语虚词词典》(北京大学出版社 1999)、曹日升编《文言常用虚词通解》(湖南教育出版社 2001)、白玉林等主编《古汉语虚词词典》(中华书局 2004)、何乐士编《古代汉语虚词词典》(语文出版社 2007)等。

　　古汉语虚词词典中,最有影响的当推两本,一本是《古汉语虚词通释》:何乐士、蔡镜浩、王克仲、麦梅翘、王海棻合编,1985 年北京出版社。该书是在《文言虚词浅释》(1979)基础上增补而成的,共收古汉语虚词 549 个(副词 364 个、介词 77 个、连词 85 个、助词 34 个、语气词 36 个、助动词 23 个、感叹词 23 个、代词 58 个、不定数词 3 个)。特点是:(1)广泛参照前人著作,从中比较,斟酌取舍,吸收其研究成果;(2)根据大量古籍进行调查,尤其对先秦几部影响较大著作中的虚词作了调查和统计,在分析原始材料的基础上归纳出各个虚词的特点;(3)收词范围比较宽,表现特别明显的是副词和介词;(4)在虚词分析的基础上作了一些理论探讨。可以说,这部书既是古代汉语虚词研究的一个小结也是一个新的起点。另外一本是中国社会科学院语言研究所古代汉语研究室编《古代汉语虚词词典》(商务印书馆 1999),该词典收词量大,共收单音虚词 762 条,复合虚词 491 余,惯用词组 289 余,固定格式 313 共,共计 1855 条;主要是古代汉语虚词,也酌收部分近代汉语虚词,而且更为重要的是释义比较准确,被誉为"是目前为止虚词专著编纂史上释义成就最大、水平最高的一部词典"。

　　(2)开展对某类虚词或者个别虚词的研究。例如何乐士《〈左传〉虚词研究》(商务印书馆 1989)、王海棻《古汉语疑问词语》(浙江教育出版社 1987)及其增订本《古汉语疑问词语用法词典》(浙江教育出版社 1992),特点是把疑问词语跟若干句式结合起来进行研究,并且具有历史发展的观念。此外,对复音虚词的研究也别具一格,例如洪成玉《古汉语复音虚词与固定结构》(浙江人民出版社 1981)、楚永安《文言复式虚词》(中国人民大学出版社 1986)等。

(二)研究理论和方法的探讨卓有成效。

这方面郭锡良做了许多研究,例如《古汉语语法研究刍议》(语文导报 1985 年第 9 期)从宏观上提出了五点指导思想:(1)要有明确的时代观念,语料不可古今杂糅;(2)必须重视语法的系统性;(3)要吸收、融会各种语言学理论的成果;(4)提倡专书、断代和专题研究;(5)既要有定性分析,也要有定量分析。他还很注意对古汉语语法研究的历史进行总结,发表了《1991 年古代汉语语法研究简述》(语文建设 1992 年第 5 期)以及《1992 年古代汉语语法研究简述》(语文建设 1993 年第 1 期)。北京古汉语学术交流会于1986 年 7 月、10 月先后两次召开"古汉语语法研究方法"专题讨论会,王克仲总结了十种研究方法:归纳、比较、统计、转换、实证、考据、解析、校勘、探源和演绎。这些研究原则对以后的古汉语语法研究具有重要的指导意义。专门讨论方法论的论文还有:袁宾《近代汉语三视研究系统》(语文导报 1987 年第 5 期)以近代汉语被字句为例提出应从新的三个视角进行自成系统的考察,这三个视角是时间视角、地域视角、演变观角。冯蒸《古汉语语法研究与汉藏语比较》(语文导报 1987 年第 12 期)指出:在古汉语语法研究中,如能与汉藏系语言的比较研究结合起来,将有着无限的广阔的前途。唐钰明《古汉语语法研究中的"变换"问题》(中国语文 1995 年第 3 期)则从方法论高度对古汉语研究中变换方法进行集中讨论,指出了必须遵循"同一性原则"和"提取性原则",并且讨论了变换的类型、功能以及局限性。此外，还有洪成玉《从判断句的研究看语法研究的方法》（中国语文研究四十年纪念文集，北京语言学院出版社 1993）、唐钰明《四十年来古汉语语法研究》（中国语文研究四十年纪念文集，北京语言学院出版社 1993）。这些综述对指导古汉语语法研究显然是很有帮助的。

（三）对某些学术界普遍关心的专题展开讨论。

（1）后置定语问题。谢质彬《古代汉语中的范围定语》（中国语文通讯 1980 年第 4 期）认为"求人可使报秦者"中的"可使报奏者"不是"人"的后置定语，而陈迪明《文言里确有"X 者"一类后置定语》（中国语文通讯 1981 年第 4 期）则持相反意见。好几家杂志发表文章参加了该问题的讨论。

（2）某些特殊句式。马汉麟《古汉语三种被淘汰的句型》（南开大学学报 1978 年第 6 期）分析了如下三种句型："唯奕秋之为听"、"我，文王之为子"、"何（奚）＋ 名词／＋之／＋所＋（能）动词（乎）"，徐仁甫《对〈古汉语三种被淘汰的句型〉再分析》（中国语文 1981 年第 1 期）对马文提出了不同意见。《中国语文》1982 年第 1 期还刊登了有关的讨论文章。

（3）动宾语义关系。一种观点是在"使动""意动"之外，再归纳出"为动""把动""他动""让动""供动""拜动"等二十种动宾语义关系；一种观点认为这不是对动词而言，而是对宾语而言，主张改为"使宾""意宾"；另一种观点认为建立"为动""处动"等名目是不妥当的。

其余，如"被动式"、"处置式"、"疑问句尾""为"等问题也都展开过讨论。

　　个人的专题性研究,往往会结集出版,除了上面所提及的论文专集之外,比较有影响的论文集,还有谢质斌《古汉语语法训诂研究》(河北大学出版社 1996)、何乐士《古汉语语法论文集》(商务印书馆 2000)、殷国光《上古汉语语法研究》(中国大百科全书出版社 2002)和方有国《上古汉语语法研究》(巴蜀书社 2002)等。

　　古汉语语法教材有影响的有:张之强《古代汉语语法知识》(北京出版社 1979)、廖振佑《古代汉语特殊语法》(内蒙古人民出版社 1979)、马汉麟《古汉语语法提要》(陕西人民出版社 1980,增订本 1985)、廖序东《文言语法分析》(1981)、康瑞琮《古代汉语语法》(辽宁人民出版社 1981)、李新魁《汉语文言语法》(1983)、马忠《古代汉语语法》(1986)、于富章《古代汉语语法新编》(东北师大出版社 1987)、张军《古代汉语语法研究》(辽宁大学出版社 1996)、李林《古汉语语法分析》(中国社会科学出版社 1996)、陈庆忠《古代汉语语法》(哈尔滨人民出版社 1996)、聂代顺主编《古代汉语语法解析》(重庆出版社 1997)、牛宝彤《古汉语语法》(中国戏剧出版社 1999)、许仰民《古汉语语法新编》(河南大学出版社 2001)、许威汉《古汉语语法精讲》(上海大学出版社 2002)、李佐丰《古代汉语语法学》(商务印书馆 2004)、[加拿大]蒲立本《古汉语语法纲要》(孙景涛翻译,语文出版社 2006)、郭锡良《古代汉语语法讲稿》(语文出版社 2007)等。其中马汉麟、李佐丰的教材比较有影响。

　　此外,一些古汉语教材也大都涉及语法问题,比较有影响的该类教材有朱星《古代汉语》(天津人民出版社 1980),郭锡良、唐作藩、何九盈、蒋绍愚、田瑞娟编写《古代汉语》(北京出版社 1983,商务印书馆修订本 1999),张之强《古代汉语》(北京师范大学出版社

1984），张世禄《古代汉语教程》（复旦大学出版社 1991，修订本 2000），洪波《古代汉语立体化教程》（高等教育出版社 2005）等。其中郭锡良等编写的教材语法部分影响最大。

台湾方面也有若干著作问世，例如：谢德三《墨子虚词用法诠释》（台湾学海出版社 1982）、许逸之《中文文法理论》（台湾商务印书馆 1998）等。

二 古代汉语语法研究的代表性学者

老一辈学者，如王力、杨伯峻、管燮初等主要是总结这几十年研究的成果，出版了一些很有影响的专著；中青年学者迅速成长，成为古汉语语法研究的中坚力量，新著迭出，成绩斐然，杰出代表有郭锡良、何乐士、唐钰明、李佐丰、喻遂生、张玉金等。此外还有王克仲、王海棻、白兆麟等。

（1）郭锡良，1930 年生，湖南衡山人。1954 年武汉大学毕业，保送到北京大学做汉语史研究生，导师王力。现为北京大学中文系教授、博导。曾任古代汉语教研室副主任、主任、中文系副主任、中国文字学会常务理事、北京语言学会副会长。主攻汉语史，尤其是古汉语语法研究。主要著作有：《古代汉语》（北京出版社 1981，商务印书馆修订本 1999）、《汉语史论集》（商务印书馆增补本 2005）等，语法史论文多有创见。

（2）何乐士，女，1930 年生，河南郏县人。1961 年毕业于北京大学中文系。1988 年前一直在中国社会科学院语言研究所工作，从事古汉语语法特别是《左传》语法研究。1989 年以后应邀长期在意大利、瑞士、挪威讲学。主要著作有《〈左传〉虚词研究》（商务印书馆 1989)、《古汉语语法及其发展》(与杨伯峻合著,语文出版社 1992)、《左传范围副词》(岳麓书社 1994)、《古汉语语法研究论文集》(商务印书馆 2000)、《史记语法特点研究》(商务印书馆 2005)、《汉语语法史断代专书比较研究》(河南大学出版社 2007)。多数是专题性的比较深入的分析,因而能够有针对性的讨论一些疑难问题。

(3)李佐丰,1941 年生,北京人。获北京大学中文系硕士学位,导师王力。现任中国传媒大学文学院教授、博导,中国语言学会理事。主攻先秦汉语语法,以及广播电视语言。代表作是《先秦汉语实词》(北京广播学院出版社 2001)、《上古汉语研究》(北京广播学院出版社 2002)、《古代汉语语法学》(商务印书馆 2004)、《广播电视语言》(北京广播学院出版社 2008)。李佐丰在研究方法出新方面更是独树一帜,他主要运用语义分析以及深层结构理论,例如《谈〈左传〉三类复合使动式》(内蒙古大学学报 1983 年第 4 期)运用深层语义理论分析方法,揭示了三类复合使动式的本质差异性。他研究的最大特点是能够借鉴现代语言学的某些理论和方法来解决古代汉语语法中的问题,比如对"使动"属于"活用"的传统说法提出了挑战,他认为"自动词"内部可以分为自主和非自主两类,非自主动词如果带宾语就是使动,跟活用无关。

(4)唐钰明,1944 年生。1967 年中山大学中文系毕业,1981 年获中山大学中文系硕士学位,导师商承祚,1988 年获博士学位。现为中山大学中文系教授、博导,兼任古文字学研究所所长、广东省中国语言学会学术委员会主任。主攻古文字学以及汉语语法史。代表作是《著名中年语言学家自选集——唐钰明卷》(安徽教育出版社 2002)以及《古文字学纲要》(与陈炜湛合著,中山大学出版社 1998),是我国古代汉语语法研究的代表性学者之一。唐钰明运用"以提取为原则的转换方法"来分析古汉语语法,同时运用出土文献和传世文献相互印证,定量分析与定性分析相结合,因此研究非常扎实,结论令人信服,尤其在被动句和判断句研究方面透出新意,例如《论先秦汉语被动式的发展》(中国语文 1985 年第 4期)、《汉魏六朝被动式略论》(中国语文 1987 年第 3 期)、《上古判断句的变换考察》(古汉语研究 1993 年第 4 期)、《中古"是"字判断句述要》(中国语文四十周年纪念刊文集,商务印书馆 1993)、《"动＋之＋名"结构的变换分析》(中国语文 1994 年第 3 期)等。

(5)喻遂生,1948 年生,重庆市人,1982 年毕业于北京大学中文系,现任西南大学汉语言文献研究所教授、博导、所长,兼任中国语言学会常务理事、中国音韵学研究会理事、中国文字学会理事、重庆市语言学会学术委员会主任、重庆市语言文字工作委员会副主任。主攻甲骨文金文和纳西东巴文,兼及汉语音韵、方言和古籍整理。代表作是《甲金语言文字研究论集》、(巴蜀书社 2002)、《纳西东巴文研究丛稿》(巴蜀书社 2003)。他的甲骨文语法研究,比较重视动词、介词、双宾语句、存现句以及语序的研究。

(6)张玉金,1958 年生,吉林榆树人。1988 年获北京大学中文系博士学位,导师裘锡圭,曾任辽宁师范大学教授、辽宁语言学会会长。2002 年调入华南师范大学文学院,任博导、副院长,兼任广东省中国语言学会副会长、中国殷商文化学会理事。主要从事出土文献语言研究、古文字学和汉字学研究。张玉金的代表作是《甲骨文语法学》(学林出版社 2001),该书就 6 个方面进行了探讨:词法、短语、句子成分、单句、复句和句类,以描写为主,指出不少甲骨文时代汉语的语法特点,比如只有名量词,没有动量词;只有指示代词和人称代词,没有疑问代词。其他分析也时时透出新意,比如动词分析就采用了配价理论。后来他又陆续出版了《甲骨卜辞语法研究》(广东高等教育出版社 2002)、《西周汉语语法研究》(商务印书馆 2004)、《西周汉语代词研究》(中华书局 2006)等专著。

三 甲骨文金文的语法研究

古代汉语语法的研究,不再仅仅局限于先秦的语法研究,而是开始注意向上追溯到甲骨文以及金文。甲骨文以及金文语法研究方面,主要有管燮初《西周金文语法研究》(商务印书馆 1981),这是作者继《殷虚甲骨刻辞的语法研究》(中国科学院 1953)之后又一本反映上古汉语用法的描写语法,研究对象是西周重要的铜器铭文 208 篇,全书包括句法和词法两大部分,重点是句法。句子分析采用句成分分析法和层次分析法相结合。该书为金文语法研究的第一部专著,填补了我国上古语法研究的一个空白。该书特点是:(1)不仅详尽地对金文语法结构进行了描写,而且对每个词的各种用法、每种句子成分的数量、各种句型的出现频率都作了精确统计。(2)把金文与《尚书》、《周书》作了语法比较,从而得出了一些有价值的结论。但该书没能进一步与甲骨文语法和先秦古籍语法作历史比较,不能不说是个缺憾。

在新时期甲骨文语法研究方面,后起之秀当推张玉金与喻遂生。此外还有朱歧祥《殷墟卜辞句法论稿》(台湾学生书局 1990)、左培《殷墟甲骨卜辞语序研究》(文津出版社 1992)、张玉金《甲骨文虚词词典》(中华书局 1994)、崔永东《两周金文虚词集释》(中华书局 1994)、方有国《上古汉语语法研究》(巴蜀书社 2002)、杨逢彬《殷虚甲骨刻辞词类研究》(花城出版社 2003)等。论文方面重要的有裘锡圭的《关于殷墟卜辞的命辞是否问句的考察》(中国语文 1988 年第 1 期)、周清海《两周金文里的被动式和使动式》(中国语文 1992 年第 6 期)等。有关情况可参阅张玉金《二十世纪甲骨文语法研究的回顾暨展望》(古籍整理研究学刊 2002 年第 1 期)。

还有一点需要引起注意的是,近年来,由于考古取得许多重大的突破,学界加强了对出土文献的语法研究,这方面的专著有周守晋《出土战国文献语法研究》(北京大学出版社 2005),该书以近年出土的十余种战国简牍帛书文献为主要材料,考察几个语法功能项在战国——秦汉之间的发展。由于出土文献的语料比较可靠,再加上把传世典籍跟已经出土了先秦的抄本,两者加以比较,语法上的特点可以同异互见。有关论文例如:[日]大西克也《帛书五十二病方的语法特点》(《马王堆汉墓研究文集》,湖南出版社 1995)、徐莉莉《马王堆汉墓帛书(肆)所见称数法考察》(古汉语研究 1997 年第 1 期)、董琨《郭店楚简〈老子〉异文的语法学考察》(中国语文 2001 年第 4 期)等。

四　古典专书的语法研究

专书的语法研究也是个热点,这样做法的好处就是能够对断代的某一部专书中某些语法现象进行穷尽的封闭性研究,材料单纯,结论可靠。这方面,郭锡良、何乐士做了大量的研究。一些古代名著的语言,尤其是语法都进行了专门的研究。例如:魏德胜

《韩非子语言研究》(北京语言学院出版社 1995)、钱宗武《今文尚书语言研究》(岳麓出版社 1996)。古典名著语法研究专书有：杨合鸣《诗经句法研究》(武汉大学出版社 1993)、管燮初《左传句法研究》(安徽教育出版社 1994)、白兆麟《盐铁论句法研究》(商务印书馆 2003)、何乐士《史记语法特点研究》(商务印书馆 2005)等。

这类研究主要集中在三个方面：

第一，词类，特别是虚词的研究。代表性著作例如何乐士、殷国光的《吕氏春秋词类研究》(华夏出版社 1997)，对专书的词类进行全面研究，特点是作了穷尽性统计分析，并且进行了词的次类分析。此外还有谢德三《墨子虚词用法研究》(学海出版社 1984)、刘利《先秦汉语助动词研究》(北京师范大学出版社 2000)、徐适端《〈韩非子〉单音动词语法研究》(巴蜀书社 2001)、张猛《左传谓语动词研究》(语文出版社 2003)、崔立斌《〈孟子〉词类研究》(河南大学出版社 2004)等。

第二，句式、句型的研究。申小龙《中国句型文化》(东北师范大学出版社 1988)运用文化语言学的本体论把左传的句型分为三类：主题句、施事句和关系句，虽然结论引起争议，但其大胆探索的尝试还是有意义的。此外还有张世禄《古汉语句式论稿》(天津人民出版社 1996)等。论文有胡明扬《〈老乞大〉复句句式》(《语文研究》1984 年第 3 期)、宋绍年《试谈〈史记〉中的几种句法结构》(《语言学论丛》十，商务印书馆)、王笑湘《〈论语〉反问句分析》(《语文研究》1998 年第 2 期)等。

第三，特殊语体的语法研究，主要是韵文的语法研究，例如向熹《诗经语言研究》(四川人民出版社 1987)第五章讨论句法，特别分析了一般散文中不出现而只是在《诗经》中才出现的特殊句法现象;廖序东《楚辞语法研究》(语文出版社 1995)则重点讨论《楚辞》句法特点以及某些虚词的特点。

五 汉语语法发展史的研究

首先是出版了好几本专著,这是继王力《汉语史稿》之后的又一次大丰收,主要是潘允中《汉语语法史概要》(中州书画社 1982)、舒化龙《汉语发展史略》(内蒙古教育出版社 1983)、史存直《汉语语法史纲要》(华东师大出版社 1986)、孙锡信《汉语历史语法要略》(复旦大学出版社 1992)、向熹《简明汉语史》(下编:汉语语法史)(高等教育出版社 1993)、孙良明《古代汉语语法变化研究》(语文出版社 1994)以及王力的《汉语语法史》(商务印书馆 1994)。

王力的《汉语语法史》是在原《汉语史稿》的基础上补充、修改、调整而成,一是增加了"长句的发展"、"能愿式的发展"和"连动式的发展"三章;二是适当增补了一些内容,例如原来"指示代词"和"疑问代词"合为一节,现在内容扩充了,就分为两章;三是部分提法和观点也有所修改,例如"句子的仿语化"改为通行术语"名词性词组";四是增加了许多例句,从而使得论证更加翔实可信。但总的来讲,基本框架和学术思想跟《汉语史稿》是一脉相承的。

《汉语语法史概要》,作者潘允中,中山大学中文系教授。该书体例和写法跟王力的《汉语史稿》相仿。除绪论外,上编为词类的发展,下编为句法的发展。该书特点是:(1)论述中尽量体现"史"的观念,力求做到上联甲骨文、金文和《尚书》的语法材料,下系近代乃至现代作品。(2)尽可能地吸收近30多年来许多汉语史专家的研究成果,如系词问题参考了洪诚的论文,认为"上古判断句基本上不用系词,但战国后期,系词就已有萌芽,西汉以后,就逐渐使用而走向普遍化"。(3)提出作者自己独特的见解,从而修正前人的说法,如关于无"得"后面带结果补语、趋向动词和它前面的动词复合在一起,从原定汉代上推到先秦时便产生了。该书条理清晰,叙述简明,但句法部分较薄弱。关于构词法、兼语式、连动式等不少问题没能论述到或只勾勒了一个粗线条轮廓。

比较特别的是史存直的《汉语语法史纲要》,该书写法不同于《汉语史稿》,内容上由两部分构成:一是论述总的发展趋势,如实词的定性化、词序的规律化、表现的精密化、句法结构的复杂化;二是具体说明某些词类的发展过程,主要讲述了助动词、数量词、代词、介系词和助词的发展。论述的线条比较粗,偏重于理论上阐发,但也不失为一家之言。

杨伯峻、何乐士《古汉语语法及其发展》(语文出版社1991),采用静态描写、历史比较、数量统计相结合的框架。还讨论了"语段",分为并列、连贯、偏正和固定格式四类。这在古汉语语法研究中也属于首创。全书分为三编:上编共4章,为概述;中编共11章,阐述词类;下编共14章,论述句法。特点是:第一,从甲骨文到唐宋明清,勾画了古汉语语法的一个简明的轮廓,重点是先秦,属于"通论"性质;第二,建立起一个古汉语的语法体系,比较全面而完整,而且还便于教学;第三,进行了一些穷尽性的研究,并作了数量统计,因而结论比较实在可靠。不足之处是发展线索不太清晰。

其次,是对某个或某些词语或者格式进行专题式的溯源性研究,即重视某些词语或者格式起源的研究。例如易孟醇《先秦语法》(湖南教育出版社 1989)、刘礼《先秦汉语助动词研究》(北京师范大学出版社 2000)、刘承慧《汉语动补结构历史发展》(台湾翰声图书出版有限公司 2001)、王建军《汉语存在句的历时考察》(天津古籍出版社 2002)、张诒三《词语搭配变化研究》(齐鲁书社 2005)、魏兆惠《上古汉语连动式研究》(上海三联书店 2008)等。

论文方面有:郭锡良《汉语第三人称代词的起源和发展》、唐作藩《第三人称代词"他"的起源时代》(均见《语言学论丛》第六辑)、蔡镜浩《略论先秦时期"O/是/V"句式的演变》(中国语文 1983 年第 5 期)、王绍新《"得"的语义、语法作用衍变》(语文研究 1985 年第 1 期)、张万起《连词"所以"产生的时代》(语文研究 1984 年第 4 期)、江蓝生《助词"似的"的语法意义及其来源》(《中国语文四十周年纪念刊文集》,商务印书馆 1993)、赵长才《先秦汉语语气词连用现象的历史演变》(中国语文 1995 年第 1 期)等。这些研究往往引经据典、材料丰富,追本溯源,实际上也是建立科学的汉语语法史的必要前提。

第二节　近代汉语语法研究

现代汉语语法研究跟古代汉语语法研究之间往往脱节,缺少必要的沟通和联系。关键就是因为汉语发展历史中间这一段——近代汉语语法的面貌不太清楚。无论从建立汉语语法史的角度来讲,还是从真正把握现代汉语语法现象的来源来讲,都有必要加强对近代汉语语法的研究。

一　近代汉语语法研究的崛起

汉语历史语法研究在新时期最大的收获应该是近代汉语语法研究的崛起。虽然就中国学术界来讲，早在 20 世纪 40 年代，王力、吕叔湘、高名凯已经开始对若干近代汉语语法专题进行了研究，尤其是吕叔湘，相继发表了《释您、俺、咱，附论们字》、《"说汉语第三身代词"》、《释景德传灯录中在、着二助词》等（均收录在《汉语语法研究论文集》），这些论文都写得相当精彩，可以说他是近代汉语研究，特别是近代汉语语法研究的拓荒者和创建人。正如朱德熙所指出的：吕叔湘是"筚路蓝缕，创具规模，开一个很好的头"。（参见太田辰夫《中国语历史语法·序》）之后虽然也有零星的研究，例如向熹、祝敏彻等关于"把字句"、"将字句"的考察研究、蒋礼鸿《敦煌变文字义通释》（中华书局 1962）以及胡竹安关于《水浒传》的系列研究也都涉及近代汉语的虚词和部分句式问题；但一直没能够形成潮流。即使涉及近代汉语，也主要局限于虚词，而且多偏重于词义的诠释，缺乏语法的眼光，更缺少历史发展的探索，例如张相《诗词曲语辞汇释》（中华书局 1979）汇集唐宋金元明以来通行于诗词曲中的特殊词语 500 多条，其中有一些就是虚词。

由于种种原因，近代汉语语法研究一直没有引起中国语言学界的足够重视，这种状况一直到 20 世纪 80 年代才开始出现了转机。关于近代汉语语法研究，有三位学者的贡献是有目共睹的，不但他们自己成绩斐然，而且还以他们自己的研究对汉语学界产生了积极而深远的影响。

第一位理所当然是吕叔湘，80 年代中出版了他早年撰写并由他的学生江蓝生补写的《近代汉语指代词》（学林出版社 1985），该书初稿写于 1947—1948 年，是作者准备写的近代汉语历史语法的一部分。作者主张"以晚唐五代为界，把汉语的历史分成古代汉语和近代汉语两个大的阶段"，"至于现代汉语，那只是近代汉语内部的一个分期，不能跟古代汉语和近代汉语鼎足三分"。该书主要讨论近代汉语中的指代词，涉及到它们所联系的对象有实体和非实体的不同，有定和无定的不同，指示和称代的不同，实指和虚指的不同。不但引例丰富、分析精密，而且第一次建立起指代词的系统以及研究的理论框架，从而在古代汉语代词同现代汉语之间架起了一座桥梁，有很高的学术价值。

　　第二位是日本学者太田辰夫，他的《中国语历史文法》（日本江南书院 1958，蒋绍愚、徐昌华翻译，北京大学出版社 1987），是从历史的角度来考察现代汉语的语法，并且以词论为主，句论为辅。由于对一些语法现象一直追溯到唐代，资料丰富，描写详细，并且有不少精彩的论断，所以对近代汉语语法研究乃至现代汉语语法研究都有重要的参考价值。他的另一本专著《汉语史通考》（日本白帝社 1988，江蓝生、白维国翻译，重庆出版社 1991），主要收集了作者有关汉语语法史重要的论文，既有通论性的，也有专题性的，而且以近代汉语语法为主。两本书相辅相成，相得益彰。

　　第三位是华裔美籍学者梅祖麟，他关于近代汉语语法的研究既有句式的也有虚词的，例如《现代汉语选择问句法的来源》（台湾史学所集刊 1978 年第 49 卷第 1 期）、《现代汉语完成貌句式的词尾的来源》（语言研究 1981 年第 1 期）、《关于近代汉语指代词》（中国语文 1986 年第 6 期）、《现代方言里虚词"着"字三种用法的来

源》(中国语言学报 1989 年第 3 期)、《唐宋处置式的来源》(中国语
文 1990 年第 3 期)等。他研究的特点,第一是把句式变化跟词汇
兴替结合起来,从而使问题观察得更加深入细致,例如关于现代汉
语选择问句的起源探讨。第二是他认为不但要描写语法的演变,
而且要解释这一变化的原因,这就需要把语音、词汇、语法联系起
来进行考察。

二 近代汉语语法研究的代表性学者

汉语历史语法研究,尤其是语法化研究,在新时期如火如荼,
进步神速,而且涌现了一批优秀的学者和相应的成果。其中最有
影响的当推蒋绍愚、江蓝生。更为可喜的是一代学人迅速成长,代
表性学者是:祝敏彻、刘坚、孙锡信、柳士镇、殷国光、马贝加、曹广
顺、冯春田、吴福祥、傅惠钧、洪波。此外,还有白维国、袁宾、蔡镜
浩、朱庆之、董志翘、李崇兴、梁晓虹、李宗江、张美兰、姚振武、史金
生、崔山佳等,有的虽然主要不是从事近代汉语语法研究的,但是
也都有所贡献。

(1)蒋绍愚,1940 年生于上海,籍贯浙江富阳,1962 年毕业于
北京大学中文系,留校任教。曾任北京大学中文系副系主任、汉语
语言研究中心主任、中国语言学会副秘书长。现任北京大学中文
系教授、博导。主攻汉语史,尤其是近代汉语,《蒋绍愚自选集》(河
南教育出版社 1994)入选著名中年语言学家自选集,是近代汉语
语法研究的领军人物。他的代表作是《近代汉语研究概况》(北京
大学出版社 1994),对近代汉语研究作了梳理,对资料、语音、语
法、词汇以及方言成分的研究分别进行了考察,比较各种说法,资

料丰富,分析得当,是了解近代汉语研究的一本极为精当的著作。他还非常重视研究方法论的探讨,发表了《内部构拟法在近代汉语语法研究中的运用》(中国语文 1995 年第 3 期)等重要论文,显示出他敏锐而独特的学术眼光。著作还有《古汉语词汇纲要》(北京大学出版社 1989)、《唐诗语言研究》(中州古籍出版社 1990,语文出版社增订本 2008)、《汉语词汇语法史论文集》(商务印书馆2000)等。

(2)江蓝生,女,1943 年生,湖北沔阳人。1967 年毕业于北京大学中文系,1981 年获硕士学位,导师吕叔湘、刘坚。曾任语言研究所近代汉语研究室副主任、主任,语言研究所副所长、所长,中国社会科学院副院长。现任中国社科院文史哲学部主任、学部委员、研究员、博导,兼任十一届全国政协常委、社会和法制委员会副主任委员、国家社科基金语言学评审组组长、全国科学技术名词审定委员会副主任、中国辞书学会会长、中国语言学会常务理事。主攻汉语史,尤其是近代汉语词汇和语法。她先是补写了《近代汉语指代词》,又与刘坚、白维国、曹广顺合写了《近代汉语虚词研究》(语文出版社 1992),以后陆续发表了一系列的专题研究论文,集中收录在《近代汉语探源》(商务印书馆 2000)、《著名中年语言学家自选集——江蓝生卷》(安徽教育出版社 2002)以及《近代汉语新论》(商务印书馆 2008)中,重点是探寻虚词的来源以及语法化问题,有时还涉及语言接触问题。可以看出她的研究继承了吕叔湘的学说,充分占有语料,不仅追溯源头,而且更为重要的是梳理其发展的脉络;不仅材料丰富确切,而且方法先进得当,结论真实可靠,是近代汉语语法研究出色的领军人物。

(3)祝敏彻,生于1929年,湖北武汉人。1950年9月入武汉大学中文系学习,1954入北京大学中文系读研究生,导师王力。1958年起先后在兰州大学中文系、甘肃师大中文系任教。1985年起任湖北大学中文系教授。主攻汉语史,尤其是语法史,对初期的处置式等特别有研究,其主要论文收录在《祝敏彻汉语史论文集》(中华书局2007)。专著有《〈朱子语类〉句法研究》(长江文艺出版社1991)、《近代汉语句法史稿》(中州古籍出版社1996)等。

(4)刘坚(1934—2002),江苏宝应人,生于上海。1955年北京大学中文系毕业后到中国科学院语言研究所工作,先后任副研究员、研究员、博导以及语言研究所所长、语言所学术委员会主任等职。曾任中国语言学会会长。主攻近代汉语,尤其是语法。曾编撰《近代汉语读本》(上海教育出版社1985,修订本2005)等专著,主编《近代汉语语法资料汇编》(商务印书馆1990)、《近代汉语断代语言词典系列》(上海教育出版社1997—1998)和《二十世纪的中国语言学》(北京大学出版社1998)等。主要论文收录在《刘坚文存》(上海教育出版社2008)。

(5)孙锡信,1940年出生,江苏南京人。1962年北京大学中文系毕业,1965年研究生毕业,导师朱德熙。先在商务印书馆工作,1973年到复旦大学任教。现为复旦中文系教授。早年从事现代汉语研究,70年代末将研究重点转移到历史语法,加强了对近代语言的专书语法研究,以及对来源和历史演变的考察。代表性著作有《汉语历史语法要略》(复旦大学出版社1992)、《汉语历史语法丛稿》(汉语大词典出版社1997)、《近代汉语语气词》(语文出版社1999)等。

（6）柳士镇，1945 年出生，江苏南京人。1968 年复旦大学中文系毕业，1981 年获南京大学硕士学位，并留系工作。现为教授、博导。曾任南京大学中文系副主任、社会科学处处长。兼任江苏省语言学会副会长、江苏省高等学校中文学科教学研究会副会长。主攻汉语语法史，特别是魏晋南北朝语法。代表性著作是《魏晋南北朝历史语法》（南京大学出版社 1992），学术论文收录为《语文丛稿》（南京大学出版社 1998）、《汉语历史语法散论》（上海人民出版社 2007）。

（7）殷国光，1946 年出生，江苏扬州人。1969 年毕业于北京大学中文系，1982 年获硕士学位，导师胡明扬。现任中国人民大学人文学院教授、博导。曾任中国人民大学复印报刊资料《语言文字学》主编，兼任中国语言学会理事。主要研究方向为汉语史，特别是句法研究。他的研究特色，一是关注古汉语专书语法研究。论文有《〈吕氏春秋〉同类词并列连用考察》（古汉语研究 1997 年第 1期）、《〈庄子〉准价动词及其相关句式的考察》（中国语文 2006 年第6 期）等。代表性专著有《〈吕氏春秋〉词类研究》（华夏出版社1997）、《〈庄子〉动词配价研究》（商务印书馆 2009）。二是注意借鉴现代语言学的理论，尤以句式研究见长。例如《古汉语比较问句的基本形式及其演变》（语文研究 1988 年第 1、3 期）、《谓词性向心结构向非向心结构变换的考察》（语言研究 2002 年第 2 期）等。专著有《上古汉语语法研究》（中国大百科全书出版社 2002）。

（8）马贝加，女，1950 年生于温州，1969 年赴黑龙江省同江县乐业公社插队，1978 年考取东北师范大学中文系现代汉语专业研究生，1981 年研究生毕业分配到江苏无锡大学（现并入江南大学),1985年调入温州师范学院(今温州大学)任教至今。现为温州大学教授,语言文化研究所所长。兼任中国语言学会理事,浙江省语言学会常务理事。学术主攻近代汉语语法和方言语法。代表性专著为《近代汉语介词》(中华书局2002)。

(9)曹广顺,1952年出生,1982年毕业于北京大学中文系,获学士学位;1985年获中国社会科学院研究生院硕士学位。现为中国社科院语言研究所研究员、副所长,博导。主要从事汉语语法史研究、近代汉语词汇研究、语言接触研究。代表性著作有《近代汉语助词》(语文出版社1995)、《近代汉语虚词研究》(合著,语文出版社1992)、《唐五代语言词典》(与江蓝生合著,上海教育出版社1997)、《中古汉语语法史研究》(与遇笑容合著,巴蜀书社2006)等。

(10)冯春田,1952年出生,山东无棣人。1976年毕业于北京大学中文系,1981年获山东大学汉语史硕士学位,后一直在山东社科院工作,1999年调入山东大学,现任山东大学教授、博导。曾任山东社科院汉语言文学研究所所长。主攻汉语史,尤其是近代汉语语法研究。代表性著作有《近代汉语语法问题研究》(山东教育出版社1991)、《近代汉语语法研究》(山东教育出版社2000)、《聊斋俚曲语法研究》(河南大学出版社2003)等。早期曾对《文心雕龙》做过专门研究,涉及释义以及理论哲学背景,出版过三本专著:《〈文心雕龙〉释义》(山东教育出版社1986)、《〈文心雕龙〉语词通释》(明天出版社1990)以及《〈文心雕龙〉阐释》(齐鲁书社2000)。

(11)吴福祥,安徽怀宁人。1988年毕业于西南师范大学汉语言文献研究所,获硕士学位,1995 年获中国社科院研究生院语言系博士学位。现为中国社科院语言研究所研究员。主攻历史语言学、语法化理论、语言类型学、汉语方言语法史。他的研究注重运用新的理论,有的联系类型学,例如《汉语伴随介词语法化的类型学研究》(中国语文 2003 年第 1 期)、《南方方言能性述补结构"V 得/不 C"带宾语的语序类型》(方言 2003 年第 8 期)等。有的借助于方言或者联系语言接触,例如《关于接触引发的语言演变》(民族语文 2007 年第 3 期)、《南方语言正反复问句的来源》(民族语文 2008 年第 2 期)、《南方民族语言处所介词短语位置的演变和变异》(民族语文 2008 年第 12 期)等。代表性著作有《敦煌变文语法研究》(岳麓书社 1996)、《近代汉语纲要》(与蒋冀骋合作,湖南教育出版社 1997)、《〈朱子语类辑略〉语法研究》(河南大学出版社 2004)、《敦煌变文 12 种语法研究》(河南大学出版社 2004),有关论文收录为《语法化与汉语历史语法研究》(安徽教育出版社 2006);与人合作主编会议论文集《语法化与语法研究》1—4 集(商务印书馆 2003,2005,2007,2009),主编《汉语语法化研究》(商务印书馆 2005)等。

(12)傅惠钧,1956 年出生于浙江省金华县。大学本科毕业后在金华教师进修学校任教,1992 年 10 月调入浙江师范大学中文系。现任人文学院副院长、教授,兼任中国修辞学会理事、全国文学语言研究会常务理事、浙江省语言学会常务理事、浙江师大语言文字研究所所长。研究重点是近代汉语语法,尤其关注疑问句的研究,发表系列论文有《〈儿女英雄传〉选择问句研究》(北京大学学报 2000 年第 1 期)、《真性问与假性问:明清汉语选择问句的功能考察》(语言教学与研究 2001 年第 3 期)、《〈金瓶梅词话〉中的授与动词"给"》(中国语文 2001 年第 3 期)、《论明清汉语正反问的分布及其发展》(古汉语研究 2004 年第 2 期)、《关于正反问历史发展的几个问题》(古汉语研究 2006 年第 1 期)等。专著有《教师口语艺术》(浙江教育出版社 2004)、《古汉语比较修辞学》(与人合作,百花洲文艺出版社 1998)、《文艺修辞学》(合作),主编《汉语基础》(上海文艺出版社 2003)等。

(13)洪波,1960 年出生,安徽庐江人。1983 年安庆师范学院中文系获文学学士学位,1986 年南开大学获硕士学位,1992 年南开大学获博士学位。1986 年起在南开大学中文系任教,现为南开大学文学院教授、博导,国家级精品课程"古代汉语"课程负责人。主攻汉语历史语法以及汉语侗傣语比较语法。他的研究特点是:第一,历史语法研究注重吸取新的理论和方法。第二,比较重视语法化的研究。第三,在方言语法研究以及汉藏语研究方面也有不俗的成就。代表性著作《坚果集》(南开大学出版社 1999),并主编《立体化古代汉语教程》(高等教育出版社 2005)。

三　近代汉语语法研究的重点

近代汉语语法的研究主要涉及几个方面:

(一)虚词的演变,包括虚化的过程以及意义和作用的变化。曹广顺《近代汉语助词》(语文出版社 1995)以及马贝加《近代汉语介词》(中华书局 2002)都具有方法论的意义。曹著引用笔记小说、禅儒语录、变文、佛经等 120 余种文献,较大范围内进行穷尽性的统计调查,材料翔实可靠;把助词放到语法格式中去考察它的产生、发展以及消亡。并且有意识地把单个助词放到近代汉语助词体系的全局中去考察，注意助词之间语义、功能上的影响，以及方言、历史文化背景在其形成和发展中的作用。马著提出了使用语素分析、语义结构分析和次类比较三种方法来对动词还是介词加以区分，从而使得这一区分的处理具有可操作性。她还运用组合关系来解释动词虚化为介词的语法化过程，揭示介词演变的原因以及发展趋势。有关专著还有香坂顺一《〈水浒〉词汇研究（虚词部分）》（文津出版社 1992）、段业辉《中古汉语助动词研究》（南京师范大学出版社 2002）等。有关论文有赵金铭《敦煌变文中所见的"了"和"着"》（中国语文 1979 年第 1 期）、余志鸿《元代汉语中的后置词"行"》（语文研究 1983 年第 3 期）、张惠英《释"什么"》（中国语文 1982 年第 4 期）、《说"给"和"乞"》（中国语文 1989 年第 5 期）、蔡镜浩《中古汉语的连词"被"》（中国语文 1995 年第 2 期）、钱学烈《从王梵志诗和寒山诗看助词"了"、"着"、"得"的虚化》（深圳大学学报 1993 年第 2 期）等。虚词例释方面有龚千炎主编《〈儿女英雄传〉虚词例汇》（语文出版社 1994）、董志翘《中古汉语虚词语法例释》（吉林教育出版社 1994）等。

（二）句式的演变。这方面唐钰明做了大量工作，他关于被动句式的研究无论材料还是论断方面都超越了前人。例如《汉魏六朝被动式略论》（中国语文 1987 年第 3 期）、《唐至清的被动句》（中国语文 1988 年第 1 期）、《中古"是"字判断句述要》（中国语文 1992 年第 5 期）。专著方面有祝敏彻《近代汉语句法史稿》（中州古籍出版社 1996）、《〈朱子语类〉句法研究》（长江文艺出版社 1991）、《〈金瓶梅词话〉特殊句式研究》（宁夏教育出版社 2001）。

论文方面有董志翘《中世纪汉语中的三类特殊句式》(中国语文1986年第6期)、袁宾《"祖堂集"被动句研究》(中国语文1989年第1期)、《禅宗著作里的两种疑问句:兼论通行语法》(语言研究1992年第2期)、朱庆之《试论汉魏六朝佛典里的特殊疑问词》(语言研究1990年第1期)、徐丹《汉语里的"在"与"着(着)"》(《中国语文四十周年纪念刊文集》,商务印书馆1993)、《汉语选择问、正反问的历史发展》(语言研究1995年第2期)、刁晏斌《〈朱子语类〉中几种特殊的被字句》(古汉语研究1995年第3期)、李纳和石毓智《汉语比较句嬗变的动因》(世界汉语教学1998年第3期)等。

(三)对来源进行跟踪溯源,并且进行比较研究。洪波《坚果集——汉台语锥指》(南开大学出版社1999)在这方面作了大量研究。例如《兼指代词的原始句法功能研究》(《古汉语研究》1991年第1期)、《兼指代词语源考》(《古汉语研究》1994年第2期)、《汉语于处所成分的语序演变及其机制》(《纪念马汉麟先生学术论文集》,南开大学出版社1998)、《汉语类别词起源初探》(《现代语言学——全方位的探索》,延边大学出版社1990)、《论汉语实词虚化的机制》(《古汉语语法论集》,语文出版社1998),而且他还引入少数民族语言或者方言进行了比较研究,例如《台语和汉语的平行虚化现象及其成因》(《中国民族语言论丛》2,云南民族出版社1997)、《从方言看普通话"了"的功能和意义》(安庆师范学院学报1995年第1期),从而能够得出很有意思的结论。此外还有朱庆之《关于疑问语气助词"那"来源的考察》(古汉语研究1991年第2期)、罗骥《北宋语气词及其源流》(巴蜀书社2003)等。

四　近代汉语语法研究的主要成果

有关近代汉语的通论性质的著作,大部分开始对语法加以关注。例如赵克勤《近代汉语》(陕西师范大学出版社 1987),袁宾《近代汉语概论》(上海教育出版社 1992),胡竹安、杨耐思、蒋绍愚主编《近代汉语研究》(商务印书馆 1992),杨建国《近代汉语引论》(黄山书社 1993),向熹《简明汉语史》(高等教育出版社 1993),蒋冀骋、吴福祥《近代汉语纲要》(湖南教育出版社 1997),李文泽《宋元语言研究》(线装书局 2001),张先坦《古今汉语语法比较纲要》(巴蜀书社 2007)等。这些书籍,或论文集,虽然仍然以语音词汇研究为主,但是语法已经占有比较大的比例。程湘清主编了一套丛书,邀请了何乐士、冯春田、杨建定、张鸿魁、程娟等撰写,均以断代语法研究为主,包括《魏晋南北朝汉语研究》(山东教育出版社 1992)和《宋元明汉语研究》(山东教育出版社 1992)等。此外,还有柳士镇《魏晋南北朝历史语法》(南京大学出版社 1992),除了"概述"之外,分专题论述词法和句法的发展,重点考察一些新生的语法现象。俞光中、[日]植田均《近代汉语语法研究》(学林出版社 1999)主要讨论一些特殊句式和某些词类。

近代汉语语法通论性质的研究,主要有志村良治《中国中世语法史研究》(日本三冬社 1984,江蓝生、白维国翻译,中华书局 1995),该书的第一部分"中世汉语的词汇和语法"是个概论,主要是建立了一个框架,第二部分则是"专论",就某些语法问题,例如"中世语法的疑问词系谱"进行研究。这方面的专著比较多,主要有:冯春田《近代汉语语法问题研究》(山东教育出版社 1991)以及

《近代汉语语法研究》(山东教育出版社 1999)，孙锡信《汉语历史语法要略》(复旦大学出版社 1992)，柳士镇《魏晋南北朝历史语法》(南京大学出版社 1992)，祝敏彻《近代汉语句法史稿》(中州古籍出版社 1996)，吴福祥《近代汉语语法研究》(山东教育出版社 2000)，李崇兴、祖生利、丁勇《元代汉语语法研究》(上海教育出版社 2009)等；论文方面有董琨《汉魏六朝佛经所见若干新兴语法成分》(《研究生论文选集》，江苏古籍出版社 1985)、刁晏斌《试论近代汉语语法的特点》(辽宁师范大学学报 1991 年第 1 期)等。

近代汉语的专书语法研究也相当兴旺，开始主要是论文，例如赵金铭《〈游仙窟〉与唐代口语语法》(语言研究 1995 年第 1 期)、许绍平《〈水浒传〉中的"是"字句》(语言研究 1982 年第 1 期)、祝敏彻《〈朱子语类〉中"地""底"的语法作用》(中国语文 1982 年第 3 期)、曹广顺《〈祖堂集〉中的"底(地)""却(了)""着"》(中国语文 1986 年第 3 期)、钱学烈《寒山诗语法初探》(语言教学与研究 1983 年第 2、3 期)和《试论全唐诗中的把字句》(《纪念王力先生九十诞辰文集》，山东教育出版社 1992)、李思明《〈水浒全传〉的因果句》(中国语文 1987 年第 2 期)；现在也有专著出版，例如祝敏彻《〈朱子语类〉句法研究》(长江文艺出版社 1991)、曹广顺《近代汉语助词》(语文出版社 1995)、吴福祥《敦煌变文语法研究》(岳麓书社 1996)、卢烈红《〈古尊宿语要〉代词助词研究》(武汉大学出版社 1998)、张美兰《祖堂集语法研究》(商务印书馆 2003)等。

近代汉语语法专题研究的著作有孙锡信《近代汉语语气词——汉语语气词的历史考察》(语文出版社 1999)、孙玉文《汉语变调构词研究》(北京大学出版社 2000)、张美兰《近代汉语语言研究》(天津教育出版社 2001)、王建军《汉语存在句的历时研究》(天津古籍出版社 2002)、崔达送《中古汉语位移动词研究》(安徽大学出版社 2005)、金桂桃《宋元明清动量词研究》(武汉大学出版社 2007)等。

近代汉语研究方面的论文集出版了两本:胡竹安主编《近代汉语研究》(商务印书馆 1991)和蒋绍愚、江蓝生主编《近代汉语研究》(二)(商务印书馆 1999)。有关论文集例如崔山佳《近代汉语语法历史考察》(崇文书局 2004)。

资料专集方面,主要有刘坚、蒋绍愚主编《近代汉语语法资料汇编(唐五代卷)》(商务印书馆 1990)、《近代汉语语法资料汇编(元代明代卷)》(商务印书馆 1991)、《近代汉语语法资料汇编(宋代卷)》(商务印书馆 1992)等。

现在,关于近代汉语语法研究出现了一种新的趋势,不是从近代汉语角度切入,而是采取反方向,在研究现代汉语语法某个专题时,有意识地从现代追溯到近代来进行考察,目的是寻找这类词语、格式或用法的源头,从而描述出历史的发展轨迹,以便对现代汉语语法重新进行解释。

五　关于汉语语法化的研究

中国传统语法历来有"虚化"的说法,这跟现在的语法化理论有相通之处,但是并不完全相同。语法化(grammaticalization)理论,一般认为是法国语言学家 Meilleto 在 1912 提出来的。中国引进这一理论并且开展规模化研究,是 20 世纪 90 年中开始的,并且很快成为一个研究的热点,起到沟通现代汉语语法研究和古代汉语语法研究乃至近代汉语语法研究的有效的渠道作用。

从 2001 年以来,连续召开了几届"语法化"问题国际研讨会,并且出版了论文集:吴福祥、洪波主编《语法化与语法研究》(一)(商务印书馆 2003),沈家煊、吴福祥、李宗江主编《语法化与语法研究》(二)(商务印书馆 2005),沈家煊、吴福祥、马贝加主编《语法化与语法研究》(三)(商务印书馆 2007),吴福祥、崔希亮主编《语法化与语法研究》(四)(商务印书馆 2009)。

关于语法化的定义,沈家煊认为是"语言中意义实在的词转化为无实在意义、表语法功能的成分的这样一种过程或现象";吴福祥认为是"语法范畴和语法形成的过程或现象";石毓智认为是"一种新兴的语法手段产生的历时过程,语法手段包括语法标记和语法结构两大类"。这些定义虽然各不相同,其实本质还是相通的。主要是指:(1)实词虚化;(2)结构的词汇化;(3)临时组合的结构化;(4)某些语法现象的范畴化。

目前有关汉语语法化的讨论,涉及许多理论问题。主要是:(1)语法化与单向化;(2)语法化与主观化;(3)范畴与去范畴化;(4)语法化与认知的关系;(5)历时语法化与共时语法化;(6)语法化的动因和机制。

关于产生语法化的原因,目前大致上有几种解释:第一,语言系统的内部制约。语言内部各个系统是相互制约的,语音、词汇、短语、句子等语言各类成分在使用的过程中,必然需要适应交际的需求,从而随时随地做出必要的调整。所以,语言系统需要使用交际需求是语法化的最主要的内因。第二,语用交际的需求。当人们在进行语言交际时,必定会发现语言实际上远远不能满足交际的需要，从说话人的主观角度出发，几乎一致需要对语言进行改造，使之更加适应交际的需求，在情感、语气、态度、事态、语义、联系、照应、推导等诸多方面进行改进，这就促使语言的成分不断在使用中发生变化。一旦某种新用法占了上风，获得青睐，频率增高，就可能经过专化、泛化、虚化，最后达到语法化。至于心理认知上的隐喻、借喻、相似性等知识语法化过程中的手段和方法，实际上并非根本的动因。社会文化等就更加是外因的，虽然也会有一定影响，那毕竟是次要的。例如朱德熙《从方言和历史看状态形容词的名词化》(《第四届国际汉语教学讨论会论文集》，北京语言学院出版社1993)，运用语法化的理论，强调从语言的内部寻找语法发展的动因，注重分析一个新语法现象的具体发展过程，并且全面考察新语法手段的出现对业已存在的语法系统有何影响。值得注意的是这类研究比较多的是从某种结构切入，或者从现代汉语往上追溯，进行的历史的探源。例如张赪《汉语介词词组词序的历史演变》(北京语言文化大学出版社2002)、梁银峰《汉语动补结构的产生与演变》(学林出版社2006)、高增霞《现代汉语连动式的语法化视角》(中国档案出版社2006)、肖娅曼《汉语系词"是"的来源于成因研究》(巴蜀书社2006)。

汉语语法化问题，研究比较有成果的是沈家煊、吴福祥、石毓智等。例如石毓智、李讷《汉语语法化的历程——形态句法发展的动因和机制》(北京大学出版社2001)、石毓智《现代汉语语法系统的建立——动补结构的产生及其影响》(北京语言大学出版社2003)、石毓智《语法化的动因与机制》(北京大学出版社2006)，运用语法化理论探讨现代汉语语法系统建立的动因和过程。抓住动补结构这条主线,来描写和解释各种语法现象,从句法环境、音韵系统、词语的使用频率以及语义的相关性四个角度来进行证明。还有屈承熹《历史语法学理论与汉语历史语法》(北京语言学院出版社 1993)。

有关情况,可参阅沈家煊《"语法化"研究综观》(外语教学与研究 1994 年第 4 期)、吴福祥《近年来语法化研究的进展》(外语教学与研究 2004 年第 1 期)、胡晓慧《20 世纪 90 年代以来汉语语法化研究述评》(西安交通大学学报 2008 年第 3 期)等。

第三节　汉语方言语法研究

20 世纪 80—90 年代的汉语语法研究取得了前所未有的巨大成就,这是有目共睹的。由于吕叔湘、朱德熙等前辈学者的倡导,汉语方言语法研究也取得了长足的进步,尤其 90 年代更是呈现出一派热气腾腾的景象。有远见的汉语语法学家已经把自己更多的关注转向方言语法研究,并且预测:这一势头在 21 世纪将成为新的热点和增长点。

一　汉语方言语法研究的历史

从历史上看,汉语方言语法的描写,实际上还早于汉语共同语(官话)语法体系的建立,这主要是国外传教士根据他们实际需要编写了一些汉语教科书,不能不涉及语法,但是仅仅局限于沿海的一些方言。根据目前所看到的材料,现存汉语方言语法著作最早的一本应该是艾约瑟《上海口语语法》(Joseph Edkins, A gram-

mar of colloquial Chinese, as exhibited in the Shanghai dialect)
(伦敦布道团 1853 年初版,上海长老会 1868 年再版),第一部分是
"语音",第二部分是"词类",第三部分是"句法",一共 30 课,主要
按照英语语法框架来描写上海方言口语语法。但这仅仅是一种记
录,还谈不上研究。真正意义上的科学研究要数赵元任 1926 年发
表的《北京、苏州、常州语助词的研究》,该文对几个方言的语助词
进行了比较研究,并且取得非常有价值的结论,可以说是汉语方言
语法研究的开山之作。

从那以来,虽然汉语方言的论著洋洋大观,不下上千种之多,
可是方言语法研究却长期处于半停滞状态,不但一直没有引起足
够的重视,而且研究成果在现代汉语语法研究中所占的比例也无
足轻重。汉语方言语法研究之所以如此落后,究其原因,可以从两
个角度来看:

一是从语法学界角度来看,在认识上存在三个误区:第一,以
为汉语方言之间的区别主要是语音,其次是词汇,而语法基本上大
同小异,没有什么太大的研究价值,所以不值得去做;第二,以为即
使方言语法可以研究,那也是方言学界的事情,汉语语法学家只要
研究普通话的语法,也就是不需要去做;第三,以为现代汉语(普通
话)语法需要进行研究的课题太多了,连这个都来不及去做,我们
哪有时间去研究方言语法呢? 也就是没可能去做。

二是从方言学界角度来看,客观上也存在一些困难:第一,在
语音、词汇都还没有调查清楚的情况下就进行语法研究,有点力不
从心;第二,语法研究对语感的要求更高,所以如果不是研究自己
的"母语方言",就很难进行深入的研究;第三,方言学界的学者在

语法研究方面缺乏基本功的训练,在掌握先进的语法理论与方法方面存在明显的先天不足,客观上存在某种畏惧心理。

因此,要彻底改变这种局面,首先在认识上要有根本性的转变,认识到汉语方言语法研究的重要性、迫切性和可行性。一方面,方言学界的学者要进行语法研究的理论与方法的再学习;另外一方面,语法学界的学者更要加强关心的力度,加强调查研究,加强横向的比较研究。

二 汉语方言语法研究的兴起

朱德熙从 80 年代初就大声疾呼,要加强方言语法与历史语法的研究。他在 1991 年"中国语言学会第六届年会"的发言中还以自己研究"的"的深切体会指出共时和历时比较研究的重要性。(中国语文 1993 年第 4 期)可喜的是,80 年代以来,对汉语方言语法的研究开始逐步引起注意,而到了 90 年代,特别是后半期,这一研究进入兴旺期。应该承认,汉语方言语法研究的形势从来也没有像今天这样好过。这主要有以下几个方面的体现:

第一,各种方言讨论会开始从偏重语音研究逐步转向注重语法研讨,例如从 90 年代开始,广州一批中青年学者多次举办"今日粤语"小型研讨会,就以语法研究作为主要议题,并且出版两本《广州话研究与教学》论文集;再如"吴语研究国际学术研讨会",第二届(苏州大学 2001)跟第一届(香港中文大学 1988)相比,语法论文,无论数量还是质量,都取得了长足的进步。此外,"中国东南部方言比较研究计划"于 1992 年开始就集中对汉语方言语法进行专题性的讨论,由李如龙和张双庆联合主编了一套"中国东南部方言比较研究丛书",包括《动词的体》(之二,香港中文大学中国文化研究所、吴多泰中国语文研究中心出版 1996)、《动词谓语句》(之三,暨南大学出版社 1997)、《代词》(之四,暨南大学出版社 1999)、《介词》(之五,暨南大学出版社 2000)等。

特别令人兴奋的是 21 世纪里,汉语方言语法专门的研讨会已经形成系列会议:2002 年 12 月在哈尔滨举办了首届国际汉语方言语法研讨会,并且出版了戴昭铭主编的会议论文集《汉语方言语法研究和探索》(黑龙江人民出版社 2004),这是一个里程碑式的重要会议,标志着汉语方言语法研究跨上了一个新的台阶。其主要成就在于:第一,注重方言语法研究的理论思考。例如张振兴《〈方言〉与方言语法研究》、李小凡《当前方言语法研究需要什么样的理论框架》、刘丹青《试谈汉语方言语法调查框架的现代化》、戴庆厦《汉语方言研究与少数民族语言结合的一些理论方法问题》、鲍厚星《方言语法研究与田野调查》等。第二,平面的共时的研究,还必须要联系历史发展的进城来考察,可喜的是这样的结合研究现在已经开始出现,例如曹广顺、李纳《汉语语法史研究中的地域视角》、邢福义《"起去"的语法化于相关问题》、李先耕《关于"起去"问题的再思考》、戴昭铭《弱化、促化、虚化和语法化》、冯力《中古汉语动态助词"却"(去)在现代方言中的表现》、丁崇明和荣晶《昆明话"着"的语义语源探究》等。第三,注意了方言语法描写切入点的变化,有的强调比较研究,例如胡明扬《"着""在那里"和汉语方言的进行态》、彭小川《关于"的"的一些思考》;有的联系语音探讨语法问题,例如郑张尚芳《温州话指代词系统及强式变化并近指变音》、汪国胜《大冶方言人称代词的变调》;有的从语法意义入手,但更多的还是从形式标记入手,比如重叠、被动标记、助词、语气词等。

2004 年在华中师范大学举办了第二届国际汉语方言语法研讨会,并出版了由汪国胜主编《汉语方言语法研究》(华中师范大学出版社 2007)。2006 年在暨南大学举办了第三届国际汉语方言语法研讨会,并出版了由邵敬敏主编的《21 世纪汉语方言语法新探索》(暨南大学出版社 2008)。2008 年在泉州师范学院举办了第四届国际汉语方言语法研讨会,并出版了由林华东主编的《汉语方言语法新探索——第四届汉语方言语法国际研讨班论文集》。

第二,汉语的几大方言研究专著,除了语音、词汇之外,已经把语法部分作为不可或缺的有机组成部分,并且增大了篇幅,例如钱曾怡等《烟台方言报告》(齐鲁书社 1982),张振兴《台湾闽南方言记略》(福建人民出版社 1983),侯精一《长治方言志》(语文出版社 1985),李申《徐州方言志》(语文出版社 1985),李永明《衡阳方言》(湖南人民出版社 1986),詹伯慧、张日升《珠江三角洲方言总述》(广东人民出版社 1990),陈昌仪《赣方言概要》(江西教育出版社 1991),李如龙、张双庆《客赣方言调查报告》(厦门大学出版社 1992)张启涣、陈天福、程仪《河南方言研究》(河南大学出版社 1993),李新魁、黄家教等《广州方言研究》(广东人民出版社 1995),曹志耘《严州方言研究》(日本好文出版社 1996),平田昌司《徽州方言研究》(日本好文出版社 1998),侯精一《现代晋语的研究》(商务印书馆 1999),刘纶鑫《客赣方言比较研究》(中国社会科学出版社 1999),邢向东《神木方言研究》(中华书局 2002),周日健《新丰方言志》(广东高等教育出版社 1990),陈修《梅县客方言研究》(暨南大学出版社 1993)，谢永昌《梅县客家方言志》(1994)，罗美珍、邓晓华《客家方言》(福建教育出版社 1995)，林立芳《梅县方言语言论稿》(中华工商联合出版社 1997)等。

更为可喜的是，有的方言志，语法部分已经从配角升级为主角之一，不但内容大大充实，而且地位也明显提高。比较突出的如许宝华、汤珍珠主编《上海市区方言志》(上海教育出版社 1988)第七章"语法"(游汝杰执笔)比较详尽地全面地描写了上海话的语法系统，观察比较细致，挖掘出不少很有研究价值的语料，也注意到一些比较有趣的语法现象，并有一些新的见解，例如提出了"后置介词"，建立了"拟词"；钱乃荣《当代吴语研究》(上海教育出版社 1992)也比较详细地讨论了吴语的语法特点。陈泽平的《福木方言研究》(福建人民出版社 1998)一共 13 章，语法就有 8 章之多，对某些有特色的词类，比如数量词、代词、介词，以及特殊的句式，比如肯定、否定和反复疑问句、受事前置的动词谓语句进行专题式讨论。有的还注意到方言语法历史上的特点，例如钱曾怡主编《山东方言研究》(齐鲁书社 2001)不但第二卷第三章(乐立静执笔)专门讨论了构词法、词类、短语以及句式，而且还在第三卷第三章(孙韵珩、张树铮执笔)根据《醒世姻缘传》和《聊斋俚曲集》的语言材料专门讨论"清代山东方言语法"。

第三，通论性质的方言学著作以及个别方言的著作也加强了语法部分的阐述。前者例如詹伯慧的《现代汉语方言》(湖北人民出版社 1981)、游汝杰《汉语方言学导论》(上海教育出版社 1992)、李如龙《汉语方言学》(高等教育出版社 2001，第二版 2007)、侯精一《现代汉语方言概论》(上海教育出版社 2002)等。尤其是詹伯慧《现代汉语方言》一书,对语法特别重视,从构形法、词语组合、词语位次、几类句子结构以及词类等五个方面进行了举例综述,很有启发意义。后者例如李新魁等的《广州方言研究》(广东人民出版社 1995)、詹伯慧和张日升主编《珠江三角洲方言调查报告》(3 卷本,广东人民出版社,新世纪出版社,1987,1988,1990)、《粤北十县市粤方言调查报告》(暨南大学出版社 1994)、《粤西十县市粤方言调查报告》(暨南大学出版社 1998)以及詹伯慧《广东粤方言概要》(暨南大学出版社 2002),特别是高华年的《广州方言研究》(香港商务印书馆 1980),该书的重点为语法部分,第一节"词法",第二节"句法";语法体系基本上采用《暂拟系统》,比较细致地描写了广州方言词的构造和调形变化规律以及句子的结构和类型。

第四,就方言语法进行专题研究,出版了若干方言语法通论性质的著作,对某种方言的语法进行比较系统、概括的描写,同时尽可能地作出一些比较分析。特点是比较全面,也比较传统,可以让人对这一方言语法有个基本了解。

粤方言语法著作,当年张洪年《香港粤语语法研究》(香港中文大学出版社 1972,增订本 2007)一枝独秀,后来又有了马诗帆《粤语语法综论》(Stephan Mathews)(香港中文大学出版社 1995)等。

闽方言语法专著,早期有李献璋《福建语法序说》(日本东京南风书局 1950),后来则有林寒生《闽东方言词汇语法研究》(云南大学出版社 2002)、钱奠香《海南屯昌闽语语法研究》(云南大学出版社 2002)、李如龙《闽南方言语法研究》(福建人民出版社 2007)等。

客家方言语法专著,早年有罗肇锦《客语语法》(台湾学生书局 1975),后来有陈修《梅县客方言研究》(暨南大学出版社 1993)、何耿丰《客家方言的语法研究》(厦门大学出版社 1993)、谢永昌《梅县客家方言志》(1994)、罗美珍和邓晓华《客家方言》(福建教育出版社 1995)、林立芳《梅县方言语言论稿》(中华工商联合出版社 1997)、项梦冰《连城客家话语法研究》(语文出版社 1997)等。

吴方言语法专著,有钱乃荣《上海话语法》(上海人民出版社 1997),徐烈炯、邵敬敏《上海方言语法研究》(华东师范大学出版社 1998)。

晋方言语法专著,有乔全生《晋方言语法研究》(商务印书馆 2000)、范慧琴《山西定襄方言语法研究》(语文出版社 2007)、郭校珍《山西晋语语法专题研究》(华东师范大学出版社 2008)等。

引人注目的是湖南方言语法研究向纵深发展,出版了好几本语法著作,例如曾毓美《韶山方言语法研究》(湖南大学出版社 1999)和《湘潭方言语法研究》(湖南大学出版社 2001)、徐慧《益阳方言语法研究》(湖南教育出版社 2001)、卢小群《湖南土话代词研究》(中国社会科学出版社 2004)、彭兰玉《衡阳方言语法研究》(中国社会科学出版社 2005)等。尤其是系列丛书更加引人注目,比如伍云姬主编"湖南方言语法系列":《湖南方言的时态助词》(湖南师范大学出版社 1996)、《湖南方言的介词》(湖南师范大学出版社 1998)、《湖南方言的代词》(湖南师范大学出版社 2000)、《湖南方言的语气词》(湖南师范大学出版社 2006)、《湖南方言的副词》(湖南师范大学出版社 2007)等。此外,还有鲍厚星主编的"湘方言研究丛书",也有两本语法专著:伍云姬《湘方言动态助词的系统及其演变》(湖南师范大学出版社 2006)、丁加勇《湘方言动词句式的配价研究》(湖南师范大学出版社 2006)。

　　第五，北方方言内部的差异与比较研究也引起广泛的重视。为此 1997 年在青岛、2000 年在重庆、2004 年在贵阳、2007 年在安康，2009 年在开封举办了五届官话方言研讨会。有关语法专著有汪国胜《大冶方言语法研究》（湖北教育出版社 1994），邢向东《内蒙古西部方言语言研究》（内蒙古人民出版社 1997），陈淑梅《鄂东方言语法研究》（江苏教育出版社 2001），张一舟、张清源、邓英树《成都方言语法研究》（巴蜀书社 2001），马静、吴永焕《临沂方言志》（齐鲁书社 2003），辛永芬《浚县方言语法研究》（中华书局 2006）等。

　　这类论文有胡双宝《文水方言的一些语法现象》（语文研究 1981 年第 2 期）、汪平《贵阳方言的语法特点》（语言研究 1983 年第 1 期）、张成材《西北方言语法调查提纲》（固原师专学报 1991 年第 2 期）、徐凤云《黔南汉语方言的特点》（贵阳师专学报 1991 年第 3 期）、钱曾怡和罗福腾等《山东诸城方言的语法特点》（中国语文 1992 年第 1 期）、王磊《论牡丹江方言语法》（牡丹江师范学院学报 1992 年第 2 期）、陈汝立《新疆汉语方言语法述要》（新疆师范大学学报 1992 年第 2 期）、屈哨兵《湖北宣恩话语法札记》（中国语文 1993 年第 6 期）等。

　　方言语法研究还非常重视专题性研究。例如胡明扬主编的《汉语方言体貌论文集》（上海教育出版社 1996），张双庆主编的《动词的体》（香港中文大学吴多泰中国语文研究中心出版 1996），李如龙、张双庆主编《动词谓语句》（暨南大学出版社 1997）、《代词》（暨南大学出版社 1999）、《介词》（暨南大学出版社 2000），方小燕《广州方言句末语气助词》（暨南大学出版社 2003）等。

三 方言语法研究的代表性学者

方言研究方面,历来以语音研究为主,其次是词汇,专门进行方言语法研究的学者,大多是新时期才开始出现的。目前比较有影响的是:施其生、张洪年、伍云姬、丁崇明、李小凡、吴继章、乔全生、汪国胜和邢向东,他们的语法专题研究尤为出色,是汉语方言语法研究的杰出代表。

(1)施其生,1944年生,广东汕头人。1967中山大学中文系毕业,1981年获得中山大学硕士学位,导师黄家教。现任中山大学中文系教授、博导,兼任广东省中国语言学会常务理事。主攻现代汉语方言,尤其是方言语法研究,兼及汉语史、社会语言学、语言类型学、应用语言学等。代表作是《方言论稿》(广东人民出版社1996),该书除了4篇是关于方言语音调查之外,其余14篇都是研究方言语法的,以汕头和广州方言为主,例如"论'有'字句"、"广州方言的'量+名'组合",方法新颖,结论都很有见地。

(2)张洪年,1946年生于上海。江苏镇江人。1947年随父母移居香港,1967年毕业于香港中文大学,1969年取得中文大学文学硕士学位。1974年获美国加州大学伯克利分校博士学位。留校任教前后共26年,1997—1998年出任该校东方语言文学系系主任。他还曾在美国俄勒冈大学、香港大学及香港浸会大学短期任教。2000年转到香港科技大学任人文学部教授兼学部主任,现任香港中文大学中文系讲座教授。张洪年早年随周法高学习中国语言学,后师从张琨。对中国历史音韵、语法、方言皆有涉猎。研究兴趣主要集中在粤方言,尤其是语法。代表性著作为《香港粤语语法的研究》（香港中文大学 1972，增订本 2007），采用结构主义语法理论，对香港粤语作全面性探讨和分析。这是研究粤语语法第一本力作，对粤语研究有重要参考价值，增订版另加四章，讨论句式、句子类型及词类。他还致力于研究粤语历史发展的过程，利用早期传教士的材料，探查从 19 世纪以来粤语里发生的各种变化。此外还做过敦煌语言的研究，编写过 *A Practical Chinese Grammar*（香港中文大学 1995），是对外汉语教学的语法专书。

（3）伍云姬，女，1976 年毕业于湖南师范大学中文系，留校任教。1987 年赴澳大利亚留学，1993 年获墨尔本大学语言学博士学位。1988 年起在墨尔本大学汉学系任教。现为墨尔本大学亚洲学院（Asia Institute）高级讲师。主要研究领域为方言语法学。专著有 The *Development of Aspectual Systemsin the Xiang Dialects—China*《湘方言动态助词系统的演变和发展》（法国高等社会科学院 1999），*A Synchronic and Diachronic Study of the Grammar of the Chinese Xiang Dialects*《湘方言语法之共时和历时研究》（柏林：Mouton de Gruyter 2005）。专著有《湘方言动态助词的系统及其演变》（湖南师范大学出版社 2006），并主编《湖南方言语法系列》（湖南师范大学出版社 1996—2006）、《汉语方言共时与历时语法研讨论文集》（暨南大学出版社 1999）等。

（4）丁崇明，云南昆明人。1984 年毕业于云南大学中文系，留校任教，1989 年获山东大学硕士学位，2005 年获山东大学博士学位，导师钱曾怡。1999 年调北京师范大学汉语文化学院，现任北京师范大学汉语文化学院教授，曾任副院长，兼任北京市语言学会理事。主要研究领域为语言学及现代汉语，尤其是汉语方言语法，主要是云南方言。例如《大理方言中与动词"给"相关的句式》(中国语文 1992 年第 1 期)、《昆明方言的"着"字》(方言 1994 年第 4 期)、《昆明话动词重叠的句法组配》(方言 2000 第 1 期)等。其他也涉及汉语与少数民族的接触研究、语言演变及变异研究以及对外汉语教学有关的语法研究。

(5)李小凡,1954 出生,江苏苏州人。1983 年获北京大学中文系汉语专业学士学位,留校任教,1989 年获北京大学中文系硕士学位,导师王福堂。现任北京大学中文系教授、博导。曾任北京大学中文系党委书记。主攻汉语方言语法,尤其是苏州方言语法。对体貌以及疑问句更为关注。例如《苏州方言疑问句研究》(《汉语方言历时和共时语法研讨论文集》,暨南大学出版社 1999)、《苏州方言的体貌系统》(方言 1998 年第 3 期)、《现代汉语词尾"了"的语法意义再探讨》(《语法研究和探索》十,商务印书馆 2000)等。代表作为《苏州方言语法研究》(北京大学出版社 1998)。

(6)吴继章,1955 年出生,2006 年获得南开大学博士学位,导师马庆株。主要研究方向为汉语方言语法。现任河北师范大学文学院教授、博导。他的研究特色是把河北方言语法与近代汉语、其他方言语法、普通话语法结合起来进行比较,并且十分注重新理论的学习和新方法的运用,例如《河北方言词缀发展演变的趋势及语义在其中的作用》(语言研究 2005 年第 1 期)、《河北魏县方言的"了"——与汉语普通话及其它相关方言、近代汉语等的比较研究》(语文研究 2007 年第 3 期)。此外还主编了《河北省志·方言志》(方志出版社 2009)。

(7)乔全生,1956 出生,山西临汾人。1979 年毕业于山西大学中文系,1988 年获山西大学中文系硕士学位,2003 年获南京大学中文系汉语言文字学博士学位。现为山西大学语言科学研究所所长、文学院教授,博士生导师。兼任山西省语言学会会长、中国语言学会理事、全国汉语方言学会理事、中国音韵学会理事。研究方向为汉语方言学、语音学、语音史。方言语法研究注重历史以及亲缘关系。例如《再论山西方言的"我咱"、"你咱"》(《汉语方言语法研究和探索》,黑龙江人民出版社 2003)、《晋方言与唐五代西北方言的亲缘关系》(中国语文 2004 年第 2 期)。代表作为《晋方言语法研究》(商务印书馆 2000)。此外还有专著《汾西方言志》(山西高校联合出版社 1994)、《洪洞方言研究》(中央文献出版社 1999)、《晋方言语音史研究》(中华书局 2008),主编《山西方言重点研究丛书》。

(8)汪国胜,1958 出生,湖北大冶人,1982 年华中师范大学中文系毕业并留校任教;1989 年获硕士学位,2000 年获博士学位,导师邢福义。现任语言与语言教育研究中心主任、教授,兼任中国语言学会理事,全国汉语方言学会理事,中国修辞学会常务理事,中南修辞学会副会长,湖北省语言学会常务理事。主攻汉语方言语法。代表作是《大冶方言语法研究》(湖北教育出版社 1994)。该书列出 10 个专题分别作了探讨,其中"大冶金湖话的'的''个'和'的个'",用方言材料验证了朱德熙关于现代汉语的"的"应该分为三个不同性质的"的"的论断,很有影响,其他章节也写得相当扎实。

(9)邢向东,1960 年出生,陕西神木人。1982 年春毕业于陕西师大中文系,1986 年获硕士学位,2000 获山东大学博士学位,导师

钱曾怡。2001—2003 年在南开大学做博士后研究。现任陕西师
大文学院副院长、教授、博导。兼任中国语言学会理事、全国汉语
方言学会理事。主攻汉语方言尤其是方言语法研究。代表作是
《神木方言研究》(中华书局 2002)以及《陕北晋语语法比较研究》
(商务印书馆 2006),邢向东对陕北晋语、神木方言的语法很有研
究,而且擅长比较研究。

四 汉语方言语法专题研究的重点

新时期的汉语方言语法的专题性研究,主要涉及以下几个
方面:

(一)就某个方言区或方言点的某些特点进行概述,例如潘悟
云《吴语的语法、词汇特征》(温州师专学报 1986 年第 3 期)、崔振
华《长沙方言的几个语法特点》(湖南师范大学学报 1992 年第 3
期)、何伟棠《增城方言的语法特点》(方言 1993 年第 2 期)、黄雪贞
《客家方言的词汇和语法特点》(方言 1994 年第 4 期)、吴启主《常
宁方言的语法特点》(《中国语言学报》5,商务印书馆 1995)等。

(二)构词和构形研究。主要是词缀的研究,也包括特殊的构
词方式。例如熊正辉《南昌方言的子尾》(方言 1979 年第 3 期)、郑
张尚芳《温州方言的儿尾》(方言 1979 年第 3 期)、甄尚灵《遂宁方
言的形容词的生动方式》(方言 1984 年第 1 期)、王建设《贵阳话中
的叠音后缀"兮兮"》(贵州师范大学学报 1992 年第 1 期)、汪国胜
《湖北大冶方言的语缀》(方言 1993 年第 3 期)、周日健《广东省惠
东客家方言的语缀》(方言 1994 年第 2 期)、乔全生《山西方言"字
尾"研究》(山西大学学报 1995 年第 3 期)、陈炳昭和郭锦标《漳州

方言三内音词造词特点》(《中国语言学报》6,商务印书馆
1995)等。

(三)虚词研究。主要采取了两种方法:第一,跟普通话比较,
从而发现方言虚词的某些特点,例如范晓《吴语"Ｖ-脱"中的
"脱"》(《吴语论丛》,上海教育出版社 1988)、邵敬敏《试析上海方
言的虚语素"头"》(《语文论丛》四,上海教育出版社 1989)、乔全生
《洪洞方言助词"着"的共时研究》(方言 1990 年第 2 期)、林伦伦
《潮汕方言的虚词及其语法意义》(汕头大学学报 1992 年第 1 期)、
彭可君《贵阳话的副词"把"》(中国语文 1991 年第 6 期)、汪国胜
《大冶方言的程度副词"闷"》(方言 1992 年第 2 期)、涂光禄《贵阳
方言语气词初探》(贵州大学学报 1993 年第 1 期)、陈满华《湖南安
仁方言的句段关联助词》(中国语文 1993 年第 3 期)、宋秀令《汾阳
方言的语气词》(语文研究 1994 年第 1 期)、刘清源《成都话动态助
词"过"的一个用法——"VO 过"》(《中国语言学报》6,商务印书馆
1995)、乔全生《再论洪洞方言助词"着"》(《中国语言学报》9,商务
印书馆 1999)等。第二,方言内部同类型虚词的比较,例如钱乃荣
《上海话的虚词"LAʔ"和"Ləʔ"》(《吴语论丛》,上海教育出版社
1988)、施其生《论广州方言虚成分的分类》(语言研究 1995 年第 1
期)、吕枕甲《运城方言的时制助词"呀"和"去"》(《中国语言学报》
6,商务印书馆 1995)、刘丹青《无锡方言的体助词"则"(仔)和
"着"》(《中国语言学报》6,商务印书馆 1995)。

(四)代词研究。既有建立系统,以描写为主的,也有分析其中
的特殊用法,以揭示其特点。例如谢自立《苏州方言的代词》(《吴
语论丛》,上海教育出版社 1988)、陈鸿迈《海口方言的指示代词和

疑问代词》(中国语文 1991 年第 1 期)、张邱林《陕县方言远指代词
的面指和背指》(华中师范大学学报 1992 年第 5 期)、项梦冰《连城
(新泉)方言的疑问代词》(方言 1993 年第 3 期)、项梦冰《连城(新
泉)方言的指示代词》(方言 1992 年第 4 期)、施其生《汕头方言的
人称代词》(方言 1993 年第 3 期)、宋秀令《汾阳方言的指示代词与
疑问代词》(山西大学学报 1994 年第 1 期)、孟守介《诸暨方言的代
词》(语言研究 1994 年第 1 期)等。专著有汪化云《汉语方言代词
论略》(巴蜀书社 2008),着重阐述方言代词的三分问题,并且对指
代词"个"及相关语法化问题展开论证。

（五）重叠形式研究。重叠,本来就是汉语语法的一种相当特
殊的形式,在各种方言中又有其不同的表现。最主要的是形容词
的重叠,也有部分涉及动词的重叠。例如陈亚川、郑懿德《福州话
形容词重叠式的音变方式及其类型》(中国语文 1990 年第 2 期),
张光明《沂州方言形容词的重叠式》(方言 1992 年第 1 期),朱景松
《扬州方言单音动词的生动重叠》(中国语文 1993 年第 3 期),周本
良《新化方言形容词的重叠式》(广西教育学院学报 1993 年第 2
期),潘家懿《海丰话形容词的生动形式》(语文研究 1994 年第 1
期),陈淑梅《湖北英山方言形容词的重叠式》(方言 1994 年第 1
期),邓玉荣《藤县方言单音形容词的变形重叠》(方言 1995 年第 1
期),马重奇《漳州方言的重叠式动词研究》(语言研究 1995 年第 1
期),谢自立、刘丹青《苏州方言变形形容词研究》(《中国语言学报》
6,商务印书馆 1995),徐烈炯、邵敬敏《上海方言形容词重叠式研
究》(语言研究 1997 年第 2 期),甘于恩《广东四邑方言形容词重叠
式的综合研究》(《汉语方言语法研究和探索》,黑龙江人民出版社

2004)等。专著有李珊《动词重叠式研究》(语文出版社 2003),汪国胜、谢晓明主编《汉语重叠问题》(华中师范大学出版社 2009)。

(六)特殊结构和句式分析。例如侯精一《平遥方言的动补式》(语文研究 1981 年第 2 期)、陈法今《闽南方言的两种比较句》(中国语文 1982 年第 1 期)、俞扬《泰州方言的两种述补组合》(中国语文 1991 年第 4 期)、乔全生《山西方言的"Ｖ＋将＋来/去"结构》(中国语文 1992 年第 1 期)、丁崇明《大理方言中与动词"给"相关的句式》(中国语文 1992 年第 1 期)、罗福腾《牟平方言的几种常用句式》(方言 1992 年第 2 期)和《山东方言比较句的类型及其分布》(中国语文 1992 年第 3 期)、陈法今《泉州方言的述补结构》(方言 1992 年第 3 期)、汪国胜《大冶话的"倒"字及其相关句式》(华中师范大学学报 1992 年第 5 期)、邢向东《呼和浩特方言感叹句的常用句式》(方言 1994 年第 2 期)、张林林《九江话的"着"及其相关句式》(九江师专学报 1992 年第 2 期)、周长缉《厦门话的被动句》(厦门大学学报 1993 年第 3 期)、陈垂民《闽南话的"去"字句》(暨南学报 1993 年第 3 期)、丁力《安康方言中的"Ｖ开(ＮＰ)了"结构》(湖北大学学报 1995 年第 6 期)、饶长溶《长汀话表可能的"Ｖ得"组合》(《中国语言学报》6,商务印书馆 1995)、麦耘《广州话的后补式形容词》(《广州话研究与教学》,中山大学学报编辑部 1995)等。

(七)疑问句研究。因为疑问句是方言语法中比较有特色的,所以这方面研究也很突出。例如:谢晓安、张淑敏《甘肃临夏方言的疑问句》(中国语文 1990 年第 6 期),刘丹青、余蔼芹《广东开平方言的疑问句》(中国语文 1992 年第 4 期),游汝杰《吴语里的反复问句》(中国语文 1993 年第 2 期),宋金兰《甘青汉语选择问句的特点》(民族语文 1993 年第 1 期),赵蔡欣《武汉方言中的两种问句》(汉语学习 1993 年第 6 期),焦长华《无为方言反复问句"VP 没有"的表述》(南昌大学学报 1994 年第 2 期),徐烈炯、邵敬敏《"阿 V"及其相关疑问句式比较研究》(中国语文 1999 年第 4 期)等。

总体来看,方言语法论著的数量已经达到一定程度,但是质量还有待于改进,尤其是所采用的理论和方法大部分还停留在传统语法的层面,只有少数有所突破。

五 今后发展的趋势

汉语方言语法研究要想取得比较显著的成就,就需要发现差距,寻找原因,明确改进的方向。

第一,深化各个角度的"比较"研究。

方言语法研究,离不开比较这个基本的方法。应该说大多数方言语法学家已经比较娴熟地掌握了这一方法,也写出了不少比较色彩浓郁的论文。例如于根元的《上海话的"勒勒"和普通话的"在、着"》(语文研究 1981 年第 1 期)、林伦伦《广东闽方言语法特点的比较研究》(汕头大学学报 1993 年第 2 期)、李英哲《官话和闽方言中的几个动词短语结构的比较研究》(语言教学与研究 1992 年第 1 期)、傅雨贤《连平话祈使句的形式标志"好"——兼与普通话祈使句作比较》(《双语双方言》2,香港汉学出版社 1996)、许绍早《广东阳江话否定句和普通话否定句的比较》(《双语双方言》2,香港汉学出版社 1996)、胡性初《英东话否定句和普通话否定句的比较》(《双语双方言 3》,香港汉学出版社 1996)、邢福义《南味"好"字句》(《双语双方言》4,香港汉学出版社 1996)、陈垂民《闽南话和普通话述补结构的比较》(《双语双方言》4,香港汉学出版社 1996)、郑贵友《赤峰话中的"W＋呢啊"是非问句》(《双语双方言》 4,香港汉学出版社 1996)、叶竹钧《慈溪话普通话否定词语的用法 比较》(《双语双方言》5,香港汉学出版社 1996)、邵敬敏《上海方言 与北方方言疑问代词比较研究》(《中国语言学的新拓展》,香港城 市大学 1999)等。

目前的方言比较研究往往局限于某个方言跟普通话语法的比 较,换言之,还属于单一层次的比较研究。我们理应把视野放宽, 进行多角度的比较研究:一是就某个专题,把几个相关的方言,加 上普通话放在一起进行比较。二是就某个方言跟汉藏语言的语法 进行比较。朱德熙《北京话、广州话、文水话和福州话里的"的"字》 (方言 1980 年第 3 期)一方面从历史上考察了唐宋时"地$_1$""地$_2$" 和"底"的区别,另一方面又从平面上比较了几个方言的有关用法, 从而证明北京话中同语音形式的"的"确实应分化为不同的三个 "的"。这比仅仅依靠分布来证明更有说服力。这类论文还有:游 汝杰《温州方言的一些特殊语法现象及其在台语里的对应表现》 (《吴语论丛》,上海教育出版社 1988),吴振国《助词"着"在若干方 言中的对应形式》(《双语双方言》3,香港汉学出版社 1996),甘于 恩、邵慧君《汉语部分南方方言否定副词的类型比较》(《双语双方 言》4,香港汉学出版社 1996),邵敬敏、鲍茂振《从北京话、上海话、 香港话看语言渐变的走势》([中国香港]语文建设通讯 1997 年第 3 期)。特别是张惠英的《汉语方言代词研究》(语文出版社 2001) 就若干方言的代词进行的综合性的比较研究,很有学术价值。

第三届汉语方言语法国际研讨会明确以"汉语方言语法的比

较研究（包括横向比较和纵向比较）"作为主题，表明加强方言语法的比较研究已成为语法学界和方言学界的共识。余霭芹《汉语方言语法比较》（*Comparative Chinese Dialectal Grammar*，EHESS，Paris，1993）更是有意识地把若干个方言语法的材料放在一起进行比较研究，从而建立起汉语方言比较语法学。事实证明，这一比较方法是非常有潜力的。此外还有罗自群《现代汉语方言持续标记的比较研究》（中央民族大学出版社 2006）以及邵敬敏、周娟、彭小川、邵宜、甘于恩、曾毅平等撰写的《汉语方言疑问范畴比较研究》（暨南大学出版社 2009）等。

第二，变换研究的思路。

语法研究通常是从形式入手，去寻找语义的解释；但是对汉语来讲，也许从语义入手去寻找形式的验证，更加有效。现在的研究大多还是从形式出发的，无非这么几种角度：一是构词、构形，包括重叠式；二是词类，集中在虚词、代词等封闭性词类；三是特殊结构，例如动补结构、趋向结构；四是句式，包括疑问句。那么，我们能不能变换一个角度呢？比如说从范畴出发，这包括语法范畴和语义范畴。例如关于方言的体貌范畴研究就很有启发。因为"体貌"问题一方面跟动词有关，另一方面又跟虚词，特别是时态助词有关，而且在各个方言里有不少变化，所以特别容易引起注意。例如马文忠《大同方言语助词"着"》（中国语文 1992 年第 1 期）、邢向东《神木话表过去时的"来"》（延边大学学报 1991 年第 1 期）、王晖《山东临朐话的时间助词》（中国语文 1991 年第 2 期）、吕枕甲《运城方言的两个表时间的助词》（方言 1993 年第 2 期）、都宇宙《西宁方言中的虚词"着"辨异》（青海民族学院学报 1993 年第 2 期）、伍云姬《长沙方言的动态助词》(方言 1994 年第 3 期)、戴耀晶《赣语泰和方言语法的完成体》(语文研究 1995 年第 1—2 期)、梁玉璋《福州话"着"的词性与语法功能》(语言研究 1990 年第 1 期)等。胡明扬主编《汉语方言体貌论文集》(江苏教育出版社 1996),集中对体貌,包括时、态、体等重要的语法范畴进行研究,还讨论了余蔼芹提出的 16 种态(《汉语方言比较语法》1993)。中央民族大学2001 年 4 月举办"动词体貌问题研讨会",并且出版由戴庆厦主编的《中国民族语言文学研究论集》(民族出版社 2002),就收集了好几篇汉语方言的动词体貌有关的论文,例如张振兴《汉语方言持续态举例》、石汝杰《苏州方言的体和貌》、涂光禄《贵阳方言动词的体和貌》。这类研究还有刘叔新《广州话的趋向范畴》(南开学报1991 年第 6 期)等。

但是关于方言语法语义范畴的研究则基本上还没有启动,其实这方面是大有文章可做的。例如疑问范畴、比较范畴、数量范畴、被动范畴等。

第三,关注语言的接触、渗透、交融和互相影响。

语言,包括方言的接触,也是我们需要特别重视的课题。例如邵敬敏《现代汉语正反问研究》(《汉语言文化研究》四,天津人民出版社 1994)指出:南方方言的减缩类型"V 不 VO"格式正在渗透到北方方言里去,并有逐步取代"VO 不 V"格式的趋势,这里虽然有南方地区经济发达等外部原因,但起决定因素的还是语言的内因,即从人的认知上进行解释:南方类型句疑问结构结合紧密,更能显示疑问焦点,在语义理解上 V 与不 V 语义同时指向 O,符合人们的思维走势;而北方类型句不但疑问焦点分散,而且由于中间隔着

O,不 V 的语义指向却必须反搜索,不符合人们的思维走势,因此,后者就有可能被前者替代。同类论文还有温端政《从浙南闽南话形容词程度表示方式的演变看优势方言对劣势方言的影响》(语文研究 1994 年第 1 期)等。

这方面,由深圳教育学院陈恩泉主持的"双语双方言(国际)研讨会"先后举办 9 次研讨会,出版《双语双方言》系列论文集(第一集中山大学出版社 1989,第二—五集香港汉学出版社 1996,第六集香港汉学出版社 1999,第七集香港汉学出版社 2001,第八集香港汉学出版社 2005,第九集香港汉学出版社 2006),为此做出了特殊的贡献。他们的研究不仅涉及比较研究,包括普通话跟汉语方言、普通话跟少数民族语言、普通话跟外语、汉语方言跟汉语方言等多类型、多层面的双语双方言的比较研究,而且还进一步考察了方言之间的接触、交融和互相影响等问题。例如邢福义《"有没有 VP"疑问句式》(《双语双方言》1)、吴永德《香港汉语与大陆汉语的词汇、语法差异》(《双语双方言》1)、周小兵《新加坡华语小说的语法特点》(《双语双方言》1)、陈垂民《闽南话和普通话"有"字用法比较》(《双语双方言》3)、邢福义《"很淑女"之类说法语言文化背景的思考》(《双语双方言》5)等。

现在不少方言语法研究开始关注语言以及方言的接触、交融及其引起的变异。例如李启群《吉首方言研究》(民族出版社 2002)从语音、词汇、语法三个方面描写了少数民族语言对汉语的影响,并运用语言学理论分析解释特殊地域的独特语言现象,探讨其规律。莫超《白龙江流域汉语方言语法研究》(中国社会科学出版社 2004)对白龙江流域这一地处汉、藏、羌三大民族交汇边缘地区的汉语方言语法状况进行了全面的静态描写,其中涉及当地汉语方言语法的诸多层面及其接触影响。

第四,在研究的方法论上有所突破。

方言语法专题研究不能就事论事,而应该把事实的研究上升到理论的高度来进行认识。对方言语法研究的理论与方法的探讨,包括对有关研究进行述评,已经引起注意,例如:贺巍《汉语方言语法研究的几个问题》(方言 1992 年第 3 期),项梦冰、曹晖《大陆的汉语方言语法研究》(云南师范大学学报 1992 年第 6 期),鲍厚星《方言语法研究与田野调查》(《汉语方言语法研究和探索》,黑龙江人民出版社 2003),刘丹青《试论汉语方言语法调查框架的现代化》(《汉语方言语法研究和探索》,黑龙江人民出版社 2003),陆俭明《关于汉语方言语法调查研究之管见》(语言科学 2004 年第 2 期)。这方面香港青年学者就比较注意,例如邓思颖的《汉语方言语法的参数理论》(北京大学出版社 2003),密切结合汉语方言语法,特别是粤语的双宾语结构、与格结构以及被动结构的语言事实,试图证明根据乔姆斯基"原则与参数"的最新理论也适用于汉语方言语法研究,在形式化方面做了有益的尝试。

其中最值得关注的是运用语法化理论来研究方言。例如:方梅《指示词"这"和"那"在北京话中的语法化》(中国语文 2002 年第 4 期),邢向东《论加强汉语方言语法的历时比较研究》(陕西师范大学学报 2002 年第 5 期),钱乃荣《苏州方言中动词"勒浪"的语法化》(《语法化与语法研究》一,商务印书馆 2003),董秀芳《北京话名词短语前阳平"一"的语法化倾向》(同上,2003),刘丹青《语法化中的共性与个性——以北部吴语的同义多功能虚词"搭"和"帮"为例》(同上,2003),荣晶、丁崇明《昆明话的"着"字及其语法化过程中的历时择一与共时制衡问题》(中国语文2004年第3期),罗自群《从官话"着(之/子)"类持续标记看中古"着(着)"的语法化过程》(《语法化与语法研究》二,商务印书馆2005),刘子瑜《试论粤方言"V到C"述补结构的语法化及其与"V得C"述补结构的互补分布》(语言研究2006年第3期),林华勇《廉江方言言说义动词"讲"的语法化》(中国语文2007年第2期)。

第五,强化理论意识,提升理论高度。

方言语法研究不能仅仅就事论事,还需要以小见大,即通过具体课题的分析,挖掘出具有重大意义的价值。当年朱德熙在《关于汉语方言里的两种反复问句》(中国语文1985年第1期)中指出:苏州话里没有"VP不VP"的疑问句式,所以"可VP"(例如"耐阿晓得?")就是反复问句。而且这两种反复疑问句无论在历史上还是现代,都是始终相互排斥的,不在同一方言里共存,至于"可VP不VP"则应该看作是以上两种句式糅合在一起的混合句式,是"可VP"的一种变例,因此,这一研究具有类型学的意义。该文一发表就引起了广泛的注意和争论。王世华《扬州话里两种反复问句共存》(中国语文1985年第6期)认为实际上扬州话里有这两种反复问句形式共存的现象,并推测这与其他方言影响有关,是不同方言留下的痕迹。刘丹青《苏州方言的发问句与"可VP"句式》(中国语文1991年第1期)则对朱德熙把"可VP"归为反复问句提出质疑,他从三个方面论证这一句式应该归属于是非问句。施其生《汕头方言的反复问句》(中国语文1990年第3期)指出汕头方言里同时存在着"可VP"、"VP不VP"以及"可VP不VP"三种句式,而且它们都是汕头方言固有的,他还进一步指出应该把混合型看作第三种类型,而不宜看作"可 VP"的变式。对这一讨论进行小结的是贺巍《获嘉方言的疑问句——兼论反复问两种类型的关系》(中国语文 1991 年第 5 期),作者认为,获嘉方言里的"可 VP"句型是对"VP 不 VP"句型的简化,在同一个方言里共存,属于同一个层次,他还在比较几个相关方言的基础上,归纳出方言反复问句两种句型的五种情况。而后,余蔼芹《广东开平方言的中性问句》(中国语文四十周年纪念刊文集,商务印书馆 1993)提出反复问句不如改名叫做"中性问句",它有三种形式:"VP－neg"型、"VP－neg－VP"型和"可 VP"型。徐烈炯、邵敬敏的《"阿 V"及其相关疑问句句式比较研究》(中国语文 1999 年第 3 期)持另外的意见,即认为"可 VP"既不是是非问句(上海话里有"侬去伐?"),也不是反复问句(新派上海话里有"侬去勿去?"),而应该看作单独一类疑问句型。

朱德熙在进一步比较汉语各个方言之后,又写了《"V－neg－VO"与"VO－neg－V"两种反复问句在汉语方言里的分布》(中国语文 1991 年第 5 期),他认为这两种不同的词序代表了方言的不同句法类型,前者主要见于南方方言,后者主要见于北方方言。某些方言中"V－neg－VO"经常紧缩为"VV(O)"形式,它实际上有两种情况:(1)省略式;(2)融合式;他还指出,反复问句的各种句式形成不同的层次。这一研究不仅显示了汉语方言里反复问句的复杂性和多样化,而且揭示了这类句型的动态变化,因此具有语言类型学的意义。年轻一代的学者在这方面已经迈出了坚实的步伐,例如刘丹青《语言类型与介词理论》(商务印书馆 2003),就通过吴语的介词分析,在语序类型学方面进行了有益的探索。同类论文还有余霭芹《广东开平方言"的"字结构:从"者""之"分工谈到语法类型分布》(《中国语文》1995 年第 4 期),邵敬敏、周娟《汉语方言正反问的类型学比较》(暨南学报 2007 年第 2 期)等。

第六,进行方言语法调查的基础性工作。

当年大规模的方言调查主要集中在语音方面,其次则是词汇,语法仅仅是一种点缀。即使是调查提纲也非常粗糙。可喜的是,我们现在拥有了一份比较齐全的方言语法的调查手册:黄伯荣等编著的《汉语方言语法调查手册》(广东人民出版社 2001)是继《汉语方言调查简表》、《方言调查词汇表》和《汉语方言调查词汇表》之后又一个重要的调查表。后三个表只分别列举了 37 个、53 个和 200 多个语法例句,显然依靠这样少数例句是不可能完成汉语方言语法调查那样繁重而艰巨的任务的;该表则根据 250 多个方言点的语法资料,制订出一个比较全面的调查大纲,包含 12 章 68 节,涉及现行现代汉语语法系统的各个方面,大体上可分为词类(8 章 43 节)、句法结构(1 章 5 节)、句型(1 章 18 节)以及"语序与省略"(1 章 2 节)。但是问题也很突出,调查项目比较传统,以词类(包括构词形态、重叠、小类等)和句型(包括句型、句类和句式)为主。只注重形式,忽视语义。比如否定、比较等项目只有相应句子的调查。句子的变化和运用中的问题,除了语序和省略,其余还没能够触及。

总的来看,汉语方言语法研究还刚刚起步,极大部分还是以材料的收集和归纳为主,在研究理论和方法上突破不多,特别缺少新颖的角度。如果要真正做到在这方面研究有所突破,首先要加强方言语法的调查研究;其次是抓住方言语法的特殊点,加强方言与普通话的语法比较;第三,加强方言间的横向比较研究以及历史上的纵向比较研究的结合;第四,方言学界的人士要强化理论意识,提高语法研究的理论与方法水平。

有关情况可参阅詹伯慧《汉语方言语法研究的回顾与前瞻》(语言教学与研究 2004 年第 2 期),邵敬敏、周芍《汉语方言语法研究的回顾与思考》(暨南学报 2005 年第 1 期),郭利霞《九十年代以来汉语方言语法研究述评》(汉语学习 2007 年第 6 期)。

第四节　汉语口语语法研究

一　汉语口语语法研究简史

汉语口语语法研究,是跟汉语书面语语法研究相对的,即主要指北京口语语法研究。口语语法往往会表现出一些跟书面语不同的特点来,发现两者之间的区别,归纳其内在的规律,并且寻找其原因,就成了口语语法研究的目的。

严格地说,第一个进行汉语口语语法研究的当推赵元任,他写的《北京口语语法》(又名《国语入门》,哈佛大学 1948)就是以活生生的北京话口语材料为研究对象的,因而处处结合语音的停顿、高低、快慢、轻重、语调以及节律等分析汉语语法结构,因而能发表一些很有见解的观点,例如"在日常生活中,零句占优势。""在汉语里,把主语、谓语当作话题和说明来看待,较比合适。"此外,他还专门研究了"有计划的句子和无计划的句子"、"离题的话和插进去的话"、"追补语"、"前附和后附于句"等等。该书是汉语口语语法的奠基之作。1968年赵元任又出版了《汉语口语语法》(吕叔湘译,商务印书馆1979),其中对口语加以特别的关注,有专门章节讨论"汉语口语"、"零句"、"有计划的句子和无计划的句子"等。

吕叔湘和张志公、俞敏等也十分注意口语的研究,吕叔湘在《语文常谈》(三联书店1980)里专门谈到口语同书面语的关系,指出:"说话总是……句子比较短,结构比较简单甚至不完整,有重复,有脱节,有补充,有插说,有填空的'呃、呃'、'这个、这个'。"俞敏和陆宗达的《现代汉语语法》(上)(北京群众书店1954)实际上是一部北京方言语法专著,以地道的北京口语为研究对象,所以,特别注意汉族口语语音形式及其带来语法上的变化。例如轻声、重音、儿化、停顿、重叠、语调、节奏等。

二 汉语口语语法研究的现状

20世纪80年代初期,汉语口语研究引起了广泛的重视,并发表了一系列论文,例如陈章太《略论汉语口语的规范》(中国语文1983年第6期)、詹开第《老舍作品中北京的口语句式》(语言教学与研究1985年第4期)、刘宁生《汉语口语中的双主谓结构句》(中国语文1983年第2期)、陆俭明《汉语口语里的易位现象》(中国语文1980年第1期)等。进入90年代以后,首先是胡明扬主持的有关研究,并且出版了《北京话研究》(北京燕山出版社1992),但主要侧重于语音和词汇,语法论文不太多。其中《北京话语言材料目录》和《北京话研究论著目录》很有参考价值。有关论文例如沈家煊《口误类例》(中国语文1992年第4期)、邵敬敏《口语失误研究》

《语言文字研究》1994 年第 3 期)等,著作方面有张伯江和方梅的《汉语功能语法研究》(江西教育出版社 1996),该书曾名《北京口语语法研究》;谭成珠《现代汉语口语句式特点研究》(香港普通话研习社、鹭达文化出版公司 2001)。

其中研究最着力而且成绩显著的是陈建民、孟琮、周一民三位。

(1)陈建民身为广东人,研究北京口语的条件并不太好,但他锲而不舍,从 1975 年起就以全部身心投入这项研究,终于写成《汉语口语》(北京出版社 1984)一书。这是国内迄今为止第一部较系统地研究汉语口语的专著,分别讨论了汉语口语的定义、内涵及外延,它的演变和发展历史,语气和节奏,句法特征,词类特点,基本上是描写性的。描述语言现象时采用对比的手法,即汉语口语和书面语对比,北京口语和方言口语对比,掌握"你无我有"、"你有我无"或"同中有异"的对比原则,以揭示汉语口语的主要特征,寻找汉语口语的特殊规律。该书有以下几个特点:第一,材料大多数来源于原始状态的口语录音材料。第二,发现了一些有趣的语言现象,并作出了新的解释。例如口语中零句是常例,因此多采用省略、隐含、脱落、减缩等解释。又如口语中常见到重复、追加、插说、半截子话、答非所问等现象也有新鲜的分析。第三,注重实用,既从语言角度分析汉语口语句式和特殊的语言现象,也从言语的角度分析如何提高口语表达的效果。后来他还出版了《北京话初探》(商务印书馆 1987),其中几篇语法论文运用了统计方法,对某些特殊的语法现象进行了细致的描写。

(2)孟琮则是地地道道的北京人。1960 年毕业于北京大学中文系,后进入语言研究所做研究生,导师吕叔湘。后长期在语言研究所工作。现任美国外交学院教授。他所编写《汉语动词用法词典》(与郑怀德等合作,上海辞书出版社 1987,商务印书馆修订版1999)影响非常大。当年他以《谈"着呢"》(中国语文 1962 年第 5期)一文初露头角,近年来又连续发表有关口语语法研究的论文,《北京话的拟声词》(《语法研究和探索》一,商务印书馆 1983)便得到吕叔湘的赞赏。他的研究有几个特点:第一,材料丰富、准确。由于他的语感好,所以语料可信度高。第二,描写分析十分细腻,善于发现一般不易发现甚至于难以捉摸到的规律。例如《口语里的"得"和"得了"》(语言教学与研究 1986 年第 3 期)比较了"得"和"得了"后,认为"得"最常用于不企望的语气中,而"得了"最常用于否定的语气中。第三,有的还进行了历史的比较和考证,例如《"咧"字小考》(《语法研究和探索》三,北京大学出版社 1984)。

(3)周一民,1950 年出生,北京人,1978 年北京师范大学中文系毕业,1986 年获硕士学位。现任北京师范大学文学院教授、汉语言文字学研究所副所长、博导。主攻北京口语以及现代汉语语法。代表作《北京口语语法(词法卷)》(语文出版社 1998)集中考察了北京口语中的 13 个词类,其特点是:第一,排除不属于口语的书面语因素,以纯净的、包括北京土语在内的北京方言语法为研究对象,从而做到研究对象的单纯性。第二,主要采用传统语法和描写语法的分析方法,但尽可能地通过比较、替换、转换等方法进行动态的分析,并且注意到语音、语义以及语用等多个角度。第三,在比较细致的口头语言调查的基础上,发掘出一些比较有趣的语法事实,例如"神奇动词"、"形量词"。其他著作有《北京现代流行语》(燕山出版社 1992)以及《现代北京话研究》(北京师范大学出版社 2002)。还编写了《现代汉语》(和杨润陆合作,北京师范大学出版社 1995,修订本 2006)。

三　口语句法易位的特点

关于汉语口语易位句特点,陆俭明《汉语口语句法里的易位现象》(中国语文 1980 年第 1 期)认为应该有四个:(1)易位句的语句重音一定在前置部分上,后移部分一定轻读。(2)易位句的意义重心始终在前置成分上,后移成分永远不能成为强调的对象。(3)易位句中被倒置的两个成分都可以复位,复位后句子意思不变。(4)句末语气词绝不在后移部分之后出现,一定紧跟在前置部分之后。这四个特点对确定语用交际中的易位句是很有作用的。杨德峰《也论易位句的特点》(语言教学与研究 2001 年第 5 期)一方面从实验语音学、后移成分的构成以及句子的性质等角度论证了易位句的语句重音并不一定在前置成分上,后移成分有时也可以重读。另一方面从省略的角度论证了后移成分有时是可有可无的,有时起着补充说明的作用,有时却是句子的语义重心;同时进一步指出即便是同一个后移成分,在不同的语境中负载的信息也是不同的;在此基础上之处易位句的后移成分所表示的意义处在"无—较强—很强"这样一个连续统中。口语易位主要讨论以下几种现象:

(1)定语的移位

它包括定语的后置和前置。陆俭明的《汉语口语里的易位现象》(中国语文 1980 年第 1 期)认为"定语和中心语之间不发生易位现象"。对此,潘晓东在《浅谈定语的易位现象》(中国语文 1981

年第 4 期)中提出了不同看法。接着,陆俭明又写了《关于定语易位的问题》(中国语文 1982 年第 3 期)进行了反驳。陆氏的两篇文章的意义在于明确指出:"句子成分之间总是同时存在着两种不同性质的关系——语法结构关系和语义结构关系",而"相同的语法结构关系可以表示不同构语义结构关系,不同的语法结构关系可以表示相同的语义结构关系"。李芳杰《定语易位问题刍议》(语文研究 1983 年第 3 期)完全同意陆俭明意见,并具体讨论了定语前置和后置两种情况,认为"现代汉语无论口语还是书面语都不存在定语易位的现象"。邵敬敬的《从语序的三个平面看定语的移位》(华东师大学报 1987 年第 4 期),在严格区分语义、语法、语用三个平面的前提下,运用"语法功能排他性"鉴定方法来确定部分具有排谓性的由"的₃"构成的典型体词性结构是可以成为后置定语的,而所谓前置定语则是不存在的,但除了作状语之外,有一些典型的体词性结构应看作主语。这一课题长期以来都是大家关注的课题,进入 21 世纪之后也还有文章在继续讨论,例如岳中奇《句首前置定语和状语的位移性质思辨》(汉语学习 2007 年第 6 期)认为定语、状语前置后,既可以用做主题化主语和状语,也可以用做非主题句首状语。这时,它们与后续成分之间有一定的句法结构关系,其前置的位移性质当属移位的范畴。否则前置定语、状语同后续成分之间没有结构关系,其位移的性质则只能属于倒装的范畴。其他有关文章如:符达维《代汉语的定语后置》(重庆师院学报 1984 年第 4 期)、王定芳《汉语语序问题》(湘潭大学学报 1983 年第 4 期)、陈信春《是后移的定语,还是分句?》(殷都学刊 1986 年第 9 期)等。

跟定语语序密切相关的是状语的语序,有关论文有:刘月华《状语的分类和多项状语的顺序》(《语法研究和探索》一,北京大学出版社 1983)、金立鑫《成分的定位和状语的顺序》(汉语学习 1988年第 1 期)、张俐《句首多项状语的类别及顺序》(河南大学学报1998 年第 5 期)等。

(2)宾语的前置

陈旧的依施受语义关系而定的"宾踞句首"说,从 50 年代主宾语问题讨论以后已很少有人这样主张了,其代表人物是黎锦熙;后来又出现一种"宾踞动前"说,即主谓结构为基础的主谓中,谓语部分的宾语在一定条件下可以处于动词之前,条件是:1.宾语为疑问代词,后边有副词"都/也"配合;2.宾语有数词"一",后边有表示否定的副词"不/没有";3.全句是列举形式。持此观点的有胡裕树主编的《现代汉语》(上海教育出版社 1986)、刘月华等的《实用现代汉语语法》(外语教学与研究出版社 1983)以及吕冀平的《汉语语法基础》(黑龙江人民出版社 1983)等。陆俭明在《周遍性主语句及其它》(中国语文 1986 年第 3 期)一文中提出了异议,他在分析了三类周遍性主语句(A.什么都可以进去看看。B.一个人也不休息。C.家家都用上了煤气炉。)后,又同所谓"宾踞动前"句(什么也看不见啦。一句话也不讲。样样都得自己干。)作了比较,发现它们从形式到意义都存在着一系列平行现象,不同的仅仅是语义上的"施受"。因此认为不存在什么"宾踞动前"句,而是周遍性主语句。应该说陆氏的分析是比较有说服力的,"宾踞动前"说还是没有跳出传统语法的思路。

四　韵律与句法的研究

句法跟语音,特别是韵律的关系,也属于口语语法研究的重要组成部分,但长期以来没受到重视。50 年代林焘就发表了《现代汉语补足语里的轻音现象所反映出来的语法和语义问题》(北京大学学报 1957 年第 3 期)和《现代汉语轻音和句法结构的关系》(北京大学学报 1962 年第 7 期),对轻音跟句法结构的关系进行了研究。

进入新时期以后,这一研究开始引起更多人的关注。研究最出色的,前期是吴为善,后期是王洪君,近期是冯胜利。

(1)吴为善,1950 年出生,江苏南京人。1985 年毕业于上海师范大学,获硕士学位,导师张斌。现任上海师范大学教授,曾任对外汉语学院副院长。主要研究现代汉语语法,以及应用语言学和商业传播用语,代表作是《汉语韵律句法探索》(学林出版社2006),此外还有《广告语言的全方位透视》(上海辞书出版社2002)、《透视汉语交际技巧》(上海古籍出版社 2005)、《广告语言》(上海教育出版社 2007)、《跨文化交际概论》(和严慧仙合作,商务印书馆 2009)等专著。80 年代初吴为善就开始注意到音节跟句法结构的制约关系,发表了《现代汉语三音节组合规律初探》(汉语学习 1986 年第 5 期)、《1＋3＋1 音段的语法结构分析》(汉语学习1987 年第 3 期)、《节奏停顿与语义理解》(汉语学习 1990 年第 6期)等论文,他关于动宾短语偏重于 1＋2,偏正短语偏重于 2＋1的论述,独树一帜,在当时就产生相当影响,可以说是我国研究韵律和词法、句法关系的先驱者。21 世纪以来,他继续深化该项研究,发表了《双音化语法化和韵律词的再分析》(汉语学习 2003 年第 2 期)《汉语节律的自然特征》(上海师范大学学报 2003 年第 2 期)、《平仄律、轻重音和汉语节律结构中"弱重位"的确认》(语言研究 2005 年第 3 期)、《双音述宾结果补语"动结式"初探——兼论韵律运作、词语整合与动结式的生成》(中国语文 2008 年第 6 期)等。

　　(2)王洪君,1951 年生于上海,祖籍江苏淮安。1983 年获获北京大学中文系学士学位,1986 年获北京大学中文系语言学专业硕士学位,导师徐通锵。毕业后留校任教,现为北京大学中文系教授、博导、语言学研究中心主任,兼任中国语言学会理事。主攻音系学以及句法学。代表作为《汉语非线性音系学》(北京大学出版社 1999,增订本 2008)。她的语法研究明显具有理论思考,论文有《关于名词化自指标记"之"的消失》(《语言学论丛》十四,商务印书馆 1987)、《从字和字组看词和短语——也谈汉语中词的划分标准》(中国语文 1994 年第 2 期)、《从与自由短语的类比看"打拳"、"养病"的内部结构》(语文研究 1998 年第 4 期)、《汉语语法的基本单位与研究策略》(语言教学与研究 2000 年第 2 期)等。王洪君关于韵律也很有自己的见地,论文有《汉语语音词的韵律类型》(中国语文 1996 年第 3 期)、《汉语的韵律词和韵律短语》(中国语文 2000 年第 6 期)。

　　(3)冯胜利,1955 年出生,北京人。1977 年考取北京师范大学历史系,1979 年考取北京师范大学中文系研究生,导师陆宗达。1995 年获美国宾夕法尼亚大学博士,现任美国哈佛大学东亚系教授、中文系主任,北京语言大学长江学者讲座教授。专业研究领域为训诂学、历史句法学,主攻韵律构词学以及韵律句法学。他先后出版了多本著作:《汉语的韵律、词法与句法》(北京大学出版社1997)对构建韵律构词学与韵律句法学进行了重要的理论探索;《汉语韵律句法学》(上海教育出版社2000)重点是韵律句法学,阐述"韵律是如何制约句法"的,解释音节的轻重韵律,例如阅读(轻重)、喜欢(重轻),以及动宾结构的组合的韵律内涵,例如读报纸(1+2)、*阅读报(2+1)、阅读报纸(2+2)。其论文集为《汉语韵律语法研究》(北京大学出版社2005)。

此外,还有吴洁敏对汉语韵律研究得比较深入,代表作是《汉语节律学》(和朱宏达合作,语文出版社2001),不过该书主要着重于韵律本身的规律,跟句法联系不太多。既考虑韵律,又结合句法的还有叶军《汉语语句韵律的语法功能》(华东师范大学出版社2001),该书主要讨论"轻重音"、"连续变调"、"停顿"以及"语调"等语法功能的关系。

汉语口语语法的研究离不开韵律研究。这方面的论文总体来说不是太多,例如郭颖雯《汉语口语体口语教学语法体系的建立与量化》(汉语学习2002年第6期)、王伟《试论现代汉语口语中"然后"一词的语法化》(北京第二外国语学院学报2004年第4期)。有关汉语韵律与句法的研究,也引起了心理学界以及外语学界的关注,例如:李卫君《从讲话者和听话者两个角度看韵律的句法解歧》(心理科学进展2007年第2期)、杨军英《汉语韵律句法映射的音系层面和语音指正》(西安外国语大学学报2009年第2期)。有关情况可参阅徐静、杨锡彭《汉语节律研究综述》(南通大学学报2005年第3期),刘现强《汉语节律研究述评》(中文自学指导2005年第6期)。

总的来说,当前汉语口语语法研究有三个特点:(1)材料来源从书面口语转向原始口语。(2)口语语法研究是多角度的,不受书面语语法框架的束缚。(3)这种研究往往同言语交际,即话语分析紧密结合在一起。

第五节 汉外语法比较研究

把汉语和某一种外语结合起来进行语法比较研究,实际上从汉语语法学建立起就无时无刻不在进行着,例如《马氏文通》就是把古汉语同拉丁语进行了比较。以后,林语堂《开明英文文法》(1933年开明书店)、吕叔湘《中国人学英语》(1947年开明书店)为了帮助中国人学习、掌握英语语法,也进行了一些有针对性的英汉语法比较。然而真正重视这种双语语法比较研究,还是1949年以后的事。这种比较研究的目的主要是三个:(1)通过比较,发现一些以汉语为母语的人所习以为常而不认为有什么问题的问题,有助于挖掘汉语语法的某些特点;(2)主要是有助于把汉语或某种外语作为第二语言进行教学的需要,并且为汉语和外语的对译提供对应和变换的规律;(3)把汉外语语法比较作为一种手段,力求从中概括出某些理论和研究方法,具有普通语法学的性质。

一 汉外语法比较研究的历史和现状

20世纪50年代国内普遍学习俄语,所以主要进行的是汉俄语对比,专著有梁达的《俄汉语语法对比研究》(新知识出版社1957),这是汉外语法比较的第一部专著,该书比较注意语言事实,不拘泥于定义,资料较为丰富,但内容只限于"构词构形对比"和"词序对比"。

80 年代以来,随着对外开放政策的实施,这方面的研究有了迅速拓展。主要是把汉语跟英语,其次是跟日语或法语进行比较。

一方面是对外汉语学界比较关注,这主要是出于对外汉语教学的需要,特别是在国外从事对外汉语教学的学者,例如[美]高恭亿《关于汉语和英语的结果补语》(《第一届国际汉语教学讨论会论文集》,北京语言学院出版社 1985)、[德]高立希《比较汉语和德语句子接连法的异同》(同上)、[英]佟秉正《汉语语法的对比教学》(《第二届国际汉语教学讨论会论文集》,北京语言学院出版社 1988)等。

另外一方面外语学界对汉语跟外语的语法对比研究也颇感兴趣。一类是综合性的,涉及语音、词汇、语用、修辞等,也包括语法的对比研究,例如连淑能《英汉对比研究》(高等教育出版社 1993)、喻云根《英汉对比语言学》(北京工业大学出版社 1994)、邵志洪《英汉语研究对比》(华东理工大学出版社 1997)、何善芬《英汉语言对比研究》(上海外语教育出版社 2002)等;一类是跟翻译结合在一起的研究,例如包家仁《汉英句型比较与翻译》(广东高等教育出版社 2002)、蒋坚松《英汉对比与汉译英研究》(湖南人民出版社 2002)等。

带有对比语言学总论性质的著作有:许余龙的《对比语言学概论》(上海外语教育出版社 1992)是这类著作影响较大的一本。除了前两章是理论说明,其他章节分别讨论语音、词汇、语法、篇章、语用对比的对象以及进行对比研究的方法。其他还有赵永新的

《语言对比研究与对外汉语教学》(1995)、柯平的《对比语言学》(1999)、崔卫和刘戈的《对比语言学导论》(2000)。

进行汉英对比的专著有方文惠《英汉对比语言学》(福建人民出版社1991)、陈定安《英汉比较与翻译》(中国对外翻译出版公司1991)、刘宓庆《汉英对比研究与翻译》(江西教育出版社1992)、喻云根《英汉对比语言学》(北京工业大学出版社1994)、周志培和冯文池《英汉语言比较与科技翻译》(华东理工大学出版社1995)、潘文国《汉英语对比纲要》(北京语言文化大学出版社1997)、熊文华《汉英应用对比概论》(北京语言文化大学出版社1997)、刘宓庆《新编汉英对比与翻译》(中国对外翻译出版公司2006)等。

有关英汉对比的专题论文集,90年代是个兴旺期,主要有杨自俭、李瑞华主编《英汉对比研究论文集》(上海外语教育出版社1990),该书为我国第一本英汉对比研究论文集,共选入42篇论文,序和述评对70年代末至80年代末的我国英汉对比研究状况进行了综述,还附有英汉对比研究著作目录和英汉对比研究论文要目。杭州大学外语系《语言对比研究》(上海外语教育出版社1991),书末附有1949—1989年发表的语言对比研究论文索引近500篇和汉外语言对比专著目录。张起旺、王顺洪主编《汉外语言对比与偏误分析论文集》(北京大学出版社1999),书后附有1977—1998年间我国汉外语言对比、偏误分析、中介语和二语习得的部分论文索引。其他的论文集也各有特色,或侧重语言文化比较,或注重对外汉语教学,或关注比较与翻译。例如:王福祥编《对比语言学论文集》(外语教学与研究出版社1992)、王还编《汉英对比论文集》(北京语言学院出版社1993)、中国英汉语比较研究会编《英汉语比较研究》(湖南科学技术出版社 1994)、中外语言文化比较学会编《中外语言文化比较研究》第一集(延边人民出版社 1994)、李瑞华编《英汉语言文化对比研究(1990—1994)》(上海外语教育出版社 1996)、中外语言文化比较学会编《中外语言文化比较研究》第二集(延边人民出版社 1997)、赵永新编《汉外语言文化对比与对外汉语教学》(北京语言文化大学出版社 1997)、刘重德编《英汉语比较与翻译》(青岛出版社 1998)、首都师范大学外语学院编写的《外国语言学及应用语言学研究》(中央编译出版社 2002)以及王菊泉和郑立信《英汉语言文化对比研究(1995—2003)》(上海外语教育出版社 2004)等。

二　汉外语法比较研究的著作

有关汉外语法比较的著作,80 年代初期出版了好几部:

(一)张令、陈云清《英双比较语法纲要》(商务印书馆 1981)。全书分为八章及一个附录:(1)导论;(2)独立语结:一级简单句;(3)半独立语结:子句;(4)非独立语结:词组;(5)思维反映现实的方式;(6)英汉语语法中的否定方式和比较方式;(7)汉语词类;(8)汉语动词,附录:关于原始动词的假说。这是本偏重于理论和探讨的语法比较著作,它有以下几点特色:1.以较大篇幅论述句式中各种成分的变化以及随之而来的句式变化。2.主张"句本位"。3.以英语语法为出发点,然后用汉语语法进行对照,某些句式的分析颇有独到见解,如对汉语连动式、递系式的分析。4.大胆提出一些假设。如认为人类语言经历了八次重要的里程碑,各类语结在历史上产生的顺序是:独立语结——半独立语结——非独立语结。可惜缺乏必要的证明,带有很大主观性。5.基本观点参考了叶斯泊桑等语法著作,深受历史比较语言学影响,主张"动词中心说",采用句子成分分析法。总之,这是一本有一定学术价值的专著,读来颇有启发,尽管一些提法并不那么成熟。

(二)吴洁敏《汉英语法手册》(知识出版社 1982)。本书是在为英语专业学生编写的现代汉语语法教材的基础上,增加了与英语语法比较部分和语言运用、实践的内容而成,着眼于从英语、汉语不同的语法特点进行比较,内容比较简洁,是本实用性教材。汉语语法体系采用《暂拟系统》,但分析词组时用了层次分析法。写法上以现代汉语语法为纲,每章内有一小节专门与英语语法作比较。缺点是语言现象罗列较多,英汉语语法真正结合起来分析不够。

(三)任学良《汉英比较语法》(中国社会科学出版社 1981)。该书是为外语院系学生讲授汉英语比较语法而编写的,以传统语法为基本框架。作者认为汉英语法主要是同,而不在异,当两种语法现象有异同时,着重阐明同中有异,异中有同的细微差别;对一种语法有而另一种语法无的现象,则适当指出其特殊的表达方式。该书由于不少地方立论欠科学、前后自我矛盾,且有削汉语之足以适英语之履的嫌疑,因而受到语法学界的严厉批评。参阅王菊泉《关于英汉语法比较的几个问题》(外语教学与研究 1982 年第 4期)。

(四)赵志毅《英汉语法比较》(陕西人民出版社 1981)。该书着重以英语语法为出发点来引进汉语语法进行比较。主要解决汉译英中的"英语汉化"问题,目的是为中国人学习英语语技对照时使用的。

80 年代中期以后到 90 年代的汉英比较语法著作还有：徐士珍《英汉语比较语法》(河南教育出版社 1985)、万惠洲《汉英构词法比较》(中国对外贸易出版社 1988)、卢景文《汉英语法比较》(山西教育出版社 1991)、傅新安和袁海君编著《汉英语法比较指南》(上海交通大学出版社 1993)、牛保义《英汉语句型对比》(河南大学出版社 1997)、赵博源《汉日比较语法》(江苏教育出版社 1999)。其中，王寅《英汉语言区别特征研究》(新华出版社 1994)将英汉两种语言的差异归纳为十大区别性特征：剪辑式与临摹式、后续性与前置性、形合法与意合法、葡萄型与竹竿型、正三角与倒三角、名词化与动词化、虚用型与实说型、浓缩性与展开性、具体词与概括词、词素法与偏旁法，比较形象，颇有特色。

具体的专题研究论文，值得一提的有：陆锦林的《汉英主谓被动关系句比较》(语言教学与研究 1979 年第 1 期)着重讨论汉英表示被动关系的两种语言手段，不仅分析了它们的对应关系，而且比较了交叉关系；赵世开的《英汉疑问代词的对比研究》(语言教学与研究 1980 年第 2 期)针对英语"who、what、which"和汉语"谁、什么、哪"进行了系列对比和逐词对比。陈刚的《试论"着"的用法及其与英语进行式的比较》(中国语文 1980 年第 1 期)指出："英语运用进行式是着眼于某个动作处于进程中，并不考虑它是否持续。汉语运用'着'，正如上述是表示持续的，并不管某个动作在时间上是否有限制。'着'与'ing'的用途千差万别，但在本质上的区别就在这一点上。"沈家煊的《词序与辖域——英双比较》(语言教学与研究 1985 年第 1 期)揭示出汉语句子中逻辑语词的左右次序基本上跟这些语词的语义辖域相一致,而英语则缺乏这种对应关系。

三 汉外语法比较研究的新思路

在汉外语法比较的理论方面,吕叔湘《通过对比研究语法》《语言教学与研究》试刊第二集,1977)在研究方法上提出极为宝贵的指导性意见。他提倡:(1)汉语和外语对比;(2)现代汉语和古代汉语对比;(3)普通话和方言对比;(4)普通话内部的对比。王还《有关汉外对比的三个问题》(语言教学与研究 1986 年第 1 期)认为在研究时应注意三个问题:(1)分清语法概念和思维概念;(2)同一语法术语在不同语言中所包含的内容不完全相同;(3)同一类词在不同语言中功能不尽相同。此外,还有方梦之《加强对比语言学的研究》(语言教学与研究 1983 年第 3 期)、张麟声《试谈对照语言学及其研究方法》(山西大学学报 1984 年第 2 期)等。这方面研究作出显著成绩的是王还,她的《英语和汉语的被动句》(中国语文 1983 年第 6 期)从英汉对译角度出发,分别剖析了英汉被动句,一方面指出英语中"准被动句"在英语中往往只是徒具被动形式,另一方面又指出汉语中被动句实际上有七类,而有标志"被"字句只是其中之一。《"ALL"与"都"》(语言教学与研究 1983 年第 4 期)和《汉语的状语与"得"后的补语和英语的状语》(语言教学与研究 1984 年第 4 期)也颇有见地。此外,王宗炎、严学窘、赵世开、徐烈炯、王振昆、丁金国、张麟声、罗启华、任念麒、黄国营、方文惠、王菊泉、方梦之、罗启华、潘文国、杨自俭等也做了不少研究。

90 年代以来,这样的对比研究出现了可喜的变化。一是采取了新的角度,例如张今、张克定《英汉语信息结构对比研究》(河南

大学出版社 1998)、陆国强《英汉和汉英语义结构对比》(复旦大学
出版社 1999)、温绍贤《英汉互动语法与翻译》(郑州大学四亚斯国
际工商管理学院、Everflow Publicatians 联合出版 2003)。二是采
用新的理论,例如运用话语分析的方法进行对比研究,例如熊学亮
《英汉前指现象对比》(复旦大学出版社 1999),彭宣维《英汉语篇
综合对比》(上海外语教学出版社 2000),朱永生、郑立信、苗兴伟
《英汉语篇衔接手段对比研究》(上海外语教育出版社 2001)。最
有价值的一本是赵世开主编,并由胡壮麟、王还、沈家煊、熊文华、
王菊泉、杨自俭合写的《汉英对比语法论集》(上海外语教育出版社
1998),除了导言,从认知功能的角度分别论述了指称、方所、时间、
比较、数量、正反、关系等七大范畴,这也是第一部从语义范畴出发
来进行汉英语法对比的专著,着重分析其异同点,这种研究路子为
汉英语法对比分析提供了一个新的角度和方法。

四　其他汉外语法比较研究

汉外语法比较研究还处于开创阶段,这是一个很有潜力的边
缘学科,它要求研究者不仅精通两种以上语言的语法,而且能在比
较研究的理论和方法上都有所突破。最多的当然是汉英语法比
较,其次则是汉日语法比较,这主要集中在两个方面:

一是通论性质的,例如秦礼君《谈汉日语法比较研究》(《第三
届国际汉语教学讨论会论文集》,北京语言学院出版社 1991)、张
麟声《汉日语言对比研究》(北京大学出版社 1993)。后者是个论
文集,收录汉日语言的语法研究论文 13 篇,其中《试谈对比语言学
及其研究方法》有理论的指导意义。有关情况参见王顺洪《二十年

中国的汉日语言对比研究》(语言教学与研究 2003 年第 1 期);著作有赵博源《汉日比较语法》(江苏教育出版社 2001)。

二是虚词的比较研究,主要是助词、副词、连词、语气词,还包括一些有特色的实词,如代词、数量词等,例如[日]赞井唯允《日汉指示代词用法的对比》(《第二届国际汉语教学讨论会论文集》,北京语言学院出版社 1988)、苑锡群《汉英代词比较》(《第三届国际汉语教学讨论会论文集》,北京语言学院出版社 1991)、刘荣《汉语结构助词"的"与日语格助词"の"之对比分析》(《第四届国际汉语教学讨论会论文集》,北京语言学院出版社 1994)、刘荣《汉语语气助词"的"与日语格助词"の"之对比分析》(《第五届国际汉语教学讨论会论文集》,北京语言学院出版社 1997)、陈绂《汉日量词的比较研究》(《第六届国际汉语教学讨论会论文集》,北京大学出版社 2000)等;著作有施建军《汉日主题句结构对比研究》(世界知识出版社 2001)等。

三是短语结构和特殊句式的比较研究,例如动宾结构、动补结构和被动句、否定句、比较句、可能句等,例如杉村博文《日汉语"名词·名词"结构生成装置对比研究》(《第五届国际汉语教学讨论会论文集》,北京大学出版社 1997)等。

30 年来,日汉对比的论文才 300 篇左右,数量明显少于英汉语法比较研究。至于专著则更少了。从研究水平来讲也比较肤浅,大多数还是描写性的,缺乏深层次的挖掘。有人总结为"三多三少":从结构形式表层谈的比较多从语义语用深层谈的少;共时的平面的对比多,历时的综合的考察少;就语言谈语言的研究多,从心理、话语、社会等结合的研究少。而且更缺少重量级的论著,研究的理论性和系统性都需要加强。

　　汉语和其他外语对比就更加少了，主要有：赵敏善《俄汉语对比研究》（上海译文出版社 1994）、赵敏善《俄汉语言文化对比研究》（军事谊文出版社 1996）、何帆主编《汉德语言对比研究》（华中理工大学出版社 1994）、周正安《汉德语言对比研究》（湖南大学出版社 1997）、赵士钰《汉语西班牙语双语比较》（外语教学与研究出版社 1999）、柳英绿《朝汉语语法对比》（延边大学出版社 1999）、钱文彩《汉德语言实用对比研究》（外语教学与研究出版社 2002）、崔健《韩汉语言对比研究》（北京语言大学出版社 2007）等。

第四编　应用篇

　　任何学术研究，说到底都是为了应用。也许少数人可以为学术而学术，但是对绝大多数人来讲，应用才是学术研究的原动力。语法学的应用研究，历来是比较薄弱的环节。但是随着对外汉语教学的兴起，随着中文信息处理的强烈需求，随着母语语文教学的呼唤，应用语法学越来越博得人们的重视。这里所说的应用语法学实际上是广义的，还包括儿童语法学的研究以及语法评论学和汉语语法学史的研究。

第一章　新编大学现代汉语教材

　　"现代汉语"是中国高校中文系一年级开设的基础课、必修课。这门课程设立于 20 世纪 50 年代初，据说是全国高校院系调整以后，仿照当时苏联高校开设"现代俄语"的模式建立起来的，并由于当时中学试行"文学"与"汉语"两门课分家，高校编写的现代汉语教材就有意识地要跟中学的汉语教学接轨。可见，现代汉语课程的设置跟现代汉语教材的编写是息息相关的，而衡量现代汉语教材编写水平与质量的关键，几乎无疑地都主要是评价语法部分，如果出现争议也往往在于语法体系和方法的不同。

第一节 现代汉语课程的四次改革浪潮

20 世纪 50 年代以来,现代汉语课程有过四次改革浪潮,其集中体现就是教材的改革与更新。

(一)第一次改革浪潮是 50 年代末到 60 年代初。当时各种现代汉语的教材基本上围绕着中学《汉语》课本(语法采用《汉语教学语法暂拟系统》),这显然不利于学术研究的开展,所以大学就希望改变现状,以体现高校的学术探索精神。当时的代表作有三本:胡裕树主编的教育部统编本(上海教育出版社 1962)、北京大学中文系本(商务印书馆 1962)以及刘世儒的师范本(商务印书馆 1963),分别代表了语法思想上的结合派、描写语法派和传统语法派三种理念。

(二)第二次改革浪潮发生在 70 年代末 80 年代初。当大学教育开始逐步走上正轨时,一方面多位学者纷纷整理自己的讲稿予以出版,一时《现代汉语》教材蜂起,据不完全统计,从 1978 年到 1990 年,正式出版的现代汉语教材有 20 余种;另一方面,随着教学工作的深入发展,各高校都迫切希望能像 60 年代初那样集中力量编写几部质量较高而又有一定特色的教材出来。1978 年郑州大学等二十三所高等学校《现代汉语》教材协作会议制订出两份各具特色的教学大纲,并据此编写成两本新教材:一本是黄伯荣、廖序东主编的兰州本(又称"黄廖本"),另一本是张静主编的郑州本(又称"张本")。至于胡裕树主编的上海本(又称胡本)虽然初版于

60 年代,但此时经过重大修订,又东山再起。再加上当时成人高等教育事业飞速发展,为配合中央及地方电视大学教学的需要,由张志公主编的《现代汉语》电大本也迅速问世。这样,70 年代末到 80 年代末这十年里,国内产生了四家不同特色的比较有影响的大学现代汉语教材。

这四套大学教材的语法部分各有千秋,在语法学界和教育界产生了较大影响。胡本注重理论探索,大胆吸收语法研究的新见解,强调在析句基础上进行句型归纳,但比较专业,有点接近于学术专著,带有探索性,有些问题也未能讲深讲透,同时在写法上不够畅达、通晓,一定程度上给教学带来一些困难。黄廖本注意继承前人语法研究成果,重视基本知识的讲授,主次分明,条理清晰,观点稳妥,最像本教材,最适合于教学,但创新精神比较薄弱,传统说法占有优势,显得比较保守。郑州本走的是把语法与修辞结合起来的路子,基本知识力求简明,强调语言运用的实际效果,有新的构想,但如何把这二者有机地结合起来还有待于进一步研究,有些提法显得不太成熟,不易被人接受。电大本采用由内到外又从外到内的编写原则,在语法形式的组合和语法意义的表达上下了大工夫,这是个有益的尝试。但写法比较粗糙,问题较多,这种讲法作为教材显得比较突兀,因而教师和学生都难以适应。

最后是黄廖本和胡本脱颖而出,这两本教材都比较简明、实用,经多年教学实践证明,在同类教材中是最出色的,影响也最大,并且一直延伸到 21 世纪。郑州本和电大本因为存在各种各样比较明显的问题,影响有限,并在 90 年代初逐渐淡出。总之,这四部教材的诞生标志着我国教学语法研究已进入了一个新的阶段,说明我们的语法教学工作者在总结多年来语法研究和教学的基础上，集思广益，发挥集体的智慧，在积极地摸索、创新、前进。它们的问世，为我国教学语法进一步科学化、规范化打下了扎实的基础。

（三）第三次改革浪潮出现在 80 年代末，并一直延续到 90 年代初。导火线是史有为的《十字路口的"现代汉语"课》(语文建设 1987 年第 1 期)，它一发表，就像刮起了一股强烈的旋风，在汉语学界和高校中文系引起一系列震荡反馈，促使大家进一步检查和反思。这一时期，各种体现改革新思路的教材纷纷问世，比较有代表性的是两本：钱乃荣主编的上大本(高等教育出版社 1990，江苏教育出版社修订本 2002)和邢福义主编的师范本(高等教育出版社 1991)。

（四）90 年代末，第四次改革浪潮开始兴起。客观上，两本影响最大的胡本和黄廖本已经使用 20 多年了，虽然作过一些修改增删，但指导思想以及整体框架不可能再作更大的变动，跟日新月异的学术界相比，大家都明显地感觉到：体系陈旧、知识老化、信息量不足、结构不合理，尤其是编写的指导思想存在明显的问题，即过分强调"知识性"，而忽略了"能力性"，偏重于形式、描写、静态、微观的讲授，而忽视了意义、解释、动态、宏观的把握。这一时期以面向 21 世纪为标志的新教材是邵敬敏主编的《现代汉语通论》(上海教育出版社 2001 年，第二版 2007)以及张斌主编的《新编现代汉语》(复旦大学出版社 2001，修订本 2008)，都属于国家级规划教材。主要的几本教材语法部分的比较可参考徐晓琳《四本高校现代汉语教材语法部分之比较》(东南传播 2007 年第 10 期)。

第二节 20世纪80年代最有影响的
现代汉语教材

一 胡裕树主编《现代汉语》

主编胡裕树,编者以上海为主,包括江苏、安徽的中老年语言学家。上海教育出版社1962年9月第一版,1979年9月修订本第二版,1981年7月增订本第三版,1987年6月增订本第四版,1995年6月重订本第六版。该书多次修改,尤其是语法部分改动更大,但是总体框架还是在传统语法体系跟结构主义语法体系之间寻找平衡,每次修订都会增添语法研究的新内容。该教材语法体系是:

(一)词类划分的"基本依据是词的语法功能",这"首先表现在能不能单独充当句法成分上边",依此分出实词和虚词,其次是"实词的不同语法功能表现在词和词的组合能力上边"以及"虚词的不同语法功能表现在它同实词或词组的关系上边"。实词分为七类:名词、动词、形容词、数词、量词、副词和代词;虚词分为六类:连词、介词、助词、语气词、叹词、象声词。

(二)词组专指实词与实词依靠一定的语法手段(如"虚词"、"语序")组合起来的语言单位,分为:(1)偏正词组;(2)后补词组;(3)动宾词组;(4)主谓词组;(5)联合词组;(6)同位词组;(7)连动词组;(8)兼语词组。结构则指实词和虚词各为一方的组合,包括"的"字结构和介词结构。对复杂词组的分析采用层次分析法。

（三）指出句子的结构分析的最终目的是为了确定句型，因而建立起一个比较完整的句型系统，并且提出了确定句型的步骤和方法：即从上位句型到下位句型依次确定。例如单句分为主谓句和非主谓句，主谓句又分为名词谓语句、动词谓语句、形容词谓语句和主谓谓语句，动词谓语句又分为动宾、动补、连动、兼语谓语句等。还必须严格区分句子分析和句法分析，句法分析采用层次分析法。因此，主谓句的直接成分是主语和谓语，而宾语、补语、定语、状语只是句法成分（即词组成分），而不是句子成分。

（四）吸取语法学界最新的研究成果，提出若干有新意的主张。这主要是：第一，词与词组合的选择性关系，具体表现在各类实词的次范畴的搭配关系上。第二，对由于层次以及结构关系而引起的歧义现象进行了初步的分析。第三，区分了主语与话题，并界定了它们的范围。第四，指出语序和虚词必须严格区分语义、语用、句法三个平面。第五，对动词的宾语从语义上进行了分析，划分出受事宾语、施事宾语和关系宾语三类。第六，讨论了句式的变换以及跟歧义消除的关系和语义的辨认的关系。第七，区分语气和口气，根据句子的语气可以分为陈述、疑问、祈使和感叹四种，而口气则指肯定与否定、强调与委婉、活泼与迟疑等。

该教材语法体系在 80 年代初被公认为理论上最有创见，思想上最为解放，在科学性方面与时俱进，比较新颖，不仅在语法教学界，而且在汉语语法学界也很有影响。但是，教材对某些问题只是触及而未能讲透，某些处理也有不太妥帖之处，写法更像专著，而不太像教材，因而在教与学两方面都带来一些困难。为帮助读者进一步了解编者意图，还出版了一本《〈现代汉语〉使用说明》（上海教育出版社 1962，修订本 1979，增订本 1982，重订本 1995），第一部分是课程和各章节的说明，第二部分是"思考和练习"的提示，"增订本"（上海教育出版社 1987）又增加了"附录"，选编了 16 篇文章作为教学参考资料。另外为配合教学又选编了《现代汉语参考资料》，收录 1949 年至 1979 年间发表的有关重要论文，上海教育出版社出版，上册 1980，中册 1981，下册 1982（收录语法专题研究论文 58 篇）。该教材在全国具有深远影响，是现代汉语教材中的佼佼者。但是因为主编胡裕树于 2001 年逝世，致使修订工作无法继续进行了。

二　黄伯荣、廖序东主编《现代汉语》

双主编是黄伯荣和廖序东，编者集结了全国范围的几十位中老年学者。甘肃人民出版社 1980 年 3 月第一版，1981 年 2 月第二版，1983 年 9 月第三版。增订第一版 1991 年 1 月改为高等教育出版社出版，1997 年 7 月增订二版，2002 年 7 月增订三版，2007 年 4 月增订四版。该书语法体系基本上依据传统语法框架，同时吸收了结构主义语法的某些观点，例如层次的观念。该教材为"十一五国家级规划教材"。其主要特点是：

（一）划分词类"主要依据是词的语法功能，形态和意义是参考的依据"。词的语法功能指的是："（1）词在语句里充当句法成分的能力，即词的职务"；"（2）词与词或短语的组合能力"。实词分为十类：名词、动词（包括判断动词、能愿动词、趋向动词）、形容词、区别词、数词、量词、副词、代词、拟声词、叹词；虚词分为四类：介词、连词、助词、语气词。

（二）词组的基本类型为五类：主谓、动宾、偏正（包括定中和状中）、中补、联合。但词组在该语法体系中不占重要地位，另外再设立九种句法成分：主语、谓语、动词、宾语、定语、状语、补语、中心语、独立语。

（三）析句方法试图在中心词分析法基础上吸取层次分析方法，早期采取"阶梯式图解法"和"简易加线法"并存。这种方法可以归纳为十六个字："从大到小，基本二分；寻枝求干，最后多分。"后期则增加附录"语法分析"，提出要对句子进行句法分析、语义分析和语用分析，句法分析采用"框式图解法"。

（四）设立句型、句类，附加若干句式，增加了"句群"的内容。

该教材语法体系写得重点突出，简明扼要，条理清晰。较多地继承了传统语法，处理方法也较稳当妥帖；注意语言的运用，专门安排了"实词的误用""虚词的误用"以及"常见的句子失误"等章节，应用性强，而且写法上注意教材的特点，好教好学，因而深受欢迎。最新版比较注意吸取语法学界新的研究成果，不仅增补了短语、句群等内容，而且在许多方面采用了新的提法，例如：词类增加了"区别词"；强化了虚词的运用；指出了汉语词类跟句子成分不能一一对应的复杂关系；加强了句法中的语义分析，把主语和宾语分为施事主语、受事主语、中性主语和受事宾语、施事宾语、中性宾语；讨论了句子的变换。但是，总的来看，虽然进行了多次增订，语法方面的学术思想还是显得比较陈旧，传统语法的痕迹比较明显，而且内部的体系比较杂乱，比如九种句子成分的设立，谓语、动词、中心语，三个概念交叉不清，又如从语义上区分的"中性主语""中性宾语"的提法也很是奇怪。

584

为配合教学需要,该教材编委会还编辑出版了一套《现代汉语知识丛书》作为辅导教材,如张寿康《构词法和构形法》(湖北人民出版社 1981)、邢福义《词类辨难》(甘肃人民出版社 1981)、吴启主《句型和句型选择》(甘肃人民出版社 1981)、高更生《长句分析》(中国社会科学出版社 1983)等,并由鲁允中等选编了《现代汉语资料选编》(甘肃人民出版社 1981)。

三　张静主编《新编现代汉语》

主编张静,编者包括全国范围的几十位中老年学者。上海教育出版社 1980 年 6 月初版,1986 年修订版。该书的语法体系是:

(一)语法分析的方法强调语法意义和语法形式相结合,语法意义分为抽象意义、关系意义和功能意义,语法形式分为结合形式、增补形式和转换形式。

(二)划分词类从抽象意义、功能意义和结合形式三个角度进行。

(三)词组的结构类型有五个:主谓、动宾、偏正、联合、复句形式。词组分析采用层次分析法,句子分析实行二分法(主谓)或三分法(主谓宾),然后以主、谓、宾这三个基本成分的中心语为中心,确定附加成分。因此,中心语分析法和柜式图解法同时并存。

(四)句子成分分为基本成分(主语、谓语、宾语)、附加成分(定语、状语、补语)和独立成分(呼语、感叹语、插入语),增加了句群的内容。

该教材语法体系跟其他教材相比有较大不同,这表现在:(1)确定修辞与语法相结合的原则,以语言的运用为主线,语法体系力求简明,并为它服务。(2)采用了一些新的提法,例如"联合词组"内部分出"并列、递进、选择、连动、复指、重复"六种结构。(3)加深了理论的阐述,如对语法形式和语法意义的说明。该语法体系尚处于一种探索阶段,许多人使用后感到不大适应,尤其是初版时的反响比较强烈,因而修改本作了较大改动,语法部分基本上重写,增写了"词组"、"句群"、"句子的语气"等章节。该教材虽然主观上希望创新,由于把语法、修辞和逻辑捏在一起,框架比较特别,难教难学,实际使用的效果不太好,因此使用该教材的范围相当有限。

四 张志公主编《现代汉语》

主编张志公,编者为电视大学系统的教师。人民教育出版社1982年8月出版,1985年3月新一版。全书分三册,中册是第三编"汉语语法"。新一版在内容、结构、编法方面,保持初版的格局和特点。语法部分的修改主要是三点:(1)内容有所精简;(2)语法体系向《系统提要》靠拢;(3)"汉语语法简述"作了适当增补和调整。

该教材语法部分指导思想主要根据吕叔湘《中国文法要略》一书的设想,第一章"概论"扼要地介绍汉语语法体系,按语素、词、短语、句子(单句和复句)、句群五级语法单位分别介绍;第二章"组合",从语法形式、语法结构入手讲到这些形式和结构所表达的语法意义,其中包括汉语组合的特点、语序、关联、搭配、扩展和变换等;第三章"表达",从一些重要的语法意义入手,讲到表达这些语法意义所需要的语法形式和语法结构,其中包括肯定否定、时间空间、程度范围、数量、存现消失、指称、动态和语气情态等语法范畴。

讲述重点在第二、三章,讲组合可以了解汉语语法的根本规律,讲表达可以了解汉语中要表示某一种语法范畴可以采用哪些方式。

该教材的特点是:

(一)语素分为名素、动素、形素,并指出有半实半虚语素存在的情况。

(二)区分实词、虚词之外,指出有半实半虚词的存在。

(三)短语的地位大大提高,先分为并列、偏正、主谓关系三大类;并列、偏正关系又分为名词、动词、形容词三类短语;动词、形容词短语再按结构关系区分。

(四)析句方法基本上保留原句子成分分析法(用符号图示法)。

该教材注意语义分析和语法表达的构想,有一定特色;该书在现代汉语语法教学改革方面做的探索是有启发性的,虽然尚不够成熟,但已形成自己的特色。但因为编写太仓促,错误较多,语法部分的处理跟一般教材不大相同,无论教和学都感到不太习惯,所以影响有限。

第三节　20世纪90年代现代汉语代表性教材

一　邢福义主编《现代汉语》

主编邢福义,编者包括颜逸明等多名学者,以华中师范大学为主。高等教育出版社1991年,修订本1993年。这是专门为全国高等师范院校编写的教材,其编写宗旨是"实中求新,新而不怪",

内容上要求"提高层次,加强思辨"。注意吸取最新的研究成果,又考虑跟中学语文教学的衔接,主要特色是"新颖"与"实在",具体表现在:

(一)思路更新,注重方法的讲授,突出方法论的重要性。注意"师范性",强调实际应用以及教学需求。

(二)体例更新,以现代汉语共同语为主线,另外设立现代汉语方言的副线,相互参照对比。

(三)内容出新,例如增加语用章节,语法部分增加篇章语法,语法分析体现"两个三角"的理念。

该教材紧跟时代步伐,做了不少新的尝试,正由于这些突出的优点,所以在 90 年代众多现代汉语教材中鹤立鸡群,成为一个亮点。

存在的问题在于:每个章节都进行方言对比,方言占据过多的分量,有喧宾夺主的感觉。有些观点过于突出编者个人的学术见解,例如复句的三分法等,这就影响到它在全国范围内的普及性。

二　钱乃荣主编《现代汉语》

主编钱乃荣,编者为上海、苏州的一批中青年学者。高等教育出版社 1990,修订本江苏教育出版社 2001。该教材体现了海派学者的学术思想和风格,创建了一个全新的教学体系,打破了语音、汉字、词汇、语法、修辞这五大板块的旧框架,增设了语义、语用、比较和对比、汉字和汉字文化等新的章节。

它的主要特点是:第一,加强了理论性,比较多地吸取了近年来国内外学者的科研成果。第二,强调启发分析和研究讨论式的教学方法,比较注重田野工作方法的讲授。第三,在观念上强调突破旧有框架,试图改变传统的教材模式。该书初版就因为形式与内容的与众不同,以异军突起之势,受到广泛注意,吕叔湘和施关淦专门撰文给以中肯评价。但是初版也存在比较明显的问题,即过分追求理论性,跟语言学概论界限不清;过分追求前沿性,一些有争议的观点大量介绍进来,这显然不符合基础教材的要求;编者个性强的内容太多,所以一般教师很难进行教学。修订本在科学性、规范性方面取得了比较大的进步。语法方面的特色是:

(一)虚词定性为"封闭类的已语法化和正在语法化的词",实词是"自由不定位的词";又分出"唯状词"(副词)、"唯定词"(区别词)以及"唯补词";介词分为"前置介词"和"后置介词";助词分为三类:句首提顿话题的"提顿助词"、句中动词后的"体助词"、句末"语气助词"。

(二)采用"向心多分法"析句;区分主语和话题;句义部分分析了"题元和题元结构";增加了"语义指向"内容。

(三)话语分析增加了 TC 链及其分析方法。

该教材内容新颖和别致,不失为一部很有价值的教学参考书,但是作为大学本科必修课教材,体系比较特殊,部分内容跟"语言学概论"重复,有些内容艰深,教学也存在一定难度,因此影响到它的流通性和适用面。

第四节　21 世纪现代汉语国家级规划教材

一　邵敬敏主编《现代汉语通论》

主编邵敬敏,编者包括全国范围内 13 所著名高校的 17 位中年学者。上海教育出版社 2001 年第一版,2007 年第二版。编写方针是第一新颖,第二好用。语法方面,采取"主流派"的看法,也就是以吕叔湘、朱德熙为代表的汉语语法研究主流派的基本观点。同时还注意创新,一方面尽可能地吸取最近 20 多年来的比较成熟的研究新成果,另一方面也有自己独到的看法。该教材为"十一五国家级规划教材"。主要的特点是:

(一)对汉语语法的总特点以及具体特点重新认识,特别重视分析方法的讲授。

(二)加强词类划分的理论与实践,突出词类功能分析法,重建汉语词类三层系统,加强虚词的辨析与使用。

(三)短语下面分为"词组"(以结构关系命名的八大词组)和"结构"(以词类特征命名的四大结构),第一次对层次分析法进行专门介绍。

(四)明确建立句式系统,从而形成句子三大系统:句型(结构系统)、句类(功能系统)、句式(特征系统)。

(五)根据客观世界的"顺承关系"(时间)和"并列关系"(空间),以及主观世界的"比较关系"和"事理关系",把复句分为"平等"、"轻重"、"顺理"、"违理"四个系列,引进了"目的复句"和"补充复句"，从而建立十个复句基本类型。

（六）第一次把句法结构的语义分析（语义角色、语义指向、语义特征、歧义分析）单独列为教学内容，尤其是修订本还第一次把认知解释写入教材。

（七）比较重视句子的动态分析，把移位、省略、插说、追补等都列为教材内容。

该教材内容出新，观念先进，已经产生比较大的影响，问题是内容太多，不够精简。

二　张斌主编《新编现代汉语》

主编张斌，编者以上海师范大学为主体。复旦大学出版社2002年第一版，2008年第二版。该教材为"十五国家级规划教材"，配套教辅为《现代汉语教学参考与训练》（复旦大学出版社2002，第二版2008）。主要的特点是：

该书维持传统框架，仍然是绪论、语音、文字、词汇、语法、修辞六大板块。特点是"信息量大，知识结构新颖，力求反映汉语研究的最新成果，具有鲜明的时代性和针对性"。具体到语法部分，跟原先的胡裕树主编的现代汉语观点基本一致（张斌是语法部分的执笔人之一）。特点是：

（一）建立三级词类，中间增加"实词：体词、谓词、加词"以及"虚词：关系词、辅助词"。

（二）加强了短语分析，专门讨论短语和句子的区别，强化层次分析法。

（三）设立五大句法成分：主语、谓语、补语、定语和状语，另外进行了语义分析,例如分别设立主语、宾语各自的三种语义类型:施事、受事和中性。状语分为限制性和描写性两类。还加强了句法成分之间的辨析。

(四)建立句型、句式、句类三大系统。

总的来说,语法系统比较稳妥,善于吸取最新的研究成果,是一部优秀的现代汉语教材。

第五节　其他《现代汉语》优秀教材

新时期这 30 年来,现代汉语作为大学必修课的教材,有独自编撰的,有集体编写的;有若干大学合编的,也有以某个大学为主编写的;有通用本,也有专用本;林林总总,不下几十种。坦率地说,一部现代汉语教材出版以后是不是有影响,关键是看它的编写理念,特别是语法部分的指导思想。

除了上述比较有代表性的现代汉语教材之外,还有一些也是比较优秀的,有的在某些方面还达到相当的水平,有的在某个阶段产生过比较大的影响。这主要有(按照出版年代排列):

吴积才、程家枢主编《现代汉语》(云南人民出版社 1981);

黄汉生主编《现代汉语》(语法修辞)(书目文献出版社 1981);

史锡尧、杨庆蕙主编《现代汉语》(自考本)(北京师范大学出版社 1984);

邢福义《现代汉语》(卫星电视)(高等教育出版社 1986,修订版 1993);

何世达主编《现代汉语》(北京大学出版社 1986);

袁晖主编《现代汉语》（安徽教育出版社 1987）；

陈垂民、黎运汉主编《现代汉语教程》（专科本）（广东高等教育出版社 1987）；

孟维智、张理明主编《现代汉语》（陕西人民出版社 1987）；

徐青主编《现代汉语》（师专本）（华东师范大学出版社 1990，修订本 2006）；

吴启主主编《现代汉语教程》（湖南师范大学出版社 1990）；

林祥楣主编《现代汉语》（自考本）（语文出版社 1991）；

易洪川主编《应用汉语教程》（非中文系用书）（北京语言学院出版社 1992）；

邢公畹主编《现代汉语教程》（南开大学出版社 1992）；

刘汉城主编《现代汉语》（复旦大学出版社 1992）；

北京大学中文系现代汉语教研室编《现代汉语》（商务印书馆 1993）；

应雨田、宋仲鑫、陈庆武《现代汉语新编》（高等师范本）（福建人民出版社 1993）；

崔应贤《新编现代汉语教程》（河南人民出版社 1995）；

孙仁生、李延瑞、徐吉润主编《现代汉语新编》（大连理工大学出版社 1996）；

李忠初主编《现代汉语纲要》（湖南教育出版社 1998）；

骆小所主编《现代汉语引论》（云南人民出版社 1999）；

罗安源主编《现代汉语简编》（中央民族大学出版社 2000）；

张斌主编《简明现代汉语》（中央广播电视大学出版社 2000）；

张斌主编《现代汉语》（自考本）（语文出版社 2000）；

唐朝阔、王群生主编《现代汉语》(高等教育出版社 2000);

杨月蓉主编《现代汉语》(重庆大学出版社 2001);

刘叔新主编《现代汉语理论教程》(高等教育出版社 2002);

周建设主编《现代汉语教程》(人民教育出版社 2002);

陈阿宝、吴中伟主编《现代汉语概论》(北京语言文化大学出版社 2002);

孙汝建主编(高等师范本)《现代汉语》(南京大学出版社 2003);

北大中文系现代汉语教研室编《现代汉语专题教程》(北京大学出版社 2003);

邢福义、汪国胜主编《现代汉语》(华中师范大学出版社 2003);

马树德《现代汉语高级教程》(北京语言文化大学出版社 2003);

陈黎明、许建章主编《现代汉语》(中国海洋大学出版社 2004);

吴长安主编《现代汉语》(东北师范大学出版社 2005);

张登歧主编《现代汉语》(高等教育出版社 2005);

周一民主编《现代汉语教材》(北京师范大学出版社第二版 2006);

胡吉成主编《现代汉语基础》(北京大学出版社 2006);

许宝华主编《现代汉语导论》(复旦大学出版社 2006);

兰宾汉、邢向东主编《现代汉语》(中华书局 2007);

齐沪扬主编《现代汉语》(商务印书馆 2007);

邵霭吉、冯寿忠主编《现代汉语概论》(中国社会科学出版社
2009)；

孙汝建主编《现代汉语》(南京大学出版社 2009)；

张庆翔、刘焱主编《现代汉语概论》(上海大学出版社 2009)。

为配合这些教材,还编辑出版了一些辅助读物、参考资料。如
鲁允中等选编《现代汉语资料选编》(甘肃人民出版社 1982)、王松
茂主编《汉语语法研究参考资料》(中国社会科学出版社 1983)、高
更生等编《现代汉语资料分题选编》(山东教育出版社 1984)、邵敬
敏主编《现代汉语通论参考文献精选》(上海教育出版社 2002)及
《现代汉语通论教学指导》(上海教育出版社 2002 第一版,2008 第
二版)。至于为现代汉语自学考试所编写的辅导书更是不计其数。

第二章　汉语语法的应用研究

陆俭明在《跨入新世纪后我国汉语应用研究的三个重要方面》（中国语文 2000 年第 6 期）中旗帜鲜明地指出汉语应用研究的三个方面是：一、适应中文信息处理需要的汉语研究；二、适应中小学语文教学需要的汉语研究；三、适应对外汉语教学需要的汉语研究。从汉语语法学角度来看，同样也存在这三个方面的研究。

第一节　汉语母语教学语法研究

一　《中学教学语法系统提要》的产生

自从 1956 年制订了《暂拟汉语教学语法系统》以来，试行达 20 余年之久，要求讨论语法教学体系，修改这一暂拟系统的呼声在 70 年代末越来越强烈。1980 年 10 月，中国语言学会在武汉成立，部分与会同志倡议在 1981 年暑假召开一次"语法和语法教学"讨论会，1981 年暑假又在《中国语文》上开展了关于析句方法的讨论。1981 年 3 月教育都正式发文请黑龙江大学、哈尔滨师范大学、黑龙江省语言学会同人民教育出版社共同筹备讨论会的各项事宜。

讨论会于 1981 年 7 月 2 日至 12 日在哈尔滨举行，这是一次工作性的学术讨论会，会议的内容和目的、任务是：(1)就当前语法研究和语法教学的主要问题交流学术研究成果并交换意见。(2)就拟订一个教学语法体系和教学问题交换意见，讨论几个主要的有分歧的问题，最后产生一个初步的方案试验，以便进一步向全国有关方面征求意见。参加讨论会的有来自全国各地的代表 120人，会议由原《暂拟系统》主持人张志公具体负责。这次讨论会所讨论的问题关键是析句中是否要吸取"直接成分分析法"以及词类划分到底属于"词汇—语法范畴"还是只是个语法范畴。吕叔湘在会上作了重要的发言，他提出语法体系应该分为三类：1.理论语法（系统语法）；2.描写语法（参考语法）；3.学校语法（规范语法）。因此要区别对待。这次会议经过热烈讨论，拟订出《〈暂拟汉语教学语法系统〉修订说明和修订要点》印发全国以供讨论（中国语文1981 年第 6 期）。会后，由张志公具体负责，在广泛征求意见基础上，经多次修改，制订了《中学教学语法系统提要（试用）》。

这次修订是在原《暂拟系统》基础上进行的，大致可分为三种情况：

（一）删简，即把那些偏于繁细的或者不当的内容，删去或简化。例如取消了动词、形容词的名物化说法，取消了复指成分、宾语前置等提法；大大简化了词类部分的内容，取消了"附类"的说法，把方位词、判断动词、能愿动词、趋向动词分别归入名词、动词的内部小类，使词类系统简单明了。

（二）改换，即某些讲法不确切，或者前后不太协调的，予以修改，改换讲法或处理方法。例如原判断合成谓语分别改为三种不同结构类型的动词短语；最大的改换是析句方法，即吸收了结构主义语法在分析句子方法上的长处，试图把句子成分分析法同层次分析法结合起来。此外，还调整了句型系统。

（三）增补，包括两个方面：一是把近年来少数新的比较成熟的研究成果吸收进来；二是补充可以增强语法教学的规范性和实用性的内容。例如增加了"语素"和"句群"的内容，形成了五级语言单位，并大大充实了"短语"的内容，并提高了它的地位。

《系统提要》广泛听取了语言学界和中、小学语文学界的意见，原《暂拟系统》比较明显的问题，大部分人认为非改不可的，基本上得到了改正，如合成谓语、名物化的说法；收取了近年来汉语语法研究的新成果，尤其是吸收了50—60年代以来汉语语法研究中比较成熟的意见和已被大家所承认的新成果，这主要体现在词类划分标准和析句方法两方面，反映了我国语法研究的新水平，同时又尽可能地保留了原《暂拟系统》中的优点。

《系统提要》产生后，陆续出版了一批著作，是专门阐述该语法新体系的，例如陈蒲清、刘衍等《教学语法答疑》（湖南人民出版社1984）、黄成稳的《新教学语法系统阐要》（浙江教育出版社1986）、叶长荫和詹人凤主编的《〈中学教学语法系统提要〉解答与论析》（湖北教育出版社1986）、张静《汉语语法疑难探解》（台北文史哲出版社1994）、庄文中《中学教学语法和语法教学》（语文出版社1999）、张志公《张志公汉语语法教学论著选》（山西教育出版社2001）等。

二　现代汉语语法教材

这些年还编写了一些现代汉语语法教材,基本上都是为大学本科高年级选修课编写的,有的也可以作为硕士研究生的教材,只有少数是为本科特殊教育使用的。比较有影响的语法教材有:

(一)《现代汉语语法知识》:邢福义著,湖北人民出版社1980。该书是在原书(1972年版,署名"华中师范学院中文系现代汉语教研组")基础上修改而成,以句法关系为主线。词组分析采用层次分析法,析句采用句子成分分析法。同时提出一些新的设想,例如:用"同形异类"代替词的兼类说法;认为助动词在句子里充当"辅助性谓语",而不是作状语或述语;提出"主语意会用法",说明后分句可以在意念上以前分句为主语;指出复句里的分句可以是主谓句、无主句,甚至是独词句。这些新提法引起语法学界的重视,有的已被采纳。

(二)《简明实用汉语语法》:马真著,北京大学出版社1981,修订本2000。该书主要面向非中文专业的学生,特色是简明、实用,表现在:(1)从汉语语法事实出发,主要讲汉语的造句法,讲词法也是为了讲句法;讲句子成分是成双成对地讲,使词组和句子的构造沟通起来。(2)析句方法完全采用层次分析法,对常用格式和一些重要的语法现象都作了合情合理的分析。(3)突出难点和重点,一是常用虚词的用法和特点,二是词组的地位,三是主谓谓语、受事主语、施事宾语等。(4)重视语言的运用,有专章讨论"常见的语法错误"。该书出版后很受一般读者欢迎。

(三)《汉语语法基础》:吕冀平著,黑龙江人民出版社1983,商务印书馆 2000。该书主要按照《暂拟系统》来编写，这是第一部全面、详细、忠实地阐述《暂拟系统》的语法教科书，而且对《汉语知识》和《语法和语法教学》未讲到的问题也尽力按《暂拟系统》精神做了说明。因此，这是一本帮助读者准确了解《暂拟系统》语法思想的教学参考书。

（四）《汉语语法专题研究》：邵敬敏、任芝瑛、李家树（第二版增加税昌锡、吴立红）编写，广西师范大学出版社 2003，北京大学出版社增订本 2009。全书除了"导论"外，分为语素、构词法、词类、短语、句型、句类、句式、复句、歧义等九个专题，第二版还新增了语义角色、语义指向、语义特征和认知解释等四个新专题，介绍汉语语法研究的基本情况，评述汉语语法专题研究的得失，资料比较丰富，观点比较中允，涉及的面比较广泛，采用方法是夹叙夹议，从某种意义来说，也是一部汉语语法专题研究史。

（五）《现代汉语语法研究教程》：陆俭明，北京大学出版社2003，修订三版 2005。该书密切结合汉语事实，阐述现代汉语语法研究的理论和方法，侧重于一些研究的热点和争论点，也适当介绍形式语法和功能语法的基本观点和研究思路，同时还涉及中文信息处理、对外汉语教学以及中学语文教学等应用研究。除了"绪论"外，分为：词类研究、汉语句法分析、范畴研究、汉语虚词研究、形式学派与功能学派、汉语应用研究等六章。内容深入浅出，叙述条理清楚，是一部比较优秀的语法教材。

（六）《汉语与汉语研究十五讲》：陆俭明、沈阳，北京大学出版社 2003。该书是北京大学"大学素质教育通识课系列教材之一"，对象为大学本科生。除了开头两讲为概述以及末尾一讲讲应用之外，一共分为 12 讲，分别介绍结构理论、变换理论、特征理论、配价理论、空语类理论、移位理论、约束理论、指向理论、范畴理论、认知理论、语用理论和类型理论。应该说，这些讲题基本上把 80—90 年代汉语语法研究的主要理论都囊括进来了，而且讲解时也尽可能地多举实际例子，结合汉语的事实。信息量特别大，内容相当前沿。

　　有关汉语语法的教材实际上还有许许多多，例如（按出版年份排列）：赵月明《现代汉语语法》（河南人民出版社 1980），邓福南《汉语语法专题十讲》（湖南人民出版社 1980），吴士勋《汉语语法知识》（陕西人民出版社 1980），江天《现代汉语语法通解》（辽宁人民出版社 1980），王维贤、卢曼云《现代汉语语法》（浙江人民出版社 1980），高更生《汉语语法问题试说》（山东人民出版社 1981），洪心衡《现代汉语语法概要》（广大人民出版社 1981），洪心衡《语法十讲新编》（福建教育出版社 1981），上海师范学院《语法》（上海教育出版社 1982），李扶乾《现代汉语语法》（求实出版社 1982），邓福南《汉语语法新编》（湖南教育出版社 1982），陈信春《现代汉语语法》（河南教育出版社 1985），张松林《现代汉语语法表解》（四川科学技术出版社 1985），李裕德《科技汉语语法》（冶金工业出版社 1985），孙也平《简明实用语法》（光明日报出版社 1985），田申瑛《语法述要》（安徽教育出版社 1985），苏培成《现代汉语语法基础知识》（北京教育出版社 1986），杨世长等《现代汉语语法学习》（知识出版社 1986），倪宝元、张宗正《实用汉语语法》（福建人民出版社 1986），陈国梁《现代汉语语法教程》（西安交通大学出版社 1986），张静《汉语语法论》（中国社会科学出版社 1987），张钟和

《现代汉语简明语法》(重庆人民出版社 1987)，傅雨贤《现代汉语语法学》(广东高等教育出版社 1987，修订本 1994)，秦礼君《现代汉语语法专题》(海洋出版社 1990)，高更生《汉语语法专题研究》(山东教育出版社 1990)，季永兴《现代汉语语法结构分析》(广西师范大学出版社 1990)，孙也平、阎仲笙《应用语法基础》(黑龙江教育出版社 1991)，孙也平、李超、王世民《新闻应用语法》(书海出版社 1991)，李裕德《现代汉语实用语法》(教育科学出版社 1995)，李一平《现代汉语语法分析》(河南大学出版社 1996)，兰宾汉《汉语语法分析的理论与实践》(中国社会科学出版 2002)，黄成稳《实用现代汉语语法》(知识出版社 2003)，崔应贤《现代汉语语法学习与研究入门》(清华大学出版社 2004)，孙德金《汉语语法教程》(北京语言大学 2005)，朱庆明《现代汉语实用语法分析》(清华大学出版社 2005)，丁崇明《现代汉语语法教程》(北京大学出版社 2009)等。

还有部分著作，是专门探讨母语语法教学问题的，例如田小琳《语法和教学语法》(河南教育出版社、香港文化教育出版公司 1990)，高更生、王红旗等《汉语教学语法研究》(语文出版社 1996)，张先亮《教学语法应用研究》(中国社会科学出版社 2006)，颜迈《现代汉语教学语法研究和应用》(高等教育出版社 2008)，邵霭吉《汉语教学语法探索》(中国书籍出版社 2008)，杨锡彭《现代汉语研究导引》(南京大学出版社 2008)等。

20 世纪 90 年代初，中学语文学界有人提出"淡化语法"的口号，并且博得了部分教师的支持，为此在《语文学习》杂志上开展过讨论，吕叔湘、胡裕树、濮侃、邵敬敏、傅惠钧等有文章发表。大体上有三种意见：一是反对淡化，主张强化；二是要求改进语法教学，但不宜提淡化；三是主张淡化，实际上基本取消了中小学的语法教学。第三种意见目前在中学语文教学界占据了主导地位，所以各种中学语文教材普遍忽略语法教学，"语法无用论"流毒无穷。可见，《系统提要》实际上所起的作用已经非常有限，跟 50 年代的《暂拟系统》不可同日而语。另一方面，汉语语法学家对汉语母语的语法教学也大多漠不关心，基本上已经退出这一重要的阵地，虽然少数有眼光有远见的语法学家不断在大声疾呼要关注这一问题，但是效果并不显著。可喜的是 2003 年北京大学中文系成立了"语文教育研究所"，北京师范大学文学院成立了"语文教育学科及语文教育研究所"，华东师范大学成立了"语文教育研究中心"，把这项任务提到高等学府的议事日程上了。目前需要解决的是如何促使汉语语法在中学语文教学中发挥积极的作用，并且为广大中学生所喜闻乐见。

三　儿童汉语语法习得研究

儿童语言，尤其是汉语句法的习得研究，主要有两支研究队伍。一是以心理学界学者为主，最重要的是华东师范大学以朱曼殊、缪小春为主的研究团队，他俩主编的《儿童语言学》（华东师范大学出版社 1990）影响很大。2004 年还成立"华东师范大学儿童语言研究中心"，成为国际儿童语言研究资源交换系统（CHILDES）的中国站点。专著有朱曼殊《儿童语言发展研究》（华东师范大学出版社 1986）、周兢《汉语儿童语言运用能力的发展》（南京师范大学出版社 2002）等。

有关论文例如朱曼殊、武进之、缪小春《幼儿口头言语发展的调查研究》(心理学报 1979 年第 3 期),缪小春、朱曼殊《幼儿对某几种复句的理解》(心理科学通讯 1989 年第 6 期)等;此外还有火辉《汉语儿童量化否定句理解的发展》(心理科学通讯 1990 年第 4 期),朱曼殊、华红琴《儿童对因果复句的理解》(心理科学 1992 年第 3 期),刘晓明、张明《弱智儿童句子理解过程的实验研究》(心理科学 1995 年第 5 期),龚少英、彭聃龄、易冰《4～5 岁幼儿句法意识的发展》(学前教育研究 2005 年第 7—8 期),黄进《儿童语言中个体量词"个"的运用及其他》(南京广播电视大学学报 2007 年第 6 期),周晓红《第一语言习得研究概况》(理论界 2008 年第 4 期)等。

当然,儿童语言学,尤其是语法研究的主力部队还是在汉语语法学界,目前主要有五本专著:

(一)李宇明、唐志东《汉语儿童问句系统习得探微》(华中师范大学出版社 1991),主要长期追踪自己的孩子,记录他们学习语言的过程,并且进行汉语句法结构习得研究。这是真正意义上的儿童语法学的开山之作。李宇明还撰写了《儿童语言的发生》(华中师范大学出版社 1995)。

(二)周国光、王葆华《儿童句式发展研究和语言习得理论》(安徽大学出版社 1997),该书上卷对汉族儿童语言中几种常见的句式进行习得和发展状况的考察;下卷对语言习得和语言发展理论中比较重要的问题展开讨论。既借鉴了国外新的理论,又能联系汉语的特点,归纳总结了汉语的习得规律,具有一定的理论意义和实用价值。

（三）李宇明、陈前瑞《语言的理解与发生——儿童问句系统的理解与发生的比较研究》（华中师范大学出版社 1998），该书以汉语的问句系统为材料，综合运用群案横向实验和个案纵向观察的研究方法，深入考察了汉族儿童语言理解和语言发生的问题，并对语言理解和语言发生进行了多方面的比较研究。在研究方法上有一定创新，得出了一些有关儿童语言发展的规律，并提出了一些富有启发性的理论问题。比如儿童语言的发展具有明显的阶段性和顺序性，大体可以划分为既有质的差异又相互关联的五个阶段：声音发展阶段；被动语言交际阶段；特殊语言交际阶段；目标口语发展阶段；成熟阶段。

（四）孔令达、胡德明、欧阳俊林等《汉族儿童实词习得研究》（安徽大学出版社 2004），实词是语言系统的核心和基础，儿童习得语言首先是从习得实词开始的，这跟儿童心理发展的各个方面，特别是儿童思维的发展有密切的关系。该书详细介绍了儿童语言中的指人名词和指物名词、方位词和时间词、动词、形容词、数词和量词、代词、副词等的习得情况，有一定参考价值。

（五）杨小璐《焦点与级差：现代汉语"才"和"就"的儿童语言习得研究》（北京大学出版社 2009），该书结合当代心理语言学的实验研究方法，严格按照国际主流儿童语言习得研究的实验程序和理论假设对汉语儿童焦点敏感词"才"/"就"与焦点、级差表征有关的句法和语义知识进行了多方面的考察，揭示了汉语儿童认知发展与焦点、级差结构表征之间的内在关系，探讨了生成语法规则、语言环境、认知在语义习得中的作用。方法比较先进，理论色彩浓郁，在摸索国外有关理论跟汉语儿童习得研究结合方面作出了可喜的尝试。

　　此外,香港学者李行德在湖南大学主持了关于儿童语言的研究课题,追踪 5 名 8 个月到 1 岁半的儿童,运用录音、录像以及声系分析进行研究。有关研究情况可参阅徐速《儿童语言发展研究的新进展》(温州师范学院学报 2003 年第 4 期)、祁文慧《我国儿童语言研究的回溯》(南京邮电大学学报 2009 年第 1 期)。

第二节　对外汉语教学语法研究

　　20 世纪 80 年代以后,由于中国在国际上的地位蒸蒸日上,相应的汉语的地位也大大提升,全世界学习汉语以及希望学习汉语人数成几何级数增长。对外汉语教学作为一门新兴的学科在新时期获得了前所未有的机遇,在“语言学与应用语言学”这一学科内,迅速成长为一门独立的分支学科,并且在这 30 年来获得了长足的进步。与此同时对外汉语教学语法的研究也越来越受到重视。

　　对外汉语教学语法的研究,老一辈的代表性人物是王还,当年她的《“把”字句和“被”字句》(新知识出版社 1957,上海教育出版社修订本 1984)影响很大,之后她一直致力于对外汉语教学,尤其是语法方面的教学,主编了《汉英虚词词典》(华语教学出版社 1992),有关论文收录在《门外偶得集》(北京语言学院出版社 1994)。中年一代有赵淑华、杨庆蕙、刘月华、房玉清、卞觉非、赵金铭、吕文华、范开泰、李芳杰、鲁健骥、陈光磊、李大忠等,20 世纪 80 年代的对外汉语语法研究,刘月华表现突出;90 年代赵金铭、吕文华、周小兵崛起,21 世纪以来,年轻一代更是人才辈出,比较有影响的有齐沪扬、彭小川、李晓琪、崔希亮、张旺熹、金立鑫、丁崇明、卢福波、李泉、段业辉、肖奚强、沙平、孙德金、陈前瑞等。

有关研究的综述可参阅丁崇明《20 世纪 80 年代以来对外汉语教学语法研究综述》(北京师范大学学报 2006 年第 3 期)、李泉《对外汉语语法教学研究综观》(语言文字应用 2007 年第 4 期)、焦华英《对外汉语教学语法体系研究综述》(现代语文(语言研究版) 2008 年第 4 期)。其内容主要是对近 30 年来对外汉语语法教学研究的现状进行综合考察,包括语法教学策略、语法教学方法、语法教学模式、语法教学实例展示、语法难易度研究、语法习得研究、偏误分析等。

一　服务于对外汉语教学的汉语语法本体研究

开始时,对外汉语学界使用的也是汉语学界通用的汉语语法教材,但是,很快就发现由于对象性质完全不同,语法教学的标准、要求、难点、重点乃至理论和方法都应该有所区别。这样,在 20 世纪 80 年代就开始出现专门为从事对外汉语教学和专门学习汉语的外国学生编写的汉语语法教材。其中最有影响的通论性质的汉语语法著作有两本:

(一)刘月华、潘文娱、故韡(赵淑华)《实用现代汉语语法》(外语教学与研究出版社 1983,商务印书馆修订本 2001),该书是为汉语作为第二语言的教师和已有基础的外国学生写的,因此,着眼点是实用,即"力图通过语法现象和语法规则的描写,来指导学生正确地使用汉语"。该书的重点就是外国人学习汉语语法中所常遇到的难点,不建体系,兼收并蓄。词类部分逐个词类讲解,句法突出重点句型、特殊句式和疑问句、祈使句。内容写得具体、细致,有些章节,如状语、定语的性质及顺序、动词重叠、可能补语的功能等写得相当精彩。其亮点是不仅指出结构上的特点,而且特别注重语义和语用上的说明,即重点说明某个表达方式使用的条件。同时还进行正误的语例比较。其优点是针对性比较强,编者有着丰富的对外汉语教学的经验,所以实用性突出,是对外汉语教学方面有重要参考价值的一本教科书。不足指出在于第一版的语法理念比较传统,修订本也没能吸取 30 年来的语法研究的最新成果,比如短语基本被忽略,语义分析也嫌不足。

(二)房玉清《实用汉语语法》(北京语言学院出版社 1992,北京大学出版社修订本 2001),该书除了一般语法书都讲解的词类、词组以及句子之外,有几个新构想:第一,增设了较大篇幅的"语义范畴"章节,包括时空范畴、数量范畴以及语气范畴(内部又细分为:确定、夸张、停顿、反问、假设、测度、祈使、感叹等);第二,加强了句子的动态变化,包括句子的复杂化、句式的变换;第三,把动词的类别跟动态助词结合起来解释。换言之,加强了理解和表达的内容,所以颇受欢迎。

这两本著作,实际上也是教材,特点是偏重于实用,着力于描写,强调对比,照顾全面,对虚词或某些格式的用法讲解特别详细,举例众多,有点儿接近于语法词典,对外国人学习汉语比较管用。此外,还有卢福波《对外汉语教学实用语法》(北京语言文化大学出版社 1996)、宋玉柱《对外汉语语法讲义》(天津人民出版社 1996)、郭振华《简明汉语语法》(华语出版社 2000)等也比较有特色。

进入 21 世纪后,新一代对外汉语语法学家开始崛起,编写出不少新颖的语法教材,代表性教材有:齐沪扬《对外汉语教学语法》（复旦大学出版社 2005）、陆庆和《实用对外汉语教学语法》（北京大学出版社 2006）、张宝林《汉语教学参考语法》（北京大学出版社 2006）、杨德峰《对外汉语教学核心语法》（北京大学出版社 2009）等。尤其是汉语语法本体研究,包括专题性研究如何结合对外汉语教学更为大家所关心,这方面发表了大量的论文,探讨了一些比较新鲜的思路。例如黄月圆《汉语作为第二语言的"把"字句习得研究》（世界汉语教学 2004 年第 1 期）、周红《语义范畴与对外汉语语法教学》（云南师范大学学报（对外汉语教学与研究版）2005 年第 1 期）、邵敬敏《语法本体研究与对外汉语语法教学》（暨南大学华文学院学报 2005 年第 3 期）、陆俭明《开展面向对外汉语教学的词汇语法研究》（语言教学与研究 2006 年第 2 期）等。

二　对外汉语语法的教学研究

对外汉语的教材,从 1953 年的《汉语教材》、1959 年的《汉语教科书》,到 1971 年《基础汉语》、1977 年《汉语课本》、1980 年《基础汉语课本》、1981 年《实用汉语课本》和《初级汉语课本》,其教学语法体系基本上没有变化,其中只有《汉语课本》和《初级汉语课本》略有变动,并且提出三方面的批评意见:(1)对外汉语教学的语法体系受到母语语法体系的束缚,没能独立出来;(2)中国现行的"传统语法体系"不适应对外汉语教学的需要;(3)忽略在教学中的对比方法。1991 年第三届国际汉语教学讨论会上,更把对外汉语语法教学作为一个重点来进行讨论,并且发表了一系列的论文,例如:陈贤纯《谈语法教学》、王培光《语感、语言觉识与语法教学》、

［德］柯彼德《汉语作为外语教学的语法体系急需修改的要点》、田小琳《汉语语法组合中的两个一致——试谈对外汉语语法教学法》、［美］李英哲《华语语法规范的考虑因素》、赵淑华《从句型统计看对外汉语语法教学的重点》等（以上均见《第三届国际汉语教学讨论会论文集》，北京语言学院出版社 1991）。

在这方面，刘月华和吕文华的研究特别引人注目，刘月华的有关研究收录在《汉语语法论集》（现代出版社 1989）中。吕文华也发表了不少服务于对外汉语语法教学的专题论文，出版了《对外汉语教学语法探索》（语文出版社 1994，北京语言大学出版社增订本2008）、《对外汉语教学语法体系研究》（北京语言文化大学出版社1999）。

近年来，这支队伍不断壮大，特别是大批的年轻学者加入，出现了欣欣向荣的新景象。相继出版了李芳杰《汉语语法和规范化问题研究》（武汉大学出版社 1993），杨庆蕙《对外汉语教学中的语法难点》（北京师范大学出版社 1996），李泉《汉语考察与分析》（北京语言文化大学出版社 2001），肖奚强《现代汉语语法与对外汉语教学》（学林出版社 2002），彭小川、李守纪、王红《对外汉语教学语法释疑 201 例》（商务印书馆 2004），卢福波《对外汉语教学语法研究》（北京语言文化大学出版社 2004），赵杨《汉语使动及其中介语表征》（北京大学出版社 2006），周小兵等编《怎样教阅读——对外汉语语法教学理论与实践》（华东师范大学出版社 2007）等。

其中，对外汉语关于虚词的研究和教学更是热门课题。有关著作例如：周小兵、赵新《对外汉语教学中的副词研究》（中国社会科学出版社 2002）、李晓琪《现代汉语虚词讲义》（北京大学出版社

2005)、金立鑫主编《对外汉语教学虚词辨析》(北京大学出版社2005)、彭小川主编《现代汉语虚词探索与研究》(暨南大学出版社2007)等。

几乎每次世界汉语教学讨论会以及中国对外汉语教学讨论会所出版的论文集,语法都占相当多的篇幅。此外,还出版了一些语法专集,例如赵金铭主编《新视角汉语语法研究》(北京语言文化大学出版社1997)、陈光磊主编《语法研究与对外汉语语法教学》(山西人民出版社2002)、郭继懋和郑天刚主编的《似同实异——汉语近义表达方式的认知语用分析》(中国社会科学出版社2002)等,特别是国家对外汉语教学办公室2002年召开了"首届国际对外汉语语法研讨会",并且出版论文集《对外汉语教学语法探索》(中国社会科学出版社2003)。

要特别指出的是,对外汉语学界已经开始注意引进新的语法理论来进行探索,提出若干新的模式、构想或者思路。例如周继圣《"以谓语动词为中心"的语法教学》(《第一届国际汉语教学讨论会论文集》,北京语言学院出版社1985)、陆俭明《配价语法理论和对外汉语教学》(《第五届国际汉语教学讨论会论文集》,北京大学出版社1997)、范开泰《对外汉语教学与汉语语法的经济性特点》(《第五届国际汉语教学讨论会论文集》,北京大学出版社1997)等。

进入21世纪以后,这一问题更为人们所重视,陆俭明《"对外汉语教学"中的语法教学》(语言教学与研究2000年第3期)论述了语法教学在对外汉语教学中的定位问题,以及应着重教什么和怎么教的问题,最后还指出从事对外汉语教学的教师应该具备的能力。卢福波《对外汉语教学语法的体系与方法问题》(汉语学习2002年第4期)围绕着"教谁？教什么？怎么教？"这三个问题探讨了切入点，提出从"编码"切入，从语义到形式的新途径。此外还阐述了教学内容的浅化与简化以及对比和比较、自识和自检、精讲多练和讲练结合等问题。李晓琪《论对外汉语虚词教学》(世界汉语教学1998年第4期)、杨惠元《强化词法教学，淡化句法教学》(语言教学与研究2003年第1期)提出一个新构想，认为应该提倡"大词法，小句法"。

这类论文还有卢福波《对外汉语教学语法的层级划分与项目排序问题》(汉语学习2003年第2期)、李泉《基于语体的对外汉语教学语法体系构建》(汉语学习2003年第3期)、丁崇明《语法、词汇与功能结合的教学模式刍议》(云南师范大学学报2003年第2期)、李晓琪《关于建立词汇—语法教学模式的思考》(语言教学与研究2004年第1期)、孙德金《语法不教什么——对外汉语语法教学的两个原则问题》(语言教学与研究2006年第1期)、卢福波《语法教学的基本原则与操作方法》(语言教学与研究2008年第2期)等。

三 研究对外汉语教学语法的中青年学者

汉语语法的本体研究，跟对外汉语教学语法的研究，是密不可分的。事实上，许多现在主要从事对外汉语教学的学者，是从中文系转过来的。这方面的语法学家，除了王还、赵淑华、赵金铭、吕文华、范开泰、周小兵、齐沪扬等之外，还有不少主要从事对外汉语语法教学研究的中青年后起之秀。

（1）李晓琪，女，北京大学中文系汉语专业毕业。1984 年起从事对外汉语教学工作。曾先后赴美国纽约州立大学、美国明德暑期学校、美国斯坦福大学、法国巴黎师大任教。现任北京大学对外汉语教育学院院长、汉语国际推广领导小组副组长、《汉语教学学刊》主编。兼任中国对外汉语教学学会北京地区分会副会长、中文教学现代化学会副会长、中国对外汉语教学学会理事，曾任世界汉语教学学会常务理事。主要研究现代汉语语法以及对外汉语教学。专著有《现代汉语虚词讲义》（北京大学出版社 2005）。此外，还主编各类对外汉语教材和教辅材料。

（2）沙平，1950 年出生，福建福州人。1982 年福建师范大学中文系毕业后留校任教，1986 年获北京大学中文系现代汉语研究生班硕士学位。现任福建师范大学海外教育学院院长、福建师范大学海外华文教育研究中心主任、教授、博导。兼任世界汉语教学学会理事、全国现代汉语教学研究会副会长兼秘书长、福建省语言学会副会长、香港东方教育联谊会副理事长等。曾多次赴日本、美国、菲律宾、印尼、马来西亚、泰国、阿根廷、智利等国家讲学或培训汉语教师。代表性著作为《汉语研究三视角——本体·教学·应用》（新香港年鉴出版 1999）、《汉语描写语法学方法论》（厦门大学出版社 2000）。

（3）肖奚强，1954 年生于南京。2001 年获上海师范大学现代汉语专业博士学位。现任南京师范大学国际文化教育学院副院长、教授、博导。长期从事对外汉语教学与研究，主要研究现代汉语语法、语言教学与习得理论。代表作为《现代汉语语法与对外汉语教学》（学林出版社 2002）、《汉语中介语语法问题研究》（商务印书馆 2008)。

(4)卢福波,女,1954 年出生,辽宁大连人。1994 年获南开大学现代汉语专业硕士学位。现任南开大学汉语言文化学院对外汉语教学系主任、教授。主要研究对外汉语教学语法、汉语语法、语义及语用。论文集为《对外汉语教学语法研究》(北京语言文化大学出版社 1996),专著有《对外汉语教学实用语法》(北京语言文化大学出版社 1996)。

(5)李泉,1962 年出生,黑龙江依兰人。1985 年获中国人民大学中文系语言学专业学士学位,1987 年获硕士学位后留校在对外汉语教学中心任教,2005 年获博士学位。现为中国人民大学文学院教授、博导。曾任对外语言文化学院院长,兼任中国对外汉语教学学会常务理事、世界汉语教学学会理事。主攻现代汉语语法以及对外汉语教学。专著有《汉语语法考察与分析》(北京语言文化大学出版社 2001)、《对外汉语教学概论》(合著,商务印书馆 2004)、《对外汉语教学理论思考》(教育科学出版社 2005)。

(6)孙德金,1964 年出生,黑龙江人。1989 年获中国人民大学硕士学位。现任北京语言大学汉语学院副院长、教授。主要研究领域现代汉语语法、北京话、对外汉语教学以及语料库建设。代表性著作为《汉语语法教程》(北京语言大学出版社 2005)、《描写与实证:汉语要素的多视角考察》(北京语言大学出版社 2005),还与林杏光、王玲玲合作主编《现代汉语动词大词典》(北京语言学院出版社 1994)。

(7)陈前瑞,1967 年出生,江西瑞昌人。1985 年毕业于江西九江师范学校师范专业。2003 年获华中师范大学博士学位,2006—

2008 年在北京大学中文系从事博士后研究。现为北京语言大学对外汉语研究中心研究员、《世界汉语教学》杂志编辑。主要研究领域是汉语语法学和儿童语言习得。著有《语言的理解与发生——儿童问句系统的理解与发生的比较研究》（与李宇明合作，华中师范大学出版社 1998）、《汉语体貌研究的类型学视野》（商务印书馆 2008）。

四 偏误分析研究

偏误分析是第二语言习得研究的一个有机的组成部分，它建立在"中介语"理论的基础上，主要涉及语法和语用。在中国，最早是 1984 年由鲁健骥在《中介语理论与外国人学习汉语的语音偏误分析》（语言教学与研究 1984 年第 3 期）中提出的，他后来还发表了《外国人学习汉语的词语偏误分析》（语言教学与研究 1987 年第 4 期）、《外国人学习汉语的语用失误》（与吕文华合作，汉语学习 1993 年第 1 期）以及《外国人学习汉语的语法偏误分析》（语言教学与研究 1994 年第 4 期），有关论文收录在《对外汉语教学思考集》（北京语言文化大学出版社 1999）。有关专著有李大忠《外国人学汉语语法偏误分析》（北京语言文化大学出版社 1996）、张起旺和王顺洪主编《汉外语言对比与偏误分析论文集》（北京大学出版社 1999）、任长慧《汉语教学中的偏误分析》（武汉大学出版社 2001）、［韩］李恩华《对外汉语教学中的偏误分析与统计应用》（上海大学出版社 2008）。有关综述可参见赵春利《对外汉语偏误分析二十年研究回顾》（云南师范大学学报（对外汉语教学与研究版）2005 年第 2 期）、杨柳《外国人学汉语语法偏误分析研究综述》（现代语文(语言研究版)2008 年第 7 期)。

关于偏误分析的研究,主要有三个方面:

第一,结合理论和方法进行一些探讨。

(1)偏重于理论探讨的,涉及分析的原则、偏误的等级等。例如王绍新《超单句偏误引发的几点思考》(语言教学与研究 1996 年第 4 期)、肖奚强《略论偏误分析的基本原则》(语言文字应用 2001 年第 1 期)、赵金铭《外国人语法偏误句子的等级序列》(世界汉语教学 2002 年第 2 期)等。

(2)有意识地运用中介语理论来分析对外汉语教学。例如李晓琪《中介语与汉语虚词教学》(世界汉语教学 1995 年第 4 期),梁继超、张如芳《论引导偏误与中介语现象》(汉语学习 1997 年第 6 期),彭利贞《论中介语的语篇层次》(《第五届国际汉语教学讨论会论文集》,北京大学出版社 1997)。专著有赵扬《汉语使动及其中介语表征》(北京大学出版社 2006)、肖奚强《汉语中介语语法问题研究》(商务印书馆 2008)等。

(3)运用一些新的理论来对探究造成语法偏误的原因。例如方绪军《中介语中动词句的配价偏误分析》(语言教学与研究 2001 年第 4 期)、李大忠《偏误成因的思维心理分析》(语言教学与研究 1999 年第 2 期)等。

(4)运用统计学的方法,进行定量分析。例如姜德梧《从 HSK (基础)测试的数据统计看"把"字句的教学》(汉语学习 1999 年第 5 期),赵立江《外国留学生使用"了"的情况调查与分析》(《第五届国际汉语教学讨论会论文集》,北京大学出版社 1997),丁安琪、沈兰《韩国留学生口语中使用介词"在"的调查分析》(语言教学与研究 2001 年第 6 期)等。

(5)涉及语言的表达和理解,包括语用、语篇的分析。例如朱全红《表示应答的"是"与"Yes"的病例分析》(语言文字应用 1999 年第 2 期)、鲁健骥《外国人学汉语的篇章偏误分析》(《第六届国际汉语教学讨论会论文集》,北京大学出版社 2000)、肖奚强《外国学生照应偏误分析》(汉语学习 2001 年第 1 期)、张园《受俄语母语干扰的汉语交际切分偏误分析》(外语学刊 2001 年第 2 期)等。

第二,专题性实例分析,主要是针对一些具体的语法项目进行实例的调查和分析。

(1)通论性质。例如:梅立崇《对留学生汉语习得过程中的错误分析》(语言教学与研究 1984 年第 4 期)、刘坚《外国学生学习汉语时的语法偏误举例》(语言教学与研究 1991 年第 2 期)、程美珍《病句研究与对外汉语基础教学》(《第三届国际汉语教学讨论会论文集》,北京语言学院出版社 1991)、鲁健骥《外国人学汉语的语法偏误分析》(《第四届国际汉语教学讨论会论文集》,北京语言学院出版社 1995)。

(2)偏重于词语,尤其是虚词的偏误分析。例如:陈满华《从外国学生的病句看方位词的用法》(语言教学与研究 1995 年第 3 期)、陈小荷《跟副词"也"有关的偏误分析》(世界汉语教学 1996 年第 2 期)、高宁慧《留学生的代词偏误与代词在篇章中的使用原则》(世界汉语教学 1996 年第 2 期)、陈若凡《留学生使用"能"、"会"的偏误及教学对策》(语言教学与研究 2000 年第 1 期)、徐丽华《外国学生连词使用偏误分析》(浙江师范大学学报 2001 年第 3 期)、《外国学生语气词使用偏误分析》(浙江师范大学学报 2002 年第 5

期)、李彤《中级阶段外国留学生双音节动词偏误分析》(语言文字应用 2006 年第 2 期)、周小兵《与范围副词"都"有关的偏误分析》(汉语学习 2007 年第 1 期)等。

(3)偏重于结构、句子的偏误分析。例如:李大忠《"使"字兼语句偏误分析》(世界汉语教学 1996 年第 1 期)、赵金铭《外国人语法偏误句子的等级序列》(语言教学与研究 2002 年第 2 期)、李金静《"在＋处所"的偏误分析及对外汉语教学》(语言文字应用 2005 年第 1 期)、朱其智《留学生汉语杂糅偏误分析》(汉语学习 2007 年第 3 期)等。

第三,结合汉外语言的对比来进行分析,这主要是针对以某种外语为母语的情况。例如:[美]贺上贤《对比分析和错误分析的研究》(《第二届国际汉语教学讨论会论文集》,北京语言学院出版社 1988)、邓小宁《汉语的否定词与日本学生的语法偏误》(中山大学学报论丛 1997 年第 4 期)、肖奚强《韩国学生汉语语法偏误分析》(世界汉语教学 2000 年第 2 期)、柳英绿《韩汉语被动句对比——韩国留学生"被"动句偏误分析》(汉语学习 2000 年第 6 期)、曹秀玲《韩国留学生汉语语篇指称现象考察》(世界汉语教学 2000 年第 4 期)、崔立斌《日本学生汉语学习的语法错误分析与汉日语言对比》(语言文字应用 2001 年第 4 期)、崔希亮《欧美学生汉语介词习得的特点及偏误分析》(世界汉语教学 2005 年第 3 期)、丁崇明《韩国汉语中高级水平学生语法偏误分析》(北京师范大学学报 2009 年第 6 期)、伏学凤《初、中级日韩留学生汉语量词动用偏误分析》(语言文字应用 2007 年第 1 期)、黄玉花《韩国留学生汉语趋向补语习得特点及偏误分析》(汉语学习 2007 年第 4 期)等。

第三节　中文信息处理语法研究

计算语言学是一门涉及语言学、计算机科学和数学等多门学科交叉的学科。跟语言学的关系，涉及现代句法理论和语义理论，词法、句法、语义、语用，乃至心理、认知以及文化等。具体来说，包括中文信息处理、机器翻译、人机对话、语料库建设等。

一　中文信息处理研究简况

汉语作为自然语言的信息处理，有关研究人员主要来自两个领域：语言学界和计算机学界。因为这一研究必须涉及两个方面：一是自然语言的知识，即必须对汉语的各种规则有深入而准确的理解和分析；二是表述知识的机制，即能够把有关的知识和规则形式化，能够让计算机理解和运算。因此，有关的研究工作必须由语言学家和电脑专家共同来完成。而语言学家主要研究汉语语法的规则如何适应形式化的需要。

中文信息处理包含的内容相当丰富，除了"中文输入技术"、"字符集及编码"、"中文输出技术"，它的基础研究及其应用技术也涉及许多方面，至少有：语料库建设、汉字属性研究、现代汉语自动分词研究、电子排版与文字处理、字频词频统计、句法研究、词汇和语义分析等。有关情况可参阅陈敏《中文信息处理的现状与展望》（语言文字应用 1995 年第 4 期）、许嘉璐《语言学研究与中文信息处理》（中文信息 1997 年第 3 期）、詹卫东《80 年代以来汉语信息处理研究述评》（当代语言学 2000 年第 2 期）、袁毓林《计算语言学

的理论方法和研究取向》(中国社会科学 2001 年第 4 期)、冯志伟
《自然语言处理的历史与现状》(中国外语 2008 年第 1 期)。

　　1978 年以来,以乔姆斯基的转换生成语法为理论背景的各种
语法理论流派,几乎都有人介绍进来,并且运用于中文信息处理研
究,比较有影响的如扩充转移网络(ATN)、功能合一语法(FUG)、
词汇功能语法(LFG)、定子句语法(DCG)、中心词驱动的短语结
构语法(HPSG)、广义短语结构语法(GPSG)、范畴语法(CG)、连
接语法(LG)等。但总的来讲,效果并不是那么显著,没有达到预
期的目标。这可能是因为:第一,我们对汉语语法本身研究得还不
透彻;第二,国外的理论基本上是在英语研究基础上建立起来,如
何结合汉语来研究,这些理论是不是真正适应汉语语法,都还需要
加以证明;第三,汉语学界与计算机学界的配合还存在比较多的
问题。

　　20 世纪 80 年代初期连续出版了三本《语言和计算机》论文
集,集中反映了这方面的研究,1986 年计算机学界创刊的《中文信
息学报》以及汉语学界的《中国语文》和《语言文字应用》则承担了
发表有关研究成果的重担,特别要指出的是从 1991 年开始两年一
次的全国计算语言学学术会议,更为大家提供了一个交流的平台。

　　90 年代代表性著作有:陆致极《计算语言学导论》(上海教育
出版社 1990),钱锋《计算语言学引论》(学林出版社 1990),刘开
瑛、郭炳炎《自然语言处理》(科学出版社 1991),张普《汉语信息处
理研究》(北京语言学院出版社 1992),黄昌宁、石纯一等《人工智
能与原理》(清华大学出版社 1993),冯志伟《自然语言机器翻译新
论》(语文出版社 1995),白硕《语言学知识的计算机辅助发现》(科

学出版社 1995)，季国清、刘鸿飞《汉语自然语言理解的理论模型》
（哈尔滨工程学院出版社 1996），黄昌宁、夏莹《语言信息处理专
论》（清华大学出版社、广西科学技术出版社 1996），姚亚平、范卫
平《中国计算语言学》（江西科学技术出版社 1997）等。

21 世纪机器翻译的研究相当活跃，但是汉语学界介入的并不
多。国外引进的翻译专著主要有：Daniel Jurafsky & James H.
Martin《自然语言处理综论》（冯志伟、孙乐翻译，电子工业出版社
2005)、Christopher D. Manning & Hinrich Schuetze《统计自然语
言处理基础》（苑春法翻译，电子工业出版社 2005)、James Allen
《自然语言理解》（刘群翻译，电子工业出版社 2005)。

中国计算语言学界的代表性著作有：刘开瑛《中文文本自动分
词和标注》（商务印书馆 2000)，冯志伟《计算语言学基础》（商务印
书馆 2001)，靳光瑾《现代汉语动词语义计算理论》（北京大学出版
社 2001)，黄昌宁、李涓子《语料库语言学》（商务印书馆 2002)，姚
天顺、朱靖波《自然语言理解：一种让机器懂得人类语言的研究》
（清华大学出版社第 2 版 2002)，王小捷、常宝宝《自然语言处理技
术基础》（北京邮电大学出版社 2002)，刘颖《计算语言学》（清华大
学出版社 2002)，俞士汶《计算语言学概论》（商务印书馆 2003)，余
锦凤等编著《中文信息处理基础教程》（北京大学出版社 2003)，王
晓龙《计算机自然语言处理》（清华大学出版社 2005)，翁富良、王
野翯《计算语言学导论》（中国社会科学出版社 2005)，宗成庆《统
计自然语言处理》（清华大学出版社 2008)，易绵竹《计算语言学》
（上海外语教育出版社 2009)等。

此外，还有几本重要的论文专辑：陈力为编《计算语言学的研

究与应用》(北京语言学院出版社 1993),陈力为、袁琦编 *Advances and Applications on Computational Linguistics*(清华大学出版社 1995),陈力为、袁琦编《91—95 中文信息处理应用平台工程》(电子工业出版社 1995),黄昌宁、夏莹编《语言信息处理专论》(清华大学出版社 1996),俞士汶、黄居仁主编《计算语言学前瞻》(商务印书馆 2005)等。有关情况可参阅詹卫东《80 年代以来汉语信息处理研究述评》(当代语言学 2000 年第 2 期)、冯志伟《自然语言处理的历史与现状》(中国外语 2008 年第 1 期)等。

二　机器翻译

1956 年机器翻译研究正式列入我国科学工作的发展规划,它是作为一门新生的边缘学科在语言学、数学和计算机技术这三门科学的基础上发展起来的,从语言学角度来讲,则是应用语言学的一个新的分支学科,也是数理语言学中最重要的部门之一,它和语法结构、语义理解和语用制约尤其密切相关。

1958 年 8 月由中国科学院计算技术研究所和语言研究所成立机器翻译研究组,同年 11 月语言研究所又正式成立专门的机器翻译研究小组,和其他单位合作进行了俄汉、英汉的机器翻译研究,并取得一定成果。新中国成立十周年前夕,俄汉机器翻译在我国第一台大型通用快速数字中文计算机上初步试验成功。

1966 年美国发表了 ALPAC 报告,认为机器翻译速度慢,准确率差,比人工翻译费用高得多,在近期或可以预见的未来,开发出实用的机器翻译系统是没有指望的。这个报告导致各国放缓了甚至于停止了机器翻译研究的步伐。直到 70 年代中期才开始慢慢复苏。国际上,1987 年在日本箱根举行了第一届机器翻译峰会(MT Summit),以后每两年轮流在亚、欧、美定期举行,并成立国际机器翻译协会,定期出版《机器翻译通讯》。现在虽然有形形色色许多一对一或者一对多的翻译系统,但是在翻译真实文本时的准确率基本上达不到开发者所吹嘘的那样高,翻译质量成了个老大难问题。

机器翻译研究的首要任务就是弄清楚两种语言的结构特点,并根据这些特点进一步进行严密的语法对比研究,以求出两者之间的对应规律。其次也是更重要的,是明确如何制订这样一套规则系统,使译出语中的一种语法手段固定地转变为译入语中与之相对应的另一种语法手段。

中国的英汉机器翻译的研究和试验是从 1975 年 12 月重新开始的,由中国科技情报所主办,成立了机器翻译研究协作组。经过多年研究,目前我国上机进行过实验的机器翻译系统达十多个,翻译的语种和类型有英汉、俄双、法汉、日汉等一对一或一对多的系统。其中比较重要的论文有刘倬的《JFY－Ⅱ巨型英汉机器翻译系统概述》(中国语文 1981 年第 3—4 期),该文较全面地介绍了 JFY－Ⅱ型英汉机器翻译系统的特点,它是一套以实际应用为设计思想的试用型系统,由自动词典和自动语法规则系统两个部分组成。作者认为:"语句有两种结构,一是语法结构,一是语义结构,两种结构相互影响,彼此补充。""语法结构包括三个方面:一是结构层次,二是结构关系,三是结构格式。"但对语义结构则没有详谈。刘涌泉《外汉机器翻译中的中介成分体系》(中国语文 1982 年第 2 期),根据深层结构原理,提出建立"中介成分体系"的设想,以解决多对一翻译时所碰到的问题。制定中介成分的原则是：(1)逻辑语义原则；(2)结构层次原则；(3)对比差异原则。

1987 年英汉翻译系统"译星一号"由中国军事科学院研究成功，并于 1988 年推向市场，这也是我国第一个商品化的机器翻译系统。除此之外，还有"高立英汉翻译系统"（北京高立公司与中国社会科学院语言研究所合作）、"863IMT/EC 英汉机器翻译系统"（中国科学院计算技术研究所）、"Matrix 英汉机器翻译系统"（国防科技大学）、"Sino Trans 汉英汉日机器翻译系统"（中国计算机软件与技术服务总公司）等多个机器翻译系统相继开发成功。但总的来说，机器翻译的准确率虽然号称可以达到 80% 左右，但事实上离开实际运用还有相当一段距离。

目前存在的主要问题是：(1)对源语言的分析只解决句法结构关系，完全没顾及语义的分析。(2)对翻译的范围没有限制，似乎只要换一部专业词典就可以了。(3)只求句子对译，根本不顾及上下文的连贯和逻辑关系。(4)对源语言和目的语的文化风俗等丝毫没涉及。

语言学家比较关注的是机器翻译跟语言的关系，有关研究例如詹卫东《机器翻译与语言研究》（语言科学 2002 年第 1 期）、傅爱平《机器翻译中汉语动结式生成的过程和困难》（中国语文 2003 年第 1 期）、吴云芳《面向中文信息处理的现代汉语并列结构研究》（语言文字应用 2004 年第 2 期）、薛恩奎《面向俄汉机器翻译的语义研究》（外语学刊 2004 年第 5 期）、侯敏《汉语中的零形回指及其在汉英机器翻译中的处理对策》（中文信息学报 2005 年第 1 期）、刘凯《面向机器翻译的标记语言研究》（情报学报 2005 年第 3 期）、张克亮《面向机器翻译的汉英语句格式转换研究》(语言文字研究2005年第3期)、冯志伟《机器翻译与语言研究》(术语标准化与信息技术2007年第3—4期)、贺学耘和陈溪辉《语境分析：机器翻译不可忽视的因素》(外语与外语教学2007年第4期)、鲁孝贤《机器翻译语义排歧的方法》(中国科技翻译2007年第4期)、杨泉《面向中文信息处理的"n＋n＋n"结构句法功能歧义问题研究》(汉语学习2008年第6期)等。

有关专著主要有：冯志伟《机器翻译研究》(中国对外翻译出版公司2004)、杨宪泽《人工智能与机器翻译》(西南交通大学2006)、许罗迈《基于人工神经网络的机器翻译》(科学出版社2007)、刘群《汉英机器翻译若干关键技术研究》(清华大学出版社2008)、李正栓和孟俊茂《机器翻译简明教程》(上海外语教育出版社2009)。有关研究情况可参阅夏洪进《机器翻译：回顾与展望》(四川外语学院学报2000年第1期)、吴会芹《机器翻译的回顾与展望》(外语电化教学2003年第4期)。

鉴于旧有的做法没有取得突破，近年来机器翻译的基本方法出现了改进的趋势，主要有两种思路：第一，依靠双语平行语料库进行机器翻译。第二，根据统计模型建立翻译模型。例如：王厚峰《基于实例的机器翻译——方法和问题》(术语标准化与信息技术2003年第2期)、李亮《基于语料库的机器翻译》(上海科技翻译2004年第2期)、周玉《基于多层过滤的统计机器翻译》(中文信息学报2005年第3期)。

三 人机对话

人机对话研究,也就是自然语言理解。中国关于人机对话的研究开始于 1978 年,当时国内有两种模型:

(一)心理学模型,由中国科学院心理研究所李家治、陈永明和中国科学院北京自动化研究所郭荣江合作,于 1981 年建成"机器理解汉语——实验Ⅱ"(心理学报 1982 年第 1 期),这是一个人机问答系统,以动物常识为主题,储存汉语单词 70 余条,句型 20 多个。李家治、陈永明又于 1982 年建成"一个古汉语机器理解系统——ACLUS",这一系统能分析句法,并把两篇古文译成现代汉语。

(二)语言学模型,由中国社会科学院语言研究所范继淹、徐志敏于 1981 年建成"RJD—80 型汉语人机对话系统",以中国文学作品常识为主要对话内容,汇存汉语单词 250 余条,句型 30 多个。该系统以乔姆斯基"转换生成语法"和伍兹"扩充转移网络"为基础,吸收菲尔墨"格语法"、韩礼德"系统语法"的合理内核,根据汉语特点制定句法、语义规则。他们提交的《RJD—80 型汉语人机对话系统的语法分析》(中国语文 1982 年第 3 期)说明了该系统在句法分析、语义解释、言谈分析、语句生成和背景知识等方面的具体分析和处理,并着重讨论了深层结构、语气标记,逻辑表达式、语义和句法、主题的关系以及汉语言谈分析所面临的问题和背景知识对语义的约束等问题。1984 年他们又完成了"TK—84 汉语人机对话实验",以铁路客运咨询为主题,储存汉语单词 200 多个,句型 30 多个。该系统根据汉语特点,提出了一种新的句法、语义分析方法——"语义短语语法",并对言谈分析(上下文关系)中的省略句和输出回答时生成语句的规则作了一些有益的探索。有关论文有范继淹《应用"扩充转移网络"理论分解汉语——汉语人机对话的实验模型》(语言研究 1981 年第 1 期)。

所谓"人机对话",是指人与智能语伴(电脑、智能手机等)沟通的方式。在历史发展过程中,大体上经历了三个阶段:第一阶段,人机交流使用的语言全部是经过定义并有数量限制由字符集组成的被双方牢记的密码式语言;第二阶段,采用的是接近人类自然思维的"所见即所得"的图形式交流方式,其交流方式仍主要是通过按键(键盘、鼠标等)实现;第三阶段则主要是自然语言,交流方式也是人习惯的语音和手写等。当今人机对话的技术已经应用到各个领域,包括外语、普通话的学习、考试,乃至地址查询、外卖订餐等。有关论文有:冯志伟《人机对话与语言研究》(语文建设 1987 年第 6 期)、龙学柱《关于数字化人—机对话语言的探索》(计算机与数字工程 2005 年第 4 期)、吴小玲《"人机对话"式普通话水平测试模式的探讨》(中国大学教学 2006 年第 8 期)、刘万超《"人机对话"在现代外语教学中的应用实践研究》(北京城市学院学报 2007 年第 5 期)等。

这一领域的研究还包括:(1)自然语言人机接口研究;(2)情报自动检索系统(自动文摘,文献自动分类);(3)计算机辅助教学;(4)术语的数据库。

四　若干有影响的理论模式

中文信息处理是一门跨学科的领域,所以从学术背景来讲,可以分为汉语学界的学者和计算机学界的学者两类。这些学者尝试

运用各种理论来建立自己的应用型系统,比较有影响的理论模式主要有以下几种:

(1)刘涌泉提出的中介成分分析法。所谓中介成分,是介于源语言和目标语言之间的一种特殊成分,制定中介语言的原则是逻辑语义原则、结构层次原则和对比差异原则。在我国早期的机器翻译研究中属于主流思想,有比较大的影响。

(2)刘倬提出的是"句素分析法"。即认为句子组成的单位不是词,而是句素,句素可能是一个词,一个词组或者一个分句,句素分为静词句素、动词句素和结构句素三种。他把动词谓语看做是句子的结构轴心,从而把语法分析和语义分析熔为一炉。

(3)鲁川和林杏光提出了"格语法系统"。第一层次是角色和情景;第二层次是主体、客体、邻体、系体、凭借、环境和根由;第三层次则进一步把以上主体等分为施事、受事等 22 个格。再利用这些格关系把动词分为六个次类。这样就能够把格关系和动词的次范畴小类联系起来进行研究。

(4)冯志伟根据乔姆斯基的理论提出 MMT 模型,即改进短语结构语法的形式化模型。在运用这一模型来解决汉语的自动分析的各种问题时,必须采用"多值标记"(复杂特征),一个汉语的句子不能只用词类或者词组类型等简单特征来描述,而必须考虑到句法功能、语义关系、逻辑关系等。

(5)董振东提出的是"逻辑语义分析法"。即把机器翻译系统建立在逻辑语义基础上,并且分为三种逻辑语义关系:语言传输者和语言接受者之间的关系,说话人和语言片断内部其他实体之间的关系,语言实体之间的关系。首先把源语言转换为逻辑语义结构，再从逻辑语义结构生成为目标语言。

（6）吴蔚天提出"完全语法树分析法"。即建立一个完全语法树来代表汉语所有的陈述句的句型，在这个完全语法树之中，句子深层结构的每一个成分都能够找到与它们功能相对应的位置。在此基础上，他又建立起一系列的构造原则。

（7）黄曾阳提出了面向整个自然语言理解的新的理论框架——HNC"概念层次网络"理论。他对现在流行的建立在句法分析基础上的处理模式提出挑战，主张以语义表达为基础对汉语进行理解。这显然是一个新的思路。

五　汉语语料库建设

语料库语言学是 20 世纪 80 年代新兴的一门交叉学科，它研究自然语言文本的采集、存储、加工和统计分析，目的是凭借大规模语料库提供的客观翔实的语言证据来从事语言学研究和指导自然语言信息处理系统的开发。将语料库语言学定义为"以语料为语言描写的起点或用语料验证有关语言的假说的方法"。根据有关资料，中国比较有影响的语料库大致有以下这些：

（一）汉英双语语料库：《汉英平行语料库 PCCE》（北京外国语大学），《英汉文学作品语料库》（外语教学与研究出版社），《计算机专业的双语语料库》（国家语委语言文字应用研究所），《英汉双语语料库》（中国科学院软件所），《英汉双语语料库》（中国科学院自动化研究所），《英汉双语语料库》（东北大学），《英汉双语语料库》（哈尔滨工业大学），《双语语料库》（北京大学计算语言学研究所）等。

（二）汉语语料库：《语料库》(1979 年,527 万字,武汉大学),
《现代汉语语料库》(1983 年,2000 万字,北京航空航天大学),《中
学语文教材语料库》(1983 年,106 万 8000 字,北京师范大学),《现
代汉语词频统计语料库》(1983 年,182 万字)(北京语言学院),《国
家级大型汉语平衡语料库》(1 亿字,国家语言文字工作委员会),
《人民日报语料库》(2700 万字,北京大学计算机语言学研究所),
《大型中文语料库》(5 亿字,北京语言文化大学),《现代汉语语料
库》(1 亿字,清华大学),《汉语新闻语料库》(1988 年,250 万字,山
西大学),《生语料库》(3000 万字,上海师范大学),《现代自然口语
语料库》(中国社会科学院语言研究所),《旅游咨询口语对话语料
库》(中国科学院自动化所),《旅馆预订口语对话语料库》(中国科
学院自动化所),《海外华语语料库》(暨南大学海外华语研究中
心),《兰卡斯特汉语语料库》(北京外国语大学,中国外语教育研究
中心)。

作为汉语语料库,目前最重要的是以下五个:

(1)《北京大学 CCL 语料库》:这是使用最普遍也是最方便的
汉语语料库,而且是免费开放的,由北京大学汉语语言学研究中心
建设,下设三个语料库:现代汉语语料库;古代汉语语料库;汉英双
语语料库。(http://ccl.pku.edu.cn:8080/ccl-corpus/)

(2)《国家现代汉语语料库》:这是由国家语言文字应用委员会
建立的一个现代汉语书面语通用平衡样本语料库,该语料库的第
一批语料数据是 1919 年至 1992 年的语料,共 7000 万字,以后每
年递增 1000 万字,是目前最大的现代汉语平衡语料库。该语料库
的结构设计遵循通用性、描述性、实用性、随机性等原则,从而保证

该语料库的平衡性和代表性。(www.china-language.gov.cn)

(3)《当代北京口语语料库》:这是北京语言大学在 20 世纪 80 年代的"北京口语调查"基础上建立的,记录了各种类型北京人日常生活中的自然话语并进行了加工处理,约有 186 万字,其中精加工部分 45 万字。

(4)《LIVAC 共时语料库》(Linguistic Variation in Chinese Speech Communities):这是香港城市大学语言信息科学研究中心于 1995 年建立,也很有特色。至 2008 年,该语料库共收集 150 万个词条,总字数超过 3 亿 5 千万字,语料主要来自香港、台湾、北京、上海、澳门、新加坡共 6 个华语地区。该语料库最大特点是采用"共时性"窗口模式,严谨地定时分别收集来自多地的定量同类语料,可供各种客观的比较研究,方便有关的信息科技发展与应用。此外,语料库又兼顾了"历时性",方便各方人士客观地观察与研究窗口内的有代表性的语言发展全面动态。(http://www.livac.org/index.php? lang=tc)

(5)《现代汉语平衡语料库》(Academia Sinica Balance Corpus):这是台湾"中央研究院"于 1995 年建成的,是第一个有完整词类标记的中文语料库,其测试版(Sinica 1.0)共计两百万词。带词类标记的平衡语料库是计算语言学及语料库语言学研究必需的数据。(http://hanji.sinica.edu.tw/)

语料库语言学(corpuslinguistics)有两层含义:

第一,借鉴国外其他语种的语料库建设的成果,进行关于建设汉语语料库的理论、方法与构想等的研究。有关论文:胡明扬《现代汉语通用语料库的建库原则和设想》(语言文字应用 1992 年第

3 期)、刘连元《现代汉语语料库研制》(语言文字应用 1996 年第 3 期)、段慧明《大规模汉语标注语料库的制作与使用》(语言文字应用 2000 年第 2 期)、潘永樑《语料库语言学的目的和方法》(解放军外国语学院学报 2001 年第 2 期)、靳光瑾《现代汉语语料库建设及深加工》(语言文字应用 2005 年第 2 期)、陈潇《语料库、语料库语言学及其应用》(佛山科学技术学院学报 2006 年第 4 期)、冯志伟《基于经济主义的语料库研究》(术语标准化与信息技术 2007 年第 1 期)。

第二,利用语料库对语言的某个方面进行研究,即语料库提供我们研究的对象,这只是一种新的研究手段。目前主要是应用语料库来进行语法或者词汇等方面的研究。例如:任海波《基于语料库的现代汉语离合词形式分析》(语言科学 2005 年第 6 期)、张文贤《基于语料库的关联词搭配研究》(世界汉语教学 2007 年第 4 期)、马永腾《基于语料库的〈红楼梦〉中"V 个 VP"结构分析》(现代语文 2007 年第 2 期)、徐艳华《基于语料库的基本名词短语研究》(语言文字应用 2008 年第 1 期)等。

有关专著有杨惠中《语料库语言学导论》(上海外语教育出版社 2002)。有关评述文章有丁信善《语料库语言学的发展及研究现状》(当代语言学 1998 年第 1 期)、贾雯《国内语料库语言学研究述评》(阜阳师范学院学报 2006 年第 5 期)、张丽平和顾飞荣《国内语料库语言学研究述评》(韶关学院学报 2007 年第 5 期)、何常丽《语料库语言学研究综述》(渤海大学学报 2009 年第 3 期)等。

六　汉语计算语言学界的代表性人物

中文信息处理,跟汉语语法研究息息相关,涉及汉语语法的多种理论框架,例如转换生成语法、广义的短语结构语法、树连接语法、中心词驱动的短语结构语法、功能合一文法、词汇功能文法、范畴语法、依存语法、链语法、格语法、语义网络语法、语素分析法、优选语义学、蒙塔格语法、概率语法等。汉语语言学界从事这方面研究的学者,早期有刘涌泉、刘倬、范继淹、冯志伟,还有马希文、林杏光、张普、鲁川、杨国文、黄自由等,年轻一代有袁毓林、靳光瑾、陈小荷、孙茂松、孙茂林、傅承德、詹卫东、郭曙纶等。计算机学界有黄昌宁、刘开瑛、揭春雨、吴蔚天、王永成、陆汝占、张潮生、刘源、吴立德、黄曾阳、董振东、钱锋、俞士汶、陈群秀、侯敏、周强、周明等。

(1)鲁川,1933年生,河南开封人,1961年毕业于哈尔滨工业大学计算机系,长期在河南财经学院工作,曾任北京信息工程学院教授。1987年当选为中国中文信息学会计算语言学专业委员会主任。现为教育部语言文字应用研究所兼职研究员,中国应用语言学会理事。研究的领域为人工智能、自然语言理解、机器翻译、对外汉语教学等。鲁川主要进行语义角色的研究,代表作是《汉语语法意合网络》(商务印书馆2001),他从中文信息处理角度建立起一个语义的网络,他认为汉语是一种意合语法,所以要建立意合网络,从而把句模分析为"中枢角色"和"周边角色"。他认为,谓词是句子结构的中枢,语义平面是汉语语法的基础,语块是三个平面同构分析的单位,分清语言中的客观信息和主观信息,汉语语序的理据是临摹性,里层网络和表层序列相互转换。著作还有《汉字信息语法学》(与王玉菊合作,山东教育出版社 2008)。

(2)林杏光(1937—2001),广东兴宁人,1959 年毕业于中山大学,中国人民大学教授,早期从事汉语句型研究,出版了《汉语五百句》(陕西人民出版社 1980)以及《汉语句型》(中国物资出版社 1990),后转入词汇语义结合计算机的研究,主要编写了《简明汉语义类词典》(商务印书馆 1987)、《现代汉语实词搭配词典》(商务印书馆 1992),尤其是他主编的《现代汉语动词大词典》(北京语言学院出版社 1994)等是为计算机服务的词典,也是收录汉语动词最多的词典。他是跨语言学和计算机科学的学者,后来和鲁川长期合作,代表作是《词汇语义和计算语言学》(语文出版社 1999)。

(3)冯志伟,1939 年生,云南昆明人,1967 年北京大学中文系研究生毕业。1985 年调入国家语委,担任计算语言学研究室主任,后来长期在德国工作,现为语言文字应用研究所研究员、中国传媒大学语言学及应用语言学专业博士生导师。一直从事自然语言信息处理研究。代表作有《数理语言学》(知识出版社 1985)、《自动翻译》(知识出版社 1987)、《中文信息处理与汉语研究》(商务印书馆 1992)、《自然语言机器翻译新论》(语文出版社 1995)和《自然语言的计算机处理》(上海外语教育出版社 1996)、《计算语言学基础》(商务印书馆 2001)等。

(4)张普,1942 年生,北京人,1966 年毕业于北京大学中文系。北京语言大学教授、博导、应用语言学研究所所长,中文教学现代化学会理事长、中国中文信息学会常务理事、中文信息学会计算语言学专业委员会副主任。主要研究汉字编码、汉字字形库建造,汉字部件分析统计、汉语语料库建设、汉语自动分词、汉语古籍整理研究现代化等,并涉及普及型汉字输入方法、汉语信息处理术语国家标准、汉字部件国家标准、信息处理用现代汉语语义分析、多媒体光盘评价、汉语教学课件制作、网络远程汉语教学等。近年来致力动态流通语料库建设和国家语言资源监测与研究。代表作是《汉语信息处理研究》(北京语言学院出版社 1992)、《动态语言知识更新研究》(商务印书馆 2009),此外还写有《汉字编码键盘输入文集》(中国标准出版社 1997)、《数字化汉语教学的研究与应用》(语文出版社 2006)。此外还主编了《中华小百科全书·语言文字分卷》(四川辞书出版社 1994)、《现代化教育技术与对外汉语教学》(广西师范大学 2000)等。

(5)靳光瑾,女,1950 年生,辽宁人。1983 年毕业于北京师范学院中文系,获学士学位;1986 年毕业于北京大学中文系,获硕士学位;1997 年毕业于上海交通大学计算机系,获博士学位,导师陆汝占;2003—2005 年在法国蒙纳瓦里大学做博士后。现任教育部语言文字应用研究所副所长,国家语委语言文字规范标准测查认证中心主任、教授;兼任中国辞书学会副会长、中国应用语言学会副会长及秘书长。研究方向:计算语言学、自然语言理解、中文信息处理技术等。代表性著作为《现代汉语动词语义计算理论》(北京大学出版社 2001),还编著了《中文信息处理若干重要问题》(科学出版社 2003)、《对外汉语教学回眸与思考》(外语教学与研究出版社 2000)等。

此外,汉语语法学界的有关研究还有袁毓林《语言的认知研究和计算分析》(北京大学出版社 1998)、詹卫东《面向中文信息处理的现代汉语短语结构规则研究》(清华大学出版社 2000)、宋春阳

《向信息处理的现代汉语"名＋名"逻辑语义研究》(学林出版社
2005)、赫琳《现代汉语副词语义指向及其计算机识别研究》(中国
社会科学出版社 2008)等。

第三章 汉语语法史评学研究

第一节 汉语语法史评学的建立

衡量一门学科是否成熟,或者说是否走向成熟,其重要的标志之一就是看它的"史评学"是否已经真正形成。换言之,看它对自身的研究是否有足够清醒而科学的认识。所谓史评学,就是对研究本身的研究,也就是"X学的学"。汉语语法研究,如果作为一门学科来命名,可以叫做"汉语语法学";那么,对汉语语法学的历史和现状进行评论、综述的学问,就应该叫做"汉语语法学学",或者通俗地说,叫做"汉语语法学史评学"。

一 汉语语法学评论的简单回顾

史评学,有两个有机的组成部分:第一,历史述评学;第二,专题述评学。所谓"历史述评学",是对该研究的发展历史进行梳理,总结其经验教训,从宏观上把握学科发展的趋势,这还可以分为"通史"和"专史"两大类。所谓"专题述评学",是指对某部著作、某种流派、某些倾向、某个结构,或者某位学者,阐述其理论背景,评论其成败得失,梳理期发展趋势,进行专题性评述。历史学着眼于过去,偏重于发展;评述学着眼于当前,偏重于理论;一纵一横,相辅相成。

汉语语法学史评学的建立,可以追溯到上个世纪初,第一篇开山之作当推杨树达的《我国文法学之回顾》(民铎杂志 1923 年 4 卷 3 期),汉语语法学史评学的发展过程,大体上经历了三个历史阶段:

第一阶段为 1923—1955 年,代表作有:陈望道的《"一提议"和"炒冷饭"读后感》(1938)、何容的《中国文法论》(1942)、朱自清为《中国现代语法》写的"序",以及邢庆兰(邢公畹)的《中国文法研究之进展》(1947)等。

第二阶段为 1955—1979 年,可以胡附、文炼的《汉语语法学简史》(1955)发表为标志,代表作有:陆仁的《十年来汉语语法学的成就》(1959),郭锡良、祝敏彻的《解放前汉语语法的研究》(1960),吕冀平的《"现代汉语语法讲话"读后》(1962),以及王力的《中国语言学史》(1963—1964)和王立达编译的《汉语研究小史》(1959)等。

第三阶段为新时期 1978 年至今,要说汉语语法学史评学真正成长为一门独立的学科,那还是最近三十年以来的事情。20 世纪 80 年代的中国语言学,特别是汉语语法学,在国内外的有利形势下,呈现出一片欣欣向荣的景象,在短短的时间里掌握了西方 60 年代以来各种新兴的理论方法,取得了前所未有的丰硕成果。与此同时,汉语语法学史评学也得到了长足的发展,涌现出大量的综述性论文,出版了好几部汉语语法学史专著。

二 汉语语法史评学研究的三次高潮

这三十年来，汉语语法学史评学出现了三次高潮：

第一次高潮是 80 年代中期，形成了一个强大的冲击波。当时人们的眼光还主要着眼于对新中国成立三十年以来的语法研究作总结和回顾，最重要的论文是两篇：徐通锵、叶蜚声的《"五四"以来的汉语语法研究述评》（中国语文 1979 年第 3 期）以及林裕文的《回顾与展望》（中国语文 1982 年第 4 期），此外，还有李临定的《我国三十年来的语法研究》（语言教学与研究 1980 年第 4 期）等。到了 80 年代中期，人们的兴趣明显地从历史转移到当前的研究上来了，其原因是一批青年学者开始在语法研究的舞台上亮相，他们一边学习，一边思考，有感而发，所以文章尖锐生动而又有朝气。

1985 年《语文战线》改刊为《语文导报》后，开辟了"语言学的历史动向"、"语文书刊评论"、"语言学论文导读"等栏目，为青年学者提供了一个机遇、一个舞台，连续发表几十篇评论文章，在语法学界引起了强烈反响。例如：邵敬敏的《汉语语法研究现状述略》（语文导报 1985 年第 5 期）是第一篇综合评述 80 年代汉语语法研究现状的专论，从研究层次、研究重点、研究性质、研究方法和研究领域五个方面作了理论概括。《语文导报》上先后发表了若干篇评述论文：邵敬敏的《汉语句型研究述评》（1985 年第 4 期）、《把字句研究纵横观》（1987 年第 7 期）和《八十年代副词研究的新突破》（1987 年第 2—3 期）、林立的《现代汉语复句研究概述》（1985 年第 7 期）、申小龙的《汉语动词分类研究述评》（1985 年第 10 期）、徐静茜的《趋向动词研究综述》（1985 年第 12 期）、孙德坤的《"兼语式"

研究述评》(1986 年第 3 期)、范晓的《有关动词研究的几个问题》(1986 年第 5 期)、施光亨的《语素研究述评》(1987 年第 6 期)、任学良的《宾语研究述评》(1985 年第 5 期)、王震国的《现代汉语句组判别标准研究动向》(1986 年第 5 期)、徐子亮的《汉外语法比较研究述略》(1987 年第 3 期)、杨启光的《多项 NP 句研究述评》(1987 年第 8 期)以及殷志平的《"被"字句研究综述》(中国语文天地 1989 年第 5 期)等。要特别指出的是,这些评述不仅涉及词类、结构和句子,而且注意到某些敏感的理论问题,例如:邵敬敏的《关于歧义结构的研讨》(1985 年第 10 期)、晓珑的《汉语语序研究述评》(1986 年第 3 期)、金立鑫的《关于"向心结构"定义的讨论》(1987 年第 7 期)、王玲玲的《现代汉语格关系研究述评》(汉语学习 1989 年第 5 期)等。其中大部分评述文章后来结集为《现代汉语语法研究的现状和回顾》(朱一之、王正刚选编,语文出版社 1987)出版。

　　第二次高潮是 90 年代初,人们经过十年辛勤的耕耘,需要总结一下成功或失败的经验教训,这有两次契机:第一次是 1991 年,国家汉办以"80 年代与 90 年代的中国现代汉语语法研究"为主题召开的"现代汉语语法研究座谈会"在北京召开,会议讨论了十个带普遍性的问题,部分论文后陆续发表在《世界汉语教学》和《语言教学与研究》等刊物上,并结集为《80 年代与 90 年代中国现代汉语语法研究》(北京语言学院出版社 1992)。第二次是 1992 年,"中国语文研究四十年学术讨论会"对我国 40 年来语文研究的主要领域,包括汉语语法研究进行了回顾和评述,论文收入《中国语文研究四十年纪念文集》(北京语言学院出版社 1993)。这些文

章,大体上可以分为三类:

第一类是着重于宏观的总结与回顾,例如陆俭明的《十年来现代汉语研究管见》(语言教学与研究 1989 年第 2 期)、邵敬敏的《论汉语语法学发展的历史趋势》(语言学通讯 1989 年第 1—2 期)、龚千炎的《八十年代现代汉语语法研究的回顾与评价》(世界汉语教学 1991 年第 2 期)、李临定的《语法研究回顾》(世界汉语教学 1991 年第 3 期)、施关淦的《八十年代现代汉语语法研究概说》(中国语文 1992 年第 6 期)、马庆株的《走向成熟的汉语语法学》(《中国语文研究四十年纪念文集》,北京语言学院出版社 1993)等。特别是陆俭明的《八十年代中国语法研究》(商务印书馆 1993)是第一部总结 80 年代现代汉语语法研究的断代史著作。该书依次详细介绍了"80 年代现代汉语研究概貌"、"历史的回顾"、"层次分析的运用"、"变换分析的运用"、"语义特征分析的运用"、"语义格和语义指向"、"形式和意义的结合"、"值得注意的理论和观点"八个专题。

第二类是从汉语语法研究理论上予以总结,例如陆俭明的《80 年代现代汉语语法研究理论上的建树》(世界汉语教学 1991 年第 4 期)、邵敬敏的《汉语语法学在理论与方法上的十大贡献》(《中国语文研究四十年纪念文集》,北京语言学院出版社 1993)和杨成凯的《从汉语语法研究看中国语言学理论四十年》(语言研究 1993 年第 1 期)。

第三类是在总结的基础上进行预测和前瞻,例如陆俭明的《90 年代现代汉语语法研究的发展趋势》(语文研究 1990 年第 4 期)、徐枢的《回顾与展望——试谈 80 和 90 年代的现代汉语语法研究》

（语言教学与研究 1991 年第 4 期）、胡明扬的《现代汉语语法研究的回顾和展望》（世界汉语教学 1991 年第 2 期）、邵敬敏的《80 年代汉语语法研究的回顾与今后的任务》（世界汉语教学 1991 年第 3 期）。这些论文往往对今后汉语语法研究给予更多的关注，提出一些方向性的问题，例如陆文指出 90 年代的三个发展趋势，邵文指出应该在四个方面加强研究。此外，还有林玉山的《新时期汉语语法研究述评》（语文建设 1992 年第 3 期）、李晋荃的《语法观念的更新：关于 80 年代中国语法学大变革的思考》（苏州大学学报 1992 年第 2 期）等。

《80 年代与 90 年代中国现代汉语语法研究》（北京语言学院出版社 1992）更是集中了众多学者的智慧，多角度、多侧面、多层次地评述了现代汉语语法研究中各类问题。它收录了 14 位语法学专家，包括胡明扬、龚千炎、华萍（邢福义）、徐枢、邵敬敏、史有为、陆俭明、李临定、徐通锵、廖秋忠、赵淑华、吕必松、郑懿德、吕文华等的专论，反映了中国语法学家的代表性看法。这些论文有事实，也有理论；有历史，也有现状；有回顾，也有展望；有分析，也有综合。由于撰写人大多都是直接从事现代汉语语法研究的学者，所以往往能够有的放矢，客观公正。

第三次高潮是 90 年代末，正逢世纪之交，又值《马氏文通》发表一百周年，还赶上新中国成立五十周年，所以各方面组织了大量的人力来进行总结。有关论文有：岳方遂的《跨世纪的中国语法学》（复旦学报 1998 年第 5 期）和《语法研究百年之历史嬗变》（安徽大学学报 1999 年第 1 期）、马庆株和项开喜的《二十世纪的现代中国语法学》（《二十世纪的中国语言学》1998）、胡明扬的《中国语言学：一个世纪的回顾和展望》(世界汉语教学 1999 年第 2 期)、史有为的《汉语语法研究百年回顾》([中国香港]语文建设通讯 58—59 期,1999)、陆俭明的《新中国语言学 50 年》(当代语言学 1999 年第 4 期)等。重点论述新时期近二十年语法研究的文章主要是陆俭明、郭锐的《汉语语法研究所面临的挑战》(世界汉语教学 1998 年第 4 期)和邵敬敏的《80 年代到 90 年代的现代汉语语法研究》(世界汉语教学 1998 年第 4 期),陆、邵二文,一篇重点谈理论和方法,一篇重点讲成就与争议,互为补充,较为全面系统地反映了 20 世纪 80—90 年代汉语语法学研究的现状。

三　汉语语法史评学存在的问题

汉语语法学史评学的建立,其标志是:第一,成果数量众多,品种齐全,有综述、书评、传略、序言、后记、导读、通史、专题史、断代史等。第二,评述涉及面宽泛,汉语语法研究的各个领域、各个分支、各个专题几乎都有评述,因而具有一定的广度。第三,理论意识加强,不是就事论事,而是触及研究的理论与方法,因而具有一定的深度。

新时期三十年的汉语语法学史评学尽管取得了前所未有的成就,但是,平心而论,仍然存在着不少问题。这主要是:

(一)缺乏对我国重要语法学家的专题性评传。中国的作家、文学家很幸运,几乎人人都有专门的评传,不仅第一流的有,甚至第二流、第三流的也有;可是我们的一些语言学大师,哪一个有专门的评传呢？国外有《乔姆斯基评传》,我们为什么就不能有《王力评传》、《吕叔湘评传》和《朱德熙评传》呢？我们有义务,也有责任把他们这份极为宝贵而丰富的遗产很好地继承下来。当我们高喊学习国外先进理论的同时，也决不要把我们自己的财产毫不珍惜地抛到了脑后。我们应该有计划地组织一批年轻学者，包括博士生来承担这一光荣的任务。

（二）缺乏专题史的研究。目前所出版的几本汉语语法学史，都是通史性质的。像何容《中国文法论》这样的著作，目前我们还一本都没有。专题史可以集中就某个专题研究的历史进行研究，篇幅比较小，讨论的问题集中，也可以比较深入。例如关于"析句法"、关于"三个平面"、关于"特殊句式"、关于"歧义结构"，都可以做专题史研究。严格地说，只有把各个专题研究的历史研究好了，才有可能真正把通史研究好。通史、断代史、专题史，这三者都应该兼顾。

（三）目前评论的通病是宁送一朵花，不栽一根刺；报喜不报忧，说好不说孬；一团和气，皆大欢喜。有的新理论新观点刚一提出，还没有经过实践的检验，就被吹成"划时代的创举"、"理论上重要的突破"。也有的是作者特意邀请亲朋好友，甚至自己的学生来撰写，这样的文章，与其说是评论，不如说是吹捧。我们提倡说真话不说假话，可是要动真格儿，说真话，还真难。当年王菊泉的《关于英汉语法比较的几个问题——评最近出版的几本英汉对比语法著作》（外语教学与研究1982年第4期）和刘新的《任著〈汉英比较语法〉简评》（中国语文1983年第5期）对任学良《汉英语法比较》提出了尖锐的批评；再比如伍铁平对申小龙的抄袭（包括自我抄袭）问题，也展开了严肃而尖锐的批评，这些都是应该肯定和提倡的。

（四）自吹自擂的不正之风正在语法学界蔓延。你的研究作出了成绩，这是学术界有目共睹的。桃李不言，下自成蹊。但是有的人却迫不及待地试图通过某些"评述"来树立自己的权威，树立自己的学术形象，这就不得不借助于一些出格的手法。当年有人在报纸上吹嘘自己在语言学五大领域中开创新的理论，就被当作笑柄。其实这位先生研究还是很努力，也是有成效的，可惜的是言过其实，效果是适得其反。最近，我们发现也有人借总结语法研究为名，行宣扬自己"丰功伟绩"之实。谈老一辈，说别人寥寥数言，说自己洋洋洒洒，生怕别人不知道、不承认。其实，这么急于推销自己，实际上正是缺乏自信的一种表现。还有人在极力鼓吹他的"×
×思想"，这也是十分可笑的。你的成绩、你的学术地位是靠你的研究成果来确定的，是由历史来决定的，是由学术界公认的。在学术研究史上，我们还没有听说过哪一个人是靠自我吹嘘而名垂史册的。

（五）缺乏必要的争鸣和辩论。对一种语言现象，对一个问题，对一部著作，对一种观点，有不同的看法，这完全是正常的。我们希望对不同的看法开展辩论，因为只有在辩论中真理才会脱颖而出。但是，实际情况却远远不是如此。当年我们曾经针对申小龙关于汉语语法研究的一系列观点，提出过针锋相对的批评，并且先后在大连会议、广州会议、西安会议上叫板，可惜的是他一直高举"免战牌"，不肯应战。当前也有好几个热门问题很值得辩论：例如关于"本位说"，现在几乎汉语语法中所有的基本单位都已经被命名为"××本位"了，到底有没有这个"本位"？ 需要不需要这个"本位"？ 它的利和弊究竟在哪里？ 这些问题为什么不讨论一下呢？

再比如关于"建立有中国特色的语言学"的主张,有的先生不同意,认为这个口号是错误的,而很多人则认为应该高举这面大旗。显然,这些也都可以讨论的。

真正做好汉语语法学的评述,是很不容易的。如果你没有亲身参与汉语语法研究,你的评述就不会有真情实感;但是,你真的参与了研究,评述起来,就不可避免地会带有主观好恶的倾向。因此,我们对此提出三点基本的要求:"求实"、"求真"、"求信"。求实,是指实事求是,不添油加醋,也不偷工减料;求真,是指要坚持真理、服从真理,不随波逐流,也不屈服于权势;求信,是指有充分的可信度,不信口开河,也不出尔反尔。而要真正做到这三点,就要求我们"无私"、"无畏"、"无忌"。无私,才能无畏;无畏,才能无忌。任何评述,都要经得起历史的检验,经得起事实的鉴测,经得起学界的鉴别。

第二节　不同时期汉语语法研究综述的特色

回顾近三十年来的汉语语法学史评学发展的进程,我们可以发现:汉语语法学史评学已经成长为一门独立的学科,并且开始形成自己的一些特色。汉语语法研究的专题评述可以分为 80 年代、90 年代以及 21 世纪三个时期。前期的评述由于历史的原因,内容还比较分散,理论色彩还不够浓厚。进入 90 年代以后,专题研究的评述呈现出三个明显的特点:第一,触及的面更加宽广;第二,评述的专题开始细化;第三,宏观和微观结合更加紧密。到了 21 世纪,有关研究更为成熟,并且呈现出一些新的特色。

一 20世纪80年代汉语语法研究综述的特点

20世纪80年代,汉语语法史评学还处于起步阶段,虽然文章还不太多,研究也还不够深入,但是已经呈现了它旺盛的生命力。

(一)开展了宏观评论,对整个汉语语法学发展的现状、变化、趋势进行探讨。例如林裕文的《回顾与展望》(中国语文1982年第4期)、徐通锵的《近年来中国语言学的若干变化》(语文导报1986年第11、12)、邵敬敏的《汉语语法研究现状述略》(语文导报1985年第5期)、常理的《汉语语法研究观念的嬗变和走向》(语文导报1987年第5期)等。

(二)开展了语法专题的评论,即加强了微观的评论,对一系列汉语语法研究中的重要课题进行系统的归纳、总结。例如:雷雨《建国以来汉语口语研究综述》(语文导报1985年第4期)、申小龙《汉语动词分类研究述略》、陆丙甫《名物化问题异议种种》、林立《现代汉语复句研究概观》(均见语文导报1985年第7期)、邵敬敏《八十年代副词研究的新突破》(语文导报1987年第2、3期)、范晓《有关动词研究的几个问题》(语文导报1986年第5期)、徐子亮《汉外语法比较研究述略》(语文导报1987年第3期)等。

(三)对著名语法学家进行专门评论。例如吕必松《吕叔湘先生传略》(中国语文1985年第2期)、刘月华《范继淹评传》(汉语学习1985年第5期)、眸子《借助逻辑学研究现代汉语——邢福义的语法研究特色》(语文导报1986年第7期)等。

(四)加强了对语法史上重要事件、重要著作、重要学者的研究。例如周钟灵《〈马氏文通〉述评》(中国语文 1979年第4期)、刘云泉《"文法革新"讨论及其意义》(杭州大学学报 1980 年第 2 期)、李士重《〈汉语口语语法〉读后》(中国语文 1981 年第 3 期)、孙良明《黎锦熙晚年对其语法体系的发展》(北京师范大学学报 1983 年第 4 期)、任力《评四本新著语法书》(语文研究 1984 年第 1 期)、胡裕树和王希杰《方光焘教授与汉语语法学》(复旦学报 1985 年第 4 期)、顾越《〈语法答问〉读后》(中国语文 1986 年第 4 期)等。

二 20 世纪 90 年代汉语语法研究综述的特色

90 年代,随着汉语语法研究的深化,评述也上了一个新的台阶。这主要是:

(一)加强了对汉语语法特点研究的评述。例如崔应贤和张爱琴的《汉语语法特点研究的回顾与思考》(河南师范大学学报 1991 年第 2 期)、范晓的《论汉语语法的特点》(济宁师专学报 1991 年第 4 期)、陈昌来的《新时期汉语语法特点研究:现状、角度、反思》(烟台师院学报 1996 年第 1 期)、王德寿的《汉语语法特点研究述评》(广播电视大学 1998 年第 4 期)等。

(二)加强了对词类研究的评述。例如朱林清和王建军的《汉语词类研究述评》(南京师范大学学报 1995 年第 1 期)、杨琳的《汉语系词研究述评》(烟台大学学报 1993 年第 4 期)、杨莽的《词类划分的标准研究述评》(玉林师专学报 1998 年第 4 期)、胡裕树和范晓的《动词研究综述》(山西高校联合出版社 1996)、吴为章的《近十年现代汉语动词研究特点的概述》(汉语学习 1994 年第 2 期)、华玉明的《动词重叠研究述评》(云梦学刊 1991 年第 4 期)、宋世平的《带小句宾语的动词研究综述》(荆州师专学报 1991 年第 6 期)、陈昌来的《动后趋向动词性质研究述评》(汉语学习 1994 年第 2 期)、熊文的《助动词研究述略》(汉语学习 1992 年第 4 期)、刘焱的《助动词研究述评》(徐州教育学院学报 1996 年第 4 期)、王冬梅的《现代汉语量词研究述评》(扬州大学学报 1997 年第 6 期)等。

(三)加强了对短语研究的评述。例如蔺璜的《八十年代以来动结式研究综述》(山西大学学报 1998 年第 2 期)、王冬梅的《述补结构研究概述》(徐州教育学院学报 1996 年第 1 期)、陈庆汉的《"N 的 V"研究综述》(河南大学学报 1991 年第 2 期)、邱震强的《主谓词组研究史述略》(桂林教育学学报 1992 年第 2 期)等。

(四)加强了对句子,包括句型、句式和句群研究的评述。例如:赵淑华的《谈 80 年代与 90 年代的句型研究》(语言教学与研究 1991 年第 4 期)、张爱民的《汉语句型研究概说》(徐州师院学报 1994 年第 1 期)、张潜的《近百年来汉语句型研究概述》(河北师范大学学报 1998 年第 3—4 期)、汪洪澜的《主谓谓语句研究述评》(兰州学刊 1995 年第 2 期)、周有斌的《形容词谓语句研究概述》(淮北煤师院学报 1996 年第 1 期)和《"是"字句研究述评》(汉语学习 1992 年第 6 期)、许国萍的《"比"字句研究述评》(汉语学习 1996 年第 6 期)、张豫峰的《"有"字句研究综述》(汉语学习 1998 年第 3 期)、宋真喜的《"在"字句研究综述》(汉语学习 1997 年第 2 期)、张桂宾的《省略句研究述评》(汉语学习 1993 年第 1 期)、雷涛的《存在句研究纵横谈》(汉语学习 1993 年第 2 期)、朱晓亚的《否定句研究概观》(汉语学习 1992 年第 5 期)、梅汉成的《现代汉语句群研究概述》(盐城师专学报 1996 年第 3 期)、钱进的《八十年代以来句群研究述评》(江苏教育学院学报 1996 年第 4 期)、乔俊杰的

《句群研究综述》(黄淮学刊 1996 年第 4 期)等。

(五)加强了对句法语义研究的评述。例如尹世超的《结构关系与语义指向》(语文研究 1988 年第 4 期)、陈昌来的《现代汉语语义成分研究：历史、现状、思考》(青海师专学报 1991 年第 1 期)、谢荣的《近十年来语义研究中的新见述评》(韩山师专学报 1994 年第 2 期)、卢英顺的《语义指向研究漫谈》(世界汉语教学 1995 年第 3 期)、陆俭明的《关于语义指向分析》(《中国语言学论丛》1997)、王红旗的《论语义指向分析产生的原因》(山东师大学报 1997 年第 1 期)、周刚的《语义指向分析刍议》(语文研究 1998 年第 3 期)等。

(六)加强了对语法范畴和歧义研究的评述。例如金昌吉和张小荫的《现代汉语时体研究述评》(汉语学习 1998 年第 4 期)、万波的《现代汉语体范畴研究述评》(江西师范大学学报 1996 年第 1 期)、丁寇年的《近十年汉语语法形式研究的发展》(南开学报 1993 年第 6 期)、林新年的《歧义结构分析方法述评》(福建论坛 1998 年第 3 期)、肖国萍的《近二十年来的汉语歧义研究》(福建论坛 1998 年第 3 期)等。

三　21 世纪初汉语语法研究综述的新趋势

进入 21 世纪以来，汉语语法的评论又出现了新的趋势。这主要是：

(一)更加注重对语法理论的评述。评述研究理论流派的有：周红的《汉语认知语法综述》(汉语学习 2002 年第 4 期)、刘雪春《汉语形式语法综述》(汉语学习 2003 年第 3 期)、邵敬敏和罗晓英《功能主义和汉语语法研究》(汉语学习 2004 年第 5 期)等。

（二）特别注重语法研究热点的评述。有关于本位说、方言语法研究、语序、语篇等的评述。例如李计伟《汉语语法研究"本位"学说理论发展述》（延安大学学报 2003 年第 4 期）、田然《近二十年汉语语篇研究述评》（汉语学习 2005 年第 1 期）、王淑华《现代汉语指称与陈述问题研究综述》（广西社会科学 2005 年第 5 期）、安玉霞《汉语语序问题研究综述》（汉语学习 2006 年第 6 期）、邵敬敏和周芍《汉语方言语法研究的回顾与思考》（暨南学报 2005 年第 1 期）、郭利霞《九十年代以来汉语方言语法研究述评》（汉语学习 2007 年第 6 期）。

（三）特别注重对语法研究亮点的评述，包括新兴语法现象研究以及汉语重要语法特点研究的评述力度。例如：刘春卉《"动＋名"结构研究述评》（阜阳师范学院学报 2003 年第 1 期）、蔺璜《副名组合研究述评》（山西大学学报 2004 年第 2 期）、陈青松《50 年代动词重叠研究综述》（湖南师范大学学报 2001/S2）、吴吟《汉语重叠研究综述》（汉语学习 2000 年第 3 期）。

（四）进一步加强对句法语义以及语义范畴研究的评述。例如：尤庆学《汉语歧义研究综述》（汉语学习 2001 年第 4 期）、赵海宝和马宁《汉语语法形式和语法意义的研究述评》（吉林师范大学学报 2003 年第 3 期）、于红《现代汉语义征研究述评》（江海学刊 2005 年第 3 期）、陶瑷丽《现代汉语程度范畴研究述评》（中南大学学报 2009 年第 5 期）、赵国军《汉语量范畴研究综述》（贵州师范大学学报 2009 年第 6 期）等。

（五）加强了汉语重要句式研究的评述。例如：张豫峰《"得"字句研究述评》（汉语学习 2000 年第 2 期）、刘培玉《把字句研究评述》(河南师范大学学报 2001 年第 4 期)、郑杰《现代汉语"把"字句研究综述》(语言教学与研究 2002 年第 5 期)、延俊荣《双宾句研究述评》(语文研究 2002 年第 4 期)、朱文夫《现代汉语析句法述评》(贵州教育学院学报 2002 年第 3 期)、邵桂珍《汉语被动句功能研究述评》(暨南大学华文学院学报 2002 年第 2 期)、杨玉玲《重动句研究综述》(汉语学习 2004 年第 3 期)、尚平《比较句系统研究综述》(语言文字应用 2006 年第 2 期)、肖亚丽《现代汉语感叹句研究述评》(广西社会科学 2006 年第 12 期)、王健《现代汉语存现句研究综述》(常熟理工学院学报 2007 年第 1 期)、崔丽丽《"使"字句研究综述》(云梦学刊 2008 年第 1 期)、颜丽《汉语"连动式"百年研究综述》(齐鲁学刊 2008 年第 3 期)、夏群《汉语比较句研究综述》(汉语学习 2009 年第 2 期)等。

纵观这些评论,可以看出有如下特点:

(1)中青年作者占绝大多数,尤以青年为主,因为他们思想比较解放,不拘于陈见,往往有新的视角和不同一般的见解。

(2)评论不是就事论事,而力图从方法论高度予以总结,所以往往具有比较浓郁的理论色彩。

(3)评论的角度多样化,宏观和微观相结合、历史和现状相结合、事实和理论相结合,从而保证了评述的科学性。

(4)信息灵敏,反映了当前最新的研究动向,有一定前瞻性,对今后研究起到积极的促进作用。

汉语语法的评述,三十年来获得极大的进步,蔚然成风。不过问题也是显而易见的,有的题目雷同而撞车;有的就事论事,人云亦云,缺乏自己的独到的见解;有的蜻蜓点水,浮皮潦草,缺失重要的资料；也有的罗列现象，甲乙丙丁，开中药铺。造成这些毛病的原因，一是对评述的专题没下大工夫进行充分的调查研究，二是缺乏驾驭材料的能力，思路不清，要点不明，方法不当。

第三节　汉语语法学史的研究

一　新时期的汉语语法学史研究简况

汉语语法学史研究的历史并不长，20 世纪 50 年代至 60 年代的论著寥寥无几，比较有影响的当推胡附、文炼的《汉语语法学简史》（《现代汉语语法探索》，开明书店 1954）、郭锡良和祝敏彻执笔的《解放前汉语语法的研究》、陆仁的《十年来汉语语法学的成就》（《语言学研究与批判》二，1960）等。

20 世纪 80 年代以来，汉语语法学史的研究工作又空前活跃起来。这主要表现为：

（一）加强了对汉语语法学史本身的研究。如林玉山《汉语语法学发展的语言因素》（语言教学与研究 1984 年第 3 期）、陈月明和王继同《关于汉语语法学史分期的不同观点》（语文导报 1986 年第 9 期）、邵敬敏《关于汉语语法学史研究的若干问题》（华东师大学报 1988 年第 5 期）和《论汉语语法学发展的历史趋势》（语言学通讯 1989 年第 1—2 期）、吴继光《汉语语法学史研究的几个问题》（汉语学习 1992 年第 5 期）、广梅村《关于汉语语法学史研究的思考》（兰州大学学报 1993 年第 1 期）、陈昌来《回顾评论指导：新时期汉语语法学史研究述论》（齐齐哈尔师院学报 1995 年第 4 期）、潘文国《比较汉英语语法研究史的启示》(语言教学与研究 1996 年第 2—3 期)以及马庆株《20 世纪中国现代语法学史的分期问题》(汉语学习 1998 年第 4 期)等。

(二)出版有关研究资料汇编。例如《中国现代语言学家》第一至第五分册(北京语言学院编写组,河北人民出版社 1981—1986)、王松茂主编《汉语语法研究参考资料》(1983 年 12 月中国社会科学出版社)、陈建初和吴泽顺主编《中国语言学人名大辞典》(岳麓书社 1997)、《中国现代语言学家传略》(1—4 册,河北教育出版社 2004)等,还重印了《汉语语法丛书》十种。

(三)新出版的中国语言学史对语法研究给以密切的关注。例如何九盈《中国现代语言学史》(广东教育出版社 1995),许嘉璐、王福祥、刘润清主编《中国语言学现状与展望》(外语教学与研究出版社 1996),刘坚主编《二十世纪的中国语言学》(北京大学出版社 1998),赵振铎《中国语言学史》(河北教育出版社 2000),邓文彬《中国古代语言学史》(巴蜀书社 2002),李葆嘉《中国语言文化史》(江苏教育出版社 2003),李恕豪《中国古代语言学简史》(巴蜀书社 2003),王功龙《中国古代语言学简史》(辽海出版社 2004),潘悟云和邵敬敏主编《二十世纪中国社会科学·语言学卷》(上海人民出版社 2005)等。

(四)20 世纪末,一方面是纪念《马氏文通》出版 100 周年,另外也正值世纪之交,需要对这 100 年来的汉语语法历史进行全面的回顾和总结,发表了许多论文,并且出版了一些纪念《马氏文通》为主的论文集,例如侯精一和施关淦主编的《〈马氏文通〉与汉语语法学》(商务印书馆 2002)、姚小平主编《〈马氏文通〉与中国语言学史》(外语教学与研究出版社 2003)等。

对《马氏文通》研究最得力的,80 年代是王海棻,先是与吕叔湘合编了《〈马氏文通〉读本》(上海教育出版社 1983),后又出版《马氏文通与中国语法学》(安徽教育出版社 1991)。年轻一辈则有邵霭吉,他连续出版了《〈马氏文通〉辨正》(商务印书馆 2005)及《〈马氏文通〉句法理论研究》(中国社会科学院出版社 2005)。此外还有蒋文野《〈马氏文通〉论集》(河北教育出版社 1995)、陈月明《〈马氏文通〉虚字学说》(浙江教育出版社 1999)、宋绍年《〈马氏文通〉研究》(北京大学出版社 2004)、唐子恒《马氏文通研究》(山东大学出版社修订本 2005)、刘永华《马氏文通研究》(巴蜀书社 2008)等。

总之,这些研究工作提供了大量资料,并进行了一些有益的分析和探讨。这些都有助于我们在前人辛勤研究的基础上,掌握更为丰富、评尽的材料,运用辩证唯物主义和历史唯物主义的观点,写出一部比较全面、系统、科学的汉语语法学史来。

二　几部重要的汉语语法学史

新时期的汉语语法学史的研究,形成几个鲜明的特色:

(1)加强了断代史的研究。比较重要的是徐通锵、叶蜚声《"五四"以来汉语语法研究评述》(中国语文 1979 年第 3 期)、李临定《我国三十年来的语法研究》(语言教学与研究 1980 年第 4 期)、吕必松《现代汉语语法史话》(语言教学与研究 1980 年第 2、3 期,1981 年第 1、2 期)、林裕文《回顾与展望》(中国语文 1982 年第 4 期),以及叶蜚声《十年来年汉语语法研究的回顾与前瞻》(外语教学与研究 1989 年第 1 期)。徐、叶一文第一次从语法研究的方法论角度进行评述,见解新颖,富有启发性;林文简明扼要,线索清楚。专著则只有陆俭明的《八十年代中国汉语语法研究》(商务印书馆 1993),理论色彩相当浓郁,论述精当。

(2)加强了通史的研究。最早的通史是吕必松《现代汉语语法史话》(《语言教学与研究》1980 年第 2 期—1981 年第 1 期),可惜没有结集出版,专著有孙玄常的《汉语语法学简史》(安徽教育出版社 1983)、林玉山的《汉语语法学史》(湖南教育出版社 1983,修订本 1986)、马松亭的《汉语语法学史》(安徽教育出版社 1986)、龚千炎的《中国语法学史稿》(语文出版社 1987,修订本 1997)、董杰锋《汉语语法学史概要》(辽宁大学出版社 1988)、邵敬敏《汉语语法学史稿》(上海教育出版社 1990,商务印书馆修订本 2006)、朱林清《汉语语法研究史》(江苏教育出版社 1991)。

其中尤以林玉山、龚千炎和邵敬敏的三部著作影响较大,21世纪则出版了陈昌来的《二十世纪的汉语语法学》(学海出版社 2002)。

(一)《汉语语法学史》(林玉山)

该书内容翔实、材料丰富、分析详细,是第一部比较有分量有影响的汉语语法学史。全书按古代、近现代和当代三个时期进行论述。特点是:(1)注意探索汉语语法学产生和发展的进程及原因,并展望它的发展趋势,从而在"史论"的科学性方面向前迈出了一大步;(2)重点突出,对若干重要语法著作分析尤为详尽;(3)对台湾的有关研究作了介绍;(4)书后有汉语语法学史大事记、汉语语法著作目录索引、主要语法论文索引和外国对汉语语法的研究等四个附录。不足之处在于"史"的发展轨迹不清,对重要语法流派产生和发展没引起充分重视。对汉语语法学其他分支学科几乎没能涉及,对新时期的语法研究介绍太简略。

（二）《中国语法学史稿》（龚千炎）

该书吸取了当代有关汉语语法学史研究的某些成果,历史分期为:酝酿、萌芽时期——草创、模仿时期——探索、革新时期——发展、繁荣时期。该书特点是:(1)注意探讨汉语语法学发展的原因和趋势;(2)对结构主义语法研究给予充分重视;(3)给历史语法研究以相当重要的地位;(4)加强了70年代末到80年代初的语法研究评述;(5)加强了对语法学家学术活动的评述,书后还附录了于根元写的《在探索中前进》,详细介绍了中年语法学家的学术成就。不足之处在于,对重要的论文、观点介绍不够,因而没能在根本上摆脱以著作为纲的旧框架,对面上的情况和非重点著作介绍也不够;另外,对语法学的分支学科、边缘学科没予以充分重视,对台湾和国外的汉语语法研究介绍过于简略。但总的来看,所取得的成绩已超过了前面几部同类著作。1995年的修订本加强了1985年有关研究以后的评论,条理比初稿也有所改进。

（三）《汉语语法学史稿》（邵敬敏）

汉语语法学史划分为:草创时期、探索时期、描写时期和创新时期,分期以及命名相对比较合理。该书有几个比较明显的特色:第一,资料丰富,除了一般的语法著作之外,还注意大量论文的研究工作。第二,立论公正,尤其是对长期以来由于受到"左"倾思潮影响遭到批判的人物、著作、观点能还以历史的真面目。第三,不仅注意到语法本体的研究,而且专门论述了边缘学科、分支学科以及交叉学科的研究情况,所以信息量特别大。第四,具有"历史"观念,用发展的眼光来观察和评价,梳理历史的轨迹,指出发展的趋势,而不仅仅是对语法专著的书评。第五,厚今薄古,对1976年以来的最新研究动态特别予以关注,也是同类著作中写得最详细的。第六。对语法学史研究本身的原则、理论、方法以及观念都提出了自己的想法。不足之处在于对年轻一代的崛起关注不够,个别史料不够准确。2006年商务印书馆修订本纠正了第一版的某些不足之处。

(四)《二十世纪的汉语语法学》(陈昌来)

该书出版于21世纪初,所以能过吸取以往有关研究的成果,历史分期为:自觉建立时期、革新探索时期、语法知识大普及时期以及繁荣发展时期。该书特点是:第一,每一章都有专门的"研究概况",对当时的学术背景以及研究特点加以论述。第二,比较重视的介绍原著的内容、观点和特色。第三,写作的重点是1976年以来的研究情况,篇幅几乎占了一半。第四,详细评述各个年龄层次的语法学家,单独立传的有53名,分别提到的还17名,相当于一本语法学家小传。不足在于"史"的线索不够清楚,众多语法学家一律按年龄顺序排列,分不清主次。此外,引述内容较多,而评论分析较少。

有关语法学史研究的理论也相应开始建立。吕叔湘为《中国语法学史稿》所写的"序言"中提出应从三个角度来审视几十年来发表的语法著作:1.一般语法理论如何与汉语实际结合;2.现代汉语语法和古代汉语语法的时代差异;3.现代汉语口语与书面语的异同。邵敬敏的《关于汉语语法学研究中的若干问题》(华东师范大学学报 1988 年第 5 期)比较系统地对研究汉语语法学史的理论和方法进行了全面的阐述。马庆株的《20 世纪中国现代语法学史的分期问题》(汉语学习 1998 年第 4 期)主张以着眼点的变化把汉语语法研究史分为三个阶段:着眼于语言共性的阶段;着眼于汉语个性的阶段和共性与个性并重的阶段。潘文国的《比较汉英语语法研究史的启示》(语言教学与研究 1996 年第 2—3 期)从一个特殊的角度对汉语语法学史的研究提出了不同看法。此外还有林玉山《汉语语法学发展的语言因素》(语言教学和研究 1984 年第 1 期)、陈月明和王继同《关于汉语语法学史分期的不同观点》(语文导报 1986 年第 9 期)、吴继光的《汉语语法学史研究的几个问题》(汉语学习 1992 年第 5 期)、广梅村的《关于汉语语法学史研究的思考》(兰州大学学报 1993 年第 1 期)、谢晓安的《关于汉语语法学史研究的再思考》(天中学刊 1995 年第 4 期)以及陈昌来的《回顾评论指导:新时期汉语语法学史研究述论》(齐齐哈尔师院学报 1995 年第 4 期)等。

特别要指出的是,语法学界通常认为,《马氏文通》的出版标志着汉语语法学正式建立,之前虽然也有局部的语法研究,但是因为缺乏必要的理论和方法,只是零星的研究,还没有形成汉语语法学这门学科。孙良明《中国古代语法学探究》(商务印书馆 2002)对通常认为汉语语法学建立应该从《马氏文通》算起提出疑义,他根据大量古籍中的注疏,认为中国古代早就建立了语法学,先秦至汉初是"萌芽",汉魏晋南北朝是"产生",隋唐宋元明是"发展",到清朝则"大成"。柴世森、张智慧《试谈汉语语法学史研究中的几个问题》(《中国语言学报》9,商务印书馆 1999),则认为"《语助》的问世应该是汉语语法学诞生的标志"。这些看法虽然不被学术界普遍接受,但也不失为一家之言。

结语　21世纪汉语语法
研究的发展趋势

站在21世纪的开头,回顾汉语语法研究所走过的这一百年左右的历史轨迹,特别是回顾新时期这三十年的历史,展望未来一百年的发展进程,我们深切地感受到汉语语法学所散发出来的科学与人文交融在一起的独特的魅力。

在历史的长河里,一百年仅仅是短暂的瞬间,但对汉语语法学来讲,却已经历了翻天覆地的变化,从诞生,到成长;从幼稚,到成熟;从单一,到多元;从表层,到深层……我们完全没有理由自卑,因为,事实已经证明,并且将继续证明我们的研究无愧于这一无与伦比的语言,无愧于我们这个伟大的时代;当然,我们也没有理由骄傲,因为,我们的研究还存在不少的问题和缺陷,离开真正揭示汉语语法的奥秘还有相当的距离。但是,我们对未来充满了信心,我们坚信,在21世纪,汉语语法研究必将进一步散发出迷人的光芒,取得巨大的硕果,并且为世界语言学贡献出自己的一份力量。

新时期的中国汉语语法学取得了前所未有的辉煌成就,呈现出日新月异、高歌猛进的兴旺景象。无论在研究领域的扩大、研究专题的深化、研究队伍的更新,还是研究视野的国际化、研究理论的多元化、研究方法的科学化、研究手段的现代化,无不渗透着浓郁的三大特色：时代特色、中国特色和学科特色。

一　语法研究的四个平面

通常理解语法研究的三个平面是指：句法平面、语义平面和语用平面。提出三个平面的理论的重要之处就在于：从偏重于句法形式的研究转向加强句法语义的研究，从偏重于静态的句法结构的研究，转向加强动态的跟语境相结合的语用研究。对这三个平面，各人的理解虽然各不相同，"仁者见仁，智者见智"，但是，区分这三个平面，并且在研究时又要把它们结合起来，则是近二十年汉语语法研究的一个重大的突破。随着汉语语法研究的深入，我们认为应该认真考虑第四个平面的存在，这就是"认知平面"。我们主张，汉语语法研究的最终目标应该是揭示语义的决定性、句法的强制性、语用的选择性以及认知的解释性。其中第四点"认知的解释性"需要特别引起我们的注意和重视，这也是新世纪汉语语法研究的具有极大潜力的新的增长点。

语法研究说到底是寻找意义和形式的对应关系。句法语义及其认知解释是语法研究永恒的主题。语义范畴、语义特征、语义指向、语义题元、语义结构的研究，正成为汉语语法研究的主旋律，这可以近年的专著和论文为证。在语义与形式对应分析的同时，还必须关注功能的研究，语言说到底是要运用的，那就产生了句子的功能，在一定的语境中，预设、焦点、照应、指代、话题、述题、省略、隐含、语气、情态，等等，无不牵动着我们的语法研究。但是我们的研究并不能就此止步，而必须再往前迈进，那就是对认知解释的追求。认知解释不是自足的，它必须建立在语法结构、语义、功能研究的基础之上,然后才可能进行解释。其实,解释是分层次的,有语义的解释,有功能的解释,也有认知的解释,即使认知解释也还不是最终的解释,根据最新的医学科学的研究,也许将来我们完全有可能在神经、生理方面获得新的解释。

二 汉语语法研究的双向性原则

我们认为,汉语语法研究必须具有"双向性",其主要的哲学背景就是坚持"两点论",而不是偏激的"一点论"。两点论就是既看到事物的正面,也看到它的反面;既看到事物的这一面,也看到它的那一面。所谓语法研究的"双向性"原则,就是指这两方面的研究相互影响、相互制约、相互促动,一方的研究以对方的研究作为依据而密切相关。因此,我们的语法研究必须遵循"双向性"原则,任何偏离一方的研究都是片面的,都不可能得出真正科学的结论。从宏观方面来看,这主要是指以下八种双向研究:

1.形式跟意义的双向研究。

2.描写跟解释的双向研究。

3.共时跟历时的双向研究。

4.静态跟动态的双向研究。

5.微观跟宏观的双向研究。

6.事实跟理论的双向研究。

7.个性跟共性的双向研究。

8.本体跟应用的双向研究。

三　21世纪汉语语法研究发展新特点

进入 21 世纪以来,汉语语法研究出现了一些新的特点,也可以说是一些新的趋势。

特点之一,是对新兴语法现象表现出极大的关注。中国经济上的高速发展,促进了人员的频繁流动;电脑和网络的普及,促使信息的传播突破了时间和空间的束缚,真正做到了瞬间和无疆,而且由于普通人也获得了信息的制作权和发布权。这就促使语言的某个词语、某种格式得以最快的速度进行拷贝和传播。比如"很 + 名词"的用法,"很阳光"、"很中国"、"很女人"、"很博士"等大踏步地进入了我们的语言生活,几乎已经势不可挡。

特点之二,可产性很强的框架结构引起高度重视。汉语里本来就有相当数量的框架结构,它们具有标志鲜明的结构框架,又有特定的框架意义,还有特殊的语用特色,包括感情色彩,显然这是现代社会所喜闻乐见的。比如"卖的不是面条,而是文化"、"哥们唱的不是歌曲,而是寂寞",这些带有调侃型的格式非常符合现代社会的需求,因而迅速走红,而且广为流传。对外汉语教学的需求推动了我们对这类框式结构的研究。

特点之三,语言(方言)语法的接触和变异,成了我们今天研究的重要课题。各种语言以及方言的接触从来也没有像现在这样频繁和广泛。汉语跟各种外语,汉语普通话跟各种方言,乃至汉语各种方言之间,无不在接触、碰撞、交融、变化。语法,这个最牢固的堡垒也出现了松动。比如"有没有 VP?",有没有吃过饭? 有没有看过这部电影? 有没有去过香港? 这类以前只是在粤方言、闽方言和吴方言才能够说的疑问句,现在普通话里,尤其是年轻人的口里也比比皆是。甚至于还大量出现用"有 VP"的肯定性回答。

特点之四,旧有语法格式日趋简洁。当代社会不仅是个信息爆炸社会,也是个讲时间讲效率的社会,电脑的电邮、手机的短信等等都要求我们的对话、信息传递必须简明扼要。在一定的语境里,旧有格式的简洁成了必然的选择。比如"左转"、"登陆中国"、"清洁香港"、"电话我"、"百度一下"这类极为简明的用法已经相当普及,成为一种时尚,这实际上已经突破了现有的汉语语法规则。语言的变化与发展是个常理,我们必须适应这个变化,迎头赶上,去观察它,去研究它,去解释它。这对我们语法学家来说是个责任,是个义务,也是我们的权利。我们欣喜地看到关心汉语语法动态变化的人越来越多,研究的成果也层出不穷。我们相信,汉语语法本身的变化以及有关研究成果,必将丰富我们的语法学的理论与方法。

特点之五,是语法研究进一步应用化。汉语语法研究必须主动从书斋中跑出来,更加适应社会和时代的需求。这主要表现在为国际汉语教学服务的语法研究,以及为中文信息处理服务的语法研究两个方面。我们的语法研究,少数人也许可以固守"为研究而研究"的宗旨,但是对绝大多数的人来说,我们的语法研究不能够仅仅是纸上谈兵,而应该是贴近现实,服务于现实,并且为实践所检验。只有这样,汉语语法研究才有可能成为收到普遍重视,为社会接受和欢迎的"显学"。

21 世纪是挑战与机遇并存的时代。它所面临的挑战是多方面的,但是,我们面临的时代也是充满机遇和希望的,汉语语法研究历来都是走在我国语言学研究的最前列,在新的世纪里,我们义不容辞地要承担起历史赋予我们的责任。我们相信:21世纪的汉语语法研究一定会取得比20世纪更加辉煌的成绩。我们也相信:年轻一代必将开创出比前人更加宏伟的局面。

后　记

一　做人与做学问

在这个世界上，有两类人：一类人看世界，是彩色的，无论刮风下雨，顺境逆境，他都充满信心和希望，乐观向上，笑口常开；一类人，看世界，是灰色的，不管晴天雨天，好事坏事，他都觉得全世界都欠他的，骂声不绝，一脸晦气。

在这个世界上，还有两类人，一类人是心中满怀慈悲、宽容和爱心，善待别人，也善待自己，就像阳光，照亮了自己，也照亮了别人。一类人，心里翻腾着刻薄、妒忌、愤恨、仇视，毒害了别人，也毒害了自己。

人生如舞台，60多年来，我们看到的太多了，好的、差的、坏的、中不溜的，有的成为我的楷模，有的让我警觉……"三人行，必有我师"大概说的就是这个道理。

这些年来，我一直在积极地宣传我的人生哲学"四个人生"：健康人生、乐观人生、充实人生、富裕人生。四个人生合起来就是快乐人生，或者叫做幸福人生。

在研究的征途上，我也深深地感悟到，做学问有三个境界：第一层，是找个"职业"，要有饭吃，养家糊口，人人不能免俗。第二层,进了一步,是为了"事业"而奋斗,天生我才必有用,对人类对社会要有所贡献,不能白白到世界上来转一圈。第三层,那就是"习惯",不讲名利,只是为了兴趣,为了喜欢,做学问成了生活中不可分割的有机部分,这时,我们做学问,才会领悟到是一种享受,是一种快乐。

在生活的航程中,我还感悟到,"和谐"是多么的重要:第一,我们跟自然界要和谐,现在人们越来越感受到这个重要性。第二,我们跟社会要和谐,现在也开始引起我们高度重视了。第三,我们要跟自己和谐,千万别跟自己过不去,努力保持平和的心境,平稳的心绪,平等的心态,是至关紧要的。这一点也许还不是人人都能够完全明白的。

二　努力与机缘

我是个无神论者,而且比较彻底。但是,有时候也会觉得许多事情不可思议,冥冥之中,好像还是有命运,有缘分,有机会,而且对每个人是不尽相同的。

我总觉得自己是比较幸运的:1949 年中华人民共和国成立这一年,我随母亲从宁波乡下踏进了大都市上海的大门,同年开始了漫长的求学之路。1955—1961 年我有幸就读于拥有 200 多年历史的"敬业中学",对门就是孔夫子的"文庙",1961 年当我 16 岁那年,我又出乎意料地顺利,考上了日思夜想的北京大学,而且是当时最负盛名的中文系,而且居然阴差阳错分配到了语言专业,而且还有幸受业于著名语言学家王力、朱德熙、陆俭明等先生。母校北大对我的教育,无论是做人还是做学问,让我一辈子受益无穷。

虽然"十年动乱",把我"沉"到社会的最最底层,浙西的一个小县城,整整八年,然而幸运的是,在1978年我成为新时期第一届语言学的研究生,跨进了西湖之畔杭州大学的校门,遇到了我的恩师王维贤先生。1981年我在阔别第二故乡20年之后,再次踏进上海,进入著名的华东师范大学,上海为我提供了一个"平台",开始了新一轮的奋斗历程。1996年在我晋升正教授两年之后又获得到香港工作的机会,那是个全新的天地,为打开语法研究的国际视野提供了难得的有利条件。2002年在我将近花甲之年,又毅然南下,进入暨南大学,开创学术研究第二春。

1978年到2010年,三十几年就这么一晃过去了,我可以自慰的是,这一辈子,我从来没有放弃过,一直在努力,一直在拼搏,我深知,只有努力了,机缘才会找到你。在80年代,乃至于90年代初期,我一直被看作是青年语言学工作者的代表,几乎每次开会,我都是作为青年代表的代表安排在大会发言、祝贺、表态。没想到,一眨眼,怎么还没觉得中年,就已经是老年了? 不过年龄老,不要紧,重要的是心态不能老。60岁才起步,70岁走新路。

三　瓜甜与鼓吹

并非老王卖瓜,自吹自擂,非要说汉语语法研究成绩斐然。如果这个瓜确实甜,为什么不宣传不鼓吹呢? 当我在写这部新时期30年的语法学断代史的时候,我借助于图书馆,借助于自己的藏书,借助于百度的搜索工具,借助于"中国知网",借助于朋友们提供的信息,我深深地感受到一种"震撼"。因为我有比较,在撰写《汉语语法学史稿》时,尽管那时历史的跨度是从1898年开始的

70 多年,可是材料毕竟不是那么繁多。相比之下,1978 年以来的 30 多年,有关汉语语法学的论著是如此丰富多彩,如此博大精深,确实叹为观止。历史已经证明:汉语语法学所取得的成就是辉煌的,是值得我们骄傲的,是全体语法学工作者集体创造的。我们可以批评,可以建议,可以提出自己不同的意见,但是千万不要抹杀最基本的事实,不要为了说明自己的理论和方法是多么"高明",而对这 30 年来这么多朋友、同行孜孜不倦努力所取得的成绩,视而不见听而不闻。

我为自己是汉语语法学界的一员而感到自豪,感到幸运。因为中国语言学界里,汉语语法研究一直是个领头羊。队伍最壮大,成果最丰硕,思想最活跃,对其他分支学科影响也最深刻。问题当然是存在的,有的还比较严重,对此我们理应由清醒的认识,但是我们也坚决反对那种只见树木不见森林的看法。

四　优势与不足

我之所以敢于来写这部书稿,主要是我自以为拥有三个方面的优势:那就是年龄方面的、地域方面的和专业方面的。正如胡裕树先生在为《汉语语法学史稿》所写的序言里指出的那样:"我一直认为,敬敏同志来撰写这部《史稿》是比较合适的。他 1966 年毕业于北京大学中文系汉语专业,受教于我国当代著名的语言学家王力、朱德熙等先生,1978 年又考取杭州大学王维贤教授的研究生,毕业后分配到上海华东师范大学中文系任教。可见,他受过系统的语言学教育,又对北方、南方的情况都比较熟悉。同时,他一方面参加了中年的语法讨论会,另一方面又参加了青年的语法讨论会,对老、中、青三代人的沟通起到了特殊的作用。他正处于这样南北、中青的交叉层次上,对语法学界的历史与现状有比较全面而深刻的了解。此外,这些年来,他勤于思索,一直致力于现代汉语语法的研究,已发表了上百篇论文,涉及语法研究的各个领域,对语法研究中的甘苦、症结都颇有体会,因而评述起来切中要害,而不是一些泛泛之谈。"胡先生的肯定对我无疑是一种鞭策,但是,必须说明的是,不足之处也是显而易见的,那就是我自己也是做汉语语法研究的,可能会出现"不识庐山真面目,只缘身在此山中"的情况。对此,事先就应该有清醒的认识。

五　继承与创新

这部书稿是断代史,因此,也可以说是《汉语语法学史稿》的续篇,是一种继承和发展,基本观念是相近和相承的。当然由于写的是最近三十年,太贴近现实了,就有相当大的难度。俗话说:画鬼容易画人难。写历史,最好就是保持一段距离。贴近来写,往往会有所顾忌,不愿意讲,不方便讲,或者没能力讲。我虽然提倡写史要做到三个"无":"无忌、无畏、无私"。但真正实行起来,并不容易。此外,还有个认识水平问题,你自以为对的,也许历史将证明是错的;你自以为没问题的地方,也许正是症结所在。我只能够说,我尽了自己最大的努力,问心无愧而已。

我这些年主要是做的汉语语法研究,也取得了一点点小成绩。写这三十年的汉语语法学史,如果不提到自己,那就是抹杀历史,篡改历史;但是,我一直反对自己的学生写文章来评述我的论著,不仅是避嫌,更主要的是想体现评论的公正性、客观性与科学性。

后　记

我在这部书稿里凡是提到自己的地方,尽可能地客观介绍,基本上不做或者少做主观性评价,而且篇幅也严格加以控制,因为对自己最公正的评价应该是由别人来做的。这一点希望大家能够理解。

六　致歉与感谢

由于个人观察的局限,可能会有一些相当不错的研究,包括学者、论著、观点,没有给以恰当的评价,甚至于出现了遗漏。特别是给部分学者专门立传,尽量考虑到方方面面的代表性人物,但是百密仍可能有一漏,这也是最让我惶恐不安的地方。我只能先说一声"对不起",因为那只是我的疏忽,而绝不是我的故意。任何补充或者提醒,我都看作是一种帮助和支持,并将在以后有机会时予以补正。

在写作过程中,我参考了大量的文献,尤其是一些有关汉语语法学史的论著或综述,在文中尽可能一一标明,这里无法列举,谨在此表示感谢。此外,还要特别感谢我的在华东师范大学和暨南大学先后招收的博士生税昌锡、周有斌、刘焱、周静、朱彦、徐默凡、周红、刘雪春、马清华,以及赵春利、罗晓英、周芍、吴立红、杨海明、周娟、胡建刚、周日安、王丽彩、马喆、李振中、刘杰、郑娟曼、王宜广、刘宗保等,部分章节参考了他们有关综述的研究成果。当然如果有问题,那是我的责任。

我要特别感谢陆俭明老师和邢福义老师,他们两位的序言,我只能用六个字来形容:中肯、到位、真诚。他们答应为本书写序本身就是对我最大的鼓励和鞭策。

我还要真挚地感谢商务印书馆的周洪波先生,他在获知我这一写作计划之初，就毅然决定出版此书，并且多年来一直给以关注和帮助。此外还要感谢责编王永耀先生，他为本书的出版付出了辛勤的劳动。

邵敬敏

2010 年 8 月